Hoverbeck

Leopold Freiherr von Hoverbeck

(geboren 1822, gestorben 1875).

Ein Beitrag zur vaterländischen Geschichte

von

Ludolf Parisius.

Zweiter Theil. Abtheilung I.

Verfassungskampf und budgetloses Regiment.

Von 1862 bis zum dänischen Kriege.

Mit dem Gruppenbild der Budgetkommission des Abgeordnetenhauses vom Sommer 1862.

Berlin SW. 48.
Wilhelmstraße 119/120.
J. Guttentag, Verlagsbuchhandlung.
1898.

Vorwort.

Die erste Abtheilung des zweiten Bandes der Lebensschilderung Hoverbecks behandelt nur die Zeit vom Anfang 1862 bis Ende Januar 1864 — vier Sessionen des preußischen Landtags. Die Entstehung des Verfassungskonfliktes und des budgetlosen Regiments und die standhafte opfervolle Vertheidigung von Recht und Verfassung durch Hoverbeck und seine Freunde im preußischen Abgeordnetenhause ist hier nach Akten, Drucksachen und stenographischen Berichten desselben, nach Briefen und Aufzeichnungen Betheiligter sowie nach eigenen Erinnerungen erzählt. In der Einleitung des ersten Theils habe ich hervorgehoben, daß es an einer unparteiischen wahrheitsgetreuen Darstellung der Kämpfe jener Zeit noch ganz fehlt. Meine Schilderung Hoverbecks und seiner parlamentarischen Thätigkeit wird die Geschichtsschreibung unserer Gegner berichtigen und zu gerechterer Würdigung jener Männer beitragen.

Charlottenburg, 20. Mai 1898.

Ludolf Parisius.

Inhaltsverzeichniß.

Das Gruppenbild der Budgetkommission des Abgeordnetenhauses in der Sommersession 1862 (nach Seite 64) ist im September 1862 vom Photographen Pauli in Berlin aufgenommen. Es fehlen darauf vier der aus 35 Mitgliedern bestehenden Kommission, nämlich Rittmeister und Fabrikbesitzer Hermann aus Schönebeck, Abg. für Stadt Magdeburg, Kreisrichter Max Hölzke († 1890) für Neuhaldensleben-Wolmirstedt, Gerichtsassessor Karl Frank (geb. 1832) für Eupen-Aachen und Professor a. D. Rittergutsbesitzer Krause für Züllichau († 1884). Die ersten drei gehörten dem linken Zentrum, Krause der Fortschrittspartei an.

Die 31 Mitglieder des Bildes sind:

1. Gustav Ferdinand Tabdel, Geh. Justiz- und Kammergerichtsrath in Berlin, für Berlin I, geb. 1786, † 1868.
2. Ferdinand Krieger, Rechtsanwalt in Goldap, für Goldap-Darkehmen, geb. 1823, † 1885 als Justizrath in Königsberg.
3. Heinrich Behrend, Kommerzienrath in Danzig, für Danzig, geb. 1817, † 1893.
4. Baron v. Vaerst, Gutsbesitzer in Herrendorf, für Landsberg-Soldes, geb. 1798, † 1877.
5. Florens Heinrich v. Bockum-Dolffs, Oberregierungsrath und Gutsbesitzer zu Völlinghausen für Hamm-Soest, geb. 1802.
6. Friedrich Stavenhagen, Generalmajor a. D., für Westhavelland, geb. 1796, † 1869.

7. Friedrich Harkort, Hauptmann a. D., für Hagen, geb. 1793, † 1880.
8. Heinrich Osterrath, Oberregierungsrath in Minden, für Oppeln, geb. 1805, † 1880.
9. Wilhelm Schubert, Professor in Königsberg, für Heiligenbeil, geb. 1799, † 1868.
10. Leopold Sello, Geh. Bergrath in Saarbrücken, für Saarbrücken, geb. 1785, † 1874.
11. Samuel Gottfried Kerst, Geh. Regierungsrath a. D. in Berlin, für Priegnitz, geb. 1804, † 1875.
12. Rudolf Parrisius, Kreisgerichtsrath in Brandenburg (jetzt Bankdirektor in Berlin), für Westhavelland, geb. 1817.
13. Julius von Kirchmann, Appellationsgerichts-Vizepräsident in Ratibor, für Stadt Breslau, geb. 1802, † 1884.
14. Johann Heinrich Oppermann, Staatsanwalt in Berlin, für Priegnitz, geb. 1821, † 1898.
15. Gottfried Albert Borsche, Geh. Oberrechnungsrath in Potsdam, für Frankfurt a. O., geb. 1809, † 1879.
16. Karl Twesten, Stadtgerichtsrath in Berlin, für Berlin I, geb. 1820, † 1870.
17. Hermann Friedrich Dahlmann, Kreisrichter in Linz, für Neuwied, geb. 1821, als Landgerichtsdirektor in Marburg a. L. † 1894.
18. Max v. Forckenbeck, Rechtsanwalt in Elbing, für Mohrungen, geb. 1821, † 1892 als Oberbürgermeister von Berlin.
19. Julius v. Hennig-Plonchott, Rittergutsbesitzer, für Strasburg (Westpr.), geb. 1822, † 1877 als Stadtrath in Berlin.
20. Dr. Rudolf Virchow, Professor und Direktor in Berlin, für Saarbrücken, geb. 1821.
21. Franz Duncker, Verlagsbuchhändler in Berlin, für Saarbrücken, geb. 1822, † 1888.
22. Adolf Hagen, Stadtrath in Berlin, für Randow-Greifenhagen, geb. 1820, † 1894.
23. Philipp Christian André, Gutsbesitzer auf Schloß Roth, für Daun-Bitburg, geb. 1817, † 1892.
24. Karl Haebler, Generallandschaftsrath und Rittergutsbesitzer in Sommerau, für Ragnit-Pillkallen, geb. 1816, † 1894.
25. Dr. Friedrich Techow, Gymnasialdirektor zu Rastenburg, für Rastenburg, geb. 1807, † 1880 als Stadtrath in Berlin.
26. Leopold Freiherr v. Hoverbeck, für Osterode-Neidenburg, geb. 1822, † 1875.
27. Heinrich v. Sybel, Professor in Bonn, für Stadt Krefeld, geb. 1817, † 1895 als Direktor der Staatsarchive in Berlin.
28. Julius Schlick, Landrath a. D. und Gutsbesitzer in Crottingen, für Memel.
29. Otto Forstmann, Kreisrichter in Zeitz, für Zeitz-Naumburg, geb. 1826, jetzt Justizrath in Bielefeld.
30. Moritz Klotz, Kreisgerichtsrath in Potsdam, für Potsdam, geb. 1813, † 1892 als Landgerichtsrath in Berlin.
31. Wilhelm Peterson, Gutsbesitzer und Stadtrath in Bromberg, für Bromberg, geb. 1811, † 1869.

Von diesen 31 Abgeordneten gehörten 20 zur Fraktion der deutschen Fortschrittspartei, Taddel, Krieger, Behrend, Kerst, Parrisius, v. Kirchmann, Oppermann, Virchow, Duncker, Hagen, Häbler, Hoverbeck, Schlick, Forstmann, Klotz — sowie die später nationalliberal gewordenen v. Baerst, Twesten, v. Forckenbeck, v. Hennig, Techow, 8 zum linken Zentrum: v. Bockum-Dolffs, Sello, Dahlmann, André, Peterson, Harkort (später Fortschrittspartei), sowie die später nationalliberalen Abg. Stavenhagen und v. Sybel; Borsche gehörte zum freien parlamentarischen Verein (später zum linken Zentrum), Schubert zur konstitutionellen Fraktion, Osterrath zum Zentrum.

Neunzehntes Kapitel.

Der am 14. Januar 1862 eröffnete Landtag bis zur Auflösung des Abgeordnetenhauses am 11. März 1862.

Der Ausfall der Landtagswahlen rief bei der Hofpartei, den Ministern, den Konservativen und Altliberalen eine grenzenlose Verwirrung hervor. Die liberalen Minister hatten schon vorher beim Könige Zugeständnisse durchzusetzen versucht, sogar die Reform des Herrenhauses angeregt. Roon hatte dagegen am 10. November 1861 eine Denkschrift „Die politischen Parteien in Preußen und das Ministerium" dem König überreicht. Er ging darin direkt gegen das Ministerium vor und nahm die konservative Partei gegen den Vorwurf in Schutz, daß sie Reaktion „plane". „Wir haben die Verfassung; sie ist in voller Geltung und allseitig beschworen; sie könnte daher — den Fall eines revolutionären Rechtsbruchs von unten bei Seite gesetzt — nur durch eine allgemeine Verletzung des Rechtsbewußtseins im Volke willkürlich beseitigt werden." Die Konservativen werden gelobt. Sie müssen helfen „dem zu erwartenden Ansturm der Umsturzparteien entgegenzutreten." Dem König wird nachgewiesen, daß er im Interesse der Krone das Ministerium entlassen müsse.[1])

Die Wahl der Wahlmänner fand am 19. November, die Wahl der Abgeordneten am 6. Dezember statt. Der Ausfall der Wahl wurde ausgenutzt, den König von Gewissensbedenken abzubringen. Er erfuhr von dem Wahlergebniß zuerst auf dem Wege zur Hofjagd nach Letzlingen[2]) durch den bei ihm gut angeschriebenen Regierungspräsidenten v. Witzleben zu Magdeburg, einen der eifrigsten Anhänger der orthodoxen Junkerpartei. Demokraten, sogar Verbrecher seien von dem undankbaren Volk aufgestellt und gewählt, klagte der König in tiefer Betrübniß „mit Thränen in den Augen"[3]) der ihn in Letzlingen begrüßenden Geistlichkeit der Diözese Gardelegen. Der Verbrecher war der „rothe Becker",[4]) der 1852 in dem Kölner Kommunistenprozeß von den Geschworenen auf Grund meineidiger Zeugnisse von Beamten und Agenten der politischen Partei zu fünf Jahren Gefängniß verurtheilt, nach deren Verbüßung vom liberalen Minister Schwerin ungesetzlich gemaßregelt wurde und in hohen Ehren als Oberbürgermeister von Köln 1885 gestorben ist.

Als der König nach Berlin zurückgekehrt war, begann wieder eine Ministerkrisis. Die rechte Seite, Roon, der neue Minister des Aeußern Graf Bernstorff, die beide bei der Wahl durchgefallen waren, und von der Heydt, schoben die Schuld auf die flauen Wahlrundschreiben des Ministers Grafen Schwerin, die anfänglich „vor den extremen sowohl reaktionären als demokratischen Richtungen" gewarnt und erst zuletzt sich lebhafter gegen die „sogenannte Fortschrittspartei" gewendet hatten.[5]) Roon forderte deutlicher die Entlassung der Minister und bat schließlich um die eigene Entlassung. Sie wurde ihm verweigert. Er hatte, wie er seinem Freunde Perthes Ende Dezember schrieb, „konstitutionelle Bräuche" ohne Erfolg beobachtet und sich dadurch gegen Zwischenfälle gesichert. Er hatte „ein Ziel vor Augen und operirte demgemäß ohne alle Umschweife und Maskenscherze." Die liberalen Minister waren der Ansicht, auch mit diesem Abgeordnetenhause vorwärts zu kommen. Sie verließen sich auf die Gewissenhaftigkeit des Königs, der nie und nimmermehr den Verfassungseid verletzen wollte. — Roon und die persönliche Umgebung des Königs meinte zwar, daß die Fortschrittsmänner „die Schreckensherrschaft und Republik wollten," fürchteten aber, sie würden sich auf keine Emeute einlassen, „der man höchst einfach mit Pulver und Blei begegnen könnte."[6]) Man plante das Abgeordnetenhaus aufzulösen, sobald nur „halbwegs ein plausibler Vorwand dazu gegeben", dann habe der König die liberalen Minister zu entlassen, da das Ministerium nicht Einheit und Energie zur Herbeiführung besserer Wahlen habe und vor allem die feudale Partei zu versöhnen sei. Einen Staatsstreich hielt man nicht für möglich.[7])

Das Abgeordnetenhaus wurde erst am 14. Januar eröffnet. Einige Tage vorher erkrankte der Minister Rudolf v. Auerswald, der unter den liberalen Ministern am meisten das Vertrauen des Königs besaß. Die reaktionäre Umgebung des Königs benutzte die Erkrankung Auerswalds und verdoppelte die Anstrengungen das Ministerium umzuwandeln. In der Thronrede kündigte der König Gesetzentwürfe an, zugleich als Beweis, daß er den Ausbau der Verfassung vor Augen habe. Zum Schluß erklärte er, niemals zulassen zu können, daß die fortschreitende Entfaltung unseres inneren Staatslebens das Recht der Krone, die Macht und Sicherheit Preußens in Frage stellt oder gefährdet.

Die Bildung der Fraktionen vollzog sich langsam. An einer Versammlung der früheren Mitglieder der Fraktion Vincke nahmen die wiedergewählten Minister Graf Schwerin und v. Patow theil. Sie deuteten den Wunsch an, daß die alten Präsidenten des Hauses wiedergewählt würden. Simson aber erklärte keines Falls eine Wahl anzunehmen. Von den wiedergewählten Abgeordneten, die zum Schluß der vorigen Session noch der Fraktion Vincke angehört hatten, blieb die rechte Seite in der neuen Fraktion Grabow, die an 94 Mitglieder zählte. Harkort, v. Bockum-Dolffs, General Stavenhagen und Andere bildeten das linke Centrum, die Fraktion Bockum-Dolffs-Harkort, die es auf 52 Mitglieder brachte. Andere gingen zur Fortschrittspartei. Diese aber trat in zwei Fraktionen auf. Neben der großen Fraktion (Fraktion bei Kellner), zu der von der alten Fraktion Vincke Kloß, Diesterweg, Handelsamtspräsident a. D. v. Rönne-Solingen, Beitzke[8]) traten mit 88 Mitgliedern, entstand die sogenannte stille Fortschrittspartei (Fraktion bei Schmelzer) mit 21 Mitgliedern. Zu dieser gehörten acht frühere Mitglieder der Fraktion Vincke, darunter Immermann, Larz, Techow, Reichenheim, Aßmann. Von neu gewählten Mitgliedern dieser Fraktion sind hervorzuheben Baron von Vaerst und ein früheres Mitglied der 48iger preußischen Nationalversammlung, Kreisgerichtsrath Wachsmuth.[9]) Die meisten Abgeordneten der Fortschrittspartei waren parlamentarische Neulinge. In der großen Fraktion waren es 59 von 88, in der stillen Fortschrittspartei 12 von 21, zusammen also 71 von 109.

Hoverbeck hatte sich die letzten Sessionen den langen Aufenthalt in Berlin behaglicher eingerichtet. Seine Gattin begleitete ihn für den größeren Theil der Zeit. Freilich versäumte er deshalb keine einzige Plenarsitzung, keine einzige Kommissions- oder Fraktionssitzung des Abgeordnetenhauses. Nur in den Mußestunden konnte er seine Frau zu den Kunstschätzen der Hauptstadt, in die Oper und in die Liebig'schen Konzerte begleiten.

Wie in der vorigen Legislaturperiode hielt Hoverbeck es für nöthig, mit den Parteigenossen seines Wahlkreises in stetem Verkehr zu bleiben; nur mit den Führern war dies bei dem niedrigen Bildungsstande der breiten Masse der Wähler möglich. Damals waren fast alle „Besitzer" (von Rittergütern und köllmischen Gütern) der beiden seinen Wahlkreis bildenden landräthlichen Kreise Osterode uud Neidenburg Anhänger der deutschen Fortschrittspartei. Ebenso wohl auch die Richter, Rechtsanwälte und Ärzte. Hoverbeck wollte auch mit den alten Freunden in Allenstein die politische Verbindung aufrecht erhalten. Wie die eingerichtet wurde, ergiebt ein Brief des Kreisgerichtsdirektors Nietzky in Neidenburg, der früher Kreisrichter in Allenstein und nachher Kreisgerichtsdirektor in Rössel gewesen war, vom 23. Januar 1862.

Mein lieber Hoverbeck!

„Meinen herzlichsten Dank für Ihre erste freundliche Mittheilung zugleich mit der festen Versicherung, daß Ihre Wünsche in Hinsicht der Diskretion, mit welcher Ihre Nachrichten zu behandeln sind, hier strenge befolgt werden sollen! Ich habe dies ausdrücklich den Lesern Ihres Briefes zur Bedingung gemacht. Die Mittheilung an Ihre Wähler wird in der Art erfolgen, daß eine Abschrift unter den Besitzern des Kreises cirkulirt, eine nach Osterode an den Rechtsanwalt Alscher geht, während das Original hier bleibt und schließlich nach Allenstein an Mahraun gelangt.“ — — —

Von den 1862er Briefen an die Wähler sind die meisten verloren gegangen. So auch der erste. In einem ausführlichen Briefe vom 26. Januar besprach Hoverbeck die Bildung der kleinen Fraktion. Er schrieb:

„Sie fragen, wie es komme, daß Aßmann, Immermann, Techow, Larz eine besondere stille Fortschrittspartei gegründet haben, und ob die Furcht der Beamten, mit Waldeck und Schulze in einen Topf geworfen zu werden, daran Theil habe. Ich fürchte, es ist so; ich kann wenigstens keine andere Erklärung dafür finden . . . Uebrigens sind wir die besten Freunde der Stillen; der Himmel bewahre uns davor, daß sie sich ganz mit uns vereinigen, und ihre Bedenken in uns hineintragen; dagegen stehen sie uns politisch doch am nächsten, sind zu klein, um eigene Prätensionen zu machen, und helfen daher nur unsere Zahl bei Abstimmungen — in der Regel, bis jetzt immer — vermehren.“

In der großen Fraktion der Fortschrittspartei kam es gleich in den ersten Tagen zu einer eingehenden Debatte über die Frage, ob eine Adresse zu erlassen sei. Hoverbeck schrieb darüber ausführlich:

„Ich selbst habe entschieden für eine Adresse gestimmt, ebenso Virchow, der zweimal in vortrefflicher, lichtvoller Rede sie vertheidigte, Otto Lüning, Duncker.[10]) Auch Schulze-Delitzsch, allerdings ziemlich zum Schluß der Debatte und mehr auf die Maßregeln hindeutend, welche unter allen Umständen, auch wenn die Adresse fallen sollte, von unserer Partei ergriffen werden müßten (z. B. Resolutionen in der deutschen Frage). Leider fand die Adresse zahlreiche Gegner, darunter Waldeck, Hennig, Behrend, Kosch, Kirchmann.[11]) Dieselben stützten sich darauf, daß eine Adreßdebatte immer eine Menge Redensarten zu Tage brächte und Zeit koste, daß das Land nicht Reden, sondern Thaten erwarte; bei der Jugend unserer Partei-Organisation würde die Adresse manche innere Konflikte und unpassende Reden im Hause hervorrufen, uns von vornherein in Kampf mit der Krone bringen, endlich im Hause doch nicht durchgehn. Dagegen machten wir geltend: wir wollten keine Adresse, die die ganze Thronrede paraphrasirte, und deshalb gleich einen Entwurf zur Adresse ins Haus einbringen, der dem Lande zeigen sollte, daß wir nur das dringend Nothwendige zu sagen gedächten. Ebenso würden wir bei einer im Hause entstehenden Debatte nur kurz aber entschieden und unzweideutig sprechen. Die Adresse koste wenig oder keine Zeit, da am Anfange doch nicht eher Stoff zu Plenarsitzungen sei, bis die Kommissionen vorgearbeitet hätten, wir hätten also nicht die Wahl zwischen Adresse und Gesetzentwürfen, sondern zwischen Adresse und Nichtsthun. Was man denn unter parlamentarischen Thaten verstehe? Da das Parlament einmal nicht mit dem Schwerte dreinschlage, so könnten darunter doch in allen Fällen nur Reden und Abstimmungen gemeint sein, wie wir es bei der Adresse wollten; wir seien gar nicht bang darum, daß das Land es für eine That erklären würde, wenn wir z. B. entschieden gegen das Herrenhaus losgingen oder einen deutschen Bundesstaat befürworteten. Die Adreßdebatte werde aber auch dazu beitragen, daß unsere Partei sich erst recht kennen lernte. Da wir bereits ein festes Programm hätten, so brauchten wir ein Zerfallen unserer Partei dabei nicht zu fürchten, wohl aber könne die Fraktion Grabow eine solche Prüfung nicht vertragen, da sie aus zwei heterogenen Theilen bestehe, den absolut Ministeriellen und den gemäßigt Liberalen. — Ein Konflikt mit der Krone würde nicht entstehen, da die Krone gar nicht zu antworten habe, und da wir überhaupt nur einen Konflikt und nur eine Lebensfrage hätten, auf die sich Alles konzentrire, die Militärfrage. Dagegen hätten wir die Pflicht, zwei Fragen vor Allem hervorzuheben, und an der feierlichsten Stelle, d. h. also in einer Adresse zur Sprache zu bringen, das sei die deutsche und die Herrenhausfrage. Die erstere knüpfe ein geistiges Band zwischen unserer und allen wirklich deutschen Landesvertretungen. Die zweite sage dem Könige, daß er nur dann einen Ausbau der Verfassung wirklich wolle, wenn er das Herrenhaus reformire, — und dem Lande, daß es nicht unsere, sondern der Krone Schuld sei, wenn bei dem Fortbestehen unseres jetzigen Herrenhauses unsere Wirksamkeit Null sei. — Aus allen diesen Gründen müßten wir eine Adresse beantragen, auch wenn wir wüßten, daß sie im Hause nicht durchginge. Das Land hörte dabei doch unsere Ansichten; mehrere Fraktionen würden und müßten mit uns stimmen, und wenn eine Koalition der Grabow'schen, Katholiken und Reaktionäre uns wirklich mit einigen Stimmen schlüge, so wäre doch für uns ein moralischer Sieg gewonnen.

Dies etwa die Gründe, die von unserer Seite vorgebracht wurden. Ich mache keinen Anspruch darauf, daß mein Bericht unparteiisch sein soll; ich habe die Gegenausführungen unserer Gegner zum Theil vergessen, man hat genug zu thun, das im Gedächtniß zu behalten, was man für richtig hält.

Leider hat die Abstimmung gegen uns entschieden, wir hatten kaum ein Drittel der Stimmen. Wir haben uns natürlich dem Beschlusse gefügt. Es soll also nun die deutsche und die Herrenhausfrage in besonderen Resolutionen ins Haus gebracht werden."

Am 20. Januar wurde das Bureau auf die ersten vier Wochen gewählt. Eine Einigung zwischen den Parteien hatte nicht stattgefunden. Bei der Wahl des Vizepräsidenten kam es zu einem hartnäckigen Wahlkampf. Nachdem Grabow mit 291 gegen 4 Stimmen und zwanzig weiße Zettel der Polen zum Präsidenten gewählt war, erforderte die Wahl des ersten Vizepräsidenten drei Wahlgänge. Im ersten erhielt von 313 Abstimmenden Behrend, der Kandidat der drei Oppositionsparteien 118, Bürgers 100,

Osterrath 80, im zweiten Wahlgang von 314 Stimmen Behrend 115, Bürgers 108, Osterrath 80. Nun siegte in der Stichwahl Behrend mit 161 Stimmen über Bürgers mit 129 Stimmen unter 303 Stimmenden. Bei der Wahl des zweiten Vizepräsidenten siegte v. Bockum-Dolffs im zweiten Wahlgang über Bürgers und Osterrath. Hoverbeck schrieb darüber:

„Unseren Sieg bei der Präsidenten-Wahl haben Sie wohl schon erfahren. Es ist das wohl ganz gut, indessen haben wir gerade keinen Grund, darauf sehr stolz zu sein, oder uns für besonders mächtig in der Kammer zu halten. Es war ein sehr zufälliger Umstand, daß sich die Katholiken in ihrer Mehrzahl für uns entschieden, trotzdem wir ein Kompromiß, das sie uns anboten (wonach wir als zweiten Vizepräsidenten Osterrath wählen sollten) abgelehnt hatten. Es rührt das nur davon her, daß Bürgers, der Kandidat der Grabow'schen, persönlicher Feind von Reichensperger ist. Hätten die Grabower irgend einen anderen Gothaer aufgestellt, so hätten sie sämmtliche Katholiken für denselben gehabt, und wir wären unterlegen.[12]) — Bei Hofe ist unser Sieg nicht sehr angenehm aufgefallen. Behrend war natürlich als Vizepräsident zum Hofkonzert eingeladen und hatte mit dem Könige folgendes interessante Gespräch. Er wird Sr. Majestät vorgestellt als der Abgeordnete Behrend. König: „Der Vizepräsident?“ Behrend: „Zu Befehl, Euer Majestät.“ König: „Aha.“ Behrend steht in Folge dessen in Gefahr, bei uns „Aha“ getauft zu werden.

Dagegen haben wir durch diese Wahl den Vortheil erlangt, in sehr gutem Einvernehmen mit den beiden kleineren liberalen Fraktionen, der stillen und der Fraktion Bockum-Dolffs. welche leider noch immer mit ihrer Konstituirung nicht fertig sind, zu stehen. Diese stimmten auch bei den Wahlen zu den Kommissionen für uns. Von Seiten unserer Fraktion waren zu den Vorberathungen, welche deshalb unter den verschiedenen Fraktionen stattfanden, Senff und ich abgeschickt natürlich nachdem erst die Wünsche in der Fraktionsversammlung entgegen genommen waren. Wir sind im Ganzen ziemlich gut dabei weggekommen; nur für die Unterrichtskommission war gar kein Einvernehmen herzustellen, da wir auf Diesterweg's und Rupp's Wahl bestanden, während die Grabower und Katholiken dies mit allen Kräften ablehnten. Bei den wirklichen Wahlen in den Abtheilungen fielen daher in Folge der Koalition der Katholiken und Ministeriellen Rupp und Diesterweg[12a]) durch, und auch ich hatte die Ehre, derselben Verbindung mit 20 gegen 23 Stimmen zu unterliegen, so daß ich auch nicht in die Budgetkommission gewählt wurde, zu welcher ich ohne irgend einen Widerspruch notirt war. Später fanden die Wahlen für die Gesetzentwürfe betreffend die Oberrechnungskammer und die ländliche Polizeiverwaltung statt, und dabei fanden es denn die Herren zweckmäßig, mich in die letztere Kommission zu wählen. Sie können sich leicht denken, daß ich sie nicht darum gebettelt habe. Ich für meine Person wäre nun für dies Jahr abgefunden, außer wenn ich in die Militär-Kommission kommen könnte, in der ich immer seit ihrem Entstehen gewesen bin, woraus ein gewisses Anrecht entsteht; doch fürchte ich, daß wieder alle Gothaer, Katholiken und Reaktionäre vereinigt diese Wahl verhindern werden. Das wird mich aber nicht abhalten, die Sitzungen der Militär-Kommission (die übrigens noch gar nicht existirt) regelmäßig zu besuchen. Von den Vorlagen der Regierung sind nun zwei bereits in die Kommissionen gegangen, die über die Oberrechnungskammer und die über die ländliche Polizeiverwaltung. In Letzterer sind wir Entschiedneren gut vertreten (allein 8 von der deutschen Fortschrittspartei), so daß wir die Wahl von Waldeck zum Vorsitzenden durchsetzten, und Lette sich mit der Würde eines Stellvertreters behelfen mußte. Wiewohl der Entwurf noch Manches zu wünschen läßt, namentlich zu viel der Provinzial-Regierung in die Hände giebt, ist er doch ein Fortschritt gegen den jetzigen Zustand. Schlechter ist schon der Entwurf über die Oberrechnungskammer, wo die nothwendige Mitwirkung der Landesvertretung ganz fehlt. Aber ganz Unglaubliches hat man in dem Entwurf eines Gesetzes über Minister-Verantwortlichkeit geleistet. Was man dazu sagen soll, daß die Minister unter Abänderung der Verfassung vorschlagen, nur dann eine Ministeranklage zu gestatten, wenn beide Kammern darüber einig sind — und das in diesem Augenblicke, bei unserem jetzigen Herrenhause — das weiß man nicht; ich kann es nur mit dem einen Worte treffend bezeichnen: „Unverschämtheit."

Daß die Militärvorlage ebenfalls ins Herrenhaus als in die bessere Atmosphäre dafür eingebracht ist, werden Sie aus den Zeitungen wissen, ebenso ein Entwurf zur Wegeordnung, der manches Gute enthält; doch habe ich ihn erst sehr flüchtig anzusehen Zeit gehabt."

Hoverbeck war schon am 5. Februar Mitglied der Budgetkommission. Er trat an Osterrath's Stelle, der wegen Beförderung im Amte sein Mandat niedergelegt hatte. Im Abgeordnetenhause entwickelten alle Parteien einen förmlichen Wettstreit, Gesetzentwürfe zum Ausbau der Verfassung einzubringen. Auch die Fortschrittspartei war in ihrer Mehrheit überzeugt, es würden solche Gesetze zu Stande kommen, vorausgesetzt, daß der König sich drängen ließe, durch Reform des Herrenhauses den Boden zu schaffen, auf dem die Reformgesetze möglich würden.

Den Entwurf zur Aenderung des Gesetzes vom 3. September 1814 hatte Minister Roon am 23. Januar 1862 im Herrenhause eingebracht und um möglichste Beschleunigung der Angelegenheit gebeten, „damit der an einem andern Orte etwa gesuchte Zusammenhang der Vorlage mit dem Budget nicht Anlaß gebe, die wünschenswerthe prompte Erledigung der Geschäfte zu verhindern." Darin lag eine Verdächtigung des Abgeordnetenhauses. Minister Schwerin und Abgeordneter v. Saucken stellte ihn zur Rede. Roon beteuerte, „er habe durchaus keine böse Absicht gehabt, es thue ihm unendlich leid u. s. w." —[13])

In dem Gesetzentwurf wurde die Verpflichtung zum Dienst im stehenden Heere auf siebenjährige Dauer festgesetzt, mit Beurlaubung für die letzten vier Jahre, die Verpflichtung zum Dienst in der Landwehr auf neun Jahre (fünf Jahre im ersten, vier Jahre im zweiten Aufgebot). Das Herrenhaus nahm den Gesetzentwurf am 1. Februar an. Im Abgeordnetenhause wurde eine Kommission von 21 Mitgliedern beschlossen, von denen 14 durch Abtheilungen gewählt wurden, zu denen aus der Budgetkommission der Vorsitzende, zwei Referenten und vier Korreferenten hinzutraten. Hoverbeck wurde als Referent der Budgetkommission Mitglied der Militärkommission.

Hoverbeck verlangte von den liberalen Abgeordneten, daß sie sich zu ihren Grundsätzen „offen und von Rücksichten jeder Art unbeirrt" bekennten. Er verlangte, daß man auch auf Vorurtheile des Königs keine Rücksicht nehme. Dies ergiebt der Schluß seines Briefes vom 26. Januar:

„Vorgestern hatten wir ein Kammerdiner zum 150jährigen Geburtstage Friedrichs des Großen. Grabow brachte den ersten Toast auf den König und zwar jämmerlicher Weise abermals, wie schon in der Dankrede bei der Präsidentenwahl mit der traurigen Anspielung an die „von Gottes Tische genommene Krone." Das ist eine Redensart, und zwar, wie Alle wissen, eine solche, die Grabow selbst nicht glaubt; wir haben ihn gewählt, weil wir mehr Würde und weniger Liebedienerei . . . von ihm erwarteten. — — Den zweiten Toast auf Friedrich II. brachte als Vizepräsident Behrend aus. Die Rede war zu lang und wurde nach Grabow's Muster abgelesen; sonst war das, was er sagte, ziemlich gut. Den Preis trug Wachsmuth (stille Fortschrittspartei) mit einem Toaste auf Deutschland davon; er war frei gesprochen, kurz und kernig. —

Heute Sonntag Vormittag 12 Uhr fand im Opernhause ein Konzert für die Flotte statt. Die Berliner Gesangvereine hatten dazu 1500 Sänger gestellt. Die übrigen Plätze des Opernhauses mit Ausnahme des ersten Ranges waren ziemlich gefüllt, der letztere aber demonstrativ leer, beinahe kein einziger Offizier da. Der König und die Königin waren da. Das vorletzte Lied war eins vom alten Blücher (Reissiger: „die Heere blieben am Rheine stehn") und konnte allenfalls wie eine Drohung gegen Frankreich aussehen. Der König aber hörte es mit vielem Vergnügen an und ging dann schnell fort, unmittelbar vor den ersten Tönen von „Des Deutschen Vaterland." Das Publikum aber hat hier Takt und versteht auch zu demonstriren. Sobald der König aus der Loge herausging, und die ersten vier Töne von des Deutschen Vaterland gesungen wurden, unterbrach man das Lied — ein sonst unerhörter Fall — mitten in der ersten Zeile durch ein recht energisches Klatschen. Es wurde mit rechter Liebe und Freude von den 1500 Stimmen zu Ende gesungen und erhielt brausenden Beifall. Über das Faktum selbst ist nichts weiter zu sagen als: **„Das arme Land!"** —

Dem König interessirte das deutsche Vaterland noch nicht. In dem seit 1848 verpönten Liede des alten E. M. Arndt, sah er wohl noch immer einen Sammelruf der Demokraten, — „seiner Feinde."[14]) Mit der Kurhessischen Sache beschäftigte er sich nur aus preußischem Interesse. Er „wälzte sie", wie Roon zu Bernhardi einmal sagte, „vielfach hin und her im Gemüth."

In der Thronrede war das Bedauern ausgesprochen, daß der Verfassungsstreit in Kurhessen noch nicht geschlichtet sei und daran die Hoffnung geknüpft, daß den Bemühungen der Regierung, die fortwährend auf Wiederherstellung der Verfassung von 1831 gerichtet seien, der endliche Erfolg nicht fehlen werde. Kurhessen betrafen hierauf die beiden ersten Anträge, die im Abgeordnetenhause eingebracht wurden. Die Fraktion Grabow beantragte unter ausführlichen Erwägungen, das Haus der Abgeordneten möge als dringend geboten erklären, daß die Staatsregierung schleunig und mit Nachdruck auf die Wiederherstellung des verfassungsmäßigen Rechtszustandes in Kurhessen hinwirke (Antrag Bürgers und v. Sänger). Die beiden Fortschrittsparteien und die Fraktion Bockum-Dolffs beantragten, die Staatsregierung aufzufordern, nunmehr alle ihre Mittel einzusetzen für die Wiedergewinnung des verfassungsmäßigen Rechtszustandes in Kurhessen, insbesondere für eine sofortige Berufung der Hessischen Volksvertretung auf Grund der Verfassung vom 5. Januar 1831, der in den Jahren 1848 und 1849 dazu gegebenen Erläuterungen und deren vorgenommenen Abänderungen und des Wahlgesetzes vom 5. April 1849 (Antrag Virchow). In einer am 29. Januar eingesetzten Kommission von 14 Mitgliedern unter dem Vorsitz von Carlowitz einigten sich die Antragsteller auf eine Erklärung, die im Wesentlichen dem Antrage Virchows entsprach, aber die Erwägungen des Antrags Bürgers voranstellte und nur als dringend geboten erklärte, daß die Regierung mtt allen ihren Mitteln auf die Wiederherstellung des verfassungsmäßigen Rechtszustandes hinwirke. Der Minister Bernstorff verlas eine nicht befriedigende Erklärung der Regierung. In der Kommission wurde der Antrag mit allen gegen die Stimme des Abgeordneten Reichensperger angenommen.[15]) Die Kommission erstattete durch Behrend schon am 10. Februar Bericht. —

Bevor darüber im Plenum berathen wurde, trat ein Zwischenfall in Betreff der Beziehungen Preußens zu den deutschen Regierungen ein. In einer Antwortsnote vom 20. Dezember 1861 auf einen Bundesreformplan des sächsischen Ministers Freiherrn v. Beust, hatte der Minister der auswärtigen Angelegenheiten ausgeführt, daß eine Entwickelung des Bundes in bundesstaatlicher Richtung für seinen ganzen Bestand unthunlich und eine kräftige Centralgewalt für den ganzen Bund unmöglich sei, daß dagegen die Bildung eines Bundesstaates von engeren Grenzen innerhalb des weiteren völkerrechtlichen Staatenbundes als eine sehr wohl mögliche und wünschenswerthe Einrichtung betrachtet werden müsse. Hierauf sandten sieben Regierungen, — Oesterreich und die sogenannten Würzburger, die vier Königreiche, Hessen-Darmstadt und Nassau — dem Berliner Kabinet gleichlautende vom 2. Februar datirte beleidigende Noten. „Darin hielt man mit stolzem Ernste dem preutzischen Sünder die Verwerflichkeit seiner Gedanken vor, erinnerte ihn nachdrücklich an die bei gleichem Vorgehen erlittene Niederlage (Olmütz), legte kräftige Verwahrung gegen jede Beschränkung deutscher Souveränitäten ein, und forderte Konferenzen zur Errichtung eines Bundesdirektoriums und einer Delegirtenversammlung." (Sybel Band II S. 403.)

Roon schrieb darüber entrüstet am 11. Februar an seinen Freund Perthes:

„Was sagen Sie zu der großdeutschen Teufelei, die der jüngste Würzburger Wechselbalg geboren? Ich denke, sie kann uns nicht viel schaden, sondern klug benutzt nur förderlich sein. Wir werden zunächst durch einige Militär-Konventionen, die zum Abschluß reif, darauf antworten und auf den groben Klotz den groben Keil setzen. Die Anspielung auf Olmütz war nebenbei recht dumm von den Kerlen, aber sie soll mir helfen, diese Dummheit — in der Militärfrage. Was würden Sie aber sagen, wenn selbige nur wegen dieser Dummheit einer-, wegen parlamentarischer Pfiffigkeit andererseits glatt durchginge? Es ist nicht unwahrscheinlich, trotz alles Gifts und aller Galle, die gegen den Kriegsminister von den Bassermännern gekocht wird. Auch ich bin der Meinung, daß der Konflikt in dieser Frage womöglich überhaupt vermieden werden muß; jede andere Frage eignet sich besser dazu. Wenn's aber nicht sein kann ohne Schaden und Schande zu leiden, so würde auch der Handschuh aufgenommen werden müssen. So sagt wenigstens mein trotziges Herz, und ich glaube, daß es hierin recht hat. Jedoch das Spiel könnte verwegene Dimensionen annehmen, wenn sich dem Trotz nicht die nöthige Energie und Thatkraft zugesellt. Darum beten Sie, theurer Freund, immer recht andächtig das allgemeine Kirchengebet; ich kenne jetzt für mich kein heißeres, und Gottlob ich verspüre, daß es nicht umsonst gebetet wird, daß es unserm theuern Könige nützt, dem ich meinerseits mich nie inniger verbunden gefühlt habe. Ein König, der ein tapferer Mann, kann Alles; er kann Zauberdinge thun, weil sein Muth der Blitz ist, an dem sich das ganze große Feuerwerk allgemeiner Begeisterung entzündet. — Sie sehen aus diesem Schwatzen, wie viel Zeit ich habe, und doch muß ich noch auf einen — Ball gehen!"

Selbst Roon also, der seines Königs Respekt vor dem (wie Bismarck es nannte), „ganz unhistorischen, gott- und rechtlosen Souveränitätsschwindel der deutschen Fürsten" kannte, war damals der Meinung, der König werde den Gedanken, daß auch die andern deutschen Fürsten als Herrscher „von Gottes Gnaden" eine „heilige und unantastbare Krone" trügen, nach solcher Herausforderung überwinden, und durch festes energisches Auftreten gegen diese übermüthigen Feinde die Mehrheit des Abgeordnetenhauses zur Annahme der Militärgesetze begeistern. Aber der König war zu solchem Vorgehen nicht zu bewegen. Er wollte die „geheiligten und unvergänglichen Rechte" der andern Kronen von Gottes Gnaden nicht antasten. Graf Bernstorff beantwortete die Noten drei Tage später, am 14. Februar; er wies die Proteste der deutschen Regierungen „als unveranlaßt und unberechtigt entschieden zurück und lehnte jede weitere Erörterung der Gegenansichten ab."

Am 14. und 15. Februar wurde im Plenum über die kurhessische Resolution berathen. Die Klerikalen hatten einen Gegenantrag eingebracht, die Regierung aufzufordern, nach Maßgabe der deutschen Bundesgesetze und im Einverständnisse mit den deutschen Bundesregierungen eine Ausgleichung der obwaltenden Differenzen herbeizuführen. Dieser von Reichensperger und Mallinkrodt vertheidigte Antrag wurde abgelehnt. Der Kommissionsantrag, für den namentlich Twesten, Virchow, Carlowitz, Schulze-Delitzsch und Behrend sprachen, wurde mit 241 gegen 58 Stimmen angenommen. Dagegen stimmten die Klerikalen und Konservativen, dafür alle Liberalen. Die Polen enthielten sich der Abstimmung.

An demselben 15. Februar sagte Roon zu Bernhardi, er werde jedenfalls nicht nach Olmütz gehen, die „seltsame Furcht vor der Reaktion" habe überhaupt gar keinen Grund, dem Abgeordnetenhause müsse man keine Konzession machen, aber man müßte in den unteren Schichten vorwärts gehen „und da in Landgemeindeordnungen, Kreisordnung und Städteordnung die Leute an Selbstregierung und Selbstverwaltung gewöhnen und dazu erziehen." Mit diesem Abgeordnetenhause sei nichts anzufangen, es werde das Militärbudget ablehnen; man werde gezwungen es aufzulösen. . . Roon fügte hinzu worauf er hoffte: „Wenn die Regierung ausdrücklich sagt, was sie für Abgeordneten haben will — freilich Graf Schwerin kann das nicht thun — wenn allen Regierungspräsidenten u. s. w. gesagt wird, was für Leute die Regierung haben will — und wenn sie angewiesen werden, in diesem Sinne auf die Wahlen zu wirken — dann bekommen wir sie auch!"

Das Abgeordnetenhaus sobald als irgend möglich aufzulösen und nach Beseitigung der liberalen Minister durch die alten Manteuffel-Westfalenschen Mittel, durch Wahlbeeinflussung, Bedrohung und Verfolgung der Gegner, ein gefügiges Abgeordnetenhaus zusammenzubringen, das war jetzt der Plan Roon's. „Die Verfassung zu verletzen, daran denke Niemand", versicherte er, gestand aber ein, daß man dazu gezwungen werde, wenn die Verfassung von unten gebrochen würde. Er hoffte, daß der Pöbel der großen Städte, „der immer und überall die Aufstände mache, auch bei uns wohl dahin zu bringen sei. . ." Ob er glaubte, die Demokraten oder die deutsche Fortschrittspartei könne auf den Gedanken verfallen, einen Volksaufstand zu erregen?

An demselben 15. Februar gab die Fortschrittspartei des Abgeordnetenhauses dem Centralwahlkomitee und der befreundeten Presse ein Festessen. Der Präsident des Nationalvereins v. Bennigsen war Ehrengast. Virchow brachte einen Toast auf ihn aus.

Im Wahlprogramm der deutschen Fortschrittspartei war erklärt, als Anfang aller Reformen müsse vor allem mit Energie eine durchgreifende Reform des Herrenhauses auf verfassungsmäßigem Wege angestrebt werden. Witt erinnerte Hoverbeck daran. Er antwortete am 24. Februar 1862:

„Mein lieber Witt!

Ultra posse nemo obligatur! Du verlangst von mir, ich solle Dir die Gründe angeben, woher wir noch nicht gegen das Herrenhaus losgegangen sind. — Da mußt Du unsere Weisen fragen; ich meinerseits bin der Ansicht, daß schon kostbare Zeit darin verloren ist und noch täglich verloren wird. Nachdem ich, leider mit der Minorität der Fraktion, nach Kräften für eine Adresse gewirkt, hauptsächlich um die deutsche und die Herrenhausfrage darein zu bringen, halte ich meinerseits es für dringend geboten, in einer besonderen Adresse an den König gegen das Herrenhaus vorzugehen. Noch vor zwei oder drei Tagen habe ich die Fraktion in dieser Beziehung zu einer Erklärung zu treiben gesucht. Es wird nämlich eben ein Bericht an die Wähler abgefaßt. Dieser hatte eine ganze Anzahl von neuen Gesetzentwürfen aufgezählt, an denen unsere Fraktion betheiligt (oder besser mitschuldig) ist. Ich wollte dieser Aufzählung folgendes Amendement beifügen:

„Wir verkennen übrigens nicht, daß sowohl die vorerwähnten als überhaupt jedes gute Gesetz in dem gegenwärtigen Herrenhause ein starres Hinderniß finden müssen; die Fraktion erkennt es demgemäß für ihre, bereits in ihrem Programm ausgesprochene Pflicht, die nächste geeignete Gelegenheit zu benutzen, einen Antrag in dieser Beziehung in das Haus zu bringen."

Hierüber wurde nun wieder hin und her geredet, dann der zweite Theil, von „die Fraktion" ab zur Abstimmung gebracht und mit Majorität verworfen. Natürlich zog ich nun den ersten Theil selbst zurück, da es lächerlich wäre, unserer Gesetzesfabrikation diese Redensart anzuhängen, ohne auf den einzig möglichen Weg der Heilung hinzudeuten.

So steht oder vielmehr liegt die Sache jetzt. Natürlich warte ich und die mir Gleichgesinnten nur auf die erste passende Gelegenheit, den Antrag in der Fraktion event. im Hause vorzubringen. Ob wir dann in der Fraktion, und noch mehr, ob wir im Hause die Majorität haben werden, weiß ich nicht; aber das weiß ich, daß wir durch unser Programm verpflichtet sind, zu handeln. Waldeck ist unser Hauptgegner; er hat Obstruktionen von juristischen Bedenklichkeiten; wir hätten kein Recht, gegen einen gleichberechtigten Faktor der Gesetzgebung loszugehen. Wir sagen dagegen: wir haben das Recht und die Pflicht, dem Könige unmittelbar in einer Adresse die Beschwerden des Landes vorzutragen, und die Hauptbeschwerde ist eben das Herrenhaus. Wie gesagt, wir passen jetzt auf eine Gelegenheit; vielleicht thut uns das Herrenhaus den Gefallen und giebt uns eine durch Verwerfung oder gleichgeltende Amendirung der Kreisordnung. Hoffentlich werden wir dann in der Fraktion eine Majorität haben."

An eine frühzeitige Beendigung der Session glaubte Hoverbeck damals nicht.

Ueber Einbringung einer Resolution betreffend die deutsche Frage waren Verhandlungen der Fraktion Grabow mit der Fortschrittspartei frühzeitig gepflogen, aber resultatlos geblieben. Am 14. Februar wurden gleichzeitig zwei Anträge über diese Frage eingebracht, einer von den beiden Fortschrittsfraktionen (Antrag Schulze-Berlin) und einer von den Fraktionen Grabow und Bockum-Dolffs, beide mit langen Erwägungsgründen. Sie wurden einer Kommission von 21 Mitgliedern überwiesen. Ebenso ein dritter Antrag des fortschrittlichen Abgeordneten Bresgen, der von der Regierung verlangte, nicht bloß, daß sie die staatliche Einigung der deutschen Nation durch eine monarchische Centralgewalt und ein gemeinsames Parlament offen als Ziel ihrer Politik verfolge, sondern auch, daß sie zur Sicherung der Sympathie der deutschen Volksstämme den freisinnigen Ausbau der preußischen Verfassung u. s. w. kräftig in die Hand nehme.

Die Kommission unter dem Vorsitz von Carlowitz lehnte diesen Antrag ab, war aber, wie es in dem von Twesten erstatteten Bericht vom 5. März heißt: „mit Ausnahme des einen dissentirenden Mitgliedes" — des großdeutschen klerikalen Abgeordneten Dr. Krebs[16]) — „übereinstimmend der Ansicht, daß die Konstituirung eines Oesterreich ausschließenden Bundesstaates mit einer der Krone Preußens übertragenen Centralgewalt und deutscher Volksvertretung das nothwendige Ziel einer anzustrebenden Reform der deutschen Bundesverfassung sei, und daß eine Resolution dies klar und unzweideutig aussprechen müsse."

Erst nach Einbringung der Anträge war der Notenwechsel zwischen Oesterreich und den Würzburgern mit Preußen bekannt geworden. Die Kommission beschloß deshalb am 25. Februar in ihrer überwiegenden Mehrheit eine neue Resolution auszuarbeiten, welche die Gestalt des anzustrebenden Bundesstaates in seinen Grundzügen hinstellen und dessen Verhältniß zu Oesterreich klar aussprechen solle.

Die Resolution wurde unter Benutzung der wesentlich gleichartigen Motive der beiden Anträge ausgearbeitet, und die Kommission nahm sie an. Darnach sollte das Haus der Abgeordneten für nothwendig erklären:

I. „Daß bei der dringend gebotenen Reform der deutschen Bundesverfassung zwischen dem österreichischen Bundesgebiete und dem übrigen Deutschland ein unlösliches Bundesverhältniß erhalten wird;

II. daß innerhalb dieses weiteren Bundes Preußen und die übrigen deutschen Staaten, unbeschadet ihrer inneren Selbstständigkeit, sich bezüglich der militärischen, diplomatischen und handelspolitischen Angelegenheiten zu einem engeren Bunde vereinigen, in welchem die Krone Preußen die einheitliche Bundesregierung führt, und durch eine gemeinsame parlamentarische Vertretung für Freiheit und Recht des deutschen Volkes die unerläßlichen Garantien geboten werden;

III. daß die Königliche Staatsregierung im Vollbewußtseins ihres deutschen Berufs diese bundesstaatliche Organisation offen als das Ziel ihrer Politik hinstellt, und zunächst durch Vereinbarungen mit den deutschen Staaten ihrer Verwirklichuug entgegenzuführen strebt."

Vorausgeschickt waren der Resolution sechs ausführliche Erwägungen, von denen die ersten beiden lauteten:

„In Erwägung

1. daß das Recht des deutschen Volkes auf staatliche Einigung als gebieterische Forderung seiner nationalen Existenz und als Ergebniß seiner Geschichte unbestreitbar feststeht, wie dasselbe einst in der Verfassung des Deutschen Reiches und neuerdings in der Berufung der Deutschen Nationalversammlung, in der von ihr eingesetzten und von allen Deutschen Regierungen anerkannten Centralgewalt und in der Reichsverfassung von 1849 einen staatsrechtlichen Ausdruck fand, daß dieses Recht auch in allen bewegteren Epochen der vaterländischen Geschichte von den Regierungen wie von dem Volke anerkannt und im Artitel 118 der Preußischen Verfassung sogar ausdrücklich vorbehalten worden ist;

2. daß nur eine festere Verbindung der deutschen Staaten, als sie das völkerrechtliche Band des Deutschen Bundes gewährt, den geistigen, politischen und ökonomischen Interessen des deutschen Volkes entsprechen und bei der schwankenden politischen Lage Europas nicht länger hinausgeschoben werden kann, ohne selbst bei einer ungewöhnlichen Anspannung der Volkskräfte die Macht, die Unabhängigkeit und die Existenz des engeren preußischen, wie des weiteren deutschen Vaterlandes zu gefährden, zumal es dem jetzigen Bunde bei der Ohnmacht des nicht mehr zu Recht bestehenden Bundestages an jedem wirksamen Organe fehlt."

In einer dritten Erwägung war auf den Notenwechsel mit Oesterreich und den Würzburgern verwiesen und sodann erklärt:

4. „daß in der That nur die Herstellung einer einheitlichen Centralgewalt zur Leitung der militärischen, diplomatischen und handelspolitischen Angelegenheiten in fest begrenzter Kompetenz unter Mitwirkung einer deutschen Volksvertretung die Wahrnehmung der gemeinschaftlichen Interessen der Nation bei voller Aufrechthaltung der inneren Selbstständigkeit der Einzelstaaten führen kann."

Der Minister der auswärtigen Angelegenheiten Graf Bernstorff verlas eine schriftlich formulirte Erklärung des Staatsministeriums, in der nur die Bildung eines engeren Vereins deutscher Staaten mit einem Vorstande, dem das militärische Oberkommando und die Vertretung nach außen übertragen werde und eine parlamentarische Vertretung aus den Einzelstaaten für wünschenswert erachtet wurde. Auf eine Erörterung der Motive, deren Wegfall das wünschenswertheste sei, ließen sich die Vertreter der Regierung nicht ein. Die saft= und kraftlose Erklärung des Ministeriums überzeugte auch die besten Freunde desselben von dessen Unfähigkeit.

Im Anschluß an den bei der vorjährigen Adresse im Abgeordnetenhause angenommenen Antrag Vinckes zu Gunsten Italiens (s. Band I S. 190) hatte der Abgeordnete v. Carlowitz eine Resolution beantragt, die derselben Kommission zur Vorberathung überwiesen wurde. Sie empfahl dem Hause zu erklären:

„Es liege im Interesse Preußens, die Anerkennung des Königreichs Italiens nicht länger zu verzögern."

Der Minister Bernstorff ließ die schriftlich formulirte Erklärung der Regierung abgeben, daß sie diesen Antrag nicht billige und auf die Betheiligung an den Berathungen der Kommission verzichte. Die Kommission nahm mit allen Stimmen gegen die eine des klerikalen Mitgliedes den Antrag an. Beide Anträge kamen im Plenum nicht mehr zur Verhandlung.

Im Monat Februar waren nur sieben Plenarsitzungen. In den zahlreichen Kommissionen aber wurden in eifriger Arbeit eine Reihe von Gesetzentwürfen und Anträgen durchberathen. Die darüber erstatteten Berichte zeichnen sich meist durch klare, gediegene Darstellung der Thatsachen und Rechtsverhältnisse aus. Sie können noch heute als Muster parlamentarischer Berichte gelten.

Zur Verhandlung und Beschlußfassung im Plenum kam außer der kurhessischen Frage noch ein Bericht über einen Antrag Hoverbeck und Genossen, betreffend Aufhebung der gesetzlichen Zinsbeschränkungen und der lex Anastasiana. Es waren fünf Antragsteller; neben Hoverbeck die fortschrittlichen Freihändler Michaelis und Prince=Smith, von der Fraktion Grabow v. Sänger und Strohn.[17]) Der Antrag ging von einer freien volkswirthschaftlichen Kommission unter Lettes Vorsitz aus und war von 133 Mitgliedern aller liberalen Parteien unterstützt. Hoverbeck's Name war durch die Ordnung der Antragsteller nach dem A=B=C an die Spitze gekommen. Der in dem Antrag eingebrachte Gesetzentwurf war im Wesentlichen die Wiederholung eines von den Ministern 1860 eingebrachten, vom Abgeordnetenhause angenommenen aber vom Herrenhause abgelehnten Gesetzentwurfes. Der Antrag ward in einer Kommission vorberathen und im Plenum auf Bericht des Dr. Becker nach zweitägigen Berathungen — 1. und 4. März — am letzteren Tage mit 273 gegen 73 Stimmen angenommen. Die Minderheit bestand aus den Konservativen und Klerikalen und den Ministern Graf Schwerin und v. Patow.[18])

Die Kommission zur Berathung des Wehrgesetzes hatte sich am 7. Februar konstituirt: v. Carlowitz Vorsitzender, Bockum-Dolffs Stellvertreter. Sie hielt im Februar keine Sitzung ab, weil die Anlagen zum Militärbudget, deren Einsicht man für nöthig erachtete, erst am 20. Februar eingingen. In der zweiten Sitzung beschloß man auf Forkenbeck's Antrag, die Beschlüsse über einzelne Theile des Gesetzentwurfs nur für eventuelle zu erklären und erst nach Durchberathung des Militäretats die definitive Beschlußfassung vorzunehmen und über das Gesetz betreffend die 25% Zuschlag zur Klassen-, Schlacht- und Mahlsteuer gleichzeitig mit dem Militäretat an das Haus zu berichten.

Zu dem Gesetz selbst hatte Forkenbeck Abänderungsanträge eingebracht. Die Dienstpflicht der Landwehr wollte er auf zehn Jahre (sechs Jahre im ersten, vier Jahre im zweiten Aufgebot) festgesetzt haben. Die Infanterie des stehenden Heeres sollte die ersten zwei Jahre, Kavallerie, Artillerie und Pioniere die ersten drei Jahre zu ununterbrochenem Dienst bei der Fahne verpflichtet sein. Hoverbeck stellte Unteranträge, wonach die Dienstpflicht im stehenden Heere nur fünf Jahre dauern sollte.

Am 5. März fand eine lange Berathung über Vorlage und Abänderungsanträge statt. Kriegsminister Roon erklärte bei der Vertheidigung der Vorlage:

> „Die dreijährige Dienstzeit sei Gesetz. Er müsse offen und unumwunden aussprechen, eine Konzession der Regierung betreffs Abänderung der gesetzlich feststehenden dreijährigen Dienstzeit für die Infanterie sei nicht zu erwarten. In dieser Rücksicht ständen sämmtliche Mitglieder des Staatsministeriums auf demselben Boden. Die Regierung werde die dreijährige Verpflichtung zur Dienstzeit festhalten. Die Sache sei reiflich erwogen. So lange die gegenwärtige Staatsregierung im Amte, werde sie von dieser Regelung der Angelegenheit nichts ablassen; das schließe aber nicht aus, daß man nach Maßgabe der Finanzen eine Abkürzung eintreten zu lassen, sich entschließen werde.“[19])

Zu einer Beschlußfassung über die Dauer der Dienstzeit kam es in der Kommission nicht. Sie beschloß aber auf Hoverbeck's Antrag mit 26 gegen 5 Stimmen das Abgeordnetenhaus aufzufordern, Vorlegung eines neuen Militär- und Civil-Pensionsgesetzes zu fordern.

Roon war nunmehr entschlossen, sobald als irgend möglich die Auflösung des Abgeordnetenhauses durchzusetzen. Er hoffte, es werde bald Beschlüsse fassen, die er mit Erfolg benutzen könnte, Beschlüsse, die mit der Militärreorganisation nicht zusammenhingen.

Der Unterstützung seiner Kollegen Graf Bernstorff und v. d. Heydt war er sicher. Die liberalen Minister aber waren nicht vorbereitet. Am 4. März brachte Graf Schwerin, während das Ergebniß der namentlichen Abstimmung über den Antrag Hoverbeck von den Schriftführern ermittelt wurde, unter „lebhaftem allgemeinen Beifall" den Entwurf eines neuen Paßgesetzes ein, durch das der Paßzwang gänzlich aufgehoben werden sollte. Der Minister schlug vor, die Vorlage der Kommission für Handel und Gewerbe zu überweisen; er meinte eine besondere Kommission nicht vorschlagen zu sollen, weil bereits außerordentlich viele Kommissionen zur Bewältigung des reichen Materials beständen. Diese, Heiterkeit erregende Bemerkung würde der ehrliche, der Heuchelei unfähige Mann nicht ausgesprochen haben, wenn er an eine baldige Auflösung des Hauses geglaubt hätte.

Auch die Abgeordneten ahnten nicht, was ihnen in den nächsten Tagen bevorstand. Der Ausschuß des Nationalvereins, zu dem die Abgeordneten Hoverbeck, Forkenbeck, Franz Duncker und Schulze-Delitzsch gehörten, hielt am 3. März in Berlin eine Sitzung ab und beschloß eine öffentliche Ansprache an die Vereinsmitglieder. Am Abend fand eine von 2000 Personen besuchte Versammlung der Berliner Mitglieder und Freunde des Vereins unter Vorsitz Bennigsen's statt. In der Einleitungsrede besprach Bennigsen die Aufgabe Preußens, dessen Regierung entschlossen und entschieden mit der Politik der freien Hand brechen und direkt auf das Ziel losgehen müsse, das in Deutschland für preußische Regierung und preußischen Staat klar hingestellt sei. Preußen habe im Innern die bürgerlichen Institutionen zur Freiheit zu entwickeln und gleichzeitig den einheitlichen Bundesstaat in Deutschland zu gründen. Dieser könne nur ein freier Staat sein mit einer parlamentarischen Verfassung und einer vollen Entwickelung bürgerlicher Freiheit. Miquel-Göttingen begründete die Ansprache des Ausschusses, zu der die Versammlung auf Antrag v. Unruh, Siemens und Genossen die Zustimmung erklärte. Weitere Resolutionen wurden von Metz-Darmstadt, Schulze-Delitzsch und anderen Rednern begründet und von der Versammlung angenommen.

Das Herrenhaus berieth in drei Sitzungen 4., 5. und 6. März, den von seiner Kommission erstatteten Bericht über das Minister-Verantwortlichkeitsgesetz und die dadurch nöthig gewordenen Aenderungen der Artikel 49 und 61 der Verfassung. Das Gesetz wurde mit 83 gegen 38 Stimmen angenommen.[20])

Auf der Tagesordnung des Abgeordnetenhauses vom 6. März stand an erster Stelle der Bericht der Budgetkommission über die Anträge des Abgeordneten Hagen betreffend die Vermehrung der Titel des Hauptetats. Berichterstatter war Hoverbeck. In dem vom 1. März datirten Bericht, dessen Abdruck wohl erst am 4. März in die Hände der Abgeordneten kam, war die Entstehung der Anträge und der Gang der Verhandlungen in der Kommission kurz und klar dargestellt. Seit Annahme und Feststellung des Berichts war jedoch der Gegenstand durch Einbringung eines neuen von der Fortschrittspartei beschlossenen Antrages Hagen in eine andere Lage gekommen. Hagen, Stadtkämmerer von Berlin,[21]) war zu seinen ersten in der Budgetkommission gestellten Anträgen angeregt durch die Verhandlungen einer anderen Kommission, deren Mitglied er war, der Kommission, die unter Vorsitz des altliberalen Abgeordneten Generalsteuerdirektor a. D. Kühne[22]) das zu Beginn der Session vom Minister Patow eingebrachte Gesetz über Einrichtung und Befugnisse der Oberrechnungskammer zu berathen hatte.

Ein solches Gesetz forderte Artikel 104 der Verfassung. Die Oberrechnungskammer hat die Rechnungen über den Staatshaushaltsetat zu prüfen und der Landtag die Etatüberschreitungen — die Mehrausgaben gegen den durch Gesetz festgestellten Staatshaushaltsetat — auf Grund der Bemerkungen der Oberrechnungskammer nachträglich zu genehmigen. Seit Erlaß der Verfassung war niemals trotz alljährlicher Erinnerungen ein Oberrechnungskammergesetz vorgelegt. Patow's Entwurf ist in der Kommission in 11 Sitzungen berathen und vielfach abgeändert. Der einige 70 Druckspalten umfassende Bericht, vom Abgeordneten v. Kirchmann verfaßt, ist die Grundlage für das endlich 1873 wirklich zu Stande gekommene Gesetz und für Erledigung schwieriger finanzpolitischer Fragen geworden.[23]) In dieser Kommission wurde durch einstimmige Beschlüsse festgestellt, daß Etatsüberschreitungen alle Mehrausgaben sind, die gegen einzelne Kapitel, Titel und Titel-Abtheilungen des Staatshaushaltsetats und der ihm zu Grunde liegenden zur Prüfung des Landtages gelangten Spezialetats stattgefunden haben. Es war anzunehmen, daß das Oberrechnungskammergesetz am Widerspruch des Herrenhauses scheitern werde. Hagen beantragte deshalb bei den ersten von der Butgetkommission berathenen Etats, diese durch Aufnahme von Positionen aus den Spezialetats weiter zu spezialisiren. Die Mehrheit der Kommission stimmte ihm zu. Hoverbeck als Referent formulirte die Beschlüsse für die Kommission. Bei Verlesung seines Berichts am 27. Februar nahm man an, so wichtige Beschlüsse seien auch dem Hause mitzutheilen. Hierauf verlas der Finanzminister v. Patow eine Erklärung der Regierung, wonach diese nicht beabsichtige, einer durch Vermehrung der Titel herbeizuführenden größeren Spezialisirung prinzipiell entgegenzutreten, aber wegen formaler Schwierigkeiten möge man von der Umgestaltung des Etats für 1862 absehen. Die Regierung werde bei Aufstellung des Etats für 1863 die von der Budgetkommission und dem Abgeordnetenhause in Vorschlag zu bringenden Aenderungen berücksichtigen. Eine neue Diskussion führte dazu, die in der vorigen Sitzung gefaßten Beschlüsse aufzuheben (mit 19 gegen 14 Stimmen) und einen von dem Vizepräsidenten Abgeordneten Behrend eingebrachten entgegenkommenden Antrag anzunehmen. Danach sollte das Haus eine Vermehrung der Titel des Staatshaushaltsetats für nothwendig erklären, die Budgetkommission ermächtigen, Vorschläge für die Feststellung der Titel im Etat für 1863 zu machen und die Regierung auffordern, diesen Etat nach den vom Hause bei der Schlußberathung angenommenen Vorschlägen aufzustellen.

Hoverbeck, Hagen und Virchow waren bei diesem Beschlusse der Kommission in der Minderheit geblieben. Bei der Berathung des Berichtes in der Fraktion der Fortschrittspartei stellte sich heraus, daß diese mit dem Verzicht auf die Spezialisirung des Etats für 1862 nicht einverstanden sei. Um Einwendungen über die Schwierigkeit der Arbeit abzuschneiden, wurde beschlossen, einen neuen Antrag Hagen in folgender Fassung einzubringen:

„Das Haus der Abgeordneten wolle beschließen, daß:

1. der Staatshaushalts-Etat in seinen Titeln durch Aufnahme der wesentlichen Einnahme- und Ausgabe-Positionen aus den denselben zu Grunde liegenden Verwaltungs-Etats mehr zu spezialisiren,
2. diese Spezialisirung schon bei der Feststellung des Staatshaushalts-Etats pro 1862 und zwar im Anhalt an die Titel und Titel-Abtheilungen der pro 1859 gelegten Spezial-Rechnungen zu bewirken sei."

Unter denen, die den Antrag unterstützten, befanden sich auch Bockum-Dolffs, Harkort und Immermann, also die Führer der befreundeten Fraktionen.

In der Sitzung vom 6. März erhielt zuerst Hoverbeck als Referent das Wort. Er hatte den von ihm erstatteten Bericht zu vertreten und widerlegte die Einwendungen, die in der Kommission gegen die ersten Anträge Hagen und die zunächst gefaßten Beschlüsse erhoben waren. Dann bat er um Entschuldigung, wenn er im „zweiten Akt des Dramas“ sich kurz fasse:

„Es kann nicht die Pflicht eines Referenten sein, wenn er aufrichtig erklärt, daß die Meinung der Kommission seiner Ueberzeugung widerspricht, dennoch dieselbe zu vertheidigen.“

Er führte nun an, was bei Gelegenheit der Berichtsverlesung die Staatsregierung erklärt, und darauf die Kommission beschlossen habe. Das Ende seiner Rede lautete:

„Ich habe schon angedeutet, daß meine Stellung dem letztern Antrage gegenüber eine negirende war, und daß sich meine Ueberzeugung bis jetzt darin nicht geändert hat. Ich glaube aber zum Schlusse noch Eins aussprechen zu dürfen. Wie wir auch in einzelnen Punkten denken mögen, ich glaube in einer Beziehung wird die ganze Kommission und das ganze Haus einverstanden sein, das praktisch wichtigste Recht, das die Landesvertretung und insbesondere das Haus der Abgeordneten besitzt, ist die Bewilligung und die Kontrolle der Gelder, die es im Namen des Landes bewilligt. Daß wir in diesem Punkte so streng als möglich sein müssen, da die äußerste Gewissenhaftigkeit für uns geboten ist, darüber werden wir Alle einverstanden sein; ich bitte Sie, nach diesem Prinzipe zu verfahren.“

In der Diskussion sprachen für den neuen Antrag Hagen außer dem Antragsteller die Abgeordneten Virchow, v. Kirchmann, Twesten, Behrend und Schulze-Delitzsch. Hagen wies nach, wie sein jetziger Antrag bestrebt sei, die erhobenen Bedenken zu heben. Der Einwand einer erheblichen Mehrarbeit könne nicht mehr gemacht werden; es könne höchstens eine unerhebliche Vermehrung der Schreibarbeit entstehen. Das Haus solle für das Jahr 1862 sich unmittelbar an die Titel und Titelabtheilungen anschließen, die die Spezialrechnungen der Regierung für das Jahr 1859 enthalten, also an die Formulare, die gegenwärtig von der Kasse angewendet werden.

Ebenso Virchow und andere Redner. Man erklärte, von einem Mißtrauensvotum gegen den Finanzminister oder das ganze Staatsministerium könne keine Rede sein. Allein Annahme des Grundsatzes und Vertagung der Ausführung bis aufs nächste Jahr genügten nicht, nachdem die Regierung in dem Gesetzentwurf über das Oberrechnungskammergesetz die unrichtige in der Reaktionszeit bei der Budgetkommission eingeführte Norm für Behandlung der Etatüberschreitungen zu einer definitiven, gesetzlich festgestellten machen wollte. Patow war, wie ihm vorgehalten wurde, bereits als Abgeordneter 1852 für Festhaltung des bisherigen Grundsatzes, daß sämmtliche Positionen der Spezialetats anzuerkennen seien, eingetreten und hatte als Beispiel auf den Etat des Kriegsministeriums hingewiesen, worin in einem einzigen (auch 1862 noch nicht getheilten) Titel einunddreißig Millionen Thaler für Verpflegung, Bekleidung und Armatur der Truppen ausgesetzt waren.

Die Entgegnungen des Finanzministers Patow machten wenig Eindruck. Er führte aus, der Antrag habe bei weitem nicht die Tragweite, die ihm beigelegt werde. Eine absolute Unausführbarkeit des Vorschlags sei von keiner Seite behauptet, aber es würden große Belästigungen für das ganze Kassen- und Rechenwesen hervortreten.

Schulze-Delitzsch hatte ausgesprochen, den Grundsätzen des Liberalismus und Konstitutionalismus werde er nicht untreu werden, auch nicht auf die Gefahr eines Konflikts mit dem liberalen Theil des Ministeriums. Patow erklärte darauf unter lebhaftem Beifall der Rechten:

„Meine Herren, das Ministerium steht Ihnen solidarisch gegenüber. Ein Konflikt mit einem Theil des Ministeriums ist also nicht möglich. Kommt es zu einem Konflikt, so ist ein Konflikt mit dem Gesammtministerium da."

In dieser, seiner letzten Rede sagte Patow ferner, die Staatsregierung finde, daß der amendirte Hagen'sche Antrag dem ursprünglichen vorzuziehen sei, sie fasse ihn nicht als ein Mißtrauensvotum auf, denn darum drehe es sich nicht.

„Es liegt ein Antrag vor, mit dem auszukommen und die Geschäfte des Landes zu führen, vielleicht möglich ist, aber da dieser Antrag erst heute zur Kenntniß des Staatsministeriums gelangt ist, so kann eine Erklärung über jene Möglichkeit weder von mir und noch weniger von den übrigen Mitgliedern des Staatsministeriums verlangt werden, und deshalb eben ist das Staatsministerium nothwendig in der Lage, dem Antrage widersprechen zu müssen."[25])

In namentlicher Abstimmung wurde der Antrag Hagen mit 171 gegen 143 Stimmen angenommen. Zur Minderheit gehörten die Konservativen, das Centrum, die Fraktion Grabow mit wenigen Ausnahmen und vereinzelte Mitglieder der Oppositionsparteien, — zur Mehrheit die Fortschrittspartei, linkes Centrum und die Polen.

Am 8. März sollte die folgende Sitzung des Abgeordnetenhauses stattfinden. Auf die Tagesordnung wurden Petitionen, Wahlprüfungen und Berichte der Budgetkommission gestellt. Aber der Präsident erhielt am 7. die Nachricht, daß in Folge des Beschlusses vom 6. das Staatsministerium mit wichtigen Berathungen beschäftigt sei.

Roon fand endlich eine Gelegenheit, seine Pläne durchzusetzen. Zunächst kam das Staatsministerium zu der Ueberzeugung, im Abgeordnetenhause nicht das nothwendige Vertrauen zu besitzen. Es bat am 8. März den König um seine Entlassung. Der König lehnte am 9. März die Entlassung ab und forderte weitere Rathschläge. Nun kam das Staatsministerium, wie v. d. Heydt in der Schlußsitzung des Abgeordnetenhauses erkärte, zu der Ueberzeugung, daß „die Vorgänge" in der Sitzung vom 6. „den Beweis geliefert hätten, daß ein einträchtiges und vertrauensvolles Zusammenwirken der Vertretung des Landes mit der Regierung" nicht in Aussicht stehe, und beantragte Auflösung des Hauses.

Daß „die Vorgänge in der Sitzung vom 6. März" zu einer Auflösung führen könnten, schien allen Parteien des Abgeordnetenhauses unbegreiflich, nur zum Vorwand einer Auflösung konnte der Beschluß benutzt werden. In Briefen von Harkort und von Hoverbeck ist dies ausdrücklich hervorgehoben. Harkort richtete am 9. März, während die Verhandlungen noch schwebten, an den ihm befreundeten Max Duncker, damals vortragenden Rath beim Kronprinzen, ein Schreiben, daß dieser seinem Herrn vorzulegen versprach. In demselben heißt es:

„Die Abstimmung über das Amendement Hagen kann nur ein gesuchter Vorwand sein, um die jetzige Krisis herbeizuführen. Das Haus verfuhr nach Recht und Pflicht. Die Ausführbarkeit gab der Finanzminister zu und schien nur die Vertagung zu wünschen. Diese wäre angenommen worden, wenn die Fraktion Grabow einen desfallsigen Antrag stellte, anstatt zu sehr auf den Sieg zu vertrauen" u. s. w.

Weiter heißt es in demselben Briefe:

„Es geht eine große Bewegung durch das deutsche Bürgerthum, von Kurland bis zu den Alpen. Sie wird nicht ruhen, bis das Ziel der Einigung und verfassungsmäßigen Freiheit erreicht ist. . . .

Die übergroße Majorität der Nation denkt nicht im Entferntesten daran, die Rechte der Krone zu schwächen, allein sie will keinen Militärstaat, sondern den Rechtsstaat und ein Volk in Waffen, an dessen Spitze der Vater des Vaterlandes steht und nicht ein Heerkönig des Mittelalters."[26])

Hoverbeck wurde durch einen Brief von Witt veranlaßt, ebenfalls am 9. März über die Krisis zu schreiben. Witt schrieb ihm am 4. März 1862:

„Lieber Leo, in meiner Schulangelegenheit ist mir doch endlich die Galle übergelaufen — Du findest sie hier beiliegend. Als ich nämlich hörte, daß der Schulrath Schrader bald nach den Wahlen geäußert: „so lange er Schulrath, sollte ich nicht bestätigt werden," hielt ich es doch für Pflicht, die Sache nicht weiter ruhig anzusehen, sondern an den Minister zu gehen. Ich verzweifele nicht daran, daß er ein Einsehen haben und Remedur schaffen wird, und sollte dies auch nicht geschehen, nun — so habe ich das Meinige gethan." —

Witt sendete Hoverbeck das an den Minister gerichtete Schriftstück. Wenn Hoverbeck keinen Weg wisse, als Abgeordneter die Sache persönlich an den Minister zu bringen, so soll er sie per Stadtpost expediren. Hoverbeck möge die Beschwerde auch durchlesen. Das Faktum biete ein gutes Beispiel dar für die Happigkeit, mit welcher die Provinzialbehörden, ohne noch vom Minister dazu angewiesen zu sein, sich auf politische Fährten stürzen.

„Sie kümmern sich sogar, nach meiner Erfahrung zu urtheilen, viel lieber um die politische Thätigkeit, als um den Fleiß und die Geschicklichkeit der Lehrer. Wir wenigstens haben hier in dieser Branche ziemlich geistloses Volk, vor dem jeder Lump, aber kein wirklich Liberaler Gnade findet. Schrader war freilich noch persönlich gekränkt, denn er war bei den Gothaer Wahlmännern Vorsitzender, wie ich unter unsern Leuten, und ich muß leider annehmen, daß ihn der Aerger über seine Niederlage erst so scharfblickend für meine politischen Gebrechen gemacht. — Nun, ich lege die ganze Angelegenheit in Deine (Gott sei Dank! breite) Hand." . . .

Hoverbeck antwortete am 9. März. Er hat die Eingabe an Bethmann nicht abgegeben und auch noch nicht abgesendet. Ob Bethmann im Amte bleibe, sei fraglich, jedenfalls sei es vergeblich, in diesem Augenblicke ihn zu einer ernsten, *eigenen* Prüfung zu veranlassen.

„Wenn Du diesen Brief erhälst, wißt Ihr es schon Alle, daß der Hagen'sche Antrag den Ministern die erste Niederlage und damit einigen derselben einen wohl schon *lange ersehnten Vorwand* gebracht hat, sich von dem einzigen ernsten Kampfe dieser Session der Militärfrage zurückzuziehen. Nach den neuesten Nachrichten, die hier in der Stadt cirkuliren, haben gestern alle Minister ihre Entlassung angeboten, der König sie aber nicht angenommen. Heute dagegen soll eine Kombination zu Stande gekommen sein, wonach nur Schwerin durch Mathis, Patow durch Bonin (den Oberpräsidenten von Posen, Abg. für Genthin) ersetzt werden, das übrige . . . . aber bleiben soll. (Ob auch Bernuth und Pückler, die dafür doch fast zu schade sind, weiß ich nicht.) Dann soll eine *Vertagung* der Häuser im Werke sein, um Zeit zur Ueberlegung zu haben, ob man *uns* auflösen oder es noch weiter mit uns versuchen will. Ich kann immer noch nicht recht daran glauben, daß man *uns* jetzt schon auflösen will; es scheint mir zu widersinnig, daß die Minister nicht erst versuchen, wie weit sie mit der Militärvorlage kommen. Wenn sie glauben, diese fiele unfehlbar, so erweisen sie, fürchte ich, den Herren Abgeordneten zu viel Ehre. — Aber es könnte freilich sein, daß sie bessere Nachrichten hätten als wir; allerdings wird sogar ein Theil der Grabower der *Wähler* wegen für zweijährige Dienstzeit stimmen *müssen*. Wissen sie sicher, daß die Militärvorlage fällt, so können sie allerdings zu dem Entschlusse kommen, lieber jetzt aufzulösen, womit die Sache für das nächste Haus res integra bleibe. Verwerfen wir erst, so verwirft das nächste Haus jedenfalls leichter. —"

Ueber v. *Bethmann*-Hollweg, der auf seine Entlassung bestand und schon am 10. März den Abschied erhielt, äußerte sich Hoverbeck dahin:

„Ich fürchte, Bethmann verdient selbst das bedingte Vertrauen nicht, das Du ihm noch bewahrt hast. Ein so schwacher Charakter jahrelang in den Händen von geistig überlegenen gewissenlosen Räthen, und vermöge seiner Indolenz von ihnen ganz abhängig — nun noch dazu scharf angegriffen von einer Partei, der Du auch angehörst — ist sicher nicht großdenkend genug, um Recht für Gnade zu gewähren."

Am 11. März war feierliche Schlußsitzung des Abgeordnetenhauses. Mit Ausnahme **Auerswalds**, des Fürsten v. **Hohenzollern-Sigmaringen** und des bereits am Tage vorher entlassenen Ministers **Bethmann-Hollweg** waren alle Minister im Hause anwesend.[27] **Heydt** trug eine Erklärung über die Vorgänge der letzten Tage vor und verlas dann die von den genannten Ministern gegengezeichnete Kabinetsordre des Königs über Auflösung des Abgeordnetenhauses und Vertagung des Herrenhauses.

Anmerkungen zum neunzehnten Kapitel.

1) Roons Denkwürdigkeiten Band II, zweite Auflage S. 51 u. ff.

2) Der Weg nach Letzlingen ging, da die Lehrter Bahn noch nicht existirte, über Magdeburg. **Witzleben** fuhr dem König bis Burg entgegen. Er hatte, wie General Gerlach in seinen Denkwürdigkeiten erzählt, schon am 10. Februar 1859 bei der Letzlinger Jagd mit dem damaligen Prinzregenten eine längere Unterredung gehabt, um diesem zu beweisen, daß er sich nicht mehr auf die konservative Partei stützen könne, da er sie zerstört habe. Man nenne sein Ministerium Auerswald-Patow und das bezeichne ein völlig liberales linkes Ministerium. Der Prinzregent bestritt, daß Auerswald ein links-liberaler sei.

3) Der König war in den Jahren 1860—62, in denen er aus den Gewissensbedenken, wie er seine Pflichten als König von Gottes Gnaden mit dem Eide auf die Verfassung vereinigen könnte, gar nicht herauskam, oft sehr weich gestimmt. Bei politischen Erörterungen kamen ihm häufig Thränen in die Augen.

In seines „geliebten Königs Augen" hatte Roon im April 1861, wie er dem König schrieb, Thränen gesehen, die ihn mit Schmerz und Grimm erfüllten. Durch den Brief, in dem er auch von dem „**tiefen Leid und der schweren Gewissensangst**" des Königs schrieb, sollte der „König von Gottes Gnaden" zur „Geltendmachung des gesetzlich berechtigten königlichen Willens" — zum Ministerwechsel bestimmt werden, um „unbeherrscht von ministerieller Vormundschaft und parlamentarischen Majoritäten zu herrschen." Der König aber meinte damals, es sei ohne Verfassungsbruch nicht möglich. (Roon Band II S. 48 ff.)

4) Dr. **Hermann Becker**, des röthlichen Haares halber „der rothe Becker" genannt, geb. im September 1820 zu Elberfeld, wurde als Redakteur der westdeutschen Zeitung im Kölner Kommunistenprozeß im Mai 1852 verhaftet und nach sechs Monat Untersuchungshaft von dem künstlich zusammengesetzten Schwurgericht auf Grund falscher Zeugnisse des Kronzeugen Hentze und seiner Genossen zu fünf Jahren Einschließung verurtheilt. Von 1862—72 Landtagsabgeordneter für Bochum-Dortmund, vom konstituirenden Reichstag an bis 1878 Mitglied des Reichstags für Dortmund, von 1872—75 Mitglied des Herrenhauses, 1871 Oberbürgermeister von Dortmund, 1875 Oberbürgermeister von Köln, † Dezember 1885. Fortschritt.

5) Die letzten Rundschreiben waren ein Zugeständniß Schwerins nach heftiger Ministerkrisis. Der König, von den Krönungsfeierlichkeiten von Königsberg nach Berlin zurückgekehrt, wollte eine Proklamation in Bezug auf die Wahlen erlassen: er wollte „**den Scepter dazwischen werfen. Es soll konservativ gewählt werden.**" Roon und Genossen waren dafür, aber die liberalen Minister erklärten sich energisch dagegen; schließlich wurde alles wieder nothdürftig zusammengeklebt. Siehe „Aus dem Leben **Theodor von Bernhardi's**" Band IV, Tagebuchblätter aus den

Jahren 1860—63 S. 152. Diese Tagebuchblätter sind mit Vorsicht zu benutzen. Bernhardi hat täglich den Inhalt der Gespräche, die er mit einflußreichen Persönlichkeiten, selbst mit dem Könige und der Kronprinzessin, mit den Ministern, höheren Militärs, konservativen und altliberalen Abgeordneten geführt hat, niedergeschrieben — gewiß wahrheitsgetreu. Aber da er weder mit Männern der liberalen Opposition (Harkort, Grabow, Bockum-Dolffs) noch mit Männern der deutschen Fortschrittspartei verkehrte und voller Vorurtheile über die Anschauungen derselben steckte, so sind seine Tagebuchblätter, soweit Männer dieser Richtung betheiligt sind, voller Unrichtigkeiten, die manchmal fast den Anschein absichtlicher Verdächtigungen und Verleumdungen gewinnen könnten. Erstaunlich ist seine Unkenntniß in Betreff politischer Gegner und die Leichtgläubigkeit, mit der er jedes noch so alberne Geschwätz über sie als Thatsache in seinen Tagebuchblättern notirt. Eine gute Quelle aber ist er, wenn man erfahren will, welche zum Theil wunderliche, ja abenteuerliche Vorstellungen in den Hofkreisen und unter den hohen Beamten und den altliberalen Abgeordneten über das Volk und die entschieden liberale Partei herrschten.

6) Siehe den Brief Prinz Friedrich Karls an Roon vom 17. November (Roon Band II S. 58.)

7) Bernhardi S. 174.

8) Moritz Klotz, geb. 1813, Kreisgerichtsrath in Berlin, Landtagsabgeordneter von 1860—66 und dann von 1869 bis zu seinem Tode, † August 1892, von 1877—79 erster Vizepräsident des Abgeordnetenhauses, Reichstagsabgeordneter von 1870—90, wo er Wiederwahl ablehnte, seit 1869 stets für Berliner Wahlkreise, seit 1862 Fortschrittspartei, zuletzt deutschfreisinnige Partei. — Diesterweg, siehe Band I S. 166. — Friedrich v. Rönne-Solingen, geb. 1804, Handelsamtspräsident a. D., von 1859 bis zu seinem im April 1865 erfolgten Tode Mitglied des Abgeordnetenhauses. — Beitzke, s. Band I S. 167.

9) Immermann, s. B. I S. 179. — Larz, s. B. I S. 206. — Dr. Friedrich Techow, geb. 1807, Gymnasialdirektor zu Rastenburg bis 1870, dann in Berlin unbesoldeter Stadtrath, † im Mai 1880. Landtagsabgeordneter von 1849—59 und dann von 1859 bis zu seinem Tode, Reichstagsabgeordneter von 1871—78, von 1862—66 Fortschritt, dann Nationalliberal. — Leonor Reichenheim, geb. 1814, † 1868, Kommerzienrath, von 1859 bis zu seinem Tode Mitglied des Abgeordnetenhauses, 1867 Mitglied des konstituirenden Reichstages, bis 1866 Fortschritt, dann Nationalliberal. — Aßmann, s. B. I S. 207. — Hermann Baron v. Vaerst, geb. 1798, Major a. D., Rittergutsbesitzer, von 1862—67 Mitglied des Abgeordnetenhauses, zuletzt für Berlin, 1867 Mitglied des konstituirenden Reichstages, † 1877. Bis 1867 Fortschritt, dann Nationalliberal, deshalb nicht wiedergewählt. — Franz Rudolf Wachsmuth, geb. 1810, Kreisgerichtsrath in Krossen, 1848 Mitglied der preußischen Nationalversammlung, Abgeordneter von 1862—66, Fortschritt.

10) Dr. med. Otto Lüning in Rheda, geb. 1818, 1862—67 Abgeordneter für Berlin, Fortschritt, wurde 1867 Nationalliberal, deshalb nicht wiedergewählt, † November 1868. — Duncker, s. B. I S. 222.

11) Julius v. Hennig, geb. 1822, Rittergutsbesitzer in Plonchott bis 1866, dann Berlin, † 1877. Mitglied des Abgeordnetenhauses 1852—58 und von 1862—73, Mitglied des Reichstages 1867—78. Fortschritt, dann Nationalliberal. — Dr. med. Raphael Kosch, geb. 1803, † März 1872, 1848 Mitglied der preußischen Nationalversammlung, zweite Kammer 1849, Abgeordnetenhaus von 1862 bis zu seinem Tode, Fortschritt. — Julius v. Kirchmann, geb. 1802, Mitglied der preußischen Nationalversammlung, als Staatsanwalt in Berlin, Abgeordneter 1849 als Oberlandesgerichtsvizepräsident in Ratibor, von 1862—81 Reichstagsabgeordneter von 1867—77, Fortschritt, † 1884. Er war 1850 Vorsitzender des Strafsenats beim Appellationsgericht Ratibor in dem Prozeß gegen den Grafen Reichenbach s. B. I S. 206.

12) Die Fraktion Grabow hatte der Fortschrittspartei angeboten, wenn sie für Bürgers als ersten Vizepräsidenten stimmte, als zweiten Vizepräsidenten zwar

nicht Behrend aber v. Rönne-Solingen zuzugestehen. Die katholische Fraktion mit 54 Mitgliedern begnügte sich damit, Osterrath, der Oberregierungsrath und Abgeordneter für Oppeln war, als zweiten Vizepräsidenten zu fordern. Bernhardi schreibt irrthümlich (Band 4 Seite 186): „Die liberale Partei" — also Fraktion Grabow — habe „thörichter Weise" für Behrend und Bockum-Dolffs gestimmt. Beseler hatte ihm erzählt, die katholische Fraktion wolle für das Militärbudget stimmen. Die Fraktion Grabow hätte für unmöglich gehalten, Osterrath zu wählen; so wenig habe sie begriffen, wie es jetzt darauf ankomme, zu retten, was zu retten ist und sich gegen die Demokraten zu vereinigen. — Die Polen stimmten bei der Stichwahl für Bürgers gegen Behrend, weil letzterer als Präsident der Danziger Kaufmannschaft aus dem Artushofe die Bildsäule eines alten polnischen Königs entfernt habe, die dort seit der polnischen Zeit sich befand. Ob Hoverbeck Recht hat, wenn er annimmt, die katholischen Abgeordneten würden damals für einen anderen Gothaer als Bürgers gestimmt haben, ist mir zweifelhaft. Am 17. Februar, wo wieder Präsidentenwahl war, erhielten im ersten Wahlgange Behrend 138, v. Rönne-Glogau 92, Reichensperger 75, im zweiten Wahlgange von 313 Behrend 135, Rönne-Glogau 98, Reichensperger 78 Stimmen und erst im dritten Wahlgange siegte Behrend mit 193 Stimmen über Rönne mit 116 Stimmen, während 64 weiße Zettel abgegeben wurden. — Dr. Ludwig v. Rönne, der altliberale, später nationalliberale Appellationsgerichtsvizepräsident für Glogau, der Bruder des fortschrittlichen v. Rönne-Solingen, geb. Oktober 1804, war bis 1879 Mitglied des Abgeordnetenhauses, von 1871—77 Reichstagsabgeordneter, † Dezember 1891. — Unter Reichensperger ist hier immer der jüngere Centrumsführer Peter Reichensperger, Obertribunalsrath in Berlin, zu verstehen, nicht sein Bruder August Reichensperger, der damals dem Abgeordnetenhause nicht angehörte. Peter Reichensperger, geb. 1810, war Mitglied der preußischen Nationalversammlung und des Volkshauses in Erfurt, fast ohne Unterbrechung seit 1849 Mitglied des Abgeordnetenhauses bis zu seinem Tode, ferner Mitglied des konstituirenden, norddeutschen und deutschen Reichstages in allen Sessionen bis zu seinem am 31. Dezember 1892 erfolgten Tode.

12a) Ueber Diesterweg, s. B. I S. 66. — Dr. Julius Rupp, Prediger der freien Gemeinde zu Königsberg, geb. 1809, ward als Divisionsprediger in Königsberg 1844 seines Amtes entsetzt; um ihn bildete sich 1846 die erste freie Gemeinde Deutschlands. Landtagsabgeordneter 1849 und dann von 1861 bis 1863 Abgeordneter, Fortschritt, † Juli 1884.

13) Wie die Altliberalen dieses Vorgehen Roons auffaßten, zeigt ein Brief R. Haym's, Redakteurs der preußischen Jahrbücher an Bernhardi vom 31. Januar. Er hatte einem Aufsatz Bernhardi's zu dessen Aerger eine zweischneidige Spitze gegeben, Grund war „das frivole — wo nicht perfide — Gebahren des Kriegsministers bei Einbringen der Militärvorlage im Herrenhause."

14) Der Abgeordnete v. Sybel stimmte für den Antrag der Kommission. Seine Darstellung, Band II S. 407, ist ungenau. Er schreibt: „Graf Bernstorff bat die Kommission dringend um Annahme der milderen Fassung, erwirkte aber nur mit Mühe eine Verschmelzung der beiden Vorschläge" u. s. w. Der Minister aber hatte in der Kommission nur eine schriftliche Erklärung verlesen, in der es hieß, die Regierung könne in den beiden eingebrachten Anträgen „nur die Absicht erkennen, ihren Standpunkt in der Sache zu unterstützen." Dieser Absicht scheine ihr indessen der Antrag der Herren Bürgers und v. Sänger mehr zu entsprechen, als der des Abgeordneten Dr. Virchow, welcher in Form und Inhalt über den Zweck hinausgehe. Auf die Verschmelzung der beiden Vorschläge zufolge Vereinbarung zwischen den drei Antragstellern hat er keinen Einfluß geübt.

15) „Unsere Feinde sind sehr thätig," sagte der König zu Bernhardi noch vor Eröffnung des Abgeordnetenhauses bei einem Gespräch über dasselbe. Die Feinde waren die deutsche Fortschrittspartei. (Bernhardi Band II S. 182.)

16) Dr. Joseph Krebs, geb. 1828 in Düsseldorf, Schriftsteller, nachher Rentner in Köln, von 1859 bis zu seinem Tode klerikales Mitglied des Abgeordnetenhauses, von 1871—74 des Reichstages. † Oktober 1890.

17) Auerswald und v. d. Heydt fehlten, ebenso Simson und v. Sybel.

18) Roons Erklärung wörtlich nach dem Protokoll.

19) Otto Michaelis, siehe Band I S. 222. — Prince-Smith, John, geb. 1809 in London, Abgeordneter von 1861 bis 66, Reichstag 1871 bis zum Tode im Februar 1874, Fortschritt, später Nationalliberal. — Karl v. Sänger, Rittergutsbesitzer in Grabowo, geb. 1810, war altliberales Mitglied der Nationalversammlung in Frankfurt und des Erfurter Parlaments; von 1850—55, dann von 1859—62 und von 1863—66 Landtagsabgeordneter für Wahlkreise des Bromberger Regierungsbezirks, dann Reichstagsabgeordneter für Wirsitz-Schubin von 1867 bis zu seinem Tode im März 1872, gehörte er altliberalen Parteien an. — Strohn, Justizrath, Rechtsanwalt beim Obertribunal in Berlin, † 1868, von 1850—52 Mitglied der ersten Kammer, von 1853—82 Abgeordneter, war Mitglied altliberaler Fraktionen.

20) Ein Minister-Verantwortlichkeitsgesetz ist bis heute nicht erlassen und Artikel 61 und 49 bestehen unverändert fort. Nach dem vom Herrenhause angenommenen Gesetzentwurf sollten die Minister nur durch übereinstimmenden Beschluß beider Häuser und nur wegen Verfassungsverletzung angeklagt werden können. Ueber die Anklage sollte ein aus zwölf Personen bestehender Gerichtshof entscheiden, der aus Präsidenten und Mitgliedern des Obertribunals und ersten Präsidenten sämmtlicher Obergerichte mittelst Looses zusammengesetzt werde. Die das Begnadigungsrecht des Königs beschränkende Bestimmung des Artikel 49 sollte aufgehoben werden.

21) Adolf Hagen, geb. 1820 in Königsberg, Stadtrath und Kämmerer von Berlin von 1854—73, seit 1877 Stadtrath, † August 1894. Abgeordnetenhaus 1862—76, Reichstag 1867—77, Fortschritt.

22) Ludwig Kühne, geb. 178?, Wirklicher Geh. Oberfinanzrath, Generalsteuerdirektor a. D. Abgeordneter 1852—63, † April 1864.

23) In der letzten Landtagssession hat Virchow am 19. März 1897 auf den wichtigen Bericht der Kommission von 1862 zur Vorberathung des Oberrechnungskammergesetzes hingewiesen, und den Antrag Hagen und die Frage, wie der Etat aufgestellt werden sollte, besprochen. Er erinnerte daran, daß in jener Kommission der spätere Reichstags- und Reichsgerichtspräsident Simson ein besonderes Gesetz über Aufstellung des Staatshaushaltsetats verlangt habe. Einige Monate darauf, 25. Juni, sprach der Abgeordnete Hagen im Plenum des Abgeordnetenhauses das Bedauern aus, daß uns das große Gesetz ganz und gar fehlt, auf das man in allen konstitutionellen weiter entwickelteren Staaten ein besonderes Gewicht lege, das sogenannte Komptabilitätsgesetz, das allgemein Grundsätze der Finanzverwaltung über Aufstellung des Etats und dessen Eintheilung, über Scheidung der ordinären und extraordinären Ausgaben über Erhebung der Einnahmen und Leistung der Ausgaben, über Etatsüberschreitung und Rechnungslegung gesetzlich feststellt. — Virchow war seit 1862 im Abgeordnetenhause Berichterstatter über die Rechnungslegung. Sein Verdienst hauptsächlich ist das Oberrechnungskammergesetz vom 25. März 1872. Seitdem hat das Abgeordnetenhaus eine siebenköpfige Rechnungskommission, dessen Vorsitzender ein Jahr wie alle Jahr Virchow war. Im letzten Landtage 1897 haben die sieben, allen Parteien angehörenden Mitglieder der Kommisston gemeinsam den Antrag eingebracht, die Regierung aufzufordern, einen Gesetzentwurf „betreffend Einnahmen und Ausgaben des Staates (Komptabilitätsgesetz)" vorzulegen. Finanzminister Miquel versprach den vom Hause angenommenen Antrag bald thunlichst auszuführen. (Siehe stenogr. Berichte Abgeordnetenhaus Bd III. S. 1697.)

24) Die Darstellung Sybel Band II S. 410 über den Antrag Hagen und dessen Folgen beweist, daß Sybel weder die stenographischen Berichte, noch die gedruckten Berichte und Protokolle der Kommissionen benutzt hat, und daß seine eigenen Erinnerungen unzuverlässig waren. Er selbst war Mitglied des Abgeordnetenhauses, hat aber den Sitzungen nicht beigewohnt. Er fehlte bei den namentlichen Ab-

stimmungen am 4. und 6. März unentschuldigt, war jedoch krank. In seinem Buche behauptet er irrthümlich, daß am 6. März der Kommissionsbericht über das Oberrechnungskammergesetz verhandelt worden sei. Seine weiteren Angaben über diesen Gesetzentwurf und über den Inhalt und die Absicht des Antrages Hagen sind vielfach unrichtig.

[25]) Sybels Angabe, daß Patow sehr „deutlich die Kabinetsfrage gestellt", ist unrichtig, nur die Vertagung der Sitzung, um dem Ministerium Zeit zur Berathung zu lassen, hatte er nahe gelegt, die Vertagung würde, wenn sie beantragt wäre, angenommen sein. Ebenso unrichtig ist es, daß die Annahme des Antrags „die offene Kriegserklärung des Hauses gegen die gesammte Heeresreform" war und aus allen Theilen des Landes mit Jubel begrüßt sei".

[26]) Siehe Berger: „Der alte Harkort" S. 578. Der Kronprinz hatte damals, wie später, keinen Einfluß.

[27]) Bei Annahme des Antrages Hagen waren Staatsminister: 1. Fürst Anton v. Hohenzollern-Sigmaringen, geb. 1812, Vorsitzender des Staatsministeriums v. November 1858 bis 11. März 1862 † Juni 1885. — 2. Rudolf v. Auerswald, Minister ohne Portefeuille, s. Band I S. 50. — 3. August v. d. Heydt (später Freiherr), geb. 1801, Handelsminister v. Dezember 1848 bis 19. März 1862, dann Finanzminister bis 23. September 1862 und v. 1. Juni 1866 bis Oktober 69. Mitglied vereinigten Landtags, Preußischen Nationalversammlung, Abgeordnetenhaus 1849—70, Reichstag 1867—69, † Juni 1874. — 4. Robert Freiherr v. Patow, Dr., geb. 1804, Finanzminister November 1858 bis 19. März 1862, seit 1873 Oberpräsident, Mitglied vereinigten Landtags, Abg. 1849—63 und 1866 bis Sommer 1869, Herrenhaus seit Dezember 1872, Mitglied des konstituir. und der Reichstage 1871—73, † Januar 1890. — 5. Moritz August v. Bethmann-Hollweg, Abg. 1852—55 und 1859—61, Kultusminister v. November 1858 bis 10. März 1862, † Juli 1877. — 6. Graf Erdmann v. Pückler, geb. 1792, † 1869, Herrenhaus 1858—62, Landwirthschaftsminister. — 7. Max Graf v. Schwerin, geb. Dezember 1804, † Mai 1872. Mitglied des vereinigten Landtages, Frankfurter Nationalversammlung, Erfurter Volkshauses, des Abgeordnetenhauses von 1849—72 (Präsident von 1849—55), Kultusminister vom 19. März bis 25. Juni 1848, Minister des Innern vom Juli 1859 bis 19. März 1862, in den letzten vier Jahren nationalliberal. — 8. General v. Roon, s. Band I S. 179. — 9. August v. Bernuth, geb. 1808, Justizminister Dezember 1860 bis März 1862, Herrenhausmitglied seit 1860, Reichstag 1867 bis zu seinem Tode, † 1888, zuletzt nationalliberal. — 10. Graf Albert v. Bernstorff, geb. 1809 (Mecklenburg-Schwerin), Minister der auswärtigen Angelegenheiten seit 1861 bis Oktober 1862, Botschafter in London, † März 1873.

Zwanzigstes Kapitel.

Die zweite Session 1862. Ministerium v. d. Heydt-Bismarck.

Am 11. März 1862 war das Abgeordnetenhaus aufgelöst. Schon am selben Tage setzte die Fraktion der deutschen Fortschrittspartei, bei der nun fast alle Mitglieder der sich auflösenden sogenannten stillen Fortschrittspartei eintraten, wieder ein Centralwahlkomité ein. Unabhängig von demselben erließen bereits am 12. März 130 Abgeordnete, die zu der Mehrheit für den Hagen'schen Antrag gehört hatten, eine Erklärung über die Motive ihrer Abstimmung. Sie wurde veranlaßt durch die Beschuldigung der offiziösen Sternzeitung: die Mehrheit des Hauses habe die ihr von dem Ministerium

„weit vorgebogene Hand zur Verständigung in der eigentlichen Absicht zurückgestoßen, sofort und im Sturm die Veränderungen durchzusetzen, welche die Regierung auf dem freilich langsameren Wege der Ordnung und mit Berücksichtigung der Interessen der Staatsverwaltung herbeizuführen bereit war."

Dem gegenüber erklärten die 130, denen sich später noch mehrere Abgeordnete anschlossen:

„Als wir in das Haus der Abgeordneten traten, waren wir entschlossen, mit großer Mäßigung alle Schritte zu vermeiden, welche zu Zerwürfnissen innerhalb der liberalen Mehrheit des Hauses oder zwischen der Volksvertretung und der Regierung Sr. Majestät des Königs führen können, aber ebenso entschlossen, treu dem empfangenen Mandate des preußischen Volkes, das verfassungsmäßige Recht seiner Vertreter zu wahren, und keinem Konflikt auszuweichen, der uns auf diesem Wege aufgenöthigt würde.

Wir glauben unsere Pflicht erjüllt zu haben. Die Weise, in welcher bisher der Staatshaushalt geordnet wurde, machte das wesentlichste Recht der Volksvertretung, das Recht, die Einnahmen und Ausgaben des Staates zu bewilligen und zu überwachen, fast bedeutungslos. Denn nach der Annahme der letzten Jahre und nach der Auffassung der Regierung, welche sie in dem Gesetzentwurf über die Oberrechnungskammer geltend gemacht hat, ist dieselbe der Volksvertretung gegenüber bei der Verwendung der öffentlichen Gelder nur an die allgemeinen Titel und Summen gebunden, welche in dem Hauptetat des Staatshaushalts aufgenommen und in der Gesetzsammlnng veröffentlicht werden. Diese sind aber in den wichtigsten und kostspieligsten Verwaltungszweigen, vor allem in der Militärverwaltung, so groß und umfassend, daß sie den Ministern einen der Kontrole des Abgeordnetenhauses fast gänzlich entzogenen Spielraum und die Machtvollkommenheit gewähren, auch ohne und gegen den Willen der Volksvertretung tief eingreifende Einrichtungen zu treffen oder aufrecht zu erhalten. Um diese scheinbare Feststellung des Budgets zu einer wirklichen zu machen, führten wir einen Beschluß des Hauses der Abgeordneten herbei, nach welchem nicht nur die Nothwendigkeit einer spezielleren Budgetbewilligung für die Zukunft ausgesprochen ward, sondern auch schon für das laufende Jahr in den bindenden Hauptetat diejenigen Summen aufgenommen werden sollten, für welche dies zur pflichtmäßigen Ausübung der verfassungsmäßigen Kontrolle erforderlich und nach der Einrichtung des Kassen- und Rechnungswesens ausführbar erscheinen würde. Die sofortige Ausführbarkeit dieses Beschlusses hat sich auch bereits durch die Umarbeitung mehrerer Etats nach Maßgabe desselben in der Budgetkommission bewährt. Daß eine solche detaillirte Aufstellung des Hauptetats künftig unerläßlich sei, ward von allen Seiten anerkannt, und die königliche Staatsregierung selbst stellte eine derartige Abänderung für die Zukunft in Aussicht. Dagegen widersprach sie derselben für dieses Jahr. Wir aber, die wir nicht über die Formen künftiger Budgets zu verfügen, sondern über den Inhalt des gegenwärtigen nach Pflicht und Gewissen zu beschließen hatten, wir durften uns nicht auf Wünsche beschränken, denen auch später schwerlich ohne die eigene Thätigkeit der Volksvertretung in genügendem Maße entsprochen werden wird; wir waren verpflichtet, die Mittel des Staates nur in einer Form zu bewilligen, welche die uns obliegende, wirkliche Kontrole nöthig machte. Wir durften, soweit es an uns lag, das verfassungsmäßige Recht des Volkes nicht zu einem wesenlosen Scheine werden lassen. Wir mußten in Erfüllung unserer verfassungsmäßigen Pflicht das uns gebotene Mittel anwenden, um uns eine vollständige Darlegung und eine wirkliche Innehaltung des festzusetzenden Staatshaushaltes in seinen einzelnen Positionen zu sichern. Es leuchtet außerdem ein, wie wesentlich gerade jetzt eine sehr spezielle Festsetzung des Militäretats war.

Die königliche Regierung hat die Fassung dieses Beschlusses, ohne seine praktische Durchführung in der Bearbeitung der einzelnen Etats abzuwarten, mit einer Auflösung des Hauses beantwortet. Wir haben unser klares, unzweifelhaftes Recht einer Budgetbewilligung in bindender Form ausgeübt, und keineswegs in die Rechte der Exekutive eingegriffen. Wir haben keine unfruchtbare Opposition erhoben, keinen kleinlichen Streit gesucht. Wir haben in einer großen und wichtigen Angelegenheit das verfassungsmäßige Recht der Volksvertretung zu einer Wahrheit machen wollen. Wir erwarten mit gutem Gewissen das Urtheil des Landes."

Für die Auflösung des Abgeordnetenhauses war das Ministerium einstimmig gewesen. Roon mit Bernstorff und v. d. Heydt waren dafür in der zuversichtlichen Hoffnung eingetreten, es würden sich bessere Wahlen durchsetzen lassen. Auch Auerswald war gleicher Hoffnung.[1])

Nach der Auflösung fanden Tag für Tag bei Auerswald Berathungen statt über die vom Könige verlangten Vorschläge. Der Ministerpräsident Fürst Hohenzollern-Sigmaringen lag fern von Berlin seit längerer Zeit krank. An Stelle desselben wurde von der konservativen Minderheit des Ministeriums, denen sich der Hausminister Graf Schleinitz zugesellte, der Herrenhauspräsident Prinz zu Hohenlohe-Ingelfingen erlesen. Der König wurde veranlaßt, ihn zur Annahme der Stelle zu bewegen. Schon am 11. März wurde er ernannt. Der Kultusminister Bethmann-Hollweg weigerte sich, dem Ministerrath beizuwohnen; er bestand auf seine Entlassung. Die mehrtägigen Berathungen der Minister blieben erfolglos. Eine Einigung kam nicht zu Stande. Man entschloß sich, zwei gesonderte Programme, eins von jeder der beiden Fraktionen des Ministeriums, dem König zur Auswahl vorzulegen.

Die liberalen Minister hatten ihren Einfluß auf den König überschätzt. Auch ihre Freunde im Abgeordnetenhause rechneten auf den Fortbestand des Ministeriums. Ein am 12. März beschlossenes Programm der altliberalen Partei wurde schon am 13. März mit den Unterschriften der meisten Mitglieder der Fraktion Grabow und mehrerer in Berlin wohnenden Parteigenossen[2]) veröffentlicht. Ueber die Militärfrage ist darin als Forderung der konstitutionellen Partei aufgeführt:

„VI. Aufrechthaltung der Reorganisation des Heeres, aber Ersparungen im Militäretat durch Beurlaubungen, Revision der Grundsätze über die Pensionirungen und überhaupt, wo sie ausführbar erscheinen, ohne die Kriegsbereitschaft des Heeres und die Wehrkraft des Landes zu schwächen."

Abgesehen von der Militärfrage steht das Programm auf dem Boden der gemeinsamen liberalen Grundsätze. In der deutschen Frage will es die Herstellung des Bundesstaates mit parlamentarischer Vertretung, mit preußischer Führung in den militärischen, diplomatischen und handelspolitischen Angelegenheiten. Weiter heißt es:

„III. Im Innern fordert die konstitutionelle Partei eine verfassungsmäßige, gerechte und freisinnige Regierung und den Ausbau der Verfassung in deren Geist durch organische Gesetze.

IV. Die Einheit in der Leitung und Führung der Staatsgeschäfte ist die Bedingung eines starken und segensreichen Regiments. Diese Einheit ist als dringendes Bedürfniß anzuerkennen, nicht bloß in der Uebereinstimmung der leitenden Staatsmänner, sondern auch in der Wahl der höheren Verwaltungsbeamten.

V. Das Herrenhaus in seiner gegenwärtigen Zusammensetzung ist ein Hauptbinderniß einer freisinnigen und nationalen Politik und einer gedeihlichen Entwickelung der Gesetzgebung, insbesondere für die Ordnung der Kreis- und Gemeindeverfassung und der volkswirthschaftlichen Verhältnisse. Es ist nothwendig, daß eine Reform des Herrenhauses durch Anwendung der verfassungsmäßigen Mittel herbeigeführt werde."

In der sicheren Hoffnung auf eine liberale Umbildung des Ministeriums fügte man dem Programm den folgenden Schlußsatz hinzu:

„VIII. Nur wenn das königliche Staatsministerium dem Lande durch die That den Beweis liefert, daß es sich in seiner Gesammtheit zu den vorstehenden Grundsätzen bekennt, und dieselben zur Geltung bringt, erachteten es die Unterzeichneten als die Aufgabe und Pflicht der konstitutionellen Partei, das königliche Ministerium zu unterstützen."

Gleichzeitig mit dem konstitutionellen Programm erschien auch in dem seit 1. Januar von Julian Schmidt herausgegebenen konstitutionellen Parteiorgan, der Berliner allgemeinen Zeitung,[3]) eine Erklärung von 51 Mitgliedern der Fraktion Grabow über ihre Gründe, weshalb sie gegen den Antrag Hagen gestimmt hatten. Darin hieß es auch, er sei gegen einen „als alten Vorkämpfer konstitutioneller Freiheit im ganzen Lande bekannten Minister" gerichtet gewesen.

Das Centralwahlkomité der Fortschrittspartei[4]) hatte sich unter dem Vorsitz Unruh's wieder neu konstituirt. Es gehörten zu ihm die in Berlin wohnenden Abgeordneten der Partei, außerdem Abgeordnete aus jeder Provinz und einige angesehene Berliner Parteigenossen, wie die späteren Abgeordneten Dr. Werner Siemens und Dr. Langerhans sowie dessen Vorgänger im Vorsitz der Stadtverordnetenversammlung Kochhann. Auch Hoverbeck war zur Berathung des Wahlaufrufes noch in Berlin geblieben. Die deutsche Fortschrittspartei sagte sich entschieden von dem altliberalen Ministerium los. Der Wahlaufruf lautete wörtlich:

Aufruf.

Die liberalen Parteien des Vaterlandes waren fast durchgängig einverstanden über die Ziele der politischen Bestrebungen, welche das Wahlprogramm vom 9. Juni 1861 aufstellte. Sie halten auch jetzt an diesen Zielen fest. Nur in der Beurtheilung der Vergangenheit und in den Mitteln der Gegenwart gehen sie auseinander. Der Aufruf der deutschen Fortschrittspartei vom 29. September 1861 mahnte zur kräftigen Verfolgung dieser Ziele, sowie zur Einigung aller liberalen und nationalen Anstrengungen gegen die reaktionäre Feudalpartei, welche damals die Miene annahm, als könne sie durch die Hilfe des preußischen Volkes die ihren Händen 1858 entnommene Herrschaft wiedergewinnen. Gegen sie haben die Wahlen des vorigen Jahres unwiderruflich entschieden. Im unversöhnlichen Widerspruch mit den lebendigen Kräften unserer Zeit wird diese Partei, die nie den Staat, sondern nur ihre Geltung im Staate will, durch die Wahlen und mit dem Willen des preußischen Volkes niemals wieder in Preußen regieren. Sie ist nichts, sobald sie nicht von der Macht der Regierung künstlich gestützt und getragen wird.

Aber die Hoffnungen auf ein energisches Fortschreiten, welche sich an die Wahlbewegung des vorigen Jahres knüpften, haben sich nicht verwirklicht. Die Männer, denen Sr. Majestät der König im Jahre 1858 unter den freudigen Erwartungen seines Volkes die Regierung anvertraute, haben weder mit dem Abgeordnetenhause von 1859, über dessen Mehrheit sie verfügen konnten, noch mit dem von 1862, welches, entschieden liberal, jeden liberalen Schritt des Ministeriums zu unterstützen bereit war, die Bahn der Reformen betreten, welche die freiheitliche Entwickelung unseres Staates sichern und aus der ungewissen Uebergangszeit eines beginnenden Verfassungslebens zu den festen Formen eines geordneten Rechtsstaates führen sollten. Die Verheißungen eines zeitgemäßen Ausbaues unserer noch in den wesentlichsten Punkten unvollendeten Verfassung und einer Wiederanknüpfung der Gesetzgebnng an die große Zeit der preußischen Wiedergeburt sind nicht erfüllt worden. Zu einem

Theil entsprachen die Vorlagen der Regierung in der geschlossenen Legislaturperiode nicht diesen Verheißungen, zum andern mußten sie aussichtslos an dem Widerspruch des Herrenhauses scheitern, an dessen nothwendige Umgestaltung die Hand nicht gelegt ist.

In der Wahlbewegung des letzten Herbstes konnten wir noch hoffen, das Ministerium werde, getragen von dem fortschreitenden Bewußtsein des Volkes, eine entschiedenere Politik in der Richtung einschlagen, welche unserem Vaterlande Noth thut, um seine Stelle unter den Völkern Europas mit Ehren zu behaupten. Das können wir jetzt nicht mehr. Um so nothwendiger ist es, daß die Volksvertretung ohne Rücksicht auf die Personen der leitenden Staatsmänner, unabhängig und entschlossen der Regierung gegenüber das verfassungsmäßige Recht des Volkes wahre. In der Gesetzgebung und Verwaltung kann das Haus der Abgeordneten für den Augenblick wenig erreichen. Sein unmittelbarer Einfluß auf diesen Gebieten ist gering. Seine Einwirkung wird mit Eifersucht und Mißtrauen betrachtet. Aber eine entscheidende Macht hat es in der Kontrole über die Geldmittel des Landes. Hier hat es daher die unabweisliche Pflicht, diese Kontrole unbeirrt nach bestem Wissen und Gewissen zu üben, sie nicht zu einem leeren Schein werden zu lassen, durch ihre Handhabung aber auch auf andere Reformen hinzuwirken.

Die Regierung erhebt noch überall den Anspruch, ihren Willen allein entscheiden zu sehen, macht noch überall den absolutistischen Vorbehalt, ihrerseits jedes Zugeständniß an die Volksvertretung zu versagen, keine Schranke ihres Gutbefindens anzuerkennen, die Nachgiebigkeit immer von der andern Seite zu verlangen. Als sie in der Annahme eines Antrages, welcher dem verfassungsmäßigen Recht der Billigung und Ueberwachung der Staatsgelder Wirksamkeit und Nachdruck geben sollte, ein Vorzeichen fand, daß die Mehrheit des Abgeordnetenhauses entschlossen war, sich nicht von der Regierung abhängig zu machen, sondern sebstständig in den Fragen zu entscheiden, welche seiner verfassungsmäßigen Beschlußnahme unterliegen, da löste sie das Haus auf. Sie ließ es nicht zur sachlichen Entscheidung über die Militärvorlagen kommen, für welche sie in diesem Hause keine unbedingte Zustimmung mehr erwartete. Die erste wichtige Angelegenheit der inneren Politik, welche nach der schwerfälligen Geschäftsordnung des Hauses zur Abstimmung gelangte, vereinigte gegen die vertröstenden Wünsche der Regierung die Mehrheit der Abgeordneten und zeigte sie entschlossen, rückhaltslos nach dem zu handeln, was sie als ihre Pflicht erkannte.

Ein längeres Zögern war hier nicht zulässig. Denn einmal drohte die Gesetzesvorlage über die Oberrechnungskammer das unzureichende Herkommen, welches die Bewilligung der Geldmittel durch die Volksvertretung fast bedeutungslos machte, für die Zukunft gesetzlich zu befestigen. Und andererseits durfte eine strenge Festsetzung der Militärausgaben nicht länger hinausgeschoben werden, wenn nicht die Lasten der dreijährigen Dienstzeit und des übermäßigen Militäraufwandes, welche jeder erwünschten Verbesserung auf anderen Gebieten hindernd entgegenstehen, unabänderlich werden sollten. Wir glauben, daß die allgemeine Wehrpflicht zur vollständigen Entwickelung der Wehrkraft des Volkes nur dann durchführbar ist, wenn neben andern Ersparungen durch die Einführung der zweijährigen Dienstzeit für die Infanterie unter Beibehaltung der volksthümlichen Grundlagen des Heeres die Opfer an Geld und Menschenkräften erleichtert werden. Sollte die Verfassung nur dienen, um Geld und Soldaten in größerem Maße zu beschaffen, als es ohne sie jemals möglich gewesen wäre, so hätte sie in der That wenig Werth. Wir meinen, daß diejenigen der Krone und dem Volke gleich schlecht dienen, welche beide in Konflikte bringen. Wir meinen, daß die wahren Interessen beider in Preußen untrennbar zusammenfallen, und daß man nicht das Königthum bekämpft, wenn man eine Anforderung der Regierung ablehnen zu müssen glaubt.

Die Regierung mochte mit einigem Rechte annehmen, daß die bedeutenden Verhandlungen, welche in der nächsten Zeit bevorstanden, den Einfluß und das Ansehen der liberalen Mehrheit im Lande stärken und die Aussichten auf ministerielle Neuwahlen mindern würden. Daher beeilte sie die Auflösung, ohne auch nur eine vorläufige Bewilligung der Staatsausgaben zu verlangen. Wir aber hoffen, das preußische Volk wird sich über die Lage der Dinge nicht täuschen. Im vorigen Jahr hat es dem Aufruf vom 29. September 1861 gemäß eine Mehrheit von Abgeordneten gewählt, die den Standpunkt eines wahren, verfassungsmäßigen Konstitutionalismus rückhaltslos vertraten. Wir erwarten, es wird jetzt dasselbe thun.

Die Minister haben Berufung an das Volk eingelegt, durch die Wahl neuer Vertreter seine Meinung kund zu geben. Wir hoffen auf einen unzweideutigen Ausdruck derselben. Die Sache liegt einfach. Es gilt diesmal nicht, Wünsche oder Hoffnungen zu verwirklichen, sei es schneller oder langsamer, sei es mehr oder minder. Es handelt sich nur um das Eine, nicht zu weichen von dem verfassungsmäßigen Recht, ohne welches die Abgeordneten die Pflichten ihres Mandats nicht erfüllen können. Wir sind überzeugt, daß die Regierung sich weder auf einem gedeihlichen Wege, noch im Einklang mit der Einsicht und dem Willen des Volks befindet, wenn sie durch die neuen Militäreinrichtungen die wirthschaftlichen Kräfte des Landes übermäßig anspannt, wenn sie daneben den geistigen und materiellen Interessen die freie Entwickelung versagt, welche die Spannkraft des Volks erhöhen würden, und wenn sie für die übergroßen Lasten nicht einmal durch die Erfolge einer volksthümlichen und nationalen Politik entschädigt. Wir hoffen, das preußische Volk wird in einem Konflikte, welcher nicht bloß die Hoffnungen eines raschen und sichern Fortschritts verdüstert, sondern sogar die schon errungenen Güter des verfassungsmäßigen Rechts in Frage stellt, die Besonnenheit und die Ausdauer bewähren, welche die ersten der politischen Tugenden und die Bürgen des Sieges sind.

Der Zukunft sicher hoffen wir, aus den neuen Wahlen eine Mehrzahl von Männern hervorgehen zu sehen, die pflichtgetreu das Recht des Volkes wahren, die in den Tagen ernster Entscheidung den Boden der Verfassung ungeschmälert behaupten, auf dem sich allein in gesetzlicher Ordnung das Banner des Fortschritts entfalten kann. Eine Niederlage auf diesem Boden würde ein schweres Unheil für Preußen, für ganz Deutschland sein. Wir erinnern an die laute Zustimmung, die wir bei den letzten Wahlen in allen Theilen des deutschen Vaterlandes fanden, die sich auch jetzt für die Schritte der Volksvertretung ausspricht. Ueberall sind die Augen erwartungsvoll auf den Ausgang gerichtet. Die Feinde Preußens hoffen auf eine lähmende Fortdauer des begonnenen Haders. Das deutsche Volk aber, welches wohl der preußischen Regierung, nicht mehr dem preußischen Volke entfremdet werden kann, weiß, daß die Zukunft Preußens nur in der freiheitlichen Entwickelung liegt, und daß diese in Preußen für ganz Deutschland gesichert werden muß. Die Strömung des öffentlichen Geistes ist dieser Entwickelung günstig, und das preußische Volk hat eine Gelegenheit, etwas für die Sache des Fortschritts in Europa zu thun. Die Größe der Sache verlangt, daß jeder Freund des Vaterlandes das Seine thue, den Erfolg zu sichern, damit für jetzt ein verderbliches Rückwärts abgewendet werde, und damit bald ungehemmt der alte Siegesruf erschalle — ein energisches Vorwärts.

Berlin, 14. März 1862.

Das Centralwahlkomité der deutschen Fortschrittspartei.

Gleichzeitig mit Versendung des Aufrufs wurde die Errichtung eines Bureaus unter Leitung des Stadtraths a. D. Runge (Abgeordneter für Berlin. II)[5]) bekannt gemacht.

Ueber die weiteren Verhandlungen der Minister mit dem Könige ist wenig bekannt geworden. Die liberalen Minister scheinen in Uebereinstimmung mit dem konstitutionellen Programm liberale Gesetze zum Ausbau der Verfassung, zunächst aber die Reform des Herrenhauses gefordert zu haben. Der König verwarf ihre Vorschläge. Nun erhielten die liberalen Minister Auerswald, Graf Schwerin, Patow, v. Bernuth und Graf Pückler die erbetene Entlassung. Im Amt blieben nur Roon, Graf Bernstorff und v. d. Heydt, der seit November 1848 ununterbrochen Handelsminister gewesen war, und jetzt das Finanzministerium übernahm. Minister des Innern wurde der Breslauer Polizeipräsident v. Jagow, Kultusminister der Oberkonsistorialrath Heinrich v. Mühler, Landwirthschaftsminister Graf Itzenplitz, Justizminister Oberstaatsanwalt Graf zur Lippe und Handelsminister Landrath v. Holzbrink.[6]) Die neuen Minister waren sämmtlich konservativ; eine hervorragende politische oder parlamentarische Vergangenheit hatte keiner von ihnen.

Die neue Aera war am 19. März 1862 zu Ende. Die Minister Roon und v. d. Heydt begannen sofort nach dem vereinbarten vom Könige gebilligten Wahl-Feldzugsplan vorzugehn. Der König mußte „sein Scepter in den Wahlkampf werfen," wie er selbst es schon im Herbst 1861 beabsichtigt hatte. Vom Tage nach der Entlassung der liberalen Minister, vom 20. März, datirt ein Erlaß des Königs an das Staatsministerium. Er beauftragte dieses, unverzüglich die Anordnungen wegen Ausführung der Wahlen der Abgeordneten zu treffen. Aufgabe der Behörden sei, den Wählern über die Grundsätze seiner Regierung unzweideutigen Aufschluß zu geben

„und den Einflüssen von Verdächtigungen entgegenzutreten, welche die Unbefangenheit des öffentlichen Urtheils zu verwirren bezwecken, wie dies bei den letzten Wahlen sich gezeigt. Ich halte unabänderlich fest an den Grundsätzen, welche im November 1858 den Staatsministern eröffnet und seitdem wiederholt dem Lande kund gegeben. Sie werden, richtig aufgefaßt, auch ferner die Richtschnur Meiner Regierung bleiben. Aber daran geknüpfte irrthümliche Auslegungen erzeugten Verwickelungen, deren glückliche Lösung die nächste Aufgabe der gegenwärtigen Regierung ist."

Die Gesetzgebung und Verwaltung müsse von freisinnigen Grundsätzen ausgehen, aber konservativen Charakter tragen. Uebereilung und Ueberstürzung wirkten nur zerstörend.

„Es ist meine Pflicht und ernster Wille, der von mir beschworenen Verfassung und den Rechten der Landesvertretung volle Geltung zu sichern, in gleichem Maße aber auch die Rechte der Krone zu wahren und sie in ungeschmälerter Kraft zu erhalten, welche für Preußen zur Erfüllung seines Berufes nothwendig, deren Schwächung dem Vaterlande zum Verderben gereichen würde."

Das Staatsministerium habe Sorge zu tragen, daß diese Grundsätze bei den Wahlen zur Geltung kommen. Es wurde beauftragt, hiernach die Behörden mit Anweisungen zu versehen und allen Beamten ihre besondere Pflicht in Erinnerung zu bringen.

Zur Erläuterung des königlichen Erlasses dienten gleichzeitige Ausführungen der offiziösen Sternzeitung. Nach langen Betrachtungen über die unheilvolle Verblendung der Wähler zum vorigen Abgeordnetenhause und über die Absichten der Opposition „die Fülle der Gewalt von der Krone auf das Abgeordnetenhaus zu übertragen". wurde zum Schluß betont,

„daß es, wie bei dem jüngsten Konflikt mit dem Abgeordnetenhause, so bei den nächsten Wahlen sich nicht um Einzel-Angelegenheiten von mehr oder minder untergeordneter Bedeutung, sondern um die hochwichtige Frage handelt, ob die Macht der Regierung bei der Krone, welcher sie durch die monarchischen Ueberlieferungen, wie durch die Verfassungsurkunde des preußischen Staates angehört, bleiben oder ob sie dem Abgeordnetenhause zufallen soll."

Zwei Tage darauf, am 22. März, erschien die erste von den Anweisungen, die das Ministerium beauftragt hat, an die Behörden über die bei den Wahlen zur Geltung zu bringenden Grundsätze zu erlassen, — der Cirkularerlaß des Ministers des Innern v. Jagow an die sämmtlichen Oberpräsidenten und Regierungen. Es hieß darin, die Staatsregierung erachte es

„für ihre unerläßliche Pflicht, die Rechte der Krone mit Entschiedenheit zu wahren, und nicht zuzugeben, daß der Kraft des königlichen Regiments, auf welchem Preußens Größe und Wohlfahrt beruhen, zu Gunsten einer sogen. parlamentarischen Regierung Abbruch geschehe."

Es sei Aufgabe der Regierung

„und ihrer Organe, der demokratischen Partei, mag sie nun offen diesen Namen führen oder als sogenannte Fortschrittspartei, oder unter irgend einer andern irreleitenden Benennung auftreten, bei den bevorstehenden Wahlen überall entgegen zu wirken,"

und unter einer Fahne eine große, verfassungstreue, konservative Partei zur Bekämpfung des gemeinschaftlichen Gegners, der Demokratie, bei den Wahlen zu sammeln. Die Oberpräsidenten sollten die Regierungen und die Landrathsämter „zu einer ersprießlichen Thätigkeit" veranlassen u. s. w. Zum Schluß folgten Mahnungen an die Beamten, die je nach ihrem politischen Verhalten Beförderung oder Maßregelung zu erwarten hätten. Diesem Erlasse folgten ähnliche Anweisungen der übrigen Minister an die

Beamten. Die Oberpräsidenten, Regierungspräsidenten und Landräthe, die meist der konservativen Partei angehörten, befolgten die Anweisung ihrer Vorgesetzten zur Belehrung der Wähler in Wahlerlassen, die in allen Kreisen der Liberalen, gleichviel welcher Richtung, Entrüstung hervorrufen mußten.

Am schlimmsten erging es der Opposition in der Provinz Preußen, die fast nur Abgeordnete der „sogenannten Fortschrittspartei" gewählt hatte. Hervorragend war der Wahlerlaß, den der Vizepräsident der Königsberger Regierung v. Kamptz namens derselben an die Landräthe richtete. Die schlechten Wahlen von 1861 führte er auf die von den Gegnern der Regierung „in ausgedehntester und schamlosester Weise angewandten Mittel der Täuschung und Verdächtigung" zurück.

„Während das Centralwahlkomité der sogenannten deutschen Fortschrittspartei und andere demokratische Komités das Land mit den gehässigsten, lügenhaftesten Flugschriften und Pamphlets überschütteten, wurden in öffentlichen Versammlungen und Vereinen die Urwähler durch die Versicherung hinters Licht geführt, die Staatsregierung identifizire sich mit der Fortschrittspartei. . . . Auf diese Weise gelang es der demokratischen Partei, wohlgesinnte patriotische Männer irre zu leiten und sogar königliche Beamte von ihrer Pflicht abwendig zu machen."

„Nach Auflösung des durch solche Mittel zusammengebrachten Abgeordnetenhauses" heißt es weiter,

„hat die demokratische Partei nunmehr die Maske, unter der es ihr gelungen, so viele wohlgesinnte Männer zu täuschen, fallen lassen und in dem neuesten Aufrufe der sogenannten Fortschrittspartei vom 14. d. M. dem Königthum in Preußen offen den Krieg erklärt, indem darin Forderungen gestellt und Prinzipien adoptirt werden, mit denen das verfassungsmäßige Königthum nicht bestehen kann, wenn dasselbe nicht das willenlose Werkzeug zufälliger Majoritäten werden soll."

Herr v. Kamptz knüpfte an seinen Wahlerlaß die Aufforderung an die Landräthe, in jedem Urwahlbezirk die zu Wahlmännern geeigneten, königstreuen Männer zu ermitteln, und den gewählten Wahlmännern den zu wählenden Abgeordneten namhaft zu machen. Zu Wahlvorstehern dürften keine Demokraten oder Anhänger der Fortschrittspartei ernannt werden, außer wenn in dem Wahlbezirk andere geeignete Wahlmänner sich nicht fänden.

Der Präsident des Gumbinner Regierungsbezirks v. Kries, vom Grafen Schwerin an Stelle eines zur Disposition gestellten Feudalen bestellt, forderte in seinem Wahlerlaß die Landräthe auf, Vereine gleichgesinnter Männer zur Aufklärung des Volkes zu bilden und alle Organe der Verwaltung, die Kreisbeamten, Polizeiverwalter, Schulzen, Ortsvorsteher, Forstbeamte, Geistliche und Lehrer zur Belehrung der Urwähler zu benutzen. Er warnte aber, auf Männer der sogenannten feudalen Partei ein Augenmerk zu richten, da sonst nach dortigen Verhältnissen jede Möglichkeit eines Erfolges gefährdet würde. Die Wahlerlasse ostpreußischer Landräthe überboten in Schmähungen und Verdächtigungen des aufgelösten Abgeordnetenhauses noch die Erlasse der Regierungen.

Die Minister erkannten bald, daß ihr Plan, bessere Wahlen mit Hilfe gefügiger Beamten durch starke Beeinflussung der Wähler zu erzielen, scheiterte. Das Mittel hatte die entgegengesetzte Wirkung. Die Wahlerlasse gehörten, wie Georg Vincke später sagte, „zu den höchsten politischen Fehlern, die jemals ein Ministerium begangen hat." Stadtverwaltungen, Universitäten (Berlin, Bonn, Greifswald, Halle, Königsberg, Breslau), andere unabhängige Kollegien, Behörden und Beamte legten entschieden Verwahrung ein. Zur Beschwichtigung der Wähler wurden nun andere Mittel versucht. Der kluge v. d. Heydt, der seit November 1848 als Mitglied der Ministerien Manteuffel, Westfalen und Auerswald Erfahrungen in sechs Wahlkampagnen gesammelt hatte, sandte am Tage nach dem königlichen Erlaß, am 21. März, also vor den ersten Ministerial-Wahlerlassen, ohne Zweifel nach Vereinbarung mit Roon, an diesen einen amtlichen Brief der sorgfältig geheim gehalten in Reserve aufbewahrt wurde, um noch vor den Wahlen zu geeigneter Zeit die Wähler von den Vorzügen dieses Ministeriums und seines Finanzministers v. d. Heydt vor dem vorigen Ministerium und dessen Finanzminister v. Patow zu überzeugen.

Am 5. April veröffentlichte die Vossische Zeitung dieses vertrauliche Schreiben des Finanzministers an den Kriegsminister, das ihr anonym zugegangen sei und für dessen Echtheit sie keine bestimmte Bürgschaft übernehmen könne. Es hieß darin:

„An den Königl. Staats- und Kriegsminister
von Roon Excellenz.

Für die Staatsregierung ist es von der größten Wichtigkeit, daß die bevorstehenden Wahlen zum Abgeordnetenhause günstig ausfallen, und sie darauf rechnen kann, die Majorität des Hauses für sich zu haben. Sie wird zu dem Behufe bemüht sein müssen, Alles aus dem Wege zu räumen, was nach den Erfahrungen der jüngsten Vergangenheit dazu beitragen kann, die der Regierung feindlichen Elemente von dem Abgeordnetenhause fern zu halten. Wie Ew. Exc. nicht entgangen sein wird, sind es hauptsächlich zwei Gegenstände, nämlich die Erhöhung des Militär-Etats und die beabsichtigte Forterhebung der Zuschläge von 25 % zur Einkommen- und Klassensteuer und Mahl- und Schlachtsteuer, welche bei den letzten Wahlen in allen Landestheilen von der sogenannten Fortschrittspartei als Agitationsmittel gegen die Regierung benutzt worden sind, um die öffentliche Meinung für sich zu gewinnen und die Wahlen auf sich zu lenken. Mit welchem Erfolge dies geschehen, hat die Zusammensetzung des aufgelösten Abgeordnetenhauses gezeigt. Auch gegenwärtig werden diese Fragen ausgebeutet, um auf die bevorstehenden Wahlen einzuwirken, und es liegt die Besorgniß nahe, daß, wenn nicht geeignete Vorkehrungen getroffen werden, der Erfolg nicht minder günstig sein werde, als früher, da selbst die Organe der sogenannten liberalen Partei unverhohlen aussprechen, daß letztere dem Militär=Etat nur bedingt ihre Zustimmung geben könne, und sich gegen die Forterhebung der Steuerzuschläge erklären müsse.

Die Staatsregierung wird diese Wahrnehmungen nicht unbeachtet lassen dürfen, sondern ernstlich und rechtzeitig zu prüfen haben, ob sie bei unveränderter Beibehaltung des Militär=Etats die Bildung eines Abgeordnetenhauses erwarten darf, in welchem sie die Majorität auf ihrer Seite haben und im Stande sein wird, die Bewilligung des Militär=Etats und der Steuerzuschläge mit einiger Sicherheit durchzusetzen. Nach meiner Ansicht lassen sich diese Erwartungen nicht hegen, weil gerade die gedachten beiden Fragen ihrer materiellen Bedeutung wegen mehr als viele andere geeignet sind, den Gegnern derselben bei den Wählern Einfluß zu verschaffen. Eine Verminderung der Steuern, selbst wenn sie nicht drückend sind, ist allen Schichten der Bevölkerung willkommen, zumal wenn es sich, wie in vorliegendem Fall, um eine außergewöhnliche Steuer handelt, welche schon unter besonderen Umständen, noch mehr aber unter gewöhnlichen Verhältnissen nur ungern entrichtet wird, besonders wenn die Nothwendigkeit der Einrichtungen, für welche sie gefordert wird, in der öffentlichen Meinung nicht die ungetheilteste Anerkennung findet.

Diese Erwägungen gewähren mir die Ueberzeugung, daß, um die Wahlen im Sinne der Regierung zu fördern, es unbedingt geboten ist, auf die Forterhebung der Steuerzuschläge vom 1. Juli d. J. ab zu verzichten und hierüber noch vor dem Wahltermin in geeigneter Weise bestimmte Zusicherungen zu machen. Allerdings wird damit eine Netto=Einnahme von mehr als 3700000 Thlr. aufgegeben. Wenn es auch, wie ich hoffe, mir möglich sein wird, Mittel und Wege zu finden, einen Theil dieses Ausfalles durch Vermehrung der Einnahmequellen des Staates zu decken, so wird dies jedoch immer nur ein verhältnißmäßig geringer Betrag der obigen Summe sein können; daß der größere Theil derselben durch Verminderung der Ausgaben nur im Bereiche der Militär=Verwaltung, für welche die Steuerzuschläge bisher erhoben worden sind, eintreten kann, glaube ich nicht näher begründen zu dürfen, da es Ew. Excellenz hinreichend bekannt ist, daß in allen übrigen Verwaltungszweigen schon seit Jahren die größtmöglichste Beschränkung der Ausgaben stattgefunden hat, um nur einige Mittel zur Verminderung des durch die Mehrbedürfnisse der Militär=Verwaltung entstandenen Defizits im Staatshaushalte zu gewinnen, und wenigstens den Schein zu retten, daß die Regierung bestrebt sei, die deshalb wiederholt gemachten Zusagen zu erfüllen. Die Folge davon ist gewesen, daß die wegen Mangels an Deckungsmitteln zurückgestellten Bedürfnisse von Jahr zu Jahr gestiegen, und je länger, je mehr fühlbar geworden sind, so daß es ohne Nachtheil für die Wohlfahrt des Landes nicht länger thunlich sein wird, dieselben noch weiterhin unberücksichtigt zu lassen, und die vielfachen Anträge, welche bei Gelegenheit der Budgetberathung im Landtage auf Erhöhung des Ausgabefonds gestellt werden, durch Hinweisung auf den Mangel an Deckungsmitteln zu beseitigen.

Wenn Ew. Excellenz geneigtest in Erwägung ziehen, daß das durch die neue Organisation der Armee im Staatshaushalte herbeigeführte Defizit, bei Zugrundlegung des für das laufende Jahr aufgestellten Etats, nach Wegfall der Steuerzuschläge noch ca. 7000000 Thlr. beträgt, so glaube ich darin Hochdero Zu=

stimmung mich zu erfreuen, wenn ich die Summe von 2 1/2 Mill. Thlr. als ein Minimum bezeichne, um welches der Militär-Etat vom laufenden Jahre ab so lange, bis die Finanzlage sich günstiger gestaltet, zu vermindern sein wird. Es werden alsdann bis dahin, daß die Mehr-Einnahme aus der neuen Grundsteuer-Veranlagung flüssig sein wird, immer noch bedeutende Zuschüsse aus dem Staatsschatze zur Deckung der laufenden Staatsausgaben erforderlich sein.

In welcher Weise diese Verminderung der Ausgaben im Bereiche der Militär-Verwaltung zu bewirken sein wird, glaube ich Ew. Excellenz erleuchtetem Ermessen ganz ergebenst anheim geben zu dürfen.

Ich verkenne nicht, daß diese Aufgabe große Schwierigkeiten bieten mag; ich darf aber auch der Hoffnung mich hingeben, daß Ew. Excellenz bei Erwägung der ernsten Lage, in welcher wir uns befinden, den gewichtigen Gründen, welche für meinen Vorschlag namentlich in Beziehung auf den Ausfall der bevorstehenden Wahlen sprechen, ihre Anerkennung nicht versagen uud geneigt sein werden, mich in meiner schwierigen Stellung als Finanzminister durch bereitwillige Förderung der Maßregeln zu unterstützen, welche die Macht der Verhältnisse unabweislich erheischt." u. s. w. u. s. w.

Der Brief v. d. Heydt's war echt. Der Vossischen Zeitung war eine Abschrift auf Umwegen zugegangen. Intendanturbeamte aus dem Kriegsministerium hatten den „Verrath" begangen.[7]) Der Inhalt des Briefes erregte allgemeines Staunen in Berlin wie im ganzen Lande. Ein Brief des Abgeordneten Twesten an Hoverbeck vom 6. April giebt davon Zeugniß. Hoverbeck hatte voller Entrüstung den Wahlerlaß des Herrn v. Kamptz an Twesten geschickt und gefragt, was das Centralkomité dagegen thun werde. Twesten's Antwort lautet:

Mein verehrter Freund! Berlin, 6. April 1862.

Vielen Dank für Ihren Brief. Das Reskript des pp. v. Kamptz, welches diesem erlauchten Namen alle Ehre macht, ist bereits in hiesigen Zeitungen gedruckt. Gegen die eingeführte Censur wüßte ich keinen andern Rath, als sich nicht daran zu kehren, und ich hoffe, daß das nicht bloß hohe Polizeiobrigkeiten aus eigenem Recht, sondern auch arme ernannte Ortsvorstände thun werden. Ich denke, die Herren spannen mit ihren extravaganten Erlassen den Bogen allzu straff. Eine wirksamere Flugschrift würden wir schwerlich zu Stande bringen als den v. d. Heydt'schen Brief an Roon mit seinem harmlosen Anerkenntniß der möglichen Reduktion und mit seiner liebenswürdigen „Rettung des Scheins". Das Dokument ist ohne Zweifel echt, da die Sternzeitung es noch nicht dementirt hat, und da der Staatsanwalt v. Schelling[8]) bereits in Person bei Tante Voß nach dem Original geforscht hat, welches sofort den Flammen übergeben war. Wir denken auch nicht viel mehr loszulassen; für die ländlichen Urwähler ist fast nur das Blatt von Büttner[9]) über das Militär erschienen, dem noch eins über König und Fortschritt in den nächsten Tag folgen wird. — Sicher können wir wohl eines günstigen Resultates nicht sein, aber die Aussichten auf eine entschiedene Mehrheit sind doch auch noch nicht ungünstig. Aber was weiter? Ein Fortwirthschaften der jetzigen Regierung ohne Rücksicht auf die Volksvertretung wird vielleicht lange Zeit möglich sein, nicht bloß wenn die Grabower die Entscheidung in Händen haben, sondern auch wenn wir die Majorität gewinnen, müßte man sich dann auch einige Einschränkungen auferlegen. Denn ich glaube, mit der finanziellen Verantwortlichkeit wird v. d. Heydt etwas vorsichtig sein.

Ich hoffe das beste, und jedenfalls auf ein Wiedersehen mit frischem Muth.

Herzlich der Ihrige K. Twesten.

In der Presse und in den Versammlungen jener Tage wurde der Widerspruch zwischen diesem „kostbaren Dokument" und den Wahlerlassen der Minister mit Genugthuung hervorgehoben. „Herr v. d. Heydt," sagte Twesten in einer Versammlung vom 7. April „erkennt in seinem Schreiben alles das für nöthig und ausführbar an, woraus man der Fortschrittspartei ein Verbrechen gemacht hat; es war bekannt, daß die Fortschrittspartei den Fortfall des Steuerzuschlags und Streichung von 2½ bis 3 Millionen Thaler am Militäretat gewollt hat. Jetzt nach der Auflösung erkennt v. d. Heydt an, daß die Fortschrittspartei im Recht war."

Der Minister v. Jagow und die andern thatenlustigen neuen Kollegen v. d. Heydt's haben dessen Brief wohl erst durch die Vossische Zeitung kennen gelernt. v. Jagow kannte ihn jedenfalls noch nicht, als er am Tage darauf seinen Wahlerlaß versandte. Aber die Absicht, die 25 % Zuschlag fallen zu lassen, war ihm bekannt, da diese, wie wir jetzt aus Bernhardi's Tagebuchblättern und Roon's Denkwürdigkeiten ersehen, in dem vor der Sprengung des Ministeriums dem König übergebenen Programm gestanden hat. Vermuthlich hatte Jagow an die Wirksamkeit der Wahlerlasse fest geglaubt, ebenso wie Roon, v. d. Heydt und viele Konservative und Altliberale.[10]) Jedenfalls hatte v. d. Heydt den Brief in der Voraussicht verfaßt, daß er, wenn nöthig, zu rechter Zeit veröffentlicht werde. Bismarck schrieb an Roon von Petersburg am 12. April:

Lieber Roon! „Petersburg, 12. April 62.

Ich weiß nicht, warum ich Ihnen nicht längst geschrieben habe; vielleicht weil man hier die Dinge immer erst erfährt, wenn es nicht mehr lohnt, ein Wort darüber zu verlieren. Heut treibt mich der Heydt'sche Brief trotz Courier=Eile einige Zeilen an Sie zu richten. Jener Brief macht den Eindruck und wird hier angesehen, als sei er für die Veröffentlichung geschrieben, ein Manifest in Rechnung auf die Zukunft. Sein Styl ist nicht der einer traulichen Erörterung zwischen zwei Ministern, die sich täglich sehen und einen Büchsenschuß von einander wohnen. So aufgefaßt, schließt man daraus, daß Heydt wiederum mit seiner anerkannten Sagacität einen Wechsel voraussehe und rechtzeitig in die Richtungslinie der Zukunft einschwenke." ...

Bismarck kündigte an, daß er in 14 Tagen in Berlin sein werde. Sodann:

„Wie kam man eigentlich darauf, den 25 % Zuschlag jetzt aus dem Fenster zu werfen? Denkt man damit die Opposition zu versöhnen? Auf die Wahlen wird das nur wie ein von der aufgelösten Kammer errungener Sieg, wie ein

Schnaps für die erlahmende Fortschrittspartei wirken. Kann man diese bisher gut eingehende also erträgliche Steuer missen, was ich bestreite, so hätte man in einem kritischen Kammer-Moment die Konzession in Handeln und Dingen verwerthen sollen, aber nicht jetzt sein Pulver in die Luft verschießen."

Bernhardi, auch ein Sachverständiger auf diesem Gebiete, schrieb in seinem Tagebuche am 8. April, in der Kölnischen Zeitung sei ein posaunender Artikel zu v. d. Heydt's Lobe im großartigsten Styl erschienen. Sein Brief an Roon sei danach eine rettende That u. s. w. Er fährt dann fort:

„Das giebt zu denken! Warum hat v. d. Heydt diesen seltsamen Brief überhaupt geschrieben? Dergleichen vertraulich an Roon zu schreiben, war ganz und gar nicht nöthig, da die Herren sich täglich sehen und alles Nöthige im tiefsten Vertrauen besprechen können — ohne alle Gefahr, daß sich indiskrete Enthüllungen daraus ergeben könnten. Der Brief ist offenbar gar nicht für Roon geschrieben, sondern für das große Publikum; vor diesem will v. d. Heydt das vorige Ministerium verdächtigen und sich selbst als den eigentlichen Liberalen hinstellen; bei der Fortschrittspartei namentlich will er sich damit einschmeicheln.

Lag wirklich ein Ränkespiel des an „Sagacität" — Schlauheit und Spürsinn — hervorragenden Finanzministers vor? Man wird es annehmen müssen. Roon erklärte wiederholt, an der Veröffentlichung keinen Teil zu haben; er nannte sie am 9. April Bernhardi gegenüber ein sehr unangenehmes Intermezzo. Auffallend war freilich, daß am 5. April, also gleichzeitig mit der Veröffentlichung des Heydt'schen Briefes eine Kabinetsordre über Einsetzung einer Immediatkommission zu Berathungen über mögliche Einschränkungen des Militäretats erlassen wurde, und ferner daß, gewissermaßen in Ergänzung des Heydt'schen Briefes, die Sternzeitung schon zwei Tage darauf (am 7. April) eine Reihe Mittheilungen über die nächsten wohlwollenden Absichten der Regierung und über die von ihr für den Landtag vorbereiteten Vorlagen gab. Der Etat für 1862 solle in größerer Spezialisirung, also entsprechend dem Hagen'schen Antrage, zugleich mit dem Etat für 1863 vorgelegt werden. Zum Ersatz des vom 1. Juli ab fortfallenden Steuerzuschlags von 25 % sollten neue Steuergesetze nicht weiter beansprucht werden. Dagegen solle das Briefporto im Inlande, das damals je nach der Entfernung ein, zwei und drei Silbergroschen betrug, auf zwei Silbergroschen als höchsten Betrag für die weitesten Entfernungen herabgesetzt werden. Gesetzentwürfe zur Ausführung der Handels- und Zollverträge mit Frankreich, Japan, China, Siam, Chile und der Türkei sollten vorgelegt werden. Die Regierung beabsichtige auch im Interesse der arbeitenden Bevölkerung möglichst umfassende Erleichterungen für die nothwendigsten Lebensmittel eintreten zu lassen, namentlich auf gänzliche Aufhebung der Getreidezölle und erhebliche Ermäßigung der Eingangssteuern von Reis, Schlachtvieh und Fleisch hinzuwirken.

Diese Ankündigungen waren durchweg im Sinne der Fortschrittspartei. Die frühzeitige Vorlegung des Etats für 1863 entsprach einem Beschluß der Budgetkommission vom 1. März, über den noch kein Bericht erschienen war. Auf Antrag des Referenten Hoverbeck war in der Kommission über die Nothwendigkeit der rechtzeitigen Feststellung des Etats vor Anfang des Etatjahres verhandelt worden. Schließlich war ein Antrag des Abgeordneten Twesten angenommen. Das Abgeordnetenhaus sollte danach beschließen,

„zu erklären, daß das gegenwärtige Verfahren, regelmäßig die Staatsausgaben nach Maßgabe des zuletzt vollzogenen Etats ohne Bewilligung durch die Häuser des Landtages fortzusetzen, der Verfassung nicht entspricht, und die Staatsregierung aufzufordern, entweder durch eine frühere Vorlegung des Staatshaushalts-Etats oder durch eine Verlegung der Etatsperiode vom 1. Januar auf den 1. Juli ein verfassungsmäßiges Verfahren herbeizuführen."

Der Artikel der Sternzeitung konnte keinesfalls ohne Roon's Zustimmung erschieneu sein. Die voraufgegangene Veröffentlichung des Heydt'schen Briefes vom 21. März konnte danach als der erste Schritt zu der durch den gänzlichen Mißerfolg der Wahlbeeinflussungen nothwendig gewordenen Aenderung der Taktik erscheinen. Näheres über diese Vorgänge würde wohl nur aus den Untersuchungs- und Disziplinarakten wider die angeblich schuldigen Intendanturbeamten zu ersehen sein.

Der Minister des Innern v. Jagow, seine Kollegen, die eifrigen Untergebenen derselben und die Agitatoren der konservativen Partei waren in eine sonderbare Lage gekommen. Mancher protestantische Landpastor verlor damals auf lange Zeit Vertrauen und Einfluß in seiner Gemeinde. Er hatte von der Kanzel herab oder in kleinen Versammlungen seinen Bauern die Sünden und Verbrechen der Fortschrittspartei nach Anleitung der wüsten Flugblätter des preußischen Volksvereins geschildert.[11]) Jetzt handelte das konservative Ministerium ganz nach Wünschen und Beschlüssen jener revolutionären Partei, gerade in den Streitfragen und bald auch in betreff Kurhessens und des Königreichs Italien.

Die aus 15 Generälen und dem Kronprinzen bestehende Immediatkommission, einberufen zur Berathung der Frage, ob vom militärisch-technischen Standpunkte aus eine Einschränkung des Militäretats möglich sei, trat am 10. April zusammen. Das

Protokoll über ihre Verhandlungen ist erst in diesem Jahre veröffentlicht.

Der Kommission war eine Denkschrift Roon's vorgelegt. Zur Einleitung war darin erklärt, Zurückgehen oder theilweises Aufgeben der Reorganisation sei ausgeschlossen. Die effektive dreijährige Dienstzeit sei ein Minimum für jede tüchtige, wohlgeschulte, zuverlässige Armee; Verringerung der Dienstzeit, sei es auch nur durch Winterbeurlaubungen, sei unzulässig. Wenn Einschränkungen unmöglich seien, entstehe ein bedenklicher Konflikt zwischen unabweislichem militärischen Bedürfniß und der behaupteten finanziellen Unmöglichkeit seiner Befriedigung:

„Es ist nicht fraglich, daß es Lagen geben kann, wo man sich über diesen Widerstreit entgegenstehender Rücksichten hinwegsetzen und ihn aus höheren Pflichten im Interesse der Erhaltung und Sicherheit des Thrones und des Staates um jeden Preis schlichten muß. Bevor man jedoch dazu schreitet, wird eine gewissenhafte Regierung sich die ernste Frage vorlegen, ob alle Mittel zu einer gütlichen Ausgleichung erschöpft sind . . . ." u. s. w.

Die unter Vorsitz Wrangel's tagende Kommission hatte folgende Vorschläge zu erörtern: Sofortige Beurlaubung von 10 bis 12 Mann von jeder Kompagnie der außerhalb Berlins und Potsdams stehenden Infanterieregimenter (die Garde war, wie Wrangel sagte, wegen möglicher Ereignisse ausgeschlossen); ferner Verlegung des Einstellungstermins für die nächsten zwei Jahre vom 1. November auf den 1. April, eventuell 1. Januar ohne Verkürzung der Dienstzeit; endlich Reduktion der Trainbataillone.

In der Kommission erklärte der Kriegsminister, die Veranlassung der Versammlung liege nicht in der indiskreten Veröffentlichung des Schreibens des Finanzministers, da schon dessen Vorgänger ähnliche Briefe mehrfach an ihn gerichtet: es sei die Pflicht des Finanzministers, die Ausgaben möglichst herabzudrücken, wie die jedes Ressortministers seinen Etat aufrecht zu erhalten; daraus entstehende Konflikte entscheide der König.

Die Kommission sprach sich mit einer Mehrheit, zu der stets der Kronprinz und Moltke gehörten, für die vorgeschlagenen Einschränkungen aus. Der König aber lehnte die Beurlaubungen der Infanterie, abgesehen von Handwerkern, ab, befahl geringe Verzögerung der Rekruteneinstellung in den nächsten zwei Jahren und Wintermanquements von drei Mann per Schwadron auf zwei Jahre.[12])

Hoverbeck erfreute sich in Nickelsdorf des friedlichen Stilllebens, das nur durch Reisen nach Neidenburg und Hohenstein unterbrochen wurde, wo er, wie er an Witt bei Einladung zu den Osterferien schrieb, den Wählern zu erzählen habe, was er in der letzten Kammersession für Großthaten verübt. Zusammen mit Forkenbeck und Phillips strengte er, wohl auf Anlaß des Erstgenannten, gegen den Oberregierungsrath von Kamptz eine Injurienklage an, weil dieser in seinem Wahlerlaß das Centralwahlkomité der deutschen Fortschrittspartei, zu dem sie gehörten, beschuldigt hatte, das Land mit den gehässigsten lügenhaftesten Flugschriften überschüttet zu haben. Die Klage wurde durch Einlegung des Kompetenzkonflikts der Regierung unterbrochen. [13])

Der Wahlkampf, der im Frühjahr 1862 in Preußen ausgefochten wurde, zeichnete sich vor allem durch die Freudigkeit aus, mit der die liberalen Wähler trotz aller drohenden Maßregelungen und Strafen öffentlich Zeugniß ablegten für das Recht der geschmähten und verleumdeten Volksvertretung. Die Wahl der Wahlmänner fand am 28. April, die Wahl der Abgeordeten am 6. Mai statt.

Noch niemals so lange in Preußen zum Abgeordnetenhause nach dem oktroirten Dreiklassenwahlgesetz mit öffentlicher Abstimmung gewählt wird, hat eine so starke Wahlbetheiligung stattgefunden, wie im April 1862, — nicht blos in der Gesammtheit der Wähler, sondern auch in jeder der drei Abtheilungen. [14])

Schon der Ausfall der Urwahlen ergab in den Städten wie auf dem platten Lande eine schwere Niederlage der Regierung. Wiederwahl aller Abgeordneten, die für den Hagen'schen Antrag gestimmt hatten, ward zur allgemeinen Wahlparole. Noch niemals waren die Mehrheiten der Wahlmänner für liberale Abgeordnete so groß wie am 6. Mai 1862. Die Konservativen und Klerikalen und auch die Altliberalen (Fraktion Grabow) verloren Sitze, die Männern der Fortschrittspartei oder des linken Centrums zufielen. Keiner der Minister wurde gewählt. v. d. Heydt, der ununterbrochen seit dem Bestehen der Verfassung Vertreter seiner Vaterstadt Elberfeld gewesen war, fiel durch gegen den alten Generalsteuerdirektor Kühne, der in Berlin einem Fortschrittsmann Platz machen mußte. Der Minister des Innern v. Jagow mußte sich nach langem Zögern entschließen, sich gegen die „Mißverständnisse" der Wahlerlasse öffentlich zu vertheidigen und ihren Sätzen harmlose Deutungen zu geben. Er nöthigte den Regierungsvizepräsidenten v. Kamptz und mehrere Landräthe, ihre Erlasse zu berichtigen. Hartnäckig war der Justizminister Graf zur Lippe. Gegen seine Erlasse hatten gemeinsam eine größere Anzahl Richter des Insterburger Appellationsgerichtsbezirks öffentlich protestirt. Ihrem Protest waren andere Richter wie die vier Allensteiner Freunde Hoverbecks beigetreten. Graf zur Lippe verfügte Einleitung der Disziplinaruntersuchung. Er hatte damit kein Glück. Auf die Richter machten Drohungen keinen Eindruck. Die vier Allensteiner Richter wurden fortschrittliche Wahlmänner. Zu der Fortschrittspartei des aufgelösten Abgeordnetenhauses gehörten 20 Richter; zu diesen sämmtlich Wiedergewählten traten jetzt noch 14 neugewählte Richter. Aehnlich war es im linken Centrum.

Hoverbeck war in Osterode-Neidenburg mit 223 von 240 Stimmen wiedergewählt. Im Kreise Neidenburg erhielt er alle Stimmen der Wahlmänner bis auf vier. Seine Freunde meinten, wie Nietzki schrieb, die sichere Garantie zu haben, daß eine reaktionäre Wahl in diesem Kreise eine absolute Unmöglichkeit geworden sei. Unzufrieden war Hoverbeck mit dem Ausfall der Wahl in Allenstein-Rössel. Hier waren zwei klerikale Abgeordnete gewählt, der eine nur mit sechs Stimmen Mehrheit. Hoverbeck schrieb darüber an Witt noch vor seiner Abreise nach Berlin (14. Mai) und fügte hinzu:

„Der verdammte Rösseler Kreis verdirbt jedesmal die Geschichte. Im Allensteiner hatte unser Kandidat 10 bis 30 Stimmen Mehrheit gehabt. Nun wir hoffen auf die Zukunft, der Einfluß der Pfaffen ist doch einigermaßen im Abnehmen."

In demselben Briefe schrieb er:

„Auf unsere ersten Verhandlungen in Berlin bin ich nicht wenig gespannt. Durch die Zeitungen geht die Nachricht von Aeußerungen des Königs .... Danach wäre derselbe auf eine nochmalige Auflösung gefaßt. Der interessanteste Passus ist noch der, er würde sich an die Verfassung so lange für gebunden halten, als die Landesvertretung sich daran bände! Sollte er wirklich anfangen, von einem bedingten Halten der Verfassung zu reden? Und wer ist der Richter über die Verfassungsmäßigkeit der Kammer? Etwa er selbst ..... unter gütiger Beihülfe des Generals Manteuffel? So viel ist klar, die Krisis ist nicht vorüber, sondern sie beginnt erst. Gott gebe, daß sich das Volk während derselben so bewährte, wie bei diesen Wahlen ......

Am 19. Mai wurde der Landtag eröffnet. Drei Tage darauf ging die Fraktion Grabow auseinander. Georg v. Vincke war daran Schuld. Er hatte diesmal eine Wahl angenommen. In seinem alten Wahlkreise Hagen wurde er nicht aufgestellt, aber er besiegte in Westpreußen, in dem kassubischen Kreise Stargard-Berent einen klerikalen Pfarrer mit drei Stimmen Mehrheit. Die Mitglieder und Gesinnungsgenossen der alten Fraktion Grabow hatten sich bei der Nachwahl von 95 auf 65 verringert. Bei ihrer ersten Berathung wurde die Frage erörtert, ob man ein Einvernehmen blos mit dem linken Centrum oder auch mit der Fortschrittspartei erstreben solle. Vincke vertrat die erstere, Grabow die letztere Ansicht. Diese erhielt eine große Mehrheit. Nun verließ Vincke die Versammlung und andere von der Minderheit behielten sich den Beitritt zu der Fraktion vor. Jetzt erklärte Grabow, die Führung nicht übernehmen zu können. Die Anhänger seiner alten Fraktion trennten sich in drei Theile. Der linke Theil (22), darunter v. Diederichs, Wachler, ging zur Fraktion Bockum-Dolffs, der rechte Theil (23), darunter Graf Schwerin, v. Patow, die beiden v. Vincke, v. Saucken-Julienfelde, Simson, Kühne und Schubert, bildete die „Fraktion der Konstitutionellen" oder die Fraktion Vincke, der mittlere Theil (20), darunter Lette, v. Rönne-Glogau und Grabow,[15]) bildete den „freien parlamentarischen Verein" oder die Fraktion Rönne. Die Fortschrittspartei wählte einen Vorstand von 9 Mitgliedern: Behrend, Forkenbeck, Hoverbeck, Immermann, v. Rönne-Solingen, Schulze-Delitzsch, Simon (Breslau),[16]) Twesten, Waldeck. Die im Laufe der Legislaturperiode erledigten liberalen Sitze wurden meist mit Männern entschiedenerer Richtung besetzt. Im Frühjahr 1863 zählte die Fortschrittspartei 141, das linke Centrum 101 Mitglieder.

Der König eröffnete den Landtag nicht selbst. Der Ministerpräsident Prinz Hohenlohe verlas die Eröffnungsrede. Diese war sehr „sanft und ruhig". Die Regierung erklärte es für ihre Pflicht, die Thätigkeit der Landtagsmitglieder in dieser Sitzungsperiode nicht länger in Anspruch zu nehmen, als zur Erledigung der dringendsten Angelegenheiten nothwendig sei. Besprochen wurde die günstige Finanzlage, der Wegfall der Zuschläge, ferner die größere Spezialisirung der Einnahmen und Ausgaben in den Staatshaushaltsetats und die zeitige Vorlegung des Etats für 1863, welche die Ueberzeugung gewähren würde, daß die Regierung ausführbaren Anträgen der Landesvertretung gern zu entsprechen bereit sei, — sodann Militärausgaben, Flotte, Eisenbahnen, internationale Ausstellung in London, Handelsverträge, Ablösung des Stader Zolles, Unterhandlungen mit Dänemark, deutsche Bundesreform und kurhessische Verfassungsfrage, organische Gesetze. Am 23. Mai endigte die Geschäftsführung des Alterspräsidenten Kühne. Grabow wurde mit 276 von 288 Stimmen zum Präsidenten gewählt. Er sprach seinen Dank aus für die Uebertragung des im Hinblick auf die Lage des Vaterlandes schwierigen Amtes.

Von dem „schönen, edlen, großen Prinzip der Einheit an Fürsten und Volk, an Haupt und Gliedern," sagte er, „aus ihr entspringt die Macht, die Freiheit, die Wohlfahrt des Staates."

„Sie ist von je her das schönste Erbtheil des hohen Regentenhauses der Hohenzollern, das herrlichste Kleinod des durch seine Wahrhaftigkeit groß in der Geschichte dastehenden Preußischen Volkes gewesen. Und diese Einheit wollen wir, des Volkes Vertreter, uns nicht verkümmern lassen. (Lebhaftes Bravo.) Sie wollen wir festhalten in der Treue zu dem erhabenen Träger unseres Königthums im innigsten Verbande mit der Treue gegen das Volk. Sie soll uns heilig und unantastbar halten helfen die verfassungsmäßigen Rechte der Krone und treu bewahren helfen die beschworenen Rechte des Volkes. Sie vernichtet den in den letzten Monaten in das verfassungsgetreue preußische Volk hineingeschleuderten Wahlruf: „ob Königthum, ob Parlament!" (Lebhaftes, anhaltendes Bravo!) Sie vereinigt uns Alle beim Antritt meines Amtes zu der Erwiderung: „Nur das verfassungsmäßige Königthum mit seinem verfassungsgetreuen Abgeordnetenhause!" (Stürmisches Bravo!)"

Grabow schloß mit dem Hoch auf den König Wilhelm I. und das „ganze erhabene Haus der Hohenzollern."

Mit großen Mehrheiten wurden hierauf Behrend-Danzig (226 von 286) zum ersten und v. Bockum-Dolffs (235 von 277 Stimmen) zum zweiten Vizepräsidenten gewählt.

Namens des linken Centrums hatte der Abgeordnete v. Sybel den Erlaß einer Adresse beantragt und einen Entwurf eingereicht, der die einzelnen Sätze der Thronrede besprach. In der Adreßkommission brachten zehn Mitglieder der Fortschrittspartei einen von Twesten verfaßten Gegenentwurf ein. Der letztere wurde den mehrtägigen Berathungen der Adreßkommission zu Grunde gelegt. Er ging auf die einzelnen Sätze der Thronrede nicht ein, sondern besprach nur freimüthig die Lage des Landes. Sybel zog seinen Entwurf zurück. Im Plenum brachte Georg v. Vincke einen dritten Entwurf ein.

In der Woche vor Pfingsten wurde in dreitägigen Sitzungen die Adresse berathen. Am 6. Juni, Freitag vor Pfingsten, war die längste Sitzung, die jemals im Abgeordnetenhause abgehalten ist. Sie dauerte $11^1/_2$ Stunde, von $9^1/_4$ Morgens bis $8^3/_4$ Abends mit einer Unterbrechung von einer halben Stunde, da die Stenographen nach $8^1/_2$stündiger Sitzung erklärten, die Arbeit einstellen zu müssen. In der Berathung wies v. d. Heydt mit aller Entschiedenheit den Vorwurf zurück, den Namen des Königs auf ungehörige Weise in den Streit der Parteien gezogen zu haben. Er und die Minister v. Roon und v. Jagow vertheidigten die Wahlerlasse gegen angeblich mißverständliche Auffassungen, gegen Reden der Abgeordneten Twesten, Waldeck, Sybel, Virchow, Schulze-

Delitzsch und auch v. Vincke, der freilich seine Angriffe in der Hauptsache gegen die Fortschrittspartei richtete. Zur Adresse wurden zwei Ergänzungen angenommen. Auf Antrag des Abgeordneten Bresgen[17]) wurde die Begründung einer selbstständigen Gemeinde- und Kreisverwaltung und die Zurückführung der Gesammtsteuerlast auf ein der Steuerkraft entsprechendes Maß neben dem Ausbau der Verfassung für nothwendig erklärt. Auf Antrag des Abgeordneten v. Sybel[18]) wurde ferner die früher ausgesprochene Ueberzeugung wiederholt, daß mit allen Mitteln auf die Herstellung des verfassungsmäßigen Rechtszustandes in Kurhessen hingewirkt werden müsse. Dieser Antrag betreffend Kurhessen wurde mit 253 gegen 55 Stimmen angenommen. Zur Mehrheit gehörten hier die Konservativen und Altliberalen, zur Minderheit neben dem Centrum 21 Abgeordnete der Fortschrittspartei, darunter Waldeck, Twesten, Frenzel und Bresgen.

In der Schlußabstimmung wurde die Adresse mit 219 gegen 101 Stimmen, darunter 7 von der Fortschrittspartei angenommen. Ihr Schwerpunkt lag vornehmlich in dem Protest gegen die

„Wahlerlasse des neuen Ministeriums und anderer Behörden, wodurch nicht nur den Beamten die freie Betheiligung an der Wahlbewegung verkürzt und an manchen Stellen auf das Wahlrecht der übrigen Staatsbürger ein nicht gesetzlicher Druck geübt, sondern auch der geheiligte Name Ew. Majestät in den Streit der Parteien hineingezogen und ein nicht verfassungsmäßiger Gegensatz zwischen Königthum und Parlament aufgestellt wurde. Die mehrfach gemachte Unterstellung, als ob ein großer Theil der Volksvertretung und mit ihr der Preußischen Wähler sich feindlicher Eingriffe in die Rechte der Krone schuldig machen könnte, verkennt den tief monarchischen Grundzug der Nation, in welchem das Königthum seine starken Wurzeln treibt; sie widerstrebt dem Rechts- und Wahrheitsgefühle des Volkes, welches nicht anarchistischer Umsturzgelüste verdächtigt zu werden verdient."

Hoverbeck hatte sich an der Adreßdebatte nur durch eine persönliche Bemerkung gegen seinen alten Gegner Vincke betheiligt. Vincke hatte ihn, wegen der Vorgänge, die zur Ausscheidung von Jung-Lithauen führten, beschuldigt, den ersten Schritt zur Zerbröckelung der konstitutionellen Partei gethan zu haben. Hoverbeck ging auf jene Vorgänge zurück und beschuldigte Vincke, daß er damals im Plenum die provisorische Bewilligung der 9 Millionen Thaler verschuldet, nachdem er vorher in der Militärkommission kräftig, energisch und glänzend gesprochen habe.

Am Sonnabend, den 7. Juni, erschien die Adreßdeputation beim Könige. Grabow verlas die Adresse. Bevor er sie zu überreichen vermochte, verlas der König eine von ihm selbst eigenhändig geschriebene kurze Antwort. Er wiederholte in ihr, daß er unverändert auf dem Boden der beschworenen Verfassung stehe sowie auf dem seines Programms vom November 1858. Er forderte die Abgeordneten auf, sich das Programm Zeile für Zeile einzuprägen, dann würden sie seine Gesinnung recht erkennen. Nach Ertheilung dieser Antwort zog er sich „ziemlich ungnädig" sofort zurück.[19])

Die Pfingstwoche war Hoverbeck in Frankfurt a. M. Dort fand eine Zusammenkunft liberaler Abgeordneten aus den meisten Staaten Deutschlands statt. Bayern, Württemberg, Sachsen, Hannover, Baden, Darmstadt, Nassau, Thüringen, Mecklenburg, Frankfurt und Bremen waren verhältnißmäßig stark vertreten. Aus Preußen erschienen nur Unruh und Hoverbeck. Man beschloß, Abgeordnetentage einzuführen. Zur Theilnahme sollten die gegenwärtigen und ehemaligen Mitglieder deutscher Volksvertretungen, der Parlamente und der Landtage eingeladen werden, auch die Mitglieder des österreichischen Reichstags, sofern sie eine freiheitliche Entwickelung und Einigung Deutschlands anstrebten. Eine Kommission von 15 Mitgliedern, die sich durch Zuwahl auf 30 ergänzen sollte, wurde gewählt. Darunter Hoverbeck und Unruh aus Preußen, Barth aus Bayern, Bennigsen aus Hannover, Bluntschli aus Baden, Fries aus Weimar, Hölder und Probst aus Württemberg, Lang aus Nassau, Metz aus Darmstadt.[20])

Noch vor den Urwahlen hatte Hoverbeck an die Mitglieder der deutschen Fortschrittspartei öffentlich die Aufforderung gerichtet, es möge in jedem Wahlkreise mindestens einer sich der Sammlung der auf die betreffende Wahl bezüglichen Erlasse und Maßregeln der Verwaltungsbeamten unterziehen, so daß eine Vorlegung in authentischer und beweisender Form erfolgen könne. Die Fraktion beschloß nun das Material der Wahlausschreitungen dem Hause in einer besonderen Verhandlung vorzuführen. Den Anlaß bot eine Petition des Dorfgerichts Dürrgoy bei Breslau. Die Petitionskommission schlug vor, zu erklären, daß in dem von dem Dorfgericht angegriffenen Wahlerlaß des Regierungspräsidenten eine widerrechtliche Beeinträchtigung der Wahlfreiheit liege und die Staatsregierung aufzufordern, das Erforderliche zu thun, damit in Zukunft seitens der Regierungsorgane Verletzungen der verfassungsmäßigen Wahlfreiheit vermieden werden. Die Fortschrittspartei hatte, in Uebereinstimmung mit der Fraktion Bockum-Dolffs, die Redner bestimmt, die über die Wahlausschreitungen in den einzelnen Provinzen im Plenum sprechen sollten. Hoverbeck war für die Provinz Ostpreußen bestellt. Er sprach in der Sitzung vom 4. Juli in gewohnter Weise kurz und entschieden. Seine Mittheilungen über Wahlerlasse des Oberpräsidenten, zweier Regierungspräsidenten, des Generalsuperintendenten und der Landräthe von Marienburg, Rastenburg, Gerdauen, Goldap, Schwetz und Heydekrug veranlaßten den Minister des Innern, zu erklären, die Wahlerlasse von Landräthen und anderen Behörden in Preußen seien ihm nicht bekannt gewesen, er werde gegen die mitgetheilten Ausschreitungen nachträglich das Geeignete anordnen. Der Kommissionsantrag wurde angenommen.

Hoverbeck hatte bald als nothwendig erkannt, daß das Haus vor Berathung des Militäretats seinen Standpunkt für Regierung und Volk offen und klar darlegen müsse, nur dann werde ein späterer Ausgleich möglich werden. Er schlug deshalb Ende Juni in der Fraktion der Fortschrittspartei vor, die nachfolgenden Grundsätze als leitende für Feststellung des Militäretats in einer Resolution auszusprechen:

1. daß, nachdem die Bewilligung außerordentlicher Mittel behufs erhöhter Kriegsbereitschaft mit dem 1. Januar 1862 ihr Ende erreicht, und letztere auch gegenwärtig nicht als erforderlich erachtet wird, ein legaler Zustand der Organisation des Heeres nur durch ein Zurückgehen auf den ordentlichen Etat des Jahres 1859 gewonnen werden kann;
2. daß demgemäß das Haus die aus der neuen Heeres-Organisation hervorgegangene Mehrforderung der Staats-Regierung, soweit nicht rechtliche Verpflichtungen des Staates eine Mehr-Ausgabe bedingen, unter den obwaltenden Umständen abzulehnen, sich für verpflichtet hält;
3. daß dasselbe jedoch bereit ist, auch noch über den eben erwähnten Betrag hinaus, soweit überhaupt die finanziellen Verhältnisse des Landes dies gestatten, behufs Durchführung einer erhöhten Rekrutirung eine Mehrbewilligung auszusprechen, wofern vorher:
   a. die zweijährige Präsenz der Infanterie bei den Fahnen,
   b. die dreijährige Reservezeit derselben,
   c. die volle Aufrechterhaltung, resp. Wiederherstellung der ursprünglichen Stellung der Landwehr

   durch ein besonderes Gesetz festgestellt wird.
4. daß endlich das Haus seine Mitwirkung dazu bieten wird, wenn die Staatsregierung zur Zurückführung des jetzt faktisch bestehenden Zustandes der Heeres-Organisation entweder auf dem des Jahres 1859 oder auf einen durch das etwa neu erwirkte Gesetz begründeten, sowie behufs Deckung der im Jahre 1862 bereits verwendeten Mehrausgaben eine einmalige Bewilligung der dazu nothwendigen Geldmittel beantragen sollte.

Die Nothwendigkeit einer solchen Feststellung der leitenden Grundsätze wurde in der Fraktion allseitig anerkannt. Die Abgeordneten Waldeck und Frenzel brachten in die Fraktion (5. Juli) einen Abänderungsantrag ein. Nr. 1 und 2 der Hoverbeck'schen Resolutionen wurden wörtlich aufgenommen, die dritte, positive Vorschläge enthaltende Nummer wurde fortgelassen und demnach die vierte mit den erforderlichen Abänderungen als Nr. 3 angefügt:

3. „daß aber das Haus seine Mitwirkung dazu bieten will, wenn die Staatsregierung zur Zurückführung des jetzt faktisch bestehenden Zustandes der Heeres-Organisation auf jenen des Jahres 1859, eine einmalige Bewilligung der dazu nothwendigen Geldmittel beantragen sollte."

Auf Anregung Virchow's verständigte sich die Fraktion mit der des linken Centrums, über den Militäretat in gemeinschaftlichen Fraktionssitzungen zu berathen.

Hoverbeck schrieb am 3. Juli an seinen Freund Witt, in Beantwortung einer Anfrage, die Witt zugleich im Auftrage von Dr. Johann Jakoby gestellt hatte:

„Zunächst grüße Jakoby herzlich von mir und gieb ihm den Antrag, den ich schon vor einigen Tagen in unsere Fraktion gebracht habe. Leider wird die Berathung dadurch aufgeschoben, daß wir die Fr. Bockum-Dolffs zu gemeinschaftlicher Berathung desselben eingeladen haben. Heute Abend, an dem sowohl wir als die Fraktion Bockum-Dolffs Fraktionssitzung haben, wird die letztere uns darüber Nachricht geben, ob sie auf solche gemeinschaftliche Berathung eingeht. Was das Schicksal des Antrages betrifft, so glaube ich, daß derselbe in unserer Fraktion eine Majorität bekommen wird; dagegen ist es sehr fraglich, ob die Bockum-Dolffs'er ihn annehmen werden. Harkort, dem ich ihn mittheilte, ist ganz dafür; aber Stavenhagen, der in diesem Jahre sehr flau ist, wird sicher nach Kräften dagegen wirken. — Jakoby wird also daraus ersehen, daß wir uns schon seit einiger Zeit ernstlich mit dieser wichtigsten aller unserer Aufgaben beschäftigt haben. Leider aber geht es, wie ich meinerseits gern anerkenne, damit sehr langsam. Freilich wäre es sehr gut, wenn wir schon jetzt eine Parole ausgeben könnten, wofür im Lande agitirt werden könnte; aber leider sind wir selbst von einer Einigung sehr weit entfernt." . . .

Eine Grundlage für die gemeinschaftlichen Berathungen boten die Resolutionen Hoverbeck und Waldeck-Frenzel, zu denen noch eine Reihe Abänderungsanträge eingingen, namentlich von Schulze-Delitzsch, Bockum-Dolffs, Virchow, v. d. Leeden.[21]) Die meisten dieser Anträge brachten, wie in Nr. 3 der Hoverbeck-schen Resolution, positive Gegenvorschläge. In der ersten gemeinschaftlichen Sitzung am 11. Juli erklärte Hoverbeck zur Vertheidigung seines Antrages, er wolle keineswegs das Abgeordnetenhaus verleiten, der Regierung Anerbietungen zu machen, deren Tragweite sich nicht ersehen lasse; sein Antrag wende sich garnicht an die Regierung, sondern bezwecke nur zu ermitteln, bis zu welcher äußersten Grenze die liberalen Parteien über Zugeständnisse einig seien. Die gemeinsamen Sitzungen erregten in und außer den Abgeordnetenkreisen lebhaftes Interesse.

Den Mitgliedern der Fraktion Rönne wurde auf ihren Antrag gestattet, ihnen als Gäste beizuwohnen. Man hatte von vornherein sich geeinigt, den gemeinsamen Berathungen keine Abstimmungen folgen zu lassen. Es zeigte sich aber, daß man schließlich fast allgemein zu der Ueberzeugung gekommen war, die Budgetkommission und das Haus müsse nach dem Antrag Waldeck-Frenzel verfahren, also keine positiven Vorschläge machen. Vom linken Centrum hatten namentlich v. Carlowitz Harkort und Gneist diesen Standpunkt in ihren Reden vertreten.

In einer der ersten gemeinschaftlichen Sitzungen der beiden Fraktionen kam das bevorstehende Frankfurter Schützenfest zur Sprache. Im Juli 1861 war in Gotha unter Protektion des Herzogs von Koburg ein allgemeiner deutscher Schützenbund gestiftet; die Schützen aus allen Gauen Deutschlands wurden nun jetzt 1862 nach Frankfurt zur Abhaltung des ersten deutschen Schützenfestes geladen. Süddeutsche Nationalvereins-Mitglieder hatten nach Berlin geschrieben, die Großdeutschen (Konservative und Demokraten) würden auf dem Schützenfeste den Unmuth über die preußischen Zustände benutzen, die Massen dem Programme der Fortschrittspartei zu Gunsten der großdeutschen Richtung abwendig zu machen. Man ersuchte die liberalen preußischen Abgeordneten, zahlreich nach Frankfurt zu kommen und dort den großdeutschen Agitationen entgegenzuwirken. Schulze-Delitzsch bat dringend, die Wünsche der süddeutschen Liberalen zu berücksichtigen. Er sprach dabei Mißtrauen gegen den das Frankfurter Fest besuchenden Herzog Ernst von Koburg aus, der von unklaren Köpfen sogar als künftiger deutscher Kaiser gefeiert werde. Um der preußenfeindlichen Strömung entgegenzuwirken, stifteten die Mitglieder der beiden Fraktionen kunstvolle Ehrengaben, einen Tafelaufsatz und vier Trinkhörner, und beschlossen, sie durch Deputirte überbringen zu lassen.

Schulze-Delitzsch benutzte eine Pause in den Plenarsitzungen, um schon zur Eröffnung des Festes nach Frankfurt zu reisen. Am Abend des 14. Juli brachte er in der Festhalle einen Trinkspruch aus. Er stellte sich als Mitglied einer parlamentarischen Versammlung vor, die über eine Grundfrage allen parlamentarischen Lebens zu verhandeln habe, über das Prinzip der stehenden Heere, und mit diesem Prinzip über die Möglichkeit der dauernden Entwickelung freiheitlicher, konstitutioneller Zustände. Diese Frage werde nicht eher gelöst werden, als bis das Volksheer in dem bewaffneten Volke selbst hinter dem Parlamente stehe. Er begrüßte in dem Bunde der deutschen Turner und der deutschen Schützen Anzeichen, daß unser deutsches Volk mehr und mehr in die Initiative einzulenken beginne.

„Alles," so schloß er, „was wir haben, was uns oben hält in der Reihe der großen Völker, während unser politisches Leben schmählich darniederliegt, das ist unsere geistige Entwickelung, die große Bedeutung der Litteratur, die das Volk aus sich selbst geboren hat, und alle politische Wiedergeburt und die humane muß aus dem Schooß des Volkes selbst hervorgehen. Sie, der deutsche Schützenbund und der deutsche Turnerbund, Sie sind das Vorparlament, welches uns zu dem wirklichen deutschen Parlamente führt."

Schulze's Rede ward sofort Gegenstand der heftigsten Angriffe der konservativen und offiziösen Presse. Schon am 16. Juli, also bevor die andern Abgeordneten nach Frankfurt abgereist waren, erwähnte Roon die Rede in einem Briefe an seinen Freund Perthes. Unter Spott auf die „Edelsten und Besten des Landes" in der Budgetkommission, schrieb er, wie er in seinen Mußestunden die Geschichte der für ihre Souveräne gestorbenen beiden edlen Grafen und Kriegsminister Strafford und Latour studire und fuhr dann fort:

„Was sagen Sie zu dem Frankfurter Schützenspektakel? Viel weniger ärgerlich als die Aufführung eines gewissen Herrn (des Herzogs von Koburg) ist mir die Rede von Schulze-Delitzsch, die er in Frankfurt gehalten, ja sie ist mir sogar sehr erwünscht, da sie die Loyalitätsmaske der Fortschrittspartei abzieht."

Den folgenden Satz des Briefes hat der Herausgeber der Denkwürdigkeiten fortgelassen.

Zur Ueberreichung der Ehrengabe kamen elf preußische Abgeordnete erst am 19. Juli nach Frankfurt. Von der Fortschrittspartei Freiherr v. Hoverbeck (Ostpreußen), Franz Duncker (Berlin), Generallandschaftsrath Häbler (Ostpreußen) Gutsbesitzer Cetto (Trier), Dr. Lüning, Abgeordneter für Berlin, Lucas (Mülheim a. Rh.), vom linken Centrum Oberregierungsrath v. Diederichs (Potsdam), Georg v. Bunsen (Bonn), Freiherr v. Arnim-Gerswalde, Rittmeister a. D. v. Esebeck (Ostpreußen), Hauptmann a. D. Behm (Schlesien).[22]) Duncker, Hoverbeck, Lüning, Diederichs und Bunsen hielten in diesen Tagen Ansprachen.

Von Hoverbeck sagt die Süddeutsche Zeitung in Frankfurt, er habe in klarem Ton und schneidendem Accent die wahre Stellung der einzelnen deutschen Gebiete zum großen Ganzen proklamirt, „das waren die Klänge, die wir vom Ostseestrande von jeher gewohnt sind, es war uns eine Wonne, sie wieder zu vernehmen und wir danken dem Redner warm und ausdrücklich! Die Rede lautete nach den vorhandenen Berichten:

„Deutsche Brüder! Ich trete hierher, nicht um Euch eine Dankesrede zu halten, was zu meinem Glück die Bestimmungen dieser Tribüne verbieten, sondern um mit kurzen Worten den Gruß der Majorität des preußischen Abgeordnetenhauses, welche uns hierher entsendet hat, Ihnen zu überbringen. (Bravo.) Seien Sie überzeugt, daß diese Majorität — und es ist dies das Einzige, was ich zu den gestrigen Versicherungen unserer Freunde Lüning und Duncker noch hinzuzufügen habe — daß diese Majorität keine anderen als die deutschen Interessen kennt, und daß, wenn irgendwie die sogenannten preußischen Interessen mit den deutschen Interessen in Zwiespalt kommen sollten, wir die deutschen Interessen bevorzugen! (Bravo.) Meine Herren! Das, was ich Ihnen hier sage, ist nicht ein bloßer Ausdruck der Begeisterung, die durch diese herrlichen Hallen geht und Sprecher wie Zuhörer erregt; es ist dies ein Punkt unseres Programms, auf welches wir gewählt sind, des Programms, das ausdrücklich ausspricht, daß Preußens Größe und Existenz nur abhängt von der Einigung mit dem großen vereinigten übrigen Deutschland.

M. H.! Wenn ich diesen Worten, die ich eben im Auftrag Derer, die mich entsandt haben, an Sie gerichtet habe, meinerseits noch einen besonderen Gruß hinzuzufügen wage, so kann ich da nicht einen so bestimmten Auftrag produziren, wie bei dem ersten; aber ich glaube, ich bin in vollem Maße berechtigt, ihn auszusprechen; es ist der Gruß meiner heimathlichen Provinzen, der vereinigten Provinzen Ost- und West-Preußen. Diese beiden Provinzen sind lange die Heimath deutschen Wesens und deutschen Rechts gewesen. Sie haben ehrlich gekämpft an den Grenzen, wo Deutschland mit fremden Nationalitäten zusammenstieß und vielleicht gerade in Folge dieser Berührung hat sich ein so deutscher Sinn in ihnen erhalten, wie er vielleicht in andern Landstrichen, die das Glück haben, in der Mitte Deutschlands zu liegen, nicht gefunden wird. Diese Provinzen bringen Ihnen ebenfalls einen herzlichen Gruß und ich bitte Sie dringend, daran zu denken, daß Deutschland an ihnen ein großes Unrecht gut zu machen hat. Nach langen Jahren, die wir, als Vorkämpfer deutschen Wesens, im Osten unsere Pflicht gethan, ist uns endlich im Jahre 1848 unser Recht geworden. Wir sind feierlich in den deutschen Bund aufgenommen worden. Dann aber, m. H., kam die Zeit der Reaktion, eine Zeit, die die Behörde wieder errichtet hat, die hier in der Eschenheimer Gasse ihren Sitz hat und diese Behörde, die wir für eine legale nicht anerkennen können,[23] (Stürmisches Bravo.) diese Behörde hat es gewagt, diese Provinzen, die ihrem guten Rechte gemäß zum deutschen Bunde gehören, wieder daraus zu entfernen. Meine Herren! Das ganze Deutschland muß diese Schuld wieder gut machen; wenn Sie alle Ihren Teil dazu beizutragen bereit sind, so stimmen Sie mit mir ein in den Ruf, den ich erschallen lasse: das freiheitlich geeinigte ganze Deutschland hoch! abermals hoch und immer hoch!"

Am Abend des 22. Juli reisten die Berliner Abgeordneten zurück. Am Bahnhof sprachen Lüning und Hoverbeck Abschiedsworte. „Unter einem Hoch auf Deutschland brauste der Zug dahin."

Das Frankfurter Schützenfest ward noch länger in der Kreuzzeitung und in der Sternzeitung behandelt. Die Blätter überboten sich in Hetzereien gegen Schulze. Die Sternzeitung meinte, die freiheitliche Entwickelung, die Schulze's Volksheer und Parlament uns bereiten würden, führe zu einer Freiheit nach dem Herzen der Pfingstweide (Frankfurt 1848) und zu einem Völkerfrühling à la Hecker, Struve und Blind u. s. w.

Auch Hoverbecks Frankfurter Rede wurde von Roon und der reaktionären Hofpartei in der Umgebung des Königs gegen die Fortschrittspartei ausgebeutet. Das zeigte sich sieben Wochen später bei den Debatten über den Militäretat im Plenum des Abgeordnetenhauses.

Das Verhältniß des Abgeordnetenhauses zum Ministerium war im Juni und Juli, soweit die Militärreorganisation nicht in Frage kam, nicht schroffer geworden. Die Forderung des aufgelösten Abgeordnetenhauses auf Wiedergewinnung des verfassungsmäßigen Rechtszustandes in Kurhessen wurde erfüllt. Das Verhalten des Kurfürsten, der beleidigende Empfang, den er dem General Willisen, dem Abgeordneten des Königs, bereitete, hatte die Geduld des letzteren erschöpft. Zwei preußische Armeekorps erhielten Befehl, marschbereit zu sein. Oesterreich und der Bundestag konnten dem starrköpfigen Kurfürsten in seinem Widerstande nicht beistehen. Er gab nach. Die alte Verfassung wurde wieder hergestellt und die Ständeversammlung nach dem Wahlgesetz von 1849 einberufen.

Ebenfalls in Übereinstimmung mit der Volksvertretung erfolgte die Anerkennung des Königreichs Italien. Militärkonventionen mit Sachsen-Koburg, Sachsen-Altenburg und Waldeck wurden genehmigt, übrigens mit Einführung der zweijährigen Dienstzeit für diese Staaten. Handelsverträgen mit China, mit der Türkei, mit Japan, Chile und Siam und einem mit Hannover abgeschlossenen Vertrage über Aufhebung des Stader Zolles wurde die verfassungsmäßige Zustimmung ertheilt.

Ende März hatte, nach jahrelangen Verhandlungen, die Regierung Namens des Zollvereins mit Frankreich einen Handelsvertrag abgeschlossen. Ueber diesen Vertrag wurde in den vereinigten Kommissionen für Finanzen und Zölle und für Handel und Gewerbe berathen. Der Ministerialdirektor Delbrück,[24]) der spätere Minister, vertrat die Regierung. Der Abgeordnete Michaelis, später Stellvertreter Delbrücks im deutschen Bundesrath, erstattete einen viele Bogen langen schriftlichen Bericht. Der Handelsvertrag, von den Kommissionen einstimmig befürwortet, wurde im Abgeordnetenhause mit 276 gegen 12 Stimmen, und im Herrenhause einstimmig angenommen. Mehrere Zollvereinsstaaten, am längsten Bayern und Württemberg, weigerten den Beitritt. Er wurde durch die Drohung erzwungen, Ablehnung des Handelsvertrages sei als Aufkündigung des Zollvereins zu betrachten. Das Abgeordnetenhaus stimmte dem Vorgehen der Regierung mit 233 gegen 26 Stimmen zu.

Andere Beschlüsse des Abgeordnetenhauses fanden bei der Regierung Widerspruch, z. B. Beschränkung der Militärgerichtsbarkeit auf rein militärische Vergehen, Oeffentlichkeit des Militärgerichtsverfahrens, Zulassung der Juden zum Richteramte und endliche Beseitigung der verfassungswidrigen Beschränkungen der Anstellungsfähigkeit der Juden.

Vor den Debatten über den Militäretat hat sich Hoverbeck in den Sitzungen des Abgeordnetenhauses einige Male als Redner betheiligt, insbesondere bei Etatberathungen, doch meist nur mit kurzen knappen Bemerkungen. Als für ihn bezeichnend sind zwei Vorfälle hervorzuheben. Beim Landwirthschaftsetat hatte die Budgetkommission beantragt, die Erwartung auszusprechen, daß die Regierung die Fonds zur Unterstützung des landwirthschaftlichen Gewerbes angemessen verstärken werde. Georg v. Vincke und Graf Schwerin bekämpften in der Sitzung vom 18. Juli den Antrag, weil er dem allgemeinen konstitutionellen Grundsatze widersprach, daß die Landesvertretung die Initiative zur Erhöhung eines Postens des Budgets nicht übernehmen dürfe. In der darüber entstandenen Debatte vertheidigte Hoverbeck den Antrag: Für die produktiven Verwendungen im Etat sei nach der jetzigen Lage des Landes viel zu wenig übrig geblieben, wie v. d. Heydt's Brief an den Kriegsminister beweise; unser Etat stehe gar nicht so bedenklich. Dann hob er hervor, er sei zufällig Landwirth; aus diesem Grunde aber werde er keineswegs besondere Berücksichtigung der Landwirthschaft gegenüber andern Gewerben vorschlagen, sondern in allen ähnlichen Fällen Berücksichtigung anderer Gewerbe in gleicher Weise beantragen. Mit großer Mehrheit wurde der Antrag der Budgetkommission angenommen.

Beim Justizetat hatte Hoverbeck Anlaß zu zeigen, daß er sich für verpflichtet erachte, öffentlich Fehler in dem politischen Verhalten von Parteigenossen in gleicher Weise wie von politischen Gegnern zu rügen. Der Abgeordnete v. Kirchmann, als erster Staatsanwalt beim Kammergericht zu Berlin demokratisches Mitglied der preußischen Nationalversammlung, wurde Ende 1848 Vizepräsident des Appellationsgerichts zu Ratibor. Er war dort Vorsitzender des Senats, der die Anklage gegen den Grafen Oskar Reichenbach ablehnte und deshalb im Disziplinarverfahren zur Amtssuspension auf einige Monate verurtheilt wurde. Der Justizminister Simons suchte ihm dann das Amt zu verleiden, indem er anordnete, daß der Präsident Wenzel während der Sessionen des Abgeordnetenhauses nicht durch Kirchmann, sondern durch den ältesten Appellationsgerichtsrath vertreten werde. Kirchmann aber blieb. Um ihn los zu werden, schloß der Justizminister mit ihm 1855 einen Vertrag, wonach er ihm auf zehn Jahr' Urlaub zu wissenschaftlichen Studien gab. Unter der neuen Aera erklärte sich Kirchmann nach Entlassung Simons bereit, auf weiteren Urlaub zu verzichten, wenn man ihm eine gleiche Stelle an einem andern Gericht gebe, da seine amtliche Thätigkeit in Ratibor nach den früheren Vorgängen nicht in segensreicher Weise erfolgen könne. Die Budgetkommission beantragte die Erwartung auszusprechen, daß die Stelle künftig von dem dazu berufenen Beamten selbst verwaltet werde. Im Plenum fand darüber am 13. August eine längere Debatte statt, an der sich Kirchmann selbst betheiligte. Hoverbeck konstatirte, daß er und nicht wenige politische Freunde Kirchmanns dessen Verfahren nicht für durchweg korrekt hielten. Kirchmann hätte trotz aller Verfolgungen, die früher gegen ihn in Ratibor verübt, sich nicht herbeilassen dürfen, einen solchen rechtlich nicht begründeten Urlaub zu fordern, und ebenso hätte er jetzt den Justizminister bedingungslos auffordern müssen, ihn pflichtgemäß sofort wieder nach Ratibor zu schicken.

Ueber die gemeinsamen Berathungen der beiden Oppositionsfraktionen, die zusammen eine erhebliche Mehrheit des Abgeordnetenhauses bildeten, über die Militärfrage hatten die Zeitungen regelmäßig ausführliche Berichte erstattet. Aus diesen mußte Jedermann ersehen, daß das Abgeordnetenhaus die Militärreorganisation ohne Verkürzung der gesetzlichen Dienstzeit nicht annehmen würde. Aber was sollte die Regierung thun, wenn die durch die Reorganisation entstandenen Mehrausgaben in den Budgets für 1862 und 1863 gestrichen würden? Darüber war den Ministern nicht möglich, sich zu verständigen, da sie nicht wußten, was der König thun werde. Schon im März hatte Roon zu Bernhardi erklärt, wenn die Wahlen schlecht ausfielen, sei er auch zu einem Staatsstreich entschlossen und ebenfalls seine sämmtlichen Kollegen. „Und der König?" fragte Bernhardi. Roon erwiderte:

„Der König scheint geneigt. — Ob er im gegebenen Augenblick in diesem Sinn handeln wird, das ist freilich eine andere Sache.“

Bernhardi schrieb darüber in sein Tagebuch:

„Dies ganze Gerede von einem Staatsstreich, zu dem man entschlossen, ist reine Bangemacherei; die Leute wissen recht gut, daß der König einem Staatsstreich niemals zustimmen wird, und haben am Ende selber das Zeug nicht dazu. Mir scheint, dies Gerede ist nur darauf berechnet, unter die Leute zu kommen, damit die Wahlmänner in der Angst vor dem Staatsstreich „konservative“ Abgeordnete wählen.“

Roon hatte seit Sommer 1861 dem König wiederholt vorgeschlagen, **Bismarck**, der damals Gesandter in Petersburg war, zum Minister zu ernennen. Der König hatte kein Vertrauen zu Bismarck, von dem man allgemein, auch in konservativen Kreisen annahm, er werde zwar nach innen konservativ, nach außen aber revolutionär verfahren. Bismarck schrieb im Januar 1862 an seine Frau, vor dem Ministerium habe er geradezu Furcht wie vor kaltem Bade. Aber er rechnete doch im Frühjahr sicher auf seinen Eintritt in das Ministerium. Mitte Mai, kurz vor der Eröffnung des Landtags, traf er in Berlin ein. Am 17. Mai schrieb er seiner Frau, seine Zukunft sei noch immer unklar. Berlin stehe jetzt mehr im Vordergrund.

„Aus den Ministerbesprechungen komme ich den ganzen Tag nicht los und finde die Herren nicht viel einiger untereinander, als ihre Vorgänger waren.“

Er blieb in Berlin bis zum 26. Mai und hatte mehrere Audienzen beim König. Dieser mag sich mit dem Gedanken, den Heißsporn in das Ministerium zu berufen, mehr und mehr befreundet haben. Er kam aber zu keinem Entschluß, da Graf **Bernstorff** lieber Minister bleiben, als auf den für ihn aufgehobenen Posten als Botschafter nach London gehen wollte. Bismarck ging vorläufig als Gesandter nach Paris in der Erwartung, es werde sich spätestens Mitte Juni in Berlin entscheiden.[25]) Aber es geschah nichts. In den Ministerberathungen, an denen Bismarck im Mai in Berlin theilnahm, wird über die künftigen Entschließungen nichts berathen sein. In einem Briefe Bismarck's an Roon vom 15. Juli theilt er mit, Bernstorff habe ihm geschrieben, der König sei zweifelhaft, ob er während der gegenwärtigen Session nützlich sein könne, und ob nicht seine Berufung, wenn sie überhaupt erfolge, bis zum Winter aufzuschieben sei. Bismarck hatte nun um sechs Wochen Urlaub gebeten, um sich durch Berg- und Seeluft körperlich zu stärken. In diesem Briefe erörterte er, was in der bevorstehenden Krisis zu thun sei.

„Ich denke mir, daß das Ministerium allen Streichungen im Militäretat ruhig und deutlich opponirt, aber keine Krisis über dieselben herbeiführt, sondern die

Kammer das Budget vollständig durchberathen läßt. Das wird, wie ich annehme, im September geschehen sein. Dann geht das Budget, von dem ich voraussetze, daß es für die Regierung nicht annehmbar ist, an das Herrenhaus, falls man sicher ist, daß die verstümmelte Budget-Vorlage dort abgelehnt wird. Dann, oder andernfalls schon vor der Berathung im Herrenhause, könnte man es, mit einer Königlichen Botschaft, welche mit sachlicher Motivirung die Zustimmung der Krone zu einem derartigen Budgetgesetz verweigert, an die Abgeordneten zurückgeben, mit der Aufforderung zu neuer Berathung. Eine 30tägige Vertagung des Landtages würde vielleicht an diesem Punkte, oder schon früher, einzuschalten sein. Je länger sich die Sache hinzieht, desto mehr sinkt die Kammer in der öffentlichen Achtung . . . ."

Nun müsse man versuchen, das Abgeordnetenhaus dahin zu bringen, die Erledigung der eigentlichen Geschäfte zu verschleppen. Dann werde es *mürbe* werden und dringend auf Konzessionen der Regierung hoffen. Dann sei der eigentliche Moment gekommen, ihn, Bismarck, zum Minister zu ernennen.

„Das Zeigen eines neuen Bataillons in der ministeriellen Schlachtordnung macht dann vielleicht einen Eindruck, der jetzt nicht erreicht würde; besonders wenn vorher etwas mit Redensarten von *Octroyiren* und *Staatsstreichen* gerasselt ist, so hilft mir meine alte Reputation von *leichtfertiger Gewaltthätigkeit* und man denkt „nanu geht's los." Dann sind alle Centralen und Halben zum Unterhandeln geneigt.

Bismarck steckte noch zu sehr in der Erinnerung an die schwachherzige altliberale Opposition Anfang der 50er Jahre. Diese wäre freilich nach Androhung eines Staatsstreiches zu Kreuze gekrochen. Im Abgeordnetenhause glaubte man nicht an einen Staatsstreich. Man verließ sich auf die *Gewissenhaftigkeit* des Königs, der ja so oft erklärt hatte, die *beschworene Verfassung* halten zu wollen. Man meinte allgemein, entweder werde das Abgeordnetenhaus aufgelöst werden, oder man werde durch ein Kompromiß mit der Regierung die zweijährige Dienstzeit erreichen. War doch, wie Jedermann wußte, selbst unter den höheren Offizieren die Meinung vorherrschend, zweijährige Dienstzeit für die Infanterie sei nicht schlechter als dreijährige und mit ihr sei die Reorganisation des Heerwesens ebensogut durchzuführen. Außerhalb des Abgeordnetenhauses dachte man nicht anders. Die Zeitungsberichte von den Verhandlungen der Budgetkommission über die Militärfrage bestärkten die öffentliche Meinung in der Zuversicht auf den schließlichen Sieg des Abgeordnetenhauses.

Die Budgetkommission dieser Session hielt 99 Sitzungen ab. Erst in der 37., am 4. August, begannen die Berathungen des Miliäretats. Man war in der Kommission anfänglich zweifelhaft gewesen, ob man nicht beim Hause die Einsetzung einer besonderen Militärkommission befürworten solle. Ein dahin gehender Antrag wurde am 3. Juni mit 16 gegen 15 Stimmen abgelehnt. Die Regierung erklärte, eine Novelle zum Gesetz vom 3. September 1814 nicht in dieser, sondern in der Wintersession vorlegen zu wollen. In 26 mehrstündigen Sitzungen, oft zweien an einem Tage, bis 22. August berieth die Kommission über den Militäretat. Als Vertreter der Regierung nahmen an den Kommissionssitzungen ein Kommissar des Finanzministers und drei des Kriegsministers Theil. Die Minister selbst erschienen nicht. Referent der Kommission war Major a. D. v. Vaerst, Korreferent v. Forkenbeck.

Zu denen, die den Kommissionsverhandlungen mit lebhaftem Eifer folgten, gehörte auch Hoverbecks Vater. Er befand sich in vollem Einverständniß mit seinem Sohne. In einem Briefe vom 20. August schrieb er ihm von Elbing:

„Deine Ansicht in Betreff des Militär ist die meinige. Das ganze Extraordinarium streichen und auffordern, angemessene Gesetzvorschläge vorzulegen ....

Eben bin ich im Begriff, in eine Wähler-Versammlung zu gehen — vielleicht wird da irgend eine Resolution beschlossen, die Euch Herren zur Festigkeit ermahnt. — — Lebe gesund und haltet Euch brav. — Nicht gefürchtet und nicht gefackelt! Der alte Vater H."

Daß der Finanzminister und der Kriegsminister nicht persönlich in die Sitzungen der Budgetkommission kamen, und die Vertreter des Kriegsministers herausfordernd auftraten und große Unkenntniß der parlamentarischen Bräuche und der verfassungsmäßigen Rechte der Volksvertretung zeigten, wurde als Anzeichen angesehen, daß den eifrigen Parteigängern der Reorganisation ein Konflikt mit dem Abgeordnetenhause erwünscht sei. Ueber Streitigkeiten mit den Kommissarien ergeben die Protokolle Näheres. Mehrmals wurde von Mitgliedern der Kommission ohne Erfolg verlangt, die Zuziehung von Stenographen zu den Kommissionssitzungen zu veranlassen, da die Kommissarien des Kriegsministers sich Aeußerungen der Redner entstellt aufschrieben und daran unberechtigte Anträge knüpften.

Die Regierung hatte alle Mehrkosten der Reorganisation diesmal als fortlaufende Ausgaben in den ordentlichen Etat aufgenommen. Bevor die Kommission in die eigentliche Berathung des Etats eintrat, hatte deshalb der Referent v. Vaerst eine Sonderung des Etats in einen ordentlichen und außerordentlichen vorgenommen. Der ordentliche Etat umfaßte die laufenden Kosten der Militärverwaltung, wie sie 1860 vor Einführung der Reorganisation von der Landesvertretung genehmigt waren; der außerordentliche Etat dagegen alle Mehrkosten, die durch die verstärkte Heeresformation erwachsen waren und von der Regierung zur Aufrechterhaltung der Reorganisation für nothwendig gehalten wurden. Der Referent hatte die umfassende und schwierige Arbeit unter Zuziehung der Regierungskommissarien ausgeführt und das Ergebniß in großen Uebersichten niedergelegt.

Von der Kommission wurde einstimmig die vorgenommene Trennung in den Etat der laufenden Verwaltung und in den Etat der Reorganisation der Armee als Grundlage der Berathung angenommen. Einstimmig wurde anerkannt, daß der von der Regierung vorgelegte Etat der Militärverwaltung ohne wesentliche prinzipielle Aenderungen auf keine Weise acceptirt werden könnte. Eine kleine Minderheit (Stavenhagen, Twesten, v. Sybel) wollte an diesem Etat Aenderungen vornehmen. Die große Mehrheit aber beabsichtigte, sämmtliche Mehrkosten für die Kriegsbereitschaft einfach abzulehnen und der Regierung zu überlassen, ob sie im Interesse des Landes, und im Interesse einer ordentlichen Heeresverfassung selbst die Initiative zur Vorlegung eines anderweitigen Planes innerhalb des Gesetzes von 1814 oder innerhalb eines neu vereinbarten Gesetzes ergreifen wolle. Nur sie sei naturgemäß dazu im Stande. Viele Mitglieder der Mehrheit hielten eine erhöhte Rekrutenaushebung zur Durchführung des Grundsatzes der allgemeinen Wehrpflicht für nothwendig und die Abkürzung der Präsenzzeit auf höchstens zwei Jahre im Gesetz für dringend geboten. Aber eine Berechnung der bei Einführung der zweijährigen Dienstzeit möglichen Ersparnisse ohne Mitwirkung der Staatsregierung binde die Landesvertretung ohne genügende Grundlage.

Wenige Tage später erhielt Hoverbeck von seinem Freunde Witt einen ausführlichen Brief, dessen Inhalt den in den liberalen Kreisen herrschenden Anschauungen entspricht. Witt lobte in diesem Briefe vom 24. August zunächst Hoverbecks „ebenso schlichte als gewichtige" Ansprache auf dem Frankfurter Schützenfest.

„Das war ein dreistes Wort zu seiner Zeit, ebenso wie Schulze's Hindeutung auf die Heeresorganisation in unserem Sinne. Die Herren Schwarz-Weißen haben es lange nicht zu hören bekommen, daß ein Preuße, der ein guter Deutscher sein will, nicht bloß die Fähigkeit haben muß, jede Glorie, die ihm von Deutschland kommen kann, ruhig in den Sack zu schieben, sondern auch Opfer zu bringen für die deutsche Sache."

Damals habe er zu schreiben versäumt, jetzt wolle er ihm einen Vorschlag machen, der ihm für die gedeihliche Erledigung der Militärfrage von Wichtigkeit zu sein scheine.

„Ihr Alle wißt, daß Ihr eine Volksvertretung seid, wie wir sie in Preußen noch nicht gehabt haben. Ich meine, noch nie hat sich das Volk mit solchem Eifer, mit so entschiedener Parteinahme an der Wahl seiner Vertreter betheiligt. Daß Ihr eben deshalb mit größerer Entschiedenheit auftreten könnt als irgend eine frühere Kammer, ist gewiß richtig, aber nur in dem Falle, daß es Euch gelingt, das Volk im vollen Einverständniß Eures Vorgehens zu erhalten. Es naht nun die wichtigste Frage dieser und wahrscheinlich noch mancher folgenden Session. Wie es scheint, habt Ihr in der Mehrzahl Euren Entschluß im Sinne der Mannhaftigkeit und Entschiedenheit gefaßt. Da besorge ich nun aber, es könnte Euren Gegnern, vor allem der Regierung gelingen, das Volk von Euch einigermaßen zu trennen ... Das Volk hat Euch — das ist sicher — bereits auf die Militärfrage gewählt. Aber wenn ich nicht irre, ging das Verständniß des Volkes in dieser Sache nur so weit, daß es 1. die Dauer der Dienstzeit abgekürzt, 2. die Ausgaben für das Militär, wo möglich, vermindert wünschte. Die Tücken der Militärfrage möchten die Wähler der Mehrzahl nach wohl nicht durchschaut haben. Angenommen nun, nach Eurem Beschluß würdet Ihr aufgelöst, die Reorganisation ohne Euch aufrecht erhalten, so — fürchte ich — könnte die Regierung das Volk damit blenden, daß sie es auf die Vortheile hinwiese, die ihm durch die Reorganisation geboten würden. Es würden in Zukunft die verheiratheten Männer nicht mehr zu Mobilmachungen herangezogen werden, das Landwehrverhältniß würde im Grunde auch früher aufhören als jetzt u. s. w. All diesen und ähnlichen falschen Darstellungen müßte die Spitze abgebrochen werden, wenn das Volk, d. h. der schlichte Bürger und Bauer, im Verständniß Eurer Auffassung erhalten würde. In diesem Sinne, nach dem gegenwärtigen Standpunkte, den Ihr zur Militärfrage einnehmt, ist dieser letztere meines Wissens in populärer Weise noch nicht besprochen. Das halte ich für ein Versäumniß".

Witt meinte nun, keiner sei so geeignet, als Hoverbeck, die Lücke auszufüllen. Er forderte ihn auf, in seiner klaren Weise eine sachgemäße, vollständige, Jedermann verständliche Rechtfertigung des bevorstehenden Entschlusses zu schreiben, namentlich auch wiefern das Verfahren der Regierung in der Reorganisation ungesetzlich sei, welche Lasten und welche Gefahren daraus erwachsen und wie die Regierung, wenn sie nur wolle, zum gesetzlichen Wege zurückkehren könnte.

„Hast Du Muße, diese Materialien gleich in die nöthige Form zu bringen, so ist es am allerbesten. Wo nicht, so schickst Du mir das flüchtig Hingeworfene ich suche ihm die nöthige Form zu geben, schicke es zunächst an den Bürger- und Bauernfreund[25a]) und suche zu vermitteln, daß der Aufsatz in zahlreichen Abdrücken in den Städten und auf den Dörfern verbreitet werde."

Der König war durch seine reaktionäre Umgebung in seiner Meinung von den Umsturzplänen der deutschen Fortschrittspartei stets bestärkt worden. Gleich nach dem Frankfurter Schützenfest hatten der Kriegsminister v. Roon und der Chef des Militärkabinets v. Manteuffel und Genossen, Schulze-Delitzschs Frankfurter Rede nach den böswilligen Deutungen der Kreuzzeitung ausgenutzt, den König in dem Verdacht zu erhalten, die Fort-

Die Budgetkommission des

1. Kammergerichtsrath a. D Taddel, 2. Rechtsanwalt Krieger=Goldap. 3. Kon
6. Generalmajor a D. Stavenhagen, 7. Hauptmann a. D. Harkort, 8. Oberregierungs
12. Kreisgerichtsrath Parrisius, 13. Appellationsgerichts=Vizepräsident v Kirchmann,
17. Kreisrichter Dahlmann, 18. Rechtsanwalt v. Forckenbeck, 19. Rittergutsb
22. Stadtrath Hagen, 23. Gutsbesitzer André, 24. Generallandschaftsrath Haeb
28. Landrath a. D. Schlick, 29. Kreisrichter For

etenhauses Sommer 1862.

hrend-Danzig, 4. Baron v. Vaerst, 5. Oberregierungsrath v. Bockum-Dolffs,
), 9. Prof. Dr. Schubert, 10. Geh. Bergrath Sello, 11. Geh. Regierungsrath z. D. Kerst,
t Oppermann, 15. Geh. Oberrechnungsrath Borsche, 16. Stadtgerichtsrath Twesten,
ig-Plonchott, 20. Professor Dr. Virchow, 21 Buchhändler Franz Duncker,
nsialdirektor Dr. Techow, 26. Freiherr v. Hoverbeck, 27. Professor v. Sybel,
reisgerichtsrath Klotz, 31. Stadtrath Peterson.

schrittspartei des Abgeordnetenhauses verfolge den Plan, ihn vom Throne zu stoßen und die Republik zu errichten und bekämpfe lediglich deshalb die Reorganisation des Heerwesens. Was der König danach in Schulze's Rede hineinlegte, zeigt ein an Herzog Ernst gerichteter und in dessen Erinnerungen veröffentlichter Brief. Der König schrieb darin:

Was er seit Jahr und Tag ausgesprochen habe, daß nämlich es der demokratischen Partei gar nicht um die Geldbewilligung zu thun sei, die sie der Armee verweigern wolle, sondern um dieselbe durch schwache numerische Friedenszahl, durch kurze Dienstzeit und durch Vermengung der geistig gebildeten Offiziere mit den Unteroffizier-Offizieren in ihrer Einheit zu stören und zu disharmoniren, um durch alle diese Mittel den Geist der Treue und Anhänglichkeit der Armee an ihren König und Kriegsherrn zu untergraben, damit das Heer eine Parlamentsarmee werde und keine königliche mehr sei, — das Alles habe Schulze-Delitzsch in Frankfurt ausgesprochen und „uns dadurch die beste Waffe in die Hand gegeben u. s. w."

Die Verhandlungen der Budgetkommission hatten den König in seinen Ansichten nur bestärkt. Er hat dieselben in einem ausführlichen, acht Seiten langen Brief an den, bei ihm damals in Gunst stehenden altliberalen Landtagsabgeordneten, Generallandschaftsrath August v. Saucken-Julienfelde niedergelegt. Saucken hatte Mitte Juni in einer Audienz in Babelsberg den König zu überzeugen gesucht, daß höchstens eine kleine Minderheit der Fortschrittspartei schlimme Absichten hege. Bei allem Mißtrauen gegen seine alten Gegner, die 48er Demokraten, wußte er doch, wie Jedermann, daß die Fortschrittspartei eine monarchische Partei sei. Er wußte dies um so mehr, als sein Schwiegersohn und Neffe Kurt v. Saucken-Tarputschen und dessen Bruder Karl v. Saucken-Georgenfelde fortschrittliche Abgeordnete waren, und sein einziger Sohn Konstanz sich zu derselben Partei bekannte. Der Brief des Königs folgt hier mit allen Besonderheiten der Schreibweise und des Styls wörtlich:[26])

„Dobberan, 30. 8. 62.

Wenn Sie im Eingang Ihres Schreibens vom 27. d. M., das ich gestern erhielt, glauben, daß ich Ihnen mein Wohlwollen entzogen hätte, so kann sich diese Vermuthung nur auf unsere letzte Unterredung vor 6 Wochen auf Babelsberg beziehen. Ich habe bisher nicht gewußt, daß der König nicht mehr ebenso das Recht haben soll, wie seine Unterthanen, seine Meinung auszusprechen, ohne daß die dem Unterthan gegebenen abfälligen Antworten, diesen sofort als in Ungnade verfallen betrachten lassen. Da ich dies aber nicht gewußt und auch heute noch nicht weiß, so ist der Eingang Ihres Briefes wiederlegt. Anders würde es sich stellen, wenn eine factiöse Opposition sich gegen mich documentirt; denn da hört die Nachsicht für die Würde der Krone auf.

Die Besorgniß daß zwischen mir u. dem Abgeordneten Hause ein Conflict über die militär Frage in Aussicht stehet, giebt Ihnen die Feder an mich in die Hand, mit der Bitte, diesem Conflicte dadurch vielleicht zu begegnen, daß ich in einer Bothschaft dem 2. Hause meine Stellung zur schwebenden militär Frage darlegte u. den billigen Wünschen Rechnung trüge.

Wer hat denn den Conflict herbeigeführt? Habe ich nicht mit vollster nur erdenklicher Offenheit, die Reorganisation der Armée dem Landtage vorgelegt, die völlig gesetzlich u. verfassungmäßig zu Stande gekommen ist? Schreibt etwa die Verfassung die Anzahl der Bataillone und die Anzahl der auszuhebenden jährlichen Rekruten u. Pferde vor? Schreibt sie die Anzahl der Officiere und Unterofficiere ꝛc. vor? Nein! Was schreibt sie vor? Die Dienstzeit u. die Vertheilung der Einberufenen in Linie und Landwehr. Zu dieser Vertheilung ist bereits in der Sitzungs Periode 59/60 die gesetzliche Abänderung dargelegt worden, und dazu u. zur Geldbewilligung der Réorganisation die verfassungsmäßige Zustimmung verlangt worden. Was aber hat die 2te Kammer nunmehr gethan? Sie hat durch Personen die von der Sache nichts verstanden, die Reorganisation angegriffen u. umgestalten wollten u. als sich das Haus in eine Sackgasse gerannt hatte, schritt dasselbe zur provisorischen Geldbewilligung der Réorganisation. Im folgenden Jahre schritt das Haus zu ähnlichem Verfahren und bewilligte schließlich wiederum das Geld in einem extraordinairen-Extraordinarium. Während zwei Jahren hindurch, hat die révolutionaire u. démocratische Presse nicht aufgehört, Lüge auf Lüge über die Organisation und die Finanzlage auszustreuen, so daß das Volk zuletzt glaubte, wir ständen am Bauquerutt u. hätten ein unerschwingliches Budget. Dies mußte vorausgehn, um dem neuen Operations Plan der Democratie, d. h. der Geld Verweigerung, die Bahn zu brechen. Um einer gerechten Beschwerde gerecht zu werden, erließ ich fast 4 Millionen, die Zuschlagssteuer,[27]) was freilich, wenn auch nur vorübergehend u. dieserhalb nur ausführbar, — sehr nachtheilig auf die Armée wirkt. Aber wenn auch dieses Entgegenkommen die Opposition momentan déroutirte, so stachelte es dieselbe nur an, immer unverschämter u. unvernünftiger in ihren Maasnahmen gegen mich u. meine Schöpfung zu werden, so daß wir nun am Wendepunkte angekommen sind.

Nun frage ich: wer hat den Wendepunkt herbeigeführt? Doch wahrlich nicht ich oder meine Regierung. Das vorige wie jetzige Ministerium stand und fällt mit der Reorganisation der Armée. Diese Reorganisation ist von allen denkenden Militairs, von allen vorurtheilsfrei denkenden Menschen aus kriegerischen u. staatswirthschaftlichen Gründen und Hinsichten, für vollkommen richtig u. nothwendig anerkannt. Die Finanz Lage des Staats ist so glänzend dargelegt worden, daß aus diesem Grunde keine vernünftige Opposition gegen die Réorganisation mehr gemacht werden kann.[28]) Die sich rasch folgenden Artikel der Stern Zeitung beweisen auf das Schlagenste, daß Preußen in finanzieller Beziehung besser zum Armee Budget u. zum Beitrag pro Kopf günstiger stehet, als alle andern Großstaaten, u. s. w. Und dennoch dieselbe Opposition u. dasselbe Verlangen, die Regierung solle entgegenkommen u. den Wünschen Rechnung tragen, d. h. Concessionen machen!! Wie sollte wohl die Regierung dazu kommen Concessionen zu machen, nachdem die Réorganisation als völlig zweckmäßig anerkannt u. die Finanz Lage brillant ist u. völlig ausreichend, um die Armée ohne Benachtheiligung aller anderen Regierungs Branchen, zu unterhalten. Woher kommt denn also das stete Verlangen nach Concessionen?

Aus gar keinem anderen Grunde, als weil die verlangten Concessionen sich auf Gegenstände erstrecken müßten, die bestimmt sind, die Armée in ihrer Schlagfertigkeit und in ihrem kriegerischen Geiste und in ihrer Ausbildung zu ruiniren. Dies ist jetzt nicht etwa mehr ein verkappter Plan, nein, er ist in

Frankfurt a. M. durch Schulze-Delitzsch offen und frei ausgesprochen worden und findet sich in allen Statuten der jetzt erst auftauchenden Wehr-Vereine. Somit ist der Kampf auf Leben und Tod den Monarchen mit ihren stehenden Heeren geschworen, und dies Ziel zu erreichen, verschmähen die Fortschrittsmänner, Demokraten und ultra Liberale kein Mittel, und zwar mit einer seltenen Consequenz und tiefer Ueberlegung. Als ich Ihnen in Babelsberg diese Tendenzen der Fortschritts Parthei darlegte, wollten Sie dies nicht zugeben. Seitdem hat Schulze-Delitzsch gesprochen!!! Sie verwahrten sich, daß Sie und Ihre Gleichgesinnten jemals so etwas nur gedacht hätten. Das gab ich, hoffend, zu, aber fügte hinzu, ob Sie und Ihre Gleichgesinnten dann nicht einsähen, daß Sie mit Ihren Forderungen jenen Tendenzen in die Hände arbeiteten? Die Verkürzung der Dienstzeit wird verlangt, damit eine feste und während der langen Beurlaubungszeit vorhaltende militärische, wohl disciplinirte Erziehung am Soldaten nicht mehr anerzogen werden soll. Die Verringerung der Cadres wird verlangt, weil im kleinen Truppenkörper sich kein soldatischer Geist erzeugen, also auch nicht erhalten kann und auch nicht soll. Die Unteroffiziere sollen Offiziere werden, nicht etwa wie dies Jedermann in Preußen seit 1808 werden kann, nämlich durch Ablegung eines und desselben Examens, sondern ohne diese Gleichmäßigkeit der Bildungsstufe zu beweisen, damit ein Chisma in den Officierstand komme, damit Unzufriedenheit sich in demselben nach und nach einschleiche, damit die Démocraten nach und nach eine Officier-Caste für sich heranbilden können, die, weil sie, weder gebildet noch durch Gesinnung gestählt, fest zum Thron stehen, für die Révolution zu gewinnen sind. Da von den jetzigen Officieren die Treue und Aufopferung für König und Thron zu erwarten ist und durch dieselben diese Gesinnung auf die Truppe verpflanzt wird, **darum** wird der Officierstand in jeder erdenklichen Art und Form, begeifert, und dann wundert man sich noch, daß der Officier aigrirt wird? und wirft ihm dies sogar noch vor!!

„Ein Volksheer hinter dem Parlament".

Das ist seit F. a./M. die unverkappte Losung, der ich die Losung:

Ein disciplinirtes Heer, das zugleich das Volk in Waffen ist, hinter dem Könige und Kriegsherrn,

entgegensetze.

Zwischen diesen zwei Losungen ist keine Einigung möglich. Die Budget-Commission hat die Schiffe hinter sich abgebrannt durch ihre letzte Resolutionen, die dem Berichte über Militair und marine Fragen zur Basis dienen sollen.[29])

Und da soll ich noch mit Concessionen entgegenkommen, nachdem ich 4 Millionen erlassen habe, und gar keinen Dank dafür eingeerntet, nicht Einmal eine Erwähnung des Erlasses in der Adresse finden durfte??

Ich hoffe Sie und Ihre Gleichgesinnten werden sich nach dieser Auseinandersetzung überzeugen, daß ich nicht einen Schritt entgegen thun kann, nachdem man den gethanen nicht anerkannt hat und jenseits statts Entgegenkommens, von Tag zu Tag sich mehr in factieuse Opposition geworfen hat. Ich war eine Zeitlang einer Königlichen Bothschaft nicht abgeneigt, nachdem aber trotz Finanz-Vorlage und trotz anerkennenster Stimmen über die Arméevorlage (v. Vincke-Olddff) jene Basen zum Bericht stipulirt wurden, habe auch ich die Schiffe hinter mir abgebrannt, weil jetzt eine Bothschaft (natürlich ohne Concessionen) gegen die Würde der Krone ist, indem solche Bothschaft, wenn auch **vielleicht noch** in höflicher Form, aber mit innerem Hohn ignorirt werden würde.

Jetzt zum Schluß an Sie und Ihre Gesinnungsgenossen ein Wort:

Machen Sie die Augen auf, um nicht von der Révolution ins Schlepptau genommen zu werden, indem Sie aus unklaren Idéen der Armée entgegen arbeiten und somit die sicherste Stütze des Thrones miniren, eine Minirung, die die Révolution will, Sie aber niemals wollen. Also die Augen auf, um der Revolution nicht unbewußt in die Hände zu arbeiten!!!

Dazu machen Sie sich klar, daß Preußens Heer mit 3jähriger Dienstzeit der französischen Armée mit 8, der österreichischen mit 8 und der russischen mit 12jähriger Dienstzeit entgegentreten muß, und daß Frankreich namentlich uns nicht mit Conscribirten von 6 Monaten Dienstzeit wie 1813, unserer auch nur 6monatlichen Landwehr gegenüber stehet. Wilhelm."

Saucken konnte aus diesem langen Briefe des Königs ersehen, wie tief der König, der seit Entlassung der liberalen Minister ohne alle Beziehung zu liberalen Politikern war, von unrichtigen Anschauungen durchdrungen war. Er mochte den Versuch, ihn zu einer verfassungsmäßigen Lösung zu bewegen, noch nicht aufgeben. Er antwortete dem König am 1. September, dankte ihm für die ausführliche Antwort, die ihm die freudige Gewißheit gegeben, daß der König ihm seine Gnade nicht entzogen habe. Nicht die Unterredung in Babelsberg hätte in ihm die Besorgniß, daß ihm des Königs Gnade entzogen sei, erweckt, sein Schwager, der Generalfeldmarschall v. Wrangel,[30]) habe ihm gesagt, daß der König ihm infolge jener Unterredung zürnte und ihn gleichstellte mit den Mitgliedern der Fortschrittspartei. Schulze-Delitzsch's Schützenfestrede nahm Saucken nicht in Schutz. Sie spreche leider für die Ansicht des Königs, daß die Demokratie verwerfliche Pläne verfolge, doch müsse er die Meinung aufrecht erhalten, daß nur eine Minderheit, gewiß nicht die Mehrheit der Fortschrittspartei Schulze's Ansichten theile.

„Meine Gesinnungsgenossen und mich gegen solche Anschauungen verwahren zu wollen, könnte um so weniger in meiner Absicht liegen als ich es völlig für unmöglich halte, daß Ew. Maj. uns deren fähig erachten könnte. Ew. Maj. werden uns, das weiß ich, stets als die wahren Patrioten erkannt haben und erkennen, denen das Wohl Ew. Maj. und das Wohl des Vaterlandes als das höchste Ziel aller Bestrebungen und Kämpfe gilt. Dieses Ziel ohne Erschütterung herbeizuführen scheint uns geboten, der Demokratie allen Boden, jede Sympathie im Volke zu entziehen, und der heiße Wunsch, dies zu erreichen, bestimmt mich, Ew. Maj. meine Ansicht offen darzulegen, was ich schriftlich nur in der Kürze thun dürfte. Ew. Maj. ersuche ich dringend und unterthänigst, mir gnädigst eine Audienz zu bewilligen und Ort und Stunde zu bestimmen, in welcher es mir möglich werden möge, meine Ansichten ausführlich zu entwickeln, welche, wie irrig sie auch erscheinen mögen, doch das für sich haben, daß sie von einer großen Anzahl bewährter, Ew. Majestät auf Tod und Leben ergebener Patrioten getheilt werden. Wir von unserem Standpunkt aus verlangen keine Konzessionen, sondern nur die Mittel, unsere getreu begeisterte Hingebung wirksam in die Wagschale werfen zu können, zu der Ew. Maj. allein möglichen Gewährung eines verfassungsmäßigen und der uns heiligen Würde der Krone entsprechenden Auswegs."

Die Audienz wurde nicht gewährt. Der König kam am 7. September aus Doberan zurück, um am 8. September auf zwei Tage nach Karlsruhe zur Taufe eines Enkelkindes zu fahren.

Am 11. September[31]) begann im Abgeordnetenhause die siebentägige Berathung über den Etat der Militärverwaltung für 1862. Neben dem Präsidenten saß als Referent der Abgeordnete Major a. D. v. Vaerst mit dem eisernen Kreuz der Freiheitskriege geschmückt. Außer dem Kommissionsantrage lag nur der in der Kommission abgelehnte Vermittelungsantrag der Abgeordneten Stavenhagen, Twesten und v. Sybel vor. Dieser wollte für das zum größeren Theile abgelaufene Jahr 1862 die in dem Berichte der Kommission als „Kosten in Veranlassung der Reorganisation" ausgesonderten Ausgaben mit Ausnahme von 223435 Thaler als Extraordinarium zur ferneren provisorischen Aufrechthaltung der Armeereorganisation genehmigen, um dann für 1863 nach den im Winter zu vereinbarenden Gesetzen den Etat unter Erhaltung der neuen Regimenter und Einführung der zweijährigen Dienstzeit für die Infanterie als Definitivum zu bewilligen.

Der Finanzminister v. d. Heydt verlas eine lange Erklärung der Staatsregierung. Es hieß darin, es sei eine unabweislich gebotene Pflicht gewesen, Einrichtungen ins Leben zu rufen, durch welche die Kriegstüchtigkeit und die Kriegsbereitschaft des Heeres im Interesse der Sicherheit und der Unabhängigkeit des Landes dauernd erhöht würden. Das Ministerium suchte darzulegen, im guten Glauben gehandelt zu haben, in dem Glauben verpflichtet zu sein, die Armeeorganisation über den 1. Januar 1862 aufrecht zu erhalten, im Anschluß an das seit 12 Jahren bestandene Verfahren der gesetzlichen Feststellung des Etats erst gegen Mitte des Etatjahres. Die Regierung erklärte, nach wie vor anzuerkennen, daß die zeitige Formation in soweit sie eine dauernde Erhöhung des Etats oder eine anderweitige gesetzliche Regelung der Dienstverpflichtung erfordere, so lange als eine definitive nicht betrachtet werden könne, als dazu noch die verfassungsmäßige Zustimmung des Landtages fehle. Sofern Werth darauf gelegt werden sollte, werde die Regierung nicht dagegen sein, die Ausgaben für die Heeresorganisation in das Extraordinarium des Etats zu übertragen. Die Erklärung schloß mit einer Warnung: die Landesvertretung habe sich die ganze Schwere der Verantwortung vor

Augen zu stellen, die auf einer Versagung der nach Lage der Sache durchaus unentbehrlichen und nachweislich vorhandenen Mittel ruhen würde.

Zur Debatte hatten sich 51 Redner gemeldet, 31 gegen und 20 für die Kommissionsanträge. Nach den Bestimmungen der Geschäftsordnung hatten die Redner für und gegen abzuwechseln, nur die Minister und die Kommissarien bekamen jederzeit das Wort. Der erste Redner Professor v. Sybel legte zunächst gegen die Darlegung des Ministeriums scharfe Verwahrung ein. Das formelle Recht sei schon 1860 durch die definitiven Ernennungen der Offiziere schwer verletzt (s. Bd. I S. 176). Die neue Organisation habe an jenem Tage ihrer Geburt den Stempel der Ungesetzlichkeit empfangen, derselbe bleibe in unverlöschlichen Zügen so lange, bis die Regierung ihr Unrecht anerkannt und dafür formell die Indemnität nachgesucht habe. Der einstimmige Wunsch des Volkes gehe auf Abkürzung der Dienstzeit, zweijährige Präsenzzeit unter den Fahnen und Erleichterung der Landwehr. Sybel vertheidigte dann seinen Antrag, der mit dem Kommissionsantrag dasselbe Ziel nur mit Verschiedenheit der Mittel verfolge.

Gegen den Kommissionsantrag sprachen der konservative Landrath v. Gottberg und v. Vincke-Strehlen (Olbendorf). Für den Kommissionsantrag Waldeck, v. Carlowitz und Virchow. Virchow ging auf die Möglichkeit eines Konflikts ein: Patow habe sich als Finanzminister offen ausgesprochen. Virchow verlas seine Erklärung in der Sitzung vom 28. Mai 1861 über die verfassungsmäßige Stellung der Regierung. Diese hat darnach die Pflicht, die Rechte des Trägers der Krone als des Oberbefehlshabers der Armee zu wahren, aber das Haus kann kraft des ihm verfassungsmäßig und unbestritten zustehenden Rechts die von der Regierung geforderten Geldmittel zu bewilligen oder zu versagen, auch auf die Entschlüsse einen Einfluß üben, die von dem obersten Kriegsherrn gefaßt werden; bei Kollidirung der neben einander gehenden Rechte sei das Mittel eines Staatsstreiches nicht das allein gebotene; die Regierung werde dann das Mittel nicht außerhalb, sondern innerhalb der Verfassung suchen.

Virchow griff den Cynismus der offiziösen Presse an, die trotz der Beschlüsse des Abgeordnetenhauses fortfahre, verfassungswidrige Bestrebungen zu entwickeln. Sie wage von einer Lücke in der Verfassung zu sprechen, die die Regierung willkürlich ergänzen dürfe:

„Die Verfassung läßt der Regierung zwei Möglichkeiten, wenn ein derartiger

Konflikt eintritt, daß ein Gesetz, welches nothwendiger Weise zu Stande kommen muß, mit ihr nicht zu Stande kommt. Die eine Möglichkeit ist die Auflösung des Hauses und die Appellation an das Volk, die andere Möglichkeit ist der Abtritt des Ministeriums und der Eintritt eines Ministeriums, welches das Budgetgesetz erwirken kann. Das ist die verfassungsmäßige Situation, und nur in diesen Grenzen kann sich . . . ein verfassungsmäßiges Ministerium bei einer solchen Kollision bewegen.

Will das Ministerium aber weder auflösen noch abtreten, nun, dann giebt es noch andere Möglichkeiten, nämlich die, daß es ein anderes Budgetgesetz einbringt, oder daß es das betreffende Armeegesetz, auf Grund dessen überhaupt die Bewilligung stattfinden soll, zur rechten Zeit einbringt und darauf sich die Bewilligung geben läßt, oder endlich, daß es sich eine Indemnität für das Vergangene und unter ganz bestimmten Zusicherungen einen Kredit für eine kurze Zukunft erbittet und daß es dann versucht, in den regelmäßigen verfassungsmäßigen Weg einzutreten, auf dem, wie ich überzeugt bin, die Landesvertretung ihm zu jeder Zeit bereitwillig zur Seite stehen wird."

Der Kriegsminister Roon erwiderte am Schluß der siebenstündigen Sitzung in langer Rede. Er schied darin von vornherein die Frage der Zweckmäßigkeit der Reorganisation und deren Finanzirung als nicht diskutirbar aus: es sei eine bloße Budgetfrage. Er bestritt, daß die Regierung durch die definitiven Ernennungen die verfassungsmäßigen Verpflichtungen verletzt habe und bestritt die Nothwendigkeit, Indemnität nachzusuchen. Er bekämpfte einzelne Ausführungen der Redner und ging dabei um den Kern der Sache herum, um die Frage, was nach Annahme des Kommissionsantrages zu geschehen habe. Dabei brauchte er mehrmals Redewendungen, die darauf abzielten, die Absichten der Opposition zu verdächtigen. Er sprach von einem Mysterium, das hinter Aeußerungen der Opposition verborgen liege, von Absichten derselben, die ihm nicht klar geworden seien; doch glaube er gewiß, „daß die Herren Gegner sehr reifliche und sehr tief und wohl erwogene Pläne mit ihrem Votum verfolgten."

Am folgenden Tage (12. September) beantragten nach einer Rede des früheren Finanzministers v. Patow die Abgeordneten Gebrüder Reichensperger, die Regierung aufzufordern, vor der Spezialberathung der Ausgabe-Positionen die erforderliche Indemnitätserklärung zu beantragen.

Hierauf kam Hoverbeck zu Wort. Den unwahren Beschuldigungen und Verdächtigungen der Absichten der Mehrheit trat er durch eine klare ausführliche Darlegung des geschichtlichen Verlaufs der Frage nach den Kommissionsprotokollen und stenographischen Berichten scharf entgegen. Dem Kriegsminister erklärte er auf seine Redensart, von der mysteriösen Absicht:

„Nun, wenn in dieser Weise gesprochen wird, dann muß ich allerdings sagen, was der Herr Kriegsminister gemeint hat, ist mir mysteriös. Auf der andern Seite glaube ich aber von der hochgeehrten Persönlichkeit des Herrn Kriegsministers erwarten zu können, daß er einen solchen Vorwurf gegen unsere Partei genauer definire — ich glaube, er ist uns das schuldig."

Nach Hoverbeck sprachen Georg Vincke-Stargard und Gneist. Vincke vertheidigte und entschuldigte sein und seiner Freunde Verhalten in den Vorjahren und befürwortete lebhaft die zweijährige Dienstzeit unter Berufung auf die kriegserfahrenen Militärs früherer Zeit. Das Land habe zwar die Reorganisation anerkannt, aber nur unter der Bedingung der zweijährigen Dienstzeit. Der entschiedenen Forderung des Landes sollte man nachgeben. Den Erklärungen Virchow's gegen die Sternzeitung trat er bei. Sie habe jetzt die ganze Verfassung in die Luft gestellt.

„Sie hat von einer Lücke der Verfassung gesprochen, während unsere Verfassung in dieser Beziehung nicht anders beschaffen ist, als jede andere konstitutionelle Verfassung, wenn sie überhaupt auf diesen Namen Anspruch macht. In der Englischen Verfassung ist es ebenso, in der Holländischen, Belgischen, Italienischen und allen Deutschen Verfassungen desgleichen, und selbst in den Anfängen des konstitutionellen Lebens in Oesterreich — überall giebt es keine andere Bestimmung als die, daß es Sache der Landesvertretung ist, das Budget zu bewilligen, und daß die Regierung zu keiner Ausgabe berechtigt, als die budgetmäßig bewilligt ist. Der Herr Kriegsminister hat das gestern selbst anerkannt. Wie kann dann aber die Regierung der öffentlichen Meinung des Landes ins Gesicht schlagen und ihrer eigenen von ihr protegirten und salarirten Zeitung gestatten, solche Behauptungen täglich durch ihre Spalten zu verbreiten? (Hört! hört! Bravo!)

Glaubt man dadurch etwa einen Eindruck auf das Abgeordnetenhaus zu machen? Wenn die Regierung dies glaubt, so muß sie sich auch sagen, daß dieser Eindruck jedenfalls ein der Regierung ungünstiger, ein der Regierung feindseliger sein muß. Es ist dies nicht anders möglich, wenn eine Regierung, die von diesem hohen Hause und von Sr. Majestät dem Könige **feierlich beschworene Verfassung** täglich in den Spalten ihrer Zeitung angreift und anfeindet. Auf solche Weise verfährt keine konstitutionelle Regierung, ich möchte sagen, keine Regierung der Erde..."

Roon sprach gegen Vincke und Gneist und dann kam er in recht gewundenen Ausführungen auf Hoverbecks Herausforderung. Hoverbeck verlange seine Erklärung, er wäre sie der Ehre der Partei schuldig; der dringenden Aufforderung halte er sich verpflichtet zu genügen. In der von der Kommission vorgeschlagenen Verweigerung des Budgets glaube er

„nichts anderes zu erkennen als ein Mittel, um die Regierung von der Position zu verdrängen, die ihr durch die Verfassung eingeräumt sei."

Auf den anhaltenden Widerspruch aus dem Hause versicherte er:

„Ich spreche ganz objektiv, ohne irgend ein Uebelwollen gegen eine Person äußern zu wollen, ich spreche nur um Aufklärung."

Dem Ministerium sei oft erklärt, es besitze das Vertrauen des Landtages nicht. Nun gäbe es hier eine Reihe von Personen,

„die das Vertrauen der Regierung noch nicht erworben haben und nicht erwerben können, so lange bis gewisse Vorbedingungen erfüllt sind" . . . (Bewegung und Heiterkeit.)

„Es ist ganz zweifellos, es giebt verschiedene Vorgänge, Aeußerungen, mündliche wie schriftliche, welche einem solchen Mangel an Vertrauen von Seiten der Regierung sehr wohl rechtfertigen. Soll ich diese verschiedenen Zeugnisse aufführen? (Ruf: Ja wohl!) . . .

Außer dem Hause, meine Herren, sind so wunderbare und so unzweideutige Tendenzen dieser Art kund geworden, daß ich aufrichtig gestehe, es wäre eine Pflicht derjenigen politischen Partei, diese Parteigänger zu desavouiren, welche sich in so auffallender Weise kompromittirt haben u. s. w."

Er ging dann auf die sachlichen Ausführungen Hoverbecks ein, dankte ihm für die lichtvolle Darstellung der historischen Verhältnisse der Reorganisation, nur erschiene ihm das Licht ein wenig gefärbt. Dies suchte er nachzuweisen.

Nach Roons Rede wurde Vertagung beschlossen. Es folgte eine Flut persönlicher Bemerkungen.

Hoverbeck erklärte sich durchaus nicht für befriedigt, sondern forderte vom Kriegsminister Nennung der Thatsachen und der Namen.

„Der Herr Kriegsminister ist ganz gewiß der Meinung, daß das Licht, in dem ich die Sache betrachte, ein gefärbtes ist; er ist aber auch gewiß der Meinung, daß ich persönlich von dem vollkommen überzeugt bin, und dies scheint mir der Herr Kriegsminister in diesem Augenblick zu bestätigen. Andererseits werde ich ebenso das Recht haben, zu erklären, daß ich der Ueberzeugung bin, daß der Herr Kriegsminister Alles, was mit unsrer Partei in und außer dem Hause zusammenhängt, durch eine *schwarze Brille* betrachtet."

In der nächsten Sitzung (15. September) kam nach mehreren anderen Rednern *Schulze-Delitzsch* zu Wort. Nicht um die Militärfrage allein handle es sich, sondern um das ganze verfassungsmäßige Recht der Volksvertretung. Nicht auf Seiten dieser, die die Hand zum Frieden so gern ergreifen würde, sondern auf Seiten der Staatsregierung liege die ganze Schroffheit und Starrheit.

Roon kam jetzt endlich mit seinen Beschuldigungen hervor und auf die *Schützenreden* hervorragender Mitglieder in *Frankfurt a. M.* Er sagte dabei wörtlich:

„Der eine Herr hat gemeint, wenn es sich um Deutschlands und Preußens Interesse handle, so wäre es gar keine Frage, daß er das Deutsche Interesse voranstellen würde. Für ihn und seine Partei, für einen preußischen Abgeordneten ist dies immer doch ein sehr bemerkenswerther Standpunkt. Ich kann in der That mir erklären, daß so Etwas gesagt wird in der Wärme der Konversation und in der Wärme des Festes.

Wenn ein anderer Redner sagt, daß „diese Frage gegenüber" den bestehenden Gewalten nur zum Austrag gebracht werden könne unter dem Schutze und der Wirksamkeit der Schützen, daß nur unter ihrem Schutze das Vorparlament gebildet werden könne und dann das bewaffnete Volk hinter dem Parlamente stehen werde, so ist das jedenfalls eine Ansicht, die unter allen Umständen nicht preußisch ist. Wir in Preußen sind gewohnt, daß das Heer hinter dem Könige steht und ... die Verfassung macht den König zum Oberbefehlshaber der Armee."

In persönlichen Bemerkungen erwiderte zunächst Schulze. Er bedauere, daß der Kriegsminister nicht besser verstanden habe, was er in Frankfurt gesagt.

„Ich habe heute, was ich damals gesagt, wiederholt, indem ich ausgeführt habe, wie nothwendig die Pflege der Keime zu einem Volksheer sei, und wie nothwendig ein solches hinter dem Parlament stehen müsse, hinter dem Parlament der Zukunft, dem alle deutsche Herzen entgegenschlagen. In Frankfurt, beim deutschen Schützenfeste, kann doch wahrhaftig nicht vom preußischen Parlamente die Rede sein, das ja gar nicht erst zu schaffen ist, sondern längst existirt, als ob es sich darum handle, diesem ein besonders von der preußischen Armee verschiedenes Parlamentsheer zu verleihen! Kein Mensch hat mich mißverstanden und konnte mich mißverstehen, außer der offiziösen Soldpresse und dem Herrn Kriegsminister. Deutsches Parlament und deutsche Centralgewalt, dies die Losung des Festes, wie des gesammten Vaterlandes. Und dabei bin und bleibe ich der Ansicht, daß wenn die Regierung die nationalen Sympathien in solcher Weise von sich stößt, anstatt sie an sich zu fesseln, so werden wir nun und nimmermehr an das Ziel gelangen ..... Was ich in Frankfurt sprach, darf ich demnach Wort für Wort aufrecht halten, gerade im Interesse Preußens; denn ich bin dabei davon ausgegangen, daß Preußen die Führung in Deutschland gebührt, wie ich es hundert Mal in diesem Hause ausgesprochen habe und an vielen anderen Stellen in Deutschland, vor bedeutenden Versammlungen patriotischer Männer, im Interesse meines engeren, wie des großen Gesammt-Vaterlandes; und ich glaube, die preußische Regierung hätte am wenigsten Ursache, sich über meine Wirksamkeit zu beklagen!"

Nach Schulze kam Hoverbeck: Der Kriegsminister habe seine Worte auf dem Schützenfest in Frankfurt nicht richtig gelesen.

„Ich habe gesagt: wenn ich die Wahl hätte zwischen den deutschen und den sogenannten preußischen Interessen, dann würde ich den deutschen Interessen jedesmal den Vorzug geben. Ich glaube, jedermann in diesem Hause und selbst der Herr Kriegsminister wird mir zugestehen müssen, daß bei einer unbefangenen Auslegung diese Worte dahin aufzufassen sind, daß **wirkliche** preußische Interessen und deutsche Interessen niemals verschieden sein können."

Roon hatte mit seinen Beschuldigungen kein Glück gehabt. Die allgemeinen Redewendungen gegen die Fortschrittspartei mochte er noch ferner beim Könige und in der reaktionären und offiziösen Presse verwerthen — in parlamentarischen Verhandlungen war es nicht mehr möglich. Hoverbeck hatte ihn öffentlich vor dem ganzen Hause gezwungen, Thatsachen und Personen zu nennen.

Nun genügten Schulze's und Hoverbeck's Erklärungen, den Klatsch feindlicher Blätter vor der öffentlichen Meinung zu vernichten. Roon versicherte aus freundlicher Absicht auf die ihm von Hoverbeck vorgeschlagene Diskussion eingegangen zu sein. Er habe den Herren Gelegenheit geben wollen, sich über den wahren Sinn und die Bedeutung ihrer Absichten zu äußern. „Den Ministern war schwül zu Muthe."[32]) v. d. Heydt gab am 16. September nach einer Rede Twestens zu bedenken:

„Wollen Sie einen Verfassungsbruch unter allen Umständen vermieden haben, so muß auch von allen Seiten, von allen Faktoren dahin gewirkt werden, daß nicht Umstände eintreten, unter denen irgend etwas geschehen muß, wenn es auch nicht gerade ausdrücklich in der Verfassung geschrieben ist."

Tiefen Eindruck machte die darauf folgende Rede des Abgeordneten v. Forkenbeck. Er wies mit klaren Worten nach, daß die gegenwärtige Organisation objektiv mit der gesetzlichen Kriegsverfassung in Widerspruch stehe und in mehrfacher Beziehung Recht und Verfassung verletzt. Hoverbeck habe die Vergangenheit richtig beleuchtet.

Die Generaldebatte wurde geschlossen, obschon noch 19 Redner für und 23 gegen die Kommissionsvorlage auf der Rednerliste standen. Auf eine schmucklose, ergreifende Rede des Berichterstatters Major v. Baerst folgte noch die Spezialdiskussion. Die Präjudizialanträge des Centrums wurden verworfen, und dann der erste in das Extraordinarium der Reorganisation fast einstimmig verwiesene Posten der Ausgaben von 20854 Thaler 7 Silbergroschen 6 Pfennig bei namentlicher Abstimmung mit 273 gegen 68 Stimmen abgelehnt. Nur neun Abgeordnete fehlten, darunter sieben Polen und ein Konservativer.

Am folgenden Tage in der Sitzung vom 17. September trat ein unerwarteter Zwischenfall ein. Das Ministerium versuchte in letzter Stunde eine Verständigung herbeizuführen. Zur Ueberraschung aller Abgeordneten erklärte der Kriegsminister Roon: „Der Regierung sei vorgehalten, sie suche den Konflikt! Um den Beweis zu geben, daß diese Voraussetzung nicht zutreffe, habe er die Ermächtigung und damit den Auftrag, zu erklären, daß die Regierung das Amendement Stavenhagen, Sybel, Twesten für 1862 annehme. In Betreff des Amendements derselben Abgeordneten für 1863, worin der Kern der Frage berührt werde, erklärte er, selbst wenn die Regierung auf eine faktische Verkürzung der Dienstzeit mit Rücksicht auf die öffentliche Meinung eingehe, müsse doch ernstlich an Kompensationen gedacht werden.

Roons Erklärung, das erste Anzeichen, daß die Regierung in ihrem Vorgehen bedenklich wurde, veranlaßte den Vorsitzenden der Budgetkommission von Bockum-Dolffs, Vertagung der Sitzung zu beantragen behufs reiflicher Prüfung der Erklärung durch die Kommission. Die Vertagung wurde sofort beschlossen.

In der Kommission erschienen die Minister Heydt und Roon mit ihren Kommissarien. Der Kriegsminister erklärte, zur definitiven Aeußerung erst am folgenden Tage im Stande zu sein. Die Regierung wolle die Landwehr erhalten in einer Form, die den ursprünglichen gesetzlichen Bestimmungen näher stehe, als das bisher faktische Verhältniß. In dieser Materie existire kein Gegensatz zwischen den Ansichten der Regierung und den Wünschen des Landes. In Betreff der Verkürzung der Dienstzeit liege die gesetzliche Regelung für die Regierung außer den Grenzen der Möglichkeit. Für eine thatsächliche Verkürzung sei es Aufgabe der Kommission, die Bedingungen der Einigung festzusetzen.

In der Kommissionssitzung am folgenden Tage, 18. September, erschienen wieder beide Minister mit ihren Kommissarien. Jetzt nahm der Kriegsminister alles wesentliche zurück. Selbst die faktische Ausführung der Verringerung der Dienstzeit sei beinah praktisch unmöglich. Er entwickelte oberflächlich technisch militärische Gründe, die für die Kommissionsmitglieder in keiner Weise überzeugend waren, sondern ihnen als Ausreden erschienen. Einstimmig wurde ein Antrag Hoverbecks angenommen, zu erklären, daß die Eröffnungen der Staatsregierung am 17. und 18. September nicht geeignet seien, die Fortsetzung der Berathung des Hauses zu unterbrechen.

Vaerst berichtete in der Plenarsitzung am 19. April mündlich über den Verlauf der Sache. In der Sitzung waren außer Roon von Ministern nur Graf zur Lippe und v. Mühler anwesend, v. d. Heydt und Graf Bernstorff fehlten. Roon bestätigte kurz, daß die Regierung auf eine gesetzliche Verringerung der Dienstzeit nicht eingehen werde. Er behauptete sogar, durch Bockum-Dolffs Vertagungsantrag in der Sitzung vom 16. September überrascht worden zu sein. Niemand im Hause glaubte ihm dies. Auch seine heftigsten Gegner hatten ihm diese dreiste Verleugnung der Wahrheit nicht zugetraut. Es gab eine erregte Diskussion. Wer die Reden der Abgeordneten Simson, Immermann, Reichensperger, Virchow und v. Vincke-Stargard in den stenographischen Berichten liest, wird es begreiflich finden, daß sich kein einziger Redner gemeldet hatte, dem Kriegsminister, der sich durch Unwahrheiten herauszureden suchte, beizustehen. Was war in den 24 Stunden zwischen den beiden Budgetkommissions-sitzungen geschehen? Simson gab darüber Andeutungen. Er erläuterte den Antrag Stavenhagen-Twesten-Sybel, für den sich auch die Konstitutionellen erklärt hatten.

„Mit unwiderleglicher Gewißheit konnten wir behaupten, Eines verlange das Land, das ganze Land ganz unzweifelhaft: die schleunige, definitive, **gesetzliche** Austragung dieses ganzen Streites (sehr richtig! im Centrum.) die Austragung desselben nicht im Wege eines Waffenstillstandes, sondern im Wege eines Friedens; eine Austragung, die dem Lande möglich machen sollte, seine großen inneren Aufgaben, seine Aufgaben für Deutschland wieder einmal ungehemmt aufzunehmen und ins Auge zu fassen."

Er besprach mit vorsichtigen Umschreibungen die vermuthlichen Gründe der rückläufigen Bewegung der Regierung, ob die erste Erklärung des Ministers auf eine Uebereilung oder die zweite auf einem plötzlichen Sinneswechsel beruhe, einen Wechsel, für den er kein treffendes und parlamentarisch zulässiges Tadelnswort zu finden wisse u. s. w. Bei dem gänzlichen Schweigen des Ministers über die gesetzliche Regulirung der Lage könne er nur dem Kommissionsantrag (Hoverbeck) zustimmen. Mit verächtlichen Worten erwähnte er die rohen staatsrechtlichen Phantasien über das, was nach Abstimmung über das Budget werden solle. Die Ausführung der „rodomontaden Stylübungen, zu denen das Papier sich geduldig darbiete," werde man vermuthlich auf sich beruhen lassen, denn ohne Verfassung zu regieren, sei bei uns nicht schwer, sondern unmöglich. Das könne man wohl versprechen, aber das Versprechen nicht halten. Die Andeutung des Ministers, v. d. Heydt, daß etwas geschehen könne, was nicht ausdrücklich in der Verfassung geschrieben stehe, sehe der vielbesprochenen „Lücke in unserer Verfassung ähnlich, wie ein Ei dem andern." Die Lücke, wenn man sie einseitig in dem an gewisser Stelle befürworteten Sinne ausführen wolle, habe freilich den Vorzug, daß sie alle weiteren Verfassungsverletzungen ganz unmöglich mache, denn sie mache der Verfassung selbst ein Ende. Er schloß mit den Worten:

„Je treuer und reiner wir an der Verfassung, an der ganzen Verfassung festhalten werden, um so sicherer ist meine Zuversicht, daß unser Staatsleben auch die gegenwärtige schwere und bedrohliche Krisis glücklich überwinden wird."

Auch Georg v. Vincke, der wohl ebenso wie Simson von den Vorgängen des 17. September mehr wußte, als die Mitglieder der Majorität, besprach, wie die Erklärungen des Kriegsministers in der Sitzung vom 16. September vom ganzen Hause aufgefaßt worden seien. Er wiederholte, materiell wollten alle ziemlich dasselbe.

„Wir wollen Alle eine gesetzliche Regulirung der Sache, und zwar mit ausdrücklicher gesetzlicher Feststellung der zweijährigen Dienstzeit, und nur darin finden wir eine genügende Lösung des Konfliktes.“

Durch die jetzige Erklärung des Kriegsministers sei alles weggewischt. Auch er fand es befremdend, daß der Kriegsminister jetzt behauptet, durch den Antrag auf Vertagung des Hauses überrascht worden zu sein. Entweder habe der Minister überhaupt gezweifelt, daß das Haus eine entgegenkommende Tendenz habe, oder er habe in seine eigenen Worte eine andere Auslegung hineingelegt, als jeder wohlwollende Beurtheiler darin finden mußte. Wenn der Minister wirklich die Absicht hatte, der einstimmigen Meinung des Landes mit der Reduktion der Dienstzeit zum Zweck der wahren Versöhnung aller Parteien entgegenzukommen, so sei denkbar, daß er in den verhängnißvollen 24 Stunden einen Widerstand gefunden, dessen Ueberwindung über seine Kräfte ging. Dann aber hätte er sein Amt niederlegen müssen . . .[33])

Roon hat über das, was in den 24 Stunden passirt ist, nichts mitgetheilt. Er hatte Bismarck am 18. September durch ein Telegramm Moritz v. Blankenburg's zur schleunigen Rückkehr nach Berlin auffordern lassen. Am 20. September schrieb er seinem Freunde Perthes von der neuen Ministerkrisis: Fürst Hohenlohe oder Heydt und Graf Bernstorff wollten davon, und Bismarck-Schönhausen sei auf Urlaub eingetroffen. Es sei unmöglich, die zweijährige Dienstzeit einzuführen. Gleichwohl sei das dem Landtage zustehende verfassungsmäßige Recht der Geldbewilligung so unzweideutig, daß der bevorstehende Konflikt einen tiefen Riß in das Land bringen müsse. Resultatlos sei ein „schwächlicher Versöhnungsversuch“ geblieben, bei dem ihm „leider die **Hauptrolle** zugefallen sei.“ Die Schuld des Scheiterns schob er dem Abgeordnetenhause zu.

Erst durch den Konsistorialpräsidenten Hegel,[34]) der damals vortragender Rath im Staatsministerium und Protokollführer in den Konseilsitzungen war, ist über die Vorgänge in der Sitzung, die am 17. September 1862 Nachmittags 3 Uhr im königlichen Palais stattfand, Aufklärung geworden.

„In dieser Konferenz sprach sich der Finanzminister v. d. Heydt für Annahme des Stavenhagen'schen Antrages aus, es erscheine ihm die Fortdauer des budgetlosen Zustandes gefährlich und für die Verwaltung unerträglich. Der Kriegsminister v. Roon, von dem unausgesetzten Kampfe ohne Aussicht eines anderen Ausgleiches ermüdet, hielt es für gerathen, auf weitere Verhandlungen mit dem Abgeordnetenhause einzugehen und meinte, daß die Regierung die Anträge von Stavenhagen unter Bedingung von Kompensationen annehmen könnte; die letzteren sollten vornehmlich bestehen in der Vermehrung der Kapitulanten und in der Errichtung von stehenden Lagern, ähnlich dem Napoleonischen bei Chalons. Als auch die übrigen Minister diesen Ansichten zustimmten, erhob sich der König und erklärte, daß er nach seiner festen Ueberzeugung und militärischen Erfahrung es mit Pflicht und Gewissen nicht vereinigen könne, auf die neue Organisation der Armee mit dreijähriger Dienstzeit zu verzichten, und wenn auch seine Minister ihn hierbei verließen, ihm nichts übrig bliebe, als auf der Stelle den Kronprinzen zu berufen, derselbe möge und könne, statt seiner die Regierung übernehmen und die Vorschläge ausführen."

Die Minister baten nun den König einstimmig, die Berufung des Kronprinzen zu unterlassen, sie würden auf's Aeußerste treu bei ihm ausharren und auch im Abgeordnetenhause seine Entscheidungen unbedingt vertreten. Die Sitzung wurde am Abend fortgesetzt und hier die vom Kriegsminister abzugebende Erklärung vereinbart.

Die konservativen Minister waren darin einig, daß der liberale Kronprinz, der kein Freund des feudalen Junkerthums war, bei Lebzeiten seines Vaters nicht zur Regierung kommen dürfe. In Sybel's Geschichtswerk und in Roon's Denkwürdigkeiten[35]) ist nicht einmal angedeutet, daß der König den Widerstand geleistet und den Abschluß eines Kompromisses verhindert hat. War es Roon Ernst gewesen mit dem Vermittelungsvorschlag, den er unter Zustimmung der übrigen Minister gemacht hatte? oder war es ein Spiel, bei dem er „die Hauptrolle" hatte, in das aber die anderen Minister nicht eingeweiht waren? Man wird letzteres nicht annehmen können. Er hatte schon im Jahre vorher den König für einen Verfassungsbruch und Staatsstreich ohne Erfolg bearbeitet. Der König berief sich dagegen auf seinen Verfassungseid. Nun hatte Roon sich aus den Verhandlungen des Abgeordnetenhauses überzeugt, daß die „Leistung einer vom Hause abgelehnten Ausgabe eine Verletzung der Verfassung in sich schlösse." Er ahnte wohl kaum, daß die von den altliberalen, fortschrittlichen und klerikalen Abgeordneten ohne Widerspruch als verächtlich bezeichnete verfassungsbrüchige Lehre der Kreuzzeitung und der Sternzeitung von der Lücke in der Verfassung den Beifall des Königs finden würde. Der König erfuhr außer dem, was er in der Sternzeitung las, über Verfassungsfragen wohl kaum mehr, als was seine Generaladjutanten, die Generäle v. Alvensleben und v. Manteuffel, Sprossen und Vorkämpfer des Brandenburgisch-Pommerschen Junkerthums, ihm mitzutheilen für gut befanden. Roon ging sofort, nachdem das Abgeordnetenhaus die Kosten der Militärreorganisation abgelehnt hatte, an die Ausarbeitung des zur Vorlage an den Landtag in nächster Session zugesagten Gesetzes über die Verpflichtung zum Kriegsdienst, und nahm darauf Bedacht, die Vorlage so einzurichten, „daß man die Zustimmung der drei Faktoren zur Gesetzgebung sich versprechen könnte.“ [36])

Noch in der Sitzung vom 19. September wurde ein zweiter, in das Extraordinarium verwiesener Posten der Reorganisation mit 276 gegen 65 Stimmen abgelehnt. Auch die klerikalen Abgeordneten Rohden, Osterrath und die meisten ihrer Parteigenossen stimmten jetzt mit Nein. Am 23. September kam es zur definitiven Schlußabstimmung über den Militäretat. Im Ordinarium wurden die Ausgaben für die Reorganisation mit 308 gegen 11 Stimmen abgelehnt. Die Minderheit bestand aus 10 Konservativen und dem Abgeordneten v. Patow. (Graf Schwerin fehlte.)

Bismarck war am 19. September Abends auf der Urlaubsreise in Berlin angekommen. Am folgenden Tage Nachmittag hatte er die erste Konferenz mit dem Grafen Bernstorff. Jedenfalls hatte er vorher nicht bloß mit Roon, sondern auch mit seinen Jugendfreunden Wagener und v. Kleist-Retzow Rücksprache genommen. Wagener und Kleist-Retzow hatten an dem Abend desselben Tages die Generalversammlung des preußischen Volksvereins abzuhalten. Wagener donnerte in seiner Eröffnungsrede in den kräftigsten Schlagworten der Kreuzzeitung gegen die „parlamentarische Regierung“; er verlangte die rücksichtslose Anwendung aller verfassungsmäßigen Mittel „gegen das aufsässige korrumpirte Beamtenthum“, ferner Abschaffung der Diäten und Stellvertretungskosten der Abgeordneten, „um den Büreaukraten den Nebenerwerb der Volksverführerei und Volksschmeichlerei unmöglich zu machen.“ Auch eine Petition an das Herrenhaus, das unbrauchbar gewordene Budget abzulehnen, wurde beschlossen. Der Kronprinz war an demselben 20. September Morgens beim Könige in Babelsberg gewesen und fuhr am Abend nach Reinhardsbrunn, um später mit seiner Gemahlin eine längere Reise nach Italien anzutreten.

Roon begab sich am 21. September an einem Sonntag Nachmittag zum König nach Neubabelsberg. An diesem Tage (nicht am 20. oder 23. September) hatte er beim Könige, der von Bismarcks Anwesenheit in Berlin wohl nichts wußte, mit seinen Mahnungen, Bismarck zu berufen, endlich Erfolg. Im Auftrage des

Königs hat er noch an demselben Tage mit Bismarck und den Ministern verhandelt. Am Dienstag Vormittag (22. September) war er wieder in Babelsberg. Er konnte dem Könige in der neuen Audienz ohne Zweifel Bismarcks und der abgehenden Minister Fürst Hohenlohe, v. d. Heydt und Graf Bernstorff Zustimmung zu seinen Vorschlägen überbringen. Am Nachmittag hatte Bismarck in Babelsberg beim Könige, dem vorher Kabinetsrath Illaire Vortrag gehalten hatte, die erste Audienz. Die zweite war am 23. September Nachmittags bis Abends. Die Sternzeitung hatte noch am 22. bestritten, daß eine Ministerkrisis bestehe. Eine „Schloß Babelsberg, den 23. September 1862" datirte, nur von Roon gegengezeichnete Kabinetsordre an das Staatsministerium wurde am 24. September im Staatsanzeiger veröffentlicht. Sie lautete:

„Nachdem der Prinz Adolph zu Hohenlohe-Ingelfingen auf sein wiederholtes Gesuch von dem Vorsitz im Staats-Ministerium entbunden, habe Ich den Wirklichen Geheimen Rath von Bismarck-Schönhausen zum Staats-Minister ernannt und ihm den interimistischen Vorsitz des Staats-Ministeriums übertragen."

Ueber die Vorgänge der letzten Tage vor und der ersten Tage nach dem Eintritt Bismarck's, und insonderheit über das, was zwischen Bismarck und dem Könige verhandelt wurde, ist in den letzten Jahren viel Unrichtiges verbreitet. Manche gröbliche Entstellung der Wahrheit wird auf Erzählungen zurückzuführen sein, die Bismarck 25 bis 30 Jahre später gemacht hat. Verschiebungen in den Erinnerungen sind bei Jedermann schon nach zehn Jahren unvermeidlich. Wie schon in der Einleitung (S. 4) hervorgehoben ist, hat gerade Bismarck durch unwahre, den Drucksachen und Akten des Landtages widersprechende Beschuldigungen seiner Gegner über ihr Verhalten in den Jahren nach 1863, öffentlich durch Reden im Reichstage und Landtage die Unzuverlässigkeit seines Gedächtnisses gezeigt. Die neuesten Erzählungen über die zu seiner Ernennung führenden Gespräche mit König Wilhelm sind keinesfalls wahrheitsgetreu. Darin ist z. B. mit keinem Worte die Verfassung und der Verfassungseid erwähnt. Der König stand aber damals, wie Sybel sagt und Jedermann im Abgeordnetenhause wußte, „in schweren Bedenken zwischen seinem Verfassungseide und seiner militärischen Ueberzeugung." [37])

Anmerkungen zum zwanzigsten Kapitel.

1) Siehe Bernhardi am angeführten Orte, S. 242.

2) Das Programm ist bei Parisius, „die politischen Parteien," S. 55, vollständig abgedruckt. Neben den Abgeordneten Grabow, Lette, Kühne, v. Rönne-Glogau,

v. Saucken-Julienfelde, v. Vincke-Olbendorf u. s. w. hatten unter Anderen G. Beseler, Hermann Duncker, Droysen, Veit, Dr. Julian Schmidt unterzeichnet.

[3]) Ueber die „Berliner allgemeine Zeitung“, zu deren ersten Abonnenten der König gehörte, s. Bernhardi 175.

[4]) Tempeltey ging nach Koburg. Der Herzog hatte seinen Kabinetssekretär Bollmann, der ihn auch politisch kompromittirte und unter Studiengenossen vergeblich eine geheime Verbindung mit revolutionären Zielen zu stiften suchte, auf Anregen des Prinzen Wilhelm von Baden entlassen, aber den Traum, es zum deutschen Kaiser oder zum Präsidenten einer deutschen Republik bringen zu können, noch nicht ganz aufgegeben. Bald nach Neujahr hatte er Tempeltey, den Schriftführer des Centralwahlkomités der Fortschrittspartei, zum Kabinetssekretär engagirt, wohl in der Hoffnung, dadurch auf die Fortschrittspartei Einfluß zu gewinnen. Bollmann, „der Herzog von Koburg und mein Austritt aus seinen Diensten.“ Der Herzog ging im Februar mehrere Monate nach Afrika. „Ich glaube, Bollmann vertreibt ihn aus Europa,“ schrieb Bernhardi.

[5]) Heinrich Runge, geb. in Zehdenick, Dez. 1817; gestorben November 1886, 1849 unbesoldeter Stadtrath zu Berlin, ging 1850 nach der Schweiz, Konservator der Alterthumssammlungen zu Zürich, 1861 zurückgekehrt, 1862 wieder Stadtrath, 1871 Kämmerer von Berlin, Mitglied des Abgeordnetenhauses von 1861—79, des Reichstages vom konstituirenden 1867—76.

[6]) Das Ministerium v. d. Heydt vom 19. März 1862:

1. Prinz Adolf zu Hohenlohe-Ingelfingen, geb. 1817, Abgeordnetenhaus 1852—54, Herrenhaus seit Nov. 1854, Präsident dess. 1855 bis 13. März 1862, Vors. Staatsministeriums 11. März 1862 bis 23. Sept. 1863, † April 1873. — 2. v. d. Heydt, Finanzmin., s. S. 28. — 3. v. Roon, s. Bd. I S. 179. — 4. Graf Bernstorff, s. S. 28. — 5. Graf Heinrich Itzenplitz, geb. 1799, landwirthschaftl. Min. bis 9. Dez. 1862, Handelsmin. bis 1873, Herrenhaus, nordd. Reichstag 1867—70, † Febr. 1883. — 6. Gustav Wilhelm v. Jagow, geb. 1813, † Febr. 1879, Regierungsassessor, Abgeordnetenhaus als Landrath von Kreuznach 1849—52 u. 1855—58, Reichstag 1867 bis zum Tode, 1861 Polizeipräs. von Breslau, Min. d. Innern vom März bis 9. Dez. 1862, Oberpräs. der Prov. Brandenburg. — 7. H. v. Holzbrinck, geb. 1809, als Landrath in Altena vereinigt. Landtag, Abgeordnetenhaus 1850—52, erste Kammer 1853—54, Handelsmininister bis 9. Dez. 1862, † Juni 1877. — 8. Graf u. Edler Herr zur Lippe-Biesterfeld-Weißenfeld auf See, geb. 1815, Febr. 1861 Oberstaatsanw. beim Kammerger., 17. März 1862 Justizmin. bis 1867, Herrenhaus, † Dez. 1889. — 9. Heinrich v. Mühler, geb. 1813, Kultusmin. bis Jan. 1872, † April 1874.

[7]) In Roon's Denkwürdigkeiten ist gesagt, der Brief v. d. Heydt's sei durch eine bedauerliche, niemals ganz aufgeklärte Indiskretion der Presse in die Hände gefallen und mit vielem Hohn gegen das neue Ministerium und namentlich gegen Roon verwerthet worden. Was Roon auf den Brief Bismarck's vom 12. April mündlich oder schriftlich geantwortet hat, weiß man nicht. — Roon erzählte am 9. April Bernhardi „umständlich den Hergang der Entdeckung sowohl, als der Entwendung des Briefes durch zwei Beamte: Warow und Moll.“ Zeitungen meldeten, der Intendantursekretär Kähler habe den Brief abgeschrieben und weiterbefördert.

Im Abgeordnetenhause hat v. d. Heydt am 15. September gesagt, der Brief den er beim Antritt seines jetzigen Amtes vertraulich an den Kriegsminister gerichtet habe, sei nur durch ein Verbrechen zur allgemeinen Kenntniß gekommen. An die strenge Wahrheitsliebe des Ministers glaubte man im Abgeordnetenhause nicht allgemein. Die „Verbrecher“ sind vom Staatsanwalt nicht angeklagt.

[8]) Der Staatsanwalt v. Schelling ist der spätere Justizminister.

[9]) Büttner, Oberlehrer in Elbing, Verfasser vieler fortschrittlicher Flugblätter 1861 u. 62, später nationalliberal, Verfasser zahlreicher Aufsätze über Kirche u. Schule in Parisius, Volksfreund (1868—72).

10) Bernhardi war am Abend des 19. März bei Max Duncker. Dieser sagte u. A.: „Natürlich wird die Regierung nun Alles aufbieten, um durch Maßregelungen der Wahlen Herr zu werden. Die Landräthe werden von ihrem Minister den Befehl erhalten, sich auf das Thätigste einzumischen und überall, wo die Sache zweifelhaft scheint, selber als Kandidaten aufzutreten, in der Hoffnung, die Bauern werden nicht wagen, ihrem Landrath in's Angesicht gegen ihn zu stimmen. — Der Justizminister erläßt ein Cirkular an die Kreisrichter, worin er sie auf die Folgen aufmerksam macht, die es auf ihre Beförderung u. s. w. haben muß, wenn sie sich bei den Wahlen betheiligten. Dann bleiben die davon! .... Dann will v. d. Heydt den Zuschlag zu der Einkommensteuer u. s. w. fallen lassen und das Geld für die Armee auf andere Weise schaffen; damit bricht er dem Widerspruch die Zähne aus." Max Duncker verkannte die Volksströmung gänzlich. Die große Mehrzahl der Bauern auch in den Marken und in Pommern, wo nicht bloß die Landräthe, sondern fast alle Rittergutsbesitzer konservativ waren, stimmten 1861 und 62 fest und entschieden ihrem Landrath in's Angesicht, fortschrittlich. Und nun gar zu meinen, die Kreisrichter werden durch den Grafen zur Lippe mit Zuckerbrot und Peitsche, wie man damals sagte, zu konservativen Wahlen zu bekehren sein, und wie Waldeck es vor seinen Wählern in Herford ausdrückte, gehorsame Lakaien sein, die ihren Rock mit jeder Herrschaft ändern!

11) Unter den Flugblättern des preußischen Volksvereins (siehe Band I S. 217) ist hervorragend das Flugblatt Nr. 10: „Fort mit den Revolutionären! Ein Wort zu den Wahlen von einem Landmann an die Landleute." Erstaunliche Schandthaten werden darin dem Abgeordnetenhause nachgesagt wegen des Hagenschen Antrages und wegen der Anträge auf deutsche Centralgewalt, mit denen beabsichtigt sei, uns in den deutschen Bruderkrieg zu verwickeln, sowie gegen den Nationalverein und die beabsichtigte republikanische Tyrannei der 352 Könige. Als Beispiel diene der Satz von der Anerkennuung des Königreichs Italien:

„Allem aber setzte die Krone der Antrag auf Anerkennug des sogenannten Königreichs Italien auf. Dieses Reich ist von einem ländergierigen Eroberer vor zwei Jahren mit Hilfe eines Räuberhauptmannes und seiner Barrikadenhelden, mit Verrath, Lug und Trug, Revolution und Empörung gebildet. Soll unser gnädigster König nun dieses Schauspiel billigen, und dadurch seiner Krone von Gottes Gnaden die Verleugnung ihres Wesens anhängen? Soll aus seinem Lande dadurch das Vorbild gegeben werden von dem, was uns bevorstehen würde, wenn der deutsche National-Verein erst die deutsche Centralgewalt verwirklichen könnte? Um nichts weniger und nichts mehr als hierum handelt es sich ja. Italien ist jetzt das elendeste Land der Welt. Kein Mensch ist dort mehr seines Lebens und Eigenthums sicher. Verrath, Raub, Mord, Treubruch herrschen dort überall. Diese Gräuel beschwört man also bei uns herauf."

12) „Militärische Schriften weiland Kaiser Wilhelms des Großen Majestät. Auf Befehl Seiner Majestät des Kaisers und Königs herausgegeben vom Königlich Preußischen Kriegsministerium. Zweiter Band. Berlin 1897." S. 460—479.

13) Siehe Rede Hoverbeck's am 4. Juli 1862 im Abgeordnetenhause, stenographische Berichte S. 470.

14) Die durchschnittliche Betheiligung bei den Urwahlen überstieg dies eine Mal in der Gesammtheit $^1/_3$ der Wahlberechtigten. Zum Reichstag mit geheimer Abstimmung wählten 1893 72,7 %. Die Betheiligung der Wähler bei den Landtagswahlen steigt und fällt, je nachdem die Wahlen liberaler oder konservativer ausfallen. Am geringsten war die Betheiligung bei der sogenannten Landrathskammer 1855 gewesen: 16,1 %. Die Betheiligung der einzelnen Abtheilungen waren bei den drei Wahlen 1855, 1862 und 1893 folgende:

	I. Abth.	II. Abth.	III. Abth.	Zusammen
1855	39,6	27,2	12,7	16,1
1862	61,0	48,0	30,5	34,3
1893	48,1	32,0	15,2	18,4

15) Ludwig v. Rönne, geb. 1804, † Dez. 1891, Appellationsgerichtsvizepräs. in Glogau, Abg. 1859, 61—63 u. 68—77, Mitgl. der ersten Kammer 1850—52, des Reichstags 1871—76, zuletzt nationalliberal. Zahlreiche juristische Schriften, besonders preuß. deutsches Staatsrecht. — Adolf Lette, geb. 1799, Präs. des Revisionskollegiums für Landeskultursachen in Berlin, Mitgl. d. Nationalvers. Frankfurt a. M., der ersten Kammer 1850—52, des Abgeordnetenhauses 1852 bis zu seinem Tode, Dez. 1868, Mitgl. des Reichstages 1867 u. 68, von 1863 linkes Centrum, dann nationalliberal. — Dr. Ernst Wachler, geb. 1803 in Marburg, † März 1888, Kreisgerichtsdir. in Breslau, Mitgl. der preuß. Nationalvers., der ersten Kammer von 1849—51, des Abgeordnetenhauses 1859—66, dann von 1870—82, Mitgl. des Reichstages von 1867—70, linkes Centrum, später nationalliberal. — Fritz v. Diederichs, geb. 1805, Oberregierungsrath in Potsdam, von Ende 1862 in Marienwerder, Mitgl. des Abgeordnetenhauses von 1859—66 u. von 1873—76, Mitgl. des Reichstages von 1874—76, nach 1866 nationalliberal, † Nov. 1888.

16) Max Simon, Rechtsanw. Breslau, geb. 1814, † März 1872, Mitgl. des Frankfurter Parlaments mit seinem Bruder Heinrich S., des Abgeordnetenhauses 1862, des konstituirenden Reichstages 1867.

17) Franz Bresgen, geb. 1815, Gutsbes. in Lautershoven bei Ahrweiler, Mitgl. der Nationalversammlung in Frankfurt, des Abgeordnetenhauses von 1862—67, † im Mai 1895.

18) Heinrich v. Sybel, geb. 1817, Professor der Geschichte, von 1875 Direktor der Staatsarchive, wirklicher Geh. Oberreg.-Rath, † Aug. 1895, Mitgl. des Abgeordnetenhauses von 1862—64 u. 1873—80, nach 66 nationalliberal, Mitgl. des konstituir. Reichstages 1867.

19) Bericht des Präsidenten Grabow in der Sitzung vom 11. Juni 1862. Die Ungnade ist dort nur zwischen den Zeilen zu lesen. Schultheß im europäischen Geschichtskalender gebraucht den Ausdruck „ziemlich ungnädig".

20) Kreisgerichtsdirektor Nietzki bedankte sich in einem Briefe vom Juni 1862 für die interessanten Mittheilungen Hoverbeck's über die Frankfurter Versammlung. Hoverbecks Brief ist nicht erhalten.

21) Karl v. d. Leeden, geb. 1828, Hauptmann a. D. damals zu Brieg, Mitgl. des Abgeordnetenhauses Mai 1862—66.

22) Dr. Georg v. Bunsen, geb. 1824 zu Rom, † 1896, Mitgl. des Abgeordnetenhauses von 1862—79, des Reichstages von 1867—74 u. von 1876—87, nach 66 nationalliberal, später liberale Vereinigung und deutschfreisinnige Partei. — Lucas, Kaufmann in Mühlheim a. R., Abg. von 62—67, Fortschritt. — Freiherr Arthur v. Arnim, Rittergutsbes. in Gerswalde, geb. 1825, Mitgl. des Abgeordnetenhauses von 1862—66, 1866 linkes Centrum, † April 1883. — Freiherr v. Esebeck, Rittmeister a. D., Rittergutsbes., Abg. v. 1862—63, linkes Centrum, verstorben. — Behm, F., Hauptmann a. D., Abg. v. 1862—66, jetzt Standesbeamter in Berlin.

23) Die auf den Bundestag in der Eschenheimer Gasse bezügliche Stelle der Hoverbeck'schen Rede war in der Festzeitung fortgelassen.

24) Rudolf Delbrück, geb. April 1817, war als Staatsminister a. D. von 1878—81 Mitgl. des Reichstages.

25a) Der Bürger- und Bauernfreund, ein kleines demokratisches Wochenblatt, erschien von 1861—74 in Tilsit im Verlage von Fr. Post. Gegründet und geleitet war es vom Rittergutsbesitzer John Reitenbach in Plicken bei Gumbinnen, einem Vetter des Abgeordneten John Frenzel. Preis vierteljährlich $4\frac{1}{2}$ Silbergroschen. 1874 wurde das Blatt nach Insterburg verlegt, erschien bis 1879 zweimal wöchentlich und von 1879—81 täglich. 1881 übernahm der Buchdruckereibesitzer Otto Mahnke den Verlag und verwandelte den Titel in „die Ostdeutsche Volkszeitung". Diese erscheint seitdem täglich in großem Format, der freisinnige politische Standpunkt ist festgehalten.

25) Sybel erzählt Bd. II S. 439, der König habe den in Biarritz sich erfrischenden Bismarck nach Berlin entboten. Dieser sei ungern gefolgt, da er nicht den geringsten Ehrgeiz zur Besteigung der höchsten Stufe gezeigt habe, aber sein

Pflichtgefühl habe ihm verboten, sich dem Könige zu versagen. Dies ist alles unrichtig, wie die seitdem erschienenen Denkwürdigkeiten Roons und Briefe Bismarcks ergeben.

26) Der Brief des Königs ist mir vor 20 Jahren von dem Sohne des Adressaten Konstanz v. Saucken mitgetheilt, damit ich dies für die Geschichte der Konfliktzeit wichtige Dokument zu passender Zeit veröffentliche. Ich habe ihn schon einmal im Oktober 1894 in einem politischen Feuilleton der Frankfurter Zeitung („Vor dem Konflikt. Erinnerungen aus dem Jahre 1862. Von einem früheren Reichstagsabgeordneten".) zum Abdruck gebracht.

27) Der König irrt. Die 25 % Zuschlag würden auch ohne den „Erlaß" fortgefallen sein, da sie nur bis zum 30. Juni 1862 bewilligt waren und die Mehrheit des Abgeordnetenhauses nicht daran dachte, sie weiter zu bewilligen.

28) Der König wußte nicht, daß wegen des Militäretats, wie es im v. d. Heydt'schen Briefe hieß, „in allen übrigen Verwaltungszweigen schon seit Jahren die größt möglichste Beschränkung der Ausgaben stattgefunden hat," und die wegen „Mangels an Deckung zurückgestellten Bedürfnisse von Jahr zu Jahr gestiegen sind," und daß es „ohne Nachtheil für die Wohlfahrt des Landes nicht länger thunlich" war, sie noch weiter unberücksichtigt zu lassen. Harkort hatte darüber in einem, am 1. März 1862, also vor der Auflösung des Abgeordnetenhauses im Hagener Kreisblatt an seine Wähler erlassenen Schreiben unter Anderm gesagt: „Die Reaktion verlangt nur Geld und Soldaten und dann hat der Mohr seine Schuldigkeit gethan" .... „Der Stand der Finanzen ist blühend, sagt der Finanzminister; gewiß, die Einnahme von 136 Millionen Thaler ist eine ansehnliche Summe, allein das „Aber" findet sich bei der Verwendung: Können die Civilbeamten unterstützt werden? Ach nein, zuerst kommt das Heer! Oder Schulen und Universitäten? In erster Reihe das Heer! Kunst und Gewerbe, Handel und Schifffahrt? Abermals das Heer! Vielleicht große Landesmeliorationen, Eisenbahnen nnd Kanäle? Zunächst Kasernen! Geduld ist eine deutsche Kardinaltugend" ....

29) Die Budgetkommission hatte alle vorgeschlagenen Resolutionen verworfen. Der König hatte vor seiner Abreise nach Doberan, am 26. August, einen Vortrag des Kriegsministers entgegengenommen; es konnte also nur ein Mißverständniß vorliegen. Der Bericht der Budgetkommission war noch nicht erschienen, er wurde erst am 1. September verlesen.

30) Feldmarschall Wrangel u. v. Saucken-Julienfelde waren mit zwei Schwestern v. Below verheirathet.

31) In der Zwischenzeit war von einflußreicher Seite auch versucht worden, mit den Abgeordneten der Fortschrittspartei für einen verfassungsmäßigen Ausweg eine Grundlage zu finden, auf der man beim Könige etwas durchsetzen könnte. Gerade mit Schulze-Delitzsch z. B. wurde deshalb angeknüpft. Schulze-Delitzsch sandte am 3. September den nachfolgenden Brief an Hoverbeck: „Lieber Hoverbeck! In dringendster Eile soviel. Soeben treffen zuverlässige Nachrichten von der äußersten Wichtigkeit bei mir ein und welche eine **sofortige** Besprechung in vertrautestem Kreise nothwendig machen.

Ich lade Sie, Forckenbeck und Behrend, etwa auch Bender und Duncker, Immermann (aber im engsten Vertrauen) dazu auf heute Nachmittag 4 Uhr bei mir (Friedrich-Straße 31) zu einer Tasse Kaffee ein, mit der Bitte, daß Sie die Benachrichtigung der genannten Freunde übernehmen. Kommen Sie ja, und setzen Sie alles Andere bei Seite!

Eine mündliche Antwort an den Boten erbittet (Ja oder Nein)

Ihr Schulze. B. 3./9. 62."

Schulze wohnte schon in Potsdam. Infolge seiner gemeinnützigen Bestrebungen hatte er damals wie bis zu seinem Tode, stets freundliche Beziehungen zu politischen Gegnern.

32) Erich Marcks „Kaiser Wilhelm I." 1897. S. 197.

33) Der Eindruck der Rede von Simson war auch auf solche Mitglieder des Hauses, die sonst nicht zu den Bewunderern Simsons gehörten, ein gewaltiger.

Ich selbst hielt damals weiteres Reden für überflüssig und schädlich und stellte, nachdem Immermann gesprochen hatte, einen Schlußantrag. Der Präsident Grabow warnte vor Annahme des Antrages. Er stellte dann erst die Unterstützungsfrage. Der Antrag wurde unterstützt, aber abgelehnt. Ich wiederholte den Schlußantrag, nachdem Virchow und Rönne-Glogau gesprochen. Mein Antrag wurde wieder abgelehnt. Erst nachdem Vincke gesprochen hatte, wurde der Schluß angenommen. (Stenogr. Bericht S. 32.)

34) „Erinnerungen aus meinem Leben von Immanuel Hegel, Konsistorialpräsident a. D.", Berlin 1891. (S. 21.)

35) Die Darstellung seines Sohnes in den Denkwürdigkeiten S. 106 ist voller Unrichtigkeiten.

36) Die Denkschrift vom 10. Oktober, mit der der Entwurf dem König überreicht wurde, und dessen Bemerkungen dazu sind in den vom Kriegsministerium 1897 veröffentlichten militärischen Schriften des Kaiser Wilhelm Band II S. 479 u. ff. abgedruckt, zugleich mit Bemerkungen des Königs vom 18. November 1862. Roon wollte unter Anderem, um dem Verlangen der großen Mehrheit des Abgeordnetenhauses entgegenzukommen, zwei Drittel der in der Infanterie, Fußartillerie und bei den Pioniren dienenden Mannschaften nur zwei Jahr dienen lassen und von dem letzten Drittel noch einem Theil gestatten, sich durch eine Geldentschädigung (Einstandsgeld) von dem dritten Jahr zu befreien. Der König hat diese Bestimmung gestrichen und tadelnde Randbemerkungen gemacht. Er erklärte sich bestimmt gegen Verringerung der Kopfzahl und der Dienstzeit.

37) Man vergleiche die Darstellungen in den Schriften von Sybel 439, Roon 111, Bulle 387, Biedermann 328, Poschinger-Unruh 219, Horst Kohl, Die Reden Bd. II. 14, Marcks 199, Friedjung 50 u. s. w.

Einundzwanzigstes Kapitel.

Bismarck und der Schluß des Landtages.

In der Sitzung vom 23. Septbr. 1862 beschloß das Abgeordnetenhaus auf Vorschlag des Präsidenten Grabow, die nächste Sitzung auf Donnerstag, den 25. September anzuberaumen und auf die Tagesordnung den Militäretat für 1863 zu setzen. Grabow erhielt am 24. September die Nachricht von Bismarck's Ernennung, zugleich mit dessen Ersuchen, die Aussetzung der Berathung des Militäretats von 1863 auf drei Tage zu veranlassen. Grabow verlegte die Sitzung vom 25. auf den 29. September.

Bismarck benutzte die dazwischen liegenden Tage, sich mit dem Könige weiter zu verständigen. Er verpflichtete sich, bei Leitung der Geschäfte die Militärorganisation ohne Verletzung der Verfassung, selbst ohne Budget unverändert aufrecht zu erhalten und die Rechte des Königs gegen den bevorstehenden Ansturm der Demokraten zu wahren. Es gelang ihm, den König zu überzeugen, daß er, wenn das Herrenhaus das Budget verwerfen sollte, als König von Gottes Gnaden berechtigt und verpflichtet sei, die Lücke der Verfassung auszufüllen. Von einem Bruch des Verfassungseides könne dabei nicht die Rede sein.

Nach der bekannten, zuerst nach Bismarck's Entlassung 1890 in den Münchener Nachrichten veröffentlichten Erzählung hatte der König bei dem ersten Gespräch mit Bismarck im Park von Babelsberg die Abdankungsurkunde in der Tasche. Damit sind andere zuverlässige Nachrichten nicht in Einklang zu bringen. Wie ausreichend verbürgt ist, ließ der König kurz vor Bismarck's Ernennung dem Kronprinzen den Entwurf einer Abdankungsurkunde zugehen. In dieser wollte sich der König aber den Oberbefehl über die Armee vorbehalten. Da nach Artikel 46 der Verfassung der König den Oberbefehl über das Heer zu führen hat, lehnte schon deshalb der Kronprinz die Annahme der Krone ab.[1])

Am 29. September 1862 erschien Bismarck zum ersten Male als Minister im Abgeordnetenhause. Er übergab eine Kabinetsordre vom 27. September, worin er beauftragt war, den Staatshaushaltsetat von 1863 für die gegenwärtige Sitzungsperiode des Landtags wieder zurückzuziehen. Er verlas zur Motivirung eine Erklärung der Staatsregierung. Dieselbe schloß folgendermaßen:

„Die Königliche Regierung beabsichtigt damit nicht, den Grundsatz aufzugeben, daß die Etats in Zukunft zeitig genug vorgelegt werden, um ihre Feststellnng vor dem Beginn des Jahres, für welches sie bestimmt sind, möglich zu machen. Sie hält nur in dem gegenwärtigen Falle für ihre Pflicht, die Hindernisse der Verständigung nicht höher anschwellen zu lassen, als sie ohnehin sind. Sie wird im Beginn der nächsten Sitzungsperiode den Etat für 1863 in Verbindung mit einem die Lebensbedingungen der eingetretenen Heeresreform aufrecht erhaltenden Gesetz-Entwurf zur Regelung der allgemeinen Wehrpflicht und demnächst rechtzeitig den Etat für 1864 dem hohen Hause zur verfassungsmäßigen Beschlußnahme vorlegen."

Es wurde ohne Diskussion beschlossen, die Erklärung der Regierung der Budgetkommission zur Berichterstattung zu überweisen.

An den voraufgehenden Tagen soll Bismarck ernsthafte Versuche zum Ausgleich gemacht haben. Sybel schreibt:

„Er lud die Führer der Altliberalen zu sich, entwickelte ihnen seine Absichten und bot ihnen einige Plätze im Kabinet an. Sie waren überrascht, ihn so ganz anders zu finden, als die liberale Welt ihn zu schildern liebte. Aber die unglückliche, von ihnen groß gezogene Forderung der zweijährigen Dienstzeit stand zwischen ihnen. Würden wir, sagte Simson, Minister ohne diese Einräumung, so wären wir Offiziere ohne Soldaten."

Einen Ausgleich mit der Mehrheit des Abgeordnetenhauses

hat Bismarck damals nicht versucht; er hat mit keinem der Führer der Fortschrittspartei oder des linken Centrums verhandelt.[2]) Es lohnte sich für ihn freilich nicht, mit diesen anzuknüpfen, so lange er keine Abkürzung der dreijährigen Dienstzeit bieten konnte. Unterrichtet war er über die Verhältnisse nicht blos durch Roon, sondern durch seine alten Freunde Hans v. Kleist-Retzow, den Oberpräsidenten z. D., Moritz v. Blankenburg-Zimmerhausen und Hermann Wagener, den früheren Chefredakteur der Kreuzzeitung. Letzterer schrieb (1884):

„Ich habe damals die Ehre gehabt, gleich nach seinem Eintritt ihm wiederholt über die Situation Vortrag zu halten, und als der Erste mit ihm zu Zweien zu diniren."[3])

Der preußische Volksverein, dessen Programm mit der Schwärmerei für den „gott- und rechtslosen Souveränitätsschwindel der deutschen Fürsten" Bismarck ein Jahr zuvor in einem Privatbriefe auf's schärfste gegeißelt hatte (s. Band I S. 217 und 218), unter der Führung der Kreuzzeitungspartei, des feudalen, märkisch-pommerschen Junkerthums, war für ihn die geeignete Hilfstruppe, da sie sich um Gesetz und Verfassung, um Wahrheit und Recht nicht ängstlich sorgte.[4]) Schon vor seiner Ernennung, gleich am ersten Tage seiner Anwesenheit in Berlin hatte er sie angeworben und mit Wagener „beim Diner zu Zweien" den Feldzugsplan gegen die durch Lockungen und Drohungen nicht zu gewinnende Abgeordnetenhausmehrheit besprochen. Die Rede, die an demselben Abend Wagener in der Generalversammlung des preußischen Volksvereins hielt, läßt genau erkennen, wie Bismarck vorzugehen entschlossen war (s. S. 80).

In Koburg tagte am 6. und 7. Oktober 1862 die Generalversammlung des deutschen Nationalvereins unter Bennigsen's Vorsitz. Von den preußischen Landtagsabgeordneten war Niemand erschienen, sie waren durch ihre parlamentarische Thätigkeit verhindert. Auf Antrag des Ausschusses wurde eine Resolution zu Gunsten der Reichsverfassung vom 28. März 1849 angenommen. Namentlich der Redakteur Brater-Frankfurt a. M. (früher München) und der Obergerichtsanwalt Miquel-Göttingen sprachen dafür. Die Resolution lautete:

„Gegenüber den von den deutschen Regierungen an den Bundestag gebrachten Vorschlägen, erklärt, auf der Grundlage des Programms vom 4. September 1860, die Generalversammlung des Nationalvereins:

Das deutsche Volk kann nicht mit dürftigen Ausbesserungen einer Bundesverfassung abgefunden werden, deren innerstes Wesen die Zersplitterung und politische Ohnmacht ist. Es kann nimmermehr befriedigt oder beschwichtigt werden durch das

Zerrbild der Delegirtenversammlung und ähnliche Erfindungen, welche die inneren Schäden nur zu verschleiern, nicht zu heilen bestimmt sind. Dem Rechtsbewußtsein der Nation und ihrem Verlangen nach Macht und Freiheit entspricht nur Eins, die Ausführung der Reichsverfassung vom 28. März 1849, sammt Grundrechten und Wahlgesetz, wie sie von den legal erwählten Vertretern des Volkes beschlossen sind. — Auf die Verwirklichung dieses Rechts, vor Allem auf die Berufung eines nach den Vorschriften des Reichswahlgesetzes gewählten Parlaments, mit Ernst und Kraft zu dringen, ist die Aufgabe der nationalen Partei."

Unruh hatte erklärt, die Mitglieder des Nationalvereins, die im preußischen Abgeordnetenhause sitzen, hätten ihn ermächtigt, mitzutheilen, daß sie aus vollem Herzen mit Anträgen auf Erhebung der Reichsverfassung zur Fahne des Nationalvereins einverstanden seien. Einstimmig angenommen wurde auch ein von Dresdener Mitgliedern gestellter Antrag, auszusprechen, das preußische Volk und sein Abgeordnetenhaus haben sich um das Gesammtvaterland wohl verdient gemacht. Bei der Ungewißheit der nächsten Zukunft wurde eine Diskussion über diesen Antrag nicht beliebt.

In der Sitzung der Budgetkommission vom 29. September, an der Bismarck und Roon theilnahmen, beantragte der Referent v. Forckenbeck Vertagung, da er größerer Vorberathung bedürfe. Bismarck erklärte, der Etat sei zurückgezogen, um den möglicherweise bevorstehenden staatsrechtlichen Konflikt thunlichst zu mildern. Die Regierung sehe die Frist als eine Art von Waffenstillstand an.

In der folgenden Sitzung der Kommission am 30. September aber bestärkte sein Auftreten das Mißtrauen der Abgeordneten. Er begründete durch ausführliche Interpretationen des Artikel 99 der Verfassung im Sinne der Kreuzzeitung die Lehre von der Lücke der Verfassung, von dem Nothrecht und den Pflichten der Krone; diese habe bei Erlaß der Verfassung alle früheren Rechte behalten, die nicht ausdrücklich den anderen Faktoren der Gesetzgebung übertragen worden. Wenn kein Budget zu Stande komme, sei tabula rasa. In verschiedenen Reden, Ausführungen gegen Forckenbeck, Virchow, Twesten, v. Kirchmann u. s. w. sprach er dann, wir Preußen seien vielleicht zu gebildet, um eine Verfassung zu tragen, — die öffentliche Meinung wechsele, die Presse sei nicht die öffentliche Meinung, man wisse, wie sie entstünde; — im Lande gäbe es eine Menge katilinarischer Existenzen, die ein Interesse an Umwälzungen haben. Die großen Fragen der Zeit seien nicht durch Majoritätsbeschlüsse, sondern nur durch Eisen und Blut zu entscheiden ....

Die Debatte hatte sich durchweg in rücksichtsvollen Formen

bewegt; Bismarck's Auftreten wurde als besonders angenehm geschildert. Aber der Gegensatz zwischen seinem „Geplauder" und der ernsten, sachlichen Art, mit der bisher in der Budgetkommission verhandelt war, wirkte auf die Mitglieder und die zahlreichen Zuhörer nicht beruhigend.[5]) Die Budgetkommission nahm die von Forckenbeck vorgeschlagene Resolution an und beauftragte ihn, mündlich zu berichten.

Am 28. und 29. September fand der erste deutsche Abgeordnetentag in Weimar statt. Man beschloß diese Tage zu einer dauernden Einrichtung zu machen und nahm Satzungen dafür an. Danach sollte der deutsche Abgeordnetentag jährlich einmal, am Sitze seiner ständigen Kommission, in Frankfurt a. M. zusammentreten, um über wichtige Fragen von gemeinsamem Interesse in Ermangelung eines deutschen Parlaments eine Verständigung im Sinne der Einigung und freiheitlichen Entwickelung Deutschlands zu berathen. In Weimar hatten sich 169 damalige Landtagsmitglieder (darunter 25 vom 48er Frankfurter Parlament), 16 ehemalige Parlaments- und 18 ehemalige Langtagsmitglieder als Theilnehmer eingefunden. Aus Berlin kamen allein 44, darunter 37 aktive Abgeordnete — neben Schulze-Delitzsch, Forckenbeck, Siemens, Lette auch Hoverbeck. Dieser war inzwischen Landschaftsdirektor geworden. Auf dem Generallandtage zu Königsberg im März 1862 war er in seiner Abwesenheit zum Landschaftsdirektor des Mohrunger Departements für die Zeit vom 1. Juli 1862 bis dahin 1865 gewählt worden. Die königliche Bestätigung blieb lange aus, sie erfolgte erst am 19. September. Gleich hier mag erwähnt werden, daß Hoverbeck jedesmal nach drei Jahren wiedergewählt wurde, zuletzt im März 1874 für die Zeit vom 1. Juli 1874 bis dahin 1877.

Der Weimarer Abgeordnetentag nahm Resolutionen an über die Bundesreform, für Herstellung der staatlichen Einheit Deutschlands durch Einberufung eines Parlaments, für Aufrechterhaltung des Zollvereins und Reform seiner schlechten Verfassung. Auf Antrag des Württemberger Hölder[6]) wurde dem preußischen Abgeordnetenhause über seine Haltung bezüglich den Militäretat Anerkennung ausgesprochen. In die ständige Kommission des Abgeordnetentages wurde auch Hoverbeck gewählt.

Der König war am Abend des 28. September nach Baden-Baden gefahren, um dort im Kreise der Familie am 30. September den Geburtstag der Königin zu feiern. Der Kronprinz, der seit dem 20. September mit Frau und Kindern in Reinhardsbrunn auf dem Schlosse des Herzogs von Koburg verweilte, schloß sich ihm in Gotha an. Am Vormittage vor seiner Abreise hatte der König die erste der sogenannten Loyalitätsdeputationen des preußischen Volksvereins empfangen. Bauern und Kleinbürger aus dem konservativsten Wahlkreise Hinterpommerns — Stolp-Bütow-Lauenburg — traten, geführt von einem Herrn v. Puttkammer, in Berlin an, um dem Könige die Treue seiner Unterthanen zu versichern und ihm für die Umformung des Heeres zu danken.

Das Abgeordnetenhaus setzte in den ersten Tagen des Oktober die Berathung des Budgets fort. Bei einem Antrage der Budgetkommission betreffend die Ausgaben zu den geheimen Fonds, kam es wieder einmal zu einem Wortwechsel zwischen Georg v. Vincke und Hoverbeck. Vincke erklärte dabei, seine Freunde, die früheren Minister Graf Schwerin und Patow, stünden viel zu hoch über Hoverbecks Tadel. Hoverbeck erwiderte:

„Mir persönlich hat diese Ausdrucksweise nur ein heiteres Gefühl erregt; aber andererseits will ich doch hier mein Glaubens-Bekenntniß ablegen: in diesem Hause fühle ich Niemand unter mir, aber auch Niemand über mir."

Der König kam am Abend des 4. Oktober von Baden-Baden nach Berlin zurück. Der Kronprinz war schon am 1. Oktober nach Thüringen zurückgereist. Er traf in Coburg seine Gemahlin, die hier ihre Mutter, die Königin Victoria von Großbritannien, begrüßen konnte. Nach wenigen Tagen reiste das kronprinzliche Ehepaar nach Hechingen, um von dort eine längere Reise nach Italien anzutreten.

Bismarck hat im Februar 1889 seinen Gästen in einer parlamentarischen Abendgesellschaft erzählt, wie er dem König 1862, bei dessen Rückkehr von Baden-Baden, bis Jüterbog entgegengefahren sei. Er habe ihn in der größten Niedergeschlagenheit angetroffen, ihm aber auf der kurzen gemeinsamen Fahrt nach Berlin die schweren Gedanken ausgeredet. Diese nächtliche Fahrt fand nicht am 4. Oktober 1862 statt. Denn nach den amtlichen Hofnachrichten in den Berliner Zeitungen wurde der König bei seiner Ankunft auf dem Anhalter Bahnhof am 4. Oktober Abends 10½ Uhr von den Ministern v. Bismarck und v. Jagow, sowie von Wrangel und anderen Generälen empfangen.[7])

In den Sitzungen des Abgeordnetenhauses vom 6. und 7. Oktober wurde über den Bericht der Budgetkommission betreffend die Zurückziehung des Etats für 1863 verhandelt. Forckenbeck erstattete mündlich Bericht. In den von der Kommission beschlossenen Resolutionen sollte aus Erwägungen, in denen die Rechte der Landesvertretung gegenüber den in der Kommission vorgetragenen Auslegungen der Verfassung gewahrt wurden, die Regierung zur schleunigen Vorlegung des Etats für 1863 aufgefordert werden. Gleichzeitig wurde für verfassungswidrig erklärt, wenn die Regierung über Ausgaben verfüge, die durch Beschlüsse des Abgeordnetenhauses ausdrücklich und definitiv abgelehnt waren. Zu den klaren, staatsrechtlichen Ausführungen in den Reden der Abgeordneten Forckenbeck, Waldeck, Gneist und Simson erfolgte am 6. Oktober keine Erklärung der anwesenden Minister. Es wurde Vertagung angenommen, nachdem Bismarck für den folgenden Tag eine Erklärung zugesagt hatte. In der Sitzung des 7. Oktober verlas er eine Erklärung der Regierung; sie verblieb dabei, die Vertagung der Verhandlungen über den Etat für 1863 sei erfolgt, um versöhnlicherweise die künftige Einigung zu erleichtern, aber der Landtag weise die dargebotene Hand zurück. Allein es fehlte früher und jetzt alle und jede Andeutung darüber, was für Konzessionen die Regierung erwarte. Mit Recht konnten Virchow und Schulze-Delitzsch ausführen, die ausgestreckte Hand sei nichts als eine offene Kriegserklärung gegen die verfassungsmäßige Stellung des Abgeordnetenhauses. Zum Schluß war in der von Bismarck vorgelesenen Erklärung der Regierung die Annahme des Amendements Vincke und Genossen empfohlen, worin aus zutreffenden Erwägungen die Regierung, „abgesehen von den in Ansetzung des Etats für 1862 zu gewärtigenden weiteren Vorlagen“, falls sich die Feststellung des Staatshaushaltsetats für das nächste Jahr nicht noch vor dem 1. Januar 1863 herbeiführen ließe, zur Aufrechthaltung verfassungsmäßiger Zustände für verpflichtet erklärt wurde, noch vor Ablauf des Jahres, für 1863 die Bewilligung eines vorläufigen extraordinären Kredits bei der Landesvertretung zu beantragen. Nach Annahme dieses Amendements werde die Regierung Vorschläge machen, die auf den Antrag eingehen, „ohne sich dessen Motive anzueignen und ohne die Frage wegen der verfassungsmäßigen Verpflichtung zu präjudiziren.“

Während beider Sitzungen befanden sich am Ministertisch alle sieben Minister, Bismarck, Roon, Graf Itzenplitz, v. Mühler, Graf zur Lippe, v. Jagow und der Nachfolger v. d. Heydt's, Finanzminister v. Bodelschwingh. Kein einziger der Minister hat in beiden Sitzungen gesprochen, mit Ausnahme Bismarck's, der sich auch nur auf Verlesung der Erklärung beschränkte.[8]) Mußten nicht auch die gemäßigtsten Mitglieder des Abgeordnetenhauses das Vorgehen der Regierung geradezu als eine Verhöhnung der Volksvertretung und der Verfassung ansehen?

Nach Artikel 62 der Verfassung darf die erste Kammer — das Herrenhaus — Staatshaushalts-Etats nur im Ganzen annehmen oder ablehnen. In der Budgetkommission des Herrenhauses wurde, wie der Bericht vom 7. Oktober (stenographische Berichte S. 179—202) ergiebt, beantragt, vor der Beschlußnahme über Annahme oder Verwerfung des Etats eine Zwischenverhandlung mit dem Abgeordnetenhause eintreten zu lassen. Eine Subkommission über Inhalt und Form der Zwischenverhandlung formulirte die erheblichsten Bedenken gegen Annahme des Etats und empfahl dem Herrenhause zu beschließen, daß es diese Bedenken anerkenne und den Präsidenten ermächtige, darüber eine Mittheilung an das Abgeordnetenhaus zu machen, um zu ermitteln, ob infolge nochmaliger Erwägung auf Seiten des Abgeordnetenhauses diese Bedenken beseitigt werden könnten. Dieser Antrag wurde in der Kommission mit 17 gegen 3 Stimmen angenommen.

Im Plenum wurde in Gegenwart aller Minister am 10. und 11. Oktober verhandelt.*) Es lag ein von 58 Mitgliedern unterstützter Antrag des Grafen Arnim-Boitzenberg, des 48er Ministers, vor, das Etatgesetz in der Fassung, wie es aus den Berathungen des Abgeordnetenhauses hervorgegangen war, abzulehnen und es dann so, wie es von der Regierung am 25. Mai eingebracht war, anzunehmen. Ein ähnlicher Antrag war in der Kommission bereits mit 9 gegen 9 Stimmen abgelehnt. Die von der Kommission beantragte Resolution wurde am 11. Oktober mit 127 gegen 35 Stimmen abgelehnt, sodann der Etat mit 150 gegen 17 Stimmen verworfen und endlich der Antrag des Grafen Arnim mit 114 gegen 44 Stimmen, während 8 sich der Abstimmung enthielten, angenommen. Bismarck hatte die Annahme des Kommissionsantrages hintertrieben. Er hatte schon am ersten Tage der Berathung erklärt, die Regierung verspreche sich von der Fortsetzung des Vermittelungsverfahrens keinen Erfolg, sie werde in einer unserem bisherigen Verfassungsleben neuen Lage, der sie vielleicht entgegengehe, die Gesammtinteressen des Staates im Auge behalten, sie erkenne als ihre Pflicht an, daß die Verfassung auch in denjenigen Bestimmungen, welche die **Rechte der Krone und des Herrenhauses feststellen**, eine Wahrheit bleibe. Daß er eine Aenderung in der Zusammensetzung des Herrenhauses durch

Ernennung von Pairs nicht wolle, hatte er schon in der Budgetkommission erklärt.

Bismarck war schon vor der Verwerfung des Budgets durch das Herrenhaus entschlossen, die „unbestrittene Heerstraße des Verfassungslebens“ zu verlassen. Dies ergiebt sein Brief vom 10. Oktober an den sächsischen Minister Freiherrn v. Beust. Es heißt darin:

„In Betreff unserer inneren Angelegenheiten ist es meine nächste Pflicht, gegen das wachsende Uebergewicht des Hauses der Abgeordneten und des parlamentarischen Beamtenthums die Schwerkraft der Krone zu wahren und zu stärken. Ich halte diese Aufgabe für lösbar, ohne mit positiven Bestimmungen der Verfassung zu brechen und werde dabei bemüht sein, konstitutionelle Empfindlichkeiten soweit es möglich zu schonen und die unbestrittene Heerstraße des Verfassungslebens, sobald es geht, wieder zu gewinnen, immer aber eingedenk sein, daß unser Verfassungseid die „Treue dem König“ voranstellt.“

Beust hatte sich durch seinen Bundesreformplan vom Herbst 1861 als entschiedener Gegner aller auf Herstellung einer Centralgewalt unter preußischer Leitung gerichteten nationalen Bestrebungen erwiesen. Er war der eigentliche Vater der „großdeutschen Teufelei, des Würzburger Wechselbalgs“, wie Roon es im Februar genannt hatte (s. oben S. 10) — Bismarck aber erklärte ihm in jenem Briefe, er glaube sich in Betreff der für deutsche Reformbestrebungen erreichbaren Ziele in keinem prinzipiellen Gegensatz zu ihm zu befinden. Da hiermit seine Reden in der Budgetkommission vom 30. September nicht zu vereinbaren waren, hatte er vorher geschrieben:

„Ich brauche Ihrer Kenntniß der Dinge und der Menschen gegenüber nicht zu versichern, daß ich allen abenteuerlichen Plänen fernstehe, welche mir von politischen Kindern und Gegnern in der Presse zugeschrieben werden. Die unwahren, entstellten und des Zusammenhanges entkleideten Veröffentlichungen angeblicher Aeußerungen von mir, durch welche man meine Urtheilskraft zu verdächtigen gesucht hat, werden von Ihnen mit vollem Verständniß des wahren Sachverhalts gewürdigt worden sein. Ich fühle nicht den Beruf, Preußen in die Bahnen sardinischer Politik zu drängen, und wenn ihn jemand in meiner Lage fühlte, so würden ihm alle Unterlagen fehlen, um die Theorie zur Praxis zu machen.“ 10)

Die verfassungswidrigen Beschlüsse des Herrenhauses vom 11. Oktober wurden am Abend desselben Tages den Abgeordneten bekannt. Zugleich erfuhr man, daß das Ministerium beabsichtige, den Landtag sofort zu schließen. Der nächste Tag war ein Sonntag. Viele Abgeordnete aller Parteien gingen ins Abgeordnetenhaus. Ohne formelle Einladung fanden sich an 200 Abgeordnete um Mittag im Sitzungssaale des Abgeordnetenhauses zusammen und versuchten sich über weitere Schritte zu verständigen. Auf Akklamation übernahm Graf Schwerin den Vorsitz, Gneist und

Klotz hatten für die Fortschrittspartei und das linke Centrum, Simson für die altliberale Fraktion Resolutionen entworfen. Lebhafte Debatten, an denen sich außer den Antragstellern namentlich Waldeck, Virchow, Forckenbeck, die Klerikalen Reichensperger-Geldern und Mallinckrodt, sowie der Pole von Bentkowski betheiligten, erwiesen, daß man auf jeden Fall eine gemeinsame Verwahrung für nöthig hielt. Die amtliche Benachrichtigung des Herrenhauses lag dem Präsidenten Grabow noch nicht vor. Als er sie erhalten hatte, berief er das Abgeordnetenhaus zum folgenden Tage (13. Oktober), schon zu neun Uhr. Neben den beiden Anträgen von Simson und von Sybel und Klotz war noch ein dritter Antrag von Reichensperger und Genossen eingegangen. Alle drei wurden der Budgetkommission zu sofortiger Berathung und Berichterstattung überwiesen. Vorauf ging eine Geschäftsordnungsdebatte. Die Konservativen suchten einen Beschluß zu hintertreiben, — mit Hilfe einer unrichtigen Auslegung der Geschäftsordnung. Die Budgetkommission berieth, während das Haus sich auf eine Stunde vertagte.

Im Auftrage der Budgetkommission erstattete Forckenbeck einen kurzen mündlichen Bericht und beantragte auf einstimmigen Beschluß der Budgetkommission folgende Erklärung:

„Der vom Herrenhause in seiner Sitzung vom 11. d. M in Ansehung des Staatshaushalts-Etats für 1862 gefaßte Beschluß,

insofern er sich nicht darauf beschränkt, den der Berathung des Herrenhauses allein unterliegenden Beschluß des Abgeordnetenhauses vom 3. d. M. über die Budget-Vorlage der Regierung anzunehmen oder zu verwerfen — vielmehr nach Verwerfung des Beschlusses des Abgeordnetenhauses die Budget-Vorlage der Regierung annimmt, mit welcher das Herrenhaus gar nicht befaßt gewesen ist —

verstößt gegen den klaren Sinn und den Wortlaut der Verfassung — Artikel 62 — und ist deshalb **null und nichtig.** Die Staats-Regierung kann daher keine Rechte aus diesem Beschlusse herleiten."

Nachdem sich die anwesenden sieben konservativen Abgeordneten mit Protest entfernt hatten, wurde der Antrag der Budgetkommission in namentlicher Abstimmung einstimmig angenommen. Inzwischen war es 12 Uhr geworden. Die Minister Bismarck, Graf Itzenplitz und Graf zur Lippe traten in den Saal, als Grabow den gefaßten Beschluß nochmals vorlas. Dann kam der zweite Gegenstand der Tagesordnung, Entgegennahme einer Mittheilung der königlichen Staatsregierung. Grabow war, nachdem er am Tage zuvor die Sitzung zu neun Uhr angesetzt hatte, durch Bismarck, als Präsidenten der Staatsregierung, ersucht, zu dem angegebenen Zweck zu 12 Uhr eine Sitzung anzuberaumen. Grabow antwortete sofort, daß er das Abgeordnetenhaus infolge eines Schreibens des Herrenhauspräsidenten zu einer Plenarsitzung berufen habe und diese bis 12 Uhr ausdehnen werde. Von einem bevorstehenden Schluß der Session war er offiziell nicht in Kenntniß gesetzt, aber vor 11 Uhr, während der Vertagung, erhielt er von dem Minister des Innern v. Jagow Nachricht von der Einsetzung des Regierungsraths Hobrecht zum Kurator für die Zwischenzeit, mit dem die Uebergabe der Kasse u. s. w. zu vereinbaren sei. Grabow sprach sein Bedauern über die Thatsache aus, die allerdings nur als absichtlich geringschätzige Behandlung des Abgeordnetenhauses aufzufassen war. Bismarck verlas nun die Kabinetsordre vom 11. Oktober, wodurch er beauftragt wurde, die Session des Landtages am 13. Oktober zu schließen. Grabow trug in üblicher Weise eine Uebersicht über die Arbeiten des Hauses vor: 427 Abtheilungs- und Kommissionssitzungen, 65 Plenarsitzungen, 130 Berichte. Die große Summe der vollendeten Arbeiten sei in Räumen, wie sie kaum für ein Abgeordnetenhaus Preußens unwürdiger gedacht werden könnten, mitten im Sommer in täglichen Vor-, Nachmittags- und Abendsitzungen bewältigt ... u. s. w. Zum Schlusse erwähnte er den ausgebrochenen, schweren Konflikt:

„Möge es unserem Könige gelingen, ihn zu lösen! Das ist unser Aller, das ist der einstimmige Wunsch des Landes. Möge aus ihm unsere bereits geschädigte Verfassung neu gekräftigt hervorgehen!“

Im Schlosse verlas am Nachmittage in der gemeinschaftlichen Sitzung beider Häuser des Landtages Bismarck die Thronrede. Es hieß darin:

„Nachdem der Gesetzentwurf über den Staatshaushalts-Etat für das Jahr 1862 in der von dem Abgeordnetenhause beschlossenen Feststellung wegen seiner Unzulänglichkeit von dem Herrenhause verworfen worden, findet sich die Regierung Seiner Majestät des Königs in der Nothwendigkeit, den Staatshaushalt ohne die in der Verfassung vorausgesetzte Unterlage führen zu müssen. Sie ist sich der Verantwortlichkeit in vollem Maße bewußt, die für sie aus diesem beklagenswerthen Zustande erwächst; sie ist aber ebenso der Pflichten eingedenk, welche ihr gegen das Land obliegen und findet darin die Ermächtigung, bis zur gesetzlichen Feststellung des Etats die Ausgaben zu bestreiten, welche zur Erhaltung der bestehenden Staatseinrichtungen und zur Förderung der Landeswohlfahrt nothwendig sind.“

Von dem verfassungswidrigen, für null und nichtig erklärten Herrenhausbeschluß, ist in der Thronrede nicht einmal eine Andeutung enthalten.

Anmerkungen zum einundzwanzigsten Kapitel.

[1]) Diese Thatsache ist Ende Oktober 1862 dem Abg. Schulze-Delitzsch von einem zuverlässigen Freunde, der zu dem Kronprinzen Beziehungen hatte, brieflich mitgetheilt. Wenn am 23. September der König gleichzeitig ein ausführliches eventuelles Regierungsprogramm und die Abdankungsurkunde in der Tasche gehabt haben sollte, so könnte es nur die vom Kronprinzen zurückgegebene Urkunde sein.

[2]) Sybel a. a. O. S. 439. — Friedjung a. a. O. S. 50 schreibt: „Als der Ausgleich mit der Fortschrittspartei, den er Anfangs versuchte, mißlang", Erich Marcks S. 202: „Zuerst hat der Minister . . . die Versöhnung mit dem Landtage versucht und zweifellos vollkommen ernst und ehrlich." Horst Kohl behauptet (die Reden des Ministerpräsidenten von Bismarck-Schönhausen im preußischen Landtage 1861—1865, kritische Ausgabe S. 14) die ersten Schritte Bismarck's wären von dem Geiste der Versöhnlichkeit geleitet gewesen, aber seine ehrlich gemeinten Versöhnungsversuche seien an dem unüberwindlichen Mißtrauen und blinden Hasse der Fortschrittspartei gescheitert, die die Bevölkerung durch ihren wüsten Terrorismus beherrscht habe. Unter den ehrlich gemeinten Versöhnungsversuchen scheint er die Zurückziehung des Etats für 1863 zu verstehen. Die Erklärung Bismarck's im Abgeordnetenhause am 29. September sei von der Absicht getragen, einen Ausgleich zu finden. Auch Kohl bringt keine Thatsachen vor. Abgesehen von den Verhandlungen mit der kleinen altliberalen Minderheit, von denen Sybel berichtet, haben mit Landtagsabgeordneten damals keine Verhandlungen stattgefunden. Hermann Baumgarten, den Erich Marcks unter der „erstaunlich geringen Zahl politisch reifer Köpfe" nennt, irrt auch, wenn er 1866 in dem Aufsatze „der deutsche Liberalismus, eine Selbstkritik" schreibt: „Es scheint eine unzweifelhafte Thatsache zu sein, daß Herr v. Bismarck bei seinem Eintritt verschiedenen liberalen Führern ein Kompromiß vorgeschlagen hat, welches in wichtigen Punkten ein liberales Einlenken der Regierung bedeutet haben würde, vor allem in der Armeefrage. Baumgarten ist gerechter gegen die Fortschrittspartei als Friedjung und Marcks. Er war in jener Zeit selbst Mitkämpfer für die nationale Einigung, in treuem Festhalten an Wahrheit und Recht. Er hatte mit Hoverbeck an der Pfingstversammlung in Frankfurt 1862 theilgenommen (S. 49). In dem Kampf gegen das verfassungswidrige, budgetlose Regiment Bismarck's stand er auf Seiten der Opposition. Ein Jahr später klagte er im Rathhaussaale zu Carlsruhe, in der Rede „zur Feier des 18. Oktober 1863", daß Preußen, das Land, das sich in den großen Kämpfen des Jahres 1813 mit unvergänglichem Ruhm bedeckte . . . „heute die **traurigste Mißregierung nur zu langmüthig erträgt**". (s. historische und politische Aufsätze und Reden von Herm. Baumgarten mit Einleitung v. Erich Marcks. 1894). Hermann Baumgarten, geb. April 1825 zu Cleve bei Wolfenbüttel, als Professor zu Straßburg gestorben Juni 1893.

[3]) s. „Erlebtes" v. Hermann Wagener. 1884. 2. Abtheilung, S. 17.

[4]) Näheres über Entstehung des preußischen Volksvereins (s. Bd. I S. 207 in Parisius' Deutschlands politischen Parteien S. 40 ff.). Dort ist das vollständige Programm abgedruckt. Der Vorsteher des Bureaus dieses Vereins war der Redakteur des „Zuschauers" (Feuilleton) der Kreuzzeitung, Postsekretär a. D. Gödsche. Die Thaten dieses „Komplizen" des bei der Kreuzzeitung angestellten Fälschers und Verfassers der berüchtigten „Enthüllungen" Ohm beim „Bubenstück" gegen Waldeck waren durch die stenographischen Berichte über den Prozeß Waldeck Jedermann bekannt geworden. Staatsanwalt Meier hatte am 3. Dezbr. 1849 vor dem Schwurgericht die Staatsanwaltschaft für verpflichtet erklärt, einen ferneren Antrag gegen Ohm „und seine Komplizen" zu formiren. Waldecks Vertheidiger, Advokatanwalt Dorn, später Reichsgerichtsanwalt, Geh. Justizrath sprach darauf seine Freude aus, daß die Staatsanwaltschaft einschreiten würde gegen die Frevler, die einen Unschuldigen auf das Blutgerüst bringen wollten, „gegen die Elenden, die ein falsches Spiel spielten, gegen Gödsche, der in dieser Sache sogar ein falsches, ein meineidiges Zeugniß abgelegt hat." Der Staatsanwalt widersprach dieser Auslegung seiner Worte nicht.

Er hat keine Anklage gegen Gödsche erhoben, aber wurde bald zum Oberstaatsanwalt in Magdeburg befördert, der Oberstaatsanwalt Sethe verließ den Staatsdienst und wurde Eisenbahndirektor in Potsdam. Gödsche blieb Jahrzehnte lang Kreuzzeitungsredakteur und hochangesehen bei seiner Partei. Deren Führer, Blankenburg, Kleist-Retzow, Wagener behandelten den Mann, dessen Nichtswürdigkeiten öffentlich vor aller Welt erwiesen waren, nach wie vor als einen Ehrenmann, unbekümmert, wie weit dadurch ihr Anspruch auf Achtung ihrer politischen Gegner Einbuße erleiden konnte. (Vgl. Bd. I S. 222 und meinen dort zitirten Aufsatz von 1868; ferner „Stenographischer Bericht über die Verhandlungen, in der Anklage gegen den Obertribunalsrath Waldeck und den Kaufmann Ohm. „Abdruck aus der deutschen Reform" und „der Waldecksche Prozeß. Authentischer Bericht u. s. w. ! Berlin, Hempel 1849." (Reichsfreund 1887 S. 179 „Dorns 50jähriges Jubiläum, 2. Juni 1887).")

⁵) Horst Kohl hat über die Verhandlungen der Budgetkommission vom 29. u. 30. September durch Abdruck der Protokolle und der Kammerkorrespondenz ausführlich berichtet (S. 15—38). Er erwähnte auch in einer Anmerkung die Aeußerung Bismarck's von dem Oelzweig, den er in Avignon gebrochen habe, um ihn dem Abgeordnetenhause als Friedenszeichen darzubringen. Bismarck machte diese Aeußerung halblaut, so daß sie auch von Anderen gehört wurde, zu seinem Nachbar Bockum-Dolffs, dem Vorsitzenden der Kommission. Er zeigte ihm den kleinen Zweig, den er aus der Brieftasche hervorholte. Ueber Ritter von Poschinger's Schriften, in denen leichtfertig zusammengestoppeltes Wahres mit Unwahrem, sogar mit den handgreiflichsten Lügen berüchtigter Kostgänger des Reptilienfonds vermengt wird, hat sich Horst Kohl im „Bismarck-Jahrbuch" Band I, 1894, S. 497 nicht zu hart ausgesprochen. Poschinger erzählt z. B. 1895 in dem Buche „Fürst Bismarck und die Parlamentarier" Bd. II S. 16 über Bismarck's Ankunft in Berlin am 19. September und über den Oelzweig von Avignon aus 1888 u. 1890 veröffentlichten Schriften und Aufsätzen die Erfindungen zweier berüchtigter Reptile als geschichtliche Wahrheiten und obschon er durch Kohl, den er selbst citirt, gewarnt war, redete er den Lesern vor, daß nunmehr „der Schleier über das vielbesprochene Wort über den Oelzweig von Avignon gelüftet" sei. Er theilt den 1890 veröffentlichten Aufsatz des Schriftstellers, der sich Christoph Wild benennt, wörtlich mit. Wer dessen Darstellung über die Sitzung der Budgetkommission mit Horst Kohl vergleicht, wird jedem, der nach Wahrheit forscht, vor Ritter von Poschinger warnen. Krieger-Goldap, Mitglied der Budgetkommission, notirte in seinem Tagebuche: Erste Sitzungen der Budgetkommission mit Bismarck, seine genial liederliche Rede: Nothwehr, — Tabula rasa — Preußen zu gebildet, zu kritisch, um Verfassung ertragen zu können — katilinarische Existenzen — Konflikt nicht tragisch zu nehmen — Oelzweig von Avignon."

⁶) Hölder, Julius, geb. 1819, Rechtsanwalt in Stuttgart. 1874 Minister des Innern, Reichstagsabg. bis 1881, nationallib., seit 1880 lib. Gruppe Schauß-Völk. † August 1887.

⁷) Ueber die Erzählung Bismarck's in seiner Abendgesellschaft hat in einem Briefe am 23. Februar 1889 der Landtagsabgeordnete v. Eynern seiner Frau ausführlich geschrieben. Dieser Brief ist nach Bismarck's Entlassuug zuerst in einem nationalliberalen Börsenblatt veröffentlicht. Erich Marcks (S. 202) hat den Vorgang wie Eynern in den Herbst 1862 verlegt. Wenn kein Mißverständniß von Eynern vorliegt, so muß sich Bismarck in seiner Erinnerung an Vorgänge, die über ein Vierteljahrhundert zurücklagen, in der Zeit geirrt haben, denn ein Irrtum in der amtlichen Hofnachricht ist kaum anzunehmen. Von dem Trübsinn des Königs und seinen Gedanken an den Tod auf dem Schaffot hatte Bernhardi im Oktober 1863 in Schlesien gehört. (Vergl. Bernhardi V S. 124). Unter den Abgeordneten wurde einige Monate früher ähnliches erzählt und geglaubt, wie ich selbst bezeugen kann. Ich schrieb am 28. April 1863 von Berlin an einen Freund: „An eine Aenderung der Stimmung beim Könige ist nicht zu denken. Er nennt Bismarck seinen Arzt und die wunderlichen Erscheinungen, die seinen Blick vor einiger Zeit trübten, die Guillotine auf dem Schloßplatz u. dergl., sind wie weggeblasen. Er ist

heiter und seelenvergnügt. Wie soll er Bedenken haben, wenn sein Doktor Bismarck immer fidel ist?"

[8]) Am 7. Oktober schrieb Bismarck seiner Gemahlin: „Am Kammertisch mit einem Redner, der mir Sottisen sagt, auf der Tribüne vor mir zwischen einer abgegebenen und einer abzugebenden Erklärung gebe ich Dir Nachricht von meinem Wohlbefinden. Arbeit ist viel, etwas müde, nicht genug Schlaf, aller Anfang ist schwer, mit Gottes Hilfe wird es besser werden, es ist ja auch so recht gut, nur das Leben auf dem Präsentirteller ist etwas unbehaglich" ... Die „abzugebende Erklärung" ist nicht abgegeben.

[9]) Siehe unten Anmerk. 1 zum 22. Kapitel.

[10]) In seiner Rede in der Budgetkommission vom 30. September hatte Bismarck u. A. den Nationalverein „einen wegen der Gerechtigkeit seiner Forderungen zu Ansehen gelangten Verein" genannt. Ferner hatte er erklärt, Preußen müsse seine Kraft zusammenfassen und zusammenhalten auf den günstigen Augenblick, der schon einige Male verpaßt sei. Diese beiden Aeußerungen waren es wohl, die Bismarck veranlaßten, sich gegen den Verdacht „sardinischer Politik" dem Freiherrn v. Beust gegenüber zu verwahren.

Zweiundzwanzigstes Kapitel.

Nach Schluß der Session 1862.

Die Abgeordneten kehrten in ihre Heimath zurück. Ueberall wurden sie von Wahlmännern und Wählern mit zustimmenden Erklärungen in Adressen und Versammlungen, mit Festen und Festessen empfangen. Die Wahlkreise machten in ihrem Verhalten keinen Unterschied, ob die Abgeordneten zur Fortschrittspartei oder zum linken Centrum oder auch zu den kleinen liberalen Parteien gehörten; — war man doch bei den Beschlüssen gegen das verfassungswidrige Verfahren des Herrenhauses einstimmig gewesen.

Ungeheure Thätigkeit entwickelte der neue Ministerpräsident. Um den verfassungswidrigen, für null und nichtig erklärten Herrenhausbeschluß kümmerte er sich nicht mehr. Mit Recht muß man fragen: warum hat er ihn nicht verhindert? oder sogar, wie damals in der Kölnischen Zeitung behauptet wurde, durch eine Bemerkung in der Kommission empfohlen?[1]) Der Beschluß ist später von ihm und der Regierung niemals amtlich besprochen, oder auch nur erwähnt worden. Man muß annehmen, Bismarck habe sich irrthümlich von ihm eine nützliche Wirkung auf den König versprochen.

Der preußische Volksverein hatte schon vor Schluß des Landtages begonnen, Loyalitätsdeputationen nach Berlin kommen zu lassen. Diese überreichten Adressen nach einem von dem Vorstande des Vereins ausgearbeiteten Entwurf. Die große Parade der Streitkräfte wurde im Hauptquartier geordnet und in Gruppen auf die einzelnen Tage vertheilt.

Adressen und Deputationen hatten keinen anderen Zweck, als den König fester an die kleine Minderheit im Lande, an die Kreuzzeitungspartei zu fesseln und den Konflikt zu schüren. Sie machten auf den König einen tiefen Eindruck. Freilich war diese Agitation für den preußischen Volksverein kostspielig. Die Deputationsmitglieder mußten meist frei herangeschafft werden und Tagegelder bekommen; — ein Reptilienfonds war noch nicht vorhanden. Schon am 16. Oktober ersuchte der Vorstand des Vereins durch ein Umschreiben seine Vertrauensmänner, von den Mitgliedern und Parteigenossen einen jährlichen Beitrag von mindestens fünf Thalern einzufordern.

Die halbamtliche Sternzeitung brachte sofort nach Schluß des Landtages in einer Reihe von Leitartikeln eine lange Anklageschrift gegen die Fortschrittspartei, die mit klarem Bewußtsein das Zustandekommen eines Etatgesetzes für 1863 unmöglich gemacht und verstanden habe, das linke Centrum fortzureißen.

Auch diese Aufsätze waren bestimmt, den König fest zu machen gegenüber dem Abgeordnetenhause und der Verfassung. Ueberzeugt hatte Bismarck ihn bereits soweit, daß der Verfassungseid ihm keine Bedenken machte und ihm jede Auslegung von Verfassungsparagraphen recht war, sofern seine königliche Machtvollkommenheit darunter nicht litt. Aus den Gesprächen mit dem Könige, noch mehr aber aus den Antworten, die er den vom preußischen Volksverein ihm täglich zugesandten Loyalitätsdeputationen ertheilte, ergab sich, daß er bei den Demokraten in der Fortschrittspartei des Abgeordnetenhauses republikanische Absichten als erwiesen ansah, und daß er den Unwahrheiten, Lügen und Verleumdungen seiner Umgebung durchweg Glauben schenkte. Die Königin und der Kronprinz weilten in der Ferne. Kein einziger auch nur altliberaler Mann war da, der versuchen konnte, den König aufzuklären.

Unter dem Titel „König Wilhelms Worte an sein Volk"[2]) hat der preußische Volksverein eine Sammlung der Antworten an die Deputationen „getreuer Unterthanen" vom 28. September bis 6. Dezember veröffentlicht. Schon in der Antwort vom

8. Oktober legte der König die Ueberzeugungen nieder, an denen er ohne Wanken und Schwanken nunmehr unwandelbar festhielt:

„Ich habe die Reorganisation des Heeres beschlossen, um ohne übermäßige Opfer die Wehrhaftigkeit Preußens, wie es die jetzige Weltlage erfordert, zu mehren und um die Dienstpflicht der älteren Landwehrmänner zu erleichtern. Ich bin überzeugt, daß ihre Durchführung für das Wohl des Landes und des Volkes schlechthin nothwendig ist und werde bei ihr beharren. Man hat mich auch recht gut verstanden, aber man will nicht, was ich bezwecke, man zielt mit dem Widerspruche gegen meine Maßregel auf etwas ganz anderes. Ich stehe nach wie vor auf meinem Programm vom Jahre 1858 und bin fest entschlossen, die Verfassung treu zu halten, so lange man sie mir nicht selbst aus den Händen reißt."

Zu einer Rede vom 11. Oktober fügte er die Erläuterung hinzu: Die Verfassung werde er halten, wo sie aber nicht ausreiche, müsse das Königthum in die Lücke eintreten.

Am 13. Oktober, am Tage des Landtagsschlusses sprach er schon von der hereingebrochenen Krisis. Man habe, statt den Werth der Heeresorganisation zu würdigen, Reden über Verfassungsfragen gehalten. Die eigentlichen Tendenzen wären jetzt in Frankfurt a. M. und an anderen Orten klar zu Tage getreten, zum Glück für die Staatsregierung. Wo eine Lücke der Verfassung hervortritt, müsse der König kraft des ihm von Gott verliehenen Rechtes eintreten, bis ergänzende Gesetze hergestellt wären.

In diesem Gedankenkreise bewegen sich alle seine Reden. Die Lückentheorie wurde erläutert durch Erklärungen über den „unerläßlichen Beruf und unerschütterlichen Willen" des Königs, die von den Vorfahren überkommene Krone und ihre verfassungsmäßigen Rechte unversehrt zu erhalten. Dann folgen auch weitere Ausführungen über die in Frankfurt a. M. durch preußische Organe zu Tage getretenen Pläne, und entsprechend dem Briefe an Saucken-Julienfelde vom 30. August (s. S. 65), über den Plan der Widersacher der Krone, die überhaupt keine Armee wollen, sondern ein Parlamentsheer.[3])

Gemeinsam war dem Könige und Bismarck die ausschließlich preußische Gesinnung. Bismarck's Ziel war Preußen zur hohen Ehre und Macht zu bringen. Aber nicht ein konstitutionell regiertes Preußen, sondern das Preußen unter der Krone der Hohenzollern, in dem wie seit langen Jahren der märkisch-pommersche Adel den maßgebenden Einfluß übte. Oesterreichs Macht zu brechen, seine Einwirkung auf Deutschland zu beseitigen, wenn nöthig durch Zertrümmerung des Staates, hielt Bismarck für nothwendig. Kein Zweifel kam ihm, daß dies nur durch Krieg zu erreichen sei. Der König aber hielt noch daran fest, daß die deutschen Fürsten, vor

Allen aber der Kaiser von Oesterreich, ihre Kronen gleich ihm der Gnade Gottes verdankten; ihnen diesen geheiligten Besitz zu rauben, sei eine Sünde.

Diese Meinungsverschiedenheit machte Bismarck noch keine Sorge. Den König von seinen mittelalterlichen Anschauungen andern Fürsten gegenüber abzubringen, mußte späterer Zeit vorbehalten bleiben. Zunächst galt es, den Verfassungskonflikt beim Könige auszunutzen, und dazu halfen die Freunde Blankenburg, Wagener und Genossen vom preußischen Volksverein und die Sternzeitung.

Am 18. Oktober hatte Bismarck eine längere Unterredung mit Dr. Friedrich Oetker, dem unermüdlichen Agitator zur Herstellung der kurhessischen Verfassung. Im dritten Bande der Lebenserinnerungen von Oetker, 1885 herausgegeben aus seinem Nachlasse von seinem Neffen Professor Friedrich Oetker ist darüber ausführlich berichtet. Wie dort angegeben, hatte Friedrich Oetker das hauptsächliche aus der Unterredung sofort aufgezeichnet, anderes namentlich den Gesammteindruck und eine Reihe von Nebendingen blieben ihm aber „so lebendig vor der Seele", daß er sie im Ganzen mit ziemlicher Treue berichten zu können glaubte. Oetker war damals Ausschußmitglied des Nationalvereins und wenige Tage zuvor in Weimar in den ständigen Ausschuß des Abgeordnetentages gewählt. Er beabsichtigte, Bismarck zu einem schärferen Vorgehen gegen den Kurfürsten zu bewegen. Durch die Unterredung wurde er ein begeisterter Freund Bismarck's. Bismarck haßte die Demokraten, Oetker hatte von jeher eine starke Abneigung gegen die kurhessischen Demokraten gehegt und hatte jetzt den Zorn derselben „gegen sich absichtlich genährt". Bismarck sprach mit ihm von der Nothwendigkeit einer Umbildung der Verfassung des Zollvereins; das Veto jedes einzelnen Staates müsse wegfallen, dagegen eine Vertretung der Bevölkerung eingeführt werden. Dann theilte er Oetker „mehr vertraulich" mit, er denke nicht daran, den Konflikt zu schärfen und hoffe, es werde sich in wenigen Monaten ein Weg der Ausgleichung finden lassen. Er klagte dabei, daß Frese in der Kammerkorrespondenz seine Aeußerungen in der Budgetkommission vielfach entstellt habe u. s. w. Das Ministerium habe er übernommen, um Extreme zu verhüten. Oetker erzählt weiter:

„Ich schob abermals eine Bemerkung ein, etwa dahin: daß ich eine ähnliche Auffassung gehegt habe und daß ich ihn für einen zu großen Realpolitiker halte, als daß ich jemals Pläne im Sinne der Kreuzzeitung bei ihm voraussetzen könnte; er werde daher eine solche Richtung nicht einschlagen. Worauf Bismarck mit höchster Lebhaftigkeit: „O Gott bewahre!" .... Dann folgten Ausdrücke über die „Kreuzzeitung", so schwer und so wegwerfend, wie ich sie selbst noch niemals in den Mund und in die Feder genommen hatte."

Zum Schluß der Unterredung kam Bismarck nochmals auf den Konflikt zurück: wenn ein Budget nicht zu Stande komme, so läge, wie man auch über die Lücke in der Verfassung reden möge, ein thatsächlicher Zustand vor, der in der Verfassung nicht erwähnt werde und wobei das Gesetz nicht sage, wer nachgeben müsse. Damit hatte Bismarck, der nicht wissen konnte und nicht erfahren hatte, welche „Pläne im Sinne der Kreuzzeitung" Oetker ihm nicht zutraute, sich ausdrücklich zu der Lückentheorie der Kreuzzeitung bekannt. Bismarck begleitete Oetker mit „freundlichem Gruß und Händedruck bis zur Thür". Nun hatte Bismarck den Schaumburger Bauerssohn, der „von seinem Volksstamm den unbeugsamen Rechtssinn, die zähe Ausdauer und die vorsichtige Klugheit geerbt hatte", für immer zum begeisterten Anhänger gewonnen!

Bismarck hat das Versprechen, einen verstärkten Druck auf den Kurfürsten und das Ministerium in Cassel auszuüben, getreulich erfüllt. Noch an demselben Tage ging eine energische Note nach Cassel ab. Freilich half dies zunächst wenig. Oetkers eigene Freunde, die kurhessischen Liberalen, verdarben alles durch Unverstand und Furcht, oder mit Oetker zu reden „durch Unklarheit und Unentschlossenheit".[4])

Die Kreuzzeitungsmänner arbeiteten eifrig. Der Vorstand des preußischen Volksvereins sandte am 18. Oktober ein Rundschreiben an die Mitglieder. Er lud sie zu einer Generalversammlung ein und forderte sie auf, wie bereits auf seine Anregung mehrfach geschehen sei, dem König den Dank und die Zustimmung des Landes zu den ergriffenen Maßregeln zu Füßen zu legen. Diese Adressen würden am zweckmäßigsten durch Deputationen zu überreichen sein. Der huldreiche Empfang, den die schon eingetroffenen Deputationen erfahren hätten, sei Bürge für die weitere wohlwollende Aufnahme. Sorgfältige Auswahl der Mitglieder aus allen Ständen wird empfohlen. Namentlich dürften Handwerker und Landleute nicht darin fehlen. Die Adressen seien nicht nach einer und derselben Form abzufassen, müßten möglichst kurz und prägnant stilisirt werden. Das Rundschreiben nennt eine Anzahl Punkte, auf die ein besonderer Nachdruck zu legen sei. In der Generalversammlung vom 28. Oktober hielt Wagener seine Hetzrede. Er stellte Veränderung des Wahlsystems in Aussicht: eine Volksvertretung nach **Ständen**, auf Grund des allgemeinen Wahlrechts. Der Vorsitzende v. Blankenburg berichtete, daß der Verein 26213 Mitglieder und das von ihm gegründete Witzblatt, der berüchtigte „kleine Reaktionär" bereits 2000 Abonnenten besitze.

Bismarck war schon am 20. Oktober nach Paris gefahren, um sich dort vom Kaiser zu verabschieden. Des Königs war er sicher und alles Weitere hatte er genügend vorbereitet, mit den Ministern und seinen Kreuzzeitungs-Freunden ausreichend verabredet. Einige Tage zuvor (16. Oktober) hatte der deutsche Handelstag zu München mit 100 gegen 96 Stimmen sich für das schleunige Zustandekommen des Handelsvertrages mit Frankreich erklärt. Am 28. Oktober ward eine großdeutsche Versammlung in Frankfurt a. M. abgehalten; diese sprach sich mit allen gegen 2 Stimmen für Ablehnung des Handelsvertrages und für künftige Aufnahme Gesammtösterreichs in den Zollverband aus und gründete einen „deutschen Reformverein", der großdeutsch und schutzzöllnerisch den deutschen Nationalverein bekämpfte. Die Machenschaften der Würzburger machten Bismarck keine Sorge; hier hatte er das Volk für sich.

Gleich nach Schluß des Landtages war er mit Maßregelung derjenigen Verwaltungsbeamten vorgegangen, die im Abgeordnetenhause zu den Oppositionsparteien, zur Fortschrittspartei oder dem linken Centrum gehörten. In diesen Fraktionen saßen nur wenige Verwaltungsbeamte, die ohne weiteres Verfahren im Interesse des Dienstes versetzt werden durften; und noch geringer war die Zahl derjenigen, die unter Entziehung des halben Gehaltes zur Disposition gestellt werden konnten. Noch im Monat Oktober und Anfang November wurden sie gestraft, weil sie als Abgeordnete furchtlos nach bestem Wissen und Gewissen die verfassungsmäßigen Rechte des Volkes durch ihre Abstimmungen gewahrt hatten. Nur einer unter ihnen, der Oberregierungsrath v. Bockum-Dolffs in Koblenz, der Vicepräsident des Hauses und Vorsitzende der Budgetkommission hatte eine hervorragende Thätigkeit geübt. Sofort nach Schluß der Session wurde er im Interesse des Dienstes an die Regierung zu Gumbinnen versetzt. Gleichzeitig wurde ein zweites Mitglied der Budgetkommission, der fortschrittliche Staatsanwalt Oppermann in Berlin zur Disposition gestellt. Dasselbe Geschick erlitten der Landrath zur Megede in Freistadt in Schlesien und der Staatsanwalt Schröder zu Wittenberg. Versetzt wurden ferner der Oberregierungsrath v. Diederichs von Potsdam nach Marienwerder und die Regierungsräthe Haacke von Breslau nach Gumbinnen, Dr. Ziegert von Arnsberg nach Oppeln, Seubert von Halberstadt nach Guttentag in Oberschlesien und Krieger von Potsdam nach Posen.[5]) Mit Ausnahme des Letzteren gehörten sie alle zum linken Centrum, nur zur Megede war damals noch wild. Der Unwille der Wähler fand in diesen Versetzungen verächtliche Maßregeln der Rache. Man sann auf Schutzmittel.

Schon am 24. Oktober veröffentlichten Berliner Mitglieder des Centralwahlkomités der deutschen Fortschrittspartei einen Aufruf an das preußische Volk zur Sammlung eines Nationalfonds:

„Unser Verfassungskampf beginnt seine Opfer zu fordern. In erster Reihe stehen Abgeordnete, welche treu ihrem Mandate das verfassungsmäßige Recht vertheidigt haben. Ein Staatsbeamter, welcher zur Mehrheit der Abgeordneten gehört, ist außer Dienst gestellt worden. Es ist zu fürchten, daß dem ersten Schritte auf abschüssiger Bahn weitere folgen werden.

Es heißt dann weiter, des Volkes Sache sei es, welche diese Männer führen und des Volkes Pflicht daher, für sie einzutreten, wenn ihre Ueberzeugungstreue sie Maßregeln aussetze, die ihre bürgerliche Existenz und Unabhängigkeit bedrohen. Das Volk werde die Kraft und Ausdauer haben, den Vorkämpfern für seine Verfassung Ersatz des Schadens, den sie zur Erfüllung ihrer Pflicht erleiden, zu gewähren. Um Schadensersatz, nicht um Unterstützung handle es sich.

In vielen Städten traten angesehene Männer zu Komités zusammen und erbaten öffentlich Beiträge zum Nationalfonds. Die Mitglieder des Komités wurden deshalb vielfach wegen Uebertretung von Polizeiverboten angeklagt. Die Polizeirichter verurtheilten zu geringen Geldstrafen oder sprachen frei. In zweiter Instanz sprach z. B. das Appellationsgericht in Marienwerder frei, während das Appellationsgericht zu Insterburg die Verurtheilungen erster Instanz bestätigte. Eine Anzahl Landwehroffiziere, z. B. die Landtagsabgeordneten Lautz und Rautenstrauch, Kaufleute in Trier, Hoverbeck's Schwager Eugen Käswurm-Tilsewischken (s. Bd. I. S. 141) und der spätere Reichstagsabgeordnete Müllauer-Augstupönen bei Gumbinnen[6]) bekamen zufolge Ehrengerichts-Erkenntniß den Abschied, weil sie eine Aufforderung zur Sammlung für den Nationalfonds unterzeichnet hatten. Die Umgebung des Königs hatte diesem eingeredet und er verkündete es den Loyalitätsdeputationen, „der Nationalfonds sei nur ein Vorwand, um andere Zwecke zu verfolgen."

Dem Preußischen Volksverein mochte die Herbeischaffung der Loyalitätsdeputationen zu kostspielig werden. Vielleicht hatte der Aufruf zur Zahlung von Jahresbeiträgen von mindestens fünf

Thalern keinen rechten Erfolg gehabt. Vom Rhein und aus den katholischen Kreisen Westfalens kamen nicht einmal Adressen. Auf Grund eines Beschlusses der Generalversammlung versandte der Vorstand am 31. Oktober mit einem Rundschreiben überall hin ein Exemplar einer Dank- und Loyalitätsadresse. Mit den Unterschriften möglichst aller Mitglieder des Preußischen Volksvereins, auch derer, die bereits eine Lokaladresse unterzeichnet hatten, sollte sie an den König gesandt werden. In der Adresse wurde der Dank für die große, das Land vieler Lasten enthebende und für die Machtstellung und Vertheidigung Preußens unentbehrliche Schöpfung der Armeeorganisation dem König zu Füßen gelegt. Es hieß darin weiter:

„Wir mißbilligen als treue Unterthanen auf das tiefste die unpatriotischen Beschlüsse und revolutionären Uebergriffe der irregeleiteten Majorität des Abgeordnetenhauses."

Dann folgte die Bitte, der König möge mit der ihm „von Gott verliehenen Macht" die Rechte und das Ansehen der Krone zum wahren Heil und Wohl des Landes auch ferner unverkürzt den kommenden Geschlechtern erhalten u. s. w. Das Volk verehre nach wie vor in dem König seinen besten Vertreter.

Die übermüthigen Aussprüche des Herrn Wagener in der Generalversammlung des preußischen Volksvereins veranlaßten den Grafen Schwerin am 3. November zu einer öffentlichen Erklärung. Wagener hatte ihn beschuldigt, daß der vormalige Minister, der die Militärreorganisation mit eingebracht und vorgelegt habe, sich herbeigelassen „auf diesem Gebiete einem improvisirten Konvente gegen seine Majestät den König zu präsidiren." Schwerin stellte klar, daß der vermeintliche Konvent nur gemeinsame Berathungen, nicht über Militärorganisation, sondern über das Verhalten gegenüber dem am Tage zuvor gefaßten Herrenhausbeschlusse gepflogen habe. Er erklärte ferner, über die Heeresorganisation habe er noch jetzt die gleiche Meinung wie als Minister, er halte die Stellung, die die Mehrheit des Abgeordnetenhauses dazu eingenommen, für einen verhängnißvollen Fehler,

„aber ich bin auch nicht minder der Meinung, daß sich das Abgeordnetenhaus mit seinen Beschlüssen überall innerhalb der Grenzen seines verfassungsmäßigen Rechts gehalten, und daß man daher, um dem entgegen zu treten, nicht berechtigt ist, **Recht und Verfassung auf den Kopf zu stellen.**

Einem solchen Versuche gegenüber erfüllt das Abgeordnetenhaus, auch nach meiner Meinung, nur eine Pflicht gegen Se. Majestät den König und gegen das Land, wenn es sich widersetzt, so weit ihm dies innerhalb seines verfassungsmäßigen Wirkungskreises möglich ist."

Zum Schluß sprach er verächtlich von den abgestandenen

Phrasen derer, die die gegenwärtigen Entwickelungen im Parteiinteresse ausbeuteten.

Der König reiste am 3. November zur Hofjagd nach Letzlingen. In Magdeburg traf Bismarck von Paris ein und begleitete ihn nach Letzlingen, „wo er viel mit ihm arbeitete.“ Bismarck hatte in Paris das Großkreuz der Ehrenlegion erhalten und sich mit dem neuen Minister des Auswärtigen, Drouyn de Lhuys, der im Verdacht stand, mehr nach Oesterreich hinzuneigen, zu verständigen gesucht.

Das Ministerium berief die acht Provinziallandtage, um ihnen Gesetzentwürfe zur Begutachtung vorzulegen. Man erwartete, daß sie bei ihrer feudalen Zusammensetzung sich in Ergebenheitsadressen gegen das Abgeordnetenhaus erklären würden. Am 16. November traten sie zusammen. Nur die vier Provinziallandtage von Brandenburg, Pommern, Schlesien und Sachsen erließen Ergebenheitsadressen an den König. Die Adressen waren farblos, blos die Pommersche ging auf die Krisis ein. Die Provinziallandtage von Preußen, Posen, Rheinland und Westfalen erließen keine Adresse.

Bismarck hatte schon in seinem Briefe an Beust für seine Pflicht erklärt, gegen das Uebergewicht des parlamentarischen Beamtenthums die Schwerkraft der Krone zu stärken. Seine Freunde begannen in der Presse dieses Beamtenthum anzugreifen, das bei Fortbezug des Gehaltes Diäten empfing, während das Amt durch Stellvertreter auf Staatskosten verwaltet wurde. Der Justizminister, Graf zur Lippe, der eifrigste Gegner des Liberalismus unter den Ministern, hatte bereits am 2. Oktober im Herrenhause in Aussicht gestellt, daß die Regierung diese Frage demnächst in Erwägung ziehen werde. Er erklärte dies bei Verhandlung über eine dahin gerichtete Petition. Kleist-Retzow, der Jugendfreund Bismarcks, der einstmals wegen seiner parlamentarischen Verdienste in Vertheidigung der „Schmach von Olmütz“ vom Landrath zum Oberpräsidenten befördert war, hatte die Petition in langer Rede, unter besonderer Betonung des schädlichen politischen Einflusses der Justizbeamten, warm empfohlen.

Der Justizminister erhielt die Genugthuung, daß das Disziplinarverfahren gegen die Richter des Insterburger Appellationsgerichtsbezirks wegen ihres Protestes gegen seinen Wahlerlaß vom Mai mit einer Verurtheilung endete. Der Disziplinargerichtshof zu Insterburg verurtheilte 5 von ihnen zu 20 Thl. Geldstrafe und erkannte gegen 36 auf einen Verweis.

Durch einen Erlaß vom 1. Dezember veranlaßte der Minister

die Präsidenten der Appellationsgerichte von der politischen Thätigkeit der Justizbeamten

> und von der Richtung, in welcher sich die Thätigkeit jedes Einzelnen der Tendenz nach bewegt, ob sie im Geiste der Treue und Ergebenheit an Se. Majestät den König und zur Unterstützung der Staatsregierung, ihrer Anordnungen und Maßnahmen, oder im entgegengesetzten Sinn zu wirken bestrebt sind, Kenntniß zu nehmen und von den in dieser Beziehung zu machenden Wahrnehmungen unter Bezeichnung der betreffenden Beamten Anzeige zu erstatten.

Es ist nicht bekannt geworden, daß einer der Appellationsgerichts-Präsidenten sich zum politischen Denunzianten hergegeben hat.

Die Sternzeitung hatte die Adressen und Deputationen an den König sorgfältig registrirt, aber die Antworten des Königs nicht gebracht. Dies überließ sie der Kreuzzeitung. Dann aber theilte sie ihren Lesern drei längere Reden des Königs an Loyalitätsdeputationen mit. Nach Bismarck's Rückkehr wurden in allen Kreisblättern die früher erwähnten sechs Aufsätze der Sternzeitung und die drei Reden des Königs abgedruckt, meist mit Zusätzen der Landräthe oder ihrer Beauftragten.

Unter Bismarck's Gegenzeichnung erschien am 6. Dezember ein Erlaß des Königs an die Staatsminister. Dank wurde für Adressen und Deputationen ausgesprochen. Der König habe in ihnen eine vertrauensvolle Würdigung seiner landesväterlichen Absichten erkannt und mit Befriedigung wahrgenommen, daß die Reorganisation der Armee zunehmende Anerkennung gewinne. Wie die Presse zu erkennen gab, waren die Staatsregierung und der Vorstand des preußischen Volksvereins von den Erfolgen der Adreß- und Deputationsagitationen keineswegs besonders erbaut. Der Anhang der Fortschrittspartei im Lande minderte sich nicht, sondern wuchs.

Zum Nationalfonds waren trotz der bereiteten Hindernisse schon an 75000 Thaler gezahlt. Der Fonds war zufolge Aufrufs des Centralwahlkomités der Deutschen Fortschrittspartei entstanden. Die Zuziehung der Fraktion Bockum-Dolffs war nicht möglich gewesen, weil dieser kein Centralwahlkomité oder ein anderes dauerndes Organ besaß. Allseitig anerkannt aber wurde, daß der Fonds ein gemeinsamer aller Glieder der verfassungstreuen Partei im Lande sei. Für seine gewissenhafte unparteiische Verwaltung boten die angesehenen Namen der Mitglieder des Centralwahlkomités ausreichende Bürgschaft.[7])

Bismarck's Freunde vom preußischen Volksverein, Blankenburg, Wagener und Genossen, hatten bereits mehrere neue konservative Lokalblätter ins Leben gerufen. Jetzt brachten sie in einem Rundschreiben einen umfassenden Plan zur Umbildung oder Neugründung solcher Blätter. Genaue Vorschläge über Beschaffung der Gelder zur Stellung der Kaution und Deckung aller anderen Kosten wurden empfohlen. Der Plan war, wie die Nationalzeitung anerkannte, mit großer Sorgfalt bis in die Details ausgearbeitet. In den meisten Punkten war diese Instruktion auch den Liberalen zu empfehlen. Das Rundschreiben machte 33 bereits bestehende konservative Zeitungen und Blätter namhaft.

In „streitsüchtigen Ministerkonferenzen" stellten sich lebhafte Meinungsverschiedenheiten zwischen Bismarck und dem Minister des Innern v. Jagow heraus[8]). In Vorbereitung eines Ministerwechsels wurde in der Kreuzzeitung dem Ministerium vorgeworfen, den König im Kampfe gegen den Parlamentarismus allein gelassen zu haben, die „gegen das Beamtenthum, Presse und Vereinswesen ergriffenen Maßregeln" seien unzureichend oder würden nicht mit gehöriger Energie zur Ausführung gebracht. Auch befänden sich in den Ministerien noch eine große Anzahl von Räthen der verschiedensten liberalen Parteistellung. Es müßten Maßregeln getroffen werden, die „einheitliche Wirkung der Regierungsgewalt" zu befördern. Bald darauf (9. Dezember) meldete der Staatsanzeiger die Aenderungen. Der Minister v. Jagow ward auf sein Ansuchen entlassen und wurde Oberpräsident der Mark Brandenburg. An seine Stelle als Minister des Innern trat der Legationsrath Graf zu Eulenburg, zuletzt Chef der ostasiatischen Expedition und Gesandter für China und Japan. Der Minister der landwirthschaftlichen Angelegenheiten Graf Itzenplitz, der zuletzt das Handelsministerium verwaltet hatte, wurde definitiv zum Minister für Handel, Gewerbe und öffentliche Arbeiten und zum Chef der preußischen Bank ernannt. Das landwirthschaftliche Ministerium wurde dem Oberpräsidenten der Mark Brandenburg v. Selchow übertragen.[9])

Hoverbeck hatte nach der Rückkehr von Berlin seine Thätigkeit in Garten, Feld und Wald eifrig aufgenommen. Für die Politik hatte er jedenfalls nur das Nothwendigste gethan. Festlichkeiten zu seinen Ehren waren ihm zuwider. Am 26. Oktober schrieb Witt aus Königsberg seinem „lieben Leo":

„Nächsten Sonnabend (4. November) veranstalten wir unsern Abgeordneten ein Bankett, das, wie es scheint, einen Maßstab annehmen wird, wie er für Königsberg schon großartig genannt werden darf. Da wäre es nun allerliebst, wenn Du uns dazu besuchen wolltest. Ich hatte kaum die Absicht ausgesprochen, Dich freundschaftlich dazu einzuladen, als unser ganzes Comité seine Freude über die Aussicht, daß Du die Einladung annehmen könntest, lebhaft aussprach. Namentlich hat auch Jakoby mit einem freundlichen Gruß mir aufgetragen, Dich in seinem Namen zur Theilnahme dringend einzuladen. Bedenke nun, daß doch für unser Ostpreußen Königsberg ein wichtiger Centralpunkt und daß es daher für jeden Ostpreußen heute eine Art Pflicht ist, sich an wichtigen Veranstaltungen zur Hebung des politischen Interesses zu betheiligen. Das verspreche ich Dir, daß Du hier nicht als „hervorragendes Mitglied der Budgetkommission" unsinnig apostrophirt oder als ein Wunderthier herumgezeigt werden sollst. Nebenbei bemerke ich noch, daß an dem nämlichen Tage eine Versammlung des landwirthschaftlichen Centralvereins hier stattfinden wird und Du also in jeder Beziehung das Utile mit dem Dulce verbinden kannst. Um Dir ein Beispiel zu geben, wie geschickt Ihr in der letzten Session die große wichtige Angelegenheit behandelt habt, führe ich an, daß von den „ur"sten Gothaern einige mit Begeisterung ihre Theilnahme am Bankett angemeldet haben!"

Zu Ehren der Abgeordneten **Rupp**, **Kosch** und **Papendieck**[10]) fanden statt eines zwei große Banketts statt, da für die Zahl der Theilnehmer, über 2000 Personen, eine Räumlichkeit nicht ausreichte. Den Abgeordneten wurden Lorbeerkränze überreicht. Hoverbeck war nicht gekommen.

Der Kronprinz war am 19. Dezember zurückgekehrt. Bernhardi hatte am 28. Dezember ein mehrstündiges Gespräch mit ihm. Der Kronprinz erzählte, er sei nach Italien mit der Ueberzeugung abgereist, daß Bismarck wenigstens nicht Ministerpräsident würde, vier Tage später habe er seine Ernennung erfahren. Nach seiner Rückkehr hat er nur einmal ein längeres Gespräch mit Bismarck gehabt. Der hat ihm gesagt, um die **innere Politik werde er sich gar nicht kümmern**, die könne man seinetwegen liberal machen, er werde sich auf die auswärtige Politik beschränken. Der Kronprinz hatte sich seit seiner Rückkehr so viel als möglich von den Geschäften entfernt gehalten. Bernhardi theilte ihm mit, daß der preußische Volksverein unter den Offizieren, auch am Rhein, für die Kreuzzeitungspartei werbe und wühle. Der Kronprinz wußte nichts von dem Verein. Zuletzt faßte er das Ganze dahin zusammen:

„So sucht sich die reaktionäre Partei auf alle Weise der Armee zu bemächtigen — und mir droht man dann mit dem Geist der Armee — mir sagt man: nimm dich in Acht, das will die Armee nicht haben! — mir sagt man, daß ich mich dieser vox Dei, der Stimme der Armee fügen muß, denn die Armee sei die eigentliche Stütze des Throns!"[11])

Hoverbeck hatte sich schon 1860 dafür erklärt, daß der Nationalverein die deutsche Reichsverfassung vom 28. März 1849 als noch zu Recht bestehend anerkenne (s. Band I. S. 181). Für diese Reichsverfassung hatten sich in der aufgelösten zweiten Kammer von 1849 sogar die äußerste Rechte, die feudalkonservative Partei und mit ihr die Abgeordneten v. Bismarck-Schönhausen, v. Kleist-Retzow, Graf Arnim-Beutzenburg durch Zustimmung zu einer Adresse erklärt, in der der König Friedrich Wilhelm IV. zur Annahme der Kaiserkrone ersucht wurde. Die Bedeutung der Resolution der Koburger Generalversammlung des Nationalvereins vom 7. Oktober 1862, wodurch die Reichsverfassung zur Fahne des Nationalvereins erhoben wurde, den ostpreußischen Mitgliedern des Nationalvereins klar zu legen, hielt sich Hoverbeck als Ausschußmitglied für verpflichtet. Auf seine Veranlassung wurde zum 20. Dezember eine Versammlung der Mitglieder des Nationalvereins nach Königsberg einberufen. Hier begründete er in längerer Rede die Zustimmung zu jener Resolution. Ueber seine Rede bringt die Nationalzeitung folgendes:

„Hoverbeck wies zunächst den Einwand zurück, daß wir jetzt unter den bedenklichen Verhältnissen im engeren Vaterlande an die Herstellung des Reichs im Weiteren nicht denken könnten. Wir haben Muße. Eine andere Partei hat in letzter Zeit das Volk durch ihre Adressen in Aufregung versetzt. Die liberale Partei darf diesem Treiben ruhig zusehen. Uebrigens liegt uns die deutsche Frage eben so nahe als die preußische, da beide solidarisch mit einander verbunden sind. Die vorliegende Resolution ist als der Schlußstein in der Entwickelung des Nationalvereins zu betrachten, seine Ziele stehen damit unverrückbar fest. Freilich darf er darum in seiner Thätigkeit nicht ermatten, da es ihm nun obliegt, seine Ueberzeugungen, nachdem sie feste Gestalt genommen, in immer weitere Kreise zu tragen.

Die ganze — kurze aber inhaltsvolle — Geschichte des Nationalvereins und der ihm verwandten nationalen Bestrebungen stellt den graden Weg zu diesem Ziele dar. Schon das Eisenacher Programm sprach in der Forderung einer starken Centralgewalt und eines deutschen Parlaments den Grundgedanken des Nationalvereins aus. Freilich ward damals, kurz nach dem Eintritt der preußischen Regentschaft, zugleich die Ansicht betont, daß dieses Ziel nur durch das Vorgehen der liberalen preußischen Regierung erreicht werden könne. Dies war nur zu geeignet, den ererbten preußischen Hochmuth, der unserer innigeren Verbindung mit den Süddeutschen so oft im Wege gestanden, zu nähren, und wir können vielleicht den traurigen politischen Zuständen des heutigen Tages es Dank wissen, daß sie uns Demuth gelehrt und dadurch eine politische Wiedergeburt des deutschen Volkes angebahnt haben. Damals hatte der Vorwurf, der Nationalverein sei kleindeutsch, wenn er auch unbegründet war, viel Scheinbares. Wenn man unter einer kleindeutschen Tendenz die versteht, einen Theil des gesammten deutschen Volkes von dem zu errichtenden Bundesstaate auszuschließen, um dadurch die Uebrigen den Interessen eines leitenden deutschen Stammes dienstbar zu machen, so hat der Nationalverein jenen Vorwurf nie verdient. Allerdings aber hat er es als eine traurige Nothwendigkeit angesehen, daß bei der Begründung des deutschen Bundesstaats die Deutsch-Oesterreichischen unter Vorbehalt der Rechte der deutschen Nation an dieselben vorläufig ausgeschlossen blieben, so lange die Fessel der Gesammtverfassung, welche diesen deutschen Stamm an eine große Mehrheit von fremden Nationalitäten kettet, ungelöst wäre.

Gegenüber den ungerechten Verdächtigungen der Gegner hat die Generalversammlung zu Heidelberg diese Auffassung einstimmig konstatirt.

Wenn wir nun zu den politischen Ereignissen dieses Jahres übergehen, welches für den Fortgang der nationalen Bestrebungen ein bedeutendes und fruchtbringendes genannt werden darf, so haben wir nicht die Thätigkeit des Nationalvereins allein, sondern alle von demselben Geiste getragenen Kundgebungen ins Auge zu fassen. Die Frankfurter Pfingstversammlung, aus etwa 20 Mitgliedern verschiedener deutschen Kammern bestehend, sollte eine nähere Verständigung sämmtlicher Liberalen in den Volksvertretungen der Einzelstaaten herbeiführen. Ihr Ergebniß war der Beschluß, alle gegenwärtigen oder früheren Mitglieder jener Volksvertretungen, welche für eine freiheitliche Einigung Deutschlands zu wirken entschlossen wären, zu einer noch in diesem Jahre abzuhaltenden Versammlung einzuladen. Neben diesen parlamentarischen Bestrebungen war ein Fest, der Frankfurter Schützentag, der deutschen Sache nicht minder förderlich. Die Vereinigung vieler Tausende kerniger deutscher Männer, durch ein gemeinschaftliches edles Ziel zusammengeführt und durchweht von einem Geiste, der in dem Bewußtsein der nationalen Zusammengehörigkeit jedes Sonderinteresse erstickte, muß allen Theilnehmern unvergeßlich sein . . .

Der Abgeordnetentag in Weimar, zusammengetreten in Folge der vorhin erwähnten Einladung, gab in der Menge und Verschiedenheit der Anträge ein Bild des deutschen Separatismus, aber auch in der glücklich erreichten Vereinigung derselben und in der einstimmigen Annahme der aus diesen hervorgegangenen Resolution ein Bild von der bereits erlangten Fähigkeit und Geneigtheit der Deutschen, sich zu großen Zielen zu vereinigen. Die persönliche Berührung vieler nord- und süddeutscher Abgeordneten überzeugte die einen wie die anderen, daß sie in ihren politischen Anschauungen sich näher ständen, als sie jemals geglaubt. Der Nationalverein und der Abgeordnetentag unterstützen sich gegenseitig und erscheinen in ihrer Zusammengehörigkeit wie Volkshaus und Staatenhaus in der Reichsverfassung.

Was hier angebahnt war, wurde in der Coburger Generalversammlung klar ausgesprochen. Die heute vorliegende Resolution ist der dort einstimmig angenommene Ausschußantrag. Derselbe stellt sich den Vorschlägen der Würzburger Regierungen und der von denselben bevorworteten Delegirtenversammlung gegenüber. Ueber die Unannehmbarkeit der letzteren sind alle liberalen Parteien Deutschlands einig, da sie 1. nur, wenn sie gefragt, einen guten Rath ertheilen, 2. aus den Sondervertretungen und zwar aus beiden Kammern, auch den Herrenhäusern, hervorgehen und 3. neben dem Bundestage, dieser vom deutschen Volke längst gerichteten Institution, bestehe und ihm dadurch zu längerem Leben verhelfen soll. Zu Gunsten eines solches Zerrbildes sollen die deutschen Volksvertretungen auf ihre doch immerhin schon werthvollen Rechte verzichten. Mit Recht wurde dies als eine Verhöhnung des Volkes, als ein Versuch bezeichnet, die schwere Schuld statt mit Gold mit Rechenpfennigen abzuzahlen. Was wir unsererseits wollen, bezeichnen wir mit dem einzigen Worte: Die Reichsverfassung vom 28. März 1849, die ganze Reichsverfassung.

Es wäre unpatriotisch, wenn irgend eine der liberalen Parteien jetzt daran mäkeln wollte. Von gewisser Seite hat man z. B. das nur suspensive Veto des Kaisers als ein Hinderniß für die Anerkennung der Reichsverfassung bezeichnet, — als ob irgend ein Regent, und wenn er auch das absolute Veto hat einem dreimal unverändert wiederholten Beschlusse beider Häuser seine Zustimmung versagen würde! Unsere Feinde fragen uns höhnend: Welche Mittel habt ihr gegenüber der

Macht der Bajonette und der organisirten Bureaukratie, um euren Willen zur Geltung zu bringen? Freilich nichts als unsere Ueberzeugung und ihre Verbreitung. Aber in dem Augenblicke, wo das ganze Volk von demselben festen Willen beseelt ist, haben wir gesiegt. Wir wollen keine Revolution, weil ihre Errungenschaften nicht dauernd zu sein pflegen. Unsere eigene Verfassung, die Frucht der Bewegung des Jahres 1848, kann uns dies lehren. Noch heute müssen wir sie, die wir längst zu besitzen glaubten, mit schwerer Mühe uns erwerben, noch heute liegt mit dem neupreußischen Geiste der gute altpreußische im Kampfe. Der neupreußische ist es auch, der sein Heil in der Vereinzelung der deutschen Staaten sucht, der altpreußische dagegen, dessen Vertreterin zu sein namentlich unsere Provinz das ererbte Recht hat, wird jeder Zeit als seinen Wahlspruch anerkennen: „Deutschland, Deutschland über Alles, über Alles in der Welt!"

Die Resolution wurde einstimmig angenommen, nachdem für dieselbe unter Anderen noch der Vorsitzende Abgeordnete Professor Dr. John[12]) und Professor Hänel[13]) gesprochen hatten. Zum Schluß brachte Kaufmann Stephan[14]) ein Hoch auf Hoverbeck aus, „indem er daran erinnerte, wie Hoverbeck bei jeder Gelegenheit als preußischer Abgeordneter, als Ausschußmitglied des Nationalvereins, auf dem Schützentage in Frankfurt für das Recht des deutschen Volkes energisch eingetreten sei."

Hoverbeck hatte den Beschlüssen der Coburger Generalversammlung des Nationalvereins die Vorschläge der Würzburger Regierungen und die von ihnen bevorwortete Delegirtenversammlung gegenübergestellt. Selbstverständlich hielt auch Bismarck diese für unannehmbar. Ueber den von Oesterreich und den Würzburgern vorgelegten Entwurf einer Bundesreform war im Bundesrath am 4. Dezember der Ausschußbericht erschienen, nach welchem die Einsetzung eines Bundesdirektoriums und ihm zur Seite einer aus den Vertretungen der einzelnen Staaten gewählte Delegirtenversammlung ebenfalls empfohlen wurde. Schon am 19. Dezember hatte der Bundestag beschlossen, daß darüber am 22. Januar 1863 abgestimmt werden sollte. In der Zwischenzeit hatte Bismarck Unterredungen mit dem österreichischen Gesandten Grafen Karolyi. Er warnte Oesterreich, einen Beschluß der Frankfurter Mehrheit zur Ausführung zu bringen, der nur mit Einstimmigkeit gefaßt werden könnte; Oesterreich möge auf seinen Einfluß auf die deutschen Mittelstaaten verzichten und seinen Schwerpunkt nach Ofen verlegen, anderenfalls werde es bei dem nächsten europäischen Konflikt Preußen unter seinen Gegnern finden.

Die Nationalzeitung berichtete am 29. Dezember 1862 ausführlich über eine Reihenfolge von Aufsätzen, die das Journal des Débats in Paris über Preußen veröffentlichte und die den „offiziösen Ursprung" an der Stirne trugen. Vom letzten Aufsatz war ausdrücklich angegeben, daß er aus Preußen gesendet sei. Er beweise, meinte die Nationalzeitung, wie tief diese französische Zeitung unter das Niveau der sonst in der europäischen Presse herrschenden Anstandsbegriffe hinabgestiegen sei. Kein anderes liberales Blatt werde sich der Aufgabe unterziehen, die Tendenzen der Kreuzzeitung dem französischen Publikum in mundgerechter Zubereitung vorzuführen. Die Nationalzeitung brachte in deutscher Uebersetzung mit wenigen Zwischenbemerkungen einen großen Theil jenes Aufsatzes zur Kennzeichnung der Methode, nach der die Maßregelung des preußischen Beamtenstandes als nothwendige Konsequenz des konstitutionellen Systems dargestellt werde. Auch einige grobe Verstöße gegen die Wahrheit wurden berührt.

Diese Aufsätze des Journal des Débats unter der Ueberschrift: „la crise actuelle en Prusse" befanden sich in den Nummern vom 28. November, 4. und 27. Dezember 1862. Sie erregten auch in Preußen Aufsehen. Twesten erwähnte ihrer in der darauf folgenden Session im Abgeordnetenhause am 28. Januar 1863 bei der Adreß-debatte mit der Bemerkung:

„Für die Regierung erhebt sich in der ganzen europäischen Presse, sie möge absolutistisch oder liberal, feudal oder fortschrittsfreundlich gesinnt sein, kaum eine einzige Stimme außer einigen Pariser Blättern in gewissen Korrespondenzen, die unter direktem Einflusse des Herrn Ministerpräsidenten stehen sollen."

„Große Heiterkeit" bezeugt der stenographische Bericht.

Weder von Bismarck oder einem der andern Minister, noch in offiziösen Korrespondenzen wurde über die Entstehung der Aufsätze etwas erklärt.

Ueberraschend ist es nun, im ersten Bande des Bismarcks-Jahrbuchs von Horst Kohl einen „von Bismarck korrigirten orientirenden Aufsatz für die Presse des Auslandes über die Ursachen des preußischen Verfassungskonfliktes" und sodann jene Artikel des Journal des Débats mit deutscher Uebersetzung abgedruckt zu finden, — die letzteren als Belag, weil in ihnen die Gedanken des Bismarckschen Aufsatzes verwerthet und weiter ausgeführt sind. Horst Kohl bringt zuerst den von Bismarck diktirten französischen Aufsatz, notirt gewissenhaft dazu alles, was Bismarck dann gestrichen, zugesetzt oder eingeschaltet hat und bringt hierauf den Aufsatz in der Fassung, die er durch die Korrekturen erhalten hat mit der deutschen Uebersetzung.[15])

Rühren auch die Artikel der französischen Zeitung von Bismarck her oder sind sie nur eine Umarbeitung des von ihm diktirten

Aufsatzes? Der Gedankengang und die vielen thatsächlich unrichtigen Anführungen sind in beiden Aufsätzen gleich. Im Journal des Débats sind die Darlegungen eingeleitet durch die Mittheilung, nach einem Gerüchte sei Bismarck nach Paris gekommen nicht blos zur Ueberreichung seines Abberufungsschreibens, sondern auch um sich durch persönliche Anschauung über die Stimmung der französischen Regierung zu informiren und die politischen Institutionen der Civilverwaltung, der militärischen Organisation und der finanziellen Lage Frankreichs zu studiren; er habe viel gelernt und sei fast befriedigt von dem, was er gesehen und gehört habe, abgereist.

In beiden Aufsätzen ist die Lückentheorie als feststehendes preußisches Budgetrecht entwickelt. Dann folgt über die Verhältnisse der Beamten und ihre Beziehungen zur Volksvertretung eine Darstellung, die wahrheitsliebende Preußen mit Entrüstung erfüllen konnte. Einer der ersten Kenner deutschen und preußischen Rechts, Professor Franz v. Holtzendorff,[16]) sandte sofort nach Erscheinen des dritten Aufsatzes der Redaktion des Journal des Débats eine Entgegnung. Der Aufsatz bringe eine so grundfalsche Besprechung der Stellung des preußischen Beamtenthums gegenüber den Ministerien, daß er, da er selbst die Ehre habe, Beamter zu sein, sich zur Aufklärung veranlaßt sehe:

„Jener Artikel ist Ihnen angeblich aus Preußen zugegangen. Ohne Ihre Versicherung dürfte man den Ursprung desselben eher in Hinterindien suchen. Einige Spötter haben sogar gemeint, eine offiziöse Feder Preußens dafür verantwortlich machen zu müssen. Die verleumderischen Verdrehungen jenes Artikels gestatten meiner Ansicht nach eine solche Annahme keineswegs.

Erst mehrere Wochen später, als Twesten jene Aufsätze im Abgeordnetenhause erwähnt hatte, veröffentlichte Holtzendorff seine Entgegnung in der Nationalzeitung in deutscher Uebersetzung. Die französische Zeitung hat davon nichts veröffentlicht.

Holtzendorff trat in längeren Ausführungen vornehmlich der Behauptung entgegen, daß in Preußen Ministerverantwortlichkeit und Unabsetzbarkeit aller Beamten mit Ausnahme der Minister, Regierungspräsidenten und Staatsanwälte bestehe. Eine Ministerverantwortlichkeit gebe es nicht, wenn schon sie in der Verfassung verheißen sei; nur an dem Willen des Königs fänden in Preußen die Minister eine Schranke ihrer administrativen Befugnisse. Er erörterte eingehend die Abhängigkeit der Beamten durch die Disziplinargesetze von 1851 und 52.

„Ohne formelles Verfahren können administrative Beamte in ein anderes Amt von nicht geringerem Range gegen Erstattung der Umzugskosten versetzt werden, wenn sie zu gewissen besonderen Verrichtungen weniger geeignet sein sollten. Hierher würden auch Ministerialräthe gehören.

Gegen Gewährung von Wartegeld, welches ungefähr die Hälfte des regelmäßigen Gehaltes beträgt, können Unterstaatssekretäre, Ministerialdirektoren, Oberpräsidenten, Regierungspräsidenten oder Vicepräsidenten, Militärintendanten, Beamte der Staatsanwaltschaft, Vorsteher königlicher Polizeibehörden, Landräthe, Gesandte einstweilen in den Ruhestand versetzt werden."

Von den übrigen wahrheitswidrigen Behauptungen jener Aufsätze ist noch hervorzuheben: Unter den 350 (statt 352) Mitgliedern des Abgeordnetenhauses seien mehr als die Hälfte Beamte niedrigen Grades. Die schlecht bezahlten Staatsbeamten bestrebten sich, ins Abgeordnetenhaus gewählt zu werden, wo sie etwas über 11 francs = 3 Thaler Entschädigung und Aussicht auf schleunigere Beförderung erhielten; ihren Stellvertreter bezahle die Regierung. Um Abgeordneter zu werden, bedürfe man der Unterstützung der Demokratie, der sich die Gewählten im Abgeordnetenhause anschließen. Die ungeheure Mehrheit der Urwähler enthielte sich der Wahl. Bei den letzten Wahlen hätten in ganz Preußen nur ein Sechstel der Berechtigten gewählt. Die Heftigkeit des Wahlkampfes konzentrire sich in den großen Städten. Die Gleichgiltigkeit der abwesenden Mehrheit der Wähler sei mehr noch der Gleichgiltigkeit oder der Feindseligkeit der Staatsbeamten als der systematischen Neutralität der Regierung zuzuschreiben.

In dem von Bismarck diktirten Aufsatze ist noch behauptet, die gewählten Beamten bezögen eine „Auslösung", die öfter größer als ihr Gehalt sei. Die Führer der Opposition seien höhere Beamte. Die Presse erfreue sich in Preußen einer „geradezu unbeschränkten" Freiheit. Die liberalste Regierung sei bei neuen Gesetzentwürfen, die ganz im Interesse des Landes liegen, den heftigsten Angriffen des Abgeordnetenhauses und einer Presse, die beide von Professoren und Advokaten beherrscht seien, ausgesetzt Im Abgeordnetenhause begegne man nur drei Soldaten außer Dienst und deren Erfahrung und Autorität sei streitig.

Einer Widerlegung der einzelnen Behauptungen bedarf es kaum. Im Abgeordnetenhause saßen damals 104 Staatsbeamte, darunter 80 Richter (68 erster, 9 zweiter und 3 dritter Instanz). Unter 24 Verwaltungsbeamten befanden sich 2 Minister, 5 Oberregierungsräthe und 6 Regierungsräthe, 7 Landräthe, 4 Staatsanwälte. Rechtsanwälte saßen 14, Professoren 5 im Abgeordnetenhause. Weder das Abgeordnetenhaus noch die Presse, wurden von Advokaten oder Professoren beherrscht! In der Landrathskammer 1855—58 gab es 189 Beamte, darunter gegen 80 Landräthe, die jederzeit mit halbem Gehalt ohne Angabe von Gründen zur Disposition gestellt werden konnten. — Von den Abgeordneten waren gewiß mehr als die Hälfte „Soldaten" gewesen, hatten der allgemeinen Wehrpflicht genügt. Berufsoffiziere außer Dienst waren 13 Abgeordnete, darunter 2 Generäle, 3 Obersten, 3 Majore, 4 Hauptleute und Rittmeister. Wie viele die Freiheitskriege gegen Frankreich von 1813 bis 15 mitgemacht hatten, ist nicht ermittelt worden. Aber als im Februar 1863 ein Gesetzentwurf über die Erhöhung der Invalidenpensionen und über eine Stiftung der Ritter des Eisernen Kreuzes einstimmig angenommen wurde, saßen im Saale „sieben silberhaarige Zeugen der großen Jahre, mit dem Eisernen Kreuze geschmückt: General Stavenhagen, Oberst v. Unruh-Bomst, Oberstlieutenant v. Seydlitz, die Majore v. Baerst und Beitzke, die Hauptleute Staatsminister a. D. v. Bonin und Harkort".[17])

Die Betheiligung der Wähler bei den letzten Wahlen (Mai 1862) war stärker als bei jeder von 1850 bis 1893 nach dem Dreiklassenwahlgesetz mit öffentlicher Abstimmung in Preußen vorgenommenen Wahl. Nicht $^1/_6$, sondern mehr als $^1/_3$ der Berechtigten wählten (34,3 %) und in jeder der drei Abtheilungen, wählte ein größerer Prozentsatz, als in jeder andern Wahl, in der dritten Abtheilung 30,5, in der zweiten 48,0, in der ersten 61,0 %. Daß nicht „systematische Neutralität" sondern starke Wahlbeeinflussung der Regierung stattfand, ist zur Genüge dargethan.[18])

Anmerkungen zum zweiundzwanzigsten Kapitel.

[1]) Nach der Köln. Ztg., die Ohrenzeugen dafür haben wollte, war Bismarck in der Sitzung des Herrenhauses aufgefordert, sich zu äußern, wie der Antrag des Grafen Arnim zur Verfassung stünde. Er erklärte, die Regierung wolle sich zu dieser Frage durchaus neutral verhalten „aber lieb ist's mir doch, wenn Sie's annehmen." Dennoch wurde der Antrag in der Kommission mit Stimmengleichheit abgelehnt. Der Umschlag in der Herrenhausmehrheit wird auf Einwirkung Bismarck's und seiner Freunde zurückzuführen sein.

[2]) „König Wilhelms Worte an sein Volk. Eine Sammlung der königlichen Antworten an die Deputationen getreuer Unterthanen. Druck und Verlag von Hickethier" (Kreuzzeitung oder preußischer Volksverein).

[3]) Beim Könige sind die verlogenen Berichte über Schulze-Delitzsch's Schützenfest-Reden haften geblieben. Von den Erklärungen Schulze's und Hoverbeck's gegen Roon in der Abgeordnetenhaus-Sitzung vom 15. Septbr. (s. oben S. 74) hatte er nichts erfahren.

[4]) Oetkers Lebenserinnerungen, Bd. III S. 352.

[5]) Ueber v. Bockum-Dolffs s. Bd. I S. 167. — Oppermann, Joh. Heinr., geb. Febr. 1821, Abg. für die Priegnitz 1861 und 1862 gewählt, Staats-

anwalt in Berlin wurde noch 1862 als Staatsanwalt nach Coburg berufen, legte deshalb sein Mandat nieder, wurde 1879 pensionirt, † Jan. 1898. — zur Megede, Hans, geb. Nov. 1811, Regierungs- und Landrath in Freistadt, Landtagsabg. von 1860 bis 1870. Frakt. Mathis, in der ersten Session 1862 Frakt. Grabow, 2. Session 62 wild, 1. Session 63 freie Vereinigung, 2. Session 63 linkes Zentrum, konstituirender und nordd. Reichstag (Freie Vereinig.), † Nov. 1882. — Schröder, Hugo, geb. April 1829, Landtagsabg. von Mai 1862 bis 77, Reichstagsabg. von 1874—76, 81—84, 90 bis jetzt (link. Zentr., nationalliberal, Sezessionist, deutschfreis. seit 93 freis. Vereinigung). — v. Diederichs, s. oben S. 84. — Haacke, Karl, geb. 1813, Abg. von 1862—66 und 73—79 (linkes Zentr. nationall.), † April 1896. — Ziegert Dr., Abg. von 1862—66, † März 1878. — Seubert, Friedr., geb. Septbr. 1819, Abg. von 1860—70 (Vincke, linkes Zentr.), verst. in den achtziger Jahren. — Krieger, Richard, geb. 1818, Landtgsabg. von 1866—69, norddeutscher Reichstag und deutscher Reichstag von 1868—69 und 1871—76. (Fortschr., dann nationallib.) Provinzialdirektor in Cassel.

[6]) Müllauer, geb. März 1824, Reichstagsabg. von 1871—74 (Salzburger) nach dem Parlamentsalmanach Ritter u. Pr.-Lieut. a. D. d. 1. Lithauisch. Landw.-Dragoner-Reg.

[7]) Zu den Mitgliedern des Centralwahlkomités der Fortschrittspartei gehörten von Abgeordneten: Langerhans, Reichenheim, W. Siemens. Virchow, Franz Duncker, Otto Michaelis, Runge, Taddel. Ferner aus den Provinzen Dr. Bender, v. Hennig-Straßburg, Hoverbeck, Löwe (Meyer von Wrachtrup), Müllensiefen, Dr. Theodor Paur, Pietzker, Schulze-Delitzsch, Stephann, Cetto, Forkenbeck, Häbler, Hoffmann-Ohlau, Laßwitz, Dr. Lüning, Müller-Demmin, v. Rönne-Solingen, Dr. Max Simon. Außerdem Twesten, Forstmann, Parisius, die als Beamte sich an der Verwaltung des Nationalfonds nicht betheiligten.

[8]) Am 10. November (nicht am 10. Oktober, wie in den politischen Briefen steht) schrieb er seiner Schwester bei einem Dank für Blutwurst und Leberwurst, für ihre „Schlachtthaten": „In Paris ging es mir gut, in Letzlingen schoß ich 1 Hirsch, 1 Sau, 4 Schaufler, 5 Spießer, 4 Stück Damwild und pudelte doch gehörig, wenn auch nicht so viel wie meine Nachbarn. Die Arbeitslast wächst hier aber täglich. Heut von 8 bis 11 Diplomatie, von 11 bis $2^1/_2$ verschiedene streitsüchtige Ministerkonferenzen, dann bis 4 Uhr Vortrag beim König, von $^1/_4$ bis $^3/_4$ Galopp im Regen bis Hippodrom, um 5 Uhr zur Tafel, von 7 bis jetzt 10 Uhr Arbeit aller Art, aber gesund und guten Schlaf, starken Durst!"

[9]) Graf zu Eulenburg, Friedrich, geb. Juni 1815, Regierungsassessor, Min. bis 30. März 1878, Landtagsabg. von 1866—1879, † Juni 1881. — v. Selchow, geb. um 1812, wurde als Landrath in Bütow 1848 Mitgl. des Frankfurter Parlaments und sodann des Erfurter Volkshauses, 1849 Regierungspräsid. in Liegnitz, dann in Frankfurt, zuletzt Oberpräsid., Min. bis Jan. 1873, Abg. von 1849—52 und von 63—70, † Februar 1884.

[10]) Carl Papendieck geb. in Bremen August 1800, Gutsbesitzer in Liep bei Königsberg, Abg. für Königsberg von 1862 bis zu seinem in Berlin im Februar 66 erfolgten Tode (Fortschritt); Vater des Abg. August Anton P., Rittergut Dalheim, Abg. für Königsberg von 1885—93.

[11]) Bernhardi, Band IV S. 334 ff.

[12]) John, Abg. für Wehlau von 1862—67 (Forschritt, dann Nationalliberal). Sein Vater, Justizrath John, Abg. von 1862 bis Oktober 66, blieb fortschrittlich.

[13]) Albert Hänel. geb. Juni 1833 in Leipzig, von 1860—63 Professor in Königsberg, dann Kiel, von 1867—93 Reichstagsabg., von 1867—87 Abgeordnetenhaus, von 1874—76 zweiter Präsident des Reichstags, 1876 erster Vicepräsident d. Abgeordnetenhauses. Fortschritt, deutschfreisinnig.

[14]) Der Kaufmann Stephan in Königsberg ist der jetzige Geh. Kommerzienrath, Vors. der Direktion der preußischen Bodenkreditaktiengesellschaft zu Berlin.

15) Bismarck-Jahrbuch, herausgegeben von Horst Kohl. Erster Band 1894. (S. 16 bis 59.)

16) Franz v. Holtzendorff geb. Oktober 1829, Sohn des demokratischen uckermärkischen Rittergutsbesitzers v. H. Vietmannsdorf, seit 1857 Professor der Rechte in Berlin, seit 1873 in München, † Febr. 1889.

17) Berger: der alte Harkort S. 588. Freiherr Georg v. Seydlitz in Kurzbach, ein Vetter des Baron Vaerst, geb. 1796, ging als Primaner März 1813 in den Krieg. Im selben Jahre zum Offizier ernannt. Feldzüge 1813 bis 15, nahm 1818 in Folge schwerer Verwundung den Abschied: 1863 bis 1866 Abg. für Salzwedel, Gardelegen (Fortschritts-Partei) † 1875. v. Bonin, Gustav, geb. 1797, † Dezbr. 1878, Finanzminister, 1878 von September bis November Oberpräsident für Posen, 1863 zur Disposition gestellt, Landtags-Abg. von 1850—1878, Reichstags-Abg. von 1870 bis zum Tode, Freih. v. Unruh-Bomst, Abg. 1852—55, 59—63, † April 1863 (Fraktion Grabow).

18) Vgl. S. 83 Amkg. 14, die Zahlen nach den Veröffentlichungen des preußischen statistischen Bureaus in Berlin.

19) Die Wahlerlasse der Minister, der Regierungen und der Landräthe gegen die „sogenannte Fortschrittspartei" im April 1862 gehörten freilich nach Georg v. Vincke „zu den höchsten politischeu Fehlern, die jemals ein Ministerium begangen hat" (s. oben S. 37—39, 46 n. 47).

Dreiundzwanzigstes Kapitel.

Bismarck und das Abgeordnetenhaus 1863.

I. Adresse und Polnischer Aufstand.

Der Kriegsminister v. Roon sagte zu Bernhardi am 3. Januar 1863, er habe keinen Begriff, wie das Ministerium dem Parlament zu begegnen gedenke. Man glaubte, ohne gesetzliche Regelung der Armeeverhältnisse und ohne Budget bis ins Unendliche fortregieren zu können, hoffte aber auf „offene Revolution, statt der versteckten."[1])

Bismarck verlas am 14. Januar die Thronrede im weißen Saale des königlichen Schlosses. Die „glattflüssigen Perioden" derselben ließen nichts merken „von der unerhörten Lage des Staates."

„Nachträgliche Genehmigung der Ausgaben für 1862 soll beantragt werden, das angenommene Defizit des vergangenen und des laufenden Jahres ist mit Mehreinnahmen verrechnet worden; ein Gesetzentwurf zur Abänderung und Ergänzung des Gesetzes vom 3. September 1814 soll der neuen Militärorganisation gesetzliche Grundlage geben."

So Gustav Freytag in den Grenzboten. Er verlangte von den Abgeordneten, daß sie sich nicht mit einigen Konzessionen in der Militärfrage wie der zweijährigen Dienstzeit begnügen, sondern rücksichtslosen Kampf eröffnen sollten gegen die Tyrannei und die Uebergriffe der Militär- und Administrativbehörden, gegen die Knechtschaft, die jetzt dem preußischen Staatsbürger durch die übereifrigen Handlanger eines unwürdigen Systems auferlegt werde, ... gegen die mittelalterliche Stellung des Heeres im Staate, gegen das persönliche Regiment u. s. w. Er mahnte seine altliberalen loyalen Freunde,

„daß jetzt der loyalste und treueste Dienst, welchen sie der Zukunft der Hohenzollern leisten können, der ist, wenn sie als feste Männer gegen die Regierung stehen und halben Konzessionen, schwacher Vermittelung nicht ein Haar breit nachgeben."

Ueberall in Preußen war die Erbitterung gegen Bismarck in stetem Wachsen. Man gab ihm allein die Schuld an der Hartnäckigkeit des Königs. In der gleich an die Eröffnungssitzung der beiden Häuser des Landtages sich anschließenden ersten Sitzung des Abgeordnetenhauses gab der Präsident Grabow dem allgemeinen Unwillen einen kräftigen Ausdruck. Er sagte:

„Vor drei Monaten verließen wir diese Räume mit dem von dem ganzen Lande getheilten Wunsche, daß es gelingen möge, den ohne unser Verschulden ausgebrochenen Verfassungskonflikt zu lösen! (Bravo!)

Im Hinblick auf die Königlichen Worte: „Zwischen uns sei Wahrheit" muß es jedoch mit tiefstem Bedauern unumwunden ausgesprochen werden, daß jener Konflikt in den verflossenen drei Monaten immer größere Dimensionen angenommen und den Ausbau unseres verfassungsmäßigen Rechtsstaates gefährdet hat. (Bravo! Sehr wahr!) Bis zu den Stufen des Thrones ist das Haus der Abgeordneten, — die allein aus den allgemeinen Wahlen hervorgegangene wahre Vertretung des preußischen Volkes, verdächtigt, verleumdet, geschmäht worden. (Hört! Lebhaftes Bravo!)

Im Interesse des Dienstes sind beamtete Abgeordnete zur Disposition gestellt und versetzt worden, welche, getreu ihrem Verfassungs-Eide, die unstreitig dem Abgeordnetenhause verfassungsmäßig zustehenden Rechte geübt und gewahrt haben. (Bravo! Sehr richtig!) Die gesetzlich aufgehobenen Conduitenlisten sind im Verwaltungswege über das politische Verhalten der Beamten, insbesondere der unabhängigen Richter, wieder eingeführt. (Hört! Hört! Sehr wahr!)

Der Art. 99 der Verfassung ist verletzt und durch das von ihr gebotene Minister-Verantwortlichkeitsgesetz nicht geschützt, stehen wir einer budgetlosen Regierung gegenüber. (Hört! Hört!) Doch das Land ist in diesem immer schärfer hervorgetretenen Konflikt seinen gewählten Vertretern zu ihrer vollen Befriedigung zur Seite getreten."

Zum Beweise berief er sich namentlich auf die zahlreichen mit hunderttausenden Unterschriften von Wahlmännern und Wählern eingegangenen Zustimmungsadressen.

„Sie alle geben Zeugniß dafür, daß das Haus die verfassungsmäßigen Rechte der Krone heilig gehalten, mit Besonnenheit und Mäßigung die verfassungsmäßigen Rechte des Volkes und seiner erwählten Vertreter gewahrt hat, und sprechen dem Hause der Abgeordneten den Dank aus für seine würdige Haltung unter ganz entschiedener Zurückweisung der gegen dasselbe und die beschworene Landesverfassung, das heilige Palladium seiner Rechte, gerichteten feindlichen Angriffe. (Lebhaftes Bravo!)

Steht so das Abgeordnetenhaus vor dem Lande gerechtfertigt da, so lassen Sie uns nunmehr, meine Herren, mit neuem Muthe, mit der alten Besonnenheit und Mäßigung, mit unerschütterlicher Festigkeit und Ausdauer unsere Arbeit wiederum beginnen, indem wir an der Schwelle des Jubeljahres der Wiedergeburt Preußens aus tiefster Erniedrigung, der durch den hohen Geist seiner Fürsten und die Kraft einmüthiger Volksgesinnung siegreichen Auferstehung Deutschlands aus schmachvoller Zerrissenheit und Schwäche, uns von unseren Sitzen erheben, und in dem uralten Preußen-Geiste der Liebe, der Treue, der Wahrhaftigkeit freudig ausrufen: Hoch lebe Se. Majestät der König Wilhelm I.“

Das Abgeordnetenhaus bekam anfänglich wenig zu thun. In der zweiten Sitzung wurden die Präsidenten und Vizepräsidenten der vorigen Session wiedergewählt, Grabow mit 247 von 261, Behrend mit 197 von 246 und Bockum-Dolffs mit 204 von 232 Stimmen. Am folgenden Tage, den 16. Januar, fanden die Wahlen zu den neuen regelmäßigen Fachkommissionen statt. Dann überreichte der Finanzminister Bodelschwingh den Staatshaushaltsetat für 1863, aber ohne die Spezialetats, die noch nicht gedruckt waren. Die Mitglieder der Budgetkommission, in die auch diesmal Hoverbeck gewählt war, erhielten erst am 25. Januar die zum Etat gehörigen Drucksachen. Der Staatsanzeiger hatte am 21. Januar erklärt, die Regierunz beschränke sich, vor allem die endliche Erledigung der Militär- und Staatshaushaltsfragen zu erstreben; erst nach dem friedlichen Austrage der Differenzen sei für Fragen der organischen Gesetzgebung Aussicht auf fruchtbringende Ergebnisse vorhanden.

Die Fortschrittspartei sowohl als auch das linke Centrum entschieden sich mit großer Mehrheit für Erlaß einer Adresse. Sie wurde als Antrag von Virchow und v. Carlowitz mit Unterstützung aller Mitglieder beider Fraktionen eingebracht. Freiherr v. Vincke brachte für die altliberale Fraktion einen anderen Adreßentwurf ein. Der Adreßkommission wurde auch noch ein dritter Entwurf von Reichensperger und seinen klerikalen Genossen vorgelegt. Die Kommission erledigte den Auftrag in einer einzigen Sitzung (23. Januar) im Beisein des Ministerpräsidenten und beschloß mit allen gegen zwei Stimmen, den Antrag Virchow dem Hause zur Annahme zu empfehlen. Wie der

Kommissionsbericht bezeugt, erklärten auch die beiden dissentirenden Mitglieder,[2]) daß sie die Ueberzeugung der Mehrheit, das bisherige Verfahren des Staatsministeriums enthalte eine Verletzung der Verfassung, vollständig theilten:

„Die Kommission kann hiernach mit Genugthuung konstatiren, daß hinsichtlich der Thatsache der vorhandenen Verfassungsverletzung in ihrer Mitte vollständige Einstimmigkeit geherrscht hat.“

Drei Sitzungen — 27., 28., 29. Januar — wurden vom Plenum des Abgeordnetenhauses auf die Adreßdebatte verwendet. Unmittelbar vor Eröffnung der Debatte verlas Bismarck königliche Botschaften vom 18. und 24. Januar. Sie enthielten die Anordnungen des Königs über Festlichkeiten am 15. Februar, als dem hundertjährigen Gedenktage des Hubertusburger Friedensschlusses, und am 17. März, als dem fünfzigjährigen Gedenktage des Aufrufes Friedrich Wilhelms III. „An mein Volk“. An letzterem Tage sollte auch der Grundstein zum Denkmal dieses Königs im Lustgarten gelegt werden. Die Ritter des eisernen Kreuzes wurden nach Berlin zur königlichen Tafel geladen, in den anderen Garnisonstädten sollten die Besitzer der Kriegsdenkmünze von 1813 bis 1815 festlich bewirthet werden. Gesetzentwürfe über Erhöhung der Invalidenpensionen und über eine Stiftung für die Ritter des eisernen Kreuzes wurden vorgelegt.

Die Adresse enthielt kein Wort über die bereits in der Thronrede erwähnten Gedächtnißtage. Sie brachte keine Antwort auf die Thronrede in der herkömmlichen Weise, sondern sie war eine Schrift über die Lage des Landes, an den Stufen des Thrones niedergelegt vom Preußischen Volk durch das Organ seiner Vertreter, um beim Könige — wie der Abgeordnete v. Sybel als Referent der Adreßkommission in der Einleitung seines Berichtes sagte —

„Recht und Abhülfe gegen eine Reihe von Regierungshandlungen zu suchen, welche die Minister dem Könige angerathen haben, indem sie dabei -- während Se. Majestät wiederholt und ausdrücklich Allerhöchst Ihren Willen ausgesprochen hatten, die bestehenden Verfassungsrechte zu schirmen und zu schützen — Sr. Majestät den verhängnißvollen Umstand verdeckten, daß jene Handlungen eine thatsächliche Verletzung der Verfassung in sich schließen.“

Eine Adresse in so kräftiger, rückhaltloser Sprache war im Preußischen Landtage noch nicht beschlossen worden. Er hieß darin:

„(II.) Die letzte Session wurde geschlossen, bevor für das Jahr 1862 das von der Verfassung vorgeschriebene Etatsgesetz festgestellt worden war. Der Etatsentwurf für das Jahr 1863, welcher vor Ablauf des vorigen Jahres hätte vereinbart sein sollen, war zurückgezogen worden. Die Aufforderung an die Regierung

Ew. Majestät diesen Etat noch rechtzeitig wieder vorzulegen, war ohne Erfolg geblieben.

(III.) Seitdem haben die von Ew. Majestät berufenen Minister verfassungswidrig die Verwaltung ohne gesetzlichen Etat fortgeführt und sogar, entgegen einer bestimmten Erklärung des Hauses der Abgeordneten, solche Ausgaben verfügt, welche durch Beschlüsse des Hauses definitiv und ausdrücklich abgelehnt waren.

(IV.) Das oberste Recht der Volksvertretung, das der Ausgabebewilligung, war damit angegriffen — ein Recht, welches die Grundlage des konstitutionellen Staatslebens überhaupt ist, welches daher auch alle bestehenden konstitutionellen Verfassungen gewährleisten, und welches bisher, unter steter Anerkennung durch die Staatsregierung selbst, von der Preußischen Volksvertretung geübt war. Das Land sah mit Schrecken den ganzen Gewinn unserer bisherigen staatlichen Entwickelung in Frage gestellt. Es stand zu seinen Abgeordneten.

(V.) Nur eine kleine der Nation seit lange entfremdete Minderheit hat, gestützt durch die Minister Ew. Majestät, bis zu den Stufen des Thrones die gröbsten Verleumdungen gegen einen Faktor der Gesetzgebung getragen und den Versuch nicht gescheut, das Urtheil über Maß und Bedeutung klarer Verfassungsrechte zu verwirren.

Es wurde sodann Klage geführt über den Mißbrauch der Regierungsgewalt, die Maßregelung verfassungstreuer Beamte, über die Verfolgung der offen für das Recht eintretenden Presse und über den Versuch, nicht einberufene Landwehroffiziere durch unzulässigen Befehl an der Ausübung unzweifelhafter staatsbürgerlicher Rechte zu hindern. An dem Willen des Königs, „die beschworene Verfassung aufrecht zu halten und zu schützen", wage Niemand zu zweifeln.

„Aber . . . die Verfassung ist durch die Minister schon jetzt verletzt. Der Artikel 99 ist keine Wahrheit mehr. Das schwere Uebel einer budgetlosen Regierung ist über das Land gekommen" . . .

Die Adresse schloß mit dem Satze:

„Königliche Majestät! Unsere Stellung als Vertreter des Landes legt uns die gebieterische Pflicht auf, feierlich zu erklären, daß der innere Friede und die Kraft nach Außen dem Lande nur durch die Rückkehr zu verfassungsmäßigen Zuständen wiedergegeben werden können" . . .

Hoverbeck war nicht Mitglied der Adreßkommission und hat auch im Plenum in der Adreßdebatte nicht gesprochen. Es bedarf deshalb keiner eingehenden Darstellung dieser Verhandlungen, die für die weitere Entwickelung und Verschärfung des Konflikts bedeutungsvoll waren. Bismarck nahm erst nach wirkungsvollen Reden von Sybel, Waldeck und v. Carlowitz das Wort. In seiner Rede war die praktische Bedeutung der Adresse dahin bezeichnet:

„Durch diese Adresse werden dem Königlichen Hause der Hohenzollern seine verfassungsmäßigen Regierungsrechte abgefordert, um sie der Majorität dieses Hauses zu übertragen."

Er entwickelte sodann ausführlich seine neue Lückentheorie

und wies die Behauptung der Verfassungsverletzung entschieden zurück. Mit Staunen und Entrüstung wurde die Rede aufgenommen. Der Exminister Graf Schwerin legte feierlich Verwahrung ein. Unter stürmischem Beifall von allen Seiten des Hauses sagte er, die Rede des Ministerpräsidenten kulminire in einem Satz, der die Dynastie in Preußen auf die Dauer nicht stützen könne:

„Macht geht vor Recht, sprecht Ihr, was Ihr wollt, wir haben die Macht und also werden wir unsere Theorie durchführen!“

Auch sonst bekamen die Minister sehr entschiedene Entgegnungen zu hören. Selbst in dem vom Abgeordnetenhause gebilligten Vorgehen gegen die Würzburger fand Bismarck nur bedingte Anerkennung. Es war in Frankfurt am 22. Januar der Reformantrag der Würzburger verworfen worden, weil dagegen neben Preußen und seinen Freunden auch die entschiedenen Gegner jeder Volksvertretung vom Bunde stimmten. In dem veröffentlichten Votum Preußens kam der Satz vor:

„Nur in einer Vertretung, welche nach Maßgabe der Bevölkerung edes Bundesstaates aus letzterer durch unmittelbare Wahl hervorgeht, kann die deutsche Nation das berechtigte Organ ihrer Einwirkung auf die gemeinsamen Angelegenheiten finden.“

Von den oppositionellen Rednern des Abgeordnetenhauses ertheilte v. Carlowitz, Twesten und Schulze-Delitzsch der Regierung Lob, weil es ihr vollständig gelungen sei, das „todtgeborene“ Delegirtenprojekt vollständig zu beseitigen, allein für die Hegemonie bei einem deutschen Parlament bedürfe es eines liberalen verfassungsmäßigen in Deutschland Vertrauen erweckenden Regiments.

Die Adresse Virchow-Carlowitz wurde am 29. Januar mit 255 gegen 68 Stimmen (Konservative, Klerikale, Konstitutionelle) angenommen und die Deputation von 30 Mitglieder zur Ueberreichung gewählt.

Bismarck hatte schon in der Adreßkommission erklärt, daß er dem Könige nicht rathen werde, die Adresse anzunehmen. Wie er am folgenden Tage dem Präsidenten anzeigte, fand sich der König „nicht bewogen“, die vom Abgeordnetenhause gewählte Deputation zur Ueberreichung der Adresse zu empfangen. Bismarck stellte anheim, sie auf schriftlichem Wege direkt oder durch seine Vermittlung in die Hände des Königs gelangen zu lassen. Auf Beschluß des Hauses wurde die Adresse dem Vorsteher des geheimen Civilkabinets überreicht. Der König sandte nun eine vom 3. Februar datirte Antwort. Er wies darin die gegen die Minister erhobenen Anschuldigungen zurück, hob als seine landesherrliche Pflicht hervor, die auf ihn vererbten und verfassungsmäßigen Machtbefugnisse der Krone ungeschmälert zu erhalten und forderte die Abgeordneten auf, ihr Entgegenkommen zu beweisen. Das Schreiben war von keinem Minister gegengezeichnet, man enthielt sich daher aller weiteren Erörterungen. Im Herrenhause wurde erst am 2. Februar, also nach der Uebersendung der Abgeordnetenhausadresse der Erlaß einer Adresse beantragt. Am 3. Februar nach gewaltigen Reden der feudalen Wortführer wurde die Adresse einstimmig von den anwesenden 96 Herren (149 fehlten) beschlossen und am 8. Februar dem König durch die drei Präsidenten überreicht. Der König dankte dem Herrenhause für seine Hingebung und sein Vertrauen, indem er in der Adresse die volle Uebereinstimmung mit seinen Gesinnungen fand.

Bismarck ließ die Antwort des Königs an das Abgeordnetenhaus und seine und der Minister Bodelschwingh und Eulenburg Reden in der Adreßdebatte in Sonderabdrücken allen Kreisblättern beilegen. Der politischen Presse hatte er seit seinem Eintritt ins Ministerium die größte Aufmerksamkeit geschenkt — der preußischen und deutschen und der des Auslandes. Im Allgemeinen mißachtete er schon damals die politischen Schriftsteller, rechnete sie in erster Linie zu den katilinarischen Existenzen. Die Verfolgungen der gegnerischen Zeitungen und ihrer Redakteure mehrten sich. Für sich hatte er neben dem Staatsanzeiger, den Amtsblättern der Regierungsbezirke, den von den landräthlichen Kreisen unterhaltenen Kreisblättern, der Kreuzzeitung und den Blättern der Kreuzzeitungspartei noch die offiziöse vom Minister Schwerin gegründete Sternzeitung. Diese ließ er Ende 1862 eingehen. Es gelang ihm schon vorher, zur Vertretung seiner Ansichten eine bis dahin unabhängige kleine Tageszeitung, die seit dem 1. Oktober 1861 bestehende Norddeutsche Allgemeine Zeitung zu gewinnen. Diese, von Hamburger Großhändlern gegründet, war demokratisch-großdeutsch, bekämpfte also den Nationalverein und die Fortschrittspartei des preußischen Abgeordnetenhauses. Ihr Redakteur war Braß, ein achtundvierziger Berliner Demokrat, der aus der Schweiz, wo er bisher als Flüchtling gelebt hatte, von den Gründern nach Berlin gesendet wurde. Seine „Barrikadenlieder" waren noch im Gedächtniß der Berliner. Zur Vertheidigung des Belagerungszustandes hatte sich Bismarck, damals Gutsbesitzer und Deichhauptmann in Schönhausen, als Abgeordneter für Westhavelland und Zauche in der zweiten Kammer am 21. März 1849 auf ein von Braß zum 18. März 1849 gedichtetes Lied berufen. Die Anhänger der Freiheit wurden darin aufgerufen, sich zu einem tödtlichen Kampfe unter dem blutrothen Banner zu versammeln, dieses solle gefärbt werden mit Blut, nachdem das Gold der Freiheit daraus gestohlen und das Schwarz hinausgeworfen sei.

„Wir färben echt,
Wir färben gut,
Wir färben mit Tyrannenblut."

Braß berief im Sommer 1862 zwei andere demokratisch-sozialistische Flüchtlinge in seine Redaktion nach Berlin, Robert Schweichel aus der Schweiz und Wilhelm Liebknecht aus London. Gleich nach Bismarck's Uebernahme des Ministeriums trat Braß, der schon vorher zu Roon Beziehungen angeknüpft haben sollte, in ein festes Verhältniß zur Regierung. Er stellte für ihre Mittheilungen täglich mehrere Spalten der Zeitung zur Verfügung. Gegenüber seinen Mitredakteuren Schweichel und Liebknecht, die von der inneren Politik nichts zu schreiben hatten, leugnete er anfänglich die Schwenkung der Zeitung. Als sie ihn überführten, traten sie aus der Redaktion aus, so schnell es ihr Vertrag zuließ.[3])

In den letzten Monaten 1862 und in den ersten Monaten 1863 begann in den Arbeiterkreisen zu Leipzig und Berlin die Bewegung, die zur Gründung der sozialdemokratischen Partei führte. Die preußische Regierung soll, wie Bebel im Reichstage im September 1878 nach eigenen Erinnerungen behauptete, schon damals vergeblich versucht haben, durch einen später bei der Polizei angestellten Maschinenbauer Eichler die Arbeiter zur Bekämpfung der Fortschrittspartei anzutreiben. Bismarck hat dies bestritten. Keinesfalls lohnte es sich für ihn, mit den betheiligten Arbeiterkreisen anzuknüpfen, deren Führer sich noch zur Fortschrittspartei zählten. Seine Beziehungen zu Ferdinand Lassalle[4]) begannen erst in späterer Zeit. Lassalle war bei den Anfängen der Arbeiterbewegung 1862 noch nicht betheiligt. Von seinem demokratischen Standpunkt aus bemühte er sich, auf die taktischen Entschließungen der Fortschrittspartei des Abgeordnetenhauses einzuwirken. Er hielt Anfang Juni und dann im November Vorträge in Berliner Bürgerbezirksvereinen über Verfassungswesen. Im zweiten Vortrage schloß er unmittelbar an die Vorgänge im preußischen Abgeordnetenhause, an die Reden Roon's und Bismarck's an. Er erörterte die Frage, wie das Recht des Volkes, durch seine Abgeordneten Ausgabeposten des Staatshaushaltsetats zu verweigern, zur Geltung und Wirklichkeit zu bringen sei. Er entwickelte mit einem großen Aufwande von Scharfsinn, daß jeder Gedanke an einen Aufstand in der augenblicklichen Situation vollständig sinnlos und daß jeder Gedanke an eine Steuerverweigerung durchaus zweckwidrig sei. Das Abgeordnetenhaus besitze ein Mittel von unwiderstehlicher Macht und Wirksamkeit, es müsse sofort nach nach seinem Zusammentritt beschließen,

„seine Sitzungen auf unbestimmte Zeit und zwar auf so lange auszusetzen, bis die Regierung den Nachweis liefere, daß die verweigerten Ausgaben nicht länger fortgesetzt werden."

Durch diesen einen Beschluß, der in den Grenzen seiner Rechtsbefugniß liege, wäre die Regierung unbedingt besiegt; entweder gebe die Regierung nach oder sie müsse sich entschließen, für ewige Zeiten ohne Kammern als nackte absolute Regierung zu regieren, und das sei unmöglich. Das dritte Auskunftsmittel sei, die Kammer aufzulösen; aber, fuhr er wörtlich fort,

„dieses verdient kaum der Erwähnung, so flüchtig vorübergerauscht wäre es. Denn die neuen Abgeordneten würden sofort mit derselben Parole gewählt werden und die neue Kammer würde sofort dieselbe Erklärung abgeben."

Auf einen sogenannten Kompromiß, wie z. B. den der zweijährigen Dienstzeit, dürfe sich das Abgeordnetenhaus keinesfalls einlassen.

„Das Mittel ist auch in jedem Falle für das Land unschädlich. Es ist selbst ungefährlich für die Abgeordneten und es gehört nur Klarheit und Energie, aber kein großer Muth dazu, sich dazu zu entschließen" ...

Die Rathschläge Lassalles fielen auf keinen fruchtbaren Boden, in der Bürgerschaft entstand keine Agitation zu ihren Gunsten. Einen einzigen Abgeordneten hatte er davon überzeugt, daß ein Vorgehen, wie er es anrieth, praktischen Nutzen haben werde. Es war dies der fortschrittliche Abgeordnete Rechtsanwalt Martiny[5]) aus Kaukehmen, gewählt 1861 und wiedergewählt 1862 für den Wahlkreis Memel-Heydekrug im Regierungsbezirk Königsberg. Er beantragte in der Fraktion der Fortschrittspartei ein solches Vorgehen, fand aber keine einzige Stimme für sich. Er blieb mit seiner Ansicht allein. „Durch ein motivirtes Schreiben" legte er, wie der Präsident Grabow im Abgeordnetenhause am 10. Februar mittheilte, sein Mandat nieder, nachdem er noch am 29. Januar seine Stimme für die Adresse abgegeben hatte. Lassalle's untrügliches Mittel war untauglich. Wenn seinem Rathschlusse die ganze liberale Opposition des Abgeordnetenhauses folgte und die Arbeit einstellte, konnte sie in der That die Auflösung durchsetzen. Aber wurde dann wirklich das gesammte Volk hinter den Abgeordneten stehen und die Neuwahlen wiederholt unter der gleichen Parole der Arbeitseinstellung vollziehen? Kein Abgeordneter konnte dies glauben, wenn er die Erfahrungen vor Augen hatte, die in seinem eigenen Wahlkreise bei den nach dem gleichen Wahlgesetze vollzogenen Landtagswahlen von 1855, 1858, 1861 und 1862 gemacht waren.

Das Ministerium hatte vor der Verhandlung des Plenums über die Adresse einen Gesetzentwurf eingebracht betreffend die Reisekosten, die Diäten und die Kosten amtlicher Stellvertretung der Mitglieder des Abgeordnetenhauses. Darnach sollten die Beamten, die durch ihre Stellvertretung entstehenden Kosten bis zur Höhe ihrer Besoldung, aus der die Kosten zu entnehmen, künftig bezahlen. Seit 1848 waren stets die Stellvertretungskosten vom Staate bezahlt und den Abgeordneten kein Abzug gemacht. Der Gesetzentwurf, von einer Kommission vorberathen, wurde in der Sitzung vom 10. Februar fast einstimmig verworfen. Der Justizminister hatte erklärt, die Abgeordneten seien auch ohne Gesetz zur Bezahlung der Stellvertretungskosten verpflichtet. Er behielt sich vor, die Rechtsfrage zur gerichtlichen Entscheidung zu bringen.

In derselben Sitzung wurde vom Kriegsminister ein Gesetzentwurf über Abänderung des Gesetzes vom 3. September 1814 betreffend die Verpflichtung zum Kriegsdienste vorgelegt. Es wurde eine besondere Militärkommission von 21 Mitgliedern, darunter auch Hoverbeck, gewählt.

Für die Budgetkommission hatte Forckenbeck einen Vorbericht erstattet mit „einem Rückblick auf Entstehung und gegenwärtige Lage des Konflikts.“ Einstimmig war die Kommission, daß eine Lücke in der Verfassung hinsichtlich des Etatsrechts nicht vorhanden sei, und daß man in die Vorberathung des Etats für 1863 eintreten müsse. Mit allen gegen 2 Stimmen wurde dem Abgeordnetenhause vorgeschlagen zu erklären, der Berathung des angekündigten Gesetzentwurfs über Ausgaben und Einnahmen des Jahres 1862 bleibe vorbehalten, die Summen der Ausgaben festzustellen, für die als verfassungswidrige die Minister mit ihrer Person und ihrem Vermögen verhaftet blieben.

In der Verhandlung vom 17. Februar nahm auch Hoverbeck zur Vertheidigung des Kommissionsantrages das Wort. Er führte unter Anderem aus, daß die bleibende Verhaftung der Minister für diejenigen Ausgaben bestehe, die von ihnen gegen die bona fides geleistet seien. Die Resolution, die von der Kommission schon am 3. Februar, also vor dem Eingange der Antwort des

Königs auf die Adresse beschlossen war, wurde in namentlicher Abstimmung mit 264 gegen 45 Stimmen angenommen. Unter der Minderheit befand sich neben den Konservativen und Klerikalen nur ein Theil der Altliberalen (Kühne, die beiden v. Vincke, v. Patow u. s. w.). Die übrigen Altliberalen, darunter Simson, v. Bonin, v. Saucken-Julienfelde, stimmten mit der Mehrheit.

Mitten in die Verhandlungen über das budgetlose Regiment und den Verfassungsbruch fiel der Aufstand der Polen gegen die Russen. Im Januar hatte die russische Regierung eine allgemeine Rekrutirung in Polen befohlen. Da begann auf Anordnung eines geheimen Centralausschusses in Warschau der Aufstand. Der König sandte den General v. Alvensleben nach Petersburg, um eine Verständigung über gemeinschaftliche Unterdrückung des Aufstandes anzubahnen. Es sollte verabredet werden, daß auf Ersuchen des russischen oder preußischen Oberbefehlshabers oder der Grenzbehörden die beiderseitigen Truppenführer bevollmächtigt würden, einander jede zur Ueberwältigung des Aufruhrs erforderliche Unterstützung zu gewähren und nöthigenfalls auch die Grenze zu überschreiten zur Verfolgung der Rebellen. Ohne Vollmacht zu haben, schloß Alvensleben mit dem Vizekanzler Fürsten Gortschakoff eine schriftliche Konvention ab und unterzeichnete sie am 8. Februar nach eingeholter Genehmigung des Königs. Schon am folgenden Tage teilte Gortschakoff, dem „Alvenslebens Sendung in jeder Beziehung abscheulich war",[6]) dem französischen Gesandten Herzog von Montebello den Text der Konvention mit.

Schon am 1. Februar hatten Horn, der Oberpräsident und Graf Waldersee, der Militärgouverneur der Provinz Posen eine Bekanntmachung veröffentlicht, worin von dem Aufstande als dem frevelhaften Unternehmen und der fanatischen Verirrung der Betheiligten gesprochen und die Bewohner der Provinz gewarnt wurden, sich auch nur mittelbar durch öffentliche Kundgebung oder Unterstützung und Beförderung des Aufstandes der Strafe des Hochverraths auszusetzen. Diese Bekanntmachung veranlaßte die Abgeordneten Kantak und v. Chlapowski zu einer Interpellation; sie fragten, ob das Großherzogthum Posen dem Ausnahmezustande einer Verwaltung der kombinirten Civil- und Militärbehörden verfallen sei und ob das Ministerium den amtlichen Erlaß billige. Die Interpellation kam erst am 16. Februar zur Berathung. Inzwischen waren, wie Kantak in seiner Begründung erwähnte, die Nachrichten von einer bereits abgeschlossenen geheimen Konvention mit Rußland und Gerüchte von einer bevorstehenden Intervention in Polen verbreitet worden.

Bismarck erklärte in der Beantwortung, die Regierung billige die Bekanntmachung; der Zweck des Aufstandes sei die Herstellung eines unabhängigen polnischen Reiches in einer dem früheren Besitzstande sich nach Möglichkeit annähernden Ausdehnung. Auch wenn dieser Zweck die Begehrlichkeit nach preußischen Landestheilen nicht in sich schlösse, sei die Regierung verpflichtet, die Unterthanen gegen Gefahren, denen sie durch Gewalt oder Verführung ausgesetzt seien, rechtzeitig zu schützen ... Die Konvention erwähnte er in seiner Antwort nicht.

Dieser Umstand bestimmte schon am 16. Februar die Abgeordneten Schulze-Delitzsch und Carlowitz mit Unterstützung ihrer Parteien in Form einer Interpellation anzufragen, ob ein Vertrag zur Hilfsleistung bei der Unterdrückung des Aufstandes im Königreich Polen abgeschlossen und was der Inhalt desselben sei. Die Interpellation kam am 18. Februar zur Verhandlung. Bismarck lehnte eine Beantwortung ab. Eine Besprechung folgte. Die Abgeordneten v. Unruh, Waldeck, Reichensperger und Virchow sprachen. Neben übertriebenen Gerüchten über den Inhalt der Konvention waren von allen Seiten Nachrichten gekommen, die den Verdacht erweckten, Bismarck könne das Land muthwillig in einen Krieg stürzen, um der inneren Verlegenheiten Herr zu werden. Virchow verwies auch auf Art. 48 der Verfassung, wonach Verträge mit fremden Regierungen, wenn dadurch dem Staate Lasten oder einzelnen Staatsbürgern Verpflichtungen auferlegt werden, zu ihrer Giltigkeit der Zustimmung der Kammern bedürfen. Bismarck antwortete jedem der drei fortschrittlichen Redner mit großer Schärfe, erklärte aber nichts darüber, ob die Konvention existire.

Als die Diskussion geschlossen war, theilte der Präsident mit, daß soeben ein Antrag der Abgeordneten v. Hoverbeck und v. Carlowitz, unterstützt von 134 Unterschriften, eingegangen sei, wonach das Abgeordnetenhaus erklären sollte:

„Das Interesse Preußens erfordert, daß die Königliche Staatsregierung gegenüber dem im Königreich Polen ausgebrochenen Aufstande weder der Russischen Regierung noch den Aufständischen irgend eine Unterstützung oder Begünstigung zuwende; demgemäß also auch keinem der kämpfenden Theile gestatte, das preußische Gebiet ohne vorhergängige Entwaffnung zu betreten.“

Der Antrag wurde in einer Kommission von 21 Mitgliedern vorberathen. Sie hielt ihre Sitzungen unter dem Vorsitze von

Schulze-Delitzsch am 20. und 21. Februar ab. Ein Vertreter der Staatsregierung hatte sich nicht eingefunden. Sybel ward Berichterstatter. Von den inzwischen erfolgten Verhandlungen der Regierungen mit Preußen lagen nur Zeitungsnachrichten vor. Nach Sybel's „vornehmlich nach den preußischen Staatsakten" 1889 erschienenem Werke („Die Gründung des Deutschen Reichs durch Wilhelm I.") hatte Bismarck schon am 11. Februar mit dem englischen Gesandten Buchanan ein Gespräch, in dem er ihn „vertraulich auf den Abschluß einer Konvention mit Rußland zu gemeinschaflicher Unterdrückung des Aufstandes vorbereitete." Als er diesem erklärte, wenn Rußland aus Polen hinausgeschlagen würde, müßten wir das Königreich besetzen, erfuhr er heftigen Widerspruch: Europa werde das niemals dulden. „Gleich nachher," sprach Bismarck mit dem französischen Gesandten v. Talleyrand, anscheinend ohne zu wissen, daß Frankreich durch Gortschakoff bereits im Besitze des Textes der Konvention sei. Auf Grund früherer mündlicher Besprechungen mit Kaiser Napoleon fürchtete er von Frankreich keinen Widerspruch. „Hier aber stand ihm eine schwere Enttäuschung bevor." Schon am 15. Februar sprach sich Drouyn de Lhuys gegen den preußischen Gesandten Grafen Goltz sehr entschieden aus. Depeschen an die französischen Gesandten in Berlin und Petersburg folgten. Gegen Goltz „steigerte er den Ton mit jedem Tagebis zur unumwundenen Erklärung, daß nur Bismarck's Entlassung ein gutes Verhältniß herstellen könnte."

Am 21. Februar ging von Paris nach London und nach Wien der Entwurf einer identischen Note gegen Preußen. England und Oesterreich aber lehnten ab. Hinter dem Rücken des russischen Kaisers intriguirte in diesen Tagen (22. bis 28. Februar) Gortschakoff zur „Auflockerung der vertrauten Beziehungen zwischen den beiden Souveränen." Bismarck erklärte in Gegenwart des russischen Gesandten Oubril dem englischen Gesandten, „die Konvention werde fortan ein todter Buchstabe bleiben". Auch wußte er dem russischen Kaiser „das Mißverständniß aufzuklären", so daß er „den Entschluß zu festem Zusammenhalten" aussprach.

In Preußen fand die Konvention auch in den höfischen Kreisen entschiedene Mißbilligung. Bernhardi schreibt von dem Hofball am 17. Februar: „In allen Gruppen, an denen ich vorübergehe, höre ich, wie man empört ist über diese Konvention."[7])

Auf diesem Hofball knüpfte Bismarck mit dem Vizepräsidenten

Behrend, der seit der Präsidentenwahl im Januar 1862 als Polenfeind bekannt war,[8]) eine Unterredung über die polnische Frage an. Er erklärte ihm:

„Es gebe zwei Wege, die polnische Frage zu behandeln: entweder den Aufstand sofort in gemeinsamer Kooperation mit Rußland zu unterdrücken und somit rasch ein fait accompli zu machen, gegen welches die Westmächte dann vergebens protestiren würden; oder aber, man könne die Sache sich weiter entwickeln, die Russen und Polen sich fester verbeißen lassen, dann, falls die Russen Hilfe erbäten oder gar hinausgeschlagen würden, in Polen einmarschiren und es — für Preußen in Besitz nehmen."

Behrend nahm diese Aeußerungen als Scherz auf und sprach seine Freude über Bismarck's Humor aus. Bismarck erwiderte:

„er spräche ernsthaft von ernsthaften Dingen, spräche als preußischer Ministerpräsident; Rußland sei längst Polens müde; Kaiser Alexander habe ihm selbst in Petersburg gesagt, die uncivilisirtere Nation der Russen könne die civilisirteren Polen nicht beherrschen, die Deutschen würden das können."

Wir würden Polen in drei Jahren germanisiren; es müßte durch Personalunion mit Preußen verbunden werden. Die rein polnischen Kreise Preußens müßten an das künftige polnische Königreich angeschlossen werden; die polnischen Abgeordneten würden dann nicht in Berlin, sondern in Warschau tagen. Behrend war erschrocken über Bismarck's Mittheilungen, an deren Ernsthaftigkeit er kaum noch zweifeln konnte. Er machte vorerst nur seinen nächsten politischen Freunden vertrauliche Mittheilung. Gerüchte über das Gespräch verbreiteten sich aber auch in andere Kreise. Sonderbarerweise sollte in den Kreisen, wo Bernhardi verkehrte, nicht Bismarck die Aussprüche von der Möglichkeit, russisch-polnische Landestheile für Preußen zu gewinnen, gethan haben, sondern Behrend sollte angedeutet haben, Kongreßpolen könnte an uns kommen.[9])

Bismarck wußte am 17. Februar bereits, daß er sich im Vertrauen auf Napoleon getäuscht hatte; durch die bevorstehenden Verhandlungen des Abgeordnetenhauses konnte seine Stellung den Westmächten gegenüber nicht günstiger werden. Es ist kaum denkbar, daß er durch Vermittelung von Behrend die Fortschrittspartei für die Herstellung eines polnischen Königreichs unter Hohenzollernschem Scepter gewinnen wollte.[10]) Nicht bloß Behrend, sondern die ganze Fraktion Junglithauen, die fast ausschließlich aus Vertretern nicht zum deutschen Bunde gehöriger Wahlkreise bestand, hatte bereits am 22. April 1861 gegenüber einem polnischen Antrage mit Namensunterschrift erklärt, daß eine Trennung vormals polnischer Landestheile von Preußen auch eine Einbuße für ganz Deutschland sein würde, da sich in ihnen deutsches Leben und deutsche Kultur von alten Zeiten her eingebürgert und unter dem Schutze der preußischen Regierung die unbestreitbare Herrschaft gewonnen hätten.[11])

Aber was konnte Bismarck sonst bezwecken? Man wird wohl annehmen müssen, er habe durch Andeutung abentheuerlicher Pläne das Volk und die oppositionelle Volksvertretung in der Meinung bestärken wollen, es seien bloß „Prahlereien oder Verwegenheiten eines übermüthigen Junkers", der nur reaktionäre Unterdrückung jeder Freiheit im Sinne des absolutistischen Rußlands beabsichtige.[12])

Bismarck mochte hoffen, die Abgeordneten hierdurch zu Reden und Beschlüssen in der polnischen Frage anzureizen, die den König in der Erbitterung gegen die Demokraten und in seinem Vertrauen zu Bismarck bestärken würden. Nicht bloß die französische Regierung wünschte seine Entlassung, auch in einflußreichen konservativen Kreisen Preußens herrschte derselbe Wunsch. Bernhardi bezeugt, daß er in diesen Tagen seine Entlassung eingereicht habe, angeblich wegen heftiger Vorwürfe, die ihm seine Kollegen Eulenburg und Mühler wegen der Konvention gemacht hätten. Auch sollte er zu seinen Freunden wiederholt bestritten haben, daß die Konvention sein Werk sei: Alvensleben und Manteuffel hätten sie hinter seinem Rücken geschlossen.

Ueber das Gespräch Bismarck's mit Behrend-Danzig brachte noch vor den Verhandlungen des Hauses die altliberale Kölnische Zeitung eine ausführliche Darstellung, die ihr zur Kennzeichnung „der gegenwärtigen Behandlung der auswärtigen Verhältnisse" von Berlin als „allgemeines Stadtgespräch" mitgetheilt war. Der Nationalzeitung war der Vorgang „in wesentlich übereinstimmender Weise" erzählt; ihrer Wiedergabe des Artikels der Kölnischen Zeitung, die sich auch mit meinen eigenen Erinnerungen deckt, bin ich in der Darstellung gefolgt.

Auf den Antrag Hoverbeck-Carlowitz wurden drei Plenarsitzungen — 26., 27. und 28. Februar — verwendet. Die Kommission hatte nach dem schriftlichen Bericht mit 18 gegen 3 Stimmen den Antrag empfohlen, der „in vollkommen richtiger Haltung" keinem der kämpfenden Theile irgend welche Sympathie oder Antipathie aussprach. Die Kommission empfahl zu Schluß des Antrages die Stelle von der Entwaffnung der das preußische Gebiet betretenden kämpfenden Theile dahin zu ändern, daß nicht die vorgängige, sondern gleichzeitige Entwaffnung bei dem Uebertritt verlangt wurde.

Sämmtliche Redner der dreitägigen Debatte des Abgeordnetenhauses mit Ausnahme eines Konservativen und Georg Vincke's standen hier in entschiedener Opposition gegen die Regierung. Bismarck nahm am ersten Tage das Wort erst, nachdem außer dem Berichterstatter v. Sybel noch der fortschrittliche Handelsamtspräsident a. D. v. Rönne-Solingen, der Professor Dr. Röpell aus Breslau, der Geschichtsschreiber Polens und der spätere Oberbürgermeister von Köln Dr. Becker gesprochen hatten. Der Abschluß der Konvention war nach Erörterungen im englischen Parlament nicht mehr zu bestreiten; auch waren bereits Ueberschreitungen der Grenze durch russische Truppen bei Gollub im westpreußischen Kreise Straßburg gemeldet. Von Bismarck's Rede nahm man im Allgemeinen an, daß sie durch die Maßlosigkeit der zum großen Theil persönlichen Angriffe darauf ausgehe, noch maßlosere Erwiderungen herauszufordern. Durch Annahme des Antrages, erklärte er, werde Partei ergriffen für die polnische Insurrektion, die er zu der in allen Ländern solidarischen europäischen Revolution in Beziehung brachte. Er nannte die Konvention die Seeschlange der europäischen Presse und behauptete, die Uebertreibungen in den Reden bei Besprechung über die mit Recht verweigerte Auskunft (18. Februar) und die Entstellungen und Verdrehungen der Presse über den Inhalt der Konvention hätten nur die „patriotische" Absicht gehabt, der Regierung Verlegenheiten zu bereiten und das Ausland auf Abwege der Regierung aufmerksam zu machen. Im Verlaufe dieser Rede kam es zu einem Konflikt mit Behrend-Danzig, der gerade präsidirte.

Bismarck erklärte, die Disziplinargewalt des Präsidenten habe an den Schranken des Ministertisches ihre Grenzen. Behrend aber entgegnete: Der Präsident übe in diesem Saale Disziplinargewalt aus, soweit die vier Wände reichen, sie ende nicht am Ministertisch.

Nach Bismarck sprachen an diesem Tage noch der altliberale Abgeordnete v. Saenger, Rittergutsbesitzer in Grabowo bei Miasteczko im Kreise Wirsitz, Provinz Posen, und Twesten. Saenger war mit der Wortfassung des Kommissionsantrages nicht zufrieden, verlangte aber eine bestimmte Verwahrung gegen das Vorgehen der Regierung, das die wahren Interessen Preußens nach drei Seiten hin verletze: es gebe Leben und Eigenthum der östlichen Grenzbewohner den Gefahren und Drangsalen eines Krieges preis, es bringe uns ohne Noth in schwere Verwickelungen mit anderen Mächten, und verletze die Würde eines großen Staates.

Sehr energisch sprach Twesten gegen Bismarck's Erklärung,

daß die Resolution sich einer Parteinahme für die polnische Revolution schuldig mache. Unter großem Beifall sagte er:

„. . . es ist der alte Kunstgriff, welchen man gebraucht, um jede unbequeme Opposition auf dem Gebiete der auswärtigen Angelegenheiten zum Schweigen zu bringen oder zu verleumden, als wenn sie sich mit dem Auslande verschwöre gegen den eigenen Staat.

Es ist ohne Zweifel traurig, wenn man anerkennen muß, daß die Angriffe, die in überwältigender Art von dem Auslande her ertönen, und gegen das Vorgehen der eigenen Regierung gerichtet werden, bis zu einem hohen Grade gerechtfertigt sind, wenn man das Schuldig aussprechen muß über die eigene Regierung in ihren Maßregeln, welche das eigene Land in seinem Verhältnisse zum Auslande betreffen. Aber wir sind in einer unglücklichen Lage und wir können nicht umhin, das bei jeder Gelegenheit wieder und wieder zu konstatiren, daß die Ehre der augenblicklichen Regierung nicht mehr die Ehre des Staates und des Landes ist."

Er schloß seine Rede, in der er auch auf die Verhandlungen des englischen Parlaments und die Aeußerungen der Presse von England ausführlich einging, unter stürmischem Beifall mit den Worten:

„Wie gegen die innere Politik dieser Regierung lassen Sie uns laut und einmüthig protestiren gegen eine auswärtige Politik, welche unseren Staat zu verderben droht."

Bismarck bestritt, daß die Nachrichten über Aeußerungen Lord Russell's im englischen Parlament[13]) in den Zeitungen richtig wiedergegeben seien. Er sei auch zweifelhaft, ob Russell „den Wortlaut der Verabredung kenne."

In der Sitzung vom 27. Februar sprach zunächst Georg von Vincke für jede mögliche Begünstigung der Russen zum Zweck baldiger Niederschlagung des polnischen Aufstandes, aber ohne Einrücken unserer Truppen in Polen und ohne Einrücken russischer Truppen in Preußen. Ihm folgte der Vertreter des westpreußischen Grenzkreises Straßburg, v. Hennig, Rittergutsbesitzer in Plonchott bei Wrotzk im genannten Kreise. Er bestritt, daß in dem Antrage irgend eine Sympathie für die polnische Bewegung ausgesprochen sei, sonst würde er der Letzte sein, der sich ihm angeschlossen hätte. Wenn es Bismarck mit den Beschuldigungen ernst sei, so wäre es seine Pflicht, dem König zu rathen, ein solches landesverrätherisches Abgeordnetenhaus aufzulösen.

Bismarck erwiderte: Warum wir die Kammer „nicht auflösen und an das Land appelliren? Ja, ehe wir das thun, möchten wir gern, daß das Land Gelegenheit hat, sie recht kennen zu lernen."

Der folgende Redner, der altliberale Staatsminister a. D. v. Bonin, — bis er vier Wochen vor dem Ausbruch des Aufstandes zur Disposition gestellt wurde, Oberpräsident der Provinz Posen — trat entschieden gegen die Kartellkonvention ein. Er berief sich auf die öffentliche Erklärung dreier „durchaus zuverlässiger und ehrenwerther Bewohner der Provinz Posen", der Vorstandsmitglieder des aus größeren deutschen Grundbesitzern bestehenden „Vereins zur Förderung deutscher Interessen in der Provinz Posen." Diese, von denen zweie später konservative Landtagsabgeordnete waren,[14]) verwahrten sich im Namen des Vereins mit Entschiedenheit gegen jede die Provinz schädigende Intervention. Sie faßten zuletzt unter Vorausschickung langer Erwägungen ihre Ueberzeugungen dahin zusammen:

„Alle Schutzmaßregeln zur Sicherung der Grenzen sind mit Dankbarkeit anzuerkennen. Alle weitergehenden Maßregeln, insbesondere eine Intervention zu Gunsten Rußlands, müssen als bedenklich und unheilvoll für die Provinz angesehen werden.

Nach Bonin sprachen noch Schulze-Delitzsch und Virchow. Ihnen erwiderte Bismarck nichts. Dem Abgeordneten Georg von Vincke, der aus einer früheren Rede Schulze's Aussprüche über die Pflichten der Deutschen gegen die polnische Agitation verlesen und ihnen seine vollständige Zustimmung erklärt hatte, bestätigte Schulze, daß er

„als erste unverrückbare Pflicht unseres Staates die Vertheidigung der früheren polnischen Landestheile, die jetzt zum Königreich Preußen gehören, anerkenne. Jede Erhebung der Polen, welche antastet diese unsere Landesgrenze, verletzt die deutsche Nationalität und tritt in Konflikt mit wohlberechtigten preußischen und deutschen Interessen, und dem müssen wir entgegentreten mit Gut und Blut, unter jeder Bedingung. Dabei bleibe ich und diese ganze Seite dieses Hauses! Sie nennt sich die deutsche Fortschrittspartei, und ich wüßte nicht, wie Einer von uns Anspruch haben sollte auf diesen Namen, welcher diesen Standpunkt nicht theilt."

Die Debatte wurde geschlossen. Hoverbeck erhielt am 28. Februar das Schlußwort als Antragsteller. Er besprach die einzelnen Anträge und bekämpfte den Antrag Bonin. Nach diesem sollte die Regierung sich auf die zum Schutze der Landesgrenze erforderlichen Maßnahmen beschränken und jede darüber hinausgehende Einmischung vermeiden. Hoverbeck fand, daß man den Mißdeutungen zulassenden Ausdruck, wonach eine gewisse Einmischung gerechtfertigt sei, hier vermeiden müsse. Er empfahl aber einen Verbesserungsantrag des Abgeordneten v. Bockum-Dolffs mit warmem Lob für die parlamentarische Wirksamkeit des Antragstellers. Gegen Bismarck richtete er unter Anderem folgende zutreffende Ausführungen:

„Zunächst muß ich gestehen, daß ich mich in einer gewissen Verlegenheit befinde. Ich weiß nicht, wie man mit den Herrn gegenwärtig reden soll. Der Herr Ministerpräsident hat gestern ganz ausdrücklich erklärt, daß er sich nicht der Disziplin des Hauses unterworfen halte. Es würde also danach ihm jede beliebige Invektive gegen ein Mitglied dieses Hauses gestattet sein, während der Abgeordnete selbst in der Erwiderung, die er zu geben hätte, wie gewöhnlich der Disziplin des Präsidenten unterliegt. Ich kann einen solchen Zustand nur für einen höchst unbilligen erklären. Ich bin der Ueberzeugung, daß sich allein daraus die Unrichtigkeit der Deduktion des Herrn Ministerpräsidenten ergiebt. Entweder ist der Ministerpräsident ebenso wie jeder Andere hier der Disziplin des Präsidenten unterworfen, oder jeder einzelne Abgeordnete ist in den Punkten, die er gegen den Ministerpräsidenten ausführt, nicht der Disziplin des Präsidenten unterworfen. Denn daß wir Gleichheit darin fordern können, das, glaube ich, meine Herren, wird das ganze Land uns zugeben. . . .

Ich weiß freilich nicht, ob der Herr Ministerpräsident, so wie wir, ein Interesse daran hat, daß die Verhandlungen dieses Hauses so objektiv und ruhig als möglich verlaufen. Ich meinerseits glaube, ich darf das bestreiten nach den eigenen Worten des Herrn Ministerpräsidenten, wonach der ganze Zweck, der ihn gegenwärtig dazu bestimmt, das Haus noch am Leben zu lassen, nichts weiter ist, als die Ausführung einer Abschreckungstheorie, nämlich dem Lande zu zeigen, bis zu welchen Ungeheuerlichkeiten dieses Haus sich versteigen könne. Dann, meine Herren, scheint das Interesse des Herrn Ministerpräsidenteu gerade das umgekehrte zu sein von dem des Hauses und des Volkes, dann muß er wünschen, daß alle Verhandlungen dieses Hauses so tumultuarisch und unreif als möglich sind. Ich überlasse es dem Lande, zu beurtheilen, ob das der richtige Standpunkt für einen Ministerpräsidenten ist.“

Da Bismarck auf Hoverbeck's Rede etwas erwiderte, wurde die Diskussion wieder eröffnet und Simson und v. Carlowitz kamen noch zu Wort. Simson's Rede war gespickt mit scharfen Angriffen, die hart an die Grenze des Unparlamentarischen streiften.

„Wenn die neuliche Andeutung des Herrn Ministerpräsidenten dahin gehen sollte, als ob Preußen die Aufgabe hätte, einen jeden Aufstand, gleichviel aus welchen Gründen, gleichviel wo und gegen wen er sich erhebt, entgegenzutreten, dann mag er es mir nicht übel nehmen, wenn ich sage, daß das von meinem Standpunkt aus als eine Donquixoterie erscheint, — gerade so, wie es die entgegengesetzte Auffassung wäre, die sich jedem irgendwo ausbrechenden Aufstand zum Gegenstande ihrer Sympathie erwählen möchte.“

Auch ein etwas gekünstelter Vergleich mit einem Seiltänzer kam vor. Bismarck mochte die Empfindung haben, daß eine Erwiderung in der schroffen Form und mit dem beleidigenden Inhalt wie die Tage zuvor doch gegen den vormaligen Präsidenten der Frankfurter und Erfurter Parlamente und mehrmaligen Abgeordnetenhauspräsidenten nicht wohl anginge. Er begann eine Entgegnung mit folgenden Worten:

„Es ist nicht meine Absicht, mich über das Maß einzelner, von dem Vorredner gebrauchter starker Ausdrücke auszusprechen. Derselbe hat das Ministerium mit Donquixote, später mit Seiltänzern verglichen. Ich fühle keinen Beruf, mich über Fragen des guten Geschmacks und der Schicklichkeit hier in eine Erörterung einzulassen .... Ich will mich rein auf das Sachliche beschränken."

Der Berichterstatter v. Sybel hatte das Schlußwort. Er ließ es an kraftvollen Aussprüchen gegen das Ministerium nicht fehlen:

„Wir wollen unser Land seinem Könige und unsern König seinem Lande erretten — und deshalb werden wir heute und morgen und immerdar unsere Stimme gegen die falschen Rathschläge der jetzigen Rathgeber der Krone erheben, schonungslos und rücksichtslos!

Von keinem der Redner war bis dahin das Hofballgespräch Bismarck's mit Behrend-Danzig erwähnt worden. Erst v. Sybel in seinem Schlußwort stellte mit Beziehung auf die Warnung des Ministerpräsidenten vor lügnerischen Zeitungsartikeln, die Frage, ob auch jene Zeitungsartikel über sein Gespräch mit einem der Präsidenten des Abgeordnetenhauses absolut lügnerische gewesen seien?

In persönlicher Bemerkung erklärte nun Behrend, die Veröffentlichungen über sein Privatgespräch mit dem Ministerpräsidenten hätten gegen seinen Willen stattgefunden. Da aber hiesige und auswärtige Blätter die Thatsache, daß er ein Gespräch mit dem Ministerpräsidenten gehabt habe, ableugneten, erkläre er, daß solches Gespräch in der That stattgefunden habe. Ueber den Inhalt sich auszusprechen, werde er

„erst dann Veranlassung haben, wenn dem wahren Theile jener Veröffentlichungen von dem Herrn Ministerpräsidenten widersprochen werden sollte."

Endlich kam es zur Abstimmung. In namentlicher Abstimmung wurde der Antrag v. Bonin mit 229 gegen 77 Stimmen abgelehnt und der Antrag v. Bockum-Dolffs mit 229 gegen 76 Stimmen angenommen. Darnach war folgende Erklärung beschlossen:

„Das Interesse Preußens erfordert, daß die königliche Staatsregierung, gegenüber dem im Königreich Polen ausgebrochenen Aufstande keinem der kämpfenden Theile irgend eine Unterstützung oder Begünstigung zuwende, noch auch Bewaffneten gestatte, das preußische Gebiet ohne gleichzeitige Entwaffnung zu betreten."

Die Aufständischen in Russisch-Polen bekamen zwar von Gutsbesitzern und deren Leuten in der Provinz Posen einigen Zuzug, — mit dem Aufstande aber ging es zurück, die Polen waren von Freunden und Feinden überschätzt, nur die schlechte Führung der Russen war schuld, daß der Aufstand nicht schneller erlosch. Im Abgeordnetenhause kam er noch in einigen späteren Verhandlungen vor. Am 31. März wurden ein paar nachträglich eingegangene Petitionen wegen der Konvention für erledigt erklärt. Interpellationen von Stablewski und Genossen wegen Auslieferung einiger polnischer Gefangenen und von Sybel wegen der dem Staate durch die Truppenaufstellung an der polnischen Grenze erwachsenden Ausgaben wurden vom Minister Eulenburg kurz beantwortet. Eine Interpellation von Carlowitz und Genossen betreffend die Einquartirung und Verpflegung eines von den Aufständischen über die Grenze gedrängten russischen Truppenkorps bei Inowraclaw führte zu einer längeren Debatte, an der sich Sybel, Vincke, Virchow, Mallinckrodt und Saenger betheiligten. Letzterer erwähnte, daß neuerdings das Nationalkomité in Warschau an Gutsbesitzer in der Provinz Posen Ausschreibungen von Beiträgen zu einer Nationalanleihe unter Drohungen versandt habe.

Die ausführliche Besprechung der Verhandlungen des Abgeordnetenhauses über den polnischen Aufstand hielt ich für nöthig, einmal weil diese Verhandlungen auf das Verhältnis Bismarck's zur liberalen Mehrheit des Abgeordnetenhauses einen entscheidenden Einfluß übten und sodann weil darüber von Bismarck selbst und auf Grund seiner Darstellungen von den Geschichtsschreibern viel Unrichtiges verbreitet ist.

Bismarck stand vor seiner Ernennung zum Minister den Politikern aus seiner parlamentarischen Thätigkeit in den Jahren 1847 bis 50 als der reaktionärste und feudalste Junker der preußischen Volksvertretung und als Vertheidiger des Ganges nach Olmütz in Erinnerung. Er hatte als Minister schon in den Schlußverhandlungen von 1862 und dann 1863 in der Adreßdebatte durch sein Verhalten zum Verfassungskonflikt im Abgeordnetenhause und im Volke selbst das Mißtrauen gesteigert. Die erlogenen Verdächtigungen und Verleumdungen der Volksvertretung durch die ihm dienstbare Presse, die Verfolgungen der liberalen Beamten und der oppositionellen Presse riefen wachsende Erbitterung gegen ihn hervor. Mehr noch aber war dies durch sein Verhalten in Sachen des Polenaufstandes der Fall. Durch höhnische Beschuldigungen, die der Wahrheit entbehrten, suchte er die Gegner zu reizen. Seine Ableugnung der Konvention, vor allem sein Gespräch mit Behrend-Danzig erweckten unter den liberalen Abgeordneten und ebenso in der liberalen Presse allgemein die Meinung, daß er vornehmlich U n t e r d r ü c k u n g des konstitutionellen Rechtes in Preußen beabsichtige und ein entschiedener Gegner aller Bestrebungen zur Herstellung der deutschen Einheit unter preußischer Führung sei; daß es ihm nur auf ein mächtiges reaktionäres, von Junkern beherrschtes Preußen ankomme, vor allem aber, daß er keinen Sinn für Wahrheit und Recht habe und man seinen Worten keinen Glauben schenken könne. Nichts hat mehr den Verfassungskonflikt geschürt, die Verständigung erschwert und gegen Bismarck

Haß und Erbitterung hervorgerufen, als die Ueberzeugung seiner Gegner, daß ihm jedes Mittel recht sei, seine freiheitswidrigen Pläne durchzusetzen. Einem Manne wie Hoverbeck, der im öffentlichen wie im Privatleben nie und nimmer auch nur ein Haar breit von der Wahrheit abwich, der „die Wahrheit, die ganze Wahrheit, nichts als die Wahrheit" als ersten Grundsatz hinstellte, war es unmöglich, Mißtrauen und Abneigung gegen Bismarck zu überwinden. Auch die anderen Führer der deutschen Fortschrittspartei Schulze-Delitzsch, Virchow, Twesten, Forckenbeck, Waldeck haßten gleich Hoverbeck die Unwahrheit und Lüge.

Selbst später wurde es Männern, die zu Bismarck's eifrigsten Bewunderern gehörten, schwer, Verständnis für seine Handlungsweise zu gewinnen. In seinen Denkwürdigkeiten erzählt Bluntschli,[15]) als er 1868 zum Zollparlament nach Berlin ging:

„Bismarck sah aus wie ein Recke aus der Zeit der Nibelungen, riesenhaft, gewaltig, mit den durchbohrenden Augen und den waldigen Augenbrauen."

Aber nachdem er ihn im Zollparlament näher kennen gelernt und mit ihm eine $1^1/_2$ stündige Unterredung gehabt hatte, meinte er:

„Es ist in dem antediluvianischen Manne eine seltsame Verbindung von lauterster Offenheit und tiefster Verschlagenheit, von rückhaltloser Wahrhaftigkeit und bewußter Täuschung. Er muß die Diplomaten fürchterlich angelogen haben . . ."

Hoverbeck schrieb am 1. März an seinen Freund Mahraun:

„Gestern sind wir endlich mit der treitägigen Debatte in der Polenfrage fertig geworden, und haben das gewünschte Resultat erreicht. Dies Votum des Hauses, die Blamage des Ministeriums bei den Debatten und die gleichzeitigen Angriffe und Dementi's im Englischen Parlamente werden die Annehmlichkeiten Herrn von Bismarck's nicht eben gesteigert haben. Den Tag vorher hatten wir noch große Noth, da die Partei Bockum-Dolffs einstimmig das Amendement Bonin angenommen hatte, welchem wir unter keinen Umständen zustimmen konnten. Nun, es gelang uns, unterstützt durch das Gefühl von der Nothwendigkeit des Zusammenhaltens der beiden großen Fraktionen, wohl auch durch die persönliche Zuneigung vieler Bockum-Dolffser zur Fortschrittspartei den drohenden Riß zu vermeiden und uns auf das Bockum-Dolff'sche Amendement zu vereinigen, das lediglich eine Fassungsveränderung des ursprünglichen Antrages ist . . .

Noch wissen wir nicht, ob die Polenfrage, selbst wenn die Konvention modifizirt oder aufgehoben sein sollte, zu Ende ist. In der Provinz Posen sind nämlich nach zuverlässigen Nachrichten bereits solche Uebergriffe des Militärs in die Civilpolizei und Jurisdiktion sowie in das Vereinsrecht vorgekommen, daß es unmöglich sein wird, sie ganz mit Stillschweigen zu übergehen. — Die Erbitterung gegen dies Ministerium hier in Berlin, sowie bei fast allen Abgeordneten ist so intensiv, daß ich glaube, sie kann gar nicht mehr höher steigen. Ein Teil davon fällt auch noch auf andere unverantwortliche Persönlichkeiten zurück. — —

In diesen Tagen war die Stadt voll von Gerüchten über Auflösung, Ministerkrisis u. s. w. In jedem anderen Lande wäre es undenkbar, daß ein Ministerium nach solchen Blamagen noch bestehen könne; hier aber bestärkt es sich dadurch möglicher Weise gerade im Amte . . . Hoffentlich wird es ihm nicht gelingen, das Abgeordnetenhaus, wie er es offen als seinen Zweck proklamirt, im Lande zu diskreditiren."

Später hat Bismarck die parlamentarischen Kämpfe in den Polenverhandlungen von 1863 recht eigenartig dargestellt.

Schon im konstituirenden Reichstage des Norddeutschen Bundes am 18. März 1867 gestattete er sich bei Gelegenheit eines Protestes der Polen gegen die Einverleibung in den Deutschen Bund, eine beleidigende Bemerkung über die Beziehungen der deutschen Fortschrittspartei zu den Polen auszusprechen. Er hatte in einem Rückblick auf die Geschichte Polens erwähnt, daß die Krone Polen dem deutschen Orden durch Krieg und Eroberung Pomerellen, damals Hinterpommern, abgenommen habe, als der Ordensstaat dadurch geschwächt wurde, daß die damalige preußische Fortschrittspartei, die Städte und Landstände, sich mit dem Landesfeinde Polen in Verbindung setzten u. s. w." Der Abgeordnete v. Hennig, inzwischen bereits nationalliberal geworden, protestirte gegen den Vergleich der deutschen Fortschrittspartei mit dem Bund der Landritter und Städte, die sich mit den Polen verbanden:

„Das waren keine Freiheitshelden, im Gegentheil das waren Junker und Pfahlbürger, aus denen der Bund der Ritter und Städte bestand. Die Junker fingen es an, und die Pfahlbürger waren so thöricht, sich mit ihnen zu verbünden. Sie strebten aber beide nicht nach Freiheit, sondern nach den Fleischtöpfen des polnischen Adels und der Patrizier."

Ihre Bestrebungen, die Kleinbürger und Bauern auf alle mögliche Weise zu unterdrücken, seien niemals zu vergleichen mit denen der deutschen Fortschrittspartei, die es stets von sich gewiesen habe, mit einem fremden Lande in Verbindung zu treten und die erste gewesen sei, die die Bewegung zur Neukonstituirung Deutschlands in Fluß gebracht und versucht habe, auf populärem Wege das zu thun, was die Regierung später auf dem Wege der Gewalt versucht und theilweise wenigstens glücklich durchgeführt habe.

Graf Bismarck-Schönhausen, nunmehr Präsident der Bundeskommissarien widersprach dem Lob der deutschen Fortschrittspartei.

„Ich erinnere mich, daß ich seinerzeit vor etwa 4 Jahren in einem sehr bitteren und anstrengenden Kampfe der verbündeten Polnischen und Fortschrittspartei auf einem anderen Boden gegenübergestanden habe."

Hennig erwiderte, der Ministerpräsident habe wohl die von ihm damals so bezeichnete Seeschlange wegen des russischen Bündnisses gemeint:

„Da bin ich allerdings in der Lage gewesen, gemeinsam mit den Abgeordneten polnischer Nationalität mich gegen die Ausübung dieses Vertrages auszusprechen.

Aber ich habe es gethan, weil ich die Polen ebenso gut für Preußen hielt, wie mich selbst."[16])

Hoverbeck war nicht Mitglied dieses Reichstages.

Bismarck sprach elf Jahre nach Hoverbeck's Tode, am 28. Januar 1886 im Abgeordnetenhause in einer, wie seine Lobhudler schreiben, „großartig angelegten und durchgeführten Rede" gegen die Polen von den Verhandlungen 1863 und seiner damaligen Stellung zur Volksvertretung. Der nunmehr allmächtige Kanzler hatte 30000 Polen ausgewiesen. Gegen den deutschen Reichstag, der die Ausweisungen für nicht gerechtfertigt erklärte, spielte er das preußischen Abgeordnetenhaus mit seiner großen, ihm unbedingt gehorsamen konservativ-nationalliberalen Mehrheit aus. Den Kaiser bestimmte er, sich gegen den Reichstag zu verwahren, der die Rechte der angestammten Krone im Widerspruch mit den deutschen Verfassungsrechten verletzt haben sollte. Im Landtag wurde unter grober Verletzung der preußischen Verfassung das Hundert-Millionengesetz zur Auskaufung des polnischen Adels und die anderen Polengesetze angenommen. In Bismarck's Rede hieß es über 1863:

„Ich war damals hierhergekommen und hatte das Ministerium übernommen, in der Hauptsache, um Sr. Majestät dem König meine Dienste im Kampfe für die Monarchie gegen die damals erstrebte Herrschaft der Fortschrittspartei zu leisten. Wenn ich außerdem noch persönliche und positive Nebenzwecke hatte, so waren es die, von dieser einflußreichen Stelle aus der Entwickelung der deutschen Nationalität nach Möglichkeit zu dienen."

Er sei mit Entrüstung darüber empfangen, daß man „diesem Menschen" die wichtigste Stellung in Deutschland beigelegt. Unter groben Verdächtigungen seiner Gegner behauptete er, er könne nichts dafür, wenn er damals nicht verstanden sei; er hätte zu viele Rivalen auf dem Gebiete, Deutschland herzustellen, gehabt. Seine bewußten Absichten habe er nicht aussprechen dürfen, weil er sonst eine Unterstützung weder bei Rußland noch Frankreich, weder bei Oesterreich noch bei England gefunden hätte . . .

„Wer die Verhandlungen der damaligen Zeit gelesen hat, wird sich der berüchtigten Konvention vom 8. Februar, der sogenannten Seeschlange erinnern, die, wie der Erfolg gezeigt hat, praktisch gar kein Resultut hatte — militärisch; aber sie hatte ihre Bestimmung erfüllt in dem Moment, wo sie in Petersburg unterzeichnet wurde, das heißt: sie entschied über die Parteinahme der kaiserlich-russischen Politik für Preußen gegen die polnischen Bestrebungen, die bis dahin sehr zweifelhaft war."

Man habe von ihm, gegenüber der geheimen Konvention einen Bruch des zugesicherten Geheimnisses zu erpressen gesucht und dadurch nicht ohne Erfolg die Mittel geliefert, die übrigen europäischen Kabinette zu verhetzen und uns in Paris und London zu verklagen wegen der russenfreundlichen Politik .... Beim Beginn der polnischen Insurrektion habe er in Paris eine ziemlich wohlwollende Beurtheilung gefunden, aber nach den Verhandlungen des Abgeordnetenhauses habe die Auffassung Napoleons gewechselt ... Nur den deutschfreundlichen Regungen des alten Lords Russell in England und den Abmahnungen des Kaisers Wilhelm sei es zu verdanken, daß wir nicht als Verbündete Rußlands einen Krieg gegen England, Frankreich und Oesterreich führen mußten .... Er selbst aber sei von dem fast einstimmigen Abgeordnetenhause mit einer Fluth von Hohn und Haß überschüttet.

Diese Darstellung ist in Bezug auf den Einfluß, den die Verhandlungen des Abgeordnetenhauses auf auswärtige Kabinette geübt haben soll, durchaus unrichtig. Schon mehrere Tage vor der ersten Polendebatte, vor der am 18. Februar erfolgten Besprechung der Interpellation Schulze-Delitzsch-Carlowitz hatte Bismarck „die schwere Enttäuschung" an seinem wohlwollenden Gönner Kaiser Napoleon erlebt. Nicht durch die Verhandlungen des Abgeordnetenhauses erfuhren Frankreich und England von der Konvention, sondern Frankreich bekam gleich nach Abschluß derselben den Wortlaut durch Gortschakoff. Auch sonst läßt sich schon aus genauer Vergleichung der Daten die Unrichtigkeit der Beschuldigungen ersehen. Aber nach 23 Jahren hielt Bismarck noch für nöthig, seine Feinde zu verdächtigen. Er las dem Abgeordnetenhause Sätze aus Depeschen von Gesandten und einzelne aus dem Zusammenhang gerissene, kleine Stellen aus Reden von Unruh, Waldeck, Virchow vor, aber nur solche, die sich allenfalls als unpatriotisch deuten ließen. In den schärferen Reden von Twesten, Schulze-Delitzsch, v. Sybel und Simson hatte er solche Stellen nicht entdeckt. Von seinen besonderen Plänen und von seinem Gespräch mit Behrend-Danzig erwähnte er nichts[17]). Dagegen hatte er kein Bedenken, zu behaupten, er habe durch

„einen Zufall 1870 aus einer Anzahl geheimer französischer Papiere „Indizienbeweise" in die Hand bekommen für Verbindungen, die damals von hiesigen Mitgliedern der Opposition mit der hiesigen französischen Gesandtschaft stattgefunden haben."

Das Geheimniß werde er bewahren.

Virchow kam in diesen Polendebatten erst am 23. Februar 1886 zu Wort. Er trat den Beschuldigungen Bismarck's mit vornehmer Ruhe entgegen, forderte ihn auf, die Mitglieder der Opposition zu nennen, die mit der französischen Gesandtschaft Verbindungen unterhalten haben sollten und legte entschieden Verwahrung dagegen ein, daß das Verfahren des Abgeordnetenhauses 1863 auf die Haltung des Auslandes schädlich eingewirkt habe.[18])

Nach Bismarck's, auf Kosten des Reptilienfonds in hunderttausenden von Abdrücken über das Deutsche Reich verbreiteten Reden von 1886 sind manche Geschichtswerke erschienen, die auch den polnischen Aufstand von 1863 besprechen und die falschen Beschuldigungen Bismarck's gegen die deutsche Fortschrittspartei unbesehen als unanfechtbare Wahrheit hinnehmen. Sybel hatte in jenen Debatten als Referent der „glühenden Erbitterung des Verfassungskampfes", von der er 26 Jahre später schrieb, an erster Stelle Ausdruck gegeben. Er hatte „nur bei wenigen Mitgliedern", die er nicht namhaft macht, „die Begeisterung für ein unabhängiges Polen" entdeckt. Der Inhalt seiner kurzen Darstellung der Verhandlungen, in der er das Gespräch Bismarck's mit Behrend nicht erwähnt, läßt nicht vermuthen, daß Bismarck, „der durch die Konvention den ersten Stein zum Fundamente für Preußens künftige Größe gelegt" habe, im Abgeordnetenhause in den Polendebatten von 1886 die deutsche Fortschrittspartei, zu der freilich Sybel und Simson niemals gehört hatten, gröblich verdächtigt hat.

Weder Bismarck in seiner Rede noch Sybel in seinem Buche erwähnen, daß der Kronprinz am 26. Februar 1863 mit dem Großherzog von Baden zur Hochzeit des Prinzen von Wales nach London gereist war und dort die beste Gelegenheit hatte, entsprechend dem dringenden Rathe Max Duncker's,[19]) Lord Russell in seinen „deutschfreundlichen Regungen" im Interesse Preußens zu bestärken.[20])

Anmerkungen zum dreiundzwanzigsten Kapitel.

1) Bernhardi Bd. V Seite 6. Roon sagte, „die Führer Waldeck, Unruh, Kirchmann seien bös gesinnt und ganz die Leute dazu", Revolution zu machen. — Max Duncker, der „die Fortschrittspartei haßte", war besser unterrichtet. Er war überzeugt, revolutionäre Bewegungen seien in keiner Weise in Sicht. Er war für Bismarck durch eine erste Unterredung vollständig gewonnen. Er glaubte, Bismarck, Roon und Graf Eulenburg würden zur Beseitigung des Konfliktes Zugeständnisse machen als Ergänzung zu den Bemühungen, „die Disziplin im Beamtenstande wieder herzustellen und den Ausschreitungen der Presse entgegenzutreten." — Bernhardi war mit Max Duncker und anderen Freunden darüber einig, daß Waldeck ein Jesuit sei, voll Haß gegen die Großmacht Preußens (Bd. V S. 56). Duncker suchte auch dem Kronprinzen dies brieflich einzureden. Ueber Duncker's Jahre lang fortgesetzten Bemühungen, den Kronprinzen im Sinne Bismarck's zu bearbeiten, s. Haym, „Das Leben Max Duncker's", Berlin 1891.

2) Simson, einer der Dissentirenden, erklärte in der Kommission, „im ganzen Lande werde Niemand so von Intelligenz verlassen sein, um den Art. 99 anders aufzufassen wie die Mehrheit."

3) Robert Schweichel, geb. Königsberg 1821, hatte zuletzt mit Braß ein republikanisches Blatt „die Genfer Grenzpost" herausgegeben. Er trat nach der

Entdeckung der Schwenkung noch im Jahre 1862 aus der Redaktion der Nordd. Allg. Zeitung aus. Hochangesehen wegen seiner Romane und Novellen lebt er noch jetzt in Berlin. — Wilhelm Liebknecht, sozialdemokratischer Reichstagsabgeordneter, Chefredakteur des „Vorwärts", ist in Gießen 1826 geboren. Er hat über Bismarck's Anknüpfungen mit der Sozialdemokratie zur Niederwerfung der Fortschrittspartei und über seine eigenen Beziehungen zur Norddeutschen Allgem. Zeitung am 18. Oktober 1878 im Reichstage bei der Berathung des Sozialistengesetzes ausführliche Mittheilungen gemacht; über letztere schon früher im März 1865 in der „Berliner Gemeinde des allgem. deutschen Arbeitervereins" (s. Schilling „Die Ausstoßung des Präsidenten Bernhard Becker u. s. w." II. Aufl. 1869). Braß, der ihn als Republikaner, Sozialisten und Kommunisten kannte, hatte ihm als Ziel der Zeitung die Vernichtung der Fortschrittspartei und die einheitliche Gestaltung des ganzen Deutschlands angegeben. Liebknecht's Thätigkeit beschränkte sich ausschließlich auf die äußere Politik. Als er kündigte, bemühte sich Braß eifrig, ihn zu halten. Er bot ihm doppeltes, ja vierfaches Gehalt und freie Hand, die soziale Frage in mindestens zwei redaktionellen Spalten so zu behandeln, wie es er und seine Freunde wünschten. Liebknecht erklärte, er könne sich nicht dazu hergeben, „eine Politik zu unterstützen, deren Zweck es ist, die bürgerliche Freiheit zu unterdrücken". Braß erzählte ihm, Bismarck sage, Liebknecht sei einer der Wenigen, die er für die auswärtige Politik brauchen könne!? Braß schloß später bei dem schnellen Gedeihen der Nordd. Allg. Ztg. mit den Hamburger Besitzern derselben ein sehr vortheilhaftes Abkommen, wonach ihm allein die Inseraten-Einnahme zufiel. Das Eigenthum der Zeitung, die von der Regierung keinen Geldzuschuß erhalten hat, ging dann auf den Hamburger Guano-Millionär Ohlendorf (später Freiherr v. Ohlendorf) und endlich auf eine Aktiengesellschaft über.

4) Ferdinand Lassalle, geb. April 1825, † August 1864.

5) Martiny, geb. 1819, † April 1897. Als Stadtrichter in Friedland (Westpreußen), Mitglied des Frankfurter Parlaments und des Stuttgarter Rumpfparlaments. Wegen Hochverraths angeklagt, nach 19 Monaten Untersuchungshaft vom Schwurgericht Konitz freigesprochen, Kreisrichter in Kaukehmen, 1861 bis 62 Abg. für Memel-Heydekrug (Fortschrittspartei). Nachher Sozialdemokrat, betheiligte er sich nicht mehr an Politik. 1869 Rechtsanwalt in Danzig, 1879 Vorsitzender der Westpreußischen Anwaltskammer.

6) Wörtlich aus Sybel; ebenso die auf den nächsten Seiten in Anführungszeichen gedruckten Sätze.

7) Bernhardi Theil V Seite 82.

8) Siehe oben Seite 6 und 26.

9) Bernhardi a. a. O. Seite 33.

10) Daß Bismarck selbst einmal solche Ideen gehabt hat, scheint aus späteren Aeußerungen hervorzugehen. S. Nation Nr. 52, Sept. 1894. Vergl. Enthüllungen des Czas 1897 über Anknüpfungen Bismarcks Anfang 1864 mit Fürst Ladislaus Czartorycki und Ablehnung durch Brief desselben vom 24. Febr. 1864.

11) Stenographische Berichte 1861 Bd. 2 S. 864 und die Verhandlungen vor der Tagesordnung der Sitzung vom 27. April.

12) Sybel a. a. O. S. 501. Haym „Das Leben Max Dunckers" S. 286.

13) Twesten sagte ferner (Stenogr. Bericht vom 26. Februar 1863 S. 351.) u. A.: „In der Presse und in den Regierungen der außerdeutschen Mächte haben sich Alle übereinstimmend erhoben gegen den Schritt unserer Regierung. Nicht von Demokraten oder Literaten, sondern in der Versammlung der vornehmsten und staatsmännischsten Aristokratie der Welt sind über die Schritte der preußischen Regierung Worte gefallen, welche unsere Presse nicht wiederzugeben wagt; es werden Noten angekündigt, welche der Ausführung der Konvention entgegentreten."

14) Eduard v. Tempelhof, Rittergutsbesitzer in Dombrowka bei Posen, geb. 1807, war von 1867 bis 76 Abgeordneter für Posen-Obornik, verstorben Ende der siebziger Jahre. — Kennemann, Rittergutsbesitzer auf Klenka, geb. Januar 1815, ging

1840 nach der Provinz Posen, kaufte dort das erste Gut, jetzt Latifundienbesitzer (10000 ha), Abgeordneter von 1886 bis 89; Mitbegründer des H. K. T.-Vereins.

[16]) Es war am 20. Mai 1868. Bluntschli erzählt: Die nationalliberale Partei hatte ein Diner im Hotel de Russie. Bluntschli ging mit Bennigsen allein nach Hause, sie sprachen über Bismarck und sein Verhältnis zur Partei. Hier folgt die Stelle im Text. — Johann Caspar Bluntschli, zuletzt Geheimrath und ordentl. Professor der Staatswissenschaften zu Heidelberg, geb. 1808 zu Zürich, nationalliberales Mitglied des Zollparlaments, † Oktober 1881. („Denkwürdigkeiten aus meinem Leben" veröffentlicht von Dr. Seyerlen 1884, Seite 218.) Poschinger druckt daraus zwar fünf Seiten der Unterredung mit Bismarck ab, aber nicht die angeführte Stelle.

[17]) S. stenogr. Bericht vom konstituirenden Reichstage des Norddeutschen Bundes, Seite 212, 226 und 231.

[18]) Bismarck erklärte dabei, er habe ungeheure Aktenstöße in jenen Tagen durchgesehen, um keinen Irrthum zu begehen. Die stenographischen Berichte kann er nicht selbst durchgesehen haben, seine Lektoren hatten wohl keinen Auftrag, in Reden von Twesten, Sybel und Simson nachzusuchen.

[19]) Mit Recht betonte Virchow, daß nicht die böse Fortschrittspartei, sondern die gesammte liberale Partei in der Opposition war und daß die Redner der ersteren viel milder gesprochen, als die nicht fortschrittlichen Abgeordneten v. Sybel und Simson; ferner daß wir zu keiner Zeit, auch nicht im Jahre 1863 uns ungebührlicher Sympathien für die nationale polnische Bewegung schuldig gemacht. — Bernhardi freilich notirt am 27. Februar entrüstete Aeußerungen seiner Freunde, der altliberalen Abgeordneten v. Vincke und v. Richthofen über das Gebahren der Fortschrittspartei und der „Bock-Tollen" (so nannten die Herren die Partei Bockum-Dolffs), über die „nichtswürdigen Sympathien" für den Aufstand, über die ganz unwürdige durch und durch korrumpirte Presse, die im Lande die erstorbenen Sympathien für die Polen wieder anfache und über „Thorheit und Nichtswürdigkeit von allen Seiten." Aus den Zeitungen jener Tage und den Verhandlungen des 27. Februar ergiebt sich, daß Bernhardi hier, wie öfters, keinen Anstand nahm, elenden Klatsch von Feinden der Fortschrittspartei als feststehende Thatsachen in sein Tagebuch aufzunehmen. — Max Duncker hoffte nach Bernhardi, daß die Fortschrittspartei recht wahnsinnige Sympathien für Polen ausspreche und die Opposition sich als kosmopolitische revolutionäre Demokratie zu erkennen gäbe, dann werde sich das Ministerium beim Könige halten können! Bernhardi bemerkte dazu, daß man von der Fortschrittspartei jede Verkehrtheit erwarten müsse.

[20]) R. Haym schreibt in seinem 1891 erschienenen Buche über das Leben Max Duncker's, wahrscheinlich auch durch Bismarck's Rede von 1886 beeinflußt, Duncker sei anfänglich an den Absichten Bismarck's irre geworden, obschon ihm „verächtlich dünkte die kindische Polenschwärmerei, die sich an dem Haß gegen Bismarck entzündete".

[21]) Ich selbst habe im Februar 1886 im „Reichsfreund" in mehreren Aufsätzen „Die Polendebatten im Abgeordnetenhause von 1863" (Seite 42), „Zur Geschichte der Polenfrage u. s. w." (Seite 50) und „Junglithauen und die Polenfrage" (Seite 125) dargethan, daß Bismarck nach den urkundlichen Zeugnissen der stenographischen Berichte seinen damaligen Gegnern „fälschlicher Weise selbstsüchtige, unpatriotische Motive untergeschoben und seine eigene Mitschuld an dem damals zwischen dem Abgeordnetenhause und ihm entbrannten heftigen Streit ganz und gar verschwiegen hat." Ich besprach dabei auch die Unterhaltung Bismarck's mit Behrend und wie alle Patrioten im Deutschen Reiche einmüthig gegen die darin entwickelten „abenteuerlichen Pläne" des neupreußischen Junkers Partei nahmen. Dagegen habe die oppositionelle Haltung der großen von der deutschen Fortschrittspartei geführten Mehrheit des Abgeordnetenhauses in der Polenfrage lebhafte Anerkennung und Zustimmung aller unabhängigen Deutschen der Provinzen Posen und Westpreußen, wie überhaupt aller die nationale Einigung des Vaterlandes anstrebender deutschen Patrioten gefunden. Ich stellte nachher fest, daß die offiziöse Preße, die

sonst mit Vorliebe Angriffe des „Reichsfreundes“ auf den Reichskanzler behandelte, diese rein geschichtlichen Darstellungen todtgeschwiegen habe. Auch sprach ich die Vermuthung aus, daß diese Artikel dem Reichskanzler von seinen Lektoren nicht vorgelegt seien. Eine Anklage wegen Bismarck-Beleidigung wurde nicht erhoben. Der rückhaltlose Tadel des allmächtigen Reichskanzlers hätte nach der damaligen Rechtsprechung, obschon der dolus eventualis noch nicht erfunden war, wohl zu einer Verurtheilung führen können.

Vierundzwanzigstes Kapitel.

Bismarck und das Abgeordnetenhaus 1863.
II. Militärgesetz und Schluß der Session.

Die Budgetkommission war in dieser Session sehr fleißig. Da sie fast ebenso zusammengesetzt war, wie in der vorigen Session, so richtete sie sich bei ihren Beschlüssen meist nach den Anträgen und Beschlüssen der Kommission und des Plenums der vorigen Session. Hoverbeck war Berichterstatter über zwölf kleinere Etatsgruppen. Sein schriftlicher Bericht, kurz und klar wie alle seine Arbeiten, befindet sich in den Anlagen als Aktenstück 35, dazu Nachtrag Aktenstück 132, betreffend den Staatsschatz. Stets war er bedacht, in der Finanzverwaltung Preußens alle Unklarheiten zu beseitigen und überall das Budgetrecht der Volksvertretung zu befestigen.

Beim Etat des Ministeriums der auswärtigen Angelegenheiten waren alle einzelnen Gesandtschaften unter einem Titel zusammengefaßt. Hoverbeck beantragte in der Kommission, nach einem Beschluß des vorigen Jahres die einzelnen Positionen für besondere Titel zu erklären. Die Regierung wollte das bisherige Verfahren beibehalten. Mit Annahme des entgegenstehenden Beschlusses werde, so heißt es in dem schriftlichen Bericht,

„ausgesprochen, daß das Haus keine systematische gleichförmige Aufstellung des Etats wünsche, sondern lediglich nach Willkür verfahren wolle. Hiergegen wurde erwidert (von Hoverbeck), daß die Rücksicht auf die systematische Gleichförmigkeit des Etats nur eine Schönheitsrücksicht, also eine verhältnismäßig untergeordnete sei; der Hauptzweck der genaueren Spezialisirung des Etats sei es, daß die Staatsregierung an die von ihr selbst angegebenen Forderungen gebunden bleibe, und nicht die dem einen Zwecke gewidmeten Bewilligungen für einen anderen Zweck verwenden dürfe, eine Befugniß, welche die ganze Budgetbewilligung zu einem bloßen Scheine herabdrücken würde. — Sei die Staatsregierung einmal gezwungen, bei einer einzelnen Gesandtschaft den Etat zu überschreiten, so solle sie auch verpflichtet sein, dieselbe vor dem Abgeordnetenhause im nächsten Jahre darzulegen und zu rechtfertigen; eine Verpflichtung, vor der eine sparsame und gewissenhafte Verwaltung niemals zurückbeben werde."

In der Budgetkommission setzte Hoverbeck ferner durch, über das Vermögen des Staatsschatzes Nachweise zu erlangen. Die Regierung beantragte, ihre Mittheilung als eine vertrauliche zu betrachten, mindestens sie nicht durch den Druck zu veröffentlichen. Die Kommission aber beschloß, die Nachweisung dem Hause vorzulegen. Das Vermögen des Staatsschatzes betrug 20406195 Thaler; außerdem hatte der Staatsschatz noch 3872229 Thaler außenstehende Forderungen, wovon über $2^1/_2$ Millionen Thaler unverzinslich angelegt waren. Diese Forderungen bestanden zum großen Theile aus Darlehnen, die aus den Dispositionsfonds des Königs und einzelner Minister bewilligt waren. Auf Hoverbecks Antrag wurden im Anschluß dieser Forderungen des Staatsschatzes dem Abgeordnetenhause seine Rechte bei der künftigen Rechnungslegung besser gesichert.

Bei den Etatsverhandlungen im Plenum hat Hoverbeck als Berichterstatter oder als Mitglied der Budgetkommission öfters an der Debatte durch kurze Bemerkungen theilgenommen. Bei dem Etat der direkten Steuern hatte die Budgetkommission beantragt, die Regierung aufzufordern, in der nächsten Session einen Gesetzentwurf vorzulegen, durch den in Zukunft über alle die Klassensteuerveranlagung betreffenden Reklamationen in letzter Instanz eine durch die Provinzialvertretung für jeden Bezirk zu wählende Reklamationskommission entscheiden solle. Hiergegen erklärten sich v. Benda, der frühere Finanzminister v. Patow und Waldeck. Letzterer, weil die gegenwärtigen Provinzialvertretungen nicht das richtige Organ seien, eine Reklamationskommission für die Klassensteuer zu werden; vorzüglich aber weil sie des rechtlichen Bodens entbehrten. Hoverbeck sprach für die Kommission:

„Ich wünschte ein Wort für das Votum der Kommission einzulegen, zunächst um zu erklären, daß ich ebenso wenig Sympathie wie mein Herr Vorredner für das Institut der Provinziallandtage habe, daß ich mich aber vor allen Dingen gefragt habe, was bei der Wahl zwischen Büreaukratie und Ständethum in dieser Beziehung für uns das eher Wählbare sei. Nun in sehr vielen Fällen ziehe ich unsere Büreaukratie in der That dem Ständethum vor; wenn es aber darauf ankommt, die Eingesessenen einer Provinz vor einer Überbürdung bei der Klassensteuerveranlagung zu schützen, dann glaube ich, werden die Herren, die von dem Provinziallandtage gewählt sind, dies besser verrichten, als die Büreaukratie, und einzig aus dem Grunde, um den Vortheil, der schon gegenwärtig den Einkommensteuerpflichtigen gewährt wird, auch den Klassensteuerpflichtigen, also der ärmeren Klasse zuzuwenden, werde ich gegen die jetzige Zusammensetzung der Provinzialvertretung und für den Kommissionsantrag stimmen."

Bei dem Etat für das Bureau des Staatsministeriums hatte Virchow beantragt, das Gehalt des Direktors des literarischen Bureaus, das in voriger Session als künftig wegfallend bezeichnet war, zu streichen. Die Stelle war erledigt und die Sternzeitung, deren Leitung ihm oblag, war eingegangen.

Hoverbeck trat als Referent einem Regierungskommissar entgegen:

„Wir haben uns vergeblich den Kopf darüber zerbrochen, welches der Zweck (der ganzen Einrichtung) sei. Der offizielle Zweck ist höchstens die Abfassung von Tagesberichten, um die Minister auf eine bequemere Weise von den Begebenheiten zu unterrichten, als es durch eigene Lektüre der Zeitungen geschehen kann. Ich habe nichts dagegen, daß man es den Herren Ministern womöglich etwas bequemer macht; aber die Einrichtung eines solchen Apparats mit einer solchen Kostspieligkeit hervorzurufen, scheint mir über den Zweck weit hinaus zu schießen. Am wenigsten scheint es mir aber zweckmäßig, in dieser Beziehung eine etatsmäßige Stelle zu begründen. Denn wie der Herr Abgeordnete Virchow ganz richtig bemerkt hat, wechseln die Ansichten der Minister und daher auch die Personen, welche die Auszüge aus den Zeitungen fertigen, sehr schnell. Wir haben gesehen, daß der Posten des Ministers kein auf die Dauer gegründeter ist, und deshalb ist es nicht wünschenswerth, daß durch die häufig wiederkehrende Besetzung solcher Stellen der Etat ungebührlich belastet werde."

Virchows Antrag wurde mit großer Mehrheit angenommen.

Die Budgetkommission hatte beantragt, den Dispositionsfonds für allgemeine politische Zwecke abzulehnen. Minister Graf Eulenburg vertheidigte es lebhaft, daß die Preßthätigkeit des Ministeriums nothwendig sei. In keinem Lande wären der Regierung die Mittel, um auf dem Gebiete der Presse thätig zu sein, entzogen worden. Hoverbeck entgegnete als Berichterstatter:

„Es giebt kein verfassungsmäßiges Land in Europa und anderswo, wo die Existenz eines Ministeriums, das so wenig Boden im Abgeordnetenhause und Volke hat, eine Möglichkeit wäre. Wenn aber überhaupt irgendwo ein ähnliches Verhältniß nur existire, so würde jede andere Landesvertretung der Welt einem solchen Ministerium auch nicht einen Pfennig von geheimen Fonds bewilligen. Wir haben uns als Abgeordnete zu fragen: Sind wir berechtigt, eine vom Ministerium geforderte Summe zu bewilligen? Dazu gehört, daß diese Summe uns entweder speziell in Bezug auf die Zwecke nachgewiesen ist, so daß wir klar und durchsichtig erkennen können, wozu jeder Pfennig davon verwandt wird, oder in Bezug auf die geheimen Fonds, daß wir ein unbedingtes Vertrauen zu dem Ministerium haben, daß es diese Summe gut verwenden werde, so daß wir dieselbe ausnahmsweise ohne einen solchen Nachweis bewilligen können. Ich frage Sie, meine Herren, ob Sie dieses Vertrauen zu diesem Ministerium haben. Darnach treffen Sie Ihre Entscheidung."

Der Antrag wurde angenommen; in der Diskussion waren auch die berüchtigten Artikel des Journal des Débats Ende des Jahres 1862 erwähnt. Virchow hob hervor, das Ministerium habe die Preußen befreundeten Zeitungen Deutschlands am eifrigsten verfolgt:

„Gerade die Mittel- und Süddeutschen Zeitungen, welche sich ein Geschäft daraus gemacht haben, ohne Unterstützung seitens des Ministeriums, für Preußen, für die Hohenzollern einzutreten, gerade diese sind am häufigsten mit Beschlagnahmen, mit Klagen vor Gericht verfolgt worden, während die entgegenstehenden Zeitungen, die dem österreichischen Interesse dienen, niemals Anfechtungen zu erfahren gehabt haben. Meine Herren, wenn man sich so muthwillig seiner besten Freunde beraubt und sich in einer schlechten Presse Freunde kaufen muß, dann wird die Landesvertretung nicht in der Lage sein, für einen solchen Zweck Gelder bewilligen zu können."

Wenige Wochen darauf wurde durch den Minister Grafen Eulenburg auf Grund des preußischen Preßgesetzes nach rechtskräftiger Verurtheilung einer oder mehrerer Nummern die Verbreitung der Wochenschrift des Nationalvereins in Coburg und der süddeutschen Zeitung in Frankfurt a. M. verboten. Beide Zeitungen hatten die gegenwärtige Regierung Preußens befehdet, aber sie waren immer gut preußisch gewesen.

„Sie haben," sagte Gustav Freytag in den Grenzboten, „in allen Fragen, bei denen ihre Ueberzeugung ihnen dies möglich machte, auch solche Interessen Preußens, welche das Ministerium zu den seinen gemacht hat, verfochten. Sie sind energische Streiter für den Handelsvertrag mit Frankreich, für eine Verjüngung des Zollvereins im preußischen Interesse, sie sind rastlose Gegner der Würzburger Politik und der Uebergriffe Oesterreichs. Sie sind für diese Lebensfragen des preußischen Staates in Süddeutschland, etwa Baden ausgenommen, fast die einzigen Vertreter Preußens. Und doch verboten!"

Anfang März begannen die Berathungen der Militärkommission. Zu Berichterstattern wurden Forckenbeck und Behrend-Danzig ernannt, letzterer nur für den die Marine betreffenden Theil des Gesetzentwurfes. Die Kommission erledigte den ihr ertheilten Auftrag in achtzehn Sitzungen; keiner derselben wohnte ein Minister bei, Kommissarien des Kriegs- und Marineministers nahmen an allen Sitzungen theil.

Der viele Bogen umfassende Bericht vom 24. April 1863 (Aktenstück Nr. 107 der stenogr. Berichte Band 4) gewährt eine ausreichende Darstellung des Verlaufs und Ergebnisses der Kommissionsverhandlungen. Volle Uebereinstimmung sämtlicher Mitglieder herrschte darüber, daß der Gesetzentwurf in allen wesentlichen Theilen vollständig unannehmbar sei. Die Kommission war ferner einstimmig der Meinung, daß sie in Folge des ihr ertheilten Auftrages sich einer Spezialberathung aller Bestimmungen des Entwurfes unterziehen und dem Hause auch dann die geeigneten Abänderungsanträge vorlegen müsse, wenn die Mehrheit einfache

Verwerfung der Vorlage beschließen sollte. Meinungsverschiedenheit trat in dem Punkte hervor, ob dem Hause definitiv die Verwerfung oder die Abänderung der Regierungsvorlage vorzuschlagen sei. Von vielen Mitgliedern kamen Abänderungsanträge ein. Die Berathung schloß sich an die von Forckenbeck eingebrachten ausführlichen Abänderungsvorschläge an, die als ein Gegenentwurf angesehen werden konnten. Sie hielten sich streng an das Gebiet des Gesetzes vom 3. September 1814. Sie wollten die Kriegspflicht des Einzelnen und die Gesamtleistung der Wehrpflichtigen als erste Grundlage des Heeres feststellen. Sie forderten Herabsetzung der Präsenzzeit auf gesetzlich zwei Jahre bei der Infanterie, bei einer jährlichen Rekrutirung von höchstens 60000 Mann, Herabsetzung der Gesamtdienstzeit von neunzehn auf vierzehn Jahre und möglichsten Schutz der Landwehr ersten Aufgebots im Frieden gegen Heranziehung bei nur militärischen Demonstrationen und Mobilmachungen.

Mitten in die Berathungen der Kommission fiel der 50jährige Gedenktag des Aufrufes „An mein Volk!" Am 17. März fand die Grundsteinlegung des Denkmals Friedrich Wilhelms III. statt, eine große militärische Feier, an die sich Festlichkeiten zu Ehren der Invaliden der Freiheitskriege, Festmahl für die Ritter des eisernen Kreuzes und Festvorstellungen reihten. Die Bürgerschaft Berlins hielt sich fern; nur die Kreuzzeitungspartei betheiligte sich eifrig. Der berüchtigte Redakteur des Zuschauers Gödsche dichtete ein Festspiel für die Festvorstellungen.

„Wer ein guter Preuße ist, verlebt diesen Tag in stillem Ernst und denkt, wie er das erlauchte Haus der Hohenzollern für die Zukunft des Staates rette,"

hieß es in den altliberalen Grenzboten.[1])

Bismarck aber erntete ein Dankschreiben von 135 Rittern des eisernen Kreuzes „für sein thatkräftiges, von seltener staatsmännischer Befähigung getragenes Auftreten gegenüber dem Andrängen der Elemente des Umsturzes."

Am 17. März wurden weder Plenarsitzungen noch Kommissionssitzungen abgehalten. Hoverbeck benutzte die Muße zum Briefschreiben. Nur ein kurzer Brief an seinen Freund Witt ist erhalten. Es heißt darin:

„Statt den Grundstein für Sr. M. F. W. III. legen zu helfen, schreibe ich verschiedene Briefe. An Dich, — weil ich einen ordentlichen langen Lesebrief nicht schreiben kann — nur folgende Anfrage:

Du fühlst Dich doch noch durch Dein Versprechen, uns Ostern zu besuchen, gebunden? Wir reisen auf alle Fälle Ostern nach Hause, wo meine Frau dann gleich bleiben will, während ich wieder in die parlamentarische Tretmühle wandere (eigentlich ein falsch gewählter Ausdruck; denn so schlimm denke ich gar nicht davon, wenn auch namentlich bei beginnendem Frühjahre die Sehnsucht nach dem Landleben in mir sehr mächtig wird). — Nun ich hoffe, auf alle Fälle sehen wir uns zu Ostern und dann will ich gern alles Gute und Schlimme, was mir hier begegnet ist, mit Dir theilen. Der Gedanke an die persönliche Mittheilung verleidet mir auch alle Lust etwas darüber zu schreiben. . . .

In Hamburg hatten die Nationalvereinsmitglieder eine Erinnerungsfeier an Preußens Erhebung von 1813, zugleich wohl auch an den 18. März 1848 veranstaltet. Hoverbeck hatte in Eisenach Anfang Februar als Ausschußmitglied des Nationalvereins an den Berathungen theilgenommen, aber zu festlichen Veranstaltungen oder Agitationsversammlungen reiste er nicht. In dem Briefe an Witt schreibt er darüber:

„Heute sollte ich durchaus nach Hamburg, aber weder Göttes Briefe noch eine telegraphische Depesche von Coburg machten mich meiner Frau untreu. Dagegen hat namentlich Schulze-Delitzsch es gestern durchgesetzt, daß etwa sechs von uns, wenn auch nicht als offizielle Vertreter (wogegen Waldeck mit größter Entschiedenheit auftrat), so doch auf den Wunsch der Fraktion und von ihr mit den Reisekosten ausgestattet, nach Hamburg gefahren sind. Leider konnten Schulze und Virchow nicht reisen."[3])

Am 26. März, also noch während der Arbeiten der Kommission begannen gemeinsame Fraktionsberathungen der Fortschrittspartei und des linken Zentrums über das Gesetz. Forckenbeck hatte beim Entwurf seiner Abänderungsanträge diese mit Hoverbeck durchgenommen. Sie enthielten die Grundsätze, die Hoverbeck namens der Partei Junglithauen im Mai 1861 im Abgeordnetenhause ausgesprochen, und stimmten überein mit dem Programm der deutschen Fortschrittspartei, worin bei Aufrechterhaltung der Landwehr die erhöhte Aushebung der waffenfähigen Mannschaften bei zweijähriger Dienstzeit gefordert wurde. In den ersten gemeinsamen Berathungen der beiden Fraktionen hatten sich Waldeck, v. Kirchmann, Kerst, gegen Twesten, Virchow, Stavenhagen, Sybel und Gneist für die Amendirung des Gesetzes ausgesprochen. Es fand dann eine Vertagung bis nach den Osterferien statt.

Durch die Mittheilungen der Zeitungen über die Kommissions- und Fraktionsberathungen wurde allgemein bekannt, daß innerhalb der liberalen Parteien Meinungsverschiedenheiten über die mehr formelle Frage herrschten, auf der einen Seite Forckenbecks Amendirungsvorschläge, auf der anderen Seite Waldecks Standpunkt: Verwerfung ohne Amendirung mit einer Resolution. Es zeigte sich, daß der Standpunkt Waldecks im Lande mehr Beifall fand, als der Forckenbecks. Die Erbitterungen über die Verfassungsverletzungen verleitete die Wähler stets das für besser zu halten, was den Anschein einer größeren Entschiedenheit hatte.[3]) In allen Versammlungen der Wähler und Wahlmänner aber wurde damals hervorgehoben, daß in erster Linie die Opposition sich einigen müsse. Auch in Regierungskreisen sah man die Forckenbeckschen Amendements als eine Grundlage an, auf der unter Zugeständniß der zweijährigen Dienstzeit eine Verständigung mit dem Abgeordnetenhause zur Beseitigung des Verfassungskonflikts zu erzielen sei.

In der Kommission wurden zu den einzelnen Paragraphen des vorgelegten Gesetzentwurfes nach gründlichen Berathungen im Anschluß an die Anträge Forckenbecks Verbesserungsvorschläge angenommen. Sie wurden zusammengestellt zu einem in sich abgeschlossenen vollständigen Gesetze über die Kriegspflicht; dieses dem Hause zur Annahme vorzuschlagen, wurde schließlich mit 16 gegen 3 Stimmen beschlossen. Sodann wurde zur Ergänzung eine Resolution empfohlen, bei deren Formulirung besonders Hoverbeck thätig war. Das Abgeordnetenhaus sollte erklären: es sei nothwendig:

I. a) „Die Militärgerichtsbarkeit auf rein militärische Vergehen und Verbrechen zu beschränken;

b) die militärischen Ehrengerichte in ihrer gegenwärtigen Gestalt aufzuheben;

c) die Kadettenhäuser aufzuheben oder in Realschulen und Gymnasien zu verwandeln;

d) das Recht der im Heere dienenden Wehrpflichtigen auf Beförderung zu Offizieren, nach Maßgabe ihrer Kenntnisse und Fähigkeiten, und die Beförderung von Unteroffizieren zu Offizieren, und zwar rücksichtlich der Subalternstellen ohne ein wissenschaftliches Examen, auch für den Friedenszustand gesetzlich zu ordnen und zu sichern und die thatsächlich bestehende Bevorzugung des Adels in den Offizierstellen zu beseitigen;

e) das Militärpensionswesen gesetzlich zu regeln;

f) die bei einem mäßigen Friedensheere finanziell zulässige Erhöhung des Soldes der Gemeinen und Unteroffiziere baldigst herbeizuführen und dabei die bevorzugten Truppen des Gardekorps den Linientruppen gleichzustellen;

g) die Ansprüche der Gemeinden auf Servisentschädigungen im Wege der Gesetzgebung baldigst neu zu ordnen.

II. Nur ein Ministerium, welches das verfassungsmäßige Budgetrecht des Abgeordnetenhauses anerkannt und aufrecht erhält, kann einen befriedigenden Abschluß der Gesetzgebung über das Heerwesen herbeiführen und damit den inneren Frieden des Landes wiederherstellen."

Diese Erklärung fügte auch Waldeck seiner die Ablehnung des Gesetzes motivirenden Resolution bei.

Nach mehreren gemeinschaftlichen Fraktionsberathungen begannen am 7. Mai im Plenum die Berathungen des Militärgesetzentwurfes. Die Rednerliste ergab nach der Verlosung 23 für,

22 gegen die Anträge der Kommission. Waldeck war nicht darunter, er war erkrankt und fehlte in dieser, wie in den ferneren Sitzungen der nächsten Wochen. Am ersten Tage redeten Stavenhagen, Taddel, Gneist, Schulze-Delitzsch für, v. Kirchmann gegen die Kommissionsanträge. Gneist hatte die „sehr gemäßigten" Vorschläge der Kommission zur Herstellung des Rechts, mit einem beredten Aufruf an die Gesinnung, die politische Reife und an die Haltung des Volkes im Verfassungskonflikt empfohlen. Schulze-Delitzsch, der letzte Redner dieser Tage, überreichte einen, vom Abgeordneten Duncker schon der Fraktion vorgelegten Antrag, der geeignet schien, zu einem einmüthigen Beschluß zu führen. Nach dem Antrag sollte das Abgeordnetenhaus eine Erklärung beschließen: da die erste Vorbedingung für eine Verständigung, die zweijährige Dienstzeit vom Ministerium abgelehnt sei, und das Haus unmöglich gewillt sein könne, einer Regierung, die fortgesetzt das Budgetrecht desselben, und so die Verfassung des Landes verletze, überhaupt erhöhte Geldmittel und damit eine verstärkte Aushebung der Mannschaft zur Verfügung zu stellen, so verwerfe das Abgeordnetenhaus den Gesetzentwurf, erkläre aber zugleich:

„daß es bereit sein würde, mit einer Regierung, welche die verfassungsmäßigen Rechte des Abgeordnetenhauses und ihre eigene Verantwortlichkeit durch das, in der Verfassung vorgesehene Gesetz unzweideutig anerkennt, eine Reform der Wehrverfassung auf folgenden Grundlagen zu vereinbaren" . . . .

Es wurden nun die Grundlagen aufgeführt, wie sie in den beiderseitigen Anträgen enthalten waren.

Am zweiten Tage der Generaldebatte, am 9. Mai nahm nach eindringlichen Reden von Twesten und Unruh der Kriegsminister v. Roon das Wort. Er bemängelte viele Ausführungen des Berichtes und der Redner und ließ es an scharfen persönlichen Entgegnungen nicht fehlen. Wenn die Reorganisation der Armee die Schlagfertigkeit des preußischen Volkes für alle Zeiten garantire, und die Regierung werde durch die Beschlüsse der anderen Faktoren der Gesetzgebung an der Ausführung des wichtigen Werkes gehindert, so falle die Verantwortung vor den Zeitgenossen und vor den Nachkommen auf die Volksvertretung:

„Meine Herren, wenn die Ketten der Fremdherrschaft im Lande rasseln, dann wird man gewahr werden, was man verschmäht und zurückgewiesen hat."

Es folgten Reden vom Baron Vaerst und dem klerikalen Kammergerichtsrath Rohden. Letzterer empfahl die einstimmige Annahme des Kommissionsvorschlages, den er als ein Werk des Friedens und der Versöhnung zur Lösung des Konfliktes bezeichnete.

Am dritten Tage der Generaldiskussion, am 11. Mai kam nach v. Bonin und Becker-Dortmund Hoverbeck zu Wort. Er befürwortete vor allem die Verständigung. Die Amendements der Kommission würden empfohlen, weil

„wir wünschen, hier so einstimmig als möglich ein Verdikt des Hauses über die Regierungsvorlage zu fällen. Können Sie dies dadurch verrichten, daß Sie die Resolution und die Amendements ablehnen, bekommen Sie die Einstimmigkeit dadurch heraus — ich bin nicht dagegen, dann will ich sehr gern die einfache Verwerfung der Regierungsvorlage aussprechen.“

Er führte sodann aus, daß er die Amendements für die bessere Form halte, die Resolution für die mattere.

„Gerade die Verantwortlichkeit, die in der Aufstellung eines neuen Gesetzentwurfes liegt, gerade diese Verbindlichkeit dem Lande wie der Regierung gegenüber giebt die straffe und präzise Form, die wir nöthig brauchen, sie giebt die Positive, mit der wir den positiven Erklärungen der Regierung im Angesicht des ganzen Landes entgegentreten .... So lange wir mit diesem Ministerium verhandeln, müssen wir die richtige Form wählen, die jedes Parlament einer solchen Vorlage selbst einer solchen Regierung gegenüber wählen müßte, nämlich unsererseits zu zeigen, was der Wille des Landes ist.“

Hoverbeck trat dann den Einwendungen der einzelnen Redner ausführlich entgegen und widerlegte Ausführungen des Kriegsministers. Er schloß seine Rede unter lebhaftem anhaltenden Bravo folgendermaßen:

„Endlich, meine Herrn, hat der Herr Kriegsminister uns auch gefragt, was wir dann unsererseits zu bieten hätten? Dieser Regierung nichts! Einer kommenden, sich streng an die Verfassung haltenden Regierung haben wir für die Einigung in dieser Frage zu bieten: Die Wiederkehr rechtlich geordneter Zustände, die Geltung von Gesetz und Verfassung im Lande, und als Lohn dafür die Liebe und das Vertrauen der ganzen Nation!“

Die Generaldiskussion kam an diesem Tage nicht zu Ende. Nach Hoverbeck sprach Franz Duncker und dann v. Sybel. Dieser ging zuletzt auf eine Aeußerung des Kriegsministers ein. Er schloß mit folgenden Sätzen:

„.. aber meine Herren, wenn er uns von Patriotismus redet und uns zum Patriotismus ermahnen will, dann mag er mir verstatten, daß ich ihm zunächst hier entgegne, daß Niemand weniger als er dazu berechtigt ist, diese Versammlung zum Patriotismus aufzufordern. Ein Mann, der mehr als jeder Andere, das Seine dazu beigetragen hat, daß der Rechtszustand im Vaterlande alterirt worden ist, der sollte nicht von Patriotismus reden; es wäre denn, daß er dem Lande den ersten wahrhaft patriotischen Schritt seiner Laufbahn anzeigt, daß er nämlich aufhören wollte, das Hinderniß des Friedens zwischen König und Volk zu sein.“

Roon antwortete erregt, mit Bezug auf die persönliche Färbung der Aeußerungen mehrerer Redner:

„Ich muß bemerken: Wenn Aeußerungen, wie sie hier gemacht worden sind: „„Die Verfassung ist verletzt. Dieses Ministerium hat die Verfassung verletzt““ oder wenn, wie der letzte Herr Vorredner für gut befunden, mir die Berechtigung, zum Patriotismus zu ermahnen, um deswillen abgesprochen wird, weil ich den Unfrieden, oder wie er sich sonst ausdrückte, in das Land geschleudert habe, wenn dergleichen persönliche Aeußerungen gegen das Ministerium oder gegen eines seiner Mitglieder erhoben werden, so ist das nach meiner Auffassung eine ganz unberechtigte Anmaßung."

Der weitere Verlauf wird in einem späteren Bericht der Geschäftsordnungskommission dahin kurz zusammengefaßt:

„Dem folgte der Ausspruch des Vizepräsidenten: „Ich muß den Herrn Kriegsminister unterbrechen." Der Letztere weigerte sich wiederholt, dem Ausspruche des Präsidiums Folge zu leisten, berief sich auf sein verfassungsmäßiges Recht, zu jeder Zeit gehört zu werden und behauptete, daß die Befugnisse des Präsidenten nur bis an den Ministertisch und nicht weiter reichten. Es entstand hierauf große Unruhe, der Präsident bedeckte sein Haupt und vertagte hierdurch die Sitzung auf eine Stunde".[5])

Nach Wiedereröffnung der Sitzung erklärte der Vizepräsident, er würde dem Kriegsminister das Wort zu ertheilen haben, da er aber nicht anwesend war, ertheilte er das Wort gegen den Antrag der Kommission dem Abgeordneten Freiherrn Georg v. Vincke. Nach diesem sprach Harkort kurz und packend für die Anträge der Kommission. Nun wurde die Generaldiskussion geschlossen.

Am folgenden Tage sollte der Berichterstatter gehört werden und dann die Spezialdiskussion beginnen. In der Sitzung des folgenden Tages aber verlas der Präsident Grabow ein Schreiben des Ministeriums, nach dem es sich der Theilnahme an den Berathungen so lange enthalten werde, bis ihm eine damit erbetene Erklärung darüber zugehe, daß eine Wiederholung des ungesetzlichen Verfahrens des Präsidenten gegen ein Mitglied des Staatsministeriums nicht in Aussicht stehe. Das Haus überwies dies Schreiben der Geschäftsordnungskommission zur Berichterstattung. Die Kommission nahm in einer Sitzung unter Vorsitz des Dr. Kosch (Berichterstatter Wachsmuth) eine gründliche Prüfung vor. Aus den stenographischen Berichten beider Häuser wurde nachgewiesen, daß die Befugniß des Präsidenten den Minister zu unterbrechen oder in den Grenzen des parlamentarischen Verkehrs zu halten, von den Ministern der verschiedensten politischen Farben, namentlich auch vom jetzigen Kriegsminister, ohne Widerspruch anerkannt und von den Präsidenten beider Häuser des Landtages ausgeübt sei. Einstimmig empfahl die Kommission dem Hause zu erklären:

I. Daß der Präsident vermöge des ihm allein zustehenden Rechts, die Verhandlung zu leiten und die Ordnung im Hause aufrecht zu erhalten (Art. 78 der Verfassungsurkunde, § 11 der Geschäftsordnung) — jeden Redner — auch die Minister und deren Vertreter — unterbrechen kann;

II. daß durch eine solche Unterbrechung das verfassungsmäßige Recht der Minister, zu jeder Zeit gehört zu werden, nicht beeinträchtigt wird;

III. daß es hingegen verfassungswidrig ist, wenn die Minister ihre Gegenwart im Hause willkürlich von Vorbedingungen abhängig machen;

IV. daß sich demnach das Haus nicht veranlaßt findet, auf das in dem Schreiben des Königlichen Staatsministeriums vom 11. d. M. ausgesprochene Verlangen einzugehen.

In der Sitzung vom 15. Mai, zu der zu erscheinen das Ministerium sich wiederum geweigert, wurde dieser Antrag mit 295 gegen 20 Stimmen angenommen. Dann wurde auf Antrag Forckenbecks beschlossen, die Gegenwart des Kriegsministers zur Berathung der Militärnovelle zur nächsten Sitzung (18. Mai) zu verlangen. Darauf traf ein langes Schreiben des Staatsministeriums ein, worin nochmals Antwort auf die gestellte Frage verlangt wurde. Sofort nach Verlesung des Schreibens beantragte Hoverbeck, zu erklären:

„Das Haus hat keine Veranlassung, der in dieser Angelegenheit gefaßten Resolution irgend etwas hinzuzufügen."

Beinah einstimmig wurde der Antrag unterstützt und angenommen. Sodann wurde auf Antrag Forckenbecks beschlossen, die Berathung der Militärnovelle bis auf weiteres von der Tagesordnung abzusetzen und auf die nächste Tagesordnung den Bericht über eine an den König zu erlassende Adresse zu stellen. Schon am 15. Mai hatte die Fortschrittspartei (Antrag Virchow) den Erlaß einer Adresse unter Beifügung eines Entwurfs beantragt. Die Adreßkommission wurde gewählt. In der nächsten Sitzung am 21. Mai erschien Bismarck und verlas eine königliche Botschaft, in der unter Gegenzeichnung aller Minister das Abgeordnetenhaus unter unwahrer Darstellung der Vorgänge ermahnt wurde, den Ministern, die von ihnen verlangte Anerkennung ihrer verfassungsmäßigen Rechte zu gewähren. Auf Antrag von Virchow wurde nun, da aus der Botschaft zu ersehen war, daß die Minister „dem Könige die Sache irrthümlich dargestellt und ihm jedenfalls unrichtige Voraussetzungen für seine Entschließung gegeben" hatten, einstimmig beschlossen, die Botschaft an die Adreßkommission zur schleunigsten Berichterstattung abzugeben. Für diese Kommission erstattete v. Unruh am 22. Mai mündlich Bericht. Neben dem von der Adreßkommission vorgeschlagenen, war noch ein andrer Entwurf vom Grafen Schwerin vorgelegt. Nach letzterem sollten dem Könige die stenographischen Berichte der betreffenden Sitzungen als Beweise gegen die unrichtigen Behauptungen des Ministeriums unterbreitet werden; nicht das Abgeordnetenhaus habe den Ministern die Anerkennung ihrer verfassungsmäßigen Rechte verweigert, sondern das Ministerium habe das Zusammenwirken mit dem Abgeordnetenhause

„eingestellt und dessen Wiederaufnahme an Bedingungen geknüpft, auf die das Abgeordnetenhaus nicht eingehen dürfe, ohne die ordnungsmäßige Leitung seiner Verhandlungen aus der Hand zu geben."

Der König wird schließlich gebeten, „diesem verderblichen Zustande zum Heil des Königs und des Vaterlandes ein Ziel zu setzen" . . .

Diese Adresse wurde mit 257 gegen 41 Stimmen abgelehnt. Die Minderheit bestand aus den Altliberalen, mehreren Klerikalen und einigen Mitgliedern der Linken. Angenommen wurde mit 239 gegen 61 Stimmen nach Antrag der Kommission der verbesserte ursprüngliche Vorschlag der Fortschrittspartei. (Antrag Virchow.)

In dieser Adresse wurde das Ministerium beschuldigt, die Verhandlungen des Hauses nicht wahrheitstreu vorgetragen zu haben und durch das Abbrechen der persönlichen Verhandlungen mit dem Hause den Zweck der Session, dem Lande sein verfassungsmäßiges Recht und seinen inneren Frieden wiederzugeben, vereitelt zu haben. Dann wird den gegenwärtigen Ministern vorgeworfen:

„Durch ihre Politik nach Außen, durch ihr verfassungswidriges Verfahren im Innern haben sie das Vertrauen der Völker und der Regierungen verscherzt. Sie selbst haben im Hause der Abgeordneten aussprechen müssen, daß Preußen Feinde ringsum hat, daß ihm ringsum kriegerische Verwickelungen drohen. Preußen steht fast allein in Deutschland, ja in Europa.

Das Haus der Abgeordneten hat seine Stimme zu wiederholten Malen erhoben, um die Minister Ew. Majestät aufzuhalten auf den gefährlichen Wegen, welche sie in der auswärtigen Politik betreten haben. Sein Rath ist zurückgewiesen worden. Die Minister haben erklärt, sie würden, wenn sie es für nöthig hielten, Krieg führen mit oder ohne Gutheißen der Landesvertretung" . . . .

Das Haus erfüllt noch einmal seine Gewissenspflicht, indem es vor dem Könige erklärt:

„Das Haus der Abgeordneten hat kein Mittel der Verständigung mehr mit diesem Ministerium; es lehnt seine Mitwirkung zu der gegenwärtigen Politik der Regierung ab. Jede weitere Verhandlung befestigt uns nur in der Ueberzeugung, daß zwischen den Rathgebern der Krone und dem Lande eine Kluft besteht, welche nicht anders, als durch einen Wechsel der Personen und mehr noch, durch einen Wechsel des Systems ausgefüllt werden wird."

Die Adresse wurde am Freitag vor Pfingsten (22. Mai) beschlossen. Der König fand sich „wieder nicht bewogen" die Deputation zur Uebergabe der Adresse zu empfangen. Der Präsident erhielt zur Sitzung nach den Pfingstfeiertagen (27. Mai) durch den Ministerpräsidenten eine königliche Botschaft übersandt. Das Haus wurde darin in der alten Weise beschuldigt, es wolle den Kreis seiner verfassungsmäßigen Befugnisse erweitern und den König nöthigen, sich mit Ministern zu umgeben, die ihm genehm seien, und seine verfassungswidrige Alleinherrschaft anbahnen. Nach Verlesung der Botschaft erklärte Hoverbeck zur Geschäftsordnung:

„Ich will nur darauf aufmerksam machen, daß das eben verlesene Allerhöchste Schreiben nicht kontrasignirt, also von keiner ministeriellen Verantwortlichkeit gedeckt ist; es entzieht sich dasselbe demnach jeder Verhandlung in diesem Hause."

Damit war diese Botschaft abgethan. Dem Landtag wurde für den Nachmittag der Schluß der Session angekündigt. Grabow erstattete die übliche Geschäftsübersicht. Er sprach die festeste Zuversicht aus,

„daß Preußens Volk, ohne die Bahn der strengsten Gesetzlichkeit auch nur einen Augenblick zu verlassen, in dem heftig entbrannten Verfassungskampfe sich treu und fest um seine beschworene Verfassung und seine Vertreter schaaren und das Palladium seiner durch sie erworbenen und vertheidigten Rechte und Freiheiten **gegen jede verfassungswidrige Oktroyirung** heilig halten und schützen wird" . . . .

Nach dem Hoch auf den König schloß er mit den Worten: „Gott schütze das Vaterland!"

Bismarck hatte im weißen Saale die Schlußrede zu verlesen. Darin wurden die unwahren Beschuldigungen in gesteigertem Maße wiederholt. Das Abgeordnetenhaus

„habe durch weitgreifende Verhandlungen über die auswärtige Politik die Wirksamkeit der Regierung seiner Majestät zu lähmen gesucht und dadurch die Aufregung in den an Polen grenzenden Provinzen wesentlich gesteigert". . . .

. . . „Schließlich hat das Haus in der Adresse vom 22. Mai der Regierung die ihm verfassungsmäßig obliegende Mitwirkung überhaupt zu versagen erklärt."

Diese Strafrede wurde nur von wenigen Abgeordneten gehört; die große Mehrzahl hatte sich nicht bewogen gefühlt, in den weißen Saal zu gehen.

Das Abgeordnetenhaus hat in dieser durch einen unerwarteten Zwischenfall vorzeitig zum Abschluß gebrachten Session, auch abgesehen von Militärfragen, in Kommissionen und im Plenum fleißig gearbeitet. Von Vorlagen der Regierung kamen zur endgültigen Erledigung Uebereinkünfte zwischen Preußen und Belgien — ein Schiffahrtsvertrag und eine Uebereinkunft wegen gegenseitigen Schutzes der Rechte an litterarischen Erzeugnissen und Werken der Kunst. Die vereinigten Kommissionen für Finanzen und Zölle und für Handel und Gewerbe empfahlen einmüthig, die verfassungsmäßige Zustimmung zu ertheilen. Auch im Plenum fanden diese Uebereinkünfte am 18. April, der Schiffahrtsvertrag einstimmige, die litterarische Konvention fast einstimmige Annahme.[6])

Dieselben Kommissionen beriethen ferner über die Uebereinkunft mit deutschen Staaten, betreffend eine Neuregulirung des Elbzolles. Abgeordneter Michaelis verfaßte den ausführlichen Bericht. Das Abgeordnetenhaus ertheilte, den Anträgen der Kommission entsprechend, in der Sitzung vom 5. Mai seine Genehmigung. Kein einziger Redner nahm dazu das Wort.

Nach Art. 61 der Verfassung sind einem besonderen Gesetze die näheren Bestimmungen über die Fälle der Verantwortlichkeit der Minister, über das Verfahren und über die Strafen vorbehalten. Die Abgeordneten Schulze-Delitzsch, Mellien und Immermann legten einen von der Fortschrittspartei genehmigten Gesetzentwurf zur Beschlußfassung vor. Derselbe wurde von einer Kommission unter dem Vorsitz Simsons einstimmig zu unveränderter Annahme empfohlen. Der von Gneist[7]) verfaßte Bericht kam zur Verhandlung; der Gesetzentwurf wurde mit 249 gegen 6 Stimmen angenommen, aber im Herrenhause nicht erledigt.

Der Entwurf einer Kreisordnung und eines Gesetzes, betreffend die ländliche Polizeiverwaltung in den sechs östlichen Provinzen wurde von den Abgeordneten Lette, v. Benda und Jordan (Fraktion Rönne-Lette) eingebracht, wesentlich übereinstimmend mit den in den früheren Sessionen von 1861 und 62 von dem altliberalen Ministerium eingebrachten Entwürfen. Eine verstärkte Kommission für das Gemeindewesen erstattete über die Kreisordnung einen Bericht, der aber nicht mehr zur Verhandlung im Plenum gelangte.

Schulze-Delitzsch beantragte Annahme eines Gesetzes über die privatrechtliche Stellung der auf Selbsthilfe beruhenden Erwerbs- und Wirthschaftsgenossenschaften. Der Entwurf ist in einer Kommission vorberathen und in einer Fassung angenommen, die als Grundlage der späteren preußischen und deutschen Genossenschaftsgesetze von 1867 und 68 gedient hat.

Die dänische Regierung hatte durch ein Patent vom 30. März 1863 Schleswig und Holstein getrennt und dadurch die im Londoner Vertrag von 1852 gegebenen Zusicherungen verletzt. Twesten fragte mit Unterstützung der Fortschrittspartei, ob die Regierung sich dieser Verletzung gegenüber noch ferner an die übernommenen Verpflichtungen gebunden erachte. Am 17. April erinnerte er in seiner längeren, das verwickelte Rechtsverhältniß sehr gründlich und klar auseinandersetzenden Rede daran, daß Bismarck 1849 den Krieg mit Dänemarck als „ein höchst ungerechtes, frivoles und verderbliches Unternehmen zur Unterstützung einer ganz unmotivirten Rebellion" bezeichnet hatte.[8])

In Beantwortung der Interpellation erklärte Bismarck zwar, die Wahrung deutschen Rechtes in Holstein-Lauenburg und in Betreff Schleswigs bilde eine nationale Ehrenpflicht. Auch erkannte er an, daß die dänische Regierung durch den Erlaß vom 30. März sich in wesentlichen Punkten ausdrücklich von den Vereinbarungen von 1851/52 losgesagt habe. Aber, was in Folge der Veränderung der Sachlage zu thun sei, darüber werde die Regierung in Gemeinschaft mit ihren deutschen Bundesgenossen ihre Entschließungen fassen. Preußen und Oesterreich hätten sich über die gegenwärtig in Kopenhagen gemeinschaftlich zu thuenden Schritte verständigt und sie bereits ins Werk gesetzt.

Nicht erledigt wurde in der Session ein Antrag, die Genehmigung zur Verhaftung zweier polnischen Abgeordneten zu ertheilen. Der Abgeordnete Rittergutsbesitzer Alexander v. Guttry in Parys war von dem Warschauer Zentral-Nationalkomité zum Generalkommissar für Posen ernannt und der Abgeordnete Graf Johann Dzialynski sollte Mitglied eines Posener Komités gewesen sein. Der Oberstaatsanwalt in Posen wurde mit seinen Anträgen auf Verhaftung und steckbriefliche Verfolgung der beiden Abgeordneten durch das Kreisgericht zu Posen und das Kreisgericht zu Wongrowitz zurückgewiesen. Der Justizminister beantragte, beide Abgeordnete wegen versuchten Hochverraths und Theilnahme an einer geheim gehaltenen Verbindung steckbrieflich zu verfolgen. Die Anträge wurden der Justizkommission überwiesen. Diese schlug mit 10 gegen 4 Stimmen vor, die Genehmigung zur Einleitung der Untersuchung und zu ihrer Verhaftung zu ertheilen.[9])

Anmerkungen zum vierundzwanzigsten Kapitel.

[1]) Aufsatz von Gustav Freytag, Seite 431 der Grenzboten, erstes Quartal 1863. Für die Konfliktzeit bieten die Aufsätze Gustav Freytags in den Grenzboten, bezeichnet ♀, den besten Beweis, wie der gemäßigte Liberalismus gebildeter Männer in Preußen und im übrigen Deutschland über den Verfassungskampf des preußischen Abgeordnetenhauses dachte.

[2]) Der Einladung des Hamburger Festkomités folgten sieben Abgeordnete der Fortschrittspartei, darunter Major Beitzke, Franz Duncker, v. Hennig-Plonchott und Lüning. Götte war der Hamburger Geschäftsführer des Nationalvereins.

[3]) Hoverbeck hatte schon zu Anfang der Session bei der Entschließung über die Behandlung des Etats für 1863 (Vorbericht der Budgetkommission s. o. S. 128) Vorwürfe der Wähler vorausgesehen: er schrieb darüber an seine Freunde am 8. Januar 1863: . . . „Wir wollen den Etat pro 1863 nicht blos vorläufig berathen, sondern sogar schließlich trotz dem Konflikt über den 62er Etat in der Form, wie voriges Jahr, also mit Streichung der Reorganisation annehmen. Gewiß sieht dies für alle fest Entschiedenere schwächlich aus — wir wissen das — aber es konzentrirt die ganze Kraft des Kampfes auf das richtige Terrain, sichert uns in

der Kammer und im Volke die größte Majorität, und ist darum politisch der klügste Schritt. (Waldeck ist übrigens darin mit uns einverstanden.) Der Vorwurf, daß wir nicht genug Kourage hätten, wird gemacht werden; wir werden ihn nicht nur ruhig ertragen, sondern sogar gern hören; die natürliche Schlußfolgerung ist die: also auch mit so gemäßigten, ja schwächlichen Abgeordneten können die Minister nicht auskommen." —

[4]) Schulze-Delitzsch schrieb am 27. März an Hoverbeck, er könne nicht in die gemeinschaftliche Fraktionssitzung kommen, „wo die Dinge ja ohnehin gut stehn und Sie und Forckenbeck zuletzt doch sprechen müssen. Es ist besser, ich spare mich zur definitiven Einigung. Denn bevor die Sache in das Haus kommt, müssen wir doch wieder zusammen tagen, darauf wirken Sie ja hin. Ich glaube bestimmt: bis dahin geschieht etwas in den Regierungskreisen! Denn soeben erhalte ich einen in diesen Kreisen sich bewegenden Besuch (den ich nicht nennen soll), der bestimmt die Disposition des Königs zur Annahme unserer Vorschläge in den Hauptpunkten versichert. Nur über die Beibehaltung des größeren Theils des Ministeriums ist noch nichts entschieden, die zwar der König wünscht, der man aber von andrer Seite ernst entgegenstrebt. Daher: rüste Forckenbeck seine Resolutionen! eine Annahme der Amendirung unter Beibehaltung der Minister — freilich ein Unding an sich, doch was ist nicht in diesem Kopfe möglich! — hat seine Schattenseite. Es wäre neben dem Siege in der Militärfrage eine Niederlage in der Verfassungsfrage — und wir hätten den Haupthebel aus den Händen gegeben!"

[5]) In den fast **30 Jahre später** veröffentlichten „Denkwürdigkeiten aus dem Leben Roons" ist erzählt, man habe Herrn v. Bockum-Dolffs einen falschen Hut gebracht, der ihm, als er ihn aufsetzte, „bis über die Ohren hinabfiel". Der Herausgeber, Graf Waldemar v. Roon, hat eine Quelle für seine Erzählung nicht angegeben. Er beruft sich auf die Erinnerung von Augen- und Ohrenzeugen, ohne sie zu nennen. Drei Jahre später, **1895**, bringt Ritter Poschinger in dem Buche „Fürst Bismarck und die Parlamentarier" Bd. II S. 38 dieselbe Geschichte. Sie soll in einem Aufsatze stehen, der sich im „literarischen Nachlaß" des 1890 verstorbenen Peter Reichensperger vorfand und betitelt ist „Eine tragikomische Kammerscene und eine ernste Bismarck-Enthüllung". Hier ist noch eine Steigerung vorgenommen: der „bis auf die Schulter" herabgesunkene Hut konnte „nur mit Hilfe des Bureaus in die richtige Verfassung" gebracht werden. Hat Peter Reichensperger bei dem möglicher Weise ein Vierteljahrhundert nach 1863 niedergeschriebenen Aufsatze seine verloren gegangenen Erinnerungen nach denselben Quellen ergänzt, die Graf Waldemar v. Roon benutzte? Bernhardi, der vernommene Schimpfereien gegen die „Bockumiten", zu denen er auch Virchow zählt, sorgfältig in seine Tagebücher aufnimmt, schreibt zwar von dem „schmachvollen" Benehmen Bockum-Dolffs, aber nichts von dem Vorfall mit dem Hut. Die Fabel war damals noch nicht verbreitet. Mir ist sie zuerst **1869** begegnet in der ersten Lieferung des Buches von Wolfgang Menzel „Die wichtigsten Weltbegebenheiten vom Ende des lombardischen Kriegs bis zum Anfange des deutschen Kriegs." Ueber den Inhalt dieser Lieferung veröffentlichte ich mit Namensunterschrift in Nr. 24 vom 11. Juni 1869 der von mir herausgegebenen Wochenschrift „Volksfreund" einen längeren Aufsatz: „Ein pietistisch-feudaler Geschichtsfälscher". Jene Lieferung, erklärte ich, enthalte eine Mustersammlung gröblichster Schimpfereien auf politische Gegner und hämischster Verdächtigungen aller freisinnigen Bestrebungen und fast auf jeder Seite so grobe Unwahrheiten, daß es fürwahr unmöglich sei, sie auf die pure Unwissenheit des Verfassers zu schieben. Unter den Belegen führte ich z. B. an, daß von Waldeck, der von 1844 bis zu seinem Tode 1869 ununterbrochen Richter des höchsten Gerichtshofes Preußens war, wiederholt behauptet wird, er sei ein politischer Flüchtling von 1848, der erst 1861 in Folge der Amnestie nach Preußen zurückgekehrt und dann in das Abgeordnetenhaus gewählt worden sei. Ferner theilte ich im wörtlichen Abdruck Menzels verlogene Darstellung jener Sitzung des Abgeordnetenhauses vom 11. Mai 1863 mit, deren Schlußsatz lautete: „Man hatte ihm einen falschen Hut gebracht, der ihm über das Gesicht bis auf die Brust hinabfiel, eine Ironie des

Zufalls, ganz geeignet, die großen Politiker des Abgeordnetenhauses in ihrer Lächerlichkeit zu zeigen." Ich verwies dagegen auf die stenographischen Berichte und fuhr dann fort, das Tollste sei der Schlußsatz, worin Menzel über den vor sechs Jahren „in Gegenwart von hunderten noch lebender und wohlbekannter Augenzeugen stattgefundenen Vorfall eine neue bis dahin noch nirgends erwähnte Thatsache enthüllt, die, wenn sie wahr wäre, Niemandem hätte unbekannt bleiben können. Mehrere hundert Männer, die Vertreter des preußischen Volkes, richteten damals ihre Augen auf den Hut, den sich Herr v. Bockum-Dolffs bringen ließ, aber kein Einziger bemerkte, daß dem Letzteren dieser Hut, als er ihn aufsetzte, über das Gesicht bis auf die Brust herabfiel". . .

Weder den Behauptungen, noch der Nutzanwendung meines Aufsatzes — dem Ausdrucke tiefer Verachtung über eine so verlogene Darstellung vaterländischer Geschichte, ist widersprochen worden. Von den 352 Männern, die im Mai 1863 dem Abgeordnetenhause angehörten, saßen im Abgeordnetenhause von 1869, nach sorgfältiger Zählung, einschließlich meiner und Herrn v. Bockum-Dolffs 80, buchstäblich achtzig – 12 Konservative und Altliberale, 20 Nationalliberale, darunter Forckenbeck, Twesten, Hennig, 12 vom linken Zentrum, 26 von der Fortschrittspartei, darunter Becker-Dortmund, Franz Duncker, Hoverbeck, Schulze-Delitzsch, Virchow, 5 Polen, 5 Klerikale, darunter v. Mallinckrodt und Peter Reichensperger. Sicher haben fast Alle den Aufsatz gelesen. Kein Einziger hat mir widersprochen. Das ist ein besserer Beweis für die Wahrheit als spätere „Erinnerungen" ungenannter Augen- und Ohrenzeugen.

[6]) Bismarck war in der Sitzung zugegen, ohne das Wort zu nehmen. Er hat über sie an seinen amerikanischen Freund J. L. Motley einen eigenthümlichen Brief geschrieben (s. „Politische Briefe Bismarcks", Berlin 1889, S. 124). Er spricht von seinem Haß gegen die Politik; er sei verpflichtet „besonders geschmacklose Reden aus dem Munde ungewöhnlich kindischer und aufgeregter Politiker zu hören". Und weiter: „Ich sitze wieder im Phrasenhause und höre die Leute Unsinn reden. Alle diese Herren haben sich mit unseren Verträgen mit Belgien einverstanden erklärt, trotzdem zanken sich zwanzig Redner in der größten Heftigkeit, als ob Jeder dem Anderen den Garaus zu machen gedächte; sie sind nämlich nicht einig über die Gründe, weshalb sie derselben Ansicht sind. Der richtige deutsche Streit um des Kaisers Bart! — querelle d'Allemand!" — Man vergleiche damit den stenographischen Bericht über die Sitzung vom 18. April, die nur 2 Stunden 25 Minuten dauerte und in der nicht 20, sondern 12 Redner sprachen, außer den Berichterstattern Michaelis, Röpell-Danzig und dem Ministerialdirektor Delbrück noch die Abgeordneten Becker-Dortmund, Mallinckrodt, v. Sybel, Schulze-Delitzsch, Plaßmann, Reichenheim, Reichensperger-Beckum, Exminister v. Patow zum Schiffahrtsvertrag, Virchow zur litterarischen Konvention. Sämtliche Reden haben rein sachlichen Inhalt; von Zank kam nichts vor. Eine kleine Reiberei zwischen Schulze-Delitzsch und den drei Klerikalen, die eine Zolleinigung mit Oesterreich eifrig befürworteten, kann nicht als solcher bezeichnet werden. Im weiteren Verlauf des Briefes sagt Bismarck von dem „Schwätzern": . . . „Die Schwätzer können Preußen wirklich nicht regieren, ich muß den Widerstand leisten, sie haben zu wenig Witz und zu viel Behagen, dumm und dreist. Dumm in seiner Allgemeinheit ist nicht der richtige Ausdruck; die Leute sind, einzeln betrachtet, zum Theil recht gescheut, meist unterrichtet, regelrechte deutsche Universitätsbildung, aber von der Politik, über die Kirchthurm-Interessen hinaus, wissen sie so wenig, wie wir als Studenten davon wußten, ja noch weniger; in auswärtiger Politik sind sie auch einzeln genommen Kinder; in allen übrigen Fragen aber werden sie kindisch, sobald sie in corpore zusammentreten, massenweis dumm, einzeln verständig."

[7]) Bericht Aktenstück Nr. 87, Seite 430.

[8]) Twesten schrieb am 20. April an seinen Freund, den späteren Reichstagsabgeordneten Lipke: „In der Schleswig-Holsteinschen Sache habe ich eine 14 spaltige Rede gehalten; es lag mir daran, einmal wieder im Zusammenhange und urkundlich die festgestellten Bedingungen und deren Verletzung nachzuweisen; das Zurückgehen

auf die früheren Rechtsverhältnisse ist jetzt gewiß gerechtfertigt und das Einzige was augenblicklich geschehen kann. — Der Hieb auf Bismarcks frühere Stellung zu der Sache saß und kränkte ihn sehr. Altliberale sind thöricht genug, auf den Zopf anzubeißen und zu bedauern, daß durch solche Angriffe der Regierung die Wahrnehmung der deutschen Rechte erschwert werde . . ."

[9]) Ein dritter polnischer Abgeordneter, Lieutenant a. D. v. Bentkowski, seit 1852 ununterbrochen Mitglied des Abgeordnetenhauses, legte Ende März sein Mandat nieder und nahm an den Kämpfen in Polen theil; er war Generalstabschef unter dem Diktator Langiewitsch.

Fünfundzwanzigstes Kapitel.

Preßordonnanz. Fürstentag. Auflösung und Neuwahl des Abgeordnetenhauses.

Bereits vor der Schließung des Landtages war, wie auch aus Grabows Rede hervorging, in Berlin allgemein verbreitet, man habe verfassungswidrige Oktroyirungen zu erwarten. Auch der Kronprinz war von Besorgnissen erfüllt. Er bezweifelte zwar, daß Warnungen vor Verfassungsverletzungen bei dem Könige Erfolg haben würden, aber dennoch legte er am Tage vor der am 1. Juni angetretenen Inspektionsreise nach Ostpreußen dem Könige schriftlich die Bitte ans Herz, Oktroyirungen zu vermeiden.

„Er wisse wohl, daß der König streng verfassungsmäßig regieren wolle; da aber die Minister nicht nur die verfassungsmäßigen Rathgeber des Königs, sondern auch auf die Verfassung vereidet seien, so sei zu befürchten, daß ihre Behauptung der Verfassungsmäßigkeit ihrer Anträge Glauben finde."[1])

Schon am 1. Juni erfolgte auf Antrag des gesammten Staatsministeriums die verfassungswidrige Oktroyirung der berüchtigten Preßverordnung, welche die Freiheit der Presse in Preußen zerstörte, indem sie allen regierungsfeindlichen Blättern das Schicksal der Unterdrückung durch die Verwaltungsbehörden in Aussicht stellte. Nach der Verordnung sollten die Verwaltungsbehörden befugt sein, das fernere Erscheinen einer inländischen Zeitung oder Zeitschrift wegen fortdauernder, die öffentliche Wohlfahrt gefährdender Haltung zeitweise oder dauernd zu verbieten. Eine Gefährdung der öffentlichen Wohlfahrt sollte schon dann als vorhanden angenommen werden,

„wenn die Gesammthaltung des Blattes das Bestreben erkennen läßt und dahin wirkt: Die Ehrfurcht und die Treue gegen den König zu untergraben, den öffentlichen Frieden durch Aufreizung der Angehörigen des Staates gegen einander zu gefährden, die Einrichtungen des Staates, die öffentlichen Behörden und deren Anordnungen durch Behauptung entstellter oder gehässig dargestellter Thatsachen oder durch Schmähungen und Verhöhnungen dem Hasse oder der Verachtung auszusetzen, zum Ungehorsam gegen die Gesetze oder gegen die Anordnungen der Obrigkeit anzureizen, die Gottesfurcht und die Sittlichkeit zu untergraben, die Lehren, Einrichtungen oder Gebräuche einer der christlichen Kirchen oder einer anerkannten Religionsgesellschaft durch Spott herabzuziehen."

Das Verbot sollte durch Plenarbeschluß der Regierung mit Rekurs an das Staatsministerium erfolgen, nach voraufgegangener zweimaliger schriftlicher Verwarnung durch den Regierungspräsidenten.

Gleichzeitig erging eine Ministerialinstruktion, wonach nicht geduldet, sondern durch Verwarnungen und Verbote rücksichtslos und ohne Zögern gehindert werden sollte, daß Zeitungen Regierungsmaßregeln als ungesetzlich oder verfassungswidrig hinstellen, die innere oder äußere Politik der Regierung angreifen, oder auswärtige Zustände so kritisiren, daß dahinter sich ein Tadel der preußischen Politik verbirgt.

„Ein Schrei der Entrüstung durchflog das ganze preußische Volk, eine solche Nachbilderei napoleonischer Polizeiwillkür hatte man nicht erwartet, ein solches Uebertreiben der ärgsten Manteuffelschen Gewaltmaßregeln nicht für möglich gehalten." (Bulle a. a. O. S. 396.)

Der König beantwortete des Kronprinzen Brief vom 31. Mai erst nach Erlaß der Verordnung vom 1. Juni: Diese stimme mit Art. 63 der Verfassung überein und solle dem Landtage vorgelegt werden!

Der Kronprinz hatte bei seiner Abreise seinen Geheimrath Max Duncker angewiesen, sofort zu ihm zu kommen, wenn oktroyirt werden sollte. Duncker aber blieb zu Hause und warnte brieflich den Kronprinzen vor schriftlichen Erklärungen. Inzwischen hatte der Kronprinz schon am 3. Juni eine feierliche Verwahrung gegen die verfassungswidrige Preßordonnanz in einem Schreiben an Bismarck gerichtet und ihn aufgefordert, diese dem Kabinet mitzutheilen. Er erklärte den Schritt des Ministeriums für schädlich, sowohl für den Staat wie für die Dynastie. Die Maßregel sei ergriffen worden ohne sein Wissen und ohne seine Kenntnis und er protestire gegen alle Folgerungen, die auf seine Stellung zum Staatsrath begründet werden könnten.

Bismarck hat das Schreiben dem Könige vorgelegt; dieser verbot, es dem Staatsministerium zu übergeben. Am folgenden Tage, den 4. Juni, schrieb der Kronprinz von Stettin aus wieder an den König, indem er in lebhafter Sprache gegen den Verfassungsbruch protestirte. Mit der Kronprinzessin, die ihn in Stettin abholte, fuhr er nach Danzig. Am 5. Juni wurde er von Magistrat und Stadtverordneten unter Führung des Oberbürgermeisters v. Winter, des Berliner Polizeipräsidenten unter dem Ministerium v. Schwerin, feierlich empfangen.[2]) Winter erklärte, die ganze Bürgerschaft sei überaus unglücklich, daß die Verhältnisse ihr nicht möglich machten, ihre herzliche Freude in lautem Jubel erschallen zu lassen. Der Kronprinz beklagte in seiner Entgegnung, daß er zu einer Zeit des Zerwürfnisses zwischen Regierung und Volk hergekommen sei.

„Ich habe von den Verordnungen, die dazu geführt haben, nichts gewußt. Ich war abwesend. Ich habe keinen Theil an den Rathschlägen gehabt, die dazu geführt haben".

Der König schrieb an den Kronprinzen gleich nach der Danziger Rede und forderte ihn auf, falls die Presse die Rede unrichtig mitgetheilt hätte, diese zu berichtigen, andernfalls die gesprochenen Worte zurückzunehmen. Geschehe dies nicht, so werde er im Wiederholungsfalle nach Berlin zurückgerufen und seines militärischen Kommandos entsetzt werden. Der Kronprinz erklärte, nichts zurücknehmen zu können. Er sei es seinem Gewissen und seiner Stellung schuldig, seine Ansicht vor der Welt zu bekennen. Das Ministerium habe seine abweichende Meinung ignorirt, einen Schritt gethan, der sein und seiner Kinder Schicksal gefährde. Er lege, falls der König wünsche, alle Aemter nieder und bitte, ihm einen Ort zu bestimmen in der Provinz oder außer Landes, wo er fern von der Politik leben könne. Der König antwortete, vielleicht beeinflußt von der Königin, die am 5. Juni nach Babelsberg zurückgekehrt war, milder als zuvor. Er verpflichtete den Kronprinzen zum Schweigen.[3])

Schon am 4. Juni beschloß die Berliner Stadtverordnetenversammlung, durch eine Deputation aus Mitgliedern beider städtischer Behörden

„dem Könige vorzustellen, daß die im Widerspruch mit der Verfassung eingeführten Beschränkungen der Presse durch Unterdrückung von Zeitungen und Zeitschriften seitens der Verwaltungsbehörden das Vertrauen auf die Geltung der Verfassung und die Gesetze erschüttern, wichtige Eigenthumsinteressen dem freien Ermessen der Verwaltungsbehörden anheimgeben und tief verletzend in das bürgerliche Leben und Gewerbe eingreifen; daß ferner die Fortführung der Regierung ohne einen geordneten Staatshaushalt und der immer tiefergehende Verfassungskonflikt den Kredit und das Vertrauen der besitzenden und gewerbetreibenden Klassen in immer weiteren Kreisen gefährden, und ihn zu bitten, durch schleunige Berufung des Landtags die Wiederherstellung eines verfassungsmäßigen Zustandes herbeizuführen."

Der Magistrat trat diesem Beschlusse bei. Die Stadtverordneten anderer Städte faßten ähnliche Beschlüsse. Am 7. Juni untersagte die Regierung von Potsdam den Berliner Kommunalbehörden die Ausführung ihres Beschlusses auf Grund eines Erlasses des Ministers des Innern an sämmtliche Regierungen vom Tage zuvor. In diesem waren Berathungen politischer Angelegenheiten durch die Stadtverordnetenversammlungen verboten und die strengsten Maßregeln dagegen angeordnet. Die Berliner Stadtverordnetenversammlung ernannte nun eine Deputation zur Berathung über die Regierungsverfügung. Diese, unter dem Vorsitz des altliberalen Dr. Veit, beantragte zu erklären:

I. daß der Beschluß wegen Absendung einer Deputation gesetzlich durchaus zulässig und die dagegen erlassene Verfügung der Regierung nicht begründet sei.

II. den Magistrat aufzufordern, gegen die Verfügung der Regierung den Beschwerdeweg bis zum Könige zu verfolgen und dabei die in einem Protokoll aufgeführten Thatsachen und Gründe geltend zu machen;

III. die Versammlung solle beschließen, fernere Adressen und Deputationen an den König und die königliche Familie nicht zu erlassen.

Der letzte Antrag war von der Deputation, zu deren Mitgliedern neben Gneist, Reimer, Dr. Löwe auch ein Konservativer gehörte, einstimmig angenommen.

Als einige Wochen später ein Prinz des königlichen Hauses starb, blieben die Stadtverordneten in ihrer Mehrheit dem Beschlusse treu, sie lehnten die Sendung einer Adresse oder einer Deputation ab.

Die Stadtverordneten anderer Städte, die sich an den König mit Verwahrungen gegen das verfassungswidrige Regiment und dessen Rechtsverletzungen wenden wollten, wurden daran gehindert, ihre Vorsteher mit Ordnungsstrafen bedacht.

Sieben Berliner Zeitungen, Berliner Reform, Nationalztg., Spenersche, Vossische, Berliner Abendztg., Berliner Allgemeine, Volksztg., brachten am 5. Juni eine übereinstimmende Erklärung der Redaktionen, in der der Preßverordnung die Verfassungsmäßigkeit und die gesetzliche Begründung abgesprochen, und jeder Einzelne aus dem Volk aufgerufen wurde, sich am Verfassungskampfe zu betheiligen. Der Erklärung schlossen sich eine Reihe Provinzialzeitungen an, darunter die Magdeburgische, die Ostdeutsche (Posen), die Thüringer (Erfurt), die Danziger, die Bromberger, die neue Stettiner Zeitung, der neue Elbinger Anzeiger. Alle diese Blätter erhielten sofort die erste Verwarnung; bald folgte bei vielen Blättern die zweite Verwarnung nach.

Die oppositionelle Presse war nun vorläufig zum Schweigen

gebracht. Jedermann wußte, daß die Preßordonnanz vom Abgeordnetenhause sofort aufgehoben werden würde, — aber Niemand wußte, wann wieder in Preußen ein Abgeordnetenhaus, wenn überhaupt noch, tagen werde. Und der Glaube, daß die beschworene Verfassung einen Schutz gegen gewaltsame Beraubung des Eigenthums durch die Regierung gewähre, erlosch im Volke.

Die festen entschiedenen Verwahrungen des Kronprinzen hatten auf den König und seine Umgebung ihren Eindruck nicht verfehlt. Bismarck mußte darauf verzichten, dem Könige weitere Oktroyirungen vorzuschlagen. Die allgemein als bevorstehend angekündigte Oktroyirung eines Versammlungs- und Vereinsgesetzes unterblieb.

Der Kronprinz setzte in Begleitung seiner Gemahlin seine Inspektionsreise nach Ostpreußen fort. Er fuhr nach Memel, Tilsit, durch Lithauen und Masuren, besichtigte Trakehnen und besuchte dann den früheren Vertrauten seines Vaters, den Abgeordneten v. Saucken-Julienfelde. Dessen Schwiegersohn, der fortschrittliche Abgeordnete v. Saucken-Tarputschen, der Ende der siebziger Jahre als Landesdirektor von Ostpreußen zu den Vertrauten des Kronprinzen gehörte, weilte im Bade. Dessen Kinder waren in Julienfelde bei den Großeltern. Der Kronprinz, der seit Danzig politische Gespräche unterließ, scherzte mit ihnen heiter und gemüthlich. In Ostpreußen dominirte damals in den Städten und unter den „Besitzern" die Fortschrittspartei. Saucken-Tarputschen schrieb mir nach seiner Rückkehr:

„Es ist mir recht lieb, daß ich jetzt nicht zu Hause war; der Kronprinz ist durch meine Grenzen nach Julienfelde zum Besuch gefahren. Unsere Partei hat die Parole ausgegeben, den Kronprinzen die Sünden des Vaters fühlen zu lassen, an denen er keinen Antheil zu haben, öffentlich erklärt hat. Ich verstehe nicht ganz die Logik dieser Demonstration. Ich glaubte, es wäre dem Könige viel schmerzlicher und also eine heilsame Wermuth-Medizin gewesen, wenn man den Kronprinzen überall offiziell angeredet und ihm überall gesagt hätte, man freue sich zu hören, daß er an dem Eidbruch keinen Theil habe, dann hätte der Prinz heraus müssen und das wäre in jedem Falle gut gewesen, am Besten, wenn man zum Skandal auch die Deputationen verboten hätte."

Ueber den Eindruck, den der Kronprinz und seine Gemahlin in Ostpreußen gemacht, schrieb v. Saucken mir in demselben Briefe:

„Man wird von ihm keine Genialität, keine eigenen starken Grundsätze, keine Begabung für ein großartiges „persönliches Regiment" erwarten können, dafür ist er aber auch hoffentlich kein Starrkopf, kann also vielleicht ein vortrefflicher konstitutioneller König werden. Ganz allgemein hat die Kronprinzessin gefallen, die hat ein entschiedenes selbstständiges Urtheil. Dem Oberpräsidenten Eichmann sagte sie, daß sie täglich die Volks- und Nationalzeitung und die Times lese und mit diesen Zeitungen ihre Ansichten übereinstimmten, worüber der sehr erschreckt war und gar nicht wußte, was er sagen sollte. Ihrem ganzen Wesen soll man es anmerken, daß sie mit keinem Haar zu dem jetzigen Hofkreise sich hingezogen fühlt und die Ansichten des Hofes für sie durchaus nicht maßgebend sind. Dabei fühlt und gebärdet sie sich wie ein Mensch, der als Mensch geboren und erzogen, nicht als Krinolinständer und Haubenstock zum Knixen und Phrasendrechseln."

Hieran schlossen sich abfällige Bemerkungen über die Königin Augusta, die durch eigene Schuld jeden Einfluß verloren habe.

In das Ermland reiste der Kronprinz nicht. Hoverbeck bekam nichts von ihm zu sehen. Er schrieb von Nickelsdorf am 20. Juni seinem Freunde Witt:

Mein lieber alter Witt!

Erinnerst Du Dich noch, daß wir uns, nachdem ich zum Landschaftsdirektor gewählt war, darüber freuten, jetzt bei Gelegenheit der Session der Landschaft uns öfter in Königsberg zu sehen? Diesmal wird vermuthlich gerade die Session die Ursache sein, daß ich Dich einmal weniger sehe. Jeder ordentliche Landwirth kommt bekanntlich Ende Juni nach Königsberg, um seine Wolle abzuliefern. Vor acht Tagen aber bekam ich eine Einladung zur Session auf den 13. Juli (vermuthlich eine Woche lang dauernd). Die Folge davon wird nun die sein, daß ich Ernsts Anerbieten, meine Wolle mit seiner zugleich abzuliefern, annehmen werde, um so mehr, da ich vor der Session noch in meinen Wahlkreis soll, um dort in Neidenburg, Soldau, Gilgenburg und Osterode, also an vier verschiedenen Tagen, einen ordentlichen Cyklus von Gastrollen zu geben. Ich kann nicht sagen, daß ich mich sehr auf diese Reise freute. Durch die langen vergeblichen Arbeiten in Berlin, und da ich mich zu dem Glauben neige, daß diese Minister nur die Werkzeuge sind, und der eigentliche Sitz der Reaktion der unverantwortliche . . . in persona ist, gegen den man doch nicht in dem Maße vorgehen darf, wie es eigentlich die Aufrichtigkeit erforderte —, bin ich augenblicklich politisch so abgemattet und gleichzeitig verbittert, daß es für mich eine wahre Kur wäre, mich hier zu Hause ganz und gar auf das Landleben zurückzuziehen. Das wird mir nun durch diese Art von Thätigkeit durchkreuzt, die eigentlich von Allem, was mit der Abgeordnetenschaft zusammenhängt, am wenigsten nach meinem Geschmacke ist, weil sie immer in Beziehung zu der eigenen Person steht. Es mag wahr sein, daß es nützlich ist, wenn Wähler und Gewählter öfter in dieser Art verkehren; daß vielleicht auch Mancher, der zu einer solchen Versammlung nur aus Neugierde gegangen ist, das Gefühl mitnimmt, daß die gegenwärtige Regierung unerträglich und das Abgeordnetenhaus ehrlich ist — trotzdem ist es mir niemals eine besondere Freude gewesen, so gleichsam für sich selbst zu plädiren und wird mir diesmal doppelt schwer.

Königsberg wird mir ohne Dich recht einsam erscheinen. Uebrigens sei unbesorgt, ennuyiren werde ich mich deshalb nicht, weil ich mich nirgends ennuyire. Ich habe mir so lange vorgehalten, wie thöricht die Langeweile sei, daß ich sie jetzt wirklich niemals habe (wenigstens mir dessen nie bewußt bin).

Witt antwortete ausführlich (9. Juli). Er hoffte, daß wir die Reaktion glücklich überstehen würden. Man müsse den Verlauf mit Geduld abwarten. Nach mancherlei Trostgründen, die er vorbrachte, erklärte er es für sehr bedauerlich,

„daß unter allen Regierungspräsidenten der Monarchie sich nicht ein einziger gefunden, der lieber sein Amt aufgegeben, als zur Ausführung der scheußlichen Verordnung vom 1. Juni seine Hand geboten hätte."

Von der Erbitterung, die damals die gesamten Liberalen Preußens beherrschte, giebt der Schluß seines Briefes Zeugniß:

„Mit den Raisonnements, die ich Dir hier des breiteren vorgetragen, spreche ich mich von Zeit zu Zeit zur Ruhe, aber glaube nicht, daß ich durch solche Ansichten vor Ingrimm und Ekel sicher gestellt werde. Trotz alledem liegt die Zeit ziemlich schwer auf mir .... Es ist wohl vornehmlich der moralische Unwille darüber, daß solche Scheußlichkeiten, wie wir sie jetzt wieder erleben, möglich sind. Die brutale Regierung und die niederträchtige Presse sorgen schon dafür, daß einem die Laus über die Leber läuft. Habe ich mich eine Weile abgeärgert, dann sehe ich wohl ein, die Reaktion muß sich bei dieser Gelegenheit den Galgen verdienen (ich meine freilich nur den moralischen), sonst werden wir sie in aller Ewigkeit nicht los, also je scheußlicher, desto besser. Uebrigens scheint mir doch die Dummheit unserer Gegner fast so groß, als ich sie mir wünsche, sowie sie z. B. unseren Medizinalrath Möller von allen seinen Aemtern (er ist zugleich Professor) suspendirt, und wollen ihn durch den Disziplinarhof absetzen lassen. Die Veranlassung ist eine Rede bei Gelegenheit eines Bankets für unsere Abgeordneten. Daß sie nun den gerade gepackt haben, wird ihnen schwerlich etwas helfen. Denn durch seine Amtsentsetzung verliert er, ein wohlhabender Mann und sehr beliebter Arzt, blutwenig."

Am 19. Juni ging der König nach Karlsbad, am 23. Juni reiste Bismarck zu ihm. Bernhardi schrieb in sein Tagebuch:

„Warum der König nach Karlsbad soll und muß, weshalb seine Umgebung darauf besteht, ihn dorthin zu schleppen, ist sehr leicht zu durchschauen: er soll und muß nach Karlsbad, damit er nicht nach Baden und nicht nach Ostende gehen kann. Er soll nicht seine Tochter, seinen Schwiegersohn und Roggenbach[4]) sehen — — —, er soll überhaupt Niemanden sehen, der ihm etwas anderes sagt, als Bismarck und Manteuffel."

In Berlin wurde am 27. Juni auf Schulze-Delitzschs Betrieb ein Verein zur Wahrung der verfassungsmäßigen Preßfreiheit in Preußen begründet. Er stellte sich die Aufgabe, die durch Art. 27 der Verfassung garantirte Preßfreiheit innerhalb der gesetzlichen Schranken mit allen gesetzlichen Mitteln zu wahren und zu üben. Der Verein wurde durch einen Ausschuß verwaltet, deren Mitglieder angesehene liberale Männer waren. Vorsitzender Buchhändler G. Reimer, Stellvertreter Professor Gneist, Kassirer L. Reichenheim, Schriftführer Stadtrath Runge und Dr. Löwe, Ausschußmitglieder Fabrikbesitzer Benjamin Liebermann, Mommsen, Schulze-Delitzsch und Buchhändler Veit. Reimer und Veit gehörten der altliberalen Partei, Gneist und Liebermann dem linken Centrum, die übrigen der deutschen Fortschrittspartei an.

Eine umfassende Thätigkeit scheint der Verein nicht entwickelt zu haben. Von den Juristenfakultäten Göttingen, Kiel und Heidelberg erforderte und erhielt er Rechtsgutachten über die Verfassungswidrigkeit der Preßverordnung vom 1. Juni 1863.

Außerdem gab er in zwei Heften die auf Grund jener Verordnung den Zeitungen ertheilten Verwarnungen heraus. In den Monaten von Juni bis Oktober wurden im ganzen 96 Zeitungen verwarnt, darunter 35 mehrmals. Nur in den Regierungsbezirken Aachen und Oppeln fanden keine Verwarnungen statt.

Bismarck genügte die verfassungswidrige Unterdrückung der oppositionellen Presse noch nicht. Vom 1. Juli an gab das Ministerium des Innern ein halbamtliches Wochenblatt „Die Provinzial-Correspondenz" heraus. Deren Artikel wurden in den Kreisblättern abgedruckt.

Gern hätte Bismarck weitere Maßnahmen gegen die verhaßte Fortschrittspartei getroffen. Als in Berlin wegen eines exmittirten Schankwirths mehrere Abende „Pöbel-Zusammenrottirungen" stattfanden, die von der Polizei ohne Mühe unterdrückt wurden, schrieb er von Karlsbad am 6. Juli an Roon:

„Die Krawalle in Berlin wären ein passender Anlaß, das Hinkeldeysche Regime der Ausweisungen aus Berlin zu erneuern und auf Literaten besonders anzuwenden; wollen Sie das nicht Eulenburg suppeditiren?"

Graf Eulenburg ließ sich nicht Alles „suppeditiren". Unter seinen vortragenden Räthen befanden sich überdies einzelne Männer, die auf Recht und Verfassung hielten und ihrem Chef gegenüber von ihrer Ueberzeugung keinen Hehl machten, wie Wulfshein[5]). Im Ministerrathe mochte sich Eulenburg bei Verfassungs- und Rechtsverletzungen wohl zuweilen schon schwierig erwiesen haben. Bismarck fragte in demselben Briefe: „Was treibt Eulenburg, arbeitet er?"[6]) Roon antwortete am 8. Juli:

„Eulenburg fand ich, als ich ihn bei meiner Rückkunft besuchte, in Akten vergraben. Was er schafft, kann ich dennoch nicht beurtheilen."

Er hatte bei dem Geheimrath Hahn danach vergeblich geforscht, nun sollte der auf wenige Tage anwesende Moritz v. Blanckenburg einige hochkonservative Ministerialbeamte darüber sondiren.

Wer von den Ministern genügte den Ansprüchen Bismarcks? Der Kultusminister v. Mühler hatte in seinem Sinne mit der Disziplinirung der Professoren v. Holtzendorff-Berlin und Möller-Königsberg begonnen. Mit dem Justizminister stieß Bismarck heftig zusammen. Graf zur Lippe hatte die Zeit gut benutzt. In den Staatsanwälten hatte er eine große Zahl abhängiger Juristen, die, wenn sie Beweise guter Gesinnung gaben, jederzeit in einflußreiche Richterstellen eingeschoben werden konnten. Schon Ende 1862 erwähnte ein Freund Hoverbecks, ein Kreisgerichtsdirektor, diesem als ein Zeichen der Zeit, daß in einer Woche vier Staatsanwälte zu Appellationsgerichtsräthen befördert seien. Apellationsgerichtsrath ist unter Graf zur Lippe sicherlich kein Fortschrittsmann geworden. Was unter ihm aus dem preußischen Obertribunal wurde, zu welcher Rechtsprechung in politischen Prozessen es Straffenat und Disziplinarsenat des Obertribunals brachten, das ist in den Verhandlungen des Abgeordnetenhauses vom 9. und 10. Februar 1866, betreffend den berüchtigten Obertribunalsbeschluß wider Twesten und Frentzel[7]) ausreichend festgestellt worden. Bei Besetzung der Stellen hat Graf zur Lippe den Erwartungen Bismarcks gewiß entsprochen. Aber in einem andern Punkte befriedigte er dessen Anforderungen nicht. Bismarck verlangte, daß bei Einrückung der Richter in die höhere Besoldung keine Rücksicht auf die Anciennität genommen, sondern nur die „Gesinnungstüchtigkeit" berücksichtigt werden solle. Darauf wollte sich Graf zur Lippe nicht einlassen. In dieser Beziehung, erklärte er, müsse von aller Gunst abgesehen und streng nach dem Recht und der Regel verfahren werden. Bismarcks Grundsatz, „die Regierung müsse ihre Freunde belohnen, ihre Feinde bestrafen", ließ er hier nicht gelten.

Der Kronprinz blieb, von der Inspektionsreise zurückgekehrt, viele Wochen in Putbus, wohin seine Familie dann nachkam. Der König war mit Bismarck und Manteuffel von Karlsbad nach Gastein gegangen.

Roon reiste nach Berchtesgaden. Er war sehr ärgerlich, daß ihn der König trotz Manteuffels Befürwortung nicht nach Gastein kommen ließ. Er wollte am 14. August von Berchtesgaden

„gen Berlin aufbrechen, wo wir uns etwa am 20. August wohl Alle zusammenfinden werden in einer wahrlich nicht beneidenswerthen Situation, während Serenissimus in Baden-Baden auf sich alle dem Ministerium feindseligen Einflüsse wirken läßt."

Allerlei Andeutungen sprechen von Entschlüssen, die der König nothwendig fassen müsse. Roon befand sich im „dunklen Vorgefühl" von bevorstehenden Ereignissen und erinnerte Bismarck an ein Gespräch, wonach sie beide sich bei Berchtesgaden einen Bauernhof kaufen und dahin zurückziehen wollten. Sie meinten also des Königs noch keineswegs sicher zu sein.[8])

Der Kaiser Franz Joseph von Oesterreich war auf den Gedanken gekommen, die deutsche Bundesreform durch einen Fürstentag in Fluß zu bringen. Herzog Ernst von Koburg mochte darauf eingewirkt haben. Dieser hatte seine Hoffnung auf eine stürmische Entwicklung in Preußen, die ihm zu einer Berufung in eine provisorische Regierung helfen konnte, neuerdings vorläufig aufgegeben. Sein Kabinetsrath Tempeltey hatte am 14. April im höchsten Auftrage die fortschrittlichen Führer, „die auf die Abstimmungen von Einfluß sind — aber nicht die biederen Ostpreußen, denen manche genialen Pläne vielleicht zu kraus vorkommen dürften", zu einer freundlichen Sonntagsbesprechung vergebens nach Koburg geladen. Franz Duncker, Virchow, Twesten, Schulze-Delitzsch, auf die besonders gerechnet war, dachten mit Geringschätzung von dem Vorschlage, von dem thatendurstigen Herzog interessante „Aufschlüsse über die europäische Situation" und Rathschläge zu empfangen wie man „in großartiger vernichtender Weise es zum entscheidenden Bruch mit Bismarck bringen" könnte. Mit der Fortschrittspartei war nichts anzufangen.[9]) Nun band der Herzog noch im April mit dem österreichischen Staatsminister v. Schmerling an und ging nach Wien zum Kaiser. Der Kaiser hatte am 31. Juli die „souveränen Fürsten und freien Städte Deutschlands" zu einer gemeinsamen Berathung über eine zeitgemäße Reorganisation des Bundes am 16. August nach der Bundesstadt Frankfurt a. M. geladen. Am 2. August besuchte er den König in Gastein. Er setzte ihm mündlich die Hauptpunkte seines Verfassungsentwurfes auseinander: Bundesdirektorium von fünf Mitgliedern, Bundesparlament aus Delegirten der deutschen Kammern bestehend, mit berathender, nicht beschließender Stimme, — und übergab ihm eine Denkschrift zur näheren Begrüudung seiner Absichten. Der König war dem österreichischen Plan einer feierlichen Vereinigung der deutschen Fürsten für den großen nationalen Zweck nicht abgeneigt aber Bismarck bestand auf Ablehnung. Auch der briefliche Versuch des Kaisers, den König zu bestimmen, den Kronprinzen als seinen Stellvertreter nach Frankfurt zu schicken, scheiterte.

Der Fürstentag trat am 16. August zusammen. Der Kaiser eröffnete ihn durch eine Ansprache und leitete die Verhandlungen. Auf Antrag des Großherzogs von Mecklenburg-Schwerin wurde beschlossen, den König von Preußen schriftlich einzuladen, an den Verhandlungen theil zu nehmen. Dieser war inzwischen mit Bismarck von Gastein nach Baden-Baden gegangen. Der König von Sachsen überbrachte ihm die schriftliche Einladung. König Wilhelm hielt es für unmöglich, „abzulehnen, wo 30 Fürsten einluden und ein König als Kabinetskourir kam." Dennoch gelang es Bismarck, der mit Rücktritt drohte, ihn zu bestimmen, die Einladung abzulehnen. Der Fürstentag berieth ohne Preußen bis zum 1. September.

Während des Fürstentages am 21. und 22. August wurde in Frankfurt auch der zweite Kongreß deutscher Abgeordneten abgehalten.[10]) Zum Vorsitzenden wurde v. Bennigsen erwählt. Hoverbeck fehlte. Hauptgegenstand der Berathung war das österreichische Reformprojekt. Die Stimmung des Abgeordnetentages hatte sich in Folge des dauernden Verfassungskonfliktes zu Ungunsten Preußens geändert. Man mußte deshalb etwas näher auf den österreichischen Entwurf eingehen. Namens der ständigen Kommission erstattete Professor Häußer[11]) aus Heidelberg Bericht. In der von ihm begründeten Resolution war eine Reihe von Bestimmungen der „Reformakte" für höchst bedenklich erklärt. Die Art und Befugnis der Vertretung durch Delegirte der einzelnen Ständeversammlungen biete weder die für die Freiheit noch die für die Einheit nothwendigen Bürgschaften. Unerläßliche Vorbedingungen jedes Gelingens sei die Bildung einer durch die Nation frei und unmittelbar erwählten Repräsentation. Die Anerkennung vollständiger Gleichberechtigung der beiden Großmächte im Staatenbunde sei ein Gebot der Gerechtigkeit wie der Politik. Der Ausschluß der vor dem Jahre 1848 nicht in den deutschen Bund aufgenommenen preußischen Provinzen sei unvereinbar mit den Forderungen der festeren Einigung und Stärkung deutscher Kraft.

„Unter allen Umständen sieht sich der deutsche Abgeordnetentag zu der Erklärung gedrungen, daß er von dem einseitigen Vorgehen der deutschen Regierungen eine gedeihliche Lösung der nationalen Reform nicht zu erwarten vermag, vielmehr die Berufung einer deutschen Nationalversammlung auf Grundlage der Normen, welche die deutsche Bundesversammlung selbst in ihren Beschlüssen vom 30. März und 7. April 1848 aufgestellt hat, und die Zustimmung dieser Nationalversammlung als unumgängliche Ergänzung bezeichnen muß."

Von den östlichen Provinzen Preußens sagt Häußer in seinem ausführlichen Referat, daß wir sie

„im reorganisirten Deutschland nicht missen können, die Provinzen, mit denen unsere stolzesten Erinnerungen verknüpft sind, die Heimath Kants und Herders, die Heimath der Männer, die 1813 zuerst und Alles hingegeben, selbstthätig, ohne König, ohne Regierung, nur um uns frei zu machen; die Heimath der Männer, die auch seitdem ... mit den Erinnerungen und den Arbeiten Deutschlands auf den Gebieten der nationalen wie der freiheitlichen Entwicklung in einem unlöslichen Bande verknüpft sind. Was wäre die deutsche Politik, was wären die Träger des Fortschritts in Deutschland seit dem vereinigten Landtage bis heute, ohne die Vertreter dieses theuren deutschen Landes gewesen?"

Im Verlauf der Debatte trat auch Schulze-Delitzsch in einer

mit stürmischem Beifall aufgenommenen Rede für Annahme des die Hereinziehung der preußischen Ostseeprovinzen in das deutsche Einigungswerk betreffenden Abschnittes ein. Er warnte, mitzuwirken, daß Preußen in dem künftigen Deutschland noch außerdeutsche Provinzen habe. Hierbei sprach er einen Satz aus, der unter grober Entstellung von seinen politischen Gegnern bis an sein Lebensende und seitdem bis auf die Gegenwart zur Verdächtigung seines und der deutschen Fortschrittspartei Patriotismus in und außer der Volksvertretung hervorgesucht wird.

„Da würden Sie die verkehrte undeutsche Politik Preußens nur unterstützen. Ich glaube, wir haben an einer Großmacht genug, deren Schwerpunkt außerhalb Deutschlands liegt. Ich glaube, wir haben alles Interesse daran, Preußens außerdeutschen Großmachtskitzel zu vertreiben und Preußen zu einer rein deutschen Macht zu machen."[12])

Der Kommissionsantrag wurde einstimmig angenommen. Zu den auf Vorschlag des Büreaus in den ständigen Ausschuß gewählten 20 Mitgliedern gehörte auch Hoverbeck.

Der König reiste am 31. August von Baden-Baden über Rosenau bei Koburg, wo er der Königin von England einen Besuch abstattete, mit Bismarck nach Berlin zurück. Roon hatte es brieflich für dringend nöthig erklärt, daß Bismarck den König nach Berlin zurückbegleite, um hier „den zukünftigen Dingen Gestalt zu geben."

Das Abgeordnetenhaus wurde am 3. September aufgelöst. In dem Bericht des Ministeriums an den König war auf das Bedürfniß der Unterthanen hingewiesen, bei den Neuwahlen ihre Einigkeit gegenüber den österreichischen Bestrebungen zu zeigen. Dem Ministerium war recht wohl bekannt, daß über die österreichischen Reformprojekte unter den oppositionellen Wählern keine Verschiedenheit der Meinungen herrsche.

Der Aufenthalt in Gastein und Baden-Baden hatte für Bismarck „nichts Ausruhendes" gehabt. Der König, „von Intriguen umlagert" mußte unausgesetzt behütet werden. In dem Brief, den Bismarck von Baden-Baden am 28. August an seine Gattin sandte, ließ er in kräftigen Worten seinen Unmuth aus:

„Ich wollte, irgend eine Intrigue setzte ein anderes Ministerium durch, daß ich mit Ehren diesem ununterbrochenen Tintenstrom den Rücken drehen und still auf dem Lande leben könnte; die Ruhelosigkeit der Existenz ist unerträglich, seit 10 Wochen im Wirthshause Schreiberdienste und in Berlin wieder; es ist kein Leben für einen rechtschaffenen Landedelmann, und ich sehe einen Wohlthäter in jedem, der mich zu stürzen sucht."[13])

Am 4. September schrieb er seiner noch immer in Pommern bei ihren Eltern weilenden Gattin:

„Das Ergebniß aller Berathung ist die Auflösung der Kammer gewesen, zu der ich kein Herz hatte. Aber es ging nicht anders; Gott weiß, wozu es gut ist. Nun geht der Wahlschwindel los.“

Ja, es war ein Wahlschwindel wie niemals zuvor.

„Der „Wahlschwindel“ war für die preußischen Beamten recht ernsthaft. An sie trat die Anforderung heran, gegen ihre Ueberzeugung mit dem Ministerium zu wählen, oder die Gefahr auf sich zu nehmen, sich um jede Aussicht auf Beförderung, ja um Amt und Brot zu bringen, und Frau und Kinder in Noth und Elend zu stürzen. Heuchelei und Liebedienerei gediehen, Streber aller Art wurden bevorzugt. Die Zahl der in der Konfliktszeit gemaßregelten Beamten beträgt sicherlich mehr als tausend. Disziplinarische Strafversetzungen und Absetzungen trafen auch an 20 Abgeordnete, darunter 9 Richter.“[14])

Der Wahlerlaß des Grafen Eulenburg ließ in seinen Anforderungen an die Beamten die berüchtigten Leistungen des Ministers Westphalen und seiner Präsidenten (Oberpräsident Kleist-Retzow-Koblenz, Regierungspräsident Peters-Minden u. s. w.) weit hinter sich zurück. Westphalen gestattete seinen Untergebenen, sich der Wahl zu enthalten, falls sie sich in ihrem Gewissen gebunden fühlten, nicht ministeriell zu stimmen. Jetzt aber wurde ein Beamter, der nicht „mit dem Könige“ stimmte, für eidbrüchig erklärt.

„Wer als Beamter geschworen hat, dem . . . Könige unterthänig, treu und gehorsam zu sein, ist dieses Eides weder als Wähler, noch als Gewählter entbunden, und wenn Se. Majestät bestimmt den verfassungsmäßigen Weg vorzeichnet, auf welchem seine Beamten ihn begleiten sollen, so sind alle zum Gehorsam . . . verpflichtet.“

Am 7. September wurde in Berlin der fünfte internationale statistische Kongreß eröffnet. Roon hatte schon am 25. August an Bismarck nach Baden-Baden geschrieben:

„Daß der König den statistischen Kongreß nicht eröffnen kann, erscheint mir außer allem Zweifel. Ebensosehr bin ich aber auch überzeugt, daß der Kronprinz sich dabei nicht in Scene setzen darf. Das Natürlichste ist wohl, daß die Rolle dem Minister des Innern verbleibt.“

So geschah es. Eulenburg eröffnete den Kongreß, dann wurden die Mitglieder vom Könige feierlich empfangen. „Der Kronprinz wohnte den Verhandlungen des Krongresses selbst bei“, berichtet die Provinzialkorrespondenz.

Der Kronprinz war auf der Insel Rügen bis Anfang August. Dann kehrte er nach Potsdam zurück; er wurde von dort einmal nach Gastein berufen. Zum Leidwesen Max Dunckers war er nicht zu bewegen, einem Ministerrath beizuwohnen. Am 28. September reiste er mit der Familie auf längere Zeit nach England.

Sofort nach Auflösung des Abgeordnetenhauses entwarfen die Berliner Mitglieder des Zentralwahlkomitees der deutschen Fortschrittspartei einen Wahlaufruf. Der Geschäftsführer Stadtrath Runge sandte ihn an die außerhalb Berlins wohnenden Mitglieder mit dem Ersuchen, sich sofort über den Anschluß zu erklären. Alle auswärtigen Mitglieder genehmigten den Aufruf, doch fehlten bei der ersten Veröffentlichung vom 12. September noch viele Namen, darunter auch Hoverbecks.

In dem Wahlaufruf ist nach einem Rückblick auf den in drei Sessionen bestehenden schweren Streit über die wichtigsten Verfassungsrechte und auf die verfassungswidrige Oktroyirung der Preßverordnung vom 1. Juni, von dem Fürstentag gesagt:

„Ohne die Mitwirkung Preußens, ohne die Theilnahme des deutschen Volkes haben die deutschen Fürsten getagt, um eine neue Verfassung des deutschen Bundes zu berathen, in welcher weder Preußen noch das deutsche Volk die Stellung finden würden, welche sie nach geschichtlichem und natürlichem Recht für sich in Anspruch nehmen können und müssen. Die Minister haben vor Sr. Majestät und dem Lande erklärt, daß es die unverkennbare Absicht dieser Bestrebungen sei, dem preußischen Staate diejenige Machtstellung in Deutschland und in Europa zu verkümmern, welche das wohlerworbene Erbtheil der ruhmvollen Geschichte unserer Väter bildet und welche das preußische Volk sich nicht streitig machen zu lassen, jederzeit entschlossen gewesen sei. Sie halten es für ein Bedürfniß unseres Volkes, bei den bevorstehenden Neuwahlen der Thatsache Ausdruck zu geben, daß keine politische Meinungsverschiedenheit in unserem Lande tief genug greife, um, gegenüber einem Versuche zur Beeinträchtigung der Unabhängigkeit und Würde Preußens, die Einigkeit des Volkes in sich und die unverbrüchliche Treue zu gefährden, mit welcher dasselbe seinem angestammten Herrscherhause anhängt."

Zu diesem Zwecke hätte es eines neuen Abgeordnetenhauses nicht bedurft. Aus dem Programm der Fortschrittspartei vom 9. Juni 1861 werden die Sätze wiederholt, worin eine feste Einigung Deutschlands mit einer starken Zentralgewalt in Händen Preußens und eine gemeinsame deutsche Volksvertretung gefordert wird.

Gegen den Vorwurf, daß die Partei in die verfassungsmäßigen Rechte der Krone einzugreifen versucht habe, beruft sich der Aufruf auf das Zeugniß der ganzen Welt:

„daß sie mit Mäßigung und Geduld das verfassungsmäßige Recht des Landes vertheidigt, daß sie nie und nimmer den Boden des Gesetzes verlassen hat. In der auswärtigen Politik hat sie mit Anstrengung dahin gestrebt, unser Land vor gefährlichen Verwickelungen zu bewahren, und auf dem einzigen Gebiete, wo es ihr verstattet war, auf gleichen Wegen mit der Regierung zu wandeln, auf dem der Handelsgesetzgebung, hat sie bereitwilligst das Ministerium unterstützt, selbst zu einer Zeit, wo dieses schon das oberste Recht der Landesvertretung, das der vorgängigen Bewilligung aller Ausgaben, thatsächlich außer Kraft gesetzt hatte.

Ihre Anstrengungen sind, nicht durch ihre Schuld, vergeblich gewesen. Das deutsche Volk wendet sich theilnahmlos von einem Staate ab, der die eigene Verfassung nicht auszubauen, der die innere Freiheit nicht zu sichern vermag, und selbst die große nationale Sache des Zollvereins droht zu scheitern, weil das materielle Interesse durch die Antipathieen gegen die preußische Regierung übertönt wird." . . .

Weiter heißt es:

„Der Geist des Volkes ist es, der seine Geschichte macht, und gleich wie die ruhmvolle Erhebung unserer Väter aus tiefster Erniedrigung zu freier opferfreudiger That Preußen auf den Platz in der Reihe der europäischen Staaten gestellt hat, welchen es fast ein halbes Jahrhundert hindurch behauptete, so wird das gegenwärtige Geschlecht nur durch zähes Festhalten am erworbenen Recht, durch muthiges Einstehen für Gesetz und Verfassung, durch treue Erfüllung jeder Bürgerpflicht dem Lande die Freiheit, dem Herrscherhause eine glorreiche Zukunft, dem Staate die Anerkennung des Auslandes, die Bundesgenossenschaft der deutschen Stämme erringen."

Als Forderung, die das künftige Abgeordnetenhaus zu stellen habe, ohne deren Erfüllung die Zukunft unseres Landes und unseres Herrscherhauses jedem Zufalle der äußeren Ereignisse preisgegeben sei, bezeichnet der Aufruf:

„1. Volle Freiheit der Presse und demnach unverzügliche Beseitigung der Verordnung vom 1. Juni d. J.

2. Ausführung des in der Verfassung zugesagten Gesetzes über die Verantwortlichkeit der Minister.

3. Thatsächliche Anerkennung des Ausgabebewilligungsrechtes des Abgeordnetenhauses.

4. Reform des Herrenhauses.

5. Ein Heer auf volksthümlicher Grundlage mit zweijähriger Dienstzeit.

6. Deutsches Parlament aus freier Volkswahl."

Die Wähler werden aufgefordert, zu zeigen, daß auch ohne freie Presse ein mündiges Volk Vertreter zu finden wisse, die für seine Unabhängigkeit und seine Ehre einstehen.[15])

Das Staatsministerium beschloß am 22. September, Stellvertretungskosten für die zum Abgeordnetenhause gewählten Beamten nicht mehr aus Staatsfonds zu bestreiten. Die Behörden wurden angewiesen, von den zunächst fälligen Raten der Besoldung, die Beträge der Stellvertretungskosten zurück zu behalten. Dadurch sollte der Eintritt freisinniger Beamten in das Abgeordnetenhaus erschwert werden. Das Zentralbureau der Fortschrittspartei (Stadtrath Runge) sandte den Vertrauensmännern ein Cirkular der Verwaltung des Nationalfonds, wonach diese allen Wahlkreisen, welche die Wahl auf liberale Beamte richteten, die Erstattung der Stellvertretungskosten im vollen Betrage zusicherte.

Der Kongreß deutscher Volkswirthe (Band 1, Seite 181) hielt 1863 seine jährliche Wanderversammlung am 16. September in

Dresden ab. Auf Berichterstattung des Redakteurs Michaelis-Berlin ward über die Frage deutschen Zollvereins eine Resolution zu Gunsten des Eintritts des zu erneuernden Zollverbandes in das System der westeuropäischen Handelsverträge beschlossen:

„In den politischen Wirren der Gegenwart ist es für das deutsche Volk eine Nothwendigkeit, fest zu halten an dem Bestande des so zu reformirenden Zollvereins als wohlerworbenen Gutes materieller Einheit und die Fortbildung der Verfassung desselben Organs seiner handelspolitischen Selbstbestimmung zu fördern u. s. w."

Die an den Kongreß angeschlossene volkswirthschaftliche Gesellschaft in Ost- und Westpreußen hielt ihre Jahresversammlung am 28. September in Elbing ab; Vorsitzender Phillips, Stellvertreter Hoverbeck. Phillips stellte den Antrag, sich in der Zollvereinsfrage der in Dresden gefaßten Resolution anzuschließen. Hoverbeck befürwortete die Annahme des Antrages. Die Durchführung desselben liege nicht allein im Interesse Preußens sondern auch Deutschlands. Zwiespalt in Handelsinteressen des Südens und Nordens Deutschlands bestehe in Wirklichkeit nicht, wenn man eine möglichst schnelle Annäherung an die vollständige Durchführung der Freihandelsprinzipien in's Auge fasse . . .

Der Antrag wurde einstimmig angenommen.

Eine lebhafte Agitation zur Bekämpfung der Opposition hatte seit mehreren Monaten Ferdinand Lassalle mit seinem am 23. Mai in Leipzig begründeten allgemeinen deutschen Arbeiterverein betrieben. Der Verein hatte in seinen Statuten als einzigen Zweck das friedliche und gesetzliche Wirken für Herstellung des allgemeinen Wahlrechts bezeichnet. Bei der Gründung des Vereins waren elf Städte, neben sechs außerpreußischen nur fünf preußische aus der Rheinprovinz vertreten, Köln, Düsseldorf, Elberfeld, Barmen und Solingen. Im September hielt Lassalle seine „Heerschau" über die rheinischen Arbeiter. In seinen Reden in Barmen, Solingen, Düsseldorf schmähte er die Fortschrittspartei und lobte Bismarck. In Solingen waren fortschrittliche Arbeiter aus der Versammlung hinausgeworfen und mit Messerstichen verletzt. Der Bürgermeister Trip löste die Versammlung auf.[18]) Lassalle benutzte den Vorfall, mit Bismarck in unmittelbare Beziehung zu treten. Er sandte ihm von Solingen ein langes Telegramm mit Beschwerde über den „fortschrittlichen Bürgermeister", der die Arbeiterversammlung ohne gesetzlichen Grund aufgelöst habe und bat um „strengste, schleunigste, gesetzliche Genugthuung."

Für die Landtagswahlen mußte unter dem Dreiklassenwahlgesetz auch am Rhein die Agitation erfolglos bleiben. Berlin versuchte Lassalle mehrmals „zu stürmen“. Hier hatte er damals auf die Arbeiter gar keinen Einfluß, sie hielten einmüthig zu Schulze-Delitzsch. Dieser hatte durch seine sechs Sonntagsvorträge im Berliner Arbeiterverein, die später als „Kapitel zum deutschen Arbeiterkatechismus“ in hunderttausenden Exemplaren verbreitet sind, die Berliner Arbeiter für die genossenschaftliche Selbsthülfe gewonnen.

Für die Wahl der Wahlmänner zum Abgeordnetenhause wurde der 20., für die der Abgeordneten der 28. Oktober festgesetzt. Noch vor den Urwahlen fand in Leipzig die Generalversammlung des Nationalvereins am 16. Oktober unter dem Vorsitze Bennigsens statt. Hoverbeck besuchte sie nicht. Auf eine sehr stramme Rede Miquels als Berichterstatter wurde einstimmig die Reformakte des Fürstenkongresses verworfen. Umgekehrt sprach sich einstimmig für dieselbe die am 28. Oktober abgehaltene Generalversammlung des deutschen Reformvereins zu Frankfurt aus. Für die Landtagswahlen waren diese Versammlungen von keiner Bedeutung.

Die Wahlen fielen für die Regierung sehr ungünstig aus. Aller ihrer Anstrengungen ungeachtet, wurde eine wesentliche Änderung in der Zusammensetzung des Abgeordnetenhauses nicht durchgesetzt. Fortschrittspartei und linkes Zentrum waren noch um einige Mitglieder stärker geworden wie im aufgelösten Abgeordnetenhause. Die Mittelparteien — Konstitutionelle und Klerikale — waren erheblich zusammengeschmolzen; die Konservativen aber hatten sich von 11 nur auf 36 vermehrt. In Westpreußen erhielten sie je zwei Sitze, in Elbing-Marienburg und Flatow-Deutsch-Krone. Aus letzterem Wahlkreise gelangte zum ersten Mal der Landrath Graf Botho Eulenburg, der spätere Minister Eulenburg II in das Abgeordnetenhaus. In Pommern traten sieben Konservative zu den bisherigen fünf hinzu — aus den Kreisen Naugard-Regenwalde, Greifenberg-Kammin, Rummelsburg-Schlawe, Schivelbein. In der Provinz Brandenburg wurden drei Konservative gewählt, — in Sternberg und Jüterbog. In Schlesien vermehrten sich die konservativen Abgeordneten von fünf auf dreizehn. Von den östlich der Oder belegenen Wahlkreisen des Regierungsbezirks Breslau folgten Militsch-Trebnitz und Oels-Wartenberg-Namslau dem Beispiele von Guhrau-Ohlau und gingen ins konservative Lager über; Militsch wählte den Kriegsminister v. Roon. Aus dem Regierungsbezirk Liegnitz wählte Bunzlau-Löwenberg konservativ. Im Regierungsbezirk Oppeln wurde in Kreuzberg-Rosenberg neben Graf Bethusy-Huck statt eines Klerikalen ein Konservativer gewählt. Die Provinz Sachsen stellte drei Konservative, je einen in Wittenberg, Schleusingen-Ziegenrück (v. d. Heydt) und Heiligenstadt.

Fast aufgerieben wurde die konstitutionelle Fraktion. Von ihren früheren Mitgliedern unterlagen u. A. v. Saucken-Julienfelde, v. Saenger, Georg v. Vincke, v. Patow, v. Auerswald, Kühne. Auch die Klerikalen hatten erhebliche Verluste. August Reichensperger und v. Mallinckrodt wurden durch oppositionellere Klerikale ersetzt. Peter Reichensperger war wiedergewählt, er stimmte fast durchgängig ministeriell. In ihren alten Wahlkreisen Osterode-Neidenburg wurden v. Hoverbeck und Schmiedicke wiedergewählt, ihre Mehrheit aber hatte sich verringert.

Die Provinzial-Korrespondenz heuchelte Zufriedenheit mit dem Ausfall der Wahlen, ihre Hoffnungen seien reichlich in Erfüllung gegangen.

„Das kleine Häuflein von 11 Konservativen ist jetzt etwa bis zum vierfachen verstärkt und unter den neuen konservativen Abgeordneten befinden sich einige der trefflichsten, kampfestüchtigsten Führer der Königstreuen."

Das geht auf Wagener und v. Blanckenburg, die in Hinterpommern gewählt waren.

Der Landtag wurde zum 9. November einberufen.

Anmerkungen zum fünfundzwanzigsten Kapitel.

1) Bulle a. a. O. Seite 396. — Bernhardi schrieb am 2. Juni in sein Tagebuch: „Zeitungen. Mit Erstaunen sehe ich darin die Preßverordnungen, Verwarnungen der Zeitungen — Unterdrückung derselben durch die administrativen Behörden —: das Alles ist ganz genau den napoleonischen Anordnungen nachgebildet — und zum Schluß geht das Ganze dann noch mit einem kühnen Schritt weit über die Willkür des revolutionären Imperialismus hinaus. — Denn die französischen Verordnungen verfügen Verwarnungen und Unterdrückungen einer Zeitung doch immer nur für eine bestimmte Thatsache, für einen bestimmten Artikel — das Bismarckſche Dekret macht es möglich, eine Zeitung ihrer Tendenz, ihrer allgemeinen Haltung wegen, ohne bestimmt juristisch nachweisbaren Grund zu unterdrücken, und damit ist natürlich jeder — der alleräußersten — Willkür Thür und Thor geöffnet."

2) Leopold v. Winter, Geh. Regierungsrath und Oberbürgermeister von Danzig, geb. im Januar 1823, 1861/62 Polizeipräsident von Berlin, seit 1. Jan. 1863 Oberbürgermeister, Reichstagsabgeordneter von 1871—77, nationalliberal, gestorben Juli 1893.

3) Ueber den Briefwechsel des Kronprinzen mit dem Könige und dem Ministerium vor und nach seiner Danziger Rede wurde Näheres zuerst in der Times mitgetheilt, dann in dem ziemlich zuverlässigen englischen geschichtlichen Jahrbuch Annual Register 1863 Seite 42. Durch die Preßordonnanz war die preußische

Presse an Mittheilungen gehindert. Erst Anfang Juli erschienen in der Deutschen allgemeinen Zeitung in Leipzig Berliner Korrespondenzen mit weiteren Einzelheiten, die im Wesentlichen mit den englischen Veröffentlichungen übereinstimmten. Bismarck hat in einem jetzt von Kohl im 3. Bande des Jahrbuchs 1896 abgedruckten Briefe an Roon vom 6. Juli 1863 ausdrücklich anerkannt, daß die Berliner Korrespondenzen an die Deutsche allgemeine Zeitung genau seinen Briefwechsel mit dem Kronprinzen enthalten, Auch Haym's Buch über Max Duncker bringt weitere Aufschlüsse. — Der Briefwechsel des damaligen Kronprinzen mit seinem Vater und dem Ministerium wird ebenso wie die Tagebücher Kaiser Friedrichs III., wenn sie nicht gar vorher vernichtet werden, wohl erst nach Menschenaltern zur Veröffentlichung gelangen.

4) Franz Freiherr v. Roggenbach, geb. März 1825 zu Mannheim, badischer Minister vom Mai 1861 bis Oktober 1865, Mitglied des Zollparlaments und des deutschen Reichstags von 1871 bis 74, lebt in der Schweiz.

5) Emanuel Gustav Wulfshein, geb. Dezember 1807, als Geh. Oberregierungsrath a. D. Reichstagsabgeordneter von 1874 bis zu seinem Tode März 1880; zuerst nationalliberal, dann fortschrittlich.

6) Der von Kohl in seinen Jahrbüchern mitgetheilte Briefwechsel der beiden Minister aus dem Juli und August 1863 zeigt auch, wie sie damals einig waren, die Geheimräthe vom Zivilkabinet Lehnert und Mühler und den kronprinzlichen Geheimrath Duncker zu beseitigen. Bismarck hielt Duncker, weil dieser ihm mehr und mehr nützlich wurde.

7) John Peter Frentzel, geb. Februar 1816 in Memel, † Juni 1886 in Königsberg, Abg. von 1861—67 und 74—79 (Fortschr.). Durch verfassungswidriges Urtheil des Obertribunals wurde er gleich Twesten wegen einer Rede im Abgeordnetenhause wegen Beamtenbeleidigung zu Gefängnißstrafe verurtheilt. Er verbüßte dieselbe.

8) Verbreitet war damals die Nachricht, daß aus Haß gegen den liberalen Kronprinzen von der feudalen Umgebung des Königs ernsthaft geplant werde, den Kronprinzen von der Thronfolge zu Gunsten des Prinzen Friedrich Karl auszuschließen. Bernhardi erzählte nach seinem Tagebuche Bd. V S. 99 am 1. Mai dem Fürsten v. Hohenzollern in Düsseldorf, daß ihm eine gewisse Bewegung in der Armee in hohem Grade bedenklich vorkomme. Nachtheilige Gerüchte über den Kronprinzen und die Verherrlichung des Prinzen Friedrich Karl, diese Dinge würden viel zu methodisch und ausdauernd betrieben, um zufällig sein zu können!

Am 26. Mai 1863 schrieb Bernhardi in sein Tagebuch, mancherlei Gerüchte seien im Umlauf, namentlich sage man, der König werde auf einige Jahre auf Reisen gehen und für die Zeit seiner Abwesenheit nicht den Kronprinzen, sondern den Prinzen Friedrich Karl zum Statthalter ernennen. — Hängen mit diesen Gerüchten die dunklen Andeutungen in Roon's Briefen zusammen?

9) Aus Tempeltey's Briefen an Franz Duncker sind in der Volkszeitung eine Reihe von Auszügen mitgetheilt. Bismarck soll sich durch einen bestochenen Privatsekretär Dunckers Abschrift der Briefe verschafft haben. Ueber den Frankfurter Fürstentag s. Sybel, Bd. 2 S. 520 ff., dann Friedjung a. a. O. S. 52 ff.

10) „Verhandlungen des zweiten Kongresses deutscher Abgeordneten in Frankfurt a. M. am 21., 22. Aug. 1863". Frankfurt 1863.

11) Ludwig Häusser geb. October 1818 zu Kleeburg im Elsaß, Professor der Geschichte zu Heidelberg, starb daselbst März 1867.

12) Siehe stenographische Berichte des Abgeordnetenhauses vom 2. Dez. 1863, wo Schulze-Delitzsch gegen Kreuzzeitungs-Redakteur Wagener sich über den Großmachtskitzel ausließ. Ferner Schulze-Delitzschs öffentliche Erklärung gegen die von Stöcker als antimonarchisch und antinational gekennzeichneten Aussprüche von der bankerotten Firma und dem preußischen Großmachtskitzel vom 13. Oktober 1882 und Schulze-Delitzschs Aufsatz über die Abgeordnetentage von 1862 und 1863 in Fleischers Deutscher Revue 1883 S. 42—60. Die Kreuzzeitung hat die alten Lügen noch 10

Jahre nach Schulzes Tode aufgewärmt, um die Aufstellung seines Denkmals zu hintertreiben.

13) Siehe Hesekiel „Das Buch vom Grafen Bismarck.“ (1869.) S. 296.

14) Die Stelle in Anführungszeichen ist entnommen meiner Schrift: „Die deutsche Fortschrittspartei von 1861 bis 1878. Eine geschichtliche Skizze.“ (Berlin 1879.) Von den Abgeordneten von 1863 wurden im Disziplinarwege durch den Disziplinarsenat des Obertribunals die Richter erster Instanz Aßmann, Blochmann Calow, Bassenge-Lauban, Forstmann, Frommer zur Strafversetzung, Groote, v. Lyskowski, Parisius zur Absetzung verurtheilt.

15) Der Aufruf ist in meinem Buche über „Deutschlands politische Parteien“ vollständig abgedruckt mit 22 Unterschriften. Es fehlten noch Bender, Cetto, v. Forckenbeck, v. Hennig-Plonchott, Häbler, v. Hoverbeck, Phillips, Müllensiefen, Müller-Demmin.

16) Trip Jos. Lambert, geb. Sept. 1819, Abgeordneter für Solingen 1867 im konstit. Reichstag. Bei seiner Wiederwahl zum Bürgermeister Ende 1869 wurde er von Eulenburg nicht bestätigt. Ueber eine deshalb von den drei nationalliberalen Landtagsabgeordneten für Lennep-Solingen gestellte Interpellation ist im Abgeordnetenhause am 1. Febr. 1870 verhandelt worden. Trip starb als Bürgermeister a. D. in Düsseldorf im Dezember 1878.

Sechsundzwanzigstes Kapitel.

Preußische Landtagssession vom 9. November 1863 bis 25. Januar 1864. Die Schleswig-Holsteinsche Frage.

Am 9. November 1863 eröffnete der König in Person den Landtag. Der Kronprinz war dazu von England gekommen und erst am Morgen in Berlin eingetroffen. Von der Thronrede schrieb Bernhardi in seinem Tagebuche mit vollem Recht:

„Sie wird zu gar Nichts helfen, vielmehr den allerübelsten Eindruck machen. Der König hält es gewiß für einen versöhnlichen Schritt, für ein Entgegenkommen von seiner Seite, daß er sie persönlich gehalten hat. Sie ist aber nur in der Form versöhnlich, in dem gemäßigten Ausdruck — wo sind die Realien, die versöhnen könnten? — Die populären Gesetzvorlagen, unter deren Schutz die Reform der Armee durchgehen könnte? — Anstatt aller versöhnlichen Maßregeln ist nur eine Beschränkung der Preßfreiheit und eine Beschränkung des Budgetrechts der Abgeordneten in Aussicht gestellt! — Der Bruch wird natürlich verhängnißvoll erweitert.“

Taddel leitete als Alterspräsident die ersten Verhandlungen. Bei den Wahlprüfungen wurden von den Referenten aus allen Provinzen Erlasse der Landräthe mit verleumderischen Angriffen gegen das Abgeordnetenhaus und die zur Wiederwahl stehenden oppositionellen Abgeordneten verlesen sowie mit Drohungen gegen Schulzen und Schöppen, die liberal gewählt hatten. Darunter waren auch die Schriftstücke, worin der Landrath des Demminer Kreises v. Puttkamer, der spätere Minister des Innern, die Schulzen seines Kreises, wenn sie als Wahlmänner für die „sogenannte" Fortschrittspartei stimmten, zu der er auch den Abgeordneten des Wahlbezirks, Minister a. D. Graf Schwerin, rechnete, für Feinde des Königs erklärte. Schwere disziplinarische Verantwortlichkeit werde denjenigen treffen, der durch ein trotziges Verharren in der Opposition die dem Könige beschworene Treue verletze. Nach der Wahl wurden die Schulzen wegen ihrer oppositionellen Stimmabgabe aufgefordert, ihr Amt niederzulegen, widrigenfalls das Disziplinarverfahren auf Dienstentlassung eingeleitet werde. Graf Schwerin bedauerte, daß der Landrath v. Puttkamer, den er als einen sehr gescheuten jungen Mann kenne, der auf seine Veranlassung ins Amt gekommen sei, sich habe hinreißen lassen, in fanatischem Eifer für die „sogenannte" konservative Sache solche Schreiben zu erlassen. Der Minister Graf Eulenburg erklärte übrigens, daß Niemand, kein mittelbarer und kein unmittelbarer Beamter für seine Stimmabgabe irgendwie verantwortlich zu machen, am wenigsten mit einem Disziplinarverfahren zu bedrohen sei. In Ergänzung dieser Aeußerungen brachte die Norddeutsche Allgemeine Zeitung und dann die Provinzial-Korrespondenz offiziöse Artikel zur Erläuterung des Wahlerlasses vom 24. September über die Grundsätze, über die sich die Staatsregierung verständigt hat und nach denen zu verfahren, die Behörden angewiesen worden sind. Darnach fehlt es an dem gesetzlichen Anhalt, gegen einen Beamten, der seine Opposition nur durch Stimmabgabe bei den Wahlen bekundet, hat, disziplinarisch oder strafrechtlich einzuschreiten, wohl aber wird die Regierung ihr eigenes Verhalten gegen den Beamten demnach einrichten. Er hat auf keinerlei Vergünstigung über das Maß des gesetzlich Vorgeschriebenen zu rechnen, er kann sich nicht beklagen, wenn er kein Zeichen des Wohlwollens oder des Vertrauens von einer Regierung erhält, die er in ernster Zeit zu unterstützen sich nicht hat entschließen können.

Zu Präsidenten und Vizepräsidenten des Abgeordnetenhauses wurden am 12. November Grabow, v. Unruh, v. Bockum-Dolffs mit sehr großen Mehrheiten für die ersten 4 Wochen gewählt und am 10. Dezember für den Rest der Session wiedergewählt.

Im Herrenhause wurde schon am Tage nach der Eröffnung eine Ergebenheits- und Dankadresse zur Beantwortung der Thronrede eingebracht. Gegen die Adresse sprach in der Sitzung vom 19. November der achtundvierziger Ministerpräsident Camphausen und warf den Ministern vor, wiederholt hinter dem Thron gestanden zu haben, wo sie hätten vor dem Thron stehen sollen.[1])

Einer der feudalsten Herren, Freiherr v. Zedlitz-Neukirch, forderte Anerkennung für die Landräthe, die bei den Wahlen mit ihrer treuen Hingebung für den König etwas über das Ziel hinausgeschossen seien. Bismarck sprach darauf den Landräthen und der konservativen Partei für ihre tapferen Anstrengungen Dank aus. Die durch ein Uebermaß von treuem Eifer hervorgerufenen Versehen werde die Regierung nach ihrer Quelle zu unterscheiden wissen von der lauen Zurückhaltung ... Darnach konnte ein übereifriger Landrath sicher auf Beförderung hoffen — und die Hoffnung wurde nicht getäuscht.

Im Abgeordnetenhause brachte am 13. November der Finanzminister v. Bodelschwingh den Staatshaushaltsetat für 1864 mit einem Nachtragsetat für 1863 ein. Graf Eulenburg legte die Preßordonnanz vom 1. Juni vor, zugleich mit einem Gesetzentwurf, betreffend einige Aenderungen des bisherigen Preßgesetzes. Nach dem Entwurf sollte auf Verbot des ferneren Erscheinens einer Zeitung von dem Richter erkannt werden können, wenn eine Verurtheilung zum ersten Male wegen eines Verbrechens oder zum zweiten Male innerhalb fünf Jahren wegen eines Vergehens erfolgt war. Auf Verbot sollte erkannt werden müssen, wenn innerhalb fünf Jahren zum zweiten Male wegen eines Verbrechens oder zum dritten Male wegen eines Vergehens eine Verurtheilung erfolgt war. Aufgehoben sollte die Bestimmung des Preßgesetzes werden, wonach wahrheitsgetreue Berichte über öffentliche Sitzungen des Landtages straffrei bleiben. Nächst harten Strafbestimmungen und Vorschriften über Beschleunigung des Strafverfahrens folgte dann der letzte Paragraph mit der absonderlichen Bestimmung, daß die Preßordonnanz vom 1. Juni erst mit dem Zeitpunkt der eintretenden verbindlichen Kraft dieses Gesetzes außer Kraft treten sollte. Wegen dieses Wunsches, die Preßordonnanz fortbestehen zu lassen, bis das Gesetz in Kraft trete, hatte die Staatsregierung auch das letztere gleich der Preßordonnanz beiden Häusern gleichzeitig vorgelegt. Das Abgeordnetenhaus beschloß, die Preßordonnanz in Schlußberathung ohne Vorberathung zu erledigen, das Preßgesetz aber zurückzulegen.

Dem Herrenhause waren beide Vorlagen schon am 10. November gemacht, es hatte sie einer Kommission überwiesen. Diese erstattete zwei schriftliche Berichte. Der Preßordonnanz beantragte sie die verfassungsmäßige Genehmigung zu ertheilen, dabei aber auszusprechen, es sei dringendes Bedürfniß, dieselbe so lange in Wirksamkeit zu erhalten, bis mit Zustimmung des Landtages andere gesetzliche Bestimmungen in Kraft treten könnten. Diese Anträge wurden am 18. November angenommen. Ueber den Gesetzentwurf erstattete die Kommission erst nach Aufhebung der Preßordonnanz, am 21. Dezember einen Bericht, nach dem die Vorschläge des Entwurfes noch erheblich verschärft werden sollten.

Das Abgeordnetenhaus berieth über die Preßordonnanz am 19. November. Der Präsident hatte zu Berichterstattern Simson und Gneist ernannt.

In ausgezeichneten Reden begründeten sie die Anträge, erstens der Verordnung die Genehmigung zu versagen und zweitens zu erklären:

1. Die Verordnung vom 1. Juni 1863 war weder zur Aufrechthaltung der öffentlichen Sicherheit noch zur Beseitigung eines ungewöhnlichen Nothstandes erforderlich.

2. Eine Beschränkung der Preßfreiheit kann auf dem Wege der Verordnung überhaupt nicht erfolgen.

3. Die Verordnung vom 1. Juni 1863 ist auch ihrem Inhalte nach der Verfassung zuwiderlaufend.

Der erste Antrag wurde mit 278 gegen 39 Stimmen (vereinigte Konservative und 3 oberschlesische Klerikale) und der zweite Antrag mit 269 gegen 46 Stimmen angenommen. Bei dem zweiten Antrage gehörten neben den Ministern und Konservativen zehn Klerikale zur Minderheit. Die liberalen Abgeordneten stimmten ohne Ausnahme mit der Mehrheit. Die Preßordonnanz war damit beseitigt, aber es folgte noch ein Nachspiel.

Das Ministerium sandte am 21. November dem Abgeordnetenhause eine königliche Verordnung, worin ausgesprochen war, daß die am 1. Juni oktroyirte Preßverordnung aufgehoben und mit dem „heutigen Tage", also dem 21. November außer Kraft trete.

Auf Virchow's Antrag wurde die Zuschrift des Ministeriums an die Justizkommission verwiesen. Für diese erstattete der fortschrittliche Abgeordnete Kreisrichter Pflücker Bericht. Ein Antrag der Kommission wurde in der Sitzung vom 19. Januar mit einem Zusatzantrag von Virchow mit sehr großer Mehrheit angenommen. Darnach erklärte das Abgeordnetenhaus, das Verfahren der Regierung entspreche dem bestehenden Recht nicht, weil die Geltung der Preßverordnung vom 1. Juni 1863 jedenfalls durch die ihr mit dem 19. November 1863 versagte Genehmigung des Abgeordnetenhauses erloschen war und nicht erst mit dem 21. November durch die Verordnung vom selben Tage außer Kraft trat.

Am 15. November starb plötzlich der König Friedrich VII. von Dänemark, der letzte männliche Sproß der ältern königlichen Linie des oldenburgischen Fürstenhauses ohne Leibeserben. Durch das Londoner Protokoll von 1852 waren durch Preußens Schuld die Herzogthümer Schleswig-Holstein der dänischen Gewaltherrschaft widerstandlos ausgeliefert. Die Erhaltung des dänischen Gesammtstaats war für ein europäisches Interesse erklärt. Nach altem Recht waren die Herzogthümer Schleswig und Holstein fest miteinander verbundene Staaten, deren Krone nur im Mannesstamm vererbte, während in Dänemark auch die weibliche Erbfolge zu Recht bestand. Mit dem Tode des Königs Friedrich fiel die Nachfolge in Dänemark an das Geschlecht der Herzöge von Glücksburg, denen sie durch das Londoner Protokoll unter Ausschluß der in Schleswig-Holstein erbberechtigten Augustenburger zur Erhaltung des dänischen Einheitsstaates übertragen war. Unbekümmert um das Londoner Protokoll hatte der König von Dänemark durch das Patent vom 30. März 1863 die definitive Einverleibung Schleswigs in Dänemark eingeleitet. Obschon der Bundestag mit Exekution drohte, berieth der dänische Reichsrath die neue Verfassung, die eine Lossagung von den Verträgen von 1852 bedeutete, und nahm sie am 13. November 1863 an. Zwei Tage darauf war der König gestorben, ohne die Verfassung unterzeichnet zu haben. Der „Protokollprinz" Christian von Glücksburg trat als König Christian IX. die Regierung an und unterzeichnete am 18. November die Verfassung, die am 1. Januar 1864 in Schleswig in Kraft treten sollte. Jetzt endlich war der von allen deutschen Patrioten seit langem ersehnte Augenblick gekommen, wo es galt, das schmachvolle Londoner Protokoll zu zerreißen, die deutschen Herzogthümer aus der dänischen Knechtschaft zu befreien und dem deutschen Vaterlande zu erhalten. Bismarck hatte zwar am 17. April im Abgeordnetenhause die Wahrung deutschen Rechtes in den Herzogthümern für eine nationale Ehrenpflicht erklärt, trotzdem aber beharrten selbst heftige Gegner der Fortschrittspartei in tiefem Mißtrauen. Bernhardi schrieb am 16. November in sein Tagebuch:

„Ich fürchte, die Sache der Herzogthümer wird nun noch einmal und zwar zum letzten Male verdorben, es wird irgend ein neues unseliges Protokoll zusammen gekleistert, und Schleswig-Holstein geht für Deutschland entschieden verloren."

Die Entwicklung der Schleswig-Holsteinschen Sache durch die verschiedenen Stadien der parlamentarischen, diplomatischen und militärischen Ereignisse zu schildern, liegt außerhalb meiner Aufgabe. Ich habe nur darzuthun, was Hoverbeck von Anfang an und im weiteren Verlauf der Schleswig-Holsteinschen Frage meinte und durchzusetzen suchte.

Es hatte der preußische Bundestagsgesandte v. Bismarck 1852 bei der Uebereinkunft über die Geldabfindung des Herzogs Christian von Augustenburg als preußischer Unterhändler mitgewirkt. Was er jetzt nach des Dänenkönigs Tode plante und nach mancherlei Schwankungen auf gewundenen Pfaden zu erreichen trachtete, ist schwer zu ergründen. Seine Landtagsreden genügen dazu nicht, auch das nicht, was er als Diplomat schrieb oder schreiben ließ. In den letzten Jahren aber ist namentlich in seinem Briefwechsel mit Roon und Anderen, in Bernhardis Tagebuch, in den Schriften von Friedjung und in Jansen-Sammers Buch über Schleswig-Holsteins Befreiung viel Aufklärendes veröffentlicht. Man muß darnach vom Standpunkt der Wahrheit und des Rechts an Bismarcks Handlungen in der Schleswig-Holsteinschen Sache schwerwiegende Ausstellungen machen. Hoverbeck und seine fortschrittlichen Freunde, die auf anderen Wegen und nicht durch einen deutschen Krieg für die Befreiung der Herzogthümer aus der dänischen Herrschaft eintraten, hatten selbst nach der Erstürmung der Düppeler Schanzen die Besorgnis noch nicht verloren, daß Bismarck schließlich Verrath an der deutschen Sache üben könnte. Eins aber erkannten später auch seine heftigsten Gegner als sein eigenstes Verdienst an, daß Schleswig-Holstein preußisch geworden ist und nicht die Zahl der deutschen Kleinstaaten um einen vermehrt hat.

Am 17. November kam Friedrich von Augustenburg, der zufolge Verzichtsurkunde seines Vaters Herzog von Schleswig-Holstein geworden war, in Gotha an, um mit dem früheren Kieler Professor Sammer,[2]) nunmehr Mitglied des Ministeriums für Coburg-Gotha, zu berathen. Eine Proklamation an die Schleswig-Holsteiner wurden erlassen und veröffentlicht. Dann reiste der Herzog nach Berlin. Hier verhandelte er mit Bismarck und hatte eine Audienz beim König. Bismarck erklärte, Preußen sei leider durch das Londoner Protokoll gebunden. Der König war dem Rücktritt vom Protokoll geneigt, hatte sich aber von Bismarck einreden lassen, daß es vor dem 6. Januar 1864, also vor der Einführung der dänischen Verfassung in Schleswig nicht möglich sei. Der Herzog Friedrich war mit dem Kronprinzen, der noch in England weilte und mit dem Großherzog von Baden eng befreundet. Sammer hatte schon am 17. November seinen Freund, den badischen Minister Franz v. Roggenbach ersucht, den badischen Bundestagsgesandten Robert v. Mohl zur Uebernahme auch der holsteinschen Gesandschaft am Bundestage zu veranlassen. Bernhardi bemühte sich seit dem 18. Oktober brieflich und die folgenden Tage auch in mündlichen Besprechungen den Kriegsminister v. Roon von der Nothwendigkeit zu überzeugen, daß Preußen entschieden für die Herzogthümer eintreten müsse. Der König wurde in den folgenden Tagen von allen altliberalen und konservativen „Patrioten" deutscher Gesinnung, die noch Zutritt zu ihm hatten, wie v. Bethmann-Hollweg, v. Gruner, Hausminister v. Schleinitz, Graf v. Bernstorff, v. Vincke-Olbendorf förmlich bestürmt, die Lossagung vom Londoner Protokoll zu befehlen. Es war vergeblich. Bismarck hatte Geffken am 22. November erklärt, er wolle von Dänemark nichts als die Erfüllung der Traktate von 1851 und die Aufrechterhaltung des Londoner Protokolls. Die ganze Agitation für Schleswig-Holstein sei nichts weiter als eine Falle, die Oesterreich und die Fortschrittspartei dem Ministerium stellten u. s. w.: Max Duncker und Geffken hielten für nöthig, den früheren Ministerpräsidenten, Fürsten von Hohenzollern zur Bearbeitung des Königs herbeizuschaffen. Bernhardi reiste zu diesem Behufe am 22. November nach Düsseldorf. Ein Brief Max Dunckers und Berichte Bernhardis über Gespräche Dunckers mit Schleinitz, Geffkens mit Bismarck und Bernhardis mit Roon und über die „politische Unbrauchbarkeit" der Liberalen überzeugten den Fürsten zwar, daß Bismarcks Pläne „im höchsten Grade gefährlich seien", aber er lehnte ab, nach Berlin zu kommen, um den König für eine andere Auffassung zu gewinnen. Er sagte:

> „Der König ist ganz beherrscht von der Idee, daß er vor allen Dingen Zucht und Ordnung im Lande wieder herstellen muß. . . . Und nun ist der König ganz fest in dem Glauben, daß ihm dazu Bismarck unentbehrlich ist; daß Bismarck das allein kann und die Militärvorlagen durchsetzt."

Inzwischen waren Vorstand und Ausschuß des Nationalvereins am 22. November in Berlin zusammengetreten. Sie beschlossen, in den Personen des Präsidenten v. Bennigsen und seines Stellvertreters Fries eine Deputation an den Herzog Friedrich nach Gotha zu senden. Sie versicherten ihn der kräftigsten Unterstützung des Nationalvereins. Das deutsche Volk werde, wie verschieden seine Parteirichtungen sein mögen, einmüthig und unerschütterlich zusammenhalten in der jetzigen folgenschweren Lage, wo es sich um die unzweifelhaften Rechte eines deutschen Fürstenhauses, um die Integrität deutschen Bodens, um die höchsten und heiligsten Interessen der gesammten deutschen Nation handelt.

Im Abgeordnetenhause wurde am folgenden Tage, dem 23. November ein Antrag von Stavenhagen und Virchow mit 115 Unterschriften eingebracht. Darnach sollte das Abgeordnetenhaus erklären:

„In Erwägung

1. daß der Erbprinz von Schleswig-Holstein-Sonderburg-Augustenburg Kraft eines unzweifelhaften Erbfolgerechts seinen Anspruch auf die Regierung der Herzogthümer erhoben hat;

2. daß weder der Deutsche Bund, noch die Stände der Herzogthümer Schleswig und Holstein, noch die Agnaten des Hauses Oldenburg den Bestimmungen des Londoner Vertrags vom 8. Mai 1852 beigetreten sind;

3. daß Dänemark durch eine Reihe vertragswidriger Maßregeln, durch vielfache Bedrückung der deutschen Bevölkerung und Sprache in Schleswig, durch das Patent vom 30. März d. J. und endlich durch die Vollziehung der neuen Verfassung für Dänemark-Schleswig, die Vereinbarungen von 1851 und 1852 und damit die Bedingungen selbst gebrochen hat, unter welchen die deutschen Großmächte dem Londoner Vertrage beigetreten sind, daß daher die Bestimmungen dieses Vertrages für die deutschen Großmächte jede Verbindlichkeit verloren haben;

4. daß bei dieser Sachlage die Anwesenheit dänischer Truppen in dem Bundeslande Holstein eine Verletzung des Bundesgebiets bildet,

erklärt das Haus der Abgeordneten:

die Ehre und das Interesse Deutschlands verlangen es, daß sämmtliche deutsche Staaten die Rechte der Herzogthümer schützen, den Erbprinzen von Schleswig-Holstein-Sonderburg-Augustenburg als Herzog von Schleswig-Holstein anerkennen, und ihm in der Geltendmachung seiner Rechte wirksamen Beistand leisten."

Grabow schlug vor, den Antrag in einer besonderen Kommission von 21 Mitgliedern vorberathen zu lassen. Graf Schwerin brachte Namens der konstitutionellen Fraktion einen Zusatzantrag dahin ein, daß das Haus sich bereit erklären sollte, den König in Anerkennung und Geltendmachung der Rechte des Herzogs, sowie der Rechte seiner deutschen Herzogthümer mit allen Kräften zu unterstützen.

Der Ausschuß des Nationalvereins, an dessen Berathungen sich Hoverbeck, Jacoby, Lette, Veit und seine übrigen in Berlin wohnenden Mitglieder betheiligten, beschloß einen kräftigen Aufruf an das deutsche Volk. Er forderte es auf,

„Schleswig-Holstein für Deutschland in Anspruch zu nehmen und zurück zu erobern, wie die Vorfahren Pommern und Ostpreußen zurückgewonnen hätten damit es vor dem Schicksal des Elsasses bewahrt bleibe. Die Fürsten wurden erinnert, im eigenen Interesse Fürstenrecht zu wahren, — das Volk, seine Gelübde und Versprechungen jetzt durch Thaten und Opfer wahr zu machen, die Schleswig-Holsteiner auszuharren."

Zugleich wurde ein Hülfsausschuß für Schleswig-Holstein mit dem Sitz in Göttingen unter Miquels geschäftlicher Leitung eingesetzt.

Am 24. November wurde unter dem Vorsitz von Fries eine von Tausenden besuchte Versammlung der Berliner Mitglieder des Nationalvereins abgehalten. Dr. Johann Jacoby verlas im Auftrage des Ausschusses den Aufruf. Auf Veit's Antrag wurde nach Reden von Franz Duncker, Schulze-Delitzsch, Mommsen und Metz beschlossen, dem Aufruf beizutreten und in seinem Sinne zu handeln.

Die Kommission des Abgeordnetenhauses zur Berathung des Antrages Stavenhagen-Virchow erstattete schon am 26. November einen von Twesten verfaßten Bericht. Es war ihr auch ein von den Konservativen unterstützter Antrag des Freiherrn v. d. Heydt überwiesen, nach dem sich das Abgeordnetenhaus bereit erklären sollte, in der gegenwärtigen Lage der Erbfolge in den Herzogthümern der Regierung zur energischen Wahrung aller Rechte des deutschen Bundes die erforderlichen Mittel zur Verfügung zu stellen. Der Bericht begann mit einer kurzen Darstellung der staatsrechtlichen Beziehungen zwischen Dänemark und den Herzogthümern Schleswig-Holstein. Die Kommission lehnte den konservativen Antrag einstimmig ab und nahm den Antrag Stavenhagen-Virchow mit einem Zusatz an. Darnach sollte noch die Erwägung hinzugefügt werden,

„daß einem deutschen Volksstamme gegen seinen Willen und gegen seine verfassungsmäßigen Rechte kein fremder Herrscher durch fremde Mächte aufgedrungen werden darf."

Das Abgeordnetenhaus berieth über den Antrag in zwei Sitzungen am 1. und 2. Dezember. Nach der Begründung durch Twesten verlas Bismarck eine längere Erklärung. Es wurde darin als unsere oberste politische Pflicht, die Sorge für die Ehre und Sicherheit unseres eigenen Vaterlandes, d. h. Preußens genannt. Für Preußens Sonderstellung bleibe der Londoner Vertrag von 1852 maßgebend. Die Lossagung von ihm würde der Stellung Schleswigs die vertragsmäßige Grundlage entziehen und die Anerkennung einer anderen von neuen Verhandlungen oder von dem Ausgange eines europäischen Krieges abhängig machen. Es wurde dann auf die beim Bundestag schwebenden Verhandlungen über die Exekutionsanträge hingewiesen, und eine Vorlage wegen Beschaffung der dazu nöthigen Geldmittel angekündigt.

In der Verhandlung stellten sich erhebliche Meinungsverschiedenheiten innerhalb der Fortschrittspartei heraus. Waldeck hatte mit 35 Unterschriften fortschrittlicher Abgeordneten einen Gegenantrag eingebracht, der von einer Anerkennung und Unterstützung eines „Prätendenten" nichts enthielt. Das Abgeordnetenhaus wurde aufgefordert, zu beschließen:

„In Erwägung, daß die Trennung der Personalunion zwischen Dänemark und den Herzogthümern Schleswig und Holstein ein deutsches und preußisches Interesse ist, daß der Herzog von Glücksburg . . . zur jetzigen Nachfolge in die Herzogthümer Schleswig und Holstein nicht berufen ist, auch ein Recht auf die Regierung dieses Landes und Volkes . . . im Londoner Protokolle nicht erlangen konnte . . . daß das preußische Abgeordnetenhaus unter den gegenwärtig obwaltenden Verhältnissen Preußens sich nicht bewogen finden kann, weitere Erklärungen über den positiven Gang der preußischen Politik in dieser Angelegenheit abzugeben,

beschränkt sich das Haus der Abgeordneten auf die Erklärung:

es liegt im Interesse Deutschlands und Preußens, daß der Herzog von Glücksburg, welcher unter dem Namen Christian IX. den dänischen Thron bestiegen hat, von Seiten Preußens nicht als Herzog von Schleswig und Holstein anerkannt werde."

Waldeck stellte in seiner Rede als seinen ersten Grundsatz hin,

„daß Preußen für Deutschlands Freiheit und Einheit gar nichts thun kann, so lange es innerlich in seinen Verfassungskämpfen gebunden, und nicht zur Freiheit gelangt ist."

Er verlangte, daß der feudale, büreaukratische und militärische Absolutismus, der die Verfassung zunichte macht, beseitigt werde, daß deshalb dieser Regierung keine neue Steuer, keine Anleihe irgend einer Art bewilligt werde, so lange der Ausnahmezustand noch fortdauert. Auf die Träume über die künftige Gestaltung Deutschlands lege er praktisch wenig Werth; er wünsche, daß die Herzogthümer in die Hände Preußens kämen. In den Händen irgend eines kleinen Herzogs würden sie nicht dazu beitragen, uns eine maritime Stellung an der Nord- und Ostsee zu geben.

Zum Schluß der Berathungen des zweiten Tages wurde der Antrag Waldeck mit 261 gegen 37 Stimmen abgelehnt und der Kommissionsantrag mit 231 gegen 63 Stimmen angenommen.

Inzwischen wurden die regelmäßigen Geschäfte des Abgeordnetenhauses in Kommissionen und im Plenum in gewohnter Weise erledigt. Einen Vorstoß gegen das Ministerium versuchte ein Antrag von Schulze-Delitzsch und v. Carlowitz. Im Anschluß an die Wahlprüfungen beantragten sie am 23. November Namens der Fortschrittspartei und des linken Zentrums, zur Information des Hauses wegen der bei den letzten Wahlen vorgekommenen gesetzwidrigen Beeinflussungen der Wähler und der Verkümmerung der verfassungsmäßigen Wahlfreiheit, eine Kommission zur Untersuchung der Thatsachen nach Artikel 82 der Verfassung einzusetzen. Dieser Artikel lautet:

„Eine jede Kammer hat die Befugniß, behufs ihrer Information Kommissionen zur Untersuchung von Thatsachen zu ernennen."

Bei der Schlußberathung am 28. November wurde auf Antrag der Referenten Aßmann und v. Forckenbeck beschlossen, dem Antrage zu entsprechen und eine Kommission von 21 Mitgliedern einzusetzen und ihr aufzugeben, geeignete Ermittelungen vorzunehmen und dem Hause darüber Bericht zu erstatten. Zu ihrem Vorsitzenden wählte die Kommission den Kreisgerichtsdirektor Wachler-Breslau, zu seinem Stellvertreter den Kreisgerichtsdirektor Larz-Wehlau. Die Kommission kam nach sorgfältiger Untersuchung der Rechtsfrage zu dem Beschluß, daß sie Zeugen und Sachverständige selbst vernehmen, und auch wie jede andere Untersuchungsbehörde andere Behörden um solche Vernehmungen ersuchen, auch von jeder Behörde und jedem Beamten Auskunft über thatsächliche Fragen und Vorlegung von Urkunden fordern dürfe. Das Ministerium verweigerte der Kommission aber amtliche Auskunft und erklärte es für verfassungswidrig, wenn die Kommission mit Umgehung der Minister direkte Requisitionen an untergeordnete Behörden und Beamte ergehen ließe. Es ertheilte den Verwaltungsbehörden Anweisung, solchen Requisitionen keine Folge zu geben. Die Untersuchungskommission verschaffte sich, so weit es möglich war, Urkundliches über Wahlbeeinflussungen, vernahm auch Zeugen und erstattete zwei ausführliche Berichte, die ein ziemlich großes Material über gesetzwidrige Wahlbeeinflussungen durch die oberen Behörden, Minister und Regierungspräsidenten, und über gesetzwidrige Maßnahmen unterer Behörden und zwar Beeinflussungen vor den Wahlen und Verfolgungen nach den Wahlen enthielten.

Hoverbeck hatte das Fehlerhafte des Unternehmens rechtzeitig erkannt. Er schrieb seinen Freunden darüber am 8. Dezember 1863:

„Die Schwierigkeiten, welche die Untersuchungskommission findet, ließen sich voraussehen, und ich gestehe Ihnen, daß ich aus diesem Grunde gegen die Einsetzung einer solchen von Anfang an war. Es ist schade um den schönen Verfassungsartikel, der so illusorisch gemacht wird. Wir können, wie ich glaube, unter diesen Umständen keine Behörde requiriren, da wir dabei entweder die einzelnen Beamten, die solchen Requisitionen Folge leisten, kompromittiren, oder von den reaktionären Beamten geradezu mit Hohn zurückgewiesen werden. Aus diesen Gründen habe ich auch die Mitgliedschaft dieser Kommission, die mir zugedacht war, abgelehnt. Ich fürchte, es wird heißen: Parturiunt montes, nascetur ridiculus mus. Da aber nun die Kommission doch einmal geschaffen ist, müssen wir allerdings dazu thun, was noch möglich ist; es wird immerhin eine hübsche Sammlung werden, denn die Schamlosigkeit der Beeinflussungen geht wirklich ins Unglaubliche!

Von den Berliner Politikern waren gerade die erbitterten Feinde der Fortschrittspartei unter den Altliberalen am eifrigsten bemüht, den König gegen Bismarcks Dänenpolitik einzunehmen.

Max Duncker bedauerte in einem Schreiben an den Minister Francke-Coburg[3]) vom 1. Dezember, daß keiner der Fürsten habe nach Berlin kommen wollen, es hätte entscheidend sein können,

„denn zwei Mal stand Bismarck „auf dem Wipp", so daß es nur noch eines geringen Druckes bedurft hätte, um ihn zu beseitigen."[4])

Bernhardi fuhr auf Dunckers Veranlassung am 1. Dezember nach Gotha und stellte sich dem Herzog Friedrich zur Verfügung. Für ihn übersetzte er ein Schreiben an den Kaiser Napoleon[5]) und verfaßte in französischer Sprache ein Schreiben an den Kaiser von Rußland. Herzog Friedrich mit seiner Umgebung setzte bald auf den Bundestag und die Kleinstaaten große Hoffnungen, bald erwartete er, daß der König von Preußen endlich Bismarck fallen ließe. Zu Ende Dezember sandte er v. Bernhardi nach London; dieser hatte des Herzogs Interesse „so weit als möglich zu vertreten." Er blieb über vier Monate dort, — anscheinend ohne dem Herzog viel zu nützen.

Hoverbeck war in dieser wie in früheren Sessionen Mitglied der Budgetkommission. Ihr lagen die Etatsentwürfe für 1863 und 1864 vor. Einstimmig entschied sie sich, zunächst und unverzüglich den Etat für 1864 zu berathen. Die Berathung und die Abfassung der schriftlichen Berichte erfolgte so schnell, daß schon in mehreren Sitzungen des Dezember die meisten Berichte erledigt werden konnten. Hoverbeck hatte über elf Etats berichtet (Nr. 27 der Drucksachen). Sie kamen erst am 9. Dezember auf die Tagesordnung. Vorher, am 6. Dezember nahm er in Nürnberg an einer von den Führern des Nationalvereins und des großdeutschen Reformvereins veranlaßten Besprechung in Sachen Schleswig-Holsteins theil. Man beschloß, sämtliche Mitglieder der deutschen Landesvertretungen zum 21. Dezember nach Frankfurt einzuladen. Hoverbeck schrieb über die in Nürnberg gemachten Bekanntschaften seinem Freunde Mahraun am 8. Dezember:

„Von unserer Zusammenkunft in Nürnberg, welche zur Berufung einer allgemeinen Versammlung deutscher Abgeordneter geführt hat, werden Sie wohl etwas in der Zeitung lesen. Für mich persönlich war es von großem Interesse, Vertreter der verschiedensten politischen Richtungen in deutschen Kammern persönlich kennen zu lernen, namentlich die Oesterreicher: Mühlfeld, Brinz (ministeriell) Rechbauer und drei Andere von der dortigen Linken; von Bayern Lerchenfeld, den Führer der ministeriellen Partei — (ultramontaner großdeutscher Gothaer, Vorsteher des Reformvereins, also direkter Feind des Nationalvereins), Umbscheiden, einen der Pfälzer (die Abgeordneten aus der bayrischen Pfalz bilden eine besondere Partei), Kolb aus Speyer, bekannt durch seine Schriften über Volkswehr, entschiedener Demokrat; von Württemberg Oesterlen, Schäffle u. s. w. Dies waren die mir bisher Unbekannten. Die Anderen aus den kleineren deutschen Staaten kannte ich schon von früher. . ." [6])

In demselben Brief kam Hoverbeck auf die Rede zurück, die der Abg. Metz-Darmstadt am 23. November in der Versammlung Berliner Nationalvereinsmitglieder gehalten hatte. Metz hatte durch gewisse prahlerisch klingende Ausführungen, wie ich selbst bezeugen kann, schon bei den Berliner Zuhörern Mißfallen erregt. Hoverbeck nahm ihn gegen Mahraun in Schutz. Er schrieb:

„Metz war ebenfalls in Nürnberg. Ihre Kritik über sein Bild von der Kompagnie und dem Hauptmann ist, glaube ich, doch nicht ganz gerechtfertigt, oder vielmehr das Bild ist in der Zeitung nicht richtig wiedergegeben. In Wirklichkeit sagte er etwa Folgendes: Deutschland gleicht einem Heere, das gegen den Feind marschirt. Preußen ist ein Regiment dabei, will aber nicht mitgehen, weil es seinem „Obersten" nicht traut. Da sagen ihm nun die anderen Regimenter: „Du mußt mit! Entweder Du ziehst gegen den Feind unter dem schlechten Obersten, oder, wenn Du ihn für einen Verräther hältst, so schaff Du ihn Dir vom Leibe, aber mit mußt Du unter allen Umständen!" — Nachdem ich mich jetzt im übrigen Deutschland umgesehen habe, muß ich Ihnen gestehen, daß diese Ansicht dort die allgemeine ist; ich halte sie im Großen auch für berechtigt; aber sie setzt eben voraus, daß man eine Revolution macht, und das liegt nicht in Jedermanns Macht. So wie wir jetzt stehen, ist es nur zu sehr zu fürchten, daß Bismarck und das offizielle Preußen, wenn sie in Holstein einrücken, die Rechte des Landes verrathen; und dazu noch Geld zu geben, kann man uns nicht zumuthen. Sie haben ganz richtig die schwere Aufgabe hervorgehoben, in einer Erklärung einerseits auszusprechen, daß wir kein Geld geben, und andererseits unsern herzlichen guten Willen, den armen Schleswig-Holsteinern zu helfen. Es ist möglich, daß noch nachträglich, wenn wir die Geldforderung ins Haus bekommen, eine Adresse vorgeschlagen wird, worin wir aussprechen, daß wir zu dem rechten Zwecke: Trennung der Herzogthümer von Dänemark und Anerkennung des Herzog Friedrich, Geld geben würden, aber daß dies Ministerium eine solche Politik niemals durchführen könne."

Ein Gesetzentwurf über Aufnahme einer verzinslichen Staatsanleihe von 12 Millionen Thaler als außerordentlichen Geldbedarf der Militär- und Marineverwaltung wurde am 9. Dezember vom Finanzminister Bodelschwingh im Abgeordnetenhause eingebracht und einer besonderen Kommission überwiesen.

Bei der Budgetkommission in derselben Sitzung gab es eine längere Debatte über die auch früher abgelehnten geheimen Fonds für die Presse. Hoverbeck hat in der ganzen Session mehrmals zu kurzen Bemerkungen, aber niemals zu längerer Rede das Wort genommen. Hier schloß er seine Schlußbemerkung als Berichterstatter mit den Worten:

„Die Kommission ist der Meinung, daß sie nicht berechtigt sei, irgend was von den Staatsgeldern zu bewilligen, ohne daß sie klar und durchsichtig beurtheilen kann, wozu sie verwendet werden, oder, wo eine solche durchsichtige Uebersicht fehlt, doch die Ueberzeugung hegen darf, daß sie nur zum Nutzen des Vaterlandes verwendet werden. Dieses Letztere trifft zu in Betreff der geheimen Fonds, speziell in Bezug auf die, welche für die Presse verwendet werden. Die Kommission kann diese Ueberzeugung nicht haben, deshalb hält sie sich für verpflichtet, diese Summe zu verweigern, ebenso das Haus."

In derselben Sitzung ergriff Hoverbeck als Berichterstatter noch mehrmals zu kurzen Erklärungen das Wort. Von Interesse ist die letzte. Der Regierungskommissar sagte bei Berathung eines Titels, die Regierung könne sich mit der von der Budgetkommission vorgeschlagenen Spezialisirung dieses Titels in verschiedene einzelne Titel nicht einverstanden erklären. Hoverbeck erwiderte:

„Ja, darüber wird eine weitläufige Debatte in diesem Augenblick auch nicht mehr nothwendig sein; ich muß meinerseits nur hervorheben, wie es durch die Verhandlungen der Kommission und dieses Hauses genügend feststeht, daß die Regierung darüber gar keine Bestimmung hat, ob wir in den oder den Titeln bewilligen wollen. Wenn der Etat überhaupt Gesetz wird, und er nicht an einer andern Instanz Schiffbruch leidet, so muß sie ihn eben nehmen, wie wir ihn gewähren."

Vor Eröffnung der Session waren von dem Staatsgerichtshof vier polnische Abgeordnete wegen Vorbereitung hochverrätherischer Unternehmen in Untersuchungshaft genommen. Es waren die Rittergusbesitzer Natalis v. Sulerzycki, Abgeordneter für Löbau, Dr. Heinrich Szumann, Abgeordneter für Adelnau-Schildberg, Dr. jur. Wladislaw v. Niegolewski für Pleschen-Krotoschin und Gutsbesitzer Boguslaw v. Lubienski, Abgeordneter für Landkreis Posen. Ein Antrag auf Aufhebung der Untersuchungshaft wurde von der Justizkommission nur für v. Sulerzycki befürwortet. Im Plenum aber wurde am 12. Dezember der Antrag in die Justizkommission zurückverwiesen und diese ermächtigt, darüber in geheimer Sitzung zu verhandeln. Dies geschah. Man erfuhr in der geheimen Sitzung, daß die Anklage noch nicht erhoben sei. Die Justizkommission unter Vorsitz Simsons war getheilter Meinung. Die Entscheidung wurde im Plenum erst am 16. Januar 1864 getroffen. Waldeck trat lebhaft für Aufhebung der Untersuchungshaft aller vier Abgeordneten ein. Diese wurde auch beschlossen, bei Sulerzycki mit 135 gegen 133 Stimmen, bei Szumann mit 138 gegen 133 Stimmen und bei v. Niegolewski und Lubienski ohne namentliche Abstimmung.[7])

Von den Verhandlungen der Kommission über das Anleihegesetz schrieb Hoverbeck an Mahraun am 14. Dezember:

„Ich schreibe Ihnen wieder aus der Budgetkommission, vor Allem, um Ihnen den Schrecken zu benehmen, den eine entweder alberne oder böswillige Korrespondenz der Hartungschen in Ihrem Kreise erregt zu haben scheint. Von einer Bewilligung der 12 Millionen ist gar nicht die Rede, und ist niemals die Rede gewesen. Sowohl unsere Fraktion als das linke Zentrum sind darüber völlig einig. Es ist ein trauriges Ding und sicherlich der guten Sache nicht vortheilhaft, daß eine Clique von Berichterstattern verschiedener Zeitungen mit aller Gewalt Nachrichten über bevorstehende Beschlüsse des Hauses bringen will, ehe in den Fraktionen irgendwie die Rede davon gewesen ist. Erst vorgestern begann die Besprechung dieser Frage bei uns, und da stellte sich heraus, was ich von vornherein erwartete, daß Niemand von uns für Bewilligung war. Dasselbe ist bei den Bockum-Dolfffsern der Fall, ja selbst die Altliberalen werden vermutlich gegen die Bewilligung sein; wenigstens sprach sich Simson ungefähr so aus. — Der arme Sybel hat von einer gewissen Sorte von Korrespondenzen schwer zu leiden. Es ist nicht zu bestreiten, daß er bisweilen Gothaische Anwandelungen hat; aber es ist meiner Ansicht nach unleugbar, daß er sich von Tag zu Tag kräftigt und befestigt. Im Uebrigen halte ich ihn für einen durch und durch ehrenwerthen und (trotz einer kleinen Eitelkeit) selbstlosen, auf die Sache selbst um ihretwillen losarbeitenden Mann.[8])

Ich freue mich, daß ich Ihre Sorge wegen der Bewilligung der 12 Millionen so bald zerstreuen konnte; dagegen fürchte ich mit meiner zweiten Nachricht weniger gut zu bestehen. Gestern hat unsere Fraktion, mit allen gegen etwa 10 Stimmen und die Fraktion Bockum-Dolffs mit der gleichen Majorität eine Adresse beschlossen. Es liegen Entwürfe von Sybel und Virchow vor, von denen mir der letztere besser gefällt. Sie haben geglaubt, daß es besser sein würde, dem Votum wegen Nichtbewilligung der 12 Millionen unter Nr. 2 eine Resolution anzuhängen, welche für einen System- und Personenwechsel eine Bewilligung verspricht. Nun, gerade das will auch die Adresse aussprechen, aber in einer feierlichen und ausführlicheren Form. Es ist nämlich die Aussicht vorhanden, und durch die eben erfolgten Erklärungen Bismarcks in der Kommission noch bestärkt, daß unmittelbar nach dem ablehnenden Votum Auflösung oder Schluß erfolgen wird.[9]) Diese Adresse ist also eine Art von Testament des Hauses und wird nothwendig, um namentlich gegenüber den übrigen Deutschen uns von dem Vorwurfe des Separatismus zu befreien, den uns hauptsächlich die Haltung und die Reden Waldecks und seiner Genossen zugezogen haben. Die Antecedentien scheinen mir nicht gegen eine Adresse zu sprechen. Ob man dabei grobe Antworten bekommt oder nicht, ist ziemlich gleichgültig; ich meinerseits besitze diese Art von Ehre nicht, die mir verbieten sollte, mich an einen . . . zu wenden, wenn ich glaube, daß das für das eigene Volk oder die Schleswig-Holsteiner, die mir ganz eben so nahe stehen, nützlich werden kann. Uebrigens hat die Ankündigung der Adresse in der Kommission auf die anwesenden Minister Bismarck, Roon und Bodelschwingh einen tiefen Eindruck gemacht. Wir sind hier Alle überzeugt, daß das Ministerium auf die nackte Ablehnung der Anleihe spekulirt hat, und daß diese Adresse ihnen einen gewaltigen Querstrich macht."

Die Kommission beschloß den Erlaß einer Adresse zu beantragen. Am 18. Dezember fand im Plenum die Schlußberathung über den von der Kommission vorgeschlagenen Adreßentwurf statt. Für den erkrankten v. Sybel mußte Virchow als Berichterstatter eintreten. Bismarck hatte auf sehr scharfe Angriffe zu antworten. Waldeck bekämpfte die Adresse. Die Bewilligung der Anleihe sei vollkommen unannehmbar. Die Adresse werde die vollständige Machtlosigkeit des Abgeordnetenhauses in der auswärtigen und deutschen Politik vor Deutschland zur Schau tragen. In der Adresse hieß es:

„Preußen und Deutschland sind berechtigt und damit auch verpflichtet, das Erbrecht Friedrichs VIII. anzuerkennen, das deutsche Bundesgebiet von der Anwesenheit dänischer Truppen zu befreien, und die Zusammengehörigkeit und Unabhängigkeit der Herzogthümer herzustellen.“

Ferner:

„Das Recht der Herzogthümer auf untrennbare Verbindung und Unabhängigkeit fällt zusammen mit dem Erbrecht des Augustenburger Hauses. Darum bitten wir Ew. Majestät ehrfurchtsvoll und dringend, von dem Londoner Vertrage zurückzutreten, den Erbprinzen von Schleswig-Holstein-Augustenburg als Herzog von Schleswig-Holstein anerkennen und dahin wirken zu wollen, daß der deutsche Bund ihm in der Besitzergreifung und Befreiung seiner Erblande wirksamen Beistand leiste.“

Die Adresse wurde mit 207 gegen 107 Stimmen angenommen. Zur Minderheit gehörten 29 von der Fortschrittspartei, neben Waldeck diesmal auch Jacoby und 7 vom linken Zentrum, darunter Carlowitz.

Bismarck war nach Hoverbecks Brief über den Antrag auf Erlaß einer Adresse sehr betroffen. Wie Sybel am 15. Dezember an Samwer schrieb, fuhr er in der Kommission auf „wie von einer Kugel getroffen“.[9a]) Bernhardi und seine Freunde gaben sich der Hoffnung hin, daß Bismarck jetzt beseitigt werden würde.[10]) Diesem kam man im Herrenhause zu Hülfe. Kurz vorher waren zehn neue Herren feudalster Richtung auf Lebenszeit berufen, darunter Professor Leo von Halle und als Kronsyndici die Obertribunalsräthe Heffter und v. Caprivi, der Vater des späteren Reichskanzlers.[11]) Auf Antrag von Graf Arnim-Boitzenburg und v. Kleist-Retzow nahm das Herrenhaus am 21. Dezember in Sachen Schleswig-Holsteins eine Adresse an den König an, die den Wünschen Bismarcks entsprach.[12]) In der Debatte hatten v. Below-Hohendorf und v. Kleist-Retzow Briefe konservativer Schleswig-Holsteiner verlesen, die eine Wiederherstellung der früheren Verbindung beider Herzogthümer unter der Krone Dänemarks begehrten!

Daß der König damals in seinen Entschließungen schwankte, geht auch aus den freundlichen, wenn auch ablehnenden Antworten hervor, die er dem Herzog Friedrich am 15. und 21. Dezember auf dessen Briefe vom 11. und 17. Dezember sandte. Der Herzog hatte dem „hochherzigen Beschützer“ seiner Familie versichert:

„nur durch die baldige Anerkennung meines Rechts vermag mein unglückliches Vaterland gerettet zu werden.“[13])

Für den Herzog traten eifrig ein die Königin, die seit Anfang Dezember nach Berlin zurückgekehrt war und der Kronprinz nebst Gemahlin, die über Karlsruhe am 27. Dezember zurückkamen.

Am 21. Dezember fand in Frankfurt die Versammlung von Mitgliedern der Landesvertretungen sämtlicher deutscher Staaten statt. Es waren 491 erschienen, darunter 47 Preußen. Einstimmig ohne Debatte wurde eine von dem bayrischen großdeutschen Abgeordneten Edel[14]) begründete kräftige Erklärung zu Gunsten des Herzogs Friedrich und der Trennung der Herzogthümer von Dänemark angenommen. Zugleich wurde ein Zentralausschuß von 36 Mitgliedern „als Mittelpunkt der gesetzlichen Thätigkeit der deutschen Nation für Durchführung der Rechte der Herzogthümer Schleswig-Holstein und ihres rechtmäßigen Herzogs Friedrich VIII. . . .“ bestellt. In den 36iger Ausschuß wurde auch Hoverbeck, der in Frankfurt anwesend war, neben Bennigsen, Miquel, Schulze-Delitzsch, Twesten, Sybel u. s. w. gewählt.

Erst am 27. Dezember beantwortete der König die Adresse des Abgeordnetenhauses mit der Mahnung, die Anleihe zu bewilligen. Die Successionsfrage werde durch den deutschen Bund unter seiner Mitwirkung geprüft werden.

Von den Verhandlungen des Abgeordnetenhauses im Januar 1864 führte die über die Schleswig-Holsteinsche Frage zum schnelleren Abschluß der Session. Vorweg will ich aus den übrigen Verhandlungen noch Folgendes hervorheben:

1. Nach dem Entwurf eines Gesetzes zur Ergänzung des Art. 99 der Verfassungsurkunde vom 17. Dezember sollte, wenn die gesetzliche Feststellung des Etats nicht erreicht würde, der zuletzt festgestellte Etat bis zur Vereinbarung eines neuen Etats in Kraft bleiben. Ebenso sollte verfahren werden, wenn die Feststellung des Staatshaushaltsetats für die nächste Periode über den Anfang derselben sich verzögerte. Eine besondere Kommission wurde zur Vorberathung eingesetzt. Neben Hoverbeck gehörten Graf Schwerin, Simson, Gneist, Jacoby dazu. Nach dem von Gneist erstatteten Bericht wurde einstimmig beschlossen, Ablehnung des Gesetzentwurfes zu empfehlen und eine Resolution beizufügen, worin das Abgeordnetenhaus erklärt, der Gesetzentwurf enthalte keine Ergänzung, sondern eine direkte und vollständige Aufhebung des Art. 99 der Verfassung. Der Entwurf sei weder durch ein bestehendes Bedürfniß veranlaßt, noch mit dem verfassungsmäßigen Recht des Abgeordnetenhauses bei Feststellung des Staatshaushalts vereinbar. Gneist hatte in seinem Bericht die Entstehungsgeschichte

der Art. 98 und 99 der Verfassung nach den Verhandlungen der Nationalversammlung und der Revisionskammern dargestellt. Waldeck ergänzte die Darstellung in der Sitzung vom 19. Januar. Die Anträge der Kommission wurden angenommen.

2. Ueber den wiederum vom Abg. v. Vaerst verfaßten ausführlichen Bericht der Budgetkommission betreffend den Militäretat wurde in vier Sitzungen (5., 11., 12., 13. Januar 1864) verhandelt. Wie in der Sommersession von 1862 wurden die Kosten der Reorganisation — es waren 5¹/₂ Millionen Thaler — mit großer Mehrheit auch im Extraordinarium gestrichen. Von 315 Abgeordneten stimmten nur 35 für die Bewilligung, 280 dagegen.

In den Verhandlungen dieser Sitzungen nahm Hoverbeck nur einmal, am 12. Januar das Wort. Die Budgetkommission hatte beantragt, zu erklären:

„Es ist dringend erforderlich, die bei einer mäßigen Friedensstärke finanziell zulässige Erhöhung des Soldes der Gemeinen und Unteroffiziere baldigst herbeizuführen und dabei die bevorzugten Truppen des Gardekorps den Linientruppen gleichzustellen."

In der Debatte über diesen Antrag hatte Dr. med. Löwe bessere Ernährung und Verpflegung der Truppen verlangt, auf deren mangelhafte Kleidung und die große Zahl der Kranken hingewiesen und Aufrufe erwähnt, die für den Fall der Winterkampagne für nothwendige Bekleidungsstücke erlassen worden.

Roon nannte dies in grimmigem heftigen Zorn unter Spott auf die Parteitaktik einen „brüsken und gewaltsamen Angriff". Grabow erklärte den Ausdruck für nicht parlamentarisch. Das Recht hierzu bestritt Roon dem Präsidenten wiederholt und heftig. An der Fortsetzung des Streites betheiligten sich Abgeordnete von rechts und links. Da gelang es Hoverbecks geschickter Rede, die aufgeregte Debatte in ein ruhigeres Fahrwasser zu lenken. Er sagte:

„Der Herr Kriegsminister hat dem Angriff meines Freundes Loewe Hitze vorgeworfen; ich meinerseits könnte sagen, daß der Herr Kriegsminister selbst in seiner Antwort auch einige, um mich zart auszudrücken, wohlthuende Wärme entwickelt hat. (Heiterkeit.)

Da nun dadurch das Klima des Hauses etwas über das gewöhnliche Maß der angenehmen Temperatur erhöht sein könnte, so möchte ich um die Erlaubniß bitten, Sie in eine Temperatur führen zu dürfen, wo die Kälte etwas mehr vorherrscht . . ."

Mit Genehmigung des Präsidenten verlas er einen offiziellen Aufruf des Landraths des Kreises Ziegenrück v. Breitenbauch zu Ranis:

„Unsere mobilen Truppen stehen jetzt in Lübeck und Umgegend, um erforderlichen Falls in Holstein einzurücken. Bei der jetzigen kalten Witterung leiden dieselben an Mangel warmer Bekleidungsstücke. Viele Soldaten haben keine wollenen Socken, sondern nur Lappen oder etwas Stroh in den Stiefeln, und sind in der Gefahr, die Füße zu erfrieren, anderen fehlt es an sonstigen Schutzmitteln gegen die Kälte, namentlich an hinreichender Leibwäsche. Ich beabsichtige, dergleichen Verwahrungsgegenstände und auch Geld, um solche dort ankaufen zu lassen, zu sammeln und in möglichster Schnelligkeit an das preußische Militär-Kommando zu schicken."

Solchen Bestrebungen, wie sie der Landrath v. Breitenbauch entwickelt, sprach Hoverbeck warme Sympathie aus:

„Wir freuen uns, wenn den Mängeln des Heeres, falls sie vorhanden sein sollten — ich erlaube mir die Parenthese —, in dieser Weise durch die Opferwilligkeit der Bewohner abgeholfen wird; aber ich glaube, es ist doch erforderlich, daß die Behauptung erst genauer bewiesen werde, daß für die Armee in vollster Weise jeder Witterung trotzend gesorgt worden sei, sonst werden wir nach solchen Bekanntmachungen doch vermuthen müssen, daß ein kleiner Mangel vorhanden sein dürfte.

In der Erwiderung erklärte v. Roon, er werde sich derselben Temperatur befleißigen, die Hoverbeck als die angenehme bezeichnet habe. Er suchte seine „erhöhte Temperatur" zu rechtfertigen, erklärte aber dabei die Ansicht, die Löwe geleitet habe, für nicht patriotisch.

„Es tragen auch viele Leute im Lande keine Strümpfe, auch wenn sie nicht Soldat sind, und mit Rücksicht auf die Verfeinerung der Gewöhnung würde ich es für sehr wünschenswerth erachten, wenn die Strümpfe ein etatsmäßiges Kleidungsstück auch für gewöhnliche Zeiten würden, wie sie es nicht sind."

Roon wußte nicht, daß bei Hoverbeck jene „Verfeinerung der Gewöhnung" erst nach dem 10. Lebensjahre erfolgt war (Siehe Band I Seite 35). Er kam aber damit noch nicht los und hatte über die abgeleugneten Mängel in der Armee noch schwere Vorhaltungen von Schulze-Delitzsch zu erfahren, der aus einem Schreiben des Kriegsministers an einen konservativen Verein in Halle a. S. vorlas:

„Es ist wahr, daß die Verwaltung die Pflicht hat, für die zu Felde ziehenden Truppen u. s. w. in auskömmlicher Weise auch in betreff der von der Jahreszeit bedingten außerordentlichen Bedürfnisse zu sorgen. Wahr ist es aber auch, daß es der Verwaltung bei der Plötzlichkeit, mit der diese in den gewöhnlichen Etats nicht vorgesehenen Bedürfnisse hervortreten, ohne die beanspruchte patriotische Mithülfe der Vaterlandsfreunde schwer werden wird, den Ausrückenden alle Erfordernisse rechtzeitig und ausreichend zugehen zu lassen."

Dieses Schreiben versuchte Roon auf ein Mißverständniß zurückzuführen. Dann hatte er sich nochmals gegen Löwe zu vertheidigen. Der rügte, Roon habe ihm einen Mangel an patriotischen Gesinnungen vorgeworfen, während er keinen Augenblick den Patriotismus des Kriegsministers angezweifelt habe.

Da gestand der arg in die Enge getriebene Minister, seinem Gegner die Erklärung schuldig zu sein, er habe seinen Patriotismus, in dem Sinne, wie er ihn verstehe, niemals bezweifelt und ein Mehreres habe er auch von seinem eigenen Patriotismus nicht gesagt!

Zum Schluß der Berathung sprach der Berichterstatter v. Baerst, der 65jährige Ritter des eisernen Kreuzes, nach sachlichen Auseinandersetzungen ernste Worte des Unwillens über die vom Kriegsminister unter Redensarten von Patriotismus versteckten Verdächtigungen der deutschen Fortschrittspartei, er wies die Beschuldigung tendenziöser Hintergedanken in Bezug auf sich und seine politischen Freunde „mit Entrüstung auf das entschiedenste zurück."[15])

3. Am 16. Januar 1864 ward der zusammengestrichene Staatshaushalt für 1864 mit großer Mehrheit gegen die Konservativen angenommen. Dr. Jacoby hatte erklärt und begründet, weshalb er dem Etat im Ganzen, so lange das gegenwärtige Ministerium die Staatsgeschäfte leite, seine Zustimmung versagen werde. Waldeck und Twesten sprachen gegen die Verwerfung des ganzen Etats. Twesten erklärte, er werde einen solchen Schritt, wie ihn das Herrenhaus gethan hat, nur in der Hoffnung und Erwartung thun, daß er einen Erfolg habe, daß nämlich das preußische Volk anfange, die Steuern nicht mehr zu zahlen. In diesem Augenblick aber sei der Erfolg einer beginnenden Steuerverweigerung nicht möglich.

Das Herrenhaus verfuhr wie am 11. Oktober 1862. Es versagte dem Etatsgesetz die Zustimmung und nahm es dann im Ganzen so an, wie es von der Regierung am 12. November den beiden Häusern zur Beschlußfassung vorgelegt war. Das Abgeordnetenhaus erhielt den Beschluß des Herrenhauses erst in der Schlußsitzung vom 25. Januar 1864. Es gelang, ihn während der Sitzung durch die Budgetkommission vorberathen zu lassen. Der Abg. v. Forckenbeck als Berichterstatter der Kommission begründete deren Antrag, zu erklären:

1. Der Beschluß des Herrenhauses . . durch den es . . den dem Herrenhause verfassungsmäßig nicht vorliegenden Budgetentwurf der Staatsregierung im Ganzen angenommen hat, verstößt gegen Art. 62 der Verfassung und ist deshalb null und nichtig;

2. das Herrenhaus hat durch diesen Beschluß das wichtigste Recht des Abgeordnetenhauses verletzt und gleichzeitig . . der Staatsregierung die verfassungsmäßige Befugniß entzogen, die bewilligten Ausgaben . . von 137 971 941 Thlr. zu leisten;

3. die Staatsregierung macht sich eines offenen Verfassungsbruches schuldig,

wenn sie fortfährt, ohne Zustimmung beider Häuser des Landtags über die Mittel des Staats eigenmächtig zu verfügen;

4. jede Anleihe — in welcher Form es auch sei, die ohne Genehmigung der Landesvertretung für den Staat aufgenommen werden sollte, ist verfassungswidrig und für den Preußischen Staat allezeit unverbindlich.

Es wurde beschlossen, ohne Diskussion über die Resolution abzustimmen. Nun gab es eine verwirrte Geschäftsordnungs-Debatte. Der Handelsminister Graf v. Itzenplitz protestirte „auf das entschiedenste" gegen das Verfahren Namens der Staatsregierung, die keine Zeit gehabt habe, Beschlüsse zu fassen.

Man wußte, daß noch an demselben Tage der Schluß der Session stattfinden solle. Das Abgeordnetenhaus, das die „heiligen Rechte des Landes zu vertheidigen hatte", befand sich in Nothwehr — wie Virchow mit Recht betonte. Graf Schwerin schlug vor, den Gegenstand morgen auf die Tagesordnung zu setzen; sollte die Session vorher geschlossen werden, so sei das Abgeordnetenhaus außer Schuld.

Das die Wahrheit grob verletzende Verfahren der Minister, von denen die Grafen Eulenburg und Itzenplitz anwesend waren, mochte Hoverbeck nicht ungerügt lassen. Er sprach zunächst seine Verwunderung über die Opposition des Grafen Schwerin aus, der das gleiche Verfahren 1862 ausdrücklich gebilligt und mitgemacht habe. Dann fuhr er fort:

„Auf der anderen Seite habe ich auch auf die tugendhafte Entrüstung, die der Herr Handelsminister hier gezeigt hat, ein Wort zu erwidern. Der Herr Handelsminister war vollkommen in der Lage, die Diskussion zu eröffnen. Wenn er in dem Augenblick, wo die Frage angeregt ist, ob diskutirt werden soll, oder nicht, das Wort verlangt hätte, so würde es ihm ohne Zweifel gegeben worden sein. Es erscheint ihm aber bequemer gewesen zu sein, hinterher zu protestiren, als zu rechter Zeit sein Recht wahrzunehmen."

Eine lahme Entschuldigung des Handelsministers folgte und weitere Reden der Abg. Waldeck, Bockum-Dolffs, Schulze-Delitzsch, Graf Schwerin, v. Forckenbeck und v. Blanckenburg. Dann richtete Forckenbeck in feierlicher Form an die anwesenden Minister die Frage: „ob sie bereit sind, morgen mit uns die Resolution zu diskutiren?" Keiner der Minister erhob sich. Nun erklärte der Präsident Grabow:

„Nachdem die Herren Staatsminister, welche anwesend sind, auf diese Interpellation eine Antwort nicht gegeben haben, nehme ich an, daß heute binnen sehr kurzer Zeit das Haus geschlossen oder aufgelöst wird, wenngleich ich davon nicht die geringste Kenntniß habe. Ich bedaure nur, daß man das Haus und seinen Präsidenten so wenig achtet, daß man nicht wenigstens ihn rechtzeitig von den Entschlüssen der Staatsregierung über die Existenz dieses Hauses kurz vorher in Kenntniß setzt." . . .

Nunmehr wurden die Anträge der Budgetkommission mit großer Mehrheit angenommen. Unmittelbar darauf verlas der Minister des Innern Graf Eulenburg eine königliche Botschaft vom 24. Januar, wonach Bismarck beauftragt wurde, die Session des Landtags am Nachmittag des 25. Januar zu schließen.

4. Am 23. November brachte Roon mit einer längeren Rede den umgearbeiteten Entwurf eines Gesetzes über die Verpflichtung zum Kriegsdienste ein. In dieser befürwortete er nochmals die dreijährige Dienstzeit. Zur Vorberathung des Entwurfs wurde eine Kommission gewählt. Vorsitzender wurde Bockum-Dolffs, Stellvertreter Baron Vaerst. Hoverbeck ließ sich nicht in die Kommission wählen. Dieselbe berieth in drei Sitzungen. An der ersten betheiligte sich auch der Kriegsminister, an den folgenden ließ er sich durch Kommissarien vertreten. Der Berichterstatter Gneist brachte in seinem ausführlichen Bericht zunächst eine Uebersicht der bisherigen Verhandlungen seit der Session von 1859. Zum Schluß war festgestellt, daß der Entwurf sich nur in wenigen Bestimmungen von dem vom 8. Februar 1863 unterschied und in der Hauptsache den früheren Standpunkt festhielt:

„die siebenjährige Dienstzeit der stehenden Armee, die dreijährige Präsenzzeit für Infanterie, die Verkürzung der Landwehr ersten Aufgebots auf 4 Jahre, des zweiten Aufgebots auf 5 Jahre, die völlige Unbeschränktheit der Kadres und des Kontingents."

Abgelehnt seien die in dem letzten Kommissionsbericht der Reorganisation gegenübergestellten Postulate.

„Die Königliche Staatsregierung will kein Organisationsgesetz, kein Rekrutirungsgesetz, keine Fixirung der Aushebung, keine Verkürzung der Präsenzzeit, keine der vorgeschlagenen Resolutionen."

Beigefügt wurde noch der Bericht des „technischen Referenten" der Kommission, des dem linken Zentrum angehörigen Generalmajors a. D. Lehmann, der an Stelle Patows im Kreise Königsberg in der Neumark neben Lette gewählt war und in den Vorjahren mehrere Schriften für die zweijährige Dienstzeit veröffentlicht hatte. Im Plenum wurde über den Bericht in den letzten beiden Sitzungen der Session am 23. und 25. Januar verhandelt. Zum Schluß wurden alle einzelnen Paragraphen und dann in namentlicher Abstimmung mit 268 gegen 34 Stimmen der ganze Gesetzentwurf abgelehnt.

5. Als Abgeordnete für Neidenburg brachten Hoverbeck und Schmiedicke eine Interpellation ein, wegen einer durch russische Kosacken bei Verfolgung polnischer Insurgenten verübten Grenzverletzung und Mißhandlung preußischer Staatsbürger. Hoverbeck

erläuterte die Interpellation mit kurzen Worten am 11. Januar. Minister Graf Eulenburg erklärte, die Regierung werde bei der russischen Regierung auf vollständige Genugthuung bestehen.

Weihnachten hatten die sächsischen und hannoverschen Bundestruppen die holsteinsche Grenze überschritten, vor Jahresschluß hatten sie ganz Holstein besetzt. Der Herzog ging nun, trotzdem ihm König Wilhelm brieflich davon dringend abgerathen hatte,[16]) am 28. Dezember über Hamburg und Glückstadt nach Kiel. Auf Bismarcks Betrieb beantragten Oesterreich und Preußen beim Bundestag, Schleswig zur Erfüllung der dänischen Verpflichtungen von 1852 in Pfand zu nehmen. Ein Antrag vom 31. Dezember, den Herzog Friedrich aufzufordern, Holstein zu verlassen, wurde vom Bundestag schon am 2. Januar abgelehnt.

Der Monat Januar 1864 war für die Entschließungen der preußischen Regierung in der Schleswig-Holsteinschen Sache und für die weitere Entwicklung des Verhältnisses des Königs zu Bismarck von großer Bedeutung. Erst gegen Ende des Monats begann eine für Bismarck erfreuliche Wendung. Als er daran schon fast verzweifelte, gelang es ihm, den Widerstand des Königs mehr und mehr zu beseitigen und ihn in dieser wie in anderen Fragen dahin zu bringen, seinen gehorsamen Ministern nur solche „Befehle" zu ertheilen, die Bismarck haben wollte. Schließlich „geschah immer, was Bismarck wollte."[17]) Wie Bismarck dies durchsetzte und wie weit ihm Fehler oder vermeintliche Fehler seiner Gegner dabei halfen, läßt sich nicht vollständig klar legen, da man nicht feststellen kann, was Bismarck und die militärische Umgebung des Königs ihm Wahres oder Unwahres erzählten und was er davon glaubte.

„Ministerkrisis" über die Schleswig-Holsteinsche Frage war im November und dann im Dezember und schließlich scheint es damit am schlimmsten im Januar gewesen zu sein. Der König war zu Anfang des Jahres unwohl, aber am 2. und 3. Januar fanden in zwei langen Sitzungen des Ministeriums Berathungen über die Schleswig-Holsteinsche Frage statt, an denen der König und der Kronprinz theilnahmen. Bismarck hatte mit Oesterreich verabredet, „allein in Holstein einzurücken, die Manifestationen für den Herzog gewaltsam niederzuschlagen und ihn selbst herauszubringen," aber im Ministerrath fiel er mit seinem Antrage „auf große Aktion, Einrücken in Holstein, Gewaltmaßregeln gegen den Herzog, vollständig durch"[18]) und erreichte nur, daß der König den Entschluß, sofort vom Londoner Protokoll zurückzutreten, wieder verschob.

Am 4. Januar hatte die Anleihekommission des Abgeordnetenhauses ihre erste Sitzung nach Empfang der Antwort des Königs auf die Adresse. Bismarck wohnte der Sitzung bei. Seine Erklärungen verstärkten die Besorgnisse der Abgeordneten,

„daß das Auftreten des Ministeriums in weitgreifenden Reaktionstendenzen seinen Grund habe, die mit dem Preisgeben Schleswig-Holsteins das System der heiligen Alliance aufs Neue über Deutschland und Europa hereinzuführen hofften.“ [19])

Bismarck mußte sich überzeugen, daß von diesem Abgeordnetenhause vor der Wiederherstellung des verfassungsmäßigen Budgetrechts nie und nimmermehr die Bewilligung einer Anleihe zu erreichen sei. In der Provinzialkorrespondenz wurde dargelegt, daß es Verrath am Vaterlande sei, der Regierung in dem Augenblicke die Mittel zu versagen, wo die Besetzung Schleswigs bevorstehe und damit „die Gefahr eines wirklichen Krieges“ bedeutend näher gerückt sei.[20]) Aber die Ausführungen des offiziösen Blattes übten auf Entschließungen des Abgeordnetenhauses keinen Einfluß. Dieses wurde ungeduldig.

Am 9. Januar brachte Virchow, unterstützt von der Fortschrittspartei eine Interpellation ein. Die Regierung wurde befragt, ob Preußen, da seit dem 1. Januar die neue Verfassung für Dänemark-Schleswig mit der Inkorporation Schleswigs in Kraft getreten sei, nunmehr vom Londoner Vertrage zurückgetreten oder ob der Rücktritt in nächster Zeit zu erwarten sei. In der Sitzung vom 11. Januar wurde die Interpellation verlesen. Der Präsident richtete an Bismarck die Frage, ob und wann sie beantwortet werden sollte. Bismarck erwiderte:

„Die Königliche Regierung ist bereit, auf die gestellte Interpellation zu antworten, sobald das Haus der Abgeordneten über die Bewilligung oder Versagung der unter dem 8. Dezember vorigen Jahres geforderten Anleihe beschlossen haben wird.“

Grabow erklärte, die Antwort Bismarcks stehe im Widerspruch mit der Geschäftsordnung, nach der die Interpellation an dem von dem Staatsministerium bestimmten Tage auf die Tagesordnung zu setzen sei. Darnach scheine ihm die Aeußerung Bismarcks nur eine Ablehnung der Beantwortung der Interpellation zur Zeit zu enthalten. Bismarck trat dieser Ausführung entgegen. Hoverbeck sprach sein Einverständniß mit dem Präsidenten aus und bemerkte ferner:

„daß die Erklärung, welche vom Staatsministerium heute abgegeben ist, wiederum von seiner Interpretationskunst zeugt, von der Interpretationskunst, die wir schon oft zu bewundern Gelegenheit gehabt haben. Ich muß gestehen, daß ich die Antwort für einen erträglich guten Witz halte, aber nicht der Art und Weise entsprechend, wie die Angelegenheiten in diesem Hause vom Ministerium behandelt werden sollen.“

Bismarck erwiderte darauf nichts. In der nun eröffneten Besprechung der Interpellation sprachen Twesten und Virchow.

Bismarck hatte vielleicht die Widerstandsfähigkeit des liberalen Abgeordnetenhauses unterschätzt. Konnte er sich getrauen, mit einem Abgeordnetenhause, das nicht bloß mit Ablehnung von Anlehen drohte, sondern angesichts eines vielleicht bevorstehenden Krieges die geforderten Anlehen verweigerte, in Preußen Großmachtspolitik zu treiben? Und wenn nicht, war es rathsam, das Abgeordnetenhaus wieder aufzulösen? Die unerhörten Wahlbeeinflussungen hatten bei den letzten Wahlen nur in wenigen Bezirken Erfolg gehabt. Ohne Wiederherstellung des verfassungsmäßigen Budgetrechts schien es für längere Zeit unmöglich, nach dem bestehenden Wahlgesetz im Abgeordnetenhause eine Mehrheit für die Regierung zu beschaffen. „Patriotische Vereine“ petitionirten auf Betreiben der Kreuzzeitungspartei um zeitweilige Einführung der königlichen Diktatur und Oktroyirung eines neuen Wahlgesetzes.

Der König war für eine Aufhebung der Verfassung nicht zu haben. Für Maßnahmen, die nur bei dreister Weginterpretirung klarer Verfassungsbestimmungen zulässig waren, ließ er sich eher durch die juristische Autorität des Justizministers und der Kronsyndici des Herrenhauses gewinnen. Aber gegen Oktroyirungen hinter dem Rücken des Kronprinzen hatten ihn die Erfahrungen bei der Preßordonnanz mißtrauisch gemacht, und welche Aenderungen des Wahlrechtes garantirten sicheren Erfolg? Napoleon hatte mit Hülfe des Suffrage universel die Republik vernichtet und ein fast unumschränktes Kaiserthum hergestellt. Wenn ein, keinen Rechtsbruch scheuender Inhaber der Macht in Frankreich solches erreichte, was war damit in Preußen anzufangen? Jedenfalls fand sich Bismarck in diesen Tagen veranlaßt, mitten im Uebermaß von Arbeit sich mit Ferdinand Lassalle an „drei oder vier“ Abenden politisch zu unterhalten. Bismarck hat über die „lehrreichen Unterredungen mit diesem energischen, liebenswürdigen und geistreichen Menschen“ im Reichstage am 17. September 1878 gesprochen, aber nicht mitgetheilt, um was es sich darin gehandelt hat. Nach den jetzt von Kohl veröffentlichten Briefen Lassalles an Bismarck vom 13. und 16. Januar ging letzterer damals ernstlich mit dem Gedanken um, den König, wenn es sein müßte, zur Auflösung des Abgeordnetenhauses und zur Oktroyirung eines Wahlgesetzes mit allgemein gleichem Wahlrecht zu bestimmen. Lassalle klagte sich in dem Brief vom 13. Januar an, daß er bei der Besprechung am Tage zuvor vergessen habe, Bismarck „noch einmal ans Herz zu legen“, daß die Wählbarkeit „schlechterdings allen Deutschen ertheilt werden muß", also nicht etwa bloß allen Preußen. Er erklärte sich jetzt auch „in der Lage", Bismarck die „gewünschten Zauberrezepte" zur Verhütung der Wahlenthaltung, wie der Stimmenzerbröckelung vorzulegen. Die „durchgreifende Wirkung" derselben betrachtete er als zweifellos.[21])

Bismarck muß in diesen Besprechungen die Oktroyirungen auch als nahe bevorstehend bezeichnet oder angedeutet haben. Denn Lassalle, der auf jenen Brief keine Antwort erhalten hatte, schrieb am 16. Januar, „die entscheidenden Beschlüsse" wären unmöglich länger zu verschieben. Sie würden, wie er glaube, der nächsten Unterredung folgen. Er kündigte an, am folgenden Tage (Sonntag den 17. Januar) abends 8½ Uhr bei Bismarck vorzusprechen. Bei dessen Verhinderung bat er, ihm eine andere möglichst nahe Zeit bestimmen zu wollen.

Daß Bismarck in den nächsten Tagen noch Muße fand, dem dringenden Verlangen Lassalles nachzugeben, ist zu bezweifeln.

Sind Bismarcks Pläne an dem Widerspruch des Königs und des Kronprinzen gescheitert? Oder wollte er Lassalles unfehlbare „Zauberrezepte" auf Lager nehmen und für sich bereit halten, bis der rechte Augenblick gekommen sei?

Am 14. Januar kam es im Bundestag zur Abstimmung über den Antrag Preußens und Oesterreichs, die dänische Regierung zur Erfüllung der Verabredungen von 1851/52 in betreff Schleswigs aufzufordern, widrigenfalls der Bund Schleswig militärisch besetzen würde. Der Antrag wurde im Bundestag mit 11 gegen 5 Stimmen verworfen. Die Antragsteller hatten dies vorausgesehen. Sie ließen sofort durch ihre Gesandten erklären, sie würden die Geltendmachung der dem Bunde von Schleswig zustehenden Rechte allein in die Hand nehmen. Ueber die voraufgegangenen Verhandlungen Preußens und Oesterreichs ist näheres erst nach dem preußischen Staatsarchive durch Sybel bekannt geworden. Am 16. Januar wurde der von Bismarck vorgelegte Entwurf eines Bündnißvertrages in Wien genehmigt und der gemeinsame Feldzug gegen Dänemark vereinbart. Nach dem Vertrage behielten sich die beiden Höfe vor, die künftigen Verhältnisse der Herzogthümer, namentlich die Erbfolge nur im gemeinsamen Einverständniß festzustellen. Neue Schwierigkeiten gaben die nächsten Tage.

Im Einverständniß mit dem Kronprinzen fuhr Sammer am 14. Januar im strengsten Inkognito mit einem Briefe des Herzogs an den König nach Berlin. Er hatte hier beim Kronprinzen erst am

17. Januar abends eine Zusammenkunft mit dem Könige.[22]) Dieser war sehr gnädig und erkannte an, daß der Herzog sich in jeder Weise von revolutionärem Wesen fern gehalten habe. Ueber die Erbfolge werde der Bundestag entscheiden. Am folgenden Tage (18. Januar) hatte Bismarck Vortrag beim Könige. Mit Rücksicht auf die Audienz Sammers setzte er beim Könige eine den mündlichen Erklärungen desselben nicht entsprechende schriftliche Antwort an den Herzog durch. Schon aus dem Inhalt dieses Schreibens und seinem Widerspruch mit den Aeußerungen des Königs zu Sammer ist zu schließen, mit welchen Mitteln auf den König eingewirkt worden ist.

Der vom Abgeordneten Aßmann erstattete schriftliche Bericht der Anleihekommission schloß mit dem einstimmigen Antrage auf Ablehnung des Anleihegesetzes. Die von Kommissionsmitgliedern zur Motivirung eingebrachten Resolutionen waren verworfen. Bismarck hatte in der Kommission erklärt:

„es sei sein Wunsch mit den vom Abgeordnetenhause bewilligten Mitteln in die Sache einzutreten. Würden diese aber verweigert, so werde er sie nehmen, wo er sie finde."

In einer Fraktionssitzung der Fortschrittspartei wurde von einem finanzkundigen Mitgliede eine Rechnung aufgestellt, wonach die Regierung reichlich Geld besaß und flüssig machen konnte, um einen Krieg zu beginnen.[23])

Zur Beruhigung der aufgeregten Bundestagsgesandten gaben Oesterreich und Preußen am 19. Januar noch eine gemeinsame Erklärung ab. Preußen sandte am selben Tage eine Zirkulardepesche an die deutschen Regierungen, von der Bismarck im Abgeordnetenhause einen Theil vorlas, damit die Abgeordneten einsähen, wie er gern bereit sei, alle Aufschlüsse zu geben, die der Stand der Verhandlungen gestatte. Darin kam auch die Erklärung vor, zunächst würde, wenn „die Herstellung einer neuen Dynastie in den Herzogthümern sich nicht erreichen läßt," die Personalunion der in einen selbstständigen Körper vereinigten Herzogthümer mit Dänemark unter demselben Herrscher zunächst ins Auge zu fassen sein.

Bismarck hatte in diesen Tagen erkannt, daß der Kronprinz in der Schleswig-Holsteinschen Frage einen weit größeren Einfluß auf den König gewonnen hatte, als er gefürchtet. Ueber die Besorgniß, die er hegte, giebt ein Brief an Roon vom Morgen des 21. Januar 1864, der erst durch Kohl einige dreißig Jahre nach seiner Niederschrift veröffentlicht ist, überraschenden Aufschluß.

Er lautet:[24])

Herzlichen Dank für Ihren gestrigen Brief. Ich bin weit entfernt von übereilten oder selbstischen Entschlüssen, aber ich habe das Vorgefühl, daß die Parthie der Krone gegen die Revolution verloren ist, weil das Herz des Königs im andern Lager und sein Vertrauen mehr seinen Gegnern als seinen Dienern zugewandt ist. Wie Gott will. Nach 30 Jahren ist es für uns gleichgültig, für unsere Kinder nicht. Der König hat befohlen, daß ich vor der Sitzung zu ihm komme, um zu bereden, was gesagt werden soll. Ich werde nicht viel sagen, einmal habe ich die Nacht kein Auge zugethan und bin elend, und dann weiß ich eigentlich nicht, was man den Leuten, die ja jedenfalls die Anleihe verwerfen, sagen soll, nachdem so gut wie klar ist, daß Se. Majestät doch auf die Gefahr hin, mit Europa zu brechen und ein schlimmeres Olmütz zu erleben, sich schließlich der Demokratie und den Würzburgern fügen will, um Augustenburg einzusetzen und einen neuen Mittelstaat zu schaffen. Was soll man da noch reden und schimpfen? Ohne Gottes Wunder ist das Spiel verloren. und auf uns wird die Schuld von Mit- und Nachwelt geworfen. Wie Gott will, Er wird wissen, wie lange Preußen bestehn soll. Aber leid ist mirs sehr, wenn es aufhört, das weiß Gott!

Ihr v. Bismarck.

Der Brief Roons vom 20. Januar, dessen Beantwortung Bismarcks Brief bildet, ist nicht veröffentlicht. Roons Befürchtung, daß Bismarck „übereilte oder selbstische Entschlüsse" fassen, also wohl seine Entlassung fordern könnte, ging nicht in Erfüllung. Bismarcks Brief darf als Beweis gelten, daß alle Welt, nicht bloß die Fortschrittspartei, sondern auch die altliberalen und konservativen Feinde und Gegner derselben, wirklich Bismarck Unrecht thaten, wenn sie meinten, er sei bei seinem Beharren auf das Londoner Protokoll von der Absicht ausgegangen, die Herzogthümer schließlich wieder an Dänemark zu überliefern.[25]) Für Bismarck war wohl von Anfang an der Kampf gegen die deutsche nationale Bewegung und gegen den Augustenburger ein Kampf für die preußische Krone gegen die Revolution, in deren Lager sich der Kronprinz befinden sollte. Bismarck sah es als Preußens Untergang an, wenn der König, dessen Herz bei seinen eigenen Gegnern sei, sich schließlich der Demokratie füge, den Augustenburger einsetze und einen neuen Mittelstaat schaffe. Dasjenige Preußen, auf dessen Erhöhung in Macht und Ehren er alle Kraft seines Geistes verwandte, das von den Hohenzollern nicht konstitutionell, sondern unter maßgebendem Einfluß des märkisch-pommerschen Adels in Verwaltung und Heer, regierte Königreich Preußen, war allerdings dem Untergange verfallen, wenn der König durch Anerkennung des Augustenburgers seinem Herzen folgte und sich gegen Bismarck entschied in einer Frage, in der seine eigenen legitimistischen Anschauungen übereinstimmten mit den Forderungen der preußischen „Demokraten",

d. h. der für Herstellung deutscher Einheit und Freiheit und für verfassungsmäßiges Recht in Preußen kämpfenden Liberalen.

Vielleicht hat Bismarck aus der Audienz, die er vor der Sitzung beim Könige hatte, eine andere Stimmung mit in das Abgeordnetenhaus gebracht. Aus den stenographischen Berichten scheint hervorzugehen, daß seine Reden an den beiden Verhandlungstagen lediglich darnach eingerichtet waren, welchen Eindruck sie auf den König machen würden. Am 21. Januar beantwortete er die scharfe Rede des Berichterstatters Aßmann mit ungewöhnlicher Mäßigung. Er versuchte sogar, seine Aeußerungen in der Kommission durch Erläuterungen abzuschwächen. Auch gegen Virchow, der es an bitteren verletzenden Angriffen auf ihn und seine Politik nicht fehlen ließ, behielt er den gemäßigten Ton bei. In der folgenden Sitzung (22. Jan.), wo von Gegnern Schulze-Delitzsch, Graf Schwerin, Waldeck und Löwe zu Wort kamen, kehrte er mehr zu der gewohnten beleidigenden und aufreizenden Redeweise zurück. So sprach er z. B., daß es sich um einen Kampf über die Herrschaft Preußens zwischen dem Hause der Hohenzollern und dem Hause der Abgeordneten handle; ein offenes Bekenntniß zu preußischer „Nationalität" sei bei der Mehrheit nicht zu finden; diese nähme gegen den preußischen Thron für die Demokratie und die kleinen Staaten Partei. Er legte der Fortschrittspartei einen nach Wien gerichteten Brief des Herzogs von Coburg zur Last; er nannte den Brief eine „schriftliche Aeußerung eines fürstlichen Mitgliedes der Fortschrittspartei." Sicher wußte er, daß Herzog Ernst bei der Fortschrittspartei, die er vergeblich zu beeinflussen versucht hatte, gar keine Achtung genoß.[26])

Die Ablehnung des Anleihegesetzes wurde bei namentlicher Abstimmung mit 275 gegen 51 Stimmen beschlossen. Die Minderheit bestand aus Konservativen und Klerikalen. Auch die Altliberalen Graf Schwerin und Genossen stimmten für die Ablehnung. Hierauf wurde die, von Schulze und Carlowitz nach der Feststellung des Berichtes eingebrachte Resolution mit großer Mehrheit angenommen.

Die Resolution lautete:

„In Erwägung,

1. daß Preußen in Gemeinschaft mit Oesterreich am Deutschen Bunde die Erklärung abgegeben hat, es werde trotz des Bundesbeschlusses vom 14. d. Mts. die Besetzung Schleswigs als europäische Großmacht ausführen,

2. daß die königliche Staatsregierung durch einen solchen Schritt Preußen von dem Deutschen Bunde gerade in einem Augenblick thatsächlich trennt, wo die Mehr-

zahl der deutschen Regierungen das Recht und das Interesse Deutschlands zu wahren bestrebt ist,

3. daß dieser Gang der preußisch-österreichischen Politik kein anderes Ergebniß haben kann, als das: die Herzogthümer zum zweiten Male an Dänemark zu überliefern,

4. daß die königliche Staatsregierung, indem sie diese rein deutsche Sache als eine europäische behandelt, die Einmischung des Auslandes herbeizieht,

5. daß die angedrohte Vergewaltigung den berechtigten Widerstand der übrigen deutschen Staaten und damit den Bürgerkrieg in Deutschland herausfordert,

legt das Haus der Abgeordneten gegen dieses Vorgehen der königlichen Staatsregierung feierlichst Verwahrung ein und erklärt, daß es demselben mit allen ihm zu Gebote stehenden Mitteln entgegentreten wird."

Die Kommission hatte aus der von Schulze-Delitzsch und Carlowitz Namens ihrer Fraktion eingebrachten Resolution, in der das Erbrecht des Herzogs Friedrich nicht erwähnt war, den dritten Erwägungsgrund gestrichen. Aber auf diesen hatten viele Mitglieder der Fortschrittspartei den größten Werth gelegt. Der Bundestag und die Regierungen der Mittel- und Kleinstaaten genossen bei den preußischen Mitgliedern der deutschen Fortschrittspartei keine Achtung. Die Lossagung der Preußischen Regierung von dem Beschluß des Bundestages konnte nur wegen der Folgen verdammt werden, die sie nach der Ueberzeugung der Abgeordnetenhaus-Mehrheit nothwendig für das deutsche Vaterland haben mußte. In der Fraktionssitzung der Fortschrittspartei wurde aber eine Wiederaufnahme des gestrichenen Satzes abgelehnt.

Der Präsident Grabow theilte bei Beginn der Debatte am 21. Januar mit, daß ihm am Morgen ein Amendement des Abgeordneten Groote, unterstützt von sechs Abgeordneten (darunter v. Hoverbeck) zugegangen sei, wonach der gestrichene Absatz 3 wieder einzufügen. Dafür erklärten sich im Verlauf der Debatte auch Virchow und Schulze-Delitzsch. Ueber das Amendement wurde zuerst abgestimmt. Das Resultat war zweifelhaft. Es mußte gezählt werden. Das Amendement wurde mit 145 gegen 105 Stimmen angenommen.[27]) Die Aufnahme dieses dritten Erwägungsgrundes wurde später von denen, die dafür gestimmt hatten, als übereilt eingeräumt.

Hoverbeck hatte sich an der zweitägigen Debatte nur durch die, zu Anfang des zweiten Kapitels Band 1 S. 8 abgedruckte persönliche Bemerkung über seinen Vorfahren Johann v. Hoverbeck betheiligt.

Der Sechsunddreißigerausschuß hielt für nötig, über die Vorgänge vom 14. Januar seine Meinung zu verkünden. Oesterreich und Preußen hatten schon am 31. Dezember 1863 die deutschen

Regierungen durch gleichlautende Noten vor der „einheitlichen Leitung" der Agitation gewarnt; Deutschland sei nun „von einem Netz revolutionärer Elemente durchzogen", welche die nächste Zukunft mit ernsten Gefahren bedrohe, wenn die Regierungen nicht bei Zeiten der weiteren Entwickelung entgegenträten. Sie würden die Fortdauer eines permanenten Ausschusses am Sitze des Bundestages ebensowenig dulden, als seine Wiederwahl an einem anderen Orte von Deutschland.

So gar gefährlich war die Agitation nicht. Zu der Sitzung des Sechsunddreißigerausschusses am 24. Januar war keins der preußischen Mitglieder in Frankfurt erschienen. Man beschloß einen Aufruf an das deutsche Volk mit scharfen Anklagen gegen die beiden Regierungen. Einer großen Volksversammlung im Saalbau wohnte eine Deputation von 180 Schleswig-Holsteinern bei. Die etwas überschwänglichen Redewendungen des Aufrufs konnten in Preußen keinen Eindruck machen.[28])

Das Abgeordnetenhaus wurde am 25. Januar geschlossen. Bismarck hatte im Weißen Saale des Schlosses die Schlußrede zu verlesen. Sie führte in dem Sündenregister des Abgeordnetenhauses auch die Streichung mehrerer „für die Bedürfnisse der Verwaltung unentbehrlicher Dispositionsfonds" auf. Die Mehrheit wurde beschuldigt, durch Resolutionen „in der von ihr willkürlich aufgestellten Voraussetzung kriegerischer Verwicklungen zwischen Preußen und anderen deutschen Staaten, im voraus gegen das preußische Vaterland Partei genommen zu haben."

Mit dem Schluß des Abgeordnetenhauses war die Ministerkrisis noch nicht vorbei. Dies ergeben die Briefe Roons an Bismarck vom 29. und 30. Januar 1864. Darnach hatte der König „unpassende Ansprüche" auf Schonung „der Demonstranten" in Schleswig erhoben. Der „arme Herr" war in einer „gewissen Reizbarkeit, der man Rechnung tragen müsse." Er befand sich, wie Roon wörtlich schrieb:

„in einer beklagenswerthen Agitation, die ihn zum Bruch mit Ihnen, mit uns führen könnte, und damit zur Selbstvernichtung seines Regiments, ja des königlichen Regiments in Preußen überhaupt."[29])

Am Morgen des 1. Februar 1864 überschritten preußische und österreichische Truppen die Eider. Von Stund an war bei dem Könige von Preußen der Einfluß des Kronprinzen beseitigt. Nur militärische Rücksichten waren für ihn entscheidend.

Anmerkungen zum sechsundzwanzigsten Kapitel.

1) „Das sitzt" notirte Bernhardi S. 161 als Ausspruch einer seiner Freunde.

2) Sammer, Karl Friedrich Ludwig, Dr., geb. März 1819 zu Eckernförde, Professor und Advokat in Kiel bis 1852, dann in Gotha Mitglied des Ministeriums.

3) Francke, Karl Philipp, Dr., zuletzt Koburg-Gothaischer Geh. Staatsrath a. D. in Kiel, geb. Januar 1805 zu Schleswig, Abgeordneter 1867 im Norddeutschen Reichstag (Bundesstaatlich-Konstitutionell), † Febr. 1870.

4) Bernhardi V. S. 188.

5) Sybel S. 183 sagt, als der Erbprinz „den in seiner Lage doppelt unbesonnenen Schritt that, in einem demüthigen Schreiben an den Kaiser um französische Unterstützung zu bitten," habe Napoleon in unbestimmten Phrasen geantwortet . . . Bernhardi hatte keine Ahnung, daß der Schritt „unbesonnen" und das Schreiben „demüthig" sei.

6) Eugen v. Mühlfeld, Advokat in Wien, Mitglied des Frankfurter Parlaments 1848. — Gustav Freiherr v. Lerchenfeld, geb. Mai 1806 in Ulm, Märzminister in Bayern 1848 bis Dezember; Präsident des großdeutschen Reformvereins, † Oktober 1866 in Berchtesgaden. — Philipp Umbscheiden, Friedensrichter in Dahn, 1848 Mitglied des Frankfurter Parlaments. — G. Friedrich Kolb, geb. 1814, Redakteur, Bürgermeister, Buchdruckereibesitzer in Speyer, Mitglied des Frankfurter Parlaments 1848, des Zollparlaments (großdeutscher Demokrat), † 1884 in München. — August Oesterlen, geb. 1819, Rechtsanwalt in Stuttgart, Mitglied des Zollparlaments (Volkspartei), † März 1893. — Dr. Albert Schäffle, geb. 1831, Mitglied des Zollparlaments (Volkspartei), später einige Jahre österreichischer Handelsminister.

7) Natalis v. Sulerzycki, Rittergutsbesitzer zu Piontkowo, Abgeordneter 1849 äußerste Linke, und 1863 bis 1866, Pole. — Dr. jur. Wladimir v. Niegolewski, Rittergutsbesitzer in Morowinka, geb. 1819, Mitglied des Abgeordnetenhauses 1850—52, 1862—66, des Reichstags 1867—76, 1878—80. Pole. — Boguslaw v. Lubienski, geb. 1825, Rittergutsbesitzer in Klaczyn. Mitglied des Abgeordnetenhauses 1862—70, 1873—78. Bis 1846 zwei Jahr, bis 1864 ein Jahr in Untersuchungshaft. — Heinrich Moritz Szumann Dr. jur. Versicherungsdirektor, geb. 1822, früher Rittergutsbesitzer, 1863 Chefredakteur der Dziennik Poznanski. Abg. von 1863—73 und 1877—1898.

8) Hoverbeck urtheilte über Sybel milder als die meisten damaligen Abgeordneten der Fortschrittspartei. Die Darstellung in Sybels ein Vierteljahrhundert später erschienenem Buche über den Ursprung des deutsch-dänischen Krieges enthält, soweit es die Volksvertretung in Preußen anbetrifft, viele Unrichtigkeiten. Für den Beschluß des Abgeordnetenhauses vom 2. Dez. 1863 hat er selbst eine glänzende Rede gehalten; er nennt diesen Beschluß ein „so verkehrtes Verhalten der Parteigänger" des Augustenburgers. Als Parteigänger des Augustenburgers durfte er keinen preußischen Abgeordneten der Fortschrittspartei bezeichnen. Keiner von diesen würde auf den Gedanken verfallen sein, wie Sybel am 15. Dezember 1863 dem Augustenburger „dringendst zu rathen," nach München zum König von Bayern zu gehen, den „jetzt die Blicke der deutschen Nation als natürlichen Führer suchen." Was würde Hoverbeck zu diesem Brief Sybels an Sammer gesagt haben? — Schon damals zweifelten nicht bloß die um Waldeck, den „preußischen Demokraten", sondern auch manche andere fortschrittliche Abgeordneten der „alten Provinzen" daran, ob Sybel, den auch sie für „ehrenwerth" und „selbstlos" hielten, für den Kampf um Herstellung von Recht und Verfassnug ein wirkliches Verständniß habe.

9) Die vom 13. Januar datirte Provinzialkorrespondenz hatte ihre bitterböse Wochenschau mit der Bemerkung begonnen: „die Landtagssession scheint ihrem Ende entgegen zu gehen leider wiederum ohne jede Frucht für das Land."

9a) Vergl. Jansen-Sammer S. 150. — Bernhardi beschuldigte auch Bismarck, er habe die Briefe von den preußischen Gesandten Graf Bernstorff und Robert v. Goltz „natürlich unterschlagen;" Goltz scheine aber Wege gefunden zu haben, sich unmittelbar an den König zu wenden.

10) Max Duncker theilte auch am 15. Dezember Bernhardi mit, Bismarcks Stellung sei wankend geworden, seine Vorschläge würden vom König nicht mehr gebilligt u. s. w. Aus den Aufzeichnungen in Bernhardis Tagebuch vom 16. November bis zum 27. Dezember ersieht man, welche Verwirrung in den Kreisen seiner altliberalen Freunde herrschte.

11) Julius Eduard v. Caprivi, Obertribunalsrath, geb. September 1797, † Dezember 1865. Wilhelm Heffter, Obertribunalsrath und Professor, geb. 1796, † Januar 1880. Heinrich Leo, Professor in Halle, geb. März 1799, † April 1878.

12) Bernhardi, dessen Fantasie oft nicht bloß in Betreff der deutschen Fortschrittspartei groß war, bildete sich ein, die Herren hätten Bismarck eine Falle stellen wollen. — Kleist-Retzow, bekanntlich Bismarcks ältester Jugendfreund! Siehe Bernhardi S. 225.

13) Siehe Briefwechsel in Jansen-Sammer S. 688—694.

14) Edel, K. F. W. Dr. jur. Professor in Würzburg, geb. 1806, Reichstagsabgeordneter 1871 für Kaufbeuren, wildliberal, † September 1890.

15) Die offiziöse Provinzialkorrespondenz, die sich immer mehr in Verleumdungen der Abgeordneten erging, erklärte, der Geist der Rücksichts- und Zügellosigkeit gegenüber der Regierung habe sich in diesen Verhandlungen recht offenbar erwiesen. „Während einzelne wegen ihres bubenhaften Benehmens schon von früher her bekannte Abgeordnete, sich erfrechen durften, die beleidigendsten Ausdrücke gegen die Staatsregierung zu gebrauchen ohne daß der Präsident Grabow dieselben, wie sichs gebührt, zur Ordnung riefe, wurde der Kriegsminister, bloß weil er jenen Beleidigungen gegenüber von einem „brüsken Angriff" sprach, sofort vom Präsidenten darüber zur Rede gestellt, mußte jedoch sein Recht auch hierbei kräftig zu wahren." Die stenographischen Berichte ergeben die Verlogenheit dieser Darstellung.

16) Schreiben des Königs vom 23. Dezember an den Herzog. Jansen-Sammer S. 693.

17) Erich Marcks, Kaiser Wilhelm I. S. 218.

18) So Geffken in seinem Brief an Bernhardi am 8. Januar. Siehe Bernhardi S. 318.

19) Bismarcks Freund Wagener will (wohl nicht mit Unrecht) wahrgenommen haben, daß es Bismarck vielleicht nicht gelungen wäre, „Oesterreich zu der Kooptation in Schleswig-Holstein zu bestimmen, wenn man dort nicht auf die vermeintliche innere Schwäche und Zerrissenheit Preußens spekulirt und um deswillen Preußen als einen durchaus ungefährlichen Bundesgenossen betrachtet hätte."

20) In der vom 20. Januar datirten, einige Tage vorher verfaßten Nr. 3 der vom Ministerium herausgegebenen Provinzialkorrespondenz prahlte man, die ersten Bankhäuser Europas hätten die Regierung das Vierfache von 12 Millionen Thalern zu den billigsten Bedingungen aus freien Stücken als Vorschuß für künftige Anleihen angeboten „allen demokratischen Wühlern und Schreiern zum Trotz." Dies war ohne Zweifel Flunkerei. Allerdings hatte Baron Erlanger in Frankfurt a. M. wegen eines „Anleihegeschäfts" angebändelt — „unter gewissen Bedingungen" (vgl. Brief Roons an Bismarck v. 30. Dezember 1863, Kohl Jahrbuch Bd. IV S. 67). Zu einem kleinen Kriege hatte das Ministerium weit mehr Geld, als es brauchte (s. unten Anmerkung 23).

21) Kohl, Bismarck-Jahrbuch Bd. 4 1897 S. 166. In dem Briefe Lassalles Mittwoch, den 13. Januar, heißt es auch noch: „Ich erwarte demnach die Fixirung eines Abends Seitens Ew. Excellenz. Ich bitte aber dringend, den Abend so zu wählen, daß wir nicht gestört werden. Ich habe viel über die Wahltechnik und noch mehr über anderes mit Ew. Excellenz zu reden und eine ungestörte und erschöpfende Besprechung ist bei dem drängenden Charakter der Situation unumgängliches Bedürfniß."

22) Jansen-Sammer, S. 204 u. 696—702.

23) Nach meinen Notizen schloß die Rechnung mit 118 Millionen Thaler ab, darunter Staatsschatz (20), Betriebsmittel der Generalstaatskasse (10), Ueberschüsse von 1861 und 1862 (8), Steuerkreditreste (16), Kautionsfonds (7), Anleihe und

Bestände von 1859, 1861 und 1862 (23) u. s. w. Zu diesen 118 Millionen wurde noch die „Bankbouillon" der Preußischen Staatsbank mit 87 Millionen hinzugerechnet, das machte 205 Millionen Thaler . . Von Aufstellung und Ergebniß dieser Berechnung kam meiner Erinnerung nach nichts in die Oeffentlichkeit.

24) Kohl, Bismarck-Jahrbuch Bd. III, S. 262.

25) Bernhardi erklärte noch in einem Briefe an Carl Lorenzen vom 21. Januar für „kaum zweifelhaft", daß Bismarck die Herzogthümer schließlich den Dänen zu überlassen wünsche.

26) Uber Herzog Ernst von Coburg „wunderliches Behagen am Abentheuerlichen und an der Uberschätzung seiner Person" ist in Bernhardi S. 182, 214, 219 bis 221, 249 bis 251 nachzulesen. Er schien sich immer noch mit dem Gedanken zu tragen, „er könne vielleicht schon bei dieser Gelegenheit Kaiser von Deutschland werden." Seine Nichte, die Kronprinzessin verdächtigte er wider besseres Wissen. Obschon sie, wie sie ihm selbst schrieb, Ende Dezember 1863 „zum ersten Male im Leben bedauerte, nicht ein junger Mann zu sein, um mit gegen die Dänen ins Feld ziehen zu können", beschuldigte er sie, auf Seite der Dänen zu stehen (S. 251 und 282). Die Königin Victoria von England machte sich gegen Bernhardi mit Witz und Schärfe schonungslos lustig über ihren Schwager Ernst.

Herzog Ernst beschränkte später seine hochfliegenden Pläne darauf, König von Sachsen zu werden. (Vergleiche Gustav Freytags Brief an Lothar Bucher v. 8. Sept. 1866, in der „Zukunft". Bd. 12 S. 26, abgedruckt bei Wilhelm Hopf „Die deutsche Krisis des Jahres 1866" S. 354). Freytag erklärte, die Dynastie dürfe nicht nach dem Königreich Sachsen zurückkehren; in Leipzig habe man eine „hübsche kleine Agitation" für die Annektion an Preußen begonnen. „Mein gnädiger Herr von Gotha würde sich bereit finden lassen, die Funktionen eines Monarchen mit eventueller Succession Preußens zu übernehmen."

27) Darnach hätten 76 Abgeordnete weniger gestimmt, als bei der namentlichen Abstimmung über die Anleihe. In Jansen-Samwer ist irrthümlich Seite 290 angegeben, daß die ganze Resolution wegen ihrer Schärfe nur mit 145 gegen 105 Stimmen angenommen sei.

28) Der Aufruf ist wörtlich abgedruckt in Schulheß: „Europäischer Geschichtskalender" 1864 S. 52 ff. Es heißt darin u. A.: „Macht die Politik, das Geschäft Eurer Mußestunden, zur täglichen Berufsarbeit, verbreitet die Bewegung über Stadt und Land, über alle Klassen der Gesellschaft, erneuert rastlos Eure Forderung, bestürmt die saumseligen Fürsten, erdrückt mit Euren Anklagen die pflichtvergessenen Minister."

29) Vergl. das vertrauliche Schreiben des Herzogs Friedrich an den Kronprinzen vom 19. Februar 1864 und den Brief des gothaischen Oberstaatsanwalts O. v. Holtzendorff an Samwer vom 31. März 1864 (S. 705ff. und 709ff. bei Jansen-Samwer.) Holtzendorff, der in Gesprächen mit Bernhardi diesen in Schimpfereien über die „erbärmliche Fortschrittspartei" zu überbieten suchte, hatte „ganz sichere Nachrichten" aus Berlin erhalten. Bismarck solle wegen seines Auftretens gegen Herzog Friedrich ernstlich gewankt haben. „Da hat man denn dem König vorgestellt, daß der Herzog demokratische Neigungen zeige und daß natürlich sein Streben dahin gehen müsse, ein Volksheer mit Turnern und Freischaaren zu gründen. Die preußische Armee theile diese Ansicht und sei erbittert, ihr Blut für den Herzog hingeben zu sollen. Dies wirkte und Bismarck stand wieder fest." Diese Nachricht hat viel für sich.

Berichtigungen und Ergänzungen.

1. Zum ersten Theil.

Seite 8 Zeile 1, 5, 10, 19 von unten, S. 217 Z. 19 v. u., S. 219 Z. 18 v. o. lies **Blanckenburg** statt Blankenburg.

S. 79 Z. 18 v. u. lies **Graumönchenkloster** statt Graumännchenkloster.

S. 79, Anmerkung 2, Gustav **v. Salzwedell** ist 1897 gestorben.

S. 89 Z. 7 v. o. lies **5000** statt 5090.

S. 97, Anmerkung 2, Sebastian **Hensel** ist 1897 gestorben.

S. 130 Z. 7 v. u. lies „. . . **daß gerade die guten und edlen Seiten des Menschen**“. . . .

S. 130, Anmerkung 4 Z. 9 lies **Dr. Hermann** Becker statt Heinrich Becker.

S. 130, Anmerkung 4 Z. 10 lies **Bürgers** statt Bügers.

S. 142 Z. 22 v. o. lies **Kaltwasser** statt Kalkwasser.

S. 153 Z. 16 v. u., S. 166, Anmerkung 2 lies **Rohden** statt Rhoden.

S. 165 Z. 28 v. u. und S. 223 Z. 28 v. u. lies **Jacoby** statt Jakoby.

S. 181 Z. 15 v. o. lies **Wanderversammlungen** statt Wanderverhandlungen.

S. 205 Z. 2 v. u. lies **1823** statt 1826.

S. 205 Z. 9 v. u. lies **Reichsverfassung** statt Rechtsverfassung.

S. 205 Z. 28 v. u. ist das Komma hinter „Landgerichtspräsident“ zu streichen.

S. 222 Z. 1 v. o. lies **1868** statt 1886.

S. 192 Adolph Conrad **Schenckel** geb. Juni 1808, † November 1880, schrieb sich, wie die eigene Unterschrift unter der Geschäftsordnung (S. 192 Bd. I) bezeugt, **Schenckel.** Die irrthümliche Schreibart **Schenkel** beruht auf einem Fehler in Lauters sonst sehr zuverlässigem Werk „Preußens Volksvertretung“.

2. Zur ersten Abtheilung des zweiten Theils.

S. 15 Zeile 10 v. o. lies **Italien** statt Italiens.

S. 16 Z. 8 und 14 v. o., S. 17 Z. 17 v. o., S. 46 Z. 4 v. o., S. 48 Z. 17 v. o., S. 62 Z. 10 v. o., S. 75 Z. 14 v. o. lies **Forckenbeck** statt Forkenbeck.

S. 27 Anmerkung 23. Das Komptabilitätsgesetz ist in der Landtagssession 1898 unter der Ueberschrift Gesetzentwurf, betreffend den Staatshaushaltsetat vorgelegt und angenommen. Es ist publizirt am 11. Mai 1898.

S. 37 Z. 22 v. u. lies **war** statt hat.

S. 53 Z. 14 und 25 v. o., S. 110 Z. 3 v. o. lies **Jacoby** statt Jakoby.

S. 50 Z. 15 v. o., S. 52 Z. 2 v. u., S. 53 Z. 13 v. u., S. 54 Z. 7 v. o. lies **Frentzel** statt Frenzel.

S. 70 Z. 16 v. u. lies **habe** statt hat.

S. 70 Z. 14 v. u. lies **könne** statt kann.

S. 78 Z. 20 v. o., S. 88 Z. 7 v. o., S. 102 Z. 8 v. o., S. 108 Z. 3 v. u. lies **Blanckenburg** statt Blankenburg.

S. 82 Z. 14 v. o. ist zu Anfang der Zeile „**Siehe**“ zu setzen.

S. 91 Z. 10 v. u. ist hinter fand „**wohl**“ einzuschieben.

S. 91 Z. 9 v. u. lies „**Nach**“ statt „Denn nach“.

S. 98 Z. 16 v. u. lies **Völk** statt Bölk.

S. 108 Z. 9 v. u. lies **diese** statt dieser.

S. 117 Z. 21 v. o. lies „als **bei**“ statt als in.

S. 127 Z. 11 v. o. lies **würde** statt wäre.

S. 141 Z. 7 v. o. ist hinzufügen „[16])“.

S. 146 ist die Reihenfolge der Anmerkungsziffern zu ändern; sie muß heißen 15, 16, 17, 18, 19, 20 statt 16, 17, 18, 19, 20, 21.

S. 158 Z. 8 v. o. ist hinzuzufügen „[4])“.

Personenverzeichniß.

In das Personenverzeichniß sind Hoverbeck, Bismarck, Roon, der König, der Kronprinz, Herzog Friedrich von Schleswig-Holstein, Herzog Ernst von Coburg u. s. w. nicht aufgenommen. Bei mehreren sehr oft genannten Personen, namentlich bei Behrend, von Bockum-Dolffs, Franz Duncker, von Forckenbeck, Schulze-Delitzsch, Graf Schwerin, Simson, Twesten, Waldeck ist nur ein Theil der Seiten, wo sie vorkommen, aufgeführt.

(Abg. heißt Mitgl. des preuß. Abg., RAbg. = Reichstagsabg., RLAbg. = Reichstags- und Landtagsabg. Auf der fettgedruckten Seite ist Biographisches zu finden.)

Druck von A. W. Hayn's Erben in Potsdam

Leopold Freiherr von Hoverbeck

(geboren 1822, gestorben 1875).

Ein Beitrag zur vaterländischen Geschichte

von

Ludolf Parisius.

Zweiter Theil. Abtheilung II.

Ende des Verfassungskampfes und Reichstag.

Von 1864 bis 1875.

Mit einem Bilde von Hoverbeck und dessen Wohnhaus in Nickelsdorf.

Berlin 1900.

J. Guttentag, Verlagsbuchhandlung,

G. m. b. H.

Inhaltsverzeichniß.

Vorbemerkung.

Mit dieser zweiten Abtheilung des zweiten Bandes, welcher die Zeit vom Januar 1864 (dänischer Krieg) bis zum Tode Hoverbecks im August 1875 umfaßt, gelangt dieses Werk zum Abschluß. Es ist dem Verfasser, Herrn Ludolf Parisius, nicht vergönnt gewesen, selbst sein Werk, die Frucht einer 5jährigen unausgesetzten und mühevollen Arbeit, zu Ende zu führen, wie es seines Herzens Wunsch war. Als er in seiner Darstellung nahezu das letzte Kapitel der parlamentarischen Thätigkeit Hoverbecks vollendet hatte (bis Seite 307) entsank die Feder der ermattenden Hand und der Tod setzte am 11. März 1900 seinem arbeitsvollen Leben ein Ziel. Die letzten Kapitel aber waren schon derart vorbereitet, daß es dem Unterzeichneten ein Leichtes war, sie im Sinne des verstorbenen Freundes zusammenzufügen.

Die vorliegende Abtheilung schildert die Fortsetzung und das Ende des Verfassungskonfliktes, sowie die inneren Vorgänge während und nach dem Kriege von 1866 in Preußen und vollendet damit eine unparteiische, wahrheitsgetreue Darstellung der parlamentarischen Kämpfe, an der es, wie Parisius im Vorwort der ersten Abtheilung des zweiten Bandes mit vollem Rechte bemerkt, noch ganz fehlt. Damit hat das Werk noch eine ganz besondere Bedeutung gewonnen, neben dem hohen biographischen Werth, den es in der Schilderung des Lebens und Wirkens eines so hervorragenden Abgeordneten und Parteiführers im Landtag und Reichstag, für die Zeitgenossen und Kampfgenossen Hoverbecks als bleibende Erinnerung, für die nachfolgenden Generationen als Muster und Vorbild besitzt.

Charlottenburg, 20. April 1900.

Eugen Richter.

Siebenundzwanzigstes Kapitel.

Der Krieg mit Dänemark. Das dritte Jahr des budgetlosen Regiments.

Hoverbeck war nach der Heimath zurückgekehrt, mißmuthig und traurig wie wohl alle seine Parteigenossen über den Verlauf der Session. Die Aussicht auf baldige Rückkehr Preußens zu verfassungsmäßigen Zuständen war gering. Die Volksvertretung war ohnmächtig gegenüber einer vor keinem Rechtsbruch zurückschreckenden Gewaltherrschaft. Auch mit passivem Widerstand war nichts auszurichten. Seit 1866 bis auf heute wird der preußischen Volksvertretung der Konfliktzeit vorgeworfen, daß sie die verfassungswidrige Regierung geduldig ertragen habe.[1]) Sollten die Abgeordneten etwa durch einen bewaffneten Aufstand versuchen, die Regierung zu beseitigen? Wenn auch dies nicht, so hätte man doch, sagt man, die Steuerverweigerung organisiren müssen. Ueber allgemeine Steuerverweigerung haben sich Abgeordnete jener Zeit oft unterhalten, aber man erachtete sie für völlig unausführbar. Der „Steuerverweigerungsbeschluß" von 1848, die Steuerverweigerungsprozesse und seine sonstigen Folgen konnten nicht abschrecken. Aber einem Steuerverweigerungsbeschluß des Abgeordnetenhauses stand der Art. 109 der Verfassung im Wege. Er ermächtigte die Regierung, auch ohne Budget die bestehenden Steuern und Abgaben fortzuerheben. Ein Plan, trotz dieses Artikels einen Kampf zur Wiederherstellung der Verfassung durch allgemeine Steuerverweigerung zu versuchen, erschien an sich schon verkehrt. Wie sollte sich das Volk dazu entschließen, dafür begeistern? Eine lebhafte Agitation für Steuerverweigerung hätte doch zunächst bei den Steuerzahlern stark bevölkerter fortschrittlicher Städte beginnen müssen. Aber in den meisten größeren Städten der östlichen Provinzen bestand die Mahl- und Schlachtsteuer. Hier konnte nur die Einkommensteuer der mit mehr als tausend Thaler eingeschätzten Bürger verweigert werden. Vereinzelt kamen damals in Berlin, im Osten und Westen Steuerverweigerungen reicher Leute, darunter auch fortschrittlicher Abgeordneter vor; sie fanden aber keine Nachfolge. Zum Beispiel ließ sich der Abgeordnete Bergwerksbesitzer Waldhausen in Essen wegen nichtgezahlter Einkommensteuer auspfänden. Der öffentliche Verkauf seiner Sachen, bei dem niemand bot, erregte bei reichen Mitbürgern, die sich dazumal alle zur Fortschrittspartei hielten, solchen Anstoß, daß Waldhausen das Mandat niederlegte. Der an seine Stelle gewählte Abgeordnete Dr. Fritz Hammacher[2]) machte darüber in einer Fraktionssitzung Mittheilung. Weitere Berathungen knüpften sich meiner Erinnerung nach daran nicht. Ein Antrag ward nicht gestellt.

Für Hoverbeck war die Frage schon länger erledigt. Wer im Januar 1864 von der Unmöglichkeit einer allgemeinen Steuerverweigerung noch nicht überzeugt war, wurde in dem heimischen Wahlkreise durch Rücksprache mit Freunden bekehrt.[3])

Nach dem Briefe Bismarcks an Roon vom 21. Januar 1864 (Band II Seite 210) wird man heute nicht mehr bezweifeln können, daß Bismarck schon damals den festen Willen hatte, die völlige Loslösung der schleswig-holsteinschen Herzogthümer von Dänemark und ihre Einverleibung in das Königreich Preußen durchzuführen. Aber aus seinen öffentlichen Erklärungen und Reden war dies nicht anzunehmen. Hoverbeck sah der Entwickelung der schleswig-holsteinschen Ereignisse mit der allgemein von den Liberalen getheilten Besorgniß entgegen, daß die Herzogthümer wieder an Dänemark ausgeliefert werden würden. Diese Besorgniß wurde durch die Vorkommnisse der nächsten Wochen bei ihm nicht zerstreut. Am 17. Februar schrieb er seinem Freunde Witt:

„Seit wir uns getrennt haben, ist unser Leben hier wieder im alten Geleise fortgegangen, in das man sich nach solchen Aufregungen, wie sie das Leben als Abgeordneter in Berlin mit sich führt, doppelt gern wieder hineinfindet . . . Zu einer rechten Zufriedenheit kann man aber leider nicht gelangen, so lange es in der äußeren Politik so hergeht, wie jetzt. Die Vorgänge in Schleswig-Holstein und was sich daran knüpft, machen an sich oft so unmutig und traurig, daß ich mich ordentlich mit Gewalt meinen trüben Gedanken entschlagen muß. Wenn nur erst das Frühjahr käme, damit man wieder gehörig sich im Freien herumtreiben kann! Bis dahin wird wohl auch der Verrath an dem armen Schleswig-Holstein vollbracht und wieder die alte Fäulniß in den deutschen Zuständen eingetreten sein, an die sich unsere Körperkonstitution nun einmal gewöhnt hat.“

In der Frühe des 1. Februar 1864 überschritten die Verbündeten die Eider in drei Armeekorps. Das erste von 25000 Preußen unter Prinz Friedrich Karl, dem Blumenthal beigeordnet war, das zweite von 21300 Oesterreichern unter dem

Feldmarschall-Lieutenant v. Gablenz und das dritte mit 10000 Mann preußischer Garde-Infanterie unter Generallieutenant von der Mülbe. Der achtzigjährige Wrangel hatte den Oberbefehl. Ihm wurde der Kronprinz zur Seite gestellt, er sollte den alten Herrn von Uebereilungen abhalten.

Zwischen Morästen und dem Schlei, einem schmalen Meerbusen, ist nach Nordschleswig ein nur zwei Meilen breites Einfallsthor offen, an dem die alte Landeshauptstadt Schleswig liegt. Es war geschützt durch das aus achtzehn Schanzen bestehende Danewerk, von den Dänen als unüberwindlich gepriesen. Es kam nicht zum Sturm. Ein Versuch des Prinzen Friedrich Karl, die Schanzen von Missunde zu nehmen, mißlang. Aber nachdem die Oesterreicher den Königsberg, einen Hügel hart vor den Schanzen genommen hatten, verließen die Dänen in der Nacht vom 5. bis 6. Februar das Danewerk und zogen mit der Hauptarmee nach Norden zur Halbinsel Sundewitt, zu den Düppeler Schanzen, dem Bollwerk des Düppeler Berges, von dem eine Brücke nach der Insel Alsen führt. Außer Sundewitt und Alsen war ganz Schleswig in deutschen Händen. Am Abend des 6. Februars zogen Wrangel und der Kronprinz in Schleswig ein. Gegen die von Preußen beabsichtigte Besetzung Jütlands erhob Oesterreich Widerspruch. Der König sandte den General Manteuffel nach Wien. Diesem gelang es, die Bedenken des österreichischen Hofes zu zerstreuen. Die Eroberung Jütlands wurde beschlossen, aber erst nachdem das „Berliner Kabinet" die bestimmte Zusage gegeben, daß Schleswig-Holstein nach dem Kriege zwar eine selbstständige Regierung erhalten, aber dem König von Dänemark nicht entrissen werden solle; das Band der Personalunion habe die Herzogthümer und Dänemark zu vereinigen.

Das zweite und dritte Korps, die Oesterreicher und die preußische Garde verfolgten die Dänen gegen Norden. Die Garde umschloß die an der Ostsee nördlich von der Insel Fünen gelegene Festung Fridericia.

Schon am 9. Februar hatte Bismarck den Professoren Forchhammer und Behn, die dem König eine Adresse der Universität Kiel um Anerkennung des Herzogs von Augustenburg überreicht hatten, unter scharfem Tadel des Herzogs erklärt, die Herzogthümer sollten bei Dänemark bleiben, in Personalunion bei völliger Trennung selbst von Heer und Marine.

In Schleswig begann nun eine österreichisch-preußische Verwaltung. Als österreichischer Civilkommissar wurde Graf Revertera,

1*

als preußischer der frühere Berliner Polizeipräsident Freiherr v. Zedlitz eingesetzt. Letzterer war aus diesem Amte vom Minister Grafen Schwerin auf Drängen des Abgeordnetenhauses 1861, nicht wegen reaktionärer Gesinnung, sondern wegen mehreren in Prozessen festgestellten ungehörigen und gesetzwidrigen Handlungen entlassen worden. In Schleswig begann er seine neue Thätigkeit mit der Ausweisung des Kabinetsraths Tempeltey, der sich dort im Auftrag des Herzogs Ernst von Koburg zur Berichterstattung aufhielt.[4])

Während des Stillstands, der nunmehr für die Kriegsführung eintrat, begann in Deutschland wie in Schleswig-Holstein eine lebhafte Bewegung, um den befürchteten Verrath zu verhindern.[5])

Am Bundesrath und in den Volksvertretungen der Mittel- und Kleinstaaten gefaßte Beschlüsse wurden von Bismarck ebenso unbeachtet gelassen, wie Resolutionen von Volksversammlungen. Seine Diplomatie war darauf gerichtet, die Großmächte dahin zu bringen, seine Pläne, deren Ziele er ihnen sorgsam verschwieg, nicht zu stören. Gewiß muß er damals, wie Bluntschli es ausdrückte (siehe Band II Seite 140), „die Diplomaten fürchterlich angelogen haben." Der König, der dem Herzog freundlich gesinnt war, wurde unausgesetzt bearbeitet. Gegen den Herzog und dessen Umgebungen und gegen das für ihn eintretende kronprinzliche Ehepaar wurden allerlei Verdächtigungen verbreitet. Namentlich überboten sich Kreuzzeitung und Norddeutsche Allgemeine Zeitung in Verleumdungen des Herzogs.

Zu einer Konferenz der Vertrauensmächte von 1852 lud England zum 12. April ein. Auch der deutsche Bund wurde eingeladen und wählte den sächsischen Minister v. Beust zu seinem Vertreter. Mit Mißtrauen sah das deutsche Volk in Erinnerung an das Jahr 1852 der neuen Londoner Konferenz entgegen. Auf Anregung des 36er Ausschusses wurde für die Konferenz eine Rechtsverwahrung verfaßt und von 1362 Abgeordneten der verschiedenen deutschen Länder und freien Städte unterschrieben.

Sie lautet:

Angesichts des Zusammentritts der Londoner Konferenz und in Ermangelung einer Gesamtvertretung unserer Nation, erklären wir, die unterzeichneten Mitglieder deutscher Landesvertretungen, vor Deutschland und Europa:

Das klare Recht und der ausgesprochene Volkswille fordert die Trennung der Herzogthümer Schleswig-Holstein von Dänemark. Das klare Recht und der ausgesprochene Volkswille beruft den Prinzen Friedrich von Augustenburg zur Erbfolge in den unzertrennlich verbundenen Herzogthümern.

Ist dieses Recht bestritten, so steht die Entscheidung keiner Konferenz der Mächte, sie steht allein dem Volk und seinen Vertretern zu.

Gegen jede Verfügung, die über das Schicksal der Herzogthümer ohne und wider ihren Willen getroffen werden sollte, protestiren wir im Namen der Nation und verwahren für jetzt und alle Zukunft das Recht Deutschlands und des Schleswig-Holsteinschen Volkes.

Die Rechtsverwahrung war Anfang April verfaßt, für die Unterzeichnung blieb noch eine längere Frist.[6]) Die Eröffnung der Konferenz war wegen Verhinderung Beusts bis zum 25. April verschoben. Von den Unterzeichnern der Rechtsverwahrung waren 187 Mitglieder des preußischen Landtages. Es waren 79 Abgeordnete des linken Zentrums, darunter Grabow, Gneist, Sybel, v. Carlowitz, v. Bunsen, Stavenhagen, — 107 Abgeordnete der deutschen Fortschrittspartei, darunter Mommsen, Twesten, Jacoby, Werner Siemens, Forckenbeck, Hoverbeck. Auch ein Mitglied des Herrenhauses (Tellkampf) hatte unterzeichnet.

Es gehörten ferner von den Unterzeichnern an: Oesterreich 55, den Königreichen Bayern 123, Sachsen 43, Württemberg 79, Hannover 64, ferner Kurhessen 47, den Großherzogthümern Baden 63, Mecklenburg 12, Sachsen-Weimar 27, Hessen 43, Oldenburg 48; den Herzogthümern Nassau 25, Braunschweig 42, Sachsen-Koburg-Gotha 40, Sachsen-Meiningen 29, Sachsen-Altenburg 23, Anhalt 13; den Fürstenthümern Lippe-Detmold 11, Schwarzburg-Rudolstadt 11, Schwarzburg-Sondershausen 7, Waldeck 15, Reuß jüngere Linie 12, Lichtenstein 13; den freien Städten Hamburg 110, Bremen 111, Lübeck 48 und Frankfurt 90. Luxemburg, Hessen-Homburg, Reuß ältere Linie und Schaumburg-Lippe hatten sich nicht betheiligt.[7])

Noch vor der Eröffnung der Londoner Konferenz erlitten die Dänen eine schwere Niederlage. Prinz Friedrich Karl, dem an Stelle des alten Wrangel der Oberbefehl übertragen war, hatte eine regelmäßige Belagerung gegen die Düppeler Schanzen eröffnet. Am 15. April wurde eine vierte Parallele ausgehoben. Auf den 18. April war der Sturm anberaumt. Die Sturmkolonnen brachen 10 Uhr Morgens aus der Parallele hervor und erstürmten in einer halben Stunde mit unüberwindlicher Tapferkeit die sechs südlich belegenen Schanzen. Bis 1½ Uhr waren auch auf den vier nördlichen Schanzen die preußischen Fahnen aufgepflanzt. Die Dänen flohen nach der Insel Alsen. Der König fuhr schon am 20. April zur Begrüßung seiner tapferen Soldaten nach Düppel. Roon durfte ihn begleiten. Der König meinte, zu den glänzenden Siegen habe die „Neuorganisation" der Armee und die umsichtige Verwaltung Roons wesentlich beigetragen und belohnte Roon deshalb durch Ernennung zum Chef des ostpreußischen Füsilierregiments Nr. 33.

Der Eindruck dieser ersten glänzenden Waffenthat des preußischen Heeres nach fünfzigjähriger Unterbrechung war im übrigen Deutschland und im Ausland fast überwältigend. In Preußen selbst weniger, weil man in allen Schichten des Volkes mit voller Zuversicht darauf baute, daß das preußische Heer mit allgemeiner Wehrpflicht jedem feindlichen Heere überlegen sei.

Auf die Unterzeichnung der Rechtsverwahrung Seitens der preußischen Abgeordneten übte die Erstürmung Düppels wohl keinen Einfluß. Bei der Aufforderung zu den Unterschriften der Rechtsverwahrung war von den Herren des sechsunddreißiger Ausschusses in Frankfurt nicht sorgfältig verfahren. Es waren viele Abgeordnete bei der Absendung nicht berücksichtigt worden. Ich selbst war darunter; ich sendete meine Beitrittserklärung nachträglich ein und veröffentlichte in der Nationalzeitung eine Erklärung über die mangelhafte Versendung.

Im preußischen Abgeordnetenhause saßen damals 38 Konservative, 26 Klerikale, 26 Polen und 9 Altliberale, zusammen 99. Rechnet man diese von den 352 ab, so bleiben 253 von der Fortschrittspartei und dem linken Zentrum. Von diesen unterzeichneten 66 die Rechtsverwahrung nicht. Darunter zähle ich 31, die im Abgeordnetenhause für die Resolutionen gestimmt hatten, in denen die Anerkennung der Erbfolge Herzog Friedrichs gefordert war. Die Beweggründe für ihre Nichtbetheiligung an der Rechtsverwahrung sind nicht festzustellen. Die Mehrzahl von ihnen waren Beamte. In dem Buche von Jansen-Sammer, das im Gegensatz von Bernhardis Tagebuchblättern sich im Allgemeinen von unwahren Beschuldigungen politischer Gegner fern hält, heißt es:

„ . . . einige Mitglieder der Linken, welche die Nothwendigkeit des Stillsitzens des Herzogs Friedrich nicht begreifen konnten, erklärten sich (24. April) für die Annexion der Herzogtümer an Preußen.“[8])

Die Verfasser verrathen durch diese Bemerkung Unkenntniß der Oppositionsparteien des preußischen Abgeordnetenhauses. Oder haben sie jene Erklärungen nicht gelesen? Veröffentlicht sind Anfang Mai die Erklärungen der fortschrittlichen Abgeordneten Waldeck, Mellien, v. Valentini, Michaelis und Faucher. Waldeck, der schon am 2. Dezember 1863 im Abgeordnetenhause sich gegen die Einsetzung eines „kleinen Herzogs“ und für die Annektion ausgesprochen hatte, veröffentlichte am

25. April die Gründe, weshalb er sich der Erklärung nicht auszuschließen vermöge:

„Ich zweifle, ob eine solche Kollektiv-Erklärung von Abgeordneten deutscher Staaten an ihrer Stelle für preußische Abgeordnete sei, nachdem Preußen die Sache in seine selbstständige Kriegs- und diplomatische Aktion genommen hat. Die Bedeutung einer Emanation der Vertreter Deutschlands hat die Erklärung nicht, eben weil „eine Gesamtvertretung unserer Nation" nicht existirt und durch die einzelnen Landesvertretungen nicht ersetzt werden kann. Das Gewicht einer Manifestation des preußischen Abgeordnetenhauses fehlt ihr in gleicher Art, da sie nicht aus einer allgemeinen Deliberation der Abgeordneten hervorgegangen ist. Als Einzelnem mangelt mir der Beruf, Erklärungen und Proteste „im Namen der Nation" abzugeben, deren Förderlichkeit im gegenwärtigen Augenblicke ich auch bezweifle. — Was den Inhalt der Erklärungen anbelangt, so kombinirt dieselbe „das klare Recht" des Herzogs von Augustenburg und die Volksstimme. Fortwährend habe ich mich immer weniger davon überzeugen können, daß die Proklamation der Erbfolge des Herzogs die allein mögliche oder die beste, oder auch für sich allein nur eine genügende Weise sei, um die Interessen Deutschlands, Preußens und sogar die der Herzogthümer in dieser Frage zu wahren und die gebrachten Opfer aufzuwiegen. — Um auszusprechen, ob diesem großen Interesse gegenüber die Stimme der Bevölkerung der Herzogthümer der allein entscheidende Faktor sein sollte, müßte man vor allen Dingen wissen, durch welche Organe und auf welche Fragen diese Stimme vernommen werden soll. Bei aller Achtung der durch die Erklärung manifestirten Ansichten und Sympathien, sowie der angestrebten Einmüthigkeit in dem Inhalte der Erklärung, glaube ich doch durch das Ablehnen der Unterschrift nichts die preußischen und deutschen Interessen Förderndes zu versäumen."

In der Erklärung des Abgeordneten Rechtsanwalt Mellien zu Spremberg, des hervorragendsten Vertreters der Richtung Waldeck in der Fortschrittspartei, vom 29. April heißt es:

„Ich habe die Behandlung der schleswig-holsteinschen Frage, wie sie von Seiten des Nationalvereins geübt worden ist, von Hause aus nicht gebilligt. Deutschland kann nicht in Holstein, nicht in den Mittelstaaten, sondern nur in Preußen frei werden. Wenn ich es früher beklagt habe, daß dem inneren Verfassungskampfe durch die mit allerlei Illusionen durchwebte nationale Bewegung Kräfte entzogen wurden, so bin ich jetzt, nachdem das preußische Schwert die Befreiung Schleswig-Holsteins thatsächlich vollzogen hat, noch weniger geneigt, zu Gunsten der Kleinstaaterei die preußischen Interessen, die in Wirklichkeit die deutschen sind, zu vergessen. Der vorliegende Entwurf der geschäftsleitenden Kommission proklamirt den Prinzen von Augustenburg als Thronfolger von Rechts- und Volkswegen. Ich will den Rechtstitel dahingestellt sein lassen; ich kann aber zugeben, daß das deutsche Volk den Thron Friedrichs mit der Freiheit Schleswig-Holsteins identifizirt. Das höchste Ziel unserer Bestrebungen, die Einheit Deutschlands, verlangt gebieterisch, daß wir nicht neue Dynastien gründen und der Sonderbündlerei Vorschub leisten, sondern daß wir uns in dem größten und wehrkräftigsten Staate Deutschlands zum gemeinsamen Bunde sammeln. Nach meinem Erachten fordert die Ehre Preußens, daß das deutsche Bruderland Schleswig-Holstein nicht wieder an Dänemark überliefert wird, es fordert das Interesse Preußens und Deutschlands, daß die Herzogthümer, mit Ausschluß der dänischen

Distrikte Schleswigs, Preußen, sei es für jetzt provisorisch oder definitiv, einverleibt werden."

Mellien hatte im Abgeordnetenhause in den schleswig-holsteinschen Fragen zu den 35 gehört, die für die Anträge Waldecks und gegen die Anträge der Kommission stimmten. Er hatte schon am 26. Dezember 1863 vor seinen Wählern seinen Standpunkt mündlich und in einem Flugblatt klar und entschieden vertreten.[9])

Der Abgeordnete v. Valentini, ein früherer preußischer Offizier, der im Abgeordnetenhause auch gegen die Anerkennung des Augustenburgers gestimmt hatte, sagte in seinem Schreiben, die Rechtsverwahrung greife dem Ausdruck des Willens der schleswig-holsteinschen Bevölkerung in schädigender Weise vor. Auch halte er sich nicht für berechtigt, „im Namen der Nation" etwas zu erklären.

In der Erklärung der Abgeordneten Faucher und Michaelis wurde unter anderem geltend gemacht, die Rechtsverwahrung

„übergeht ganz einem der für das deutsche und preußische Interesse, wesentlichsten Gesichtspunkte, die militärische Sicherung der deutschen Nordgrenze, und schiebt die Legitimität in so unbedingter Weise in den Vordergrund, daß dieselbe auch gegen diesen Gesichtspunkt, und somit gegen das reellste Interesse Deutschlands, welchem die erzielten Waffenerfolge jedenfalls Befriedigung schaffen müssen, benutzt werden kann."[10])

Die Londoner Konferenz hatte am 25. April ihre erste Sitzung. Russell ward Vorsitzender. Er eröffnete die Verhandlungen mit dem Vorschlage eines Waffenstillstandes. Erst in der dritten Sitzung am 9. Mai einigte man sich dahin, daß am 12. Mai eine einmonatliche Waffenruhe zu Wasser und zu Lande zu beginnen und Dänemark die Sperre zu beseitigen habe. Schon am 28. April hatten die Dänen die von den Verbündeten eingeschlossene Festung Fridericia verlassen unter Zurücklassung von 197 Geschützen, und sich nach der Insel Fünen zurückgezogen. Die Festungswerke wurden von den Oesterreichern zerstört.

In der Sitzung vom 12. Mai kam man an die eigentliche Aufgabe der Konferenz. Die deutschen Mächte schlugen Vereinigung der Herzogthümer mit Dänemark durch Personalunion vor. Die dänischen Bevollmächtigten erklärten den Vorschlag für unannehmbar. Jetzt endlich sagte sich Preußen offen vom Londoner Vertrage los. Beust überreichte die Rechtsverwahrung der deutschen Abgeordneten. Auch der Ausschuß des großdeutschen Reformvereins hatte ihm am 8. Mai eine Erklärung übersandt, die damit schloß,

„daß die deutsche Nation, insolange sie sich selber achtet, jede Lösung der schleswig-holsteinschen Frage, die gegen das Recht der Herzogthümer, ohne Zustimmung ihrer gesetzlichen Vertreter und ihres Fürsten erfolgt, von sich weist und weisen muß!"

In Rendsburg hatte am 8. Mai eine schleswig-holsteinsche Landesversammlung stattgefunden. Gegen 40000 Männer erklärten mit dreimaligem brausenden Ja, getrennt von Dänemark ein „freies Schleswig-Holstein unter dem angestammten Herzog Friedrich dem Achten zu wollen." Sie sprachen ferner den verbündeten Armeen den Dank des schleswig-holsteinschen Volkes und das dringende Verlangen aus, daß endlich der waffenfähigen Mannschaft vergönnt werde, mit den Waffen in der Hand an der Fortsetzung des Befreiungskampfes theilzunehmen. Diese Beschlüsse wurden Beust und der Kommission der Großmächte auf der Londoner Konferenz gesandt.

Um diese Zeit traten in Preußen mehrfach Wünsche für Annexion der Herzogthümer an die Oeffentlichkeit. Bismarcks Presse und seine Agenten mochten dabei mitgewirkt haben.[11]) Der frühere März-Ministerpräsident Graf Arnim-Boitzenburg, der im Dezember 1863 im Herrenhause eine den Wünschen Bismarcks entsprechende Adresse in Sachen Schleswig-Holsteins an den König veranlaßt hatte, setzte am 11. Mai in Gemeinschaft mit mehreren Konservativen -- Generälen, Rittergutsbesitzern, Berliner Kommerzienräthen, Banquiers, Stadträthen und Stadtverordneten — in ganz Preußen eine Adresse in Sachen Schleswig-Holsteins an den König in Umlauf. Darin hieß es:

„Wir halten die Trennung des deutschen Schleswigs und Holsteins von Dänemark und ihre Vereinigung zu einem Ganzen, — sei es unter einem eigenen Landesherrn und dem wirksamen Schutze eines mächtigen deutschen Staates, sei es als ein Theil dieses letzteren, — für die einzige Lösung, welche die Opfer lohnt, die wir gebracht, welche Dauer des Friedens und Wohlbefindens für die Betheiligten verspricht."

Die Adresse, die auch von Freunden der Annexion unterschrieben werden konnte,[12]) bekam in wenigen Tagen (nicht ohne Beihilfe der Behörden und Landräthe) an 30000 Unterschriften „aus allen Ständen, aus allen Berufsklassen, aus allen Gebieten der Monarchie", wie Graf Arnim sagte, als er am 23. Mai als Führer einer Deputation die Adresse dem Könige feierlich überreichte. Die Provinzialkorrespondenz brachte schon am 25. Mai die Adresse mit der Antwort des Königs. Das offiziöse Blatt hob dabei hervor, in der Adresse sei der Wunsch angedeutet, daß die Herzogthümer dauernd unter Preußens Schutz gestellt werden möchten. Wohl wegen des Königs, der noch entschiedener Gegner der Annektion war, fügte es hinzu, unsere Regierung gehe keineswegs „mit Plänen eigener Machterweiterung an die Ausführung ihrer Aufgabe für die Herzogthümer".

Wie die Adresse entstanden ist, erfährt man aus Bernhardis Tagebüchern. Bernhardi war am 8. Dezember 1863 bis 5. Mai 1864 „im Auftrage des Herzogs von Augustenburg", also auch auf Kosten des Herzogs in London gewesen, „um dessen Interessen so viel als möglich zu vertreten." Er hatte keinesfalls dem Herzog viel genützt. Auf der Rückreise erstattete er ihm in Kiel Bericht. In Berlin langte er am 14. Mai an. Am folgenden Tage hörte er von Duncker nichts Gutes über die Aussichten des Herzogs und Ungünstiges über die Umgebung des Herzogs und das kronprinzliche Ehepaar. Bismarck habe übrigens kürzlich geäußert, man könne auch den Augustenburger einsetzen; die Hauptsache sei gewesen, die Demokratie und die Mittelstaaten bei dieser Gelegenheit auf den Kopf zu schlagen. Dies sei geschehen, nun könne man sich den Herzog gefallen lassen. Schon am folgenden Tage unterschrieb Bernhardi die Arnim-Boitzenburgsche Adresse, um sich dadurch „von der Gothaischen Gesellschaft, vom Nationalverein und dergleichen" scharf und bestimmt zu sondern. An die Annexion glaubte weder er noch sein Freund Duncker; der König war entschieden dagegen. Bernhardi erfuhr am 20. Mai durch den Grafen Kanitz, wie die Arnimsche Adresse entstanden sei. Sie war zwischen dem Grafen Arnim und Bismarck verabredet und sogar „Gegenstand vieler Berathungen geworden". Bernhardi ging mit dieser Entdeckung sofort zu seinem Freunde Duncker. Dieser hatte am Tage zuvor (19. Mai) eine lange Unterredung mit Bismarck, deren ganzen Inhalt er dem Kronprinzen mitgetheilt hat.[13]) Bismarck hatte „den Trumpf der Annexion stark ausgespielt," aber erklärt, er habe „nichts gegen den Augustenburger". Schließlich beauftragte er Duncker, durch den Kronprinzen zu bewirken, daß der Herzog nach Berlin komme und seine Anerbietungen mache. Bernhardi theilte Duncker garnichts über seine Unterredung mit Bismarck mit. Es gab für Bernhardi nur einiges Nachtheilige über den Herzog zu notiren.[14])

Inzwischen war von Bismarck eine neue Wendung vorbereitet. Am 21. Mai sandte er unter der Genehmigung des Königs eine Depesche mit neuen Vorschlägen an den Gesandten in Wien. Darnach sollte der Augustenburger unter gewissen Bedingungen eingesetzt werden. Von den in Preußen sich geltend machenden Annexionsgedanken wurde gesagt, der König werde die Verwirklichung nur im Einverständnis mit dem Kaiser anstreben. Als der Preußische Gesandte am 29. Mai dem Grafen Rechberg die Depesche vorlas, erklärte dieser, — jedenfalls um die Annexion zu hintertreiben — er habe bereits einen Erlaß für Berlin redigirt, wonach die Einsetzung des Augustenburgers der Konferenz vorgeschlagen werden sollte.[15]) Mit Genehmigung Bismarcks einigten sich in London die preußischen Bevollmächtigten mit den österreichischen über eine gemeinsame Erklärung. Graf Apponyi verlas sie in der sechsten Sitzung der Konferenz am 28. Mai. Es hieß darin:

„Es haben die Bevollmächtigten der deutschen Mächte die Weisung erhalten, im Einverständnisse mit dem Vertreter des deutschen Bundes die vollständige Trennung der Herzogthümer Schleswig und Holstein von dem Königreiche Dänemark und ihre Vereinigung zu einem Staat unter der Souveränität des Erbprinzen von Schleswig-Holstein-Sonderburg-Augustenburg — der in den Augen Deutschlands nicht nur die meisten Erbfolgerechte auf die Herzogthümer geltend zu machen vermag, und dessen Anerkennung von Seiten des deutschen Bundes folgeweise gesichert erscheint, sondern welcher auch unzweifelhaft die Stimme der ungeheuren Mehrheit der Bevölkerung dieser Herzogthümer in sich vereinigt — zu verlangen."

Ueber die Bedeutung dieser Erklärung ist gestritten worden. In dem Jansen-Samwerschen Buche wird bedauernd hervorgehoben, „die Bismarcksche Staatskunst" habe später für nöthig befunden, zu einer „Verdrehung der Thatsachen zu greifen", dahin, daß die Erklärung in dem Konferenzprotokolle nur ein von den europäischen Mächten verworfener Vorschlag gewesen sei. In jener Schrift wird beklagt, daß Sybel fast dreißig Jahre später „die Fabel neu aufzutischen gewagt hat."[16])

Hat Bismarck am 28. Mai, als er jene Erklärung auf der Konferenz abgeben ließ, in der That ernsthaft beabsichtigt, die Einsetzung des Augustenburgers zu bewirken? Freunde und Gegner desselben nahmen es in jenen Tagen an. Selbst Roon, der aus Bismarcks Brief vom 21. Januar wußte,[17a]) daß dieser die Einsetzung des Augustenburgers als Untergang Preußens angesehen hatte, glaubte aus der Erklärung der Verbündeten auf der Londoner Konferenz schließen zu müssen, daß Bismarck anderen Sinnes geworden sei. Er richtete am 29. Mai ein langes Schreiben an ihn, über die Besorgnis, die er im Namen der Armee hegte: der gefürchtete „Ausgang aller bisherigen ruhmvollen Operationen unserer Politik" werde „das unrühmliche Ende des jetzigen Regiments in Preußen sein." Und noch am 31. Mai schrieb er seinem Neffen Blanckenburg, er fürchte, daß sich Otto (Bismarck) schon auf einen andern Boden gestellt habe.[17b]) Hoverbeck, der auch später noch als Mitglied des 36-Ausschusses für die Einsetzung des Herzogs Friedrich eingetreten ist, ohne sich für dessen Person zu interessiren, hatte in seinem abgelegenen Nickelsdorf von dem Umschwung in der Meinung Oesterreichs gelesen. Er schrieb am 29. Mai seinem Freunde Witt:

„Daß jetzt selbst Oesterreich Preußen überholt und den Herzog Friedrich anerkennt, ist herrlich. Ob sich der brave Jüngling übrigens besser als seine zukünftigen Brüder Fürsten zeigen wird, ist sehr die Frage . .“

Bismarck sprach am 24. Mai auch vertraulich mit dem Kronprinzen. Dieser, der Herzog Friedrich und seine Umgebung freuten sich über die Wendung der Dinge; sie hielten „die Sache“ für gerettet.[18]) Bismarck aber drängte zu einer privaten Besprechung mit dem Herzog. Am 27. Mai veranlaßte er Max Duncker, in seinem Namen den Kronprinzen durch ein vertrauliches Schreiben aufzufordern, den Herzog zu veranlassen, dem Könige in den nächsten Tagen einen Besuch zu machen. Der Kronprinz erhielt die Genehmigung des Königs.

Der Herzog traf am 1. Juni früh in Berlin ein. Er erfuhr hier von seiner Mutter, daß der König sie besucht und ihr gesagt habe „er wolle der Erste sein, der ihr die Nachricht bringe, daß ihr Sohn nun sicher zur Regierung komme;“ die bevorstehende Verhandlung mit Bismarck solle bloß zur Erledigung von Förmlichkeiten dienen. Der Herzog wurde am Abend vom König sehr freundlich empfangen. (Jansen-Sammer Seite 336 und 730.)

Am Abend fand eine mehrstündige Unterredung des Herzogs mit Bismarck unter vier Augen statt. Ueber Verlauf und Inhalt derselben sind nach und nach so entgegenstehende Darstellungen veröffentlicht, daß man jetzt, wo in Jansen-Sammer des Herzogs ausführliche Berichte und sein Briefwechsel mit dem Kronprinzen vorliegt, den schon früher aufgetauchten Verdacht hegen muß, daß Bismarck, als er so dringend nach einer schleunigen Besprechung mit dem Herzog verlangte, diesem eine Falle gestellt hat.

Schon am 8. Juni brachte die Provinzialkorrespondenz einen längeren Aufsatz über den Augustenburger. Er sollte bei der Besprechung mit dem Ministerpräsidenten für die Nothwendigkeit eines Verständnisses mit Preußen nicht so zugänglich gewesen sein, wie es „nach der Lage der Dinge“ wohl erwartet werden durfte. Für einen Mann von der geistigen Ueberlegenheit Bismarcks und seiner Dreistigkeit in Verschiebungen der Wahrheit war es leicht, unverfängliche Aeußerungen des Herzogs zu seinem Nachtheil zu entstellen. Der Herzog begriff den gegen ihn ausgebrochenen Sturm nicht und bat den Kronprinzen, ihn beim Könige zu schützen.[19]) Der Preßsturm hatte keinen anderen Zweck, als den König zu bestimmen, den Herzog fallen zu lassen. Es war für den Herzog schwer, sich gegen Verleumdungen zu vertheidigen. Als die Kreuzzeitung ihm nachsagte, eine für Preußen beleidigende Aeußerung in jener unter vier Augen gepflogenen Unterredung gethan zu haben und der Herzog dies berichtigte, kam flugs die Nordd. Allg. Ztg. und erklärte, ermächtigt zu sein, die Behauptung der Kreuzzeitung zu bestätigen.

Es fanden noch mehrere Sitzungen der Konferenz statt. Man verhandelte darin über eine Theilung Schleswigs nach den Nationalitäten. Eine Einigung der Mächte kam nicht zu Stande. Die Konferenz wurde am 25. Juni ohne Ergebniß geschlossen. Bismarck hatte schon am 19. Juni den König nach Karlsbad begleitet.

In den letzten Sitzungen der Konferenz wurden von Rußland Erbansprüche des Großherzogs von Oldenburg angemeldet. Der König ward zu der Ansicht bestimmt, daß die Ansprüche desselben zunächst zu übersehen seien. Nach Ablauf des mehrmals verlängerten Waffenstillstandes wurde von den Preußen am Morgen des 29. Juni durch einen kühnen Handstreich die Insel Alsen erobert.

Es begannen die Friedensverhandlungen mit Dänemark. Die Aussichten des Herzogs waren noch nicht verschwunden: Im September sprach sich Bismarck zu Roggenbach und Anderen derart aus, daß sie die Anerkennung und Einsetzung des Herzogs für gesichert hielten. Der Kronprinz war jetzt aber mißtrauisch. Er schrieb Anfang Oktober dem Herzog, seinem Freunde, Bismarcks burschikose Redensarten seien oft so, daß man nicht wisse, was sie bedeuten sollten. Am 30. Oktober ward in Wien Frieden geschlossen. Die Herzogthümer Schleswig, Holstein und Lauenburg wurden von Dänemark ohne Vorbehalt an Oesterreich und Preußen abgetreten.

In der inneren Verwaltung Preußens traten seit Schluß des Landtags keine Veränderungen ein. Für das dritte budgetlose Jahr war durch einen Staatsministerialbeschluß vom 12. Febr. eine Norm für die Verwendung der Staatseinnahmen festgestellt. Darnach wurden von den seitens des Abgeordnetenhauses nicht bewilligten 5 862 347 Thlr. drei Posten, nämlich 5 625 634 Thlr. Kosten der Armeereorganisation, 31 000 Thlr. Dispositionsfonds für allgemeine praktische und 35 000 Thlr. zu geheimen Ausgaben für Zwecke der höheren Polizei für nothwendig und unentbehrlich erklärt. Hinsichtlich der übrigen gestrichenen Posten sollten Ausgaben nur unter Theilnahme des Finanzministers mit königlicher Genehmigung gemacht werden dürfen. Der Staat hatte Geldüberfluß, aber „die militärischen Maßnahmen gegen Dänemark erheischten die größte Sparsamkeit.“[20])

Die Hoffnung der Regierungskreise in Preußen, die Heldenthaten der Armee würden in der öffentlichen Meinung zu Gunsten der Militärreorganisation wirken, ging nicht in Erfüllung. Die Provinzialkorrespondenz erklärte, die gute Hälfte der an den Kämpfen betheiligten Regimenter bestände aus Soldaten, die schon dreijährige oder längere Dienstzeit hinter sich hätten; von der kleineren Hälfte diene der größere Theil schon im dritten Jahre und nur ein Viertel stände unter zwei Jahren bei den Fahnen. Dies machte keinen Eindruck. Daß das letzte Viertel sich schlechter geschlagen habe, als die übrigen, konnte nicht behauptet werden. Auch die Mittheilung, daß in Folge der Reorganisation nur 3000 Landwehrmänner eingezogen wären, während vor der Reorganisation 20 000 hätten eingezogen werden müssen, verfehlte ihren Zweck. Die Heldenthat des Pioniers Klincke, der bei Erstürmung der Düppeler Schanze II gefallen war, als er einen Pulversack zur Sprengung der Palisaden angezündet hatte, verstärkte im Volke die Vorliebe für die Erhaltung der Landwehr. Klincke, ein Bergmann aus Boßdorf bei Spremberg in der Niederlausitz, war einer der 3000 eingezogenen Landwehrmänner.

Hoverbeck lebte fern vom politischen Leben auf seinem Gute Nickelsdorf. An seinen Freund Witt schrieb er in einem Briefe vom 29. Mai 1864, wie folgt:

„ . . . An dem Tage, wo Du an mich schriebst (den 25. Mai) hatten wir hier in Allenstein gerade eine große landwirthschaftliche Ausstellung, bei der ich als Vorsitzender unseres landwirthschaftlichen Vereins Manches zu thun hatte. Abends gab es ein Souper, und dabei eine Sammlung für die Hinterbliebenen des Landwehrmanns Klincke (ein Vorschlag von mir, um eine Sammlung für den „Kronprinzfonds“ unter kriegsministerieller Verwaltung zu vereiteln). Nun ist mir der Ertrag 38⅓ Rthlr. übergeben, um ihn an die Adresse zu befördern; leider aber kann ich dies selbst nicht. Möchtest Du mir daher den Gefallen thun, Dich in Königsberg nach der Adresse der Wittwe Klincke zu erkundigen und dieselbe mir recht bald zu schreiben? Ich möchte das Geld gern ohne Zeitverlust absenden.[21])

Uebrigens war unsere Ausstellung für einen so kleinen Ort schon ziemlich ansehnlich, unter Anderem von mehr als 2000 Menschen besucht. Die Herren Reaktionären wurden zum Theil durch eine große schwarz-roth-goldene Fahne zurückgescheucht, welche am Eingange zwischen zwei (niedrigen) preußischen Fahnen wehte. Uebrigens wurde wenig Politik dabei getrieben, nur ich konnte nicht umhin, am Schlusse der Prämiierung mit einem leichten Uebergange die Bauern an ihre Selbstständigkeit zu erinnern und ihnen den Spruch einzuprägen: „Wir Bauern, wir brauchen zu unserem Gedeihn“ 2c. (s. Hoffmann v. Fallersleben).“ 22)

Die preußischen Abgeordneten waren völlig außer Stande, die „traurige Mißregierung (Bd. II S. 92) zu beseitigen. Sie hatten auch keine Lust, die Wiedereinberufung des Abgeordnetenhauses zu fordern. Die Parteiregierung ward immer dreister. Wer notorisch der Fortschrittspartei angehörte, oder als Wahlmann für fortschrittliche Abgeordnete gestimmt hatte, wurde überall als Feind der Regierung behandelt. Bismarcks Grundsatz, die Regierung müsse ihre Freunde belohnen, ihre Feinde bestrafen (Bd. II Seite 172) wurde soweit irgend möglich angewendet. Kein liberaler Mann wurde als Bürgermeister, als besoldeter oder unbesoldeter Stadtrath, oder als Mitglied städtischer Schuldeputationen bestätigt. Lotteriekollekten, Bankagenturen wurden liberalen Wahlmännern entzogen, sogar zum Impfarzt wurde kein fortschrittlicher Mann genommen. Von der Empörung Hoverbecks über diese Zustände giebt ein Brief an Witt vom 9. Juni Zeugnis. Witt mußte damals, um nicht abgesetzt zu werden, den Vorsitz im Königsberger Handwerkerverein niederlegen und aus dem Verein ausscheiden. Hoverbeck schrieb ihm:

„Wir wollen wünschen und hoffen, daß, wenn Deine Jungen zu Männern gereift sind, sie nicht mehr Zustände vorfinden wie die, welche heute eine derartige Tyrannei gegen Dich möglich machen — oder doch, daß es ihnen dann gelingen möge, eine solche Tyrannei zu stürzen — was auch seine Reize haben muß! —

Die Verfolgung geht übrigens jetzt ganz systematisch vor sich. Am gefährlichsten für uns sind die schweren Streiche, die gegen die Unabhängigkeit der Richter und Rechtsanwälte geführt sind. Für einen Mißliebigen giebt es keine Gerechtigkeit mehr in Preußen! — Nun wir werden also die nächsten Wahlen ohne alle Hülfe der liberalen Beamten zu machen haben. Ist unser Volk einsichtig und unabhängig genug, um allein das Rechte zu finden und zwar gegen einen solchen Druck? Man könnte daran zweifeln. Es ist sehr möglich, daß die Reaktion durch Einschüchterung siegt. Und was dann? — Dann ist die Hoffnung auf friedliche Reform, die ohnehin schon gering ist, vollkommen zu Ende, und die auf Revolution tritt an die Stelle. Kommen wird dieselbe dann gewiß — aber wann? Und welcher entsetzlichen Verderbniß ist der ganze Volkscharakter ausgesetzt, bis sie endlich eintritt! Nun jedenfalls bekommen wir dann ein einiges Deutschland, ohne einen Hohenzollern an der Spitze. —

Von diesen angenehmen Reflexionen über unsere politischen Zustände flüchte ich mich jetzt so oft als möglich und mit wahrer Wollust zur Natur. Ein Mensch, der ein Steckenpferd hat, ist immer gut daran; und so tummle auch ich jetzt das meinige, die Obstbaumzucht — und Pflege mit vieler Liebe. Ich habe in diesem

Frühjahr viel veredeln lassen und selbst veredelt und habe jetzt alle Hände voll mit Revidiren u. s. w. zu thun. In diesen Tagen kommt auch Schmiedicke zu mir, von dem ich im Frühjahr 70 neue Obstsorten in Reisern erhalten habe und mit dem ich gehörig in Pomologie schwelgen will. In der Wirthschaft ist jetzt auch viel mit der Brache zu thun, und ein großer Bau (Schafstall für etwa 1000 Schafe draußen auf dem neuen Vorwerk) beschäftigt mich ebenfalls. So sage ich also oft zu mir selbst, daß ich für meine Person und abgesehen von dem tiefen Schmerze über das Schicksal des Vaterlandes auch recht gut bestehen könnte, wenn die ganze Abgeordnetenschaft zum Teufel geht, sei es, wenn ich etwa in meinem Wahlkreise durchfiele, oder wenn die ganze Geschichte aufhört. Da es nicht so bleiben kann, wie es ist, und durch eine resultatlose Opposition sich unsere Partei zuletzt nur unnöthiger Weise abnutzt, so wäre es am Ende kein großes Unglück, wenn es so käme. Besser, sie heben die Kammern ganz auf und begeben sich offen in den Absolutismus, als daß sie dem armen betrogenen und urtheilslosen Volke vorlügen, daß sie ja noch immer Recht und Verfassung respektirten" . . . .

Zu der Ansicht, daß es keine Gerechtigkeit mehr in Preußen gäbe, bekannten sich damals auch viele Juristen des Abgeordnetenhauses. Der höchste Gerichtshof in Preußen, das Obertribunal, galt in seiner Mehrheit bald als parteiisch in allen politischen Fragen. Die drei Obertribunalsräthe, die dem Abgeordnetenhause angehörten, Waldeck, Frech für Neuwied, Peter Reichensperger für Geldern-Kempen und von den neun Herrenhausmitgliedern und Kronsyndicis Jänichen (Vizepräsident) und Blömer rechnete man zur Minderheit. Dagegen galten der Chefpräsident v. Uhden, die Vizepräsidenten v. Schlieckmann und Götze und die Räthe v. Caprivi nebst den Professoren Dr. Heffter, Dr. Homeyer und Dr. v. Daniels als konservative Fanatiker.

Als den Gesetzen widersprechend wurden auch die Erkenntnisse des Obertribunals in Sachen der Stellvertretungskosten angesehen.[23]) In Ausführung des Ministerialbeschlusses vom 22. September 1863 (Band II Seite 178) waren vom Januar 1864 an den oppositionellen Richtern des Abgeordnetenhauses die Kosten der Stellvertretung vom Gehalte abgezogen. In einer Besprechung der davon Betroffenen unter dem Vorsitz des späteren Reichsgerichtspräsidenten Simson war man einstimmig der Ansicht, der Gehaltsabzug sei ungesetzlich. Von einer kleinen Kommission angesehener Juristen wurde ein Klageformular gegen den Fiskus entworfen. Auf die hiernach angestellten Klagen fielen die Entscheidungen in den beiden ersten Instanzen verschieden aus. Vor den Kreisgerichten der 1. Instanz gewannen die meisten klagenden Richter den Prozeß. Fiskus wurde verurtheilt. In 2. Instanz erkannte nur eine Minderheit der Appellationsgerichte zu Gunsten der Kläger. Verurtheilt wurde Fiskus von den Appellationsgerichten in Arnsberg,

Ratibor, Magdeburg; hier unter dem Vorsitz des Chefpräsidenten v. Gerlach. In allen Fällen gingen die Prozesse in die 3. Instanz an das Obertribunal. Dies wies sämtliche Kläger ab.[24])

Abgesehen von den Verfolgungen und Maßregelungen aller Art war von dem System Bismarcks in der inneren Verwaltung nichts besonderes zu spüren. Bismarck war durch die auswärtige Politik ausreichend beschäftigt. Frühere Pläne, den Konflikt durch Auflösung des Abgeordnetenhauses und Oktroyirung eines neuen Wahlgesetzes zu lösen, hatte er aufgeschoben. In Ferdinand Lassalle freilich mußte er bei ihren Gesprächen im Januar die Ueberzeugung wach gehalten haben, daß er die Oktroyirung eines Wahlgesetzes, mit allgemein gleichem direkten Wahlrecht, vielleicht unter Benutzung Lassallescher „Zauberrezepte," ernstlich beabsichtige. Lassalle erklärte am 12. März 1864 in seiner Vertheidigungsrede vor dem Staatsgerichtshofe mit prophetischem Pathos („an diesem feierlichen Orte") es werde vielleicht kein Jahr mehr vergehen, und Bismarck werde das allgemeine und direkte Wahlrecht oktroyirt haben.[25])

Hoverbeck wurde noch im Sommer durch einen Besuch seines Freundes Witt erfreut. Witt war in Pillau bei einem Bruder gewesen und fuhr auf dem frischen Haff nach Elbing zu Hoverbecks Eltern. Von dort ließ ihn Hoverbeck durch sein Gespann nach Nickelsdorf holen (8 Meilen weit). Witt schrieb aus Nickelsdorf an seinen Bruder am 15. Juli 1864:

„ . . . Die alten Hoverbecks, Philemon und Baucis, nahmen mich mit großer Herzlichkeit auf. Noch denselben Abend wandelte ich mit dem Alten nach Vogelsang und die benachbarten Buchenwälder, drei Stunden lang. Der 77jährige Greis marschierte wie ein Alter hätte ich beinahe gesagt, aber richtiger wie ein Jüngling. Am folgenden Morgen um 5 stand er schon wieder vor meinem Bette und forderte mich zu einem Frühspaziergange auf; beim schönsten Wetter gingen wir nach Dambitzer, und waren wieder erst nach drei Stunden zurück. Ich hätte mich auch an diesem Vormittag schwer von dem freundlichen Alten losmachen können, wenn nicht die vorher bestellten Pferde des Sohnes mir geholfen hätten.

Seitdem bringe ich nun meine Tage hier in der gewissenhaftesten Sorge für gute Unterhaltung und Erfrischung zu, verlebe sie größtentheils im Freien und sehr wenig hinter dem Buche. In dem großen Garten mit Bäumen ziehn besonders die herrlichen Rosen meine Aufmerksamkeit auf sich, ebenso sehr aber auf den Feldern die wildwachsenden Blumen, deren Namen ich mir von Hoverbeck ins Gedächtniß rufen lasse . . ."

Witt blieb in Nickelsdorf mehrere Wochen. An seine Schwägerin schrieb er am 27. Juli von der Sehnsucht nach seinem lieben Rauschen, dem Seebade:

„aber die Sehnsucht hat mich nicht verhindert, die Vortheile meines hiesigen Lebens zu genießen, und nicht blos Hoverbecks Gesellschaft, sondern auch die Beobachtung des ländlichen Lebens bei Menschen und Vieh als vollen Ersatz dafür zu betrachten. Gestern haben die mächtigen Linden ihre Blüthen geöffnet, und es ist ein herrlicher Duft in ihrer Nähe. Die Felder werden fleißig inspizirt, sie würden mir freilich noch viel besser gefallen, wenn nicht grade die wichtigsten, Weizen- und Erbsenfelder, in diesem Jahr von vernichtenden Feinden heimgesucht würden, der Weizen vom Rost, die Erbsen vom Mehlthau. In einem so bösen Jahr die Ferien in der Gesellschaft eines Gutsbesitzers zuzubringen, wäre im Allgemeinen nicht gerathen, doch Hoverbeck, so leid ihm die Verwüstung thut, und so großem Schaden er entgegensieht, läßt sich durch Unfälle dieser Art nicht niederschlagen und bleibt sich in der Gesellschaft seiner Freunde ganz gleich, ob er Tausende zu gewinnen oder zu verlieren Aussicht hat.

Vorgestern haben wir recht schön seinen Geburtstag gefeiert; das Wetter war so günstig wie selten in diesen Ferien; der Inspektor hatte Hoverbeck eine Überraschung bereitet, indem er durch eine bergige Schlucht, die von ihrem Gipfel einen recht anmuthigen Blick gewährt, breite Wege hatte bahnen lassen. Nachmittags war Besuch, wir verbrachten an dem günstigen Punkt des Aushaues die Abendstunden, über uns um uns Bäume mit einer Aussicht in das weithin gestreckte Thal. Dorthin wurde Rheinwein gebracht, wir tranken, wir plauderten, wir sangen, und es wurde mir recht lebendig, aus welcher Stimmung die vielen Gesellschafts- und Rheinweinlieder des vorigen Jahrhunderts hervorgegangen sind, wo die Leute es besser als unsre heutige Zeit verstanden haben, den Genuß an Freundschaft, Natur und Wein durch Gesang zu erhöhen."

Der 36er Ausschuß hielt am 16. Oktober in Weimar eine Sitzung ab. Der Abschluß des Friedens mit Dänemarck vom 30. Oktober bildete „einen Wendepunkt auch für die Thätigkeit des Ausschusses und seiner geschäftsleitenden Kommission." Diese hielten „gegenüber der hinterhaltigen Verschleppungspolitik der beiden Großmächte" noch für ihre Aufgabe, darauf zu dringen, daß die Konstituirung eines selbständigen Staates Schleswig-Holstein unter seinem rechtmäßigen Fürsten schleunigst erfolge. Nach der Nationalzeitung nahm Hoverbeck an der Sitzung in Weimar theil, nicht aber an der am 1. November in Eisenach stattfindenden Generalversammlung des Nationalvereins.[26])

Anmerkungen zum siebenundzwanzigsten Kapitel.

1) „Die stärksten Verstöße gegen das unzweifelhafte Landesrecht haben das Land nicht einen Augenblick aus passivem Dulden aufzurütteln vermocht." So Professor Baumgarten in dem 1866 veröffentlichten Aufsatz „Der deutsche Liberalismus, eine Selbstkritik." Er, der altliberale Freund Max Dunckers, meint, wenn sich das Volk nicht in der Lage befand, die Mittel zu den verweigerten Ausgaben zurückzuhalten, so hätte man die Ausgaben nicht verweigern dürfen. Anderenfalls hätten die Führer im Hause die natürliche Pflicht gehabt, auch die Führer zu sein im Kampf der Thaten, wie in dem der Worte. Aber zu welchen Thaten die Führer

das Volk führen sollten, ist aus seinen Ausführungen nicht zu ersehen. Er hält die Taktik des Abgeordnetenhauses in der Session von 1865 für eine „einfach gegebene". Es hätte die Armeereform als vollendete Thatsache acceptiren, dafür sein Budgetrecht zur Anerkennung bringen müssen u. s. w. Wie dies letztere zu bewirken gewesen sei, wird auch nicht einmal angedeutet.

[2]) Dr. jur. Hammacher, Friedrich, Bergwerksbesitzer, jetzt in Berlin; geb. 1. Mai 1824. Seit 1863 Abgeordneter für Essen-Duisburg. Fortschrittlich, dann nat.-lib. Reichstagsabgeordneter von 1867 bis 73, von 1877 bis 79 für Lauenburg, seit 1881 für Duisburg; verzichtete 1898 auf Wiederwahl zum Landtag und Reichstag.

[3]) Saucken-Tarputschen, einer der entschiedensten Abgeordneten der Fortschrittspartei schrieb mir, daß er in seinem Wahlkreise Angerburg-Lötzen an drei Orten berichtet habe: „Die Betheiligung an den Verhandlungen war sehr groß, die Stimmung der Anwesenden vortrefflich, aber die feudale Partei gewinnt trotzdem bei allen Leuten, die in irgend einer Weise abhängig sind, sehr an Boden, und ein großer Theil der Bauern ist wie weiches Wachs, von jedem zu kneten, der ihn gerade bei der richtigen Seite gefaßt hat. Die Berliner haben keine Vorstellung davon, wie es eigentlich im Lande aussieht. Ohne Kreis- und Kommunalordnung werden wir vielleicht nie, sicher aber erst nach langen Jahren unserm Landvolk ein Bewußtsein von dem Werth der Verfassung beibringen. Ehe nicht die Macht des Landraths gebrochen ist, wird der Bauer nicht selbstständig denken lernen. An Steuerweigerung ist nicht blos jetzt nicht, sondern gar nicht zu denken. Ich glaube dieses so vortreffliche Mittel, die Regierung zum Nachgeben zu zwingen, setzt ein reifes, einiges, festgeschlossenes Volk voraus, wie wir es nicht haben und wird wahrscheinlich für unsern langgestreckten, aus so verschiedenen Elementen zusammengesetzten Staat überhaupt nicht ausführbar sein. Diese Maßregel hat nur Werth, wenn sie einmüthig, allgemein, in großem Maßstabe ausgeführt wird. Dazu fehlen alle Vorbedingungen. Mit dem frischen Eindrucke der Berliner Schuftereien habe ich sofort vertrauliche Besprechungen der Radikalsten in meinem Wahlkreise veranlaßt über die Möglichkeit einer Steuerverweigerung und habe von allen Seiten dieselbe Antwort erhalten, daß sie unausführbar. . . . Wir müssen in unserer Taktik dieses Mittel ein für alle Mal ausstreichen." — Die Kreis- und Kommunalordnung, von der Saucken in Zukunft Besserung erwartete, stellte er sich natürlich himmelweit verschieden von den später zu Stande gekommenen Ordnungen vor.

[4]) Dr. Tempeltey hatte bei den Wahlen im Herbst 1861 das Wahlbureau des Zentralwahlkomitees der deutschen Fortschrittspartei geleitet (s. Bd. I S. 216, Bd. II S. 82, 173, 182). Jansen-Samwer bezeichnen Tempeltey als den „ehemaligen Sekretär des Berliner Fortschrittsvereins". Solcher Verein bestand nie.

[5]) Als Verrath galt natürlich auch das Streben auf Herstellung der Personalunion. Im engsten Vertrauen schrieb Herzog Friedrich an den Kronprinzen am 19. Februar 1864:

. . . „Ich weiß bestimmt, daß Bismarck sich ganz kürzlich in einer Unterredung mit einem Bekannten, wo er sich gehen ließ, über seine Politik dahin ausgesprochen hat: „Die Erledigung der schleswig-holsteinschen Sache möglichst hinzuhalten, bis zu einer demnächstigen europäischen Verwickelung, um die Herzogthümer als Aequivalent für andere Konzessionen für Preußen zu gewinnen. Ist dies nicht möglich, dann Personalunion, weil diese unhaltbar und die Herzogthümer dann leichter bei einer günstigeren Gelegenheit für Preußen zu gewinnen sind."

[6]) Verfaßt ist die Rechtsverwahrung vor Düppel. Nach den veröffentlichten Erklärungen erhielt sie Faucher am 16., Waldeck und Michaelis am 21. April (siehe unten).

[7]) Die Zahlen bei Jansen-Samwer sind ungenau. Es sind nicht berücksichtigt die im „Nachtrag" vom 4. Mai veröffentlichten Namen von Unterzeichnern.

[8]) Siehe Jansen-Samwer Seite 319.

[9]) Moritz Mellien, geb. 30. Oktober 1820 in Thorn, Sohn des Oberbürgermeisters, war als Rechtsanwalt in Spremberg Abg. für Cottbus-Spremberg von 1802 bis 66.

Dann wurde er Rechtsanwalt in Frankfurt a. O. und später in Berlin, † daselbst 27. Mai 1881. (1867 ging der Wahlkreis an die Konservativen verloren.)

In einem Flugblatt „An meine Wähler" vom 26. Dezember 1863 erstattete er Bericht über die Verhandlungen seit Eröffnung des Landtags; zunächst über Wahlbeeinflussungen, Wahlprüfungen, über die Preßverordnung und über Budgetvorlagen. Dann ging er ausführlich auf die schleswig-holsteinschen Angelegenheiten ein. Alle liberalen Mitglieder des Abgeordnetenhauses seien einig in dem Wunsche, „die Trennung Schleswig-Holsteins zu verwirklichen und den Bruderstamm aus der verhaßten Fremdherrschaft zu befreien." Dagegen sei ein Zwiespalt in der Fortschrittspartei hervorgetreten über die vom Hause zu ergreifenden praktischen Maßregeln. Der Zwiespalt habe seine Erklärung nicht in einer größeren oder geringeren Theilnahme für deutsche Ehre und Freiheit, sondern „in den auseinandergehenden Ansichten vom Beruf und der Wirksamkeit der Volksvertretung und von dem Einfluß der friedlichen Kundgebungen des Volkswillens auf die Gestaltung unserer politischen Verhältnisse."

„Während die in der Minorität befindlichen Mitglieder der liberalen Fraktionen, denen ich mich angeschlossen habe, anerkennen, daß, wie die Sachen jetzt in Preußen liegen, dem Abgeordnetenhause irgend ein Einfluß auf die auswärtige Politik des Landes nicht zusteht und daß dies Ministerium seinem innersten Wesen nach die Aufgabe der Befreiung Schleswig-Holsteins weder erfüllen will, noch zu erfüllen geeignet ist, während wir es unumwunden aussprechen, daß wir jetzt außer Stande seien, unseren deutschen Brüdern zu helfen, giebt es andere, die sich nicht dazu entschließen können, mit vollem Herzen zu schweigen, oder wenigstens positive Anträge zu unterlassen, und welche der Hoffnung Raum geben, durch die Macht der nationalen Idee den Widerstreit des bei uns herrschenden Systems zu bewältigen und alle Parteien zu einem Heerbann für die Integrität Deutschlands zu vereinigen.

Es fällt mir nicht ein, der letzteren Richtung mit Mißachtung zu begegnen . . .; aber ich mag das Urtheil nicht zurückhalten, daß ich diese Auffassung von der Gewalt des nationalen Gedankens über die wirklichen Verhältnisse und die daraus hervorgehenden Demonstrationen für sehr bedenklich und die Entwicklung unserer innern Zustände gefährdend halte. In dem schweren, langwierigen Kampfe, in den wir für unsere verfassungsmäßigen Rechte eingetreten sind, lauten die Bedingungen des Erfolges: zähe Ausdauer, Sammlung der Kräfte für e i n Ziel und vor allen Dingen richtige Würdigung der eigenen und der gegnerischen Mittel. In allen diesen Beziehungen wirkt die vom Nationalverein geförderte leidenschaftliche, aber thatenlose Bewegung nachtheilig, ohne auf der anderen Seite der Sache Schleswig-Holsteins wirksam zu nützen. Man vergißt in dem Gedanken an fremde Leiden die eigene Drangsal, man schiebt das naheliegende Ziel bei Seite, um sich für allgemeine nationale Zwecke zu begeistern und, was die Hauptsache ist, man verwechselt wieder einmal in Deutschland die Hoffnung mit der Wirklichkeit, die Worte mit den Thaten und, aus Hang zur Ueberschätzung, den Eindruck der Reden und Beschlüsse dieser großen und kleinen Versammlungen auf die T h e i l n e h m e r derselben mit dem Einfluß auf die Machthaber, die in der Wirklichkeit die Geschicke Deutschlands leiten.

Völlig unzutreffend ist der Vorwurf, daß die Politik eine engherzige, antideutsche sei, die die Arbeiten für das engere Vaterland denen für die Integrität Deutschlands voranstellt. Das, was für den letzten Zweck jetzt geschieht, ist eben nichts, was irgend einen praktischen Erfolg haben kann, während die Mahnung, den inneren Konflikt im Angesicht der schleswig-holsteinschen Frage zu vergessen, nur dazu dienen kann, die Position des Abgeordnetenhauses der Staatsregierung gegenüber zu untergraben. Die Anleihe der 12 Millionen, die die Regierung fordert, ist noch nicht bewilligt; die Beschlußnahme darüber aber ohne ausreichenden Grund durch die an den König gerichtete Adresse verzögert. Es dient wahrlich nicht dazu, das Ansehen des Hauses im Lande zu kräftigen, wenn fort und fort dieselben vergeblichen Versuche gemacht werden, den König von der Politik des Ministeriums, die er wiederholt gebilligt hat, zu trennen. Weshalb zaudern wir, wenn es gilt, einem Ministerium, welches wir wiederholt des Verfassungsbruches bezüchtigt haben, außerordentliche Geldmittel zu verweigern?

Der Abgeordnetentag in Frankfurt ist ein erfreuliches Bild der Einstimmigkeit des deutschen Volkes; aber eine politische That vermag ich in Beschlüssen nicht zu erkennen, denen die Kraft der Vollstreckbarkeit fehlt. Und indem man als Hauptzweck an die Spitze stellt, daß die Anerkennung der Rechte des Herzogs Friedrich durch den Bund, d. h. den Bundestag erwirkt werde, läßt man außer Acht, daß dieser Bundestag im Jahre 1848 rechtlich zu bestehen aufgehört hat. . . .

So lange der Fürstenkongreß in Frankfurt thatsächlich den Deutschen Bund vertritt, so lange der Volkswille sich nur in energischen Resolutionen und Adressen ausspricht, so lange sind selbst Kundgebungen, wie der Abgeordnetentag in Frankfurt, für die Sache Schleswig-Holsteins kein Heil und eher geeignet, Hoffnungen zu erwecken, denen nicht die Freude der Erfüllung, sondern der Schmerz der Täuschung nachfolgt.

Nach diesen Ausführungen brauche ich kaum zu sagen, daß ich es für meine Pflicht, den Interessen des Landes entsprechend erachtet habe, nicht der Resolution des Abgeordnetenhauses, welche die Anerkennung des Erbprinzen von Augustenburg und seine wirksame Unterstützung verlangt, sondern der von Waldeck eingebrachten, von der Anerkennung des Königs von Dänemark abmahnenden, zugestimmt und nicht für, sondern gegen die Adresse votirt habe.

Ein freies einiges Deutschland mit dem der dänischen Botmäßigkeit entrissenen Schleswig-Holstein ist auch das Ziel meiner Wünsche; ich bescheide mich aber, daß die Zeit noch nicht gekommen ist, durch die Kraft des Volkswillens das Ziel zu erreichen.

Ich halte dafür, daß der Weg zu diesem Ziele die freiheitliche Entwicklung in unserem eigenen Staate, dem größten und wehrkräftigsten Deutschlands, ist, daß es dagegen ein Irrweg ist, wenn durch geräuschvolle, aber wirkungslose Demonstrationen dem inneren Verfassungskampf Kräfte entzogen werden und wenn man für kurze Zeit in dem leicht erregbaren Volke den Glauben an die Macht seines Willens und an eine bevorstehende nationale That wachruft, während in Wirklichkeit bis jetzt nur die Herzenswünsche des deutschen Volkes und sein Vertrauen zur guten Sache und zu den deutschen Fürsten laut geworden sind."

10) Die fortschrittlichen Abgeordneten v. Valentini (für Prenzlau-Angermünde), Faucher (für Bitterfeld-Delitzsch), Michaelis (für Anclam-Demmin) wurden später nationalliberal.

11) Friedjung a. a. O. Bd. 1 S. 85.

12) In Jansen-Samwer ist die in der Arnimschen Adresse gegen die Einsetzung des Herzogs gerichtete Absicht nicht erkannt. Es wird (S. 310) hervorgehoben, wie noch im Mai „der berühmte Historiker" H. v. Sybel in Bonn, die Unzulänglichkeit und Undurchführbarkeit der ganzen Annexion beleuchtet habe. Dann heißt es: „Einzelne Schwärmer für den preußisch-deutschen Einheitsstaat, einzelne jedes Rechtsgefühls bare Fanatiker für ein Großpreußen und zahlreichere Anhänger der radikalen Linken in Preußen begannen beim Hervortreten der Bismarckschen Annexionsgedanken die Sache des Herzogs, die mit dem Wunsche seines Landes zusammenfiel, zu verlassen; die Radikalen konnten sich mit der besonnenen Zurückhaltung Herzog Friedrichs nicht befreunden . ." Zum Belag wird aus einem Briefe des preußischen Gesandten v. Usedom aus Turin ein Angriff auf die „deutschen Demokraten" abgedruckt. Diese warfen dem Herzog sein Stillsitzen vor Usedom, der wie Max Duncker, Bernhardi der Fortschrittspartei feindlich war, wird wohl die preußischen Demokraten gar nicht gemeint haben; keinesfalls wußte er etwa von den „preußischen Radikalen". Das „Rechtsgefühl" für die legitime Erbfolgs mochte auch bei fortschrittlichen Gegnern der Annexion in Preußen nicht lebhafe sein. Unwahr ist, daß „Anhänger der radikalen Linken" die Sache des Herzogs damals verlassen und ihm sein Stillsitzen übel genommen haben. Im Gegentheil wurden preußische Abgeordnete, die mit Waldeck von vornherein die Gründung eines neuen Kleinstaates bekämpft hatten, seit dem Hervortreten der „Bismarckschen

Annexionsgedanken" schwankend und Gegner der Annexion. Von den 35 Abgeordneten, die im Dezember 1863 mit Waldeck gestimmt hatten, haben nicht weniger als 18 die Rechtsverwahrung unterzeichnet, also sich öffentlich, wie Jansen-Sammer es nennen würde, der „Sache des Herzogs" angeschlossen. Es waren die Abgeordneten Dr. Becker, Caspers, Förster, Frentzel, v. Hilgers, Hirschberger, Jung, Dr. Kalau vom Hofe, Laßwitz, May, Prince, Smith, Rey, Roggen, Schiebler, Schmiedicke, v. d. Straeten, Teuchert, Wächter. Vermuthlich fürchteten sie damals (April 1864) wie viele noch immer, Bismarck werde die Herzogthümer wieder an Dänemark verrathen."

[13]) Siehe Haym, Duncker Seite 339 bis 344; Bernhardi Band 6 Seite 103 bis 118; Jansen-Sammer Seite 722 bis 729; Roon Bd. II S. 185 bis 192.

Ueber Bernhardis Unterredungen vom 14. bis 31. Mai 1864 mit Max Duncker, Geffken, Stockmar, Graf Henckel, Droysen, Graf Nostitz, dem Kronprinzen und seiner Gemahlin, G. Vincke, Alfred Auerswald, den Gesandten Buchanau und Oubril und Anderen s. a. a. O. S. 103 bis 118. In der Einleitung zu Bd. 6 des Tagebuchs nennt der Herausgeber (v. Bernhardi's Sohn) dies Buch eine historische Quelle ersten Ranges. Er selbst hat keine genügende Kenntniß von den Politikern jener Zeit, und hat nicht begriffen daß sein Vater (wie ich auf Seite 25 Band II hervorgehoben habe), als erbitterter Gegner der deutschen Fortschrittspartei, deren Mitglieder ihm persönlich gänzlich unbekannt waren, im Tagebuch über fortschrittliche Abgeordnete auch den elendesten Klatsch derjenigen Kreise, in denen er verkehrte, gewissenhaft buchte. Bernhardi junior ist entrüstet über eine Anmerkung in Jansen-Sammer. Es war dort bemerkt, daß Theodor v. Bernhardi, „der bis dahin ohne rechten Erfolg in England gewirkt hatte," im Anfang Mai nach Deutschland zurückkehrte. In einer Anmerkung hierzu ist eine Stelle aus einem Briefe mitgetheilt, den der spätere Reichstagsabgeordnete Karl Lorenzen von London an Sammer am 4. Mai 1864 geschrieben hat. Lorenzen äußert sich über Bernhardi: „In den letzten Tagen habe ich mich überzeugt, daß der Kakadu doch überwiegt." Selbst unbefangene Engländer hätten nicht recht eingesehen, wie man zugleich stockpreußisch und herzoglich gesinnt sein kann. Er habe deshalb nicht viel nützen können, „so gut auch seine Absichten sein mochten." Bernhardi hatte von sich selbst als Staatsmann eine weit übertriebene Meinung. Er wurde in seinen Bekanntenkreisen spottweise Kakadu genannt.

[14]) Max Duncker hatte Bernhardi erzählt: „Man wisse hier," daß die koburgischen Minister Sammer und Francke „im Verein mit dem Herzog von Koburg" die Fortschrittspartei „geradezu aufgefordert, Revolution zu machen." „Man" war ohne Zweifel Bismarck. Dieser, der den Kabinetsrath Tempeltey für einen einflußreichen Politiker und von bedeutender Stellung im Nationalverein hielt, mochte dergleichen in Briefen Tempelteys an Franz Duncker (s. Band II S. 173 und 182) gefunden haben. Franz Duncker wußte, was er und die Fortschrittspartei vom Herzog von Koburg und von Tempeltey zu halten hatten. Was Max Duncker hier an Bernhardi erzählte, wurde nachher von der Bismarck-Presse und anderen Gegnern der Fortschrittspartei als „Thatsache" verbreitet.

[15]) Sybel, Bd. III S. 323 bis 332.

[16]) „Oesterreich, Preußen und der Bund erklärten in der Konferenz den Herzog Friedrich für den rechtmäßigen Nachfolger in den Herzogthümern. Daß dies geschehen konnte ohne Protest der Neutralen, war der Höhe- und Glanzpunkt der Konferenz. Leider, und das müssen alle beklagen, welche den Bruderkrieg von 1866 vermieden zu sehen gewünscht hätten, wurde dieser große Moment nicht ausgenützt." So Graf Beust „Aus drei Viertel-Jahrhunderten" I. Band, S. 369.

[17a]) Siehe Hoverbeck Bd. II S. 210.

[17b]) Moltke schrieb am 5. Juni 1869 an Roon über Militärisches und schloß den Brief mit Bemerkungen, aus denen hervorgeht, daß er damals an eine einfache Annexion noch nicht recht glaubte. „Für die politischen Mittheilungen bin ich sehr dankbar. Ich habe darin kein Urtheil. . . . Soll das Land selbst befragt werden, was in diesem ganz besonderen Falle doch nicht ganz ungereimt wäre, so scheint

mir die Fragstellung: 1. deutsch oder dänisch? dann dem deutschen Theil. 2. Augustenburgisch oder preußisch? Viele der großen Grundbesitzer und höheren Verwaltungsbeamten würden sich jetzt in letzterer Richtung aussprechen." Denkwürdigkeiten aus dem Leben Roons Band II S. 192.

[18]) In dem Briefe des Kronprinzen an den Herzog vom 29. Mai heißt es: „Viktoria und ich sind sehr glücklich über diese günstige Gestaltung der Dinge."

[19]) Jansen-Samwer S. 736, Brief v. 15. Juni 1864.

[20]) Der Staatsministerialbeschluß vom 12. Februar 1864 wurde erst 1865 bekannt. Siehe unten.

[21]) Die sogenannte Kronprinzenstiftung war von dem kronprinzlichen Paar angeregt. Sie sandten dazu den ersten erheblichen Beitrag. Die Stiftung hatte den Zweck, für die Hinterbliebenen der Gefallenen und für die aus dem Kriege zurückkehrenden erwerbsunfähigen Soldaten zu sorgen. — Der Abgeordnete Rechtsanwalt Mellien erbot sich, öffentlich die Gaben, die „zu Ehren der Landwehr" der Wittwe und den Waisen des Landwehrmanns Klincke gewidmet würden, zu verwalten und „der Geber und ihres Sinnes würdig" zu verwenden. Klincke hinterließ Frau und drei Kinder in dürftigen Verhältnissen.

[22]) Das Lied von Hoffmann v. Fallersleben „der Bürgermeister v. Seckenheim" (14. November 1844) betrifft eine Landtagswahl in Baden. Der Amtmann (Landrath) warnt die Bauern von Seckenheim, sie sollten nicht liberal wählen. Da antwortet der Bürgermeister (Gemeindevorsteher) „geschwind wie der Wind":

„Herr Amtmann, Herr Amtmann, ei was er auch spricht
Von Nutzen und Schaden, das kümmert uns nicht.
Wir wählen nach unserem Bauernverstand
Zum Besten für uns und das Vaterland.
Wir Bauern, wir brauchen zu unserm Gedeihn
Nichts weiter als Regen und Sonnenschein.
Und Regen und Sonnenschein gebt ihr uns nicht,
Und Regen und Sonnenschein nehmt ihr uns nicht."

Hoffmanns Werke, herausgegeben von Gerstenberg, Berlin 1891, Bd. 5, S. 21. Hoffmann erzählt im 4. Bande seiner Aufzeichnungen „Mein Leben", daß er am 14. Mai 1847 bei einem politischen Gastmahl mit Stuttgarter Liberalen bei Eßlingen in Württemberg das Lied vor ländlichen Wahlmännern zum allgemeinen Jubel der Bauern gesungen habe.

[23]) Bismarck hatte schon von Paris aus in einem Briefe vom 15. Juli 1862 an den damaligen Minister Graf Bernstorff die Vermuthung ausgesprochen, daß die Kreisrichter des Abgeordnetenhauses, wenn sie von den Kosten ihrer Stellvertretung hörten, „vielleicht vernünftiger" werden würden. (Siehe Kohl, Bismarck-Jahrbuch Bd. 6 S. 158.) Dieser erst nach Bismarcks Tode veröffentlichte Brief ergänzt den im 2. Bande dieses Buches S. 61 besprochenen Brief an Roon vom 15. Juli 1862. — Die drei Obertribunalräthe Waldeck, Frech und Reichensperger hatten keine Stellvertreter, weil sie ihre Arbeiten auch während der Session selbst erledigten.

[24]) Erst am 24. Oktober 1869 wurde vom Staatsministerium beschlossen, die Stellvertretungskosten unmittelbarer Staatsbeamten bis auf Weiteres auf Staatsfonds zu übernehmen. Auch die Urtheile des Disziplinarsenats des Obertribunals gegen Richter wegen politischer „Agitation" verstießen gegen das Gesetz nach der bis dahin unwidersprochenen Auslegung. Es konnten in Preußen richterliche Beamte früher stets nur durch Urtheil der ordentlichen Gerichte ihres Amtes entlassen werden.

Ein Disziplinargesetz vom 29. März 1844 wurde in Bezug auf den Richterstand durch Verordnung vom 6. April 1848 aufgehoben. Erst aus einer oktroyirten Verordnung vom 10. Juli 1849 ist das Disziplinargesetz gegen richterliche Beamte vom 7. Mai 1851 hervorgegangen. In diesen findet sich zuerst die Bestimmung, wonach als ein Dienstvergehen zu erachten ist, wenn ein Richter sich durch sein Verhalten in oder außer dem Amte der Achtung, des Ansehens oder des Vertrauens, die sein Beruf erfordert, unwürdig zeigt. Zuerst in einem Disziplinarurtheil des Obertribunals vom September 1863 wurde ausgeführt, daß das Verhalten eines Beamten in politischen Angelegenheiten vom Gesichtspunkt seiner besonderen Dienstpflichten beurtheilt werden müsse.

Ein Urtheil des Disziplinarsenats vom 3. Oktober 1864 führte dann aus, daß ein Beamter seine Amtspflicht verletze, wenn er eine Thätigkeit entwickele, durch die er sich mit den Anschauungen und Auffassungen der Staatsregierung in Widerspruch setze; auch das Vertrauen des Ministeriums erfordere sein Beruf. Damit war die Unabhängigkeit der Richter in Preußen gebrochen.

25) Friedjung Bd. I S. 161 scheint irrthümlich anzunehmen, es handle sich in dem Ausspruch Lassalles um das Wahlrecht zu einem deutschen Parlamente.

26) Der Bericht, den der 36er Ausschuß über seine und seiner geschäftsleitenden Kommission Thätigkeit in der Zeit vom 22. Dezember 1863 bis 30. September 1865 der zu Frankfurt am 1. Oktober 1865 stattfindenden Versammlung der Mitglieder deutscher Landesvertretungen vorlegte, sagte bei einer Mittheilung über die Betheiligung der Abgeordneten an der Rechtsverwahrung vom April 1864: „Es waren zumeist der privilegirte Adel, die ultramontane Partei, der annexionssüchtige Partikularismus in Preußen und die Führer des deutschen Reformvereins, welche sich dieser gemeinsamen Kundgebung in einer nationalen Sache entzogen." Waldeck, Mellien und ihre Freunde gehörten nicht zu dem annexionssüchtigen Partikularismus.

Achtundzwanzigstes Kapitel.

Das vierte Jahr des Verfassungskonfliktes und des budgetlosen Regiments bis zum Schluß der Session (17. Juni 1865).

Am 29. Dezember 1864 wurde der Landtag zum 14. Januar 1865 einberufen. Fritz Harkort veröffentlichte am 2. Januar an seine Wähler in der Hagener Zeitung eine Erklärung über das Verfahren, welches das Abgeordnetenhaus in dieser kritischen Zeit dem Ministerium gegenüber einzuhalten habe. Mit ihrem Inhalt war wohl die Mehrheit auch der Abgeordneten der Fortschrittspartei einverstanden. Harkort hatte in Sachen Schleswig-Holsteins stets mit der Mehrheit gestimmt, aber die Rechtsverwahrung der Abgeordneten nicht unterzeichnet. In seiner Erklärung heißt es:

„Vor allen Dingen gilt es, zäh und besonnen, nicht durch Kompromisse vom Rechte zu weichen, die Verfassung muß Richtschnur bleiben, dann wird die Session nicht unfruchtbar sein.

Zunächst sind die Wünsche und Beschwerden des Landes gründlich zur Sprache zu bringen. Die Gesetzgebung stockt, es fehlen z. B. das Schulgesetz, das Berggesetz, die Revision der Eisenbahngesetze, die Regulirung der drückenden Einquartierungslasten, die verbesserte Gemeinde- und Kreisordnung ꝛc. Eisenbahn- und

Kanalanlagen, die auffallende Nichtbestätigung der Gemeindewahlen, die Lage der Presse, die Häusersteuer und andere Dinge bieten Arbeit vollauf.

Die Berathung des Budgets muß in gewohnter pünktlicher Weise, nicht voreilig, erfolgen, damit das Land sehe, daß wir das Unsrige thun.

In Betreff der Reorganisation des Heeres, Linie und Landwehr bleibt das Gesetz von 1814 maßgebend, bis ein neues mit der Volksvertretung vereinbart ist; auf diesem Wege wird sich die zweijährige Dienstzeit finden.

In Marinesachen müssen die so nöthigen Reformen mit den Billigungen gleichen Schritt halten.

Was Schleswig-Holstein anbelangt, so hat das Haus bereits in voriger Session eine seiner würdige Stellung eingenommen. Ehrlich währt am längsten. Bundesland kann man nicht annektiren, ohne die Bewohner zu fragen, denn die Völker sind dem Begriffe, eine Heerde zu sein, entwachsen. Dagegen kann Preußen verlangen, daß in den Herzogthümern nicht ein zweites Hannover entstehe; eine Hafenstation in Ost- und Nordsee, die Durchführung des Kanals zwischen beiden Meeren und der Anschluß an das preußische Heer sind Forderungen, welche durch die gebrachten Opfer wohl begründet erscheinen.

„Keine neuen Steuern oder Anleihen, bevor die Beschwerden erledigt sind," das ist der Grundsatz jener uns einst aus hohem Munde empfohlenen Erbweisheit!"

Der König eröffnete den Landtag in Person. In der Thronrede erklärte er es für seine landesherrliche Pflicht, die bestehenden Einrichtungen des Heerwesens aufrecht zu erhalten und auf der gegebenen Grundlage zu höherer Vollkommenheit auszubilden. Er erwartete dazu die verfassungsmäßige Mitwirkung beider Häuser des Landtags. Ein Plan zur Erweiterung der Flotte, ein Invalidenpensionsgesetz und Vorlagen über die durch den ohne Anleihe geführten Krieg veranlaßten Kosten wurden angekündigt; ferner die Entwürfe einer allgemeinen Wegeordnung, eines allgemeinen Berggesetzes und Vorlagen wegen Erweiterung und Vervollständigung des Eisenbahnnetzes u. s. w. Sein dringender Wunsch sei auf Ausgleichung des Konfliktes gerichtet; die der Landesvertretung durch die Verfassungsurkunde eingeräumten Rechte zu achten und zu wahren, sei er auch ferner entschlossen. Ein Einverständnis mit der Landesvertretung könne die Regierung nicht anders erstreben, als unter Aufrechterhaltung der Heereseinrichtung.

Dunkel waren die Aussprüche der Thronrede über die schleswig-holsteinische Frage. Es solle versucht werden, die berechtigten Forderungen in Betreff der durch den Frieden mit Dänemark Deutschland zurückgegebenen Nordmarken „mit allen begründeten Ansprüchen so des Landes wie der Fürsten in Einklang zu bringen." Um einen sicheren Anhalt für seine Beurtheilung der streitigen Rechtsfragen zu gewinnen, habe er die Syndici „seiner

Krone ihrem Beruf entsprechend zu einem Rechtsgutachten aufgefordert."

Die neue Geschäftsordnung bestimmte, daß das Haus sich unter dem Vorsitz des Präsidenten der voraufgegangenen Session provisorisch zu konstituiren habe. Grabow eröffnete die erste Sitzung mit einer patriotischen Ansprache.

„Die Befreiung und Trennung der deutschen Herzogthümer von Dänemark hat ein aus den verschiedenen Waffengattungen und Dienstaltern unseres tapfern Volks in Waffen gebildetes, heldenmütiges Heer im Vereine mit Oesterreichs braven Kriegern unter der kühnen Führung eines ruhmgekrönten Hohenzollern und unter Mitwirkung unserer jungen, in der Feuertaufe glänzend bewährten Marine mit seinem Blute siegreich erkämpft, und das vom trotzigen Uebermuthe gebeugte deutsche Recht wieder hergestellt.

Die Erstürmung der Düppler Schanzen, der Uebergang nach Alsen reihen sich den Thaten glorreich an, welche Preußens Waffenruhm unsterblich gemacht haben.

Die Scharte von Olmütz ist ausgewetzt, der Londoner Vertrag vom 8. Mai 1852 zerrissen, Preußens verpfändete Ehre auf Schleswigs Fluren ruhmreich eingelöst."

In der Zusammensetzung des Abgeordnetenhauses hatte sich wenig geändert. Die Ersatzwahlen seit Schluß des vorigen Landtages waren sämtlich zu Ungunsten der Regierung ausgefallen. Sybel hatte im Oktober 1864 das Mandat wegen körperlicher Leiden niedergelegt mit einer Ansprache an die Wähler, in der er erklärte, es werde ihm äußerst schwer, zurückzutreten, „ehe unser Kampf für die wahren Interessen der Monarchie und des Vaterlandes ausgetragen ist." Für ihn wurde der zur Disposition gestellte Oberstaatsanwalt Kanngießer in Greifswald gewählt, der dem linken Zentrum, von 1866 der nationalliberalen Partei angehört hat. In Breslau hatte Pflücker, in Berlin IV Temme das Mandat niedergelegt. In Breslau wurde der frühere Oberbürgermeister von Brandenburg, Franz Ziegler, und in Berlin IV der Gerichtsassessor Eduard Lasker gewählt.[1])

Die Session des Abgeordnetenhauses dauerte vom 14. Januar bis 17. Juni; es war die längste seit Revision der Verfassungsurkunde. Der seit drei Jahren (Anfang 1862) bestehende Konflikt wurde nicht ausgeglichen und auch nicht gemildert.

Am 16. Januar war Präsidentenwahl. Grabow war mit 222 von 256 Stimmen gewählt. Er dankte mit der Bitte um Unterstützung in Ausübung seines Amtes. Daran schloß er eine Ansprache:

„Meine Herren! Bei unserer letzten Entlassung ward „einstweilen auf die Hoffnung einer Verständigung mit diesem Hause verzichtet."

Seitdem sind Verfolgungen der liberalen Presse, Disziplinirungen der liberalen Beamten, Nichtbestätigungen der liberalen Kommunalwahlen, Verunglimpfungen, Verdächtigungen und Verleumdungen der liberalen Staatsbürger in noch stärkerem Maße als in den früheren Jahren, hervorgerufen. Die liberale Gesinnung ist in den Bann gethan. Die Ueberzeugungstreue, der schönste Schmuck des altpreußischen Beamten, ist in die neupreußische Acht erklärt. Die Axt wird an den seit 1808 die schönen Früchte „Gemeinsinn und Gemeinwohl" tragenden Baum der Selbstverwaltung der Städte und Gemeinden gelegt, um die dreimal erprobte öffentliche Meinung, die stärkste Macht im Staate, zur Umkehr zu stimmen, das Abgeordnetenhaus zur Unterwerfung zu zwingen und damit der Verfassung die Lebensadern zu unterbinden.

Doch das Gewissen des preußischen Volkes und seiner erwählten Vertreter, welche vor Gott und der Krone geschworen haben, „die Verfassung gewissenhaft zu beobachten", läßt sich durch keine Macht der Erde in Heilighaltung der verfassungsmäßigen Rechte der Krone und des Volkes beugen. Den königlichen Wahlspruch:

Nur, wer sich auf den Fels des Rechtes stellt,
Der steht auf dem Fels der Ehre und des Sieges.

haben auch wir zu dem unsrigen erkoren. Unter diesem Banner können wir die schon seit Jahren auch von uns dringend gewünschte, aber bisher vergeblich erstrebte Verständigung nur auf einem Wege finden, der es uns möglich macht, die beschworenen und unserer gewissenhaften Treue anvertrauten Rechte des Volkes nicht preiszugeben.

Möge die königliche Staatsregierung mit uns einen solchen Weg betreten zum Heil und Frommen unseres Vaterlandes, dessen Wohlfahrt und Ehre wir zu allen Zeiten in unsern treuen Preußenherzen hoch und heilig halten."

Unruh wurde mit 180 von 243 und Bockum-Dolffs mit 180 von 227 Stimmen zu Vizepräsidenten gewählt.

Die zweite Rede Grabows, gegen die Minister Graf Eulenburg am folgenden Tage protestirt hatte,[2]) wurde von der konservativen und altliberalen Presse heftig angegriffen. Sie sollte daran schuld sein, daß das Ministerium keine Verständigungsversuche machte.

Die Session nahm zunächst den gewöhnlichen Verlauf. Die Minister brachten eine größere Anzahl kleinerer Gesetze ein, der Finanzminister Bodelschwingh das Budget. Von den Klerikalen Reichensperger und den Konservativen Wagner-Neustettin und Genossen wurden Entwürfe zu einer Adresse an den König eingebracht. Sie kamen am 24. Januar zur Schlußberathung. Auf Antrag des Referenten Twesten wurde beschlossen, beide Anträge abzulehnen.

Das Budget ging mit allen Anlagen wie in früheren Jahren zur Vorberathung an die Budgetkommission, nachdem ein Antrag von Hennig auf Vorberathung im Hause abgelehnt war.[3])

Die Budgetkommission, Hoverbeck gehörte ihr an, konstituirte sich wiederum unter dem Vorsitz von Bockum-Dolffs. Sie hatte in ihren ersten Sitzungen über präjudizielle Anträge zu berathen. Saucken-Tarputschen beantragte, die Berathungen so lange auszusetzen, bis die von der Regierung für Feststellung des Militäretats nothwendigen Gesetzesvorlagen eingebracht und von beiden Häusern des Landtages erledigt wären. Virchow forderte, nicht eher in die Berathung der Spezialetats einzutreten, als bis ein Generalbericht über den Etat entworfen und in das Haus gebracht sei. Ueber diese Anträge hatte Forckenbeck zu berichten. In der dritten Sitzung der Kommission vom 28. Januar beantragte er, im Anschluß an diese Anträge zunächst einen Generalbericht zu erstatten. In ihm, mit Rücksicht auf die bedeutende Steigerung der Einnahmen zu erörtern, wie der steigenden Anspannung der Steuerkraft abzuhelfen und den dringenden Bedürfnissen der einzelnen Verwaltungszweige durch gerechtere Vertheilung zu genügen sei; gleichzeitig aber in Berathung der Spezialetats einzutreten, die Beschlüsse über Feststellung der Einnahmen und Bewilligung der Ausgaben nur vorläufig, unter Vorbehalt zu fassen und die Regierung aufzufordern, unter Vorlegung der Verfügungen und Denkschriften über Veranlagung der Gebäudesteuer und über Verwendung von Staatsmitteln auf die Kriegsführung Auskunft zu ertheilen.

Die Budgetkommission nahm nach eingehenden Berathungen diese Vorschläge an und verlangte auf Antrag von Hoverbeck und Virchow genaue Mittheilungen über Verwendungen aus dem Staatsschatze und über dessen Bestände. Für den allgemeinen Bericht wurden fünf Referenten ernannt: v. Forckenbeck, v. Hoverbeck, Michaelis, Reichenheim und Twesten. Hoverbeck beantwortete am folgenden Tage (29. Januar) einen Brief seines Freundes Marauhn dahin:

„Und wenn es nur einige Zeilen sein sollten, so will ich doch heute einen Brief an Sie schreiben, da ich später vielleicht gar nicht dazu komme. Der Generalbericht der Budgetkommission, an dem ich mitzuarbeiten habe, nimmt unsere Zeit stark in Anspruch. Dieser Bericht ist, wie Sie aus den Zeitungen wissen werden, das Resultat der Anträge Virchow und Saucken, und diese der Abglanz des Hennigschen Antrages auf Erörterung der Vorfrage, ob überhaupt Budgetberathung in einer Schlußberathung des Hauses. Die Idee ist dabei, die Hauptbeschwerden des Landes in Budgetsachen zusammenzufassen, und namentlich zu zeigen, wie alle dringenden Bedürfnisse dem Militäretat zum Opfer gebracht sind. Eine solche Darlegung erschien uns Allen dringend geboten, da man nicht wissen kann, wie lange die Session dauert, und daher in einem Aktenstücke das Bewußtsein der materiellen Schäden im Volke wieder nachrufen wollte, da die Stellung auf die nackte Rechtsfrage für die unteren Volksklassen nicht das Interesse erweckt als die positiven Fragen. Daß Erstere gleichgeitig aufrecht zu erhalten ist, versteht sich von selbst. Sie kommen in Ihrem Briefe auch gleich auf eine dieser Fragen, die des Salzmonopols. Ich freue mich Ihnen melden zu können, daß ich von vornherein ganz Ihrer Ansicht war. Wir müssen jetzt sagen: „Ihr habt so hohe Einnahmen, schafft Steuern ab," und vor Allem die allergrausamste, die den Armen am Stärksten trifft: das Salzmonopol. Manche wollen an dessen Stelle eine Salzsteuer; ich bin deren Gegner. Ein so nothwendiges Bedürfniß des ärmsten Mannes muß steuerfrei sein. Das ist der beste Kampf gegen das Budget der Regierung und die beste Verwendung der 6 Millionen — in diesem Etat nach durchgeführter Reorganisation werden es noch mehr sein — die wir am Militäretat streichen.

Aus dem Allen sehen Sie, daß wir den Etat allerdings durchberathen werden, theils weil Viele (ich nicht) dies für unsere Pflicht halten, theils um nicht in der liberalen Partei Spaltungen zu erzeugen. Ich bin aber noch der Ansicht, daß wir ihn am Schlusse ganz verwerfen sollen mit der Erklärung, daß wir diesen Ministern als Verfassungsbrechern kein Geld geben können. Doch fürchte ich, daß diese Ansicht unterliegt, und würde mich dann der Majorität fügen, da ich die Sache trotz ihrer Wichtigkeit für keine Prinzipien-, sondern für eine taktische Frage halte . . ."

Während der nächsten Wochen waren die Referenten mit der Ausarbeitung des allgemeinen Berichts und dann die Budgetkommission mit der Berathung desselben in langen Sitzungen beschäftigt. Das Abgeordnetenhaus berieth unterdessen über zahlreiche Vorlagen der Regierung, Anträge der Mitglieder und Petitionen.

Von Hoverbeck ist nur noch ein zweiter Brief (16. April) aus dieser Session vorhanden. Dieser Brief, an Witt gerichtet, bezieht sich auf Vorlagen der Regierung, über die eine Einigung der oppositionellen Mehrheit nicht erzielt wurde. Zunächst war ein Gesetzentwurf über Ergänzung der Bankordnung vom 5. Oktober 1846 eingebracht. Die preußische Bank war nur berechtigt, Filialanstalten im Inlande zu errichten. Die Regierung beantragte, die Bank befugt zu erklären, in deutschen Handelsplätzen außerhalb Preußens Komptoire, Kommanditen und Agenturen zu errichten und Bankgeschäfte zn betreiben. Hamburg, Leipzig, Mannheim petionirten um Bankfilialen. Ueber das Gesetz fand eine Schlußberathung statt. Nach kurzer sachlicher Erörterung, in der namentlich der Abgeordnete Michaelis unter Anerkennung, daß unsere Bank die bestverwaltete der zentralen Banken Europas sei, Bedenken gegen die bei der Erweiterung der Geschäfte nothwendige Erweiterung der ungedeckten Notenemission aussprach, wurde der Gesetzentwurf der um sieben Mitglieder verstärkten Kommission für Handel und Gewerbe zur Vorberathung überwiesen. Die Ansichten unter den Kommissionsmitgliedern waren sehr getheilt. Mit 12 gegen 8 Stimmen nahm man den Gesetzentwurf mit mehreren Aenderungen an; hauptsächlich wurde der preußischen Bank die verlangte Befugniß nur für Hamburg und Handelsplätze in den Elbherzogthümern ertheilt. Im Plenum (30. März und 1. April) kam zunächst ein auch von Hoverbeck unterstützter Abänderungsantrag des Abgeordneten Michaelis zur Verhandlung, wonach die Differenz der Summe der im Umlauf befindlichen Noten der preußischen Bank und der Summe ihres Metallbestandes an gemünztem Gelde und Silberbarren ferner nicht die Summe von 60 Millionen Thaler preußisch Kourant übersteigen darf.

In der Debatte sprachen namentlich Waldeck und der westphälische Großindustrielle, Rittergutsbesitzer Overweg (linkes Zentrum) für die einfache unveränderte Annahme des Gesetzentwurfes. Schließlich wurde das Amandement Michaelis angenommen, dann aber der § 1 sowohl nach der Vorlage als nach dem Kommissionsantrage verworfen.

Ferner betraf eine Reihe von Vorlagen der Regierung den Bau von Eisenbahnen. Auf Staatskosten sollten gebaut werden die Eisenbahnen von Danzig nach Neufahrwasser und von Heppens nach Oldenburg. Für diese und für die Beschaffung der Grunderwerbskosten für die Berlin-Küstriner Eisenbahn waren 3900000 Thlr. gefordert. Beihilfen sollten an die Tilsit-Insterburger-Eisenbahngesellschaft zum Bau einer Eisenbahn von Tilsit nach Insterburg und an die ostpreußische Südbahngesellschaft zur Herstellung einer Eisenbahn von Pillau nach Lyck gewährt werden. Zinsgarantien der rheinischen Eisenbahngesellschaft für eine Eisenbahn von Trier nach Call und der thüringischen Eisenbahngesellschaft für eine Eisenbahn von Leinefelde nach Gotha sollten bewilligt werden.

Die vereinigten Kommissionen für Handel und Gewerbe und für Finanzen und Zölle hatten einige der betreffenden Gesetzesvorlagen mit Mehrheit angenommen, andere zur Berathung beim Budget für 1865 verwiesen.

Zur Verhandlung im Plenum, die erst am 28. und 29. März stattfand, stellte Michaelis, unterstützt von 67 Mitgliedern der Fortschrittspartei, darunter Hoverbeck, Forckenbeck, Schulze-Delitzsch, Waldeck, Twesten, Siemens u. s. w., den Antrag, die Berathung dieser Berichte sowie eines Berichtes betreffend den Staatsvertrag zwischen Preußen und Oldenburg wegen weiterer Entwicklung der durch den Kriegshafenvertrag begründeten Verhältnisse so lange auszusetzen, bis ein Gesetz über den Staatshaushalt zu Stande gekommen sei. Die Fraktion des linken Zentrums hatte den Antrag abgelehnt. In der Sitzung vom 28. März sprach Bockum-Dolffs mit großer Entschiedenheit gegen seine Fraktion für den Antrag, den in Abwesenheit von Michaelis in dessen Auftrage Klotz vertrat. Der Antrag wurde mit 178 gegen 108 Stimmen abgelehnt. Zur Minderheit gehörten außer Bockum-Dolffs nur noch fünf Mitglieder vom linken Zentrum, zur Mehrheit zwölf Abgeordnete von der Fortschrittspartei, Vertreter von betheiligten Wahlkreisen. Ueber die einzelnen Eisenbahnen beschloß die Mehrheit nach den Vorschlägen der Kommission.

Witt war mit den Beschlüssen des Abgeordnetenhauses in beiden Fragen nicht einverstanden. Er nahm nach einem Briefe vom 13. April an, daß Hoverbeck in der Bankfrage mit Waldeck gestimmt habe und billigte dies. Dann fährt er fort:

„Aber mir scheint, daß dieselben Motive, die Euch hierbei leiteten, auch für die Eisenbahnvorlagen maßgebend sein mußten. . . . Von vorn herein will ich gern gestehn, daß ich der Politik des Hasses überhaupt abgeneigt bin, vielleicht zunächst aus Temperament, dann aber auch, weil ich glaube, daß sich dasselbe, was eine feindselige Leidenschaft erreichen kann, zwar etwas schwieriger, aber zugleich für die Dauer sicherer durch eine vollkommen leidenschaftslose, aber das Ziel stets im Auge behaltende Politik erlangen läßt. Du wirst mich gewiß nicht dahin mißverstehn, als ob ich Euch ansinnen möchte, Unrecht Recht zu nennen, oder zu einem Kompromiß, daß auch nur ein Tittelchen unseres verfassungsmäßigen Rechts preisgäbe, die Hand zu reichen.[4]) Dagegen glaube ich allerdings, es sei geboten, den gegenwärtigen schweren Konflikt unter möglichst geringer Beschädigung der Volkswohlfahrt zu Ende zu führen."

Witt entwickelt hier, daß der traditionelle Grundsatz, einem Ministerium, das man beseitigen wolle, dürfe man nichts bewilligen, unrichtig sei.

„Die richtige Auslegung der Tradition ist meines Bedünkens diese, man muß einem Ministerium dieser Art keine Vorlage genehmigen, für die es ein besonderes Interesse hat, ohne deren Bewilligung es in erhebliche Verlegenheit geräth. Im Uebrigen muß man auch unter der böswilligsten Regierung die unvermeidlich nachtheiligen Folgen für das Volk, auch in materieller Hinsicht soviel als möglich pariren; kommt noch dazu, daß man einer solchen Regierung, deren Geldwirthschaft sich der Kontrole der Abgeordneten entzieht, keine Anleihe bewilligen darf.[4]) In Euren Argumenten gegen die letzten Eisenbahnvorlagen habe ich meine hier angedeutete Ansicht durchaus nicht wiedergefunden. Die Charakteristika, die Indikation für eine Ablehnung habe ich darin nicht entdecken können. Es handelte sich nicht darum, dem Ministerium neues Geld zuzuführen, vielmehr eine Verwendung von dem zu bewilligen, das das Ministerium bereits in Händen hatte. Den Ministern konnte unmöglich an den Eisenbahnen etwas gelegen sein, und die Aussicht, daß möglicherweise Eure Genehmigung in 5, 6 Jahren zur Realisirung der Garantie eine Anleihe nöthig machen könnte, scheint mir doch nur ein kleines Wölkchen am fernsten Horizont, um dessentwillen man noch nicht mit dem Regenschirm spazieren geht. Schulze hat gewiß Recht, wenn er sagt, die Interessenten dieser Bahnen können ebenso gut warten, wie die Subalternbeamten, die Unteroffiziere u. s. w. Sie können warten, aber sie müssen nicht eben deshalb warten. Und was die Hauptsache, ich fürchte Ihr werdet noch eine Menge Vorlagen erhalten, welchen gegenüber Ihr durch Eure Motivirung zur Ablehnung verpflichtet sein würdet, während Ihr doch als sichere Taktiker Euch zur Genehmigung werdet gedrungen fühlen. Auch hat Schulze Recht mit seiner Behauptung, daß in Preußen kein Ministerium sich auf die Dauer werde halten können, daß den materiellen Ruin des Landes verschulde. Wenn man nur nicht — leider! — auch sagen müßte, kein Abgeordnetenhaus wird sich auf die Dauer halten können, das dem materiellen Wohl des Landes empfindliche Wunden schlägt; und wird in Fällen dieser Art das Volk nicht geneigt sein, nachher die Schuld seines Zurückkommens auf Euch, die Ihr die Vorlage zurückweist, zu wälzen, nicht auf das Ministerium, das sie einbringt? — Hast Du Zeit, so mache mir Deine Auffassung klar . . ."

Hoverbeck antwortete aus Nickelsdorf am ersten Osterfeiertage, 16. April, nachdem er den „Morgenkaffee mit Mohnstritzel und Räderkuchen leider nur en deux, ohne den altgewohnten Ostergast" eingenommen:

„Nun aber zur Beantwortung Deiner politischen Bedenken! Zu allererst muß ich einen Irrthum berichten, in dem Du Dich bezüglich meiner Abstimmung über die Bankfrage befindest. Ich habe zunächst für das Amendement Hennig-Michaelis (höchstens 60 Millionen mehr Noten als Baarvorrath) gestimmt, weil ich es sachlich für vollkommen gerechtfertigt halte, und doppelt bei der Ausdehnung des Wirkungskreises der Bank, und demnächst gegen das ganze Gesetz, nicht sowohl weil der Minister dasselbe mit dem Amendement Hennig für unannehmbar erklärte, sondern weil ich diesem Ministerium keine Geldvorlage genehmige (und dies kann, wenn auch mißbräuchlich, eine solche werden . . .), oder um Deinen Ausdruck zu brauchen, „keine Vorlage, für die es ein besonderes Interesse hat, ohne deren Bewilligung es in erhebliche Verlegenheit geräth." Das war hier eminent der Fall. Die Bank hatte ja eine Filiale in Hamburg errichten wollen, ohne die Kammer zu fragen und nur die Weigerung des Hamburger Senats hatte das verhindert. Wir haben seither mit vielen Kaufleuten in Berlin gesprochen und diese sagten uns: „So angenehm es uns persönlich gewesen wäre, in Hamburg 2c. Bankfilialen zu haben, so halten wir es unter Umständen doch für gefährlich, und eine Aenderung der Bankstatuten (die hier ausdrücklich verweigert wurde) für nothwendig; wie die Sache jetzt liegt, hat die Kammer ganz recht gethan, die Vorlage zu verwerfen."

Was Dich zu dem Irrthum veranlaßt hat, mich als Freund der Bankvorlage anzusehen, das ist ein mir unangenehmer Irrthum der Kammerberichte. Für die Vorlage (sowie meist für das, was vom Handelsministerium kommt, einerlei was es inne hat) stimmte und sprach der Abgeordnete Overweg aus Westphalen und dafür hat die Korrespondenz meinen Namen geschrieben. . . .

Was Deine Ansicht über die Eisenbahnvorlagen anlangt, so tröstet es mich ordentlich, daß Du sie hast; nicht als ob ich sie für richtig hielte, aber weil ich sehe, daß man, auch ohne Gothaer zu sein, oder von Privatinteressen bewegt zu werden, zu diesem Resultat kommen kann. Ich meinerseits halte entschieden den Michaelis-schen präjudiziellen Antrag für das Richtige. Es waren uns verschiedene Entwürfe vorgelegt, ordentlich als wenn man prüfen wollte, in welcher Weise dem Hause beizukommen wäre. Nach alter Erfahrung giebt es nichts, was so geeignet wäre, die Majorität zu zersplittern und aufzuklären als Eisenbahnvorlagen. Nun war da eine Bahn (Heppens) nebst Staatsvertrag — als Anleihe. (Wenn irgend etwas geeignet war, Bismarck zu schwächen und in seiner Aktion nach Außen, auf die er sich stützt, zu lähmen, so war es eine Verwerfung des Staatsvertrages.) Dann eine Garantie (Trier-Call, eine rheinische Bahn, für unsere materiell gesinnten Rheinländer ein guter Prüfstein). Dann wieder eine Anleihe für Danzig-Neufahrwasser ꝛc., eigentlich nur eine Fortsetzung einer Staatsbahn. Endlich eine Unterstützung à fonds perdu für Pillau-Lyck und Tilsit-Insterburg. Dem gegenüber galt es nun, einig und fest zu sein. Unser Prinzip war: keine Anleihe, weder offen noch versteckt! Ein Haus, dem das Budgetrecht bestritten wird, giebt seine letzte Waffe aus der Hand, wenn es Anleihen oder irgend etwas außer dem zum Fortexistiren des Staats unumgänglich Erforderlichen bewilligt! Und ferner: Gerechtigkeit nach allen Seiten! Lehnt man *eine* Eisenbahn ab, so muß man alle ablehnen, und alle aus einem Grunde: weil kein Etat zu Stande kommt. Das war der Sinn des Michaelisschen Antrages. Wenn man dagegen anführte „das ist meinem Vater ganz recht" ꝛc., so glaube ich, es ist kein Unglück, wenn die Interessenten dieser Bahnen so lange warten, bis Recht und Verfassung wieder in Preußen gilt. Man darf nicht aus *diesem Grunde* beschließen, aber sich ebenso wenig durch ihn von Beschlüssen abhalten lassen. Sollten wir dadurch Stimmen verlieren, bei den Wahlen durchfallen u. s. w., nun gut. Wir können unsern Wählern nicht helfen, mögen sie es mit den Gegnern versuchen. Geht es auf dem Wege der Reform nicht, so mag das Volk über dem Absolutismus zur Revolution kommen. — Gegen Gewaltthat glaube ich, ist der äußerste Widerstand, die Politik des Hasses, berechtigt. Wenn wir mitten im Kriege wären, würde ich *diesen* Ministern keine Anleihe bewilligen. Das ist der einzige Weg, sie los zu werden oder richtiger gesagt, den Absolutismus des Königs zu brechen."

Der allgemeine Bericht der fünf Referenten wurde in der Budgetkommission festgestellt. Auf Grund desselben wurden zum Schluß der Berathungen sechs Anträge gestellt, die nach mehreren Abänderungen von der Kommission meist einstimmig in folgender Fassung zur Annahme gelangten:

„Das Haus der Abgeordneten wolle beschließen, der Staatsregierung gegenüber zu erklären:

I. In dem vorgelegten Staatshaushaltsetat ist eine richtige Vertheilung der Staatsausgaben nicht zu erkennen.

II. Der Militäretat bedarf einer wesentlichen Umgestaltung und Ermäßigung.

III. Für *produktive Zwecke*, Stromregulirungen, Wegebauten, Landesmeliorationen, für *Unterricht* und *Wissenschaft*, desgleichen für Verbesserung der *Gehälter* der *Lehrer*, der *Subaltern-* und *Unterbeamten*, wie auch des *Soldes* der *Unteroffiziere* und *Gemeinen* in der Armee sind größere Summen als bisher zu verwenden.

IV. Der gegenwärtige Zeitpunkt ist geeignet, eine Reform und Ermäßigung drückender oder widrig angelegter Staatslasten, namentlich die Beseitigung des Zuschlages bei den Gerichtskosten, die *Herabsetzung* des *Briefportos* und die *Aufhebung* des *Salzmonopols* in Angriff zu nehmen.

V. Die Gebäudesteuer ist auf den ursprünglich veranschlagten Betrag von 2 848 260 Rthlr. jährlich gesetzlich festzustellen.

VI. Es ist eine gesetzliche Umwandlung der Klassen- und Einkommensteuer dahin vorzunehmen, daß die Anzahl von Monatsraten, welche zur Deckung des Bedarfs zu erheben sind, innerhalb des gesetzlichen Maximums von 12 Monatsraten jährlich durch das Budget festgestellt wird."

In Nr. III beruhte das Verlangen, auch für den Sold der Unteroffiziere und Gemeinen in der Armee größere Summen zu verwenden, auf einem gegen zwei Stimmen angenommenen Antrag Virchows. Der wichtige Antrag zu VI, der zum ersten Male die Kontingentirung der Klassen- und Einkommensteuer forderte, wurde einstimmig angenommen, nachdem ein nicht im prinzipiellen Gegensatz dazu stehender Antrag Hoverbeck gegen 12 Stimmen verworfen war. Hoverbeck wollte, daß auch jährlich durch das Budget festgestellt werden sollte, für welche Monate Klassen- und Einkommensteuer zu erheben sei.

Ein Antrag VII von Virchow, Hoverbeck und Genossen, worin die Staatsregierung aufgefordert wurde, den Entwurf des Staatshaushaltsetats zurückzuziehen und einen den Gesichtspunkten I bis III entsprechenden neuen Entwurf vorzulegen, war abgelehnt.

In einem Nachtragsbericht vom 7. März hatte die Budgetkommission auch den ihr von der Regierung vorgelegten Beschluß des Staatsministeriums vom 12. Februar 1864 zur Kenntniß des Hauses gebracht. Darnach hatte das Staatsministerium, wie die Budgetkommission hervorhob, auf einen Protest des Abgeordnetenhauses vom 25. Januar nicht die mindeste Rücksicht genommen und entgegen Art. 99 und 104 der Verfassung schon im Anfang des Jahres 1864 erklärt, ohne Weiteres für das ganze Jahr 1864 die Finanzverwaltung nach Grundsätzen fortführen zu wollen, die nur dem absoluten Staate möglich sind.

Am 14. März 1856 begannen die Berathungen des Berichts im Plenum, die neun Sitzungen erforderten. Zur Eröffnung sprach Forckenbeck einige einleitende kurze kräftige Worte. Er ging zurück auf den Beschluß des Abgeordnetenhauses vom 25. Januar 1864. Darin war der Beschluß des Herrenhauses, den ihm verfassungsmäßig nicht vorliegenden Budgetentwurf der Staatsregierung im Ganzen anzunehmen, für null und nichtig erklärt und die Staatsregierung eines offenen Verfassungsbruches für schuldig erachtet, wenn sie fortfahre, ohne Zustimmung beider Häuser des Landtages über die Mittel des Staates zu verfügen u. s. w. Die Antwort der Staatsregierung auf diesen Protest des Abgeordnetenhauses sei der Staatsministerialbeschluß vom 12. Februar 1864. Die Staatsregierung beschließe

„trotz des Protestes des Abgeordnetenhauses gleich im Anfang des Jahres 1864 ohne irgend einen verfassungsmäßigen Versuch zur Begründung einer verfassungsmäßigen Regierung für das Jahr 1864 in Aussicht zu nehmen, budgetlos, also verfassungswidrig für das ganze Jahr zu regieren. Noch mehr! Im Jahre 1864 schreitet das verfassungslose Regiment, das absolute Regiment in Finanzsachen, zu den letzten Konsequenzen seines Daseins. Es nimmt, wie das vorher angekündigt war, die Mittel zum Kriege gegen Dänemark, da, wo es sie findet. Es durchbricht die gesetzliche Schranke des Staatsschatzes und nimmt ohne Weiteres aus dem Staatsschatze zehn Millionen Thaler. Noch mehr, meine Herren! Nachdem dieses Alles geschehen ist, nachdem wir also ein grundsätzlich budgetloses und absolutes Regiment für das Jahr 1864 gehabt haben und zwar mit allen seinen Konsequenzen, wird beim Zusammentritt beider Häuser des Landtages der Staatshaushaltsetat vorgelegt, als wenn nichts passiert wäre. Kein Wort von Indemnität, kein Wort der Entschuldigung für diese verfassungswidrigen Zustände. Es wird die Rechnung über den Staatshaushaltsetat für 1862 zur Decharge vorgelegt, ohne Indemnität nachzusuchen. Es werden endlich die Rechnungen der Staatsschuldentilgungskommission für das budgetlose Regiment des Jahres 1862 vorgelegt, ohne Indemnität nachzusuchen, ohne ein Wort der Entschuldigung für diese Zustände zu haben, obgleich gerade der § 7 des Gesetzes vom 23. Februar 1850 wieder einmal den deutlichsten Beweis dafür liefert, daß hinsichtlich des Staatshaushaltsetats keine Lücke in der Verfassung ist. Unzweifelhaft ist es Recht des Landes, daß die Staatsregierung grundsätzlich keine Ausgabe leisten darf, als auf Grund des zum Voraus durch ein Gesetz festgestellten Staatshaushaltsetats. Unzweifelhaft hat das Abgeordnetenhaus das Ausgabenbewilligungsrecht, weil keine Ausgabe im Etat erscheinen darf, ohne die Einzelbewilligung des Abgeordnetenhauses.

Unzweifelhaft, meine Herren, ist dies in der Verfassung klar geschrieben und von allen Parteien und allen Faktoren der Gesetzgebung bis zum September 1862 klar und bestimmt anerkannt. Unzweifelhaft ist daher das Abgeordnetenhaus berufen, nicht Theorie hier zu treiben, nicht Beschlüsse zu fassen, die wirkungslos in diesem Hause verhallen, sondern mächtig in die Gestaltung der Dinge hier in Preußen einzugreifen. Wenn mit diesem Rechte das Haus den Thatsachen des budgetlosen Regiments gegenübertritt, so hätte meiner Überzeugung nach das Haus unzweifelhaft das Recht gehabt, zu sagen: Wir verweigern die Berathung des Etats so lange, bis uns die verfassungsmäßigen Garantieen gegeben werden, daß wir die Beschlüsse mit der verfassungsmäßigen Wirkung fassen.

Es würde auf diese Weise die Gefahr jeder, auch nur moralischen Unterstützung eines verfassungswidrigen Regiments vermieden worden sein. Wenn nun angesichts der vielleicht bedrohlichen Lage Preußens nach Außen, wenn Angesichts der unseligen Zustände im Innern das Haus, wie ich nach dem Vorgange der Budgetkommission annehme, nicht von seinem äußersten formalen Rechte Gebrauch macht, sondern ungeachtet des Mißverhältnisses zwischen unzweifelhaftem Rechte und den geschilderten Thatsachen in die Berathung des Etats eintritt, so erinnert es sich meiner Ansicht nach dadurch der Worte der Thronrede. Es weist auf den Weg hin, den Verfassungskonflikt zu beseitigen; ja es thut den ersten Schritt auf diesem Wege."

Forckenbeck entwickelt dann weiter, wie die Staatsregierung wohl Worte der Verständigung aber keine Thaten habe. Er erklärt es für charakteristisch, daß die Staatsregierung ihre eigentliche Meinung über den Generalbericht, über die Köpfe der Abgeordneten hinweg, in ihren offiziellen Schriften und Korrespondenzen, namentlich in der Provinzialkorrespondenz, die in hunderttausend Amts- und Kreisblättern zu den Wählern des Landes spreche, vorbringe. Die Provinzialkorrespondenz werfe der Kommission unglaubliche Leichtfertigkeit vor, insofern sie neue Bedürfnisse aufzählt, unbekümmert darum, ob Einnahmen und Ausgaben zusammen passen. Forckenbeck erklärt, den Handschuh aufheben zu müssen:

„Es ist also unglaublich leichtfertig, wenn man gegenüber einem Etat von 150 Millionen brennend in dem Bericht hervorhebt, daß nur einige Hunderttausende zu unserem Volksschulwesen zugeschossen werden, daß man für 35000 Lehrer nur 35000 Thlr. Unterstützung hat. (Beifall.) Es ist unglaublich leichtsinnig nach Ansicht der Staatsregierung, wenn man dieses hervorhebt und zugleich im Generalbericht konstatirt, daß 20 Prozent der bei uns in der Provinz Preußen, einer der ältesten Provinzen „des Staates der Intelligenz", zum Militärdienst Ausgehobenen nicht lesen und schreiben können. Es ist also ferner nach Ansicht der Staatsregierung unglaublicher Leichtsinn, wenn man die dringenden Bedürfnisse für Handel und Gewerbe, die dringenden Bedürfnisse der Schiffbarmachung unserer Ströme hervorhebt und dafür die Verwendung größerer Summen verlangt. (Bravo!) Es ist also nach Ansicht der Staatsregierung ferner ein unglaublicher Leichtsinn, wenn man die Noth der Beamten hervorhebt und die Verbesserung ihrer Gehälter verlangt. (Bravo!) Es ist also endlich ein unglaublicher Leichtsinn, wenn man bei der äußerst geringfügigen Besoldung der Unteroffiziere und Gemeinen das dringende Bedürfnis nach Verbesserung dieser Gehälter hervorhebt (Bravo!) und wenn man gegenüber einem Etat von 150 Millionen, gegenüber einer Steigerung von 75 Prozent an direkten beweglichen Steuern endlich darauf hinweist, daß es an der Zeit sei, eine Erleichterung in den indirekten Steuern eintreten zu lassen. (Lebhaftes Bravo.)

Wenn das wirklich die Meinung der Staatsregierung ist, dann stehen wir so weit auseinander, daß dem Hause nichts weiter übrig bleibt, als die Frage zu diskutiren, um immer auf die Frage zurückzukommen: Ist denn die Verfassung in Preußen nur dazu da, um immer mehr Menschen und Geld für den unergründlichen Brunnen des Militäretats zu schaffen und zu liefern? Das Land und die Nation möge dann auf diese klar gestellte Frage in wirklicher Erkenntnis der materiellen Dinge die richtige Antwort zu seiner Zeit geben." (Lebhaftes Bravo.)

Das verfassungswidrige Verfahren der Regierung und die Folgen des budgetlosen Regiments wurden in den langen Berathungen über den allgemeinen Bericht, namentlich von Virchow, Simson und den fünf Berichterstattern nach den verschiedenen Seiten hin erörtert.

Aus der Betheiligung Hoverbecks an diesen Berathungen ist eine Rede vom 27. Februar hervorzuheben. Der Kommissar des Finanzministers, Geheimrath Mölle hatte eine Rechnung aufgestellt über die Bedürfnisse des Landes, die nach dem allgemeinen Bericht zu befriedigen seien und über das Gesamtresultat, das diese Bedürfnisse ergeben würden. Er rechnete „über 15 Millionen Mehrforderung direkt heraus und auf der anderen Seite noch Ermäßigungen von direkten Steuern, Abgaben u. s. w. von gegen 5 Millionen."

Hoverbeck stellte nun eine Gegenrechnung auf von demjenigen, was für einen balanzirenden Etat des ersten Jahres hinreichen würde, dem Lande den guten Willen zu zeigen, auf die Bahn einzulenken, welche die Kommission in ihren Resolutionen vorgeschlagen habe. In der Gegenrechnung führte er die nöthigen Aufwendungen für die Forstkultur, für Erhöhung der Gehälter der Subalternen und Unterbeamten, für Eisenbahnen, Stromregulirungen, Wegebauten, für Universitäten, Gymnasien und Realschulen, für Erhöhung der Gehälter der Lehrer der betheiligten Anstalten und der Volksschullehrer, für Sold und Service der Gemeinen und Unteroffiziere, für Erhöhung der Invalidenpensionen, für landwirthschaftliche Zwecke, für die Marine u. s. w. auf. Er rechnete für das erste Jahr darauf 7450000 Thaler; ferner Abgabenermäßigung (Fortfall des Sechssilbergroschenzuschlags zu den Gerichtskosten, Aufhebung des Salzmonopols, Herabsetzung des Briefportos u. s. w. zusammen 8370000 Thaler. Es bliebe dann nach Streichung der Reorganisationskosten nur ein sehr geringes Defizit. Hoverbeck schloß seine Rede mit den Worten:

„Ich glaube schließlich, in der kurzen Rechnung, die ich aufgestellt habe, ist für die Bedürfnisse des Landes noch lange nicht genug gethan, aber es ist etwas gethan, und das Budget der Regierung hat nichts gethan."

In derselben Rede kam Hoverbeck auf eine Äußerung des Kriegsministers vom 23. März zurück. Roon hatte in längerer Auseinandersetzung unter Verdächtigungen der Opposition ausgeführt, weshalb die Regierung das Haus nicht auflöse. Die Regierung kenne und schätze sehr wohl die Parteiorganisation der Mehrheit. Sie wisse so viel von diesen Einrichtungen, um zu ermessen, daß bei der gegenwärtigen Lage der Gesetzgebung der Kampf gegen diese Organisation nur zweifelhafte Aussicht darbiete. Hiergegen erwiderte Hoverbeck:[5])

„Ich kann dem Kriegsminister versichern, daß diese Organisation, wenn überhaupt vorhanden, nur aus sehr geringen Keimen besteht und keineswegs dazu geeignet war, ein Land, das sich seiner Ziele wohl bewußt war, von dem richtigen Wege abzubringen, sondern nur sehr schwach dazu beitragen konnte, den Willen des Landes zu richtigem Ausdruck zu bringen. Wenn wir gesiegt haben in den Wahlen, so ist das nicht vermöge unserer Organisation, sondern vermöge des Herrn Kriegsministers Reorganisation geschehen."

Eine Organisation der Mehrheit gab es überhaupt nicht. Die deutsche Fortschrittspartei hatte von 1861 her ein Zentralwahlkomitee. Der Geschäftsführer Stadtrath Runge sendete zuweilen Aufrufe und Zirkulare an die Abgeordneten der Partei und an einige Vertrauensmänner. Der Kassenführer (zuletzt Werner Siemens) verfügte über die geringen Ausgaben. Der Nationalfonds war in besonderer Verwaltung, an der auch das linke Zentrum betheiligt war.

Am 31. März wurden die im Generalbericht vorgeschlagenen sechs Resolutionen mit großer Mehrheit angenommen. Virchow hatte mit Unterstützung Hoverbecks und anderer Mitglieder der Fortschrittspartei den in der Kommission mit Mehrheit verworfenen Antrag VII wieder aufgenommen. Auch dieser gelangte jetzt zur Annahme, aber nur mit einer durch Probe und Gegenprobe festgestellten Mehrheit.

Schon am 8. Februar überreichte der Kriegsminister einen Gesetzentwurf betreffend Abänderung und Ergänzung des Gesetzes über die Verpflichtung zum Kriegsdienst von 1814 ohne gedruckte Motive. Derselbe wurde in einer Kommission von 21 Mitgliedern vorberathen. Die Kommission, der auch Hoverbeck angehörte, berieth in sechs Sitzungen in Gegenwart des Kriegsministers. Nach Ablehnung mehrerer Ablehnungsanträge beschloß sie einstimmig, dem Hause zu empfehlen, auch den Gesetzentwurf abzulehnen, da er keinerlei Konzessionen, sondern nur eine verlängerte Dienstzeit und unumschränkte Vollmachten enthalte. Nach Annahme eines solchen Gesetzes könne der Kriegsminister von Jahr zu Jahr nach freiem Ermessen bestimmen, wie groß oder wie klein das stehende Heer und die Landwehr sein solle. Das Plenum verwandte fünf Sitzungen (vom 28. April bis 5. Mai) auf die Berathung; Berichterstatter war Gneist. Die Berathungen begannen mit Reden von General Stavenhagen und von Twesten, also von Abgeordneten, die schon vor Beginn des Konfliktes im September 1862 durch ihre Anträge Neigung zur Verständigung bewiesen hatten. Ihnen folgte der Kriegsminister, der schon bei der Berathung des allgemeinen Berichts der Budgetkommission ausführliche Reden über den Militäretat gehalten hatte, mit einer dreistündigen Rede (13 Spalten des stenographischen Berichts). Die Rede zeugte von seiner großen Beredsamkeit, aber machte keinen nachhaltigen Eindruck. Heute wissen wir aus den Briefen des Königs an Roon, daß der König irgend welche Zugeständnisse in der Militärfrage zur Beseitigung des Konfliktes auf das Schroffste ablehnte. Er hatte sich so sehr in die falsche Lehre von der Verfassungslücke vertieft, die er kraft des ihm von Gott verliehenen Rechtes auszufüllen habe, daß er mit seinen Anforderungen weiter ging, als seine Minister.

Der altliberale Abgeordnete v. Bonin hatte einen Verbesserungsvorschlag gemacht, wodurch eine Fixirung des Friedensstandes der Armee bezweckt wurde. Ueber diese Vorschläge fand unter dem Vorsitz des Königs am 3. Mai eine Sitzung des Ministerraths statt. Der König beharrte auf seiner Meinung, daß jede Art von Kontingentirung der Armeestärke „die königliche Macht schmälere.“ Er forderte zwar den Minister auf, „eine Formulirung zu versuchen“, die im Sinne des Ministeriums wäre, nahm den Auftrag aber am Abend zurück. Er fand in dem Amendement eine Verminderung der Kronrechte.[6]) Nach Ablehnung des Antrages Bonin wurde am 5. Mai der Gesetzentwurf mit allen gegen die 33 Stimmen der Konservativen verworfen. Für die Ablehnung stimmten auch alle anwesenden Altliberalen wie Simson, Bonin, Saucken, Vincke-Olbendorf.

Hoverbeck, der schon vor Jahren die Vermuthung aussprach (Band II, Seite 169), daß der eigentliche Sitz der Reaktion der unverantwortliche . . . sei, hatte alle Reden Roons im Abgeordnetenhause seit 1860 angehört und war von dessen Wahrheitsliebe nicht überzeugt. Er hielt deshalb mit persönlichen Bemerkungen gerade dem Kriegsminister gegenüber niemals zurück. Roon hatte in der Rede vom 28. April an einer Stelle des Kommissionsberichts bei einer Aeußerung Hoverbecks eine Deutung für möglich erklärt, die ihn persönlich verletze. Hoverbeck erklärte, es sei ihm nicht eingefallen, die persönliche Ehrenhaftigkeit des Ministers in Zweifel zu ziehen, schloß aber mit den Worten:

„Jedoch muß ich bekennen, daß mich diese Art politischer Empfindsamkeit in Verwunderung setzt von einem Ministerium, das seit 3 Jahren ohne Berechtigung die Gelder des Landes ausgiebt und sich jetzt nicht gescheut hat, den Staatsschatz anzugreifen.“

Roon erwiderte, die Worte Hoverbecks in der Kommission hätte er gehört, sie seien unverfänglich, aber das, was in dem Kommissionsbericht, einem offiziellen Aktenstück stehe, bedürfe der Korrektur. Auf den Ausfall gegen die politische Empfindsamkeit des Ministeriums beschränke er sich vorläufig zu erklären, daß er auf Aeußerungen eines Abgeordneten, mit dem er sonst keine persönlichen Beziehungen zu haben pflege, gar keinen Werth lege. Hoverbeck replizirte, daß er die letzte Aeußerung des Kriegsministers, die kränkend sein solle, seinerseits als eine Ehre betrachte.

Am 5. April brachte der Kriegsminister den Gesetzentwurf, betreffend den außerordentlichen Geldbedarf der Marineverwaltung ein. Zur Herstellung und Befestigung eines Marineetablissementsin der Kieler Bucht, zur Fortführung des Hafenbaues und den Befestigungen an der Jahde und zur Anschaffung von Panzerfregatten und schweren gezogenen Gußstahlgeschützen sollten die erforderlichen Geldmittel bis auf Höhe von zehn Millionen Thaler durch eine Anleihe beschafft werden. Dem Gesetzentwurf war ein Plan zur Erweiterung der preußischen Kriegsmarine beigefügt. Nach diesem Plan betrugen die in Aussicht genommenen Ausgaben für die preußische Flotte, abgesehen von dem zu erhöhenden Ordinarium, über fünfzig Millionen Thaler. Eine besondere Kommission von 21 Mitgliedern berieth darüber in zehn Sitzungen. Hoverbeck gehörte dieser Marinekommission nicht an. Nicht bloß nach den vor Einbringung des Gesetzes stattgefundenen Verhandlungen der Militärkommission, sondern auch nach den Verhandlungen und Beschlüssen des Abgeordnetenhauses, der Kommission und des Plenums im Januar 1864 über die damals geforderte Anleihe mußten Bismarck und der Kriegsminister wissen, daß die Bewilligung einer Anleihe überhaupt vor Wiederherstellung des verfassungsmäßigen Budgetrechts von diesem Abgeordnetenhause nicht zu erlangen sei. (Siehe oben Band II, Seite 206.) Die Kommission lehnte den Gesetzentwurf einstimmig ab. Uebrigens war man in ihr, wie auch aus dem von Virchow erstatteten Bericht vom 23. Mai hervorgeht, allerseits der Ansicht, der Besitz des Kieler Hafens sei für Preußen von höchster Bedeutung, ja für die Entwicklung seiner Marine eine Existenzfrage. Man hielt in Uebereinstimmung mit der Regierung es für eine Aufgabe der preußischen Politik, mit allen Kräften dahin zu streben, den wirklichen Territorialbesitz des zum Kriegshafen und seiner Befestigung nothwendigen Terrains zu erwerben.

Am 9. Mai, also während der Kommissionsberathungen hatte der Finanzminister eine Denkschrift, betreffend den gegen Dänemark geführten Krieg nebst Berechnung der durch denselben erwachsenen Kosten, dem Abgeordnetenhause überreicht. Dieselbe giebt eine Uebersicht über den Verlauf der schleswig-holsteinschen Angelegenheiten, über die Konferenz und den Wiener Frieden. Eine definitive Ordnung der Dinge sei noch nicht herbeigeführt. „Die Gerechtigkeit gegen alle Prätendenten gebot eine gründliche Prüfung der augustenburgischen, der oldenburgischen und der brandenburgischen Erbrechte". Beigefügt war ein Abdruck der Depesche vom 22. Februar, in der Bismarck der österreichischen Regierung die Bedingungen aufgestellt, unter denen ein selbständiger Staat Schleswig-Holstein in unauflöslichem Schutz- und Trutzbündnis mit Preußen neu zu gründen sei. Erst nach Sicherstellung der Ausführung dieser Bedingungen sollte die Uebergabe der Herzogthümer an den künftigen Souverain erfolgen. Unter den Bedingungen befand sich außer Abtretung von Territorien an Preußen (Sonderburg, Friedrichsort im Kieler Hafen, Befestigungen an den Mündungen des Nord-Ostseekanals) auch der Fahneneid der Mannschaften für den König von Preußen und der Uebergang der Verwaltung der Post und Telegraphen auf Preußen. Von diesen Bedingungen, „den Februarforderungen" galten die letzteren für unannehmbar, und dem Kronprinzen gestand Bismarck, wie ersterer an Duncker schrieb, am 18. Juni ein, sie seien so redigiert, daß sie für Herzog Friedrich unannehmbar würden.[7]) Oesterreich hatte das Programm abgelehnt, aber sich bereit erklärt, zu bewilligen, daß Preußen den Kieler Hafen für seine Marine, eine Kanalverbindung zwischen beiden Meeren und den Eintritt des neuen Staates in den preußischen Zollverein verlange. In der Denkschrift berief sich nun die Regierung auf die öffentliche Meinung des Landes, ein enger Anschluß der Herzogthümer an Preußen werde allseitig gefordert und erwartet, die wirkliche Einverleibung lebhaft gewünscht. Sie beantragte schließlich, der Verwendung von Verwaltungsüberschüssen aus den Jahren 1863 und 1864 und einer Summe aus dem Staatsschatz zur Bestreitung der Kosten für den Krieg gegen Dänemark nachträglich die Genehmigung zu ertheilen und zugleich zu genehmigen, daß aus dem Staatsschatz weitere Ausgaben zur artilleristischen und fortifikatorischen Ausrüstung entnommen würden. Hierauf empfahl die Budgetkommission, ohne auf eine nähere Prüfung der Kostenrechnung einzugehn, die Ablehnung des Antrages, weil vor Wiederherstellung des Ausgabebewilligungsrechtes der Landesvertretung keine außeretatsmäßigen Bewilligungen, keine Verfügungen über Verwaltungsüberschüsse aus den Jahren 1863 und 1864, keine Anweisungen auf den Staatsschatz und keine Genehmigung von einzelnen Ausgaben zulässig sei; weil ferner die verfassungsmäßige Verfügung über den Staatsschatz nur in der Form eines Gesetzes erfolgen könne.

In den Kommissionsverhandlungen über die beiden Vorlagen

war die künftige Gestaltung Schleswig-Holsteins mehrfach berührt worden, aber weder von der Regierung, noch von den Abgeordneten war eine bestimmte Meinung darüber ausgesprochen. In der Mehrheit des Abgeordnetenhauses beschloß man in langen Berathungen der beiden Fraktionen, keine Anträge nach dieser Richtung hin zu stellen. Man konnte darüber keine Einigung erzielen. Seit die Trennung der deutschen Herzogthümer von Dänemark durch den Wiener Vertrag endgiltig erfolgt war, erlosch allmählich das Interesse „an dem unzweifelhaften Erbfolgerecht des Herzogs“. Der in der Adresse vom 18. Dezember 1863 enthaltene Ausspruch, Preußen und Deutschland seien verpflichtet, das Erbrecht Friedrichs VIII. anzuerkennen“, ward von vielen, die dafür gestimmt hatten, nicht mehr vertreten. Die Abneigung, einen neuen Kleinstaat in Deutschland herzustellen, schadete dem Herzog mehr, als die Verdächtigungen, die durch die offiziöse Presse gegen ihn fortdauernd verbreitet wurden. Freilich war man wohl fast allgemein einverstanden mit einem Ausspruche Simsons in der Verhandlung über den allgemeinen Bericht:

„Wer ohne oder wider den Willen der verfassungsmäßigen Vertreter des schleswig-holsteinschen Volkes es unter die preußische oder irgend eine andere Gewalt beugen will, der versündigt sich an dem Genius unserer Nation.“[8])

Aber sowohl diejenigen Abgeordneten, die sich mehr und mehr zu den Anschauungen Waldecks und Melliens bekehrten, als auch diejenigen, die im Interesse der Herstellung des deutschen Bundesstaates an der Konstituirung eines schleswig-holsteinischen Staates festhielten, meinten durch den im Wiener Frieden stipulirten Mitbesitz Oesterreichs gehindert zu sein, an der Lösung mitzuwirken. Wer konnte vorauswissen, ob Annexion oder Herstellung des Sonderstaates ohne einen deutschen Bruderkrieg zu erreichen sei? Welcher gewissenhafte preußische Volksvertreter konnte es über sich gewinnen, durch sein Votum beizutragen, daß sein durch ein verfassungsbrüchiges Regiment schwer zerrüttetes preußisches Vaterland in einen deutschen Bruderkrieg verwickelt würde?

Die Rathgeber des Königs dagegen, die Minister Bismarck und Roon und der Chef des Militärkabinets General Manteuffel wollten die Annexion der Herzogthümer und den dazu unvermeidlichen Krieg mit Oesterreich. Das durch die Lückentheorie machtlos gewordene Abgeordnetenhaus bot kein Hinderniß. Es galt, den König für Annexion und Krieg zu gewinnen. Der Widerstand des Abgeordnetenhauses bestärkte den König in der Anschauung, er sei von Gott berufen, Zucht und Ordnung im Lande herzustellen. Die herausfordernden Reden des Kriegsministers Roon im Abgeordnetenhause bei Besprechung der Heeresrevision, die Reden von der Schwierigkeit des Kampfes der Regierung gegen die Parteiorganisasion der Abgeordnetenhausmehrheit, von den eisernen Banden der Parteidisziplin, von der Feststellung der Beschlüsse in den Fraktionen, von dem Interesse der Parteien an der Fortdauer des Konfliktes und die wiederholte Beschuldigung, die Mehrheit ziele auf Verringerung der verfassungsmäßigen Rechte des Königs u. s. w. waren des Königs halber wohl kaum noch nöthig. Schwerer mochte es sein, ihn zu überzeugen, daß die Lehre von den geheiligten und unvergänglichen Rechten der Krone von Gottes Gnaden auf das Erbrecht des Herzogs von Augustenburg nicht zutreffe. Der Großherzog von Oldenburg mußte auf Bismarcks Anlaß mit seinen Erbansprüchen kommen und schließlich ließ Bismarck noch durch einen Hofgelehrten angeblich brandenburgische Erbansprüche ausspüren.[9]) Endlich mußten dazu die preußischen Kronsyndici (vom König auf Lebenszeit zur Begutachtung wichtiger Rechtsfragen ins Herrenhaus berufene Rechtsgelehrte) helfen. Auf ihr künftiges Gutachten verwies bereits die Thronrede. Vermuthlich wurden die letzten Bedenken des Königs durch die von Roon und der ganzen militärischen Umgebung stets wiederholte Versicherung überwunden: „Die Armee will die Annexion."

Als die ohne Einwilligung Oesterreichs erfolgte Besetzung des Kieler Hafens die Gefahr eines Bruches mit Oesterreich näher brachte, legte der König einem im Beisein des Kronprinzen und Moltkes abgehaltenen Ministerrath am 29. Mai die Frage vor, ob man Oesterreich gegenüber die Einverleibung der Herzogthümer verlangen oder sich mit den Februarforderungen „begnügen" solle. Nachdem, auch auf die Gefahr eines Krieges hin, Bismarck, Mühler, Selchow, Lippe und Roon sich für die Annexion, Finanzminister Bodelschwingh dagegen und der Kronprinz sich für die Einsetzung des zur Annahme der Februarforderungen bereiten Augustenburgers ausgesprochen hatten, wandte sich der König an Moltke mit der Frage: „Was ist die Meinung der Armee?" Moltke erklärte seine persönliche Ansicht dahin, daß die Einverleibung die einzige heilsame Lösung, und der Gewinn so groß sei, daß er einen Krieg verlohne. Dann fügte er in strenger Wahrheitsliebe nur hinzu: „So viel ich weiß, geht die Meinung des Heeres auf Annexion."[10]) Der König schloß die Sitzung mit der Erklärung, sich seine Entschließung vorzubehalten. Darnach hinderte ihn an der Annexion Schleswig-Holsteins nur noch der Gedanke, daß sie ohne Krieg mit Oesterreich nicht zu bewirken sei.

Die Plenarberathungen über das Marinegesetz und die Kriegskostendenkschrift fanden erst im Juni statt. Vorher wurden die meisten übrigen Vorlagen auf Grund der Berichte der Kommissionen erledigt.

In vollem Einverständnis mit der Regierung wurden auf ausführlichen Bericht der vereinigten Kommissionen für Finanzen und Zölle, für Handel und Gewerbe die Verträge über Erneuerung des deutschen Zollvereins, der Vereinszolltarif, die damit zusammenhängenden Verabredungen und Gesetzentwürfe, die Zollverträge mit Frankreich, Oesterreich, England, Belgien u. s. w. angenommen.

Bei den allgemeinen Rechnungen über den Staatshaushaltsetat für 1859, 1860 und 1861 wurde die nach der Verfassung erforderliche Entlastung der Staatsregierung verweigert. Zur Klärung der beim Mangel des Oberrechnungskammergesetzes (Art. 104 der Verfassung) schwierigen Rechtsfragen trugen Reden von Hoverbeck, Virchow und Hagen wesentlich bei.

Hervorzuheben sind einzelne Verhandlungen und Beschlüsse, die bei Berathung von Petitionen und einzelnen Etats über Beschwerden gegen die Verwaltung vorkamen.

1. Das Haus beschloß zu erklären:

„Ministerialreskripte, die den Magistraten und Stadtverordneten das Petitions- und Beschwerderecht in öffentlichen Angelegenheiten untersagen oder beschränken, und die darauf gerichteten Exekutivmaßregeln, widerstreiten dem Art. 32 der Verfassungsurkunde.“

2. Auf Petitionen von Berlin, Insterburg, Neudamm, Luckau, Görlitz, Elbing, Guben, Wittstock, Tilsit, Stallupönen gegen die Nichtbestätigung von Bürgermeistern und Stadträthen wurde ein Gesetzentwurf zur Aufhebung der betreffenden Bestimmungen der Städteordnung angenommen.

3. Gegen das bis dahin nicht vorgekommene und nach der Städteordnung unbegründete Verlangen der Oberlandesgerichte, daß die Rechtsanwälte zur Annahme der Wahlen in Stadtverordnetenversammlungen Genehmigung einzuholen hätten, nahm das Haus Stellung. Noch im April entschied jedoch der Disziplinarsenat des Obertribunals, daß Rechtsanwälte strafbar seien, die, ohne Genehmigung einzuholen, Stadtverordnete geworden waren.

4. Bei Berathung des Etats der Justizverwaltung (20. Mai 1865) hielt Twesten seine berühmt gewordene Rede gegen den Justizminister Grafen zur Lippe und über die von ihm fortgesetzte

systematische Korruption des Obertribunals. Die Entscheidungen des Obertribunals seien der unverfälschte Ausdruck einer politischen Richtung. Wo ein Interesse der Regierung in Betracht kommt, werde nicht mehr nach der strikten Auslegung der Gesetze entschieden, sondern nach den Tendenzen und Interessen der regierenden Partei. Er erwähnte auch die politischen Disziplinaruntersuchungen:

„In dem Disziplinarsenat des Obertribunals setzen sich Mitglieder des Herrenhauses und auserwählte Anhänger der Regierung zu Gericht über die Mitglieder dieses Hauses, über uns und unsere Wähler. Wir werden in diesen Disziplinarerkenntnissen nie einen Rechtsspruch achten. Wir werden sie nur als Verfolgung einer politischen Partei gegen die andere ansehn."

Gegen Twestens Rede wurde im Herrenhause beschlossen, die Regierung zu ersuchen, innerhalb der Grenzen der bestehenden Gesetze Vorsorge zu treffen, daß Injurien, Verleumdungen und andere verbrecherische Aeußerungen den Strafgesetzen unterworfen bleiben, wenn sie von den Mitgliedern der beiden Häuser bei der Berathung gethan seien. Bismarck hatte sich dahin ausgesprochen: Er erkenne ein Privilegium zu beleidigen und verleumden nicht an, und sei bereit, zu ermitteln, ob die Gerichte die Verfassung so auslegten, daß die Straflosigkeit für die auf der Tribüne begangenen Injurien und Verbrechen bestehe.

In der Sitzung vom 2. Juni 1865 wurde das Anleihegesetz mit großer Mehrheit verworfen und nur eine Resolution angenommen, wonach das Abgeordnetenhaus sich nicht in der Lage befindet, dem gegenwärtigen Staatsministerium, welches das verfassungsmäßige Budgetrecht thatsächlich mißachtet, Anleihen zu bewilligen. Resolutionen, worin das Haus die Nothwendigkeit, eine der Machtstellung und den Interessen Preußens entsprechende Erweiterung der Kriegsmarine, anerkennt, aber wegen der dazu erforderlichen Ausgaben auf das Etatsgesetz verweist, wurden abgelehnt.[11])

Ueber die letzten besonderen Etatsberichte der Budgetkommission beschloß das Abgeordnetenhaus am 8. und 9. Juni. Am 8. Juni wurde der Militäretat erledigt. Die Kosten der Reorganisation wurden mit 207 gegen 22 Stimmen (konservative Fraktion) abgelehnt. In der Verhandlung hatte Hoverbeck zur Kenntniß gebracht, daß dem Gußstahlfabrikanten Berger sen. in Witten, Firma Berger & Co., nach einem Briefe des Kriegsministers eine Lieferung von Kanonen und Gewehrläufen Seitens der Militärverwaltung nicht mehr übertragen worden war, weil sein Sohn

Louis Berger, der 1865 zum Abgeordneten gewählte Mitbetheiligte der Firma bei den letzten Wahlen in oppositionellem „Geiste“ thätig gewesen war. Roon dankte für die Veröffentlichung. Hoverbeck erklärte sich ganz außerordentlich befriedigt, daß er dem Wunsche des Kriegsministers mehr genügen konnte, als ihm dies in der Regel gelänge. Gleich darauf, unmittelbar vor der Abstimmung verlas Roon eine Erklärung, worin ausgesprochen war, der Regierung dränge sich die Ueberzeugung auf,

„daß die geltend gemachten technischen, finanziellen, volkswirthschaftlichen und gesetzlichen Bedenken nur die Vorwände bilden für politische Bestrebungen, denen die Regierung mit allen verfügbaren Mitteln und Kräften entgegenzutreten nicht nur das Recht, sondern auch die unabweisbare Pflicht hat.“

Einem Antrage, die Erklärung des Kriegsministers an die Budgetkommission zu verweisen, widersprach sofort Hoverbeck:

„Ich habe die Rede des Herrn Kriegsministers mit Interesse verfolgt und habe an sachlichen Gründen, die neu wären und der Budgetkommission noch zur Durcharbeitung vorgelegt werden sollten, ich muß gestehen, nichts gefunden. Eins habe ich gefunden, nämlich eine Beleidigung des Hauses, die in den Worten lag, daß das Haus die sämtlichen finanziellen und gesetzlichen Gründe nur als Vorwände gebrauchte. Es ist das eine Beleidigung, die möglicherweise das Einschreiten des Präsidenten veranlassen konnte; ich will das aber nicht provoziren, das erkläre ich ganz ausdrücklich.

Es ist mir dem Lande gegenüber sehr lieb, daß in einer Erklärung, die abgelesen und vom ganzen Staatsministerium verfaßt ist, gerade dieser Ausdruck gebraucht wird. Ich bitte also nochmals, meine Herren, die Erklärung nicht an die Kommission zu verweisen.“

Der Antrag wurde sofort zurückgezogen. Ueber die Erklärung des Kriegsministers sprachen noch Waldeck, v. Diederichs und Gneist. Letzterer sagte unter Anderem:

„Eine Beleidigung kann diese Erklärung um deswillen nicht sein, weil ich bezweifle, daß außer den Kreisen, in denen die Minister leben, irgend Jemand glauben wird, daß dieses Haus in seinen verschiedenen Parteistellungen seit 1859, und sämtliche Kommissionen nichts weiter gethan haben sollten, als durch Simulation sich eine Reihe von Gründen auszudenken, um darunter andere politische Zwecke zu verfolgen. Ich glaube diese Erklärung ist so absolut unglaubwürdig, daß man seiner Würde etwas vergäbe, wenn man mit Zorn und Unwillen darauf antwortete.“

Bei dem Anleihegesetz waren Resolutionen, die wegen der Ausgaben für die Marine auf den Etat verwiesen, als überflüssig abgelehnt. Bei der Berathung des Marineetats (9. Juni) wurde ein Antrag von Virchow, Forckenbeck und Genossen angenommen, für Fortsetzung der Bauten an der Jahde, zum Neubau von Schiffen, zum Bau einer eisernen Panzerfregatte und zur Beschaffung schwerer Gußstahlgeschütze für das laufende Jahr 1050000 Thaler mehr zu bewilligen, als gefordert war.

Am 12. Juni beriet das Abgeordnetenhaus über das Etatsgesetz. In der Budgetkommission hatte Hoverbeck den Antrag gestellt, das Etatsgesetz abzulehnen. In dem Kommissionsprotokoll heißt es darüber:

„Zur Begründung führt der Antragsteller aus, es unterliege keinem Zweifel, daß das Abgeordnetenhaus verfassungsmäßig berechtigt sei, den durchberathenen Etat im Ganzen abzulehnen. Von diesem an sich extremen Mittel müsse man in außerordentlichen Zuständen Gebrauch machen. Nach seiner Ansicht sei bei der Stellung der Regierung zu der Landesvertretung schon beim Beginn der Sitzung keine Aussicht auf ein Zustandekommen des Etats vorhanden gewesen, und vollends sei nach der neuerdings im Auftrage des Staatsministeriums vom Kriegsminister verlesenen Erklärung, sowie der Rede des Finanzministers jede Aussicht geschwunden. Das Ministerium habe direkt erklärt, daß es sich den Beschlüssen des Abgeordnetenhauses nicht fügen würde. Einem Ministerium, das in solcher Weise gegen die Verfassung handle, könne man unmöglich die Ermächtigung ertheilen, die Ausgaben des Staates für ein Jahr zu leisten. Das Etatsgesetz habe aber gerade die Bedeutung, dem Ministerium das Mandat zu geben, die Verwaltung nach Maßgabe des Etats zu führen. In einem solchen Mandate liege ein Vertrauensvotum für den Beauftragten, und er habe nicht die Ueberzeugung, daß die Staatsregierung diesem Vertrauen entsprechen werde."

Das Protokoll berichtet sodann aus der eingehenden Debatte die Entgegnungen mehrerer Mitglieder, dann heißt es weiter:

„Der Antragsteller Freiherr v. Hoverbeck und mehrere Mitglieder erkannten die Richtigkeit der ihnen entgegengehaltenen Gründe nicht an. Sie glauben, daß das Abgeordnetenhaus nicht bloß berechtigt, sondern sogar verpflichtet sei, diesem Ministerium die Ermächtigung zur Ausgabenleistung zu versagen. Sie bestreiten ferner, daß das Haus durch frühere Beschlüsse sich bereits gebunden habe; insbesondere bemerken sie, daß die Berathung der einzelnen Etats nur dieselbe Bedeutung habe, wie die Spezialberathung von Gesetzesparagraphen; man beabsichtige durch Amendements nur, das Gesetz im Einzelnen annehmbarer zu machen und behalte volle Freiheit, dasselbe im Ganzen abzulehnen. Die Hoffnung, daß die Regierung sich dem Etat fügen oder einen Nachtragsetat vorlegen werde, ist völlig illusorisch.

Schließlich beschloß die Kommission mit 18 gegen 7 Stimmen die Annahme des Etatsgesetzes zu empfehlen.

In der Plenarsitzung sprach zunächst gegen das Etatsgesetz Dr. Jacoby, der schon 1864 für Verwerfung des Etats gesprochen und gestimmt hatte, sodann für Annahme des Etats Twesten, Waldeck und Gneist. Waldeck hatte bereits im vorigen Jahre gegen Jacobys Standpunkt ausgeführt, es sei Pflicht und Gewissen, dem Volke nicht einzureden, als wäre die Verwerfung des ganzen Etats eine große und entschiedene Maßregel; es sei viel entschiedener, den Theil zu verwerfen und die Hand immer auf die offene Wunde, den Ursprung des Konflikts zu legen. Die Generaldiskussion wurde geschlossen, obschon unter Anderen gegen das

Etatsgesetz Hoverbeck, v. Saucken-Tarputschen, Lasker, Hoppe und Krieger-Goldap gemeldet waren. § 1 des Etatsgesetzes wurde darauf nach dem Entwurf der Kommission mit 132 gegen 50 Stimmen angenommen. Die Minderheit bestand aus 30 Konservativen und 20 Mitgliedern der Fortschrittspartei; 11 Ostpreußen (Hoverbeck, Ebhardt, Frentzel, Frommer, Häbler, Hoppe, Krieger-Goldap, Pruß, v. Saucken-Gerdauen, v. Sauken-Tarputschen und Wächter), 3 Berliner Abgeordnete (Jacoby, Runge und Lasker), 2 Abgeordnete der Provinz Brandenburg (Kerst und Müller-Arnswalde) und je ein Vertreter der Provinz Pommern (Hagen), Schlesien (v. d. Leeden), Westfalen (Löwe-Bochum), Rheinland (Grote). Bei der Diskussion zu § 2, wonach der Finanzminister mit Ausführung des Gesetzes beauftragt wird, nahm Hoverbeck das Wort. Er sprach:

„Meine Herren! Sie werden nicht befürchten, daß ich die Gründe, die ich zur Generaldiskussion über § 1 bringen wollte, jetzt nachträglich bringen werde. Es ist überhaupt nicht meine Mode, mich dem Hause aufzudrängen. Gleichwohl wird es mir erlaubt sein, zu sagen, daß ich es hart von der Majorität des Hauses finde, wenn sie bei Annahme des Schlusses gar nicht berücksichtigt hat daß auf dieser (der linken) Seite des Hauses zwei verschiedene Schattirungen sich befinden; die eine, die gegen jede Etatsposition gestimmt hat, und die zweite, die für die einzelnen Positionen gestimmt und nur heut im Schlußresultat das Budget verworfen hat. Wenn Sie so gütig gewesen wären, der Diskussion weiteren Lauf zu gewähren, so würden Sie erfahren haben, wie die zweite Schattirung ihre Meinung zu rechtfertigen gedenkt. Das ist mir natürlich jetzt abgeschnitten. Ich kann jetzt nur mit wenigen Worten den kurzen Theil aus dieser ganzen Erwägung herausnehmen, der sich direkt auf § 2 bezieht, also daß wir diesen Herrn Finanzminister mit der Ausführung dieses Gesetzes beauftragen sollen.

Nun, meine Herren, einen Etat, der 7½ Millionen Ueberschuß gewährt, diesen Etat einem Ministerium in die Hand zu geben, das den Staatsschatz ohne Genehmigung dieses Hauses angegriffen hat, das durch feierliche Erklärung sowohl die Rechte dieses Hauses, als selbst des Herrenhauses in Festsetzung des Etats annullirt hat, das möge Derjenige verantworten, der sich dazu emporschwingen kann. Mir scheint, meine Pflicht den Wählern und dem Lande gegenüber verbietet es mir, einem Ministerium die Disposition über so ungeheure Summen in die Hand zu geben, von dem ich von vornherein überzeugt bin, daß es den bewilligten Etat weder in der Form noch zu den Zwecken verwenden wird, zu denen wir ihn bewilligt haben."

Auf Antrag der Budgetkommission wurde am 13. Juni die Erklärung beschlossen:

„Die geschehene Entnahme von Geldmitteln aus dem Staatsschatze ohne gesetzliche Ermächtigung durch die Landesvertretung ist verfassungswidrig und das Staatsministerium bleibt für die so entnommenen Beträge verantwortlich."

An denselbem Tage ward über die Vorlage der Staatsregierung, betreffend die außerordentlichen Ausgaben des Krieges gegen Dänemark verhandelt. In dem von der Budgetkommission erstatteten Bericht des Abgeordneten Twesten war zunächst die Darstellung berichtigt, die in dem politischen Theil der Denkschrift über die Haltung des Abgeordnetenhauses in der schleswig-holsteinschen Frage enthalten ist. Die Genehmigung zu den Ausgaben könne nicht ertheilt werden. Es sei nicht zulässig, bei dem ungeregelten Staatshaushaltsetat einen einzelnen Punkt herauszunehmen und zu erledigen, da die Regierung bei allen Ausgaben ohne Rücksicht auf das Bewilligungsrecht der Landesvertretung nach ihrem Belieben schalte. [12])

Aus den Verhandlungen im Plenum ist hervorzuheben: Twesten als Berichterstatter erkannte an, daß die Politik Bismarcks, die die Trennung der Herzogthümer von Dänemark bewirkt, gewandt, geschickt, kühn und erfolgreich gewesen sei. Bismarck konnte in einer längeren Rede mit Genugthuung feststellen, daß die Befürchtungen, die bei Ablehnung des Anleihegesetzes am 21. Januar 1864 in den Erwägungsgründen der Resolution ausgesprochen waren, (Band II S. 212) nicht in Erfüllung gegangen seien. Die Regierung habe das Programm des Abgeordnetenhauses bis auf die Einsetzung des Herzogs Friedrich erfüllt und diese könne sie jeden Tag ausführen.

„Wir sind zur Ausführung auch dieses Theils Ihres Programms vollständig jeden Tag im Stande, sobald uns das Erbrecht des Herzogs von Augustenburg nachgewiesen sein würde, was es nicht ist; oder sobald wir die Sicherheit hätten, daß die im Interesse Preußens und des gesamten Deutschlands an die Herzogthümer zu stellenden Forderungen durch den Herzog ausgeführt werden würden.“

Er beschuldigte den Herzog, in der Besprechung vom 1. Juni 1864 sich der Bewilligung der mäßigsten und billigsten Bedingungen abgeneigt erklärt zu haben. Die Abneigung habe sich erst unter dem Druck der Annexion vermindert, aber man sei noch nicht so weit gekommen, um darauf abschließen zu können.

Der Abgeordnete Michaelis hatte in Uebereinstimmung mit der Kommission erklärt, es sei vor Herstellung des Budgetrechts unmöglich, auf die Genehmigung außeretatsmäßiger Ausgaben einzugehen, aber er beantragte, bei Ablehnung des Regierungsantrages eine Resolution dahin anzunehmen:

„Das Interesse Preußens und Deutschlands fordert, daß die definitive Regelung der Verhältnisse Schleswig-Holsteins schleunigst herbeigeführt werde, daß jedoch eine staatliche Konstituirung der Elbherzogthümer nur unter solchen Maßgaben stattfinde, welche eine unlösliche Verbindung zwischen denselben und Preußen feststellen, die den Schutz der Nordgrenzen Deutschlands und die Entwicklung einer Achtung gebietenden Marine unter der dem Verhältnis der beiderseitigen Kräfte entsprechenden Mitwirkung der Elbherzogthümer in Preußens Hände gelegt und die zu diesem Zwecke nöthigen territorialen, finanziellen, maritimen und militärischen Vorbedingungen gewährleistet."

Für die Resolution sprach sich auch Twesten aus.[13]) Sie stimmte ohne Zweifel mit der Ansicht der großen Mehrheit überein. Auch Bismarck erklärte, gegen ihren Inhalt habe er „so viel nicht einzuwenden." Das Haus lehnte erst den Antrag der Regierung, dann auch den Antrag Michaelis ab.[14])

Der König hatte schon am 1. Juni einen von Bismarck diktirten Brief voller zum großen Theil unberechtigter Vorhaltungen an den Herzog Friedrich geschrieben; er hatte die Absicht, dessen Einsetzung zu bewirken, fallen lassen.

Der Landtag wurde am 17. Juni durch eine von Bismarck verlesene Rede geschlossen. In der Rede wurde anerkannt, was das Land dem Zusammenwirken des Landtages mit der Regierung verdanke, namentlich die Erneuerung des deutschen Zollvereins, den Abschluß der Zollverträge mit Frankreich, Oesterreich, England und Belgien, ein neues Berggesetz 2c. Aber „die deutlich ausgesprochene Absicht der Mehrheit, den gegenwärtigen Rathgebern der Krone Schwierigkeiten zu bereiten" habe durch Verwerfung anderer Gesetze zur Schädigung des materiellen Wohls des Landes geführt. Dann folgen Beschuldigungen wegen der Verwerfung des Militärgesetzes, wegen Verweigerung der Mittel zur Herstellung der Kriegsflotte 2c. Durch Verweigerung der nachträglichen Genehmigung der Kriegskosten habe sich das Haus von den glänzenden Thaten und Erfolgen die Armee losgesagt.[15])

Anmerkungen zum 28. Kapitel.

[1]) Kanngießer, Karl Hermann, geb. Juni 1820 in Königsberg, wurde als Oberstaatsanwalt in Greifswald 1863 zur Disposition gestellt. 1865 von den Wahlmännern in Krefeld einstimmig gewählt, legte er im Sommer 1869 das Mandat wegen Beförderung zum Appelationsgerichtsrath in Magdeburg nieder; er wurde dann 1871 in Mettmann gewählt und 1873 in Magdeburg, legte 1875 abermals Mandat nieder wegen Ernennung zum Obertribunalsrath. Von 1867 bis 69 im konstituirenden und norddeutschen Reichstag Abgeordneter für Krefeld, dann von 1870 bis 73 Reichstagsabg. für Schwarzburg-Sondershausen. † März 1882 als Senatspräsident beim Kammergericht. — Ziegler, Franz, geb. Februar 1803 in Warchau bei Brandenburg, war 1848 Mitglied der Nationalversammlung, 1849 der zweiten Kammer (äußerste Linke), von 1865 bis 70 Landtagsabg. für Breslau und von 1867 bis 76 Reichstagsabg. für Breslau-West. † 1. Oktober 1876. — Lasker, Eduard, geb. Oktober 1829, Gerichtsassessor, Abgeordneter von 1865 bis 80, zuerst für Berlin IV, fortschrittlich, später nat.-lib., von 1867 für Magdeburg bis 1873, von da bis 1879 für Frankfurt a./M. Reichstagsabg. im konstituirenden Reichstag für Berlin I, von 1867 bis zu seinem Tode für

Meiningen, trat im März 1880 aus der nat.-lib. Fraktion aus, seit August 1880 Mitglied der liberalen Vereinigung. † Januar 1884 in New-York. — Temme, Jndokus Donatus Hubertus, geb. 22. Oktober 1798 im Münsterlande. 1848 als Staatsanwalt beim Kriminalgericht Mitglied der Nationalversammlung und des Frankfurter und Stuttgarter Parlaments. Dann Direktor des Apellationsgerichts zu Münster. Wegen Hochverraths angeklagt, von Geschworenen freigesprochen. Durch Disziplinaruntersuchung abgesetzt. 1863 Abgeordneter für Berlin IV, (Fortschritt) legte Anfang 1865 Mandat nieder. † als Professor in Zürich am 14. November 1881.

[2]) Siehe Bernhardi Bd. 6 S. 154, 155 und 191. Bernhardi ließ sich weißmachen, Grabow habe aus charakterloser Feigheit, „aus Furcht vor einem Leitartikel der Volkszeitung" die zweite Rede gehalten. Er sei „in seiner Angst gleich auf die Tribüne gerannt und habe den gewünschten Unsinn gesprochen." Wie auch sonst, beeilte Bernhardi sich, diesen elenden Klatsch nicht bloß in sein Tagebuch aufzunehmen, sondern auch Anderen als feststehende Thatsache aufzubinden.

[3]) Hennig hatte in der Rede ausgesprochen: „Die Staatsregierung hat jede Meinungsäußerung, welche nicht mit der ihrigen übereinstimmte, bis aufs Aeußerste verfolgen lassen. Leider Gottes hat sie Gerichte gefunden, die nicht nach dem Recht, sondern nach Willkür geurtheilt haben." Justizminister Graf zur Lippe wies unter Heiterkeit des Hauses Zweifel an der Unabhängigkeit der Gerichte als unberechtigt zurück.

[4]) Hensel hat hier wie öfters in Witts Briefen die radikalen Stellen fortgelassen.

[5]) Schulze hatte vor Hoverbeck bereits bestritten, daß die Organisation schuld sei an dem Erfolg der Wahlen. „Wir haben keine Kreisboten, die unsere Flugblätter vertreiben und umhertragen. Wir haben auch keine Ortsschulzen, die bei Ordnungsstrafen die Leitartikel aus den offiziösen und offiziellen Blättern in den Gemeinden verlesen müssen."

[6]) Siehe in Denkwürdigkeiten Roons Briefe des Königs an Roon vom 5. März, 3. und 4. Mai 1865, S. 232, 237, 239. Am 5. März erklärte der König „jedes Arrangement, was nicht das vorgelegte Militärbudget in folle zustande bringt," für unannehmbar. Aus dem Briefe vom 3. Mai ergiebt sich, daß im Ministerrath „von dem Eindruck auf das Volk für Neuwahlen" gesprochen war. Der König schrieb, er habe leider vergessen, zu fragen, welchen Eindruck die Sache auf die Armee machen wird. — Minister Graf Eulenburg hatte schon am 24. Januar in der Schlußberathung über die Adresse erklärt, in der Militärfrage werde und könne kein König Preußens nachgeben, — und aufgefordert, das Budgetrecht auf einem anderen Felde als dem der Militärfrage zu probiren. Nach Bernhardi (Bd. 6, S. 177) hatte der König zu Vincke-Olbendorf im Februar erklärt, nicht einen Thaler vom Militärbudget, nicht eine Stunde von der dreijährigen Dienstzeit werde er sich abhandeln lassen.

[7]) Siehe Haym-Dunker S. 363.

[8]) Sitzung vom 23. März 1865. Stenograph. Bericht S. 698.

[9]) Gegen Häußers „Sylvesterbetrachtungen aus Süddeutschland" (Preuß. Jahrbücher 1865, Januarheft, S. 84 ff.) trat Treitschke in dem Aufsatze „Die Lösung der schleswig-holsteinischen Frage" (S. 169) lebhaft für die Annexion ein. In der Erwiderung heißt es u. A.: „Niemand unter uns glaubt an die sogenannten Erbansprüche des Hauses Hohenzollern auf Schleswig-Holstein. Niemand hört ohne Ekel die niedrigen Schmähreden der feudalen Blätter gegen den Herzog von Augustenburg . . . Wir sind nicht übergelaufen in das Lager des Herrn von Bismarck. Wir bleiben seine Gegner in den innern Fragen."

[10]) Siehe Lettow-Vorbeck, Geschichte des Krieges von 1866 in Deutschland, Bd. 1, S. 10 nach Moltkes protokollarischen Aufzeichnungen. Darnach werden unrichtige Darstellungen Sybels, Jansen-Sammers und Anderer berichtigt.

[11]) Bei den Berathungen kam es zu dem Streit zwischen Bismarck und dem Referenten Virchow, der eine Herausforderung zum Duell seitens des Ersteren zur Folge hatte. Das Thatsächliche ergiebt sich aus den Verhandlungen in der Sitzung vom 8. Juni, die sich an die Erklärung Forckenbecks vor der Tagesordnung anknüpften (Stenogr. Bericht S. 1956 bis 1964) und aus der Erklärung Virchows in der Sitzung vom 17. Juni gegen unwahre Angaben der Provinzialkorrespondenz (S. 2250 ff.). Virchow erklärte übrigens öffentlich, wenn er sich auch nicht in der dem Volke verantwortlichen Stellung als Abgeordneter befunden hätte, würde er doch niemals auf ein Duell eingegangen sein. Jedermann müsse endlich beitragen, daß von uns genommen werde „der Druck des barbarischen Vorurtheils, daß der Einzelne sich Recht nehmen dürfe außerhalb des Gesetzes und gegen das Gesetz.“ In den 33 Jahren seit der rückhaltlosen Erörterung dieses Vorfalls im preußischen Abgeordnetenhause ist weder im preußischen Landtage noch im deutschen Reichstage zwischen Abgeordneten und zwischen Abgeordneten und Ministern eine Herausforderung zum Duell vorgekommen. So viel ich weiß, auch sonst nicht im deutschen Reiche.

[12]) Im Bericht heißt es: „Die Regierung hat seit mehreren Jahren und für die Verwendung von mehreren hundert Millionen keine verfassungsmäßige Genehmigung, sie bedarf daher auch keiner Ratifizirung für diese einzelne Ausgabe von zwanzig Millionen. Es muß für unstatthaft erachtet werden, außerhalb des Budgets über einzelne Bedürfnisse zu verhandeln, so lange das Budgetrecht nicht wiederhergestellt ist, so lange die Regierung nichts thut, das Budgetwesen in Ordnung zu bringen. Da es für das Jahr 1864 kein Staatshaushaltsgesetz giebt, ist es nicht möglich, außeretatsmäßige Bewilligungen für dieses Jahr auszusprechen. Ueber Verwaltungsüberschüsse und über den Staatsschatz läßt sich nicht verfassungsmäßig verfügen, so lange das bei solchen Verfügungen vorausgesetzte Staatshaushaltsgesetz gar nicht vorhanden ist. Jede einzelne Ausgabe läßt sich erst mit oder nach Regulirung des ganzen Staatshaushalts der Jahre 1863 und 1864 in gesetzgemäße Ordnung bringen.“ Siehe Anlagen, V. Theil, S. 1846.

[13]) Twesten schrieb an seinen Freund Lipke am 14. Juni, es sei die Resolution „aus kleinlichen Gründen“ nicht angenommen, wie er fürchte, sehr zu Ungunsten des Hauses.

[14]) Selbst Gustav Freytag nahm noch im Oktober 1865 die Ablehnung des Antrages Michaelis in Schutz. Er meinte, das Abgeordnetenhaus dürfte sich nicht für Zwecke engagiren, wo Mittel und Wege seiner Mitwirkung entzogen und seiner Kontrole entrückt seien.

[15]) Bismarck wiederholt in seinen eben erschienenen „Gedanken und Erinnerungen“ (Bd. II, S. 19) die alten Verdächtigungen, daß das Abgeordnetenhaus (die Fortschrittspartei) nur aus Parteihaß und Parteileidenschaft, aus Haß gegen das Ministerium Bismarck unehrlich und vaterlandslos die Forderung für die Marine abgelehnt habe. Er beruft sich wiederum auf die Vorliebe der Fortschrittspartei für den Auktionator Hannibal Fischer und bringt aus seiner Rede vom 1. Juni 1865 die betreffenden Stellen zum Wiederabdruck, die ihm jene gerechte Abfertigung des Berichterstatters Virchow zugezogen, die er durch eine Herausforderung zum Duell zu widerlegen suchte. Er unterdrückt jetzt jede auch noch so entfernte Andeutung auf das dem ganzen Abgeordnetenhause mit Ausnahme der kleinen konservativen Fraktion gemeinsame, in dem Kommissionsbericht und in den Reden stets hervorgehobene Motiv. Der Haß gegen das Ministerium war nicht das Motiv.

Von Simson und Schwerin bis zu Jacoby war die gesamte Vertretung des preußischen Volkes ohne Unterschied der Fraktion der übereinstimmenden Ueberzeugung, daß die Bewilligung von Anleihen vor Wiederherstellung des Budgetrechts unmöglich sei, da sie einen Verzicht auf die beschworene Verfassung enthalte. Noch Ende Januar 1866 wird selbst in den preußischen Jahrbüchern, die rückhaltlos für die Annexion eintraten und die Abgeordnetenhausmehrheit mit Vorwürfen überhäuften, dem Abgeordnetenhause keineswegs zugemuthet, sein Budgetrecht aufzugeben. Es solle dem Ministerium nur erklären:

„Erkennet unser Budgetrecht an und wir werden die Fehler der Vergangenheit indemnisiren! Fordert von uns, was zur Ausbildung unserer Marine, zur Befestigung unserer auswärtigen Machtstellung erforderlich ist, und wir werden das Interesse des Staates zur einzigen Richtschnur unserer Handlungen machen.“

Es wird dann fortgefahren:

„Zu einem weiteren Entgegenkommen wird nie ein Landtag sich bewegen lassen, der irgendwie gesonnen ist, die konstitutionellen Rechte des Landes hoch zu halten. Spräche er anders, so wäre die Rückkehr zum Absolutismus besiegelt, nicht durch einen einseitigen Akt der Krone, sondern durch die eigene Zustimmung der Volksvertretung. Und wir hoffen, aus der Majorität unseres Abgeordnetenhauses wird durch keine Wahlbeeinflussung, durch keinen auf Presse, Vereine und Kommunen ausgeübten Druck die Ueberzeugung zu entfernen sein, daß es besser ist, der verfassungsmäßigen Grundrechte beraubt zu werden, als sie freiwillig zu opfern. Und diese Ueberzeugnng wird zu jeder Zeit das gesamte preußische Volk hinter sich haben; zu dieser Ueberzeugung steht nicht nur die Demokratie, nicht nur die Fortschrittspartei; zu dieser Ueberzeugung stehen alle konstitutionellen Männer, stehen auch wir und unsere Freunde im Hause. . . . Auch die Geschichte werde dereinst anerkennen müssen: Das Haus hat am Rechte festgehalten; es hat die Mäßigung bisher noch jederzeit besessen, die verfassungsmäßig ihm gezogenen Schranken nicht um eines Haares Breite zu überschreiten.“

Noch im Juni 1866, also unmittelbar vor dem Krieg schrieb Treitschke in einem Aufsatz über den Krieg und die Bundesreform:

„Sicherung des Budgetrechts ist unerläßliche Vorbedingung jeder Anleihe. Es wäre unbegreiflicher Widersinn, Anleihen, die vielleicht eine Generation belasten, von dem Landtage zu verlangen, während man ihm das Recht versagt, die Ausgaben für ein einzelnes Jahr zu bewilligen.“

Neunundzwanzigstes Kapitel.

Vom Schluß der Session 1865 bis zur Eröffnung der Session im Januar 1866.

Hoverbeck war froh, sofort nach Schluß des Landtags zu seiner landwirthschaftlichen Arbeit zurückkehren zu können. Die parlamentarische Thätigkeit hatte ihm keine Freude bereitet. Sein Unmuth wuchs mit der Erkenntnis, daß das Ministerium und sein Anhang unter heuchlerischer Berufung auf die von Niemand ernsthaft vertheidigte Lückentheorie „Recht und Verfassung auf den Kopf stellten“ (Band II, Seite 106), unbekümmert um den von ihnen geleisteten Verfassungseid. An seinen Freund Witt schrieb er von Nickelsdorf am 27. Juni:

„Glücklich in der Heimath angekommen! Du glaubst nicht, wie froh ich war, wieder mein eigenes Haus zu betreten und wie gern ich gerade diesmal Berlin verließ. Man sagt uns ja jetzt von vielen Seiten, daß die verflossene Session so nützlich auf das Volk gewirkt habe; könnte ich mich davon überzeugen, so wäre mir das der beste Trost für die widerliche Aufgabe, sich mit Leuten herumzustreiten, die man für ausgemachte Schurken hält. Aber ich fürchte sehr, es ist diese ganze Meinung von unsern moralischen Erfolgen nur ein Trugbild. Diejenigen Kreise des Volkes, die überhaupt Zeitungen lesen und sich einigermaßen mit Politik beschäftigen, haben ihre Stellung zu diesen Fragen längst genommen und sind derselben auch heute treu geblieben (das heißt, in ihrem Herzen, während der äußere Druck Viele zum Verbergen, Andere gar zum Verläugnen ihrer politischen Ueberzeugung veranlaßt). Auf die große Masse des Volkes dagegen, auf die dritte und theilweise zweite Wählerklasse haben alle unsere Berathungen keinen Einfluß, da sie nichts davon erfahren — wenn nicht gar die offizielle Provinzialkorrespondenz sie noch absolutistischer macht, als sie das ihrem ganzen Bildungsgange nach schon sind. Für die Länge fürchte ich allerdings nichts von den Lügen dieser erkauften Presse; ich glaube im Gegentheil, diese Verbreitung in alle Schichten der Gesellschaft bahnt der liberalen Presse den Weg dahin — aber es handelt sich doch augenblicklich um die nächste Zukunft, und diese könnte leicht beweisen, wie schwach es noch mit der gerühmten politischen Reife unseres Volkes bestellt ist, von der viele Preußen, namentlich wenn sie mit deutschen Kleinstaatlern sprechen, das Maul so voll nehmen. Nun ich denke, wir werden bald eine Probe haben, sei es, daß jetzt oktroyirt oder aufgelöst wird, sei es, daß man dieses Haus im nächsten Jahre wieder zusammenberuft, weil dann, wie ich hoffe, die Berathung des Etats von uns verweigert und dadurch ein eklatanter Bruch herbeigeführt wird."

„Förmliche Erholung" bot ihm die Beschäftigung mit der Landwirthschaft. Seinem Freunde Krieger-Goldap schrieb er am 7. Juli:

„Trotzdem das Jahr für den Landmann kein erfreuliches ist, danke ich doch Gott, daß ich zu Hause bin. Hier sieht man doch mit leiblichen Augen, daß jede ernste Arbeit ihren Lohn bringt; in der Politik sieht man einstweilen eher das Gegentheil."

In einer Geburtstagsgratulation vom 23. Juli bedauerte Witt, daß Hoverbeck die Lage der Dinge als zu verzweifelt anzusehen scheine. Er meinte, das Volk habe in den letzten zwanzig Jahren Fortschritte mit Siebenmeilenstiefeln gemacht. Jacoby habe ihm erzählt, daß Hoverbeck in einer Parteiversammlung einmal gesagt, nach gründlicher Erwägung müßte er sich für die unumwundene Ablehnung des ganzen Etats erklären, weil er sich bei einer solchen Entscheidung in seinem Gewissen am meisten frei fühle.

„In dieser Aeußerung erkenne ich Dich ganz wieder, aber ich muß doch bestreiten, daß Dein moralischer Gesichtspunkt in der jetzt schwebenden großen Frage überall den Ausschlag geben dürfe. Du wirst mich nicht so mißverstehen, als wenn ich wünschen könnte, daß Ihr unter irgend welchen Umständen eine unmoralische Entscheidung träft, daß Ihr Verehrung heuchelt und Vertrauen, wo Ihr es nicht habt, daß Ihr um des Vortheils willen der Wahrheit irgendwie ins Gesicht schlagt. Nichts gegen die lauterste Sittlichkeit, aber auch nichts aus moralischer Entrüstung."

Die vollberechtigte Entrüstung dürfe keinen Einfluß auf die politische Thätigkeit haben. Es handle sich darum, was das Volk, wenn es den Moment durchschaute und unmittelbar seine Stimme abgeben könnte, beschließen und hinterher vertreten würde. Hoverbeck antwortete am 30. Juli 1865:

„ . . . Ich habe bis jetzt meiner Lieblingsbeschäftigung, der Baumpflege, nur wenig Zeit widmen können, und die Landwirthschaft hat mir, wie fast allen Gutsbesitzern in diesem Jahre nicht lauter Freuden geboten. Und doch kann man sich an diesen Beschäftigungen förmlich erholen, wenn man einen Blick auf unsere Politik wirft. Ich denke, Du wirst von Deiner einigermaßen rosigen Anschauung auch zurückkommen, wenn Du siehst, daß das gegenwärtige Regiment sich auch keinen Strohhalm breit um das Recht bekümmert, zu der frechsten Mißachtung der Gesetze noch die seelenverderbende Heuchelei fügt und daß dies alles im Volke zwar nicht auf Beifall, aber doch durchaus auf keine energische Opposition stößt. So ist es wohl nicht zu verwundern, wenn man zu der Meinung kommt, daß ein einstweiliger Triumph der Reaktion bevorsteht; ja wenn man denselben für heilsam hält, damit das Volk an ihren Früchten diese Leute gründlich erkenne. Was können wir bei einem solchen Siege der Reaktion einbüßen? Unsere Verfassung? Was ist sie werth, wenn Bismarck sie ungestraft auslegen darf? Ja, was ist sie überhaupt werth mit diesem Herrenhause? Ich wünschte, der Absolutismus würde morgen proklamirt, so bekommen wir eine bessere Verfassung.

Wenn mich etwas bei unserer gegenwärtigen politischen Misere tröstet, so ist es gerade der Hinblick auf die Langsamkeit aller Erziehung, ganz besonders der unteren Volksklassen. Ich halte es mir hundertmal vor, daß leider die Mehrzahl der Urwähler noch sehr wenig von ihren Rechten weiß, ja, daß eine allgemeine Abstimmung uns möglicherweise den nackten Absolutismus wiederbringen würde. Wir, die wir für Volksfreiheit arbeiten, stehen also auf keiner soliden Grundlage, und können daher also auf keine durchgreifenden Erfolge rechnen; wir müssen damit zufrieden sein, wenn es in diesen Schichten nur besser wird, sei es auch ganz allmählich. Es gilt also für uns Abgeordnete einen Zustand herbeizuführen oder zu erhalten, bei dem diese Erziehung zur Freiheit möglich bleibt. — Aber man kann das zugeben und kommt doch vielleicht dadurch zu anderen Resultaten, als Du voraussetzest. Es entsteht nämlich die Frage: Sollen die Abgeordneten Rechte, die ihnen die Verfassung giebt, unausgeübt lassen, weil das Volk sie möglicherweise nicht verstehen würde? Ich glaube nicht. Der Abgeordnete hat diese Rechte nicht für sich, sondern für das Volk und vom Volke. Es gilt — und dabei wirst Du mit mir übereinstimmen — womöglich eine friedliche Entwickelung und Anerkennung der Volksrechte herbeizuführen. Dazu kann er sich nur der Rechte bedienen, die ihm die Verfassung giebt. Wenn eine Willkürherrschaft die Rechte des Volkes verletzt, soll er dann nicht das letzte verfassungsmäßige Mittel anwenden? Hilft auch dies nicht, so ist es doch wenigstens vor aller Welt konstatirt, daß die Gewalt das Recht vernichtet hat, und damit ist der Naturzustand eingetr:ten, wo das Volk auf seine eigenen Kräfte angewiesen ist. Mag sich dann immerhin der Despotismus auf die Ungebildeten stützen, um damit die Freiheit zu unterdrücken; gerade das giebt denselben Selbstgefühl, und der Wunsch nach politischen Rechten erwacht in ihnen vielleicht schneller, als wenn der Scheinkonstitutionalismus länger dauert. Uebrigens habe ich gefunden, daß das Volk im Allgemeinen die mittleren Wege nicht eben liebt. Ueberzeugt den gemeinen Mann, der aus Unwissenheit Absolutist

ist, daß der König nicht das Recht hat, unumschränkt zu befehlen, daß die Abgeordneten das Recht haben, zu allen Ausgaben Nein zu sagen, daß die Minister Gesetz und Verfassung brechen, und fragt ihn, ob wir diesen Ministern Geld für irgend welche Ausgaben geben sollen. Ich wette, er sagt Nein! Wenigstens glaube ich, daß meine Doktrin: „Der Abgeordnete darf nur einem Ministerium Geld bewilligen, von dem er der ehrlichen Verwendung desselben sicher ist," gerade bei den unteren Klassen viele Anhänger finden würde."

Das Ministerium hatte mit Genehmigung des Königs die Vorschläge, nach welchen Normen es den Staatshaushalt des Jahres 1865 führen würde, am 5. Juli durch den Staatsanzeiger bekannt gemacht. Hoverbeck hoffte, daß nach dieser neuesten Phase die Mehrheit der Abgeordneten für die Ablehnung der Berathung des Budgets sein werde.

Am Kölner Abgeordnetenfest nahm kein Abgeordneter aus der Provinz Preußen theil. Die fortschrittlichen Abgeordneten der östlichen Provinzen meinten, der Verlauf der Session biete keinen Anlaß, sie durch Feste zu feiern. Wozu also dieser „Kölner Klüngel?" Roon schrieb an seinen Neffen Blanckenburg, er würde das Fest nicht beanstandet haben. Die faktische Verhinderung dieser „vielleicht nicht ungesetzlichen, jedenfalls aber durchaus unpassenden Demonstration" sei für das Ansehen des Gouvernements im Auslande von entscheidender Bedeutung gewesen. Man habe erkannt, daß es der Regierung weder an Entschlußfähigkeit noch an Macht fehle.[1])

Inzwischen entwickelten sich die schleswig-holsteinischen Angelegenheiten weiter zu Ungunsten des Herzogs. Bismarck veröffentlichte im Staatsanzeiger vom 2. Juli 1865 die Aufzeichnung, die er über die am 1. Juni 1864 stattgefundene Unterredung mit Herzog Friedrich damals gemacht und dem Könige vorgelegt habe. Sie ist nur kurz und erweckt, verglichen mit der Aufzeichnung des Herzogs vom 2. Juni 1864 und mit den später vom Herzog gemachten Bemerkungen zu Bismarcks Bericht, wie sie jetzt in Jansen-Sammer (Seite 731 und 338 bis 343) vorliegen, sofort die Ueberzeugung, daß Bismarcks Aufzeichnung mindestens stark gefärbt ist. — Bismarck faßte „den Gesamteindruck" der dreistündigen Unterredung dahin zusammen, daß der Erbprinz uns nicht „mit dankbaren Gefühlen" betrachte, sondern als unwillkommene Mahner, zu deren möglichst unvollständiger Befriedigung er bereit ist, den Beistand der Stände und auch Oesterreichs in Bewegung zu setzen. Der Herzog mag sich in Einzelnem unvorsichtig ausgedrückt haben nach dem günstigen Ergebnis der unmittelbar voraufgegangenen Unterredung mit dem König und nachdem er an demselben Morgen von seiner Mutter gehört, daß der König ihr erklärt, die Verhandlung mit Bismarck solle bloß zur Erledigung von Förmlichkeiten dienen. Er hatte sich seither auf sein Erbrecht, auf das Wohlwollen des Königs und die Freundschaft des Kronprinzen verlassen. Den völligen Umschlag in der ihm günstigen Meinung des Königs mußte er nun aus dem Briefe vom 1. Juni 1865 erkennen. Die Vorwürfe, daß die Aufrichtung einer Nebenregierung unberechtigt und eine strafbare Auflehnung sei, daß der Herzog dadurch allen monarchischen Grundsätzen Hohn spreche, den Beamtenstand an Indisziplin und Zuchtlosigkeit und das Land an Anarchie und Mißachtung der bestehenden Gewalten gewöhne, und die Aufforderung, während der Berufung der Stände den Aufenthalt außerhalb der Herzogthümer zu nehmen, waren nicht mißzuverstehen. Dazu kam noch der Satz:

„Ihre eigene Aussicht, in die Stellung zu gelangen, zu welcher ich unter den Ihnen bekannten Voraussetzungen Sie zulassen könnte, zu welcher Sie aber nach dem strengen Rechte nicht berufen sind — diese Aussicht wird sicher durch eine fortgesetzte antipreußische Haltung Ihrerseits und Ihrer Anhänger vollständig zu Grunde gerichtet werden."

Der Herzog vertheidigte sich gegen die Vorwürfe dieses, wie Sybel wunderbarerweise behauptete, in „durchaus gnädigem Tone" gefaßten Schreibens, das in ihm „die Empfindung eines tiefen Schmerzes hervorgerufen hatte," am 16. Juni, indem er in aller Ehrerbietung sämtliche in Betreff der Nebenregierung angeführten thatsächlichen Momente als unberechtigt bezeichnete und die Hoffnung aussprach, daß der hohe Gerechtigkeitssinn des Königs nicht zugeben werde, „daß ein von Gott gewährtes Recht, dessen Legitimität in dem Rechtsbewußtsein eines ganzen Volkes feststehe," gekränkt werde. Zugleich bat er den König, der zwischen seiner „Stellung als preußischer Offizier und Unterthan" und der Art der Geltendmachung seines Rechts einen Konflikt der Pflichten finde, um seinen Abschied als Major à la suite des I. Garderegiments zu Fuß.

Die Berufung auf ein „von Gott gewährtes Recht" machte auf den König keinen Eindruck mehr. Er glaubte nicht mehr an des Herzogs Erbrecht von Gottes Gnaden; namentlich nachdem die Mehrheit seiner Kronjuristen, der Kronsyndici, dem Herzog das Successionsrecht abgesprochen hatte. Bismarck scheint „verstanden zu haben," dem König den Brief und das Abschiedsgesuch des Herzogs vom 16. Juni „als eine Beleidigung für Preußen darzustellen."[2]) Der König hat seitdem dem Herzog niemals wieder einen Brief geschrieben. Mit dem Kronprinzen hatte Bismarck schon am 1. Juni 1865 ein Gespräch, worin dieser behauptete, der König sei viel mehr wie er für die Annexion. Das war keinesfalls richtig; aber in derselben Zeit hatte der König dem Kronprinzen erklärt, er sei seit den Düppeler und Alsener Tagen den Annexionsgedanken nicht mehr so abgeneigt wie früher, und nachher seien diese Gedanken noch mehr erstarkt. Der Kronprinz soll den Herzog Anfang Juli 1865, also nach Veröffentlichung der Bismarckschen Aufzeichnungen über das Gespräch vom 1. Juni 1864 im Staatsanzeiger, in dem absonderlichen Entschluß bestärkt haben, zu Bismarcks unrichtigen Angaben in dieser Denkschrift und in den Reden im Abgeordnetenhause vom 13. Juli 1865 stillzuschweigen. Nach Sammer-Jansen waren Sammer, Mohl und andere Rathgeber des Herzogs darin einig, weil sie fürchteten, der Herzog könne durch „Lügenstrafen" möglicherweise Schaden erleiden und in neue Bismarcksche Fallen gerathen. So ist es gekommen, daß man erst nach 30 Jahren in dem Jansen-Sammerschen Buche klare Beweise für die Unrichtigkeit der Bismarckschen Mittheilungen über jenes Gespräch erhielt. Der Kronprinz hat übrigens nur gebilligt, daß der Herzog seine „Relation" der Unterredung nicht sogleich veröffentliche, da diese „Waffe in anderen Augenblicken wohl noch wirksamer verwendet werden könnte."[3]) Der Herzog und seine Rathgeber haben nicht bedacht, daß fortan die Angaben Bismarcks über jene Unterredung bei aller Welt für unbedingt richtig gelten und das Urtheil namentlich auch der preußischen Abgeordneten über die Persönlichkeit des Herzogs zu dessen Nachtheil beeinflussen mußten. Man erkennt dies aus den Aufsätzen der liberalen Zeitschriften und den Erklärungen der einzelnen Abgeordneten bei Gelegenheit des Abgeordnetentages und auf der Generalversammlung des Nationalvereins vom Herbst 1865.

Der König ging am 21. Juni nach Karlsbad und dann nach Gastein. Bismarck war in seiner Begleitung. In den Verhandlungen mit Oesterreich und auch in den eigenhändigen Briefen des Königs war fortan von der Einsetzung des Augustenburgers keine Rede mehr; man wolle sich ihn wegen seines „fortgesetzten feindseligen Verhaltens gegen Preußen" nicht aufzwingen lassen und verlangte Oesterreichs Mitwirkung zu seiner Entfernung aus den Herzogthümern. Der Oldenburger verschwand aus den Verhandlungen zwischen Preußen und Oesterreich erst, nachdem die Kronsyndici sich einstimmig gegen ihn erklärt hatten.

Zwischen Preußen und Oesterreich wurde der Notenwechsel

bedrohlich. Da kam auf Vorschlag des vom Kaiser mit der Vermittelung beauftragten Grafen **Blome**, des österreichischen Gesandten in München, im August der **Gasteiner Vertrag** zu Stande. Darnach wurde Schleswig an Preußen, Holstein an Oesterreich überwiesen, zur getrennten Ausübung der durch den Wiener Frieden erworbenen nach wie vor gemeinsam bleibenden Rechte an dem Gesamtbesitz. Kiel sollte Bundeshafen, Rendsburg Bundesfestung werden, die preußische Regierung zwei Militärstraßen durch Holstein erhalten, die Herzogthümer dem Zollverein beitreten, Preußen berechtigt werden, den Nordostseekanal auch durch holsteinisches Gebiet zu führen, das Herzogthum Lauenburg, von allen Geldleistungen befreit, gegen Zahlung einer Abfindungssumme von $2^1/_2$ Millionen dänischer Thaler von Oesterreich an Preußen endgültig überlassen werden. Damit war der Bruch zwischen Preußen und Oesterreich vermieden. Am 13. September wurde das Herzogthum Lauenburg, das nach der Zählung vom Dezember 1864 49704 Einwohner hatte, in Besitz genommen. Bismarck wurde Minister von Lauenburg. Die $2^1/_2$ Millionen dänische Thaler wurden aus der Schatulle des Königs bezahlt. Mitte September wurde General **Gablenz** Statthalter von Holstein und General **Manteuffel**, der seine mächtige Stellung als Chef des Militärkabinets, den Wünschen Bismarcks und Roons entsprechend, aufgab, Gouverneur von Schleswig.

Um dieselbe Zeit saß Hoverbeck mit 16 seiner ostpreußischen Kollegen in **Mohrungen** auf der Anklagebank. Gegen die 17 Abgeordneten: Bender, Buchholtz, Donalies, Frentzel, Gerlich, Häbler, v. Hennig, Hoverbeck, Kalau von dem Hofe, Papendieck, Plehn, Pruß, Schmiedicke, Schlick, Weese, Dr. Jacoby und Dr. Möller, bis auf die beiden letzten sämtlich Gutsbesitzer oder frühere Gutsbesitzer, wurde im Dezember 1864 beim Kreisgericht Mohrungen Anklage wegen Verleumdung des Staatsministeriums erhoben. Sie hatten Januar 1864 ein Flugblatt unter dem Titel: „Was thut dem Landmann in Preußen noth" mit ihren Unterschriften drucken lassen und in der Provinz verbreitet. Verleumderische Beleidigung des Staatsministeriums wurde in folgenden zwei Stellen gefunden:

„... das Recht des Abgeordnetenhauses, über die Verwendung der Staatsgelder zu beschließen, das von dem gegenwärtigen Ministerium aus den Augen gesetzt wird, indem dasselbe seit zwei Jahren ohne die Zustimmung des Landtags über die Staatseinkünfte nach eigenem Ermessen verfügt."

und ferner:

„Ihr seht wohl, daß unter dem gegenwärtigen Ministerium an keinerlei Verbesserungen und so auch an keine bessere Kreisordnung zu denken ist."

Das Abgeordnetenhaus hatte am 10. März 1865 die Aufhebung des Strafverfahrens während der Dauer der Session beschlossen. Hoverbeck schrieb über die mündliche Verhandlung in Mohrungen an seinen Freund, den Abgeordneten Krieger-Goldap, der sich wie die Beamten und Rechtsanwälte unter den Abgeordneten der Provinz an dem Flugblatt nicht betheiligt hatte, am 14. September:

„Daß wir in Mohrungen freigesprochen sind, hast Du wohl schon durch die Zeitungen erfahren, auch die Namen der Erschienenen. Die Reise dorthin machte ich von Elbing aus, wo ich mit meiner Frau die Eltern besucht hatte, mit Forckenbeck, Hennig, Plehn und Gerlich zusammen über die geneigte Ebene bei Buchwalde nach Waldeuten. Dort trafen eine halbe Stunde nach uns die Königsberger (Bender, Möller, Papendieck, Donalies) ein, und nun setzte sich der Zug in 10 oder 12 Wagen in Bewegung, indem die liberalen Gutsbesitzer der Gegend jeder einen von uns eskortirten. In Mohrungen fanden wir noch Schmiedicke. Abends hielten wir noch eine Vorberathung über taktische Fragen, und dann folgte die unausbleibliche Bowle, von der ich meinerseits mich recht früh drückte. Ich wohnte mit Hennig bei Rechtsanwalt Heinrich; Forckenbeck nebenbei bei einem Kaufm. Teppich. Montag 9 Uhr gings los. Erst die Vorfragen, dann ein ziemlich kurzes Plaidoyer des Staatsanwalts, der sich im Ganzen sehr anständig machte. (Die einzige unpassende, ja unverschämte Aeußerung, er habe den „Mannesmuth vor Königsthronen“ darin vermißt, daß wir uns weigerten, auszusagen, ob Jacoby und Kalau selbst mit unterschrieben hätten, nahm er später, nachdem ihm dafür gehörig die Wahrheit gesagt war, zurück.) Dann sprach Möller, kurz, aber doch nach Disposition, und darauf Hennig und ich zur Widerlegung des Staatsanwalts. Nun unsere Vertheidiger, Forckenbeck in längerer Rede, worin historisch das Verfahren der Minister in der Budgetfrage beleuchtet wurde — um des Publikums willen nützlich —; endlich Rechtsanwalt Heinrich über die eigentlich juristische Frage. Hierauf Pause; dann Urtheilsverkündigung und zwar Freisprechung, weil die Angeklagten den Beweis der Wahrheit angetreten und durchgeführt hätten. Dies war der Passus, der mir bei der ganzen Geschichte am meisten gefiel. Nun blieben wir noch im Gasthause ein Stündchen zusammen, und dann brachte dasselbe Geleite die Uebrigen wieder nach Waldeuten zurück, während ich nach Queetz zur Nacht fuhr und den nächsten Mittag zu Hause war.“

Gegen das freisprechende Urtheil wurde vom Staatsanwalt appellirt. Noch vor der folgenden Session des Landtags, am 9. Januar 1866, wurde das Erkenntnis erster Instanz vom Kriminalsenat des ostpreußischen Tribunals zu Königsberg dahin abgeändert, daß alle 17 Angeklagte wegen öffentlicher Beleidigung des Staatsministeriums in Bezug auf seinen Beruf und wegen Gefährdung des öffentlichen Friedens durch Anreizung von Angehörigen des Staats zum Haß und zur Verachtung gegen einander unter Annahme mildernder Umstände zu einer Geldbuße von 50 Thaler verurtheilt wurden. Das Gericht hatte in den beiden Stellen die öffentliche Beleidigung des Staatsministeriums gefunden. Der Oberstaatsanwalt hatte noch mehrere andere Stellen aus dem Flugblatt als strafbar bezeichnet, das Tribunal hatte dies nur von einer dieser Stellen angenommen. Darin wurde der preußische Landmann gewarnt vor der Junkerpartei, die sich die Konservativen nenne, aber nichts weiter wolle, als die Erhaltung ihrer eigenen Standesrechte, Königstreue und starkes Königsthum zwar beständig im Munde führe, aber von dem Wahlspruch unseres königlichen Hauses „Jedem das Seine" nichts wissen wolle. Sie rechne jetzt auf die Einfachheit und geringen Kenntnisse der Landleute u. s. w. Das Tribunal fand unter Berufung auf ein unrichtiges Erkenntnis des Obertribunals, daß die Angeklagten die Junkerpartei, „eine erkennbare Mehrheit von Staatsangehörigen dem Hasse und der Verachtung anderer Staatsangehöriger ausgesetzt und dadurch den öffentlichen Frieden gestört hätten." (§ 100 des Strafgesetzbuchs.)

Der Gasteiner Vertrag wirkte auf die Schleswig-Holsteiner und alle Gegner der Annexion wahrhaft „niederschmetternd".[4]) Auf Antrag des Ausschusses der schleswig-holsteinschen Vereine berief der 36er Ausschuß am 3. September einen neuen Abgeordnetentag zum 1. Oktober nach Frankfurt a./M. In der Einladung ward sehr ungehörig die Erwartung ausgesprochen, daß die deutschen Abgeordneten, die sich in der Rechtsverwahrung vom April 1864 feierlich verpflichtet hätten, für das Selbstbestimmungsrecht der Herzogthümer einzustehen, die Verpflichtung durch ihr Erscheinen lösen würden. Eine Versammlung preußischer liberaler Abgeordneten in Berlin entschied sich für Nichtbetheiligung. In Frankfurt erschienen nur 7 Abgeordnete aus Rheinland und Westfalen, die sich an der Abstimmung über die Ausschußanträge nicht betheiligten. Andere, wie Twesten, Mommsen, Kerst, Jung hatten über die Gründe ihres Ausbleibens Erklärungen verschiedenen Inhalts veröffentlicht. Man kann aus ihnen schließen, daß die Richtigkeit der von dem Herzog nicht bestrittenen Angaben Bismarcks über dessen Aeußerungen in der Unterredung vom 1. Juni 1864 nicht mehr bezweifelt ward und daß man aus denselben entnahm, der Herzog habe auch berechtigte Forderungen Preußens nicht zugestanden. Twesten und Mommsen erklärten, sie könnten sich nicht an Schritten betheiligen, die nicht bloß gegen den augenblicklichen Machthaber, sondern gegen den Staat Preußen sich wendeten: „Das Selbstbestimmungsrecht des schleswig-holsteinischen Volks", sagte Mommsen, „finde seine Schranke an den allgemeinen Interessen der deutschen Nation. Denn es giebt kein schleswig-holsteinisches Volk, sondern nur ein deutsches, und wenn dieses gesprochen, hat jenes zu schweigen." „Die Mehrheit des preußischen Abgeordnetenhauses," sagt Twesten,

„hat nach der Trennung der Herzogthümer von Dänemark eine ihrem Recht und ihrem Willen entsprechende Stellung gewünscht, allerdings in Unterordnung unter Preußen in militärischer und maritimer Beziehung in einer Form, in der ihre Kraft für Deutschland nutzbringend werden könnte."

Kerst erklärte, nach Beendigung des Krieges mit Dänemark existire keine schleswig-holsteinische Frage mehr für ihn. Die Herzogthümer gehörten jetzt definitiv zu Deutschland und hätten mit uns einzutreten in unseren Kampf für Wiederherstellung des Rechts der deutschen Nation. Sollte es der Kabinetspolitik der Großmächte gelingen, die Herzogthümer einzuverleiben gegen den Willen der Mehrheit der Schleswig-Holsteiner, so würde er dies beklagen, aber nicht für das größte Uebel ansehen. Die Schleswig-Holsteiner gehörten dann dem größten deutschen Staate an, auf dem die Zukunft Deutschlands beruhe. Sie hätten es dann nicht besser, aber auch nicht schlechter als die preußischen Staatsbürger, d. h. als die Hälfte der deutschen Nation. Ebensowenig wie Twesten und Kerst erwähnt Jung des Herzogs. Er erklärte es für Selbstmord, wenn man der preußischen Regierung Steine in den Weg werfen wollte, wo sie ein Ziel verfolge, das man als berechtigt anerkennen müsse. Auch er hatte augenscheinlich angenommen, daß die berechtigten Forderungen Preußens vom Herzog nicht anerkannt worden seien.

Der alte Harkort hatte, wie er am 17. Oktober öffentlich erklärte, die Frankfurter Versammlung nicht besucht, um den nächsten Beschlüssen der preußischen Volksvertretung nicht vorzugreifen. Mit Entrüstung aber sprach er sich gegen die politischen „Wandlungen" der Abgeordneten Twesten, Mommsen und Kerst aus. Er hielt an dem Selbstbestimmungsrecht der Herzogthümer fest.

„Wer das Selbstbestimmungsrecht Anderer nicht achtet, untergräbt die eigene Freiheit. Nie werde ich der staatenverderblichen Lehre huldigen, daß Macht über Recht geht und sicherlich nicht dem Manne, der in frivoler Weise dieselbe aussprach."

Hoverbeck hat keine Erklärung über den Abgeordnetentag veröffentlicht. Auch aus seinem Briefwechsel mit Witt und Krieger ergiebt sich nichts Näheres darüber. Er mochte mit Virchow übereinstimmen. Dieser schrieb an seine Saarbrücker Wähler am 12. Oktober, er sei zur Zeit der Einladung nach Frankfurt nicht in Berlin gewesen; auch an früheren Abgeordnetentagen habe er sich nicht betheiligt. Das Abgeordnetenhaus biete ihm genügend Gelegenheit, seinen Standpunkt geltend zu machen. Er habe keinen Grund, nach je einem Vierteljahr in neuen Erklärungen versichern zu müssen, daß er noch immer Recht für Recht und Unrecht für Unrecht halte.

„Das Programm unserer Majorität ist weder ein revolutionäres noch ein annexionistisches. Es will das deutsche Parlament mit Preußen. Dieses Programm aber läßt sich gegenwärtig nicht auf einem deutschen Abgeordnetentage entwickeln und es ist nur zu verwirklichen, wenn Preußen im Innern seine verfassungsmäßige Freiheit gesichert haben wird. Und weil wir daran erst arbeiten, so war es besser fortzubleiben, selbst auf die Gefahr hin, von Neuem des Partikularismus bezüchtigt zu werden."

Ueber den Abgeordnetentag sagten die Grenzboten nicht mit Unrecht, der einzige Erfolg desselben sei, daß der baare Unsinn nicht gesiegt habe.

Zum 29. Oktober ward die sechste Generalversammlung des deutschen Nationalvereins einberufen. Sie tagte wiederum unter dem Präsidium Bennigsens. Der Vereinsvorstand vertheilte einen gedruckten Bericht, der sich in seiner größeren Hälfte mit Schleswig-Holstein beschäftigte. Um Schutz der Herzogthümer handele es sich gegen ihre deutschen „Befreier" — gegen die österreichisch-preußische „Gewaltherrschaft", die „ihren empörendsten Ausdruck" in der Gasteiner Uebereinkunft gefunden habe. Mit stolzen, hochfahrenden Redewendungen werden die „nicht ernstlich gemeinten" Februarforderungen Preußens angegriffen und die schleswig-holsteinsche Politik des Nationalvereins dahin zusammengefaßt, daß „die Staatszustände der Herzogthümer nach Maßgabe der Rechtsüberzeugung und des vernünftigen Selbstwillens der Bevölkerung geordnet und dabei von den Herzogthümern, die durch das Interesse Deutschlands, namentlich seiner maritimen Zukunft geforderten Zugeständnisse gemacht würden." Die Ausschußanträge über die deutsche und schleswig-holsteinsche Frage waren vorsichtiger gefaßt, wurden von den Ausschußmitgliedern Metz, Brater und den preußischen Abgeordneten Dr. Löwe, Duncker und Schultze-Delitzsch befürwortet und schließlich angenommen. Von preußischen Abgeordneten waren außer diesen noch die Ausschußmitglieder Lüning und Cetto anwesend.[5]) Die Annexion der Herzogthümer wurde von Niemand befürwortet, die Kläglichkeit der Kleinstaaterei dagegen gebührend gegeißelt. Aber die Rathlosigkeit der Leiter des Nationalvereins, der schon im letzten Jahre von 23000 Mitgliedern auf 17000 herabgesunken war, führte bald zu zahlreicheren Austritten.

Hoverbeck hat in den Herbstmonaten dieses Jahres unter Fernhaltung von der Politik mit rastlosem Eifer seine Thätigkeit auf Garten und Feld verwendet. Er schrieb am 9. Dezember an seinen Freund Krieger-Goldap:

„In dieser Zeit bin ich tief in Gartenarbeiten versenkt gewesen. Der lange Herbst hat es mir erlaubt, einen Theil meiner Leute in den Garten zu nehmen, und ich habe vor den Saalfenstern Terrassen bis zur Wiese herunter angelegt. Bei Beginn dieser Arbeit war mein alter Schmiedicke etwa 8 Tage hier und hat mit großem Interesse an meinen Plänen und Arbeiten Theil genommen. Nun darfst Du Dir aber nicht vorstellen, als ob alles im Garten anders geworden wäre. Erdarbeiten gehen immer sehr langsam von Statten und obgleich dieselben erst vorgestern in Folge des eingetretenen stärkeren Frostes ganz aufgehört haben, so würdest Du dem Dinge die Masse von Arbeit, die es gekostet hat, und noch kosten wird, schwerlich ansehen. Nun Du wirst ja im nächsten Jahre die Veränderungen wohlwollend prüfen; ich würde mich sehr freuen, wenn sie Dir gefielen.

Auch die Wirthschaft, namentlich die Bearbeitung des Ackers, die von jeher mein Steckenpferd war, macht mir viel Freude; wir konnten dies Jahr bei dem langen Herbste mit allem so ordentlich fertig werden — so weit man eben als Landwirth jemals fertig wird; denn wenn die nothwendigen Arbeiten aufhören, fangen die Meliorationen an.

Endlich habe ich auch ein paar landwirthschaftliche Versammlungen abgehalten, und jede Woche den Donnerstag Abend mit den Allensteiner Richtern bei englischer Lektüre (die Pickwicker werden gelesen) fleißig und angenehm verlebt. Man versammelt sich Reih-um bei einem der Theilnehmer; gestern Abend waren sie hier.

Du siehst, ich fange an, mich so recht auf eine Zeit einzurichten, wo wir den Winter wie den Sommer hübsch in unsern vier Pfählen zubringen. Ich glaube, solch eine Zeit steht uns bevor, sei es, daß wir die im Januar zu eröffnende Session durch energisches Auftreten zum baldigen Schlusse bringen, das Volk uns treu bleibt, und dann kurhessische Zustände kommen, was ich für das Wünschenswertheste halte (eben weil Bismarck meint, Preußen könne sie nicht vertragen) — oder daß wir dann bei den Neuwahlen durchfallen, was bei einer tüchtigen Ansetzung aller Regierungsschrauben sehr möglich ist, — von Schmiedicke für unsern Wahlkreis speziell gefürchtet wird —; oder endlich, daß die Majorität der Kammer beschließt, immer fortzureden, und eine Minorität dann die „Komödie nicht länger fortspielen" will. Es scheint mir fast, wir Beide würden dieser Minorität angehören."

Hoverbecks Pessimismus blieb unverändert. Er schrieb in demselben Briefe:

„Unruh, von dem ich neulich einen längeren Brief bekam, klagt sehr über die Zerfahrenheit unserer Partei in der schleswig-holsteinischen Frage, und meint: „Einigen kann man sich nur in der Negation oder in der Phrase!" Wenn es noch so gut wäre! Aber selbst das kann man nicht! — Und doch ist das nicht wunderbar, sondern die unausbleibliche Folge von dem jahrelangen leeren Gerede der brutalen Gewalt gegenüber. Da muß man einmal die ganze Wahrheit sagen, und dann schweigen, bis man zum Thun aufgerufen wird.

Deine liebe Frau grüße herzlich von uns Beiden, und sage ihr auf ihre Frage, mein Haß gegen unsere Unterdrücker sei gerade so groß als der Deine, wenn ich auch auf den ersten Blick ruhiger erscheinen mag, als Du. Einestheils liegt das in meiner Natur; anderntheils mag ich auch unsern Feinden die Freude nicht gönnen, zu sehen, wie tief mich die jetzige Wirthschaft schmerzt. Ich bin, Gott sei Dank, überzeugt, daß die Freiheit mit der Zeit doch triumphiren wird, weiß auch, daß sie niemals ohne viele Kämpfe erworben wird, und glaube sogar, daß diese Erfahrungen nöthig waren, um eine alberne Loyalität aus dem Gemüthe unseres Volkes auszuwischen, welche sonst immer von Neuem der Freiheit Gefahr drohen würde. Ich habe nichts gegen einen König einzuwenden, wenn das Volk ihn einmal haben will; aber nur wenn der ganze Legitimitätsschwindel aufhört, die sogenannte „ererbte Anhänglichkeit." Aus diesem Grunde glaube ich, daß ein illegitimer König, bedroht von einem legitimen Prätendenten, das Heilsamste für das Volk ist."

Zum 15. Januar 1866, zu dem letzten verfassungsmäßig zulässigen Termine, wurde der Landtag wieder einberufen.

[1]) Brief Roons vom 1. August, Denkwürdigkeiten S. 246: „Eulenburg sagt: ich freue mich auf den Rabatz, den mir die Geschichte im nächsten Januar machen wird."

[2]) Siehe Jansen-Sammer S. 495.

[3]) So in dem Briefe des Kronprinzen vom 9. Juli, Jansen-Sammer S. 495.

[4]) Siehe Sybel Bd. IV S. 193.

[5]) Cetto, Karl, geb. 1806, Kaufmann und Gutsbesitzer in Trier und St. Wendel; 1848 und 49 altlib. Mitglied der Frankfurter Nationalversammlung, 1851 und 52 und von 1861 bis 1867 Mitglied des Abgeordnetenhauses (Fortschrittspartei), Ausschußmitglied des Nationalvereins, 1866 Mitbegründer der natlib. Partei; unterstützte seit 1880 Fortschrittspartei in Trier und an der Saar. † 1. April 1890.

Dreißigstes Kapitel.

Session 1866 bis zur Auflösung des Abgeordnetenhauses (9. Mai).

Am 15. Januar 1866 wurde der Landtag auf Ermächtigung des Königs von Bismarck als Präsidenten des Staatsministeriums eröffnet. In der Eröffnungsrede wurde auf nochmalige Vorlegung eines Militärgesetzentwurfs verzichtet, dagegen wiederum ein Gesetzentwurf über Beschaffung außerordentlicher Mittel für die Entwickelung der preußischen Seemacht angekündigt. Durch den Gasteiner Vertrag sei das Herzogthum Lauenburg „an den König abgetreten" und „mit der Krone Preußen vereinigt". In der zweiten Sitzung wurden Grabow, v. Unruh und Bockum-Dolffs ins Präsidium wiedergewählt, Grabow mit 192 von 221 Stimmen. Nach der Wahl hielt er folgende Ansprache:

Das düstere, in der letzten Session vor Ihnen und dem Lande aufgerollte Bild über die innere Lage unseres Staates hat sich seitdem noch mehr verfinstert. (Sehr wahr!) Bei der Schließung des Landtags, zu einer Zeit und an einem Orte, welche jede Widerlegung ausschlossen (hört, hört!) ward dieses Haus beschuldigt, durch Verwerfung von Gesetzen und Nichtbewilligung von Geldmitteln das materielle Wohl des Landes geschädigt, die äußere Sicherheit desselben in Frage gestellt, die Hand nach Rechten ausgestreckt zu haben, welche seine gesetzliche Stellung im Verfassungsleben ihm versagt, mit einem Worte das höchste Gesetz und die höchste Richtschnur für alle Parteien: das Wohl des Vaterlandes, den politischen Meinungskämpfen gegenüber, preisgegeben zu haben.

Ermuthigt durch diesen nicht begründeten, in den Landtagsannalen unerhörten, schweren Anklageakt, wagten die reaktionäre Presse unbelästigt Beschuldigungen der leidenschaftlichsten und gehässigsten Art (hört, hört!) und Geistliche unberufene Schritte (hört, hört!) — Schritte der maßlosesten Überhebung gegen den zweiten gleichberechtigten Faktor der Gesetzgebung. (Lebhaftes Bravo.)

Aber dulden wollte man nicht: man untersagte und verhinderte sogar durch die bewaffnete Macht ein Fest an den Ufern des Rheins, durch welches das freisinnige Bürgerthum von Rheinland-Westfalen die viel verhöhnten und gemaßregelten liberalen Vertreter des preußischen Volkes ehren wollte in dankbarer Anerkennung ihres vier Jahre hindurch unerschütterlich ausharrenden Muthes in dem schweren Kampf für die zwischen Fürst und Volksvertretung vereinbarte und von ihnen beschworene Verfassung und für die in ihr verbrieften Volksrechte.

Chronisch geworden ist der aus der gesetzlich nicht geordneten und unter Mitwirkung der früheren Landesvertretung niemals genehmigten Militärreorganisation (hört, hört!) entsprungene Verfassungskonflikt ohne Verschulden dieses Hauses, welches nur sein dem Wortlaut und dem Geist der Verfassung unzweifelhaft entsprechendes Finanzrecht gegen alle Auslegungskünste ununterbrochen und standhaft vertheidigt, niemals aber seine Hand nach ihm nicht zustehenden Rechten ausgestreckt hat. (Bravo.)

Ungeachtet in der Allerhöchsten Verordnung an das Staatsministerium vom 19. Mai 1862, betreffend die Ausführung der Wahlen zum Abgeordnetenhause verheißen war:

> „In weiterer Ausführung der bestehenden Verfassung soll die Gesetzgebung und Verwaltung von freisinnigen Grundsätzen ausgehen"

ist der politische Theil der Gesetzgebung zum Stillstand gebracht. Nur das Herrenhaus hat eine „endgiltige" Vermehrung seiner Mitglieder im Verordnungswege erfahren. — Vergeblich aber hofft das Land noch immer auf die Gesetze, betreffend die Ministerialverantwortlichkeit und die Einrichtung und Befugnisse der Oberrechnungskammer, ohne welche die Verfassung keine Wahrheit ist, vergeblich auf eine von freisinnigen Grundsätzen ausgehende Unterrichts-, Gewerbe-, Gemeinde-, Kreis- und Provinzialordnung.

Die Verwaltung des Staates ist von freisinnigen Grundsätzen gänzlich entkleidet. Dessen sind lebendige Zeugen die Maßregeln gegen die freisinnigen Blätter, Vereine, Versammlungen, Staats- und Gemeindebeamten und Staatsbürger.

Nun und nimmermehr werden aber trotz der bisherigen Nichterfüllung jener Verheißungen das preußische Volk und seine Vertreter die unleugbare Wahrheit verleugnen, der zufolge das materielle und geistige Wohl des Staates und seine äußere Sicherheit zunächst und vor Allem die rückhaltlose Anerkennung und gewissenhafte Ausübung seines beschworenen öffentlichen Rechtes fordert, jede nicht von diesem Recht getragene Macht aber ein Unrecht und unsittlich ist. (Bravo links.)

Nur eine auf diese Wahrheit gegründete Freiheit wird unter Achtung des allein durch die höheren deutschen Interessen beschränkten Selbstbestimmungsrechts der Bruderstämme in Deutschland zu moralischen Eroberungen, zu einer befriedigenden Lösung der trotz der glorreichen Waffenerfolge durch die Gasteiner Übereinkunft immer verwickelter und schwieriger gewordenen schleswig-holsteinischen Frage, und mit ihr zu einer bundesstaatlichen Einigung Deutschlands führen. (Sehr gut! links.)

Möge Preußen in Erfüllung seines deutschen Berufes einen solchen freisinnigen Entwickelungsgang unverweilt einschlagen, ehe es durch einen möglicherweise der Freiheit günstigen Verlauf der gegenwärtig schwebenden österreichischen Verfassungskrisis überholt, und ehe es überhaupt zu spät wird. — Dann wird Deutschlands dereinstige verfassungsmäßige Vertretung die große Zukunft unseres deutschen Vaterlandes freudigen Herzens in den mächtigen Händen unserer Könige gesichert sehen. Dies mein aufrichtiger, ehrlicher, lebhafter Wunsch beim letzten Antritt meines Amtes."

Grabow verlangte also das „allein durch die höheren deutschen Interessen beschränkte Selbstbestimmungsrecht der Bruderstämme" und hielt sogar einen der Freiheit günstigen Verlauf der österreichischen Verfassungskrisis für möglich! Vielleicht stimmte er in Beidem auch mit dem Kronprinzen überein, der sich über die Rede „sehr gefreut" hat.[1])

Die Session war die kürzeste seit Erlaß der Verfassung. Nach elf Sitzungen wurde der Landtag am 23. Februar geschlossen.

Gleich nach Eröffnung des Landtags fanden Berathungen über die geschäftliche Behandlung des Budgets, zuerst in der Fortschrittspartei und dann in gemeinsamer Sitzung mit dem linken Zentrum statt. Hoverbeck, Twesten und zuletzt auch Forckenbeck traten lebhaft für Verwerfung des Budgets ein. Twesten schrieb darüber an seinen Freund Lipke am 18. Januar 1866:

„Da Waldeck in voller Befriedigung mit unserer großartigen Stellung für Detailberathung, Feststellung und verlängerte Session ist und da das ganze philiströse Element des Hauses für den alten Weg ist, namentlich das Centrum durch die negativen Radikalen Muth gewonnen hat, sich gegen den energischen Schritt der Budgetsverwerfung zu stemmen, ist kaum Aussicht, damit durchzudringen. Vielleicht werden wir aber in der Budgetkommission (in die ich sonst gar nicht eintreten wollte) die Majorität haben und dann einen geharnischten Bericht auf Verwerfung wegen thatsächlicher Sistirung der Verfassung einbringen.

So machen wir wenigstens unsere Meinung geltend. Würde sie adoptirt, so wäre ein rasches Ende der Sitzung herbeigeführt und das wäre gewiß unter den jetzigen Umständen bei weitem das beste."

Twestens Befürchtung im Plenum zu unterliegen, ging in Erfüllung. Als der Finanzminister am 19. Januar den Staatshaushaltsetat einbrachte, beantragte Twesten zuerst Vorberathung im Hause. Die budgetlose Regierung bestehe zwar schon seit vier Jahren; aber erst im vorigen Jahre zum ersten Male habe der Finanzminister geradezu zugestanden, daß Streichungen des Abgeordnetenhauses nicht berücksichtigt würden, und ebenfalls im vorigen Jahre sei zum erstenmal der Staatshaushaltsetat zwar nicht durch die Häuser des Landtags festgestellt, aber durch königlichen Erlaß publizirt worden. Die Regierung habe von Beschlüssen des Abgeordnetenhauses, wodurch königliche Verordnungen wegen Eingriffs in die Gesetzgebung für ungültig erklärt waren, keine

Notiz genommen und neue Uebergriffe in die Rechte des Hauses vorgenommen; die Verfassung sei dadurch thatsächlich außer Wirksamkeit gesetzt.

Für den Antrag sprachen Dr. Löwe, Schulze-Delitzsch und Forckenbeck. Dieser sagte unter anderem:

„Was wir hinsichtlich des Budgets in Preußen in den letzten vier Jahren erlebt haben, ist Gewalt und Unrecht und unser einziges Mittel gegen diese Gewalt und dieses Unrecht ist die Macht des parlamentarischen Prinzips, dessen lebendige Einwirkung auf die Ueberzeugung, die Gemüther und die Meinung der Menschen, die zuletzt alle wirkliche Macht im Staate schafft."

Gegen den Antrag sprachen Bockum-Dolffs, Graf Schwerin, Waldeck und Gneist. Der Antrag ward abgelehnt und Kommissionsberathung beschlossen.

Die Budgetkommission, zu deren 28 Mitgliedern unter Anderen Hoverbeck, Virchow, v. Baerst, Twesten und Michaelis gehörten, tagte unter dem Vorsitz von Bockum-Dolffs. Sie beschloß, an das Abgeordnetenhaus einen Vorbericht zu erstatten, der die Rechtfertigung der beschlossenen Art der Budgetberathung, gegenüber dem verfassungswidrigen Verhalten der Staatsregierung und die Darlegung des Verhältnisses des diesjährigen Etats und der im vorigen Jahre beschlossenen Resolution enthalten sollte. In der Einleitung des von Virchow verfaßten und von der Kommission am 21. Februar genehmigten Vorberichts heißt es:

„Das Land empfindet diese Beraubung seines verfassungsmäßigen Rechtes um so schwerer, als damit die Grundlage seines gesamten öffentlichen Rechtszustandes in Frage gestellt und allmälig die Landesvertretung aus der Stellung einer beschließenden, welche man als gesichert durch die Verfassung ansah, in die einer berathenden zurückgedrückt wird. Die Zahl der Stimmen, welche unter solchen Verhältnissen eine weitere Betheiligung der Landesvertretung an hoffnungslosen Berathungen nicht nur für nutzlos, sondern geradezu für schädlich, ja für ungesetzlich erachten, ist immer größer geworden, und das Haus der Abgeordneten wird seine eigene Lage, sowie die verfassungsmäßige Stellung der Staatsgewalten zu einander um so mehr ins Auge zu fassen haben, als es sich in der letzten Session der gegenwärtigen Wahlperiode befindet und als es das Land nicht im Unklaren darüber lassen darf, mit welcher Rechtsüberzeugung es in den gegenwärtigen Kampf eingetreten ist und wie es sein konstitutionelles Mandat erfüllt hat."

Der Bericht enthält zunächst in einer Darlegung der Stellung der verfassungsmäßigen Faktoren der Gesetzgebung in Bezug auf den Budgetstreit eine meisterhafte Geschichte des Konflikts. Der Abschnitt schließt:

„Die budgetlose Regierung hat förmlich und öffentlich eingerichtet:

Statt des von der Verfassung vorgeschriebenen Etatsgesetzes eine Nachweisung der zu erwartenden Einnahmen und zu leistenden Ausgaben;

statt der Feststellung des Etatsgesetzes durch die drei Faktoren der gesetzgebenden Gewalt die Feststellung der Nachweisung durch das Staatsministerium unter Genehmigung des Königs;

statt der Bewilligung außeretatsmäßiger Ausgaben durch ein besonderes Gesetz die Genehmigung durch einen Allerhöchsten Erlaß;

statt der Rechnungslegung über die außeretatsmäßigen Ausgaben an den Landtag ein Bericht an den König.

Fügt man dazu die eigenmächtige Entnahme von Staatsgeldern aus dem Staatsschatze, die Verfügung über die Verträge mit der Köln-Mindener Eisenbahngesellschaft ohne Genehmigung der Landesvertretung, die Entlassung des Herzogthums Lauenburg aus der Verpflichtung zur Zahlung seines Antheiles an den Kriegskosten, so liegt es klar zu Tage, daß der Absolutismus in Preußen wieder hergestellt ist und zwar der Absolutismus ohne die Schranken, welche er in vormärzlicher Zeit sich selbst gesetzt hatte. Es giebt keine Finanzkontrole, kein Staatshaushaltsgesetz mehr; der Staatsanzeiger ist an die Stelle der Gesetzsammlung getreten; die Oberrechnungskammer hat keinen Gegenstand mehr; der Staatsschatz, das Staatseigenthum sind in freier Verfügung der Regierung.

Nur ein Punkt ist noch nicht angegriffen. Es ist derselbe, an dem der alte Absolutismus zu Grunde gegangen und das Verfassungsleben in Preußen gewonnen worden ist. Noch steht der Satz des Art. 103 der Verfassung aufrecht:

„Die Aufnahme von Anleihen für die Staatskasse findet nur auf Grund eines Gesetzes statt.“

Und das Haus der Abgeordneten hat in seiner Sitzung vom 2. Juni 1865 beschlossen, zu erklären:

„Das Haus der Abgeordneten befindet sich nicht in der Lage, dem gegenwärtigen Staatsministerium, welches das verfassungsmäßige Budgetrecht des Abgeordnetenhauses thatsächlich mißachtet, Anleihen zu bewilligen.“

Zum Schluß des Berichts nahm die Kommission in Beziehung auf die verfassungsmäßige Budgetbehandlung folgende Resolution an:

1. „Die Königliche Staatsregierung ist durch die Verfassung (Art. 99) verpflichtet, alljährlich vor dem Beginn des Etatsjahres das Etatsgesetz mit dem Landtage zu vereinbaren. Sie ist verantwortlich dafür, daß das verfassungsmäßige Etatsgesetz zu Stande kommt.

2. Die Königliche Staatsregierung macht sich der Verfassungsverletzung (Art. 61) schuldig, wenn sie die Staatseinnahmen für die Staatsausgaben verwendet, ohne daß sie durch ein verfassungsmäßig zu Stande gekommenes Etatsgesetz dazu ermächtigt ist. Jeder Versuch der Regierung, durch eine anderweitige Feststellung, Nachweisung oder Verordnung, sei sie veröffentlicht oder nicht veröffentlicht, auf Anregung des Herrenhauses erfolgt oder nicht, eine Verwaltungsnorm zu schaffen, ist nach Art. 62, 99, 100 und 104 der Verfassung verfassungswidrig.

3. Die Königliche Staatsregierung ist nicht befugt, über die Gelder des Staatsschatzes zu verfügen, ohne durch beide Häuser des Landtags dazu ermächtigt zu sein.

4. Die Königliche Staatsregierung kann ihrer verfassungsmäßigen Pflicht, „die Allgemeine Rechnung jedes Jahres mit den Bemerkungen der Oberrechnungskammer zur Entlastung der Staatsregierung dem Landtage vorzulegen“ (Art. 104), nicht dadurch genügen, daß sie eine Uebersicht über eigenmächtig erhobene und verausgabte Staatsgelder vorlegt.

Die Oberrechnungskammer, deren Einrichtungen und Befugnisse immer noch nicht durch das von der Verfassung vorgeschriebene Gesetz bestimmt sind, ist auch nach der Instruktion vom 18. Dezember 1844 nicht befugt, eine solche Uebersicht an Stelle des Staatshaushaltsetats der Rechnungslegung und den Bemerkungen zu Grunde zu legen.

5. Die Verantwortlichkeit der Minister in Beziehung auf das Etatsgesetz ist eine doppelte:

a) eine civilrechtliche, insofern sie mit ihrem Vermögen und ihrer Person für diejenige Summe haften, welche sie außeretätsmäßig oder ohne Etatsgesetz verausgabt haben, und für welche ihnen nicht durch nachträgliche Genehmigung der beiden Häuser des Landtags die Entlastung zu Theil wird (Art. 104),

b) eine strafrechtliche, insofern sie sich durch eigenmächtige Verwaltung ohne Etatsgesetz des Verbrechens der Verfassungsverletzung schuldig machen (Art. 61).

Noch vor Feststellung dieses Berichts waren im Plenum nach erregten Verhandlungen mehrere wichtige Beschlüsse gefaßt.

a) Mit Rücksicht auf die Erklärung über die Vereinigung des Herzogthums Lauenburg mit der Krone Preußens hatte Virchow mit Unterstützung der Fortschrittspartei beantragt, das Haus solle erklären:

„Jede Vereinigung des Herzogthums Lauenburg mit der Krone Preußens ist ungiltig, so lange nicht die verfassungsmäßige Zustimmung beider Häuser des Landtags ertheilt ist."

Diese Zustimmung wurde nach Art. 2 und 55 der Verfassung von einer Kommission unter Gneists Vorsitz einstimmig für nothwendig erklärt. Auf Grund des von Twesten erstatteten Berichts wurde Virchows Antrag am 3. Februar mit 251 gegen 44 Stimmen angenommen.[2])

Das Ministerium kam dem Beschluß des Abgeordnetenhauses nicht nach.[3]) Lauenburg blieb noch ein Jahrzehnt in faktischer Personalunion,[4]) bis es durch Gesetz vom 23. Juni 1876 einverleibt wurde.[5])

b) Allgemeine Entrüstung gegen das Ministerium hatte der Beschluß des Strafsenats des Obertribunals vom 29. Januar 1866 hervorgerufen, die Abgeordneten Twesten und Frentzel wegen Reden im Abgeordnetenhause auf Antrag der Staatsanwaltschaft, entgegen den Beschlüssen der Gerichte erster und zweiter Instanz zur Verantwortung zu ziehen. Bismarck hatte seine Drohung in der Herrenhausrede vom 14. Juni 1865 wahr gemacht. (Siehe oben S. 45.) Hoverbeck und 185 liberale Abgeordnete, denen sich später noch 20 anschlossen, beantragten einen Beschluß des Abgeordnetenhauses dahin:

„In Erwägung, daß die gerichtliche Verfolgung der Abgeordneten Twesten und Frentzel wegen Reden, die sie im Abgeordnetenhause gehalten haben, von der

Staatsanwaltschaft beantragt, von den Gerichten erster und zweiter Instanz zwar abgelehnt, von dem Strafsenat des Obertribunals aber zugelassen ist, im Widerspruche mit entgegenstehenden Entscheidungen dieser Behörde aus den Jahren 1853 und 1865;

in Erwägung, daß der Art. 84 der Verfassung anordnet: Sie (die Mitglieder beider Kammern) können für ihre Abstimmungen in der Kammer niemals, für ihre darin ausgesprochenen Meinungen nur innerhalb der Kammer auf Grund der Geschäftsordnung (Art. 78) zur Rechenschaft gezogen werden;

in Erwägung, daß hierdurch zum Schutze der für die Wirksamkeit des Landtags unentbehrlichen Redefreiheit jeder Behörde außerhalb des Landtags irgend eine Befugnis, wegen Reden der Landtagsmitglieder gegen dieselben einzuschreiten, unzweideutig abgeschnitten ist; daß folglich der Staatsanwaltschaft und den Gerichten keine Ausdeutung, keine Censur des Inhalts der Reden der Volksvertreter zusteht;

in Erwägung, daß jeder Angriff dieser Art das Verfassungsleben in seinen Wurzeln untergräbt, erklärt das Haus der Abgeordneten:

1. „Der Antrag der Staatsanwaltschaft auf gerichtliche Verfolgung der Abgeordneten Twesten und Frentzel wegen ihrer Reden im Abgeordnetenhause, sowie die Zulassung dieses Antrages von Seiten des Strafsenats des höchsten Gerichtshofes enthalten eine Ueberschreitung der amtlichen Befugnisse der Staatsanwaltschaft und der Gerichte und einen, den Art. 84 der Verfassung verletzenden Eingriff in die Rechte des Abgeordnetenhauses.

2. Das Haus der Abgeordneten erhebt zur Wahrung seiner Rechte und der Rechte des nach Art. 83 der Verfassung von ihm vertretenen ganzen Volkes Protest gegen diesen Eingriff und gegen die Rechtsgültigkeit eines jeden Verfahrens und jeder Verurtheilung, welche in Folge dieses Antrages und ähnlicher Anträge der Staatsanwaltschaft gegen seine Mitglieder ergehen möchten."

Die Fraktionen hatten beschlossen, daß den gemeinsamen Antrag jeder einzelne Abgeordnete als Antragsteller unterzeichnen, sich also gleichmäßig der verfassungswidrigen Verfolgung durch die Staatsanwälte des Justizministers aussetzen solle. Hoverbeck wurde unter den Antragstellern vorweg genannt; ihm übertrug man den Theil des Geschäfts, der von einem einzelnen Mitgliede ausgeübt werden mußte. Er beantragte kraft dieses Mandats die Schlußberathung. Diese wurde unter Ablehnung der Kommissionsberathung angenommen. In der voraufgegangenen Debatte hatte unter Anderem bereits Waldeck, der Obertribunalsrath, seine Entrüstung über den Eingriff in die Prärogative des Abgeordnetenhauses ausgesprochen:

„Wir üben unser Mandat aus unter der vollen Gefahr, die unberechtigter Weise auf uns geschleudert wird! Wir sprechen vorher aus, daß kein Abgeordneter Rede steht in einer solchen Untersuchung; daß er das heiligste Recht, welches ein Angeklagter hat, das Recht, sich zu vertheidigen, nicht ausübt — daß er es nicht ausübt im Interesse des Landes, daß er bloß sein Privilegium, sein Privilegium, welches er nach Art. 83 und 84 für das Volk hat, geltend macht! . . ."

Die Zulassung der Anklage war vom Plenum des Strafsenats des Obertribunals unter dem Vorsitz des Vicepräsidenten von Schlickmann am 29. Januar mit 9 gegen 8 Stimmen beschlossen. Die Mehrheit wurde durch zwei Hilfsarbeiter, Appellationtsgerichtsräthe Donalies und Finck, erzielt, die in den Strafsenat im Allgemeinen deputirt waren, um den Ausfall, der in Arbeiten der Landtagsabgeordneten Reichensperger, Frech, Blömer und Jähnichen entstünde, zu decken; an der Berathung nahmen aber diese Vier ebenfalls theil. Sie gehörten zu der Minderheit, die mit Hilfe der Hilfsarbeiter überstimmt wurde.[6])

Am 9. und 10. Februar fand die Schlußberathung statt. Forckenbeck war zum Berichterstatter ernannt.

Er wies in seinem Referat nach, durch Geschichte und Motive der Entstehung des Art. 84 der Verfassung, namentlich durch lebendige Zeugen innerhalb und außerhalb des Hauses sei unzweifelhaft der ohne alle Hintergedanken gefaßte, sonnenklare Inhalt des Verfassungsartikels festgestellt. Zum Schluß der Rede schilderte er, wohin jetzt dies Land gekommen sei:

„Sechszehn Jahre lang hat sie existirt und was ist jetzt aus dieser Verfassung geworden? Ich will es sagen, in einfachen Zügen. In der Verfassung steht: es soll kein Geld ohne unsere Bewilligung ausgegeben werden, — seit 4 Jahren wird das Geld des Landes ohne unsere Bewilligung ausgegeben; — in der Verfassung steht, daß die Minister verantwortlich sind und wegen Verletzung der Verfassung, des Verbrechens des Verraths zur Anklage gezogen werden können. Was erklären nun die Minister? Ja, wir sind verantwortlich, aber nur Gott allein, wir sind also Menschen. Es steht ferner in der Verfassung: wir Abgeordnete sind unverantwortlich und die Minister sind verantwortlich, und was antwortet uns der höchste Gerichtshof? — Ihr Abgeordneten seid verantwortlich. Meine Herren! das ist das Zerrbild einer Verfassung, welches dieses System dem preußischen Volke, welches so würdig und werth ist einer wirklichen Verfassung, jetzt zu bieten wagt. Und was haben wir in dieser Lage zu thun? Meine Herren, einfach zu konstatiren, daß der Einbruch in die Verfassung, in das letzte Bollwerk der Verfassung geschehen ist, auszusprechen, daß wir ohne Geld, ohne die Verfügung über Leute, ohne den Schutz unabhängiger Richter, ja ohne das Rechtsmittel der Vertheidigung gebrauchen zu wollen, diesem System entgegentreten wollen fort und fort, wie es unsere Pflicht ist, die uns das Land auferlegt.“[7])

Die zweitägige Debatte, an der sich von den Ministern Bismarck und Graf zur Lippe und von den Oppositionsrednern außer Forckenbeck namentlich Mommsen, Gneist, Kannegießer, Waldeck, Twesten, Schulze-Delitzsch, Prediger Richter (Teltow) und Simson betheiligten, gehört, wie damals die der Mehrheit keineswegs günstigen Preußischen Jahrbücher (Märzheft 1866 S. 336) erklärten,

„in oratorischer Beziehung zu dem Bedeutendsten, was parlamentarische Beredtsamkeit jemals hervorgebracht. Namentlich sind die Reden von Gneist, Twesten und Simson leuchtende Muster. Gneist behandelte die Frage im engsten Zusammenhange mit den frühesten Grundlagen des politischen Lebens, Twesten hob die sittliche Seite mit gewaltigem Ernste hervor, und Simson erörterte die Rechtsfrage bis in die schwierigsten Verwickelungen hinein mit einer Durchsichtigkeit, wie sie bei einem ähnlichen Thema wohl niemals übertroffen ist."

Stürmischen Beifall rief namentlich jeder Ausdruck der Geringschätzung und Verachtung gegen Richter hervor, die sich an den Angriffen auf die Rechte des Abgeordnetenhauses betheiligt hatten. So Twestens Bemerkung:

„Freilich könnte sich die rechtsverachtende Gewalt nicht am Ruder halten, wenn sich ihr nicht die servile Ehrlosigkeit zur Verfügung stellte."

Von den Ordenssternen mit denen die Minister ihre Richter behängen, sagte Twesten:

„Sie decken die Wunden nicht, welche diese Männer ihrer Ehre vor der Mit- und Nachwelt geschlagen haben, aber leider nicht blos ihrer Ehre sondern auch der Ehre ihres Vaterlandes."

Simson hielt zum Schluß seiner Rede den Ministern vor:

„daß mit dieser Art der Regierung .... schlechterdings unverträglich ist, was der Freiheit auch nur entfernt ähnlich sieht. (Sehr wahr!)

Die Herren können nicht regieren ... mit einer freien Presse; sie können nicht regieren ohne Einfluß auf die Zusammensetzung der Gerichte, und sollte dadurch das Ansehn der Justiz in diesem Lande untergraben werden (Sehr wahr!) sie können nicht regieren, ohne Einfluß auf die Wahlen zum Landtag, und sollte dadurch ein scheinbares Resultat gewonnen werden, wodurch das Gegentheil von dem ausgesprochen wird, was wirklich in den Herzen der Nation lebt; (Sehr wahr!) sie können nicht regieren mit einer freien Kommunalverwaltung; sie können auch schließlich nicht regieren mit einem Hause, in welchem die durch Art. 84 vorgesehene unbedingte Redefreiheit waltet!"

Nach Simson ward die Debatte geschlossen. Hoverbeck, der als Antragsteller das Schlußwort hatte, erklärte „nach der ausgezeichneten Rede Simsons seine parlamentarische Pflicht am besten durch Verzicht auf das Wort" zu erfüllen. Der Antrag ward mit 263 gegen 35 Stimmen angenommen. Die Minderheit bestand aus den Konservativen und vereinzelten Klerikalen. Reichensperger, Osterrath und einige andere Klerikale, sowie Vincke-Olbendorf fehlten unentschuldigt.

Die Möglichkeit, preußische Landtagsmitglieder wegen Abstimmungen oder Aeußerungen zur Verantwortung zu ziehen, ist endgültig beseitigt erst durch § 11 des Strafgesetzbuches vom 31. Mai 1870. Mit „serviler Ehrlosigkeit" haben sich Mitglieder des preußischen Obertribunals in der ersten Reaktionszeit und in der Konfliktzeit der rechtsverachtenden Gewalt wiederholt zur Verfügung gestellt und dadurch Entscheidungen in Fragen öffentlichen Rechts ermöglicht, die sich durch Kühnheit der Auslegung bisher für zweifellos gehaltener Gesetze oder Verfassungsstellen auszeichneten. Aber niemals waren Entscheidungen dieser Art bis in die loyalsten Kreise hinauf allgemein als absichtliche Rechtsfälschungen erkannt, wie dies bei dem Beschluß vom 29. Januar 1866 wider Twesten und Frentzel geschah. Nicht bloß Moltke, sondern auch Max Duncker theilte mit dem Kronprinzen den allgemeinen Unwillen über den Obertribunalsbeschluß.[8]) Das tief gekränkte Rechtsbewußtsein des preußischen Volkes behielt die Thaten des preußischen Obertribunals noch lange im Gedächtniß. Es empfand den Beschluß des Reichstags vom 21. März 1877, als Sitz des Reichsgerichts nicht Berlin, sondern Leipzig zu bestimmen, mit gerechter Genugthuung.[9])

c) In der 10. Sitzung vom 16. Februar ward über den Bericht der Justizkommission verhandelt, betreffend eine Beschwerde über mißbräuchliche und gewaltsame Unterdrückung des Versammlungsrechts bei dem Kölner Abgeordnetenfeste. Die Kommission beantragte zu erklären, die amtlichen Maßregeln zur Verhinderung des Festes stünden in Widerspruch mit Verfassung und Gesetz; es sei Pflicht des Ministers des Innern, die gesetzlosen Maßregeln der Unterbeamten zu verhindern, und es sei Pflicht des Oberprokurators, gegen Regierungspräsident, Polizeipräsident und Unterbeamte wegen Mißbrauchs der Amtsgewalt das strafgerichtliche Verfahren zu eröffnen. Das Abgeordnetenhaus nahm den Antrag an.

Um den Kommissionen Arbeitszeit zu geben, ward die nächste Sitzung (die 11.) erst zum 22. Februar anberaumt.

Außer der Budgetkommission hatten vor dem 22. Februar zwei andere für das Ministerium wichtige Kommissionen ihre Berathungen unter Beantragung oppositioneller Beschlüsse beendet.

Am 21. Februar hatte eine Kommission, die zur Prüfung der verfassungsmäßigen Rechtsgültigkeit des am 10. August 1865 von der Regierung mit der Köln-Mindener Eisenbahngesellschaft abgeschlossenen Vertrages eingesetzt war, ihre Arbeit unter Annahme eines weitläufigen Berichts vollendet. Sie war auf einen mit Unterstützung der Fortschrittspartei (Forckenbeck, Lasker, Hoverbeck, Waldeck u. s. w.) eingebrachten Antrag des Abgeordneten Dr. Becker eingesetzt. Bei Anlage der Köln-Mindener Eisenbahn war in der ersten Konzessions- und Bestätigungsurkunde vom 14. Dezember 1843 eine Staatsgarantie von 3½ Prozent Zinsen des Aktienkapitals zugesichert. Spätere mit der Direktion abgeschlossene Verträge über Anlegung von Nebenbahnen und der Rheinbrücke wurden dem Landtage vorgelegt und von diesem Zinsgarantien bewilligt. Nach den Verträgen waren dem Staat dafür entsprechende Rechte eingeräumt, namentlich ein Theil der Einnahmen zugesichert und er außerdem für befugt erklärt, die Aktien der Hauptbahn zum Nennwerthe zu amortisiren. Darnach also konnte der Staat die Eisenbahn durch Amortisation aller Stammaktien ankaufen. Dies Recht war 1865 von großem Werthe, indem damals die Stammaktien etwa 250 Prozent standen, der Staat aber das Recht hatte, sie zum Preise von 100 Thalern zu erwerben. Durch den Vertrag vom 1. August 1865 hatte sich nun der Staat gegen eine anderweitige Entschädigung dieses Rechts begeben und zugleich das Recht des freien Verkaufs der bereits in seinem Besitz gekommenen Stammaktien bewilligt erhalten. Die Kommission unter dem Vorsitz der Abgeordneten v. Carlowitz und Klotz verhandelte in vier Sitzungen im Beisein von Vertretern der Ministerien für Justiz, Finanzen, Handel und Gewerbe. Die Regierung, die durch den Vertrag baar und an sofort verkäuflichen Aktien gegen hundert Millionen Thaler zur Verausgabung in die Hände bekam, nahm für sich die unbedingte Befugnis in Anspruch, über das Staatsvermögen zu verfügen; nur die Gerichte und nicht die Landesvertretung hätten zu entscheiden, ob der formell abgeschlossene und vollzogene Vertrag rechtsgiltig sei. Die Kommission beschloß auf Laskers Antrag, dem Hause vorzuschlagen, das ganze Geschäft für verfassungswidrig und für rechtsungültig zu erklären. Der 32 Spalten umfassende Bericht Laskers wurde vor dem 22. Februar an die Mitglieder vertheilt.[10])

Gemäß der Ankündigung in der Eröffnungsrede hatten die Minister Roon und Bodelschwingh den Gesetzentwurf über die Beschaffung außerordentlicher Mittel für die preußische Seemacht am 28. Januar wieder eingebracht. Zur Vorberathung ward eine besondere Marinekommission eingesetzt. Diese beschloß einstimmig am 17. Februar auf Virchows Antrag, den Entwurf abzulehnen. Virchow verfaßte darüber schriftlichen Bericht. Die Kommission ging auf eine technische Erörterung gar nicht ein, weil vor Wiederherstellung des Budgetrechts die Bewilligung einer Anleihe unmöglich sei.

In der Sitzung vom 22. Februar ließ der Präsident Grabow ein an ihn gerichtetes Schreiben Bismarcks als Präsidenten des Staatsministeriums vom 18. Februar verlesen. Danach hatte das Staatsministerium beschlossen, die Annahme der Schriftstücke, betreffend die Beschlüsse des Abgeordnetenhauses über Lauenburg, über die Obertribunalsentscheidung und über das Kölner Abgeordnetenfest abzulehnen,

„weil die darin mitgetheilten Beschlüsse in der dem Hause der Abgeordneten durch die Verfassung beigelegten Kompetenz nicht nur keine Begründung finden, sondern verschiedene Artikel der Verfassung ausdrücklich verletzen. Das Haus der Abgeordneten ist weder berechtigt, einen von seiner Majestät dem Könige geschlossenen Staatsvertrag für rechtsungültig zu erklären, noch richterliche Urtheilsprüche anzufechten, noch den Beamten der Exekutivgewalt Vorschriften zu ertheilen."

Durch jene Beschlüsse würden die Art. 48, 86 und 45 der Verfassung verletzt und dem Präsidenten deshalb seine Mittheilungen zurückgeschickt.

Hoverbeck beantragte sofort, in Bezug auf die geschäftliche Behandlung des Schreibens und damit über dieses selbst zur einfachen Tagesordnung überzugehen. In der Begründung der Tagesordnung erklärte er unter anderem:

„Allerdings ist das Schreiben des Ministeriums eine unerhörte Beleidigung gegen das Abgeordnetenhaus — aber doch auch nur eine Beleidigung, und ich denke, meine Herren, wir haben hier sehr viel wichtigere Sachen zu verhandeln, als gegenseitige Beleidigungen; die Beleidigungen übrigens, die ein Staatsfaktor, der in seinem Besitz der ganzen materiellen Gewalt ist, gegen einen andern Faktor schleudert, der nur das Recht und nicht die mindeste Gewalt auf seiner Seite hat, werden immer auf den Beleidiger selbst zurückfallen." (Sehr richtig!)

Die 3 Zeilen, welche sich im Schreiben des Ministerpräsidenten als Begründungen der Anklage finden, durch die Debatte zu widerlegen, sei ein unfruchtbares Werk. Man brauche nichts anderes als die im Schreiben angeführten Artikel der Verfassung aufzuschlagen, um sich zu überzeugen, daß sie auf die Beschlüsse nicht anwendbar seien. Ferner sei es nicht zweckmäßig, dem Ministerium den Gefallen zu thun, die lange abgemachte Debatte wieder aufzuwärmen.

„Neu ist das Eine, daß die Minister auf diese vollkommen todtgeschlagenen Gründe hin sich geeinigt haben, einen formellen Beschluß des Staatsministeriums zu fassen und danach dem Abgeordnetenhause einen Verfassungsbruch vorzuwerfen. Ich habe mir dies so zu erklären, daß die Minister gesehen haben, daß die Beschlüsse des Abgeordnetenhauses über die Verfassungswidrigkeiten der Minister im Lande tiefen Widerhall gefunden haben — sie haben sich vielleicht darin geirrt, daß sie glaubten, es genüge nur, einmal auszusprechen, daß verfassungswidrige Handlungen vorliegen, um diese Wirkung hervorzubringen. . . . .

Das preußische Volk ist in der Verurtheilung dieser Maßregel des Ministeriums einverstanden mit dem ganzen übrigen Deutschland, mit dem ganzen gebildeten Europa. Diesem Urtheil wollen wir es ruhig überlassen, unsere Sache zum Austrag zu bringen. Wäre es aber nicht so, meine Herren, wäre das Abgeordnetenhaus wirklich der Verfassungsverletzung schuldig, wie die Minister es erklärt haben, was wäre dann die heilige Pflicht der Minister gewesen? Sofort nach der ersten Verfassungsverletzung am 3. d. Mts. die Auflösung des Abgeordnetenhauses auszusprechen. Von dem Augenblick an, wo sie das nicht gethan, haben sie sich zur verfassungsmäßigen Erledigung dieser Sache vollkommen unfähig gezeigt . . ."

Hoverbeck stellte ferner die Frage, welche Gründe die Minister bewogen haben möchten, in so auffallend schroffer Form gegen das Abgeordnetenhaus aufzutreten. Nach einem Artikel der „Norddeutschen Allgemeinen Zeitung", des „Leiborgans" des Premierministers, solle eine Verfolgung in großem Maßstabe, ein Feldzug gegen die Abgeordneten der Mehrheit eingeleitet werden. Ausdrücklich werde gesagt, sie sollten wegen ihrer verfassungswidrigen Abstimmungen zur Verantwortung gezogen werden. Betrogen sei seine Hoffnung, die im Art. 84 der Verfassung bestimmte, bis jetzt noch nicht weginterpretirte Straflosigkeit der Abstimmungen werde erhalten bleiben. Er verwies auf seinen Antrag, den schließlich mehr als 200 Abgeordnete als Antragsteller unterzeichnet hatten.

„Wir haben dem Ministerium Gelegenheit gegeben, über zweihundert Mitglieder dieses Hauses, die der Majorität angehören, in dieser Weise zu verfolgen, ohne das bisher unberührte Stück des Art. 84 wegzuinterpretiren."

Die Minister schwiegen. Hoverbecks Antrag ward mit großer Mehrheit angenommen. Der Präsident Grabow erklärte, er werde dem Beschluß gemäß das Schreiben des Ministerpräsidenten zu den Akten schreiben.[11])

Im weiteren Verlauf der Sitzung wurde eine Gesetzvorlage über Aufhebung eines seit 1851 bestehenden Gerichtskostenzuschlages einstimmig angenommen und endlich ein Antrag des Abgeordneten Reichensperger auf Erlaß einer Adresse diskutirt und abgelehnt.

Kaum war diese Ablehnung erfolgt, da erhob sich Bismarck, um dem Hause Mittheilung von zwei königlichen Verordnungen zu machen. Nach der ersten wäre er beauftragt, die Sitzungen des Landtags am 23. Februar 1 Uhr zu schließen. In der zweiten wurden beide Häuser des Landtags bis zum Schluß der Session vertagt. Der Präsident verlas beide Verordnungen noch einmal. Danach sollte also das Abgeordnetenhaus bis zum Schluß der Session, bis zu 1 Uhr des folgenden Tages keine Sitzung mehr haben. Da er keine Kenntnis von diesen bevorstehenden Verordnungen gehabt habe, so könne er keine Mittheilungen über die Arbeiten des Hauses machen.

„Wir können die heutige Sitzung nur mit dem Wunsche schließen, daß, da nach meiner Ueberzeugung in jeder Hinsicht nun ein anderes Verfahren eintreten wird, das preußische Volk hinter seinen Abgeordneten stehen und die Verfassungsurkunde, wie bisher heilig halten möge. Die Maßnahmen, die vielleicht in Folge unserer Vertagung und unserer Schließung eintreten werden, sie haben sich im Laufe unserer jetzigen Sitzungsperiode schon angekündigt; ich glaube aber, daß wir, die wir für Recht, Gesetz und Verfassung bisher mit allen unseren Kräften eingetreten sind, dies auch ferner unser Streben sein lassen wollen."

Er schloß mit dem üblichen Hoch auf den König.

Am 23. Februar 1 Uhr wurde dann im Weißen Saale der Landtag mit einer Strafrede gegen das Abgeordnetenhaus geschlossen, dem die vorgeblichen Verfassungsverletzungen vorgeworfen wurden. Bei der Feierlichkeit im Schlosse waren nur einige Konservative und Klerikale anwesend, — auch kein Präsident des Abgeordnetenhauses.

Der Zorn, die Entrüstung der Abgeordneten über das überraschende Schreiben Bismarcks vom 18. Februar war erklärlich. Die Minister oder wenigstens die Mehrheit derselben erhob in dem Schreiben, das einen Angriff bösester Art auf das Abgeordnetenhaus darstellte, gegen die Volksvertretung öffentlich Beschuldigungen, die nach übereinstimmender Ueberzeugung aller Parteien nur wider besseres Wissen gethan sein konnten. Erschien es nicht gewissenlos, ja schamlos, wenn die auf die Verfassung vereidigten höchsten Beamten des Staates mit verlogenen, heuchlerischen Erklärungen das Abgeordnetenhaus angriffen? Mochten sie nach dem vom Standpunkt bürgerlicher Moral verächtlichen Grundsatz, der Zweck heiligt die Mittel, mit ihrem schmählichen Thun hohe Ziele zum Besten des Vaterlandes im Auge haben, — welche Ziele waren es, die durch solche Mittel gefördert werden konnten?

Einschüchterungsversuche aller Art hatten keine Wirkung geübt. In Erinnerung an den Staatsstreich Napoleons, als Präsidenten der französischen Republik vom 2. Dezember 1849, wo das Parlament durch die Soldaten auseinandergejagt und die Abgeordneten verhaftet worden waren, sahen viele in dem Ministerialbeschluß die Einleitung zu einem ähnlichen gewaltsamen Verfahren zum Sturz der Verfassung. Diese Befürchtungen wurden eher vermindert als gesteigert durch die plötzliche, von Niemand vorausgesehene Vertagung und Schließung des Landtages vom 22. Februar. Es ergab sich daraus, daß man durch Beschlüsse der Volksvertretung in der äußeren Politik behindert zu werden fürchtete. An Krieger schrieb Hoverbeck, „sie haben doch noch ein bischen Angst vor dem Volke" und Bender schrieb ihm, „wir sind den Gewaltmenschen viel fürchterlicher gewesen, als wir dachten."

Verhindert wurde das Abgeordnetenhaus, im Plenum die geharnischten Resolutionen der Budgetkommission in Bezug auf die verfassungsmäßige Budgetverhandlung anzunehmen, die Anleihe nach dem Antrage der Marinekommission zu verwerfen, den Vertrag mit der Köln-Mindener Eisenbahndirektion, der der Regierung für Kriegsführung große Geldmittel verschaffte, für verfassungswidrig und rechtsungültig zu erklären. Die Regierung ließ sich sofort die Räume des Abgeordnetenhanses nebst allen Schriften, Akten und sonstigem Zubehör in rücksichtslosester Form übergeben und verhinderte so den Druck und die Vertheilung von Kommissionsberichten, deren Verbreitung ihr unbequem war. Beim Schluß der Session hoffte Bismarck, der König werde jetzt seine Genehmigung zu einem Krieg mit Oesterreich ertheilen.

Zu einem preußischen Ministerrath, unter dem Vorsitz des Königs am 28. Februar 1866 waren der Kronprinz, Graf Goltz und die Generäle Moltke, Manteuffel und Alvensleben II, diensthuender Generaladjutant, zugezogen. Dem Vortrage Bismarcks, der den Krieg mit Oesterreich für nothwendig erklärte, stimmten alle Minister außer Bodelschwingh, aber nicht der Kronprinz bei. Der König schloß, er wünsche den Frieden, sei aber zum Krieg entschlossen, den er für einen gerechten halte, nachdem er Gott gebeten, ihm den rechten Weg zu zeigen.[12]) Der Kronprinz theilte den Standpunkt der fortschrittlichen Abgeordneten. Er verharrte „in seiner Abneigung und seinem Argwohn" gegen Bismarck.

„Gleichmäßig haßte er dessen innere Politik als eine reaktionäre und verurtheilte er dessen auswärtige als eine gewaltthätige und unverantwortliche."

Er sah jedenfalls in dem Vorgehen Bismarcks „nur Tollkühnheit und Frivolität".

„Seine Absicht sei, eine große Verwirrung, eine europäische Umwälzung herbeizuführen, weil er sich anders nicht halten könne. Er wolle den Krieg, um sich den inneren Schwierigkeiten zu entziehen; das sei unmoralisch, heiße mit dem Schicksale Preußens spielen. Auch vor revolutionären Hülfsmitteln werde er, im Falle einer Einmischung Frankreichs, nicht zurückscheuen."[13])

Bismarcks Hoffnung, den König endlich zu dem von ihm gewünschten Entschluß gebracht zu haben, war nicht in Erfüllung gegangen. Der König schwankte nach wie vor, den Bruch mit Oesterreich definitiv zu vollziehen, noch dazu, da ihm „nicht verborgen war, daß dieser mit Oesterreich und halb Deutschland zu führende Krieg im Lande und zwar bei allen Parteien keineswegs populär war." [14]) Roon klagte noch in einem Briefe vom 26. März über Bismarcks „krankhafte Ungeduld" und Bodelschwinghs „büreaukratische Tüfteleien und Bedenklichkeiten." Am 27. März wurden die ersten Rüstungsmaßregeln und Reserveeinziehungen beschlossen.[15]) Aber mit der Ausführung ging es langsam.

Mit Oesterreich begannen neue Unterhandlungen über Abrüstung.[16]) In Versammlungen von Wahlmännern und Wählern namentlich in Rheinland und Westfalen nachher auch in Berlin, Stettin, Königsberg, Insterburg wurden Resolutionen gegen den Krieg gefaßt.

Schon Ende Februar war bei dem bayerischen Minister v. d. Pfordten die Frage der deutschen Bundesreform zur Sprache gebracht. Eine Zirkulardepesche Preußens an die deutschen Regierungen vom 24. Februar über die österreichischen Rüstungen betonte das Dringende dieser Reform. Ein deutsches Parlament, aus direkten Wahlen nach allgemeinem Stimmrecht hervorgegangen, wurde in Anregung gebracht. Am 8. April war ein Bündnißvertrag mit Italien zum Abschluß gelangt. Am Tage darauf brachte Savigny, der preußische Gesandte am Bundestag den Antrag auf Berufung eines allgemeinen deutschen Parlaments nach dem Wahlgesetz von 1849 ein. Der Parlamentsvorschlag war bestimmt, die Mittelstaaten von der Verbindung mit Oesterreich abzuhalten. Bismarck scheint gehofft zu haben, daß der Plan soviel Anklang beim Volke finde, daß dieses einen Druck auf ihre Regierungen ausübe.[17]) Diese Hoffnung ging nicht in Erfüllung. Das Mißtrauen gegen den Konfliktsminister, der in Preußen unter Mißachtung von Recht und Verfassung die Freiheit gewaltsam unterdrückte,[18]) war nicht zu überwinden. Man nahm seinen den Grundsätzen des Nationalvereins und der Fortschrittspartei entsprechenden Parlamentsplan nicht ernst. Auch der Kronprinz erklärte ihn für unreif und Bismarcks ganzes Vorgehen „als ein frevelhaftes Spiel mit den heiligsten Dingen."

Bernhardi war auf seinen Wunsch von Roon für eine Sendung als militärischer Bevollmächtigter ins italienische Hauptquartier empfohlen. Bismarck ließ ihn am 27. April kommen und schickte ihn zunächst nach Hannover zu Bennigsen. Er sollte diesen überzeugen, daß Bismarcks Forderung einer Bundesreform kein „Nothschuß" sei, sondern wirkliches „Programm" darstelle, durfte aber nicht sagen, daß er im Auftrage Bismarcks komme. Bernhardis Beredsamkeit war wider Erwarten vergeblich. Bennigsen erklärte, auf Unterstützung der außerpreußischen Liberalen könne Bismarck nicht rechnen, bevor er nicht bestimmte Vorschläge für die

Bundesreform gemacht und in Betreff des Konflikts eingelenkt habe. Bismarck war nicht befriedigt von Bernhardis Bericht.[19])

Hoverbeck enthielt sich nach Schluß der Landtagssession aller politischen Thätigkeit. Im März 1866 starb seine Mutter. Seinem Freunde Krieger schrieb er von Nickelsdorf am 23. März:

„Seit ein paar Tagen bin ich wieder in Nickelsdorf, und erhielt hier Deinen lieben Brief. Du fragst mich, wie die letzten Lebenstage meiner lieben Mutter waren. Nun, Gott sei Dank, nicht so schmerzlich, als einige frühere in der letzten Krankheit. Es hatte eine so allmälige Abnahme der Lebenskraft sich eingestellt, daß der sehr tüchtige und theilnehmende Arzt ein nahe bevorstehendes Ende nicht vermuthete, und mir daher gesagt hatte, ich möge ruhig auf etwa 8 Tage nach Hause reisen. Dies geschah auch; dagegen blieb meine Frau in Elbing. Der letzte Tag war eigentlich schmerzlos, sie schlief viel, und die Nacht brach an, ohne daß Jemand eine Ahnung hatte, wie nahe der Tod war. Er erfolgte ganz plötzlich, aber eben so sanft des Morgens um 3 Uhr, so daß es die Meinigen Anfangs nur für eine Ohnmacht hielten, und erst der sofort berufene Arzt sie vergewisserte, daß das Ende durch einen Herzschlag herbeigeführt sei. Ich bekam natürlich sofort Nachricht, und reiste augenblicklich hin, um meinen Vater in den nächsten Tagen zu unterstützen. Derselbe fühlt natürlich, wie wir alle, tief den erlittenen Verlust, aber er giebt uns auch ein Beispiel, in welcher Weise derselbe getragen werden soll. Er denkt sehr oft an die liebe Mutter, aber mit einer Art von heiterer Wehmuth; er erfreut sich an dem ganzen Bilde ihres durchweg reinen und edlen, theilnehmenden und aufopfernden Lebens.[20]) Er bleibt in Elbing wohnen, da er dort nicht allein ist, sondern mit meiner Schwester und deren drei Kindern zusammen wohnt, besonders das älteste derselben, mein Neffe Georg Thiel, schließt sich sehr an den Großvater an, und er hat ihn auch sehr gern um sich. Der Junge ist jetzt Primaner im Gymnasium, aber dabei trotz seiner 18 Jahre ein liebenswürdiges kindliches Gemüth.

Wenn das Wetter besser geworden ist, das heißt zu Anfang des Sommers, hat der Vater uns hier einen längeren Besuch versprochen. Trotz seiner 80 Jahre dürfen wir hoffen, daß er die Reise noch ganz gut vertragen wird. Für unsere politischen Kämpfe hat er noch immer ein lebhaftes Interesse, und haßt das jetzige Regime fast noch stärker, als wir (wenn das möglich ist —). Er findet für Europa überhaupt kein anderes Heil als in der Republik. Er stimmt darin mit seinem Hausarzt, Dr. Berlait, durchaus zusammen, und wenn wir drei uns über Politik unterhielten, war ich beinahe der gemäßigtste . . .“

Das Zentralwahlkomitee der deutschen Fortschrittspartei hat zum Schluß der Session den von der Regierung nicht zur Vertheilung zugelassenen Vorbericht der Budgetkommission vom 22. Februar, der Virchows Darstellung der Geschichte des Verfassungskonfliktes enthält, in Leipzig drucken lassen und an die Vertrauensmänner versandt.

Am 9. Mai ward das Abgeordnetenhaus durch königliche Verordnung aufgelöst. Diese stützte sich auf eine Eingabe des Gesamtministeriums, die ausdrücklich anerkannte, daß das jetzige Haus der Abgeordneten in seiner Mehrheit „angesichts der Gefahren, welche das Vaterland bedrohen, ihre Hingebung für dasselbe gewiß bereitwillig bethätigen würden." Ungeachtet dieser Anerkennung wagte das „Leiborgan" Bismarcks, die Norddeutsche Allgemeine Zeitung am selben Tage der parlamentarischen Opposition vorzuwerfen, daß sie den zwei Tage zuvor gemachten Versuch eines jugendlichen Fanatikers Julius Cohen, eines Akademikers der land- und forstwirthschaftlichen Lehranstalt zu Hohenheim in Württemberg, Bismarck durch Meuchelmord aus dem Wege zu schaffen, veranlaßt habe.[21]) Sie schrieb:

„Ueberraschen kann es nicht, wenn wir die Anhänger der parlamentarischen Partei endlich zu dem Mittel greifen sehen, einen Minister dadurch zum Rücktritt zu nöthigen, daß man ihn meuchlings niederschießt, ein Mittel, das freilich wirksamer ist, als Resolutionen oder Beschlüsse in Bezirksversammlungen."

Preußen hat vom Januar 1862 bis zum Mai 1866 drei Landtage gehabt, deren Abgeordnetenhaus wegen der hartnäckigen Opposition seiner großen Mehrheit aufgelöst wurde. Diese Mehrheit bekannte sich zu den Grundsätzen der 1861 begründeten deutschen Fortschrittspartei. Eine wahrheitsgetreue Geschichtsschreibung wird von dem im Mai 1866 aufgelösten Abgeordnetenhause mit Eugen Richter anerkennen müssen, „daß niemals später eine so intelligente und zugleich patriotische Volksvertretung in Berlin wieder versammelt gewesen ist."[22]) Preußen ist in den schweren Verfassungskämpfen der Konfliktzeit nur durch die Mehrheit des Abgeordnetenhauses vor der Rückkehr zum Absolutismus bewahrt geblieben. Schwerlich wäre ohne die feste Ausdauer und unerschütterliche Standhaftigkeit der Volksvertretung der Konfliktzeit die unbedingte Anerkennung des Budgetrechts, das Recht der Spezialisirung des Etats, das Oberrechnungskammergesetz, die Redefreiheit der Abgeordneten, die Unabhängigkeit der Rechtsanwaltschaft, die zweijährige Dienstzeit erreicht worden. Und wie anders stünde es mit Freiheit und Recht des Volkes in unserem Vaterlande, wenn die Volksvertretungen in Preußen und im Deutschen Reiche seit 1866 an Muth und Charakter der Abgeordnetenhausmehrheit der Konfliktzeit gleich gewesen wären.

Der erste Wahlaufruf der deutschen Fortschrittspartei in Preußen erklärte in einer traurigen Zeit der Zerrissenheit unseres Vaterlandes, die Existenz und die Größe Preußens hinge ab von einer festen Einigung Deutschlands, die nur mit einer starken Zentralgewalt in den Händen Preußens und gemeinsamer deutscher

Volksvertretung denkbar sei. Der König, der Adel, die Staatsmänner und alle anderen politischen Parteien Preußens waren mit dem Programm nicht einverstanden.

Anmerkungen zum 30. Kapitel.

1) Haym, Duncker S. 372 und Bernhardi Bd. VI S. 233.

2) Vorher waren Abänderungsanträge von Faucher und Genossen und von Reichensperger abgelehnt. Zwischen diesen und dem Antrage der Kommission war der Unterschied gering. Es sollte in den Abänderungsanträgen ausgesprochen werden, daß die Vereinigung Lauenburgs mit Preußen „verfassungsmäßig" bezw. „zur Rechtsbeständigkeit" der Zustimmung des Landtags bedürfe. Gegen den Kommissionsantrag stimmten außer den Konservativen noch die fortschrittlichen Abgeordneten Faucher, Michaelis, Prince-Smith und mehrere Klerikale, darunter Reichensperger, Osterrath.

3) Auch nicht dem nach der Konfliktzeit bei Annahme des Gesetzes über die Vereinigung der Herzogthümer Schleswig und Holstein mit Preußen am 20. Dezember 1866 gefaßten Beschlusse, die Regierung aufzufordern, dem Landtage beim nächsten Zusammentreten einen Gesetzentwurf über Vereinigung von Lauenburg mit dem preußischen Staatsgebiet vorzulegen.

4) Während der Zeit der faktischen Personalunion fand die Auseinandersetzung über das Domanium mit der Ritterschaft und das Geschenk von Schwarzenbeck mit dem Sachsenwalde und Friedrichsruh an Bismarck statt.

5) Bei der Berathung dieses Gesetzes am 5. April 1876 versagte sich Bismarck nicht, mit Redewendungen Virchow und das Verhalten der Fortschrittspartei in der schleswig-holsteinschen Frage während der Konfliktzeit durch spöttische Andeutungen anzugreifen. Virchow entgegnete, die Stellung, die das Abgeordnetenhaus in den Jahren 1862 und 63 festgehalten, sei keine unfruchtbare und für die weitere Entwickelung der Geschicke unseres Vaterlandes nicht bedeutungslos gewesen. Bismarck werde nicht bestreiten können, daß das Abgeordnetenhaus ihm in gewisser Weise vorangegangen, sowohl in Bezug auf das Vorgehen gegen Dänemark, wie auch beim Vorgehen gegen Oesterreich; das Haus habe sich dadurch ein ehrendes Denkmal gesetzt. Hierauf erwiderte Bismarck:

„Ich erkenne, meines Erachtens — ich habe Objektivität genug, um mich in den Ideengang des Abgeordnetenhauses von 1862 bis 1866 vollständig einleben zu können, und habe die volle Achtung vor der Entschlossenheit, mit der die damalige preußische Volksvertretung das, was sie für Recht hielt, vertreten hat. Daraus mache ich Niemand einen Vorwurf. Sie konnten damals nicht wissen, wo meiner Ansicht nach die Politik schließlich hinausgehen sollte; ich hatte auch keine Sicherheit, daß sie faktisch dahin hinausgehen würde und Sie hatten auch das Recht, wenn ich es Ihnen hätte sagen können, mir immer noch zu antworten: uns steht das Verfassungsrecht unseres Landes höher als seine auswärtige Politik. Da bin ich weit entfernt gewesen, irgend Jemandem einen Vorwurf daraus zu machen, oder ich bin es wenigstens jetzt, wenn auch in der Leidenschaft des Kampfes ich es nicht immer gewesen sein mag, und ich glaube, Sie werden mir gerechterweise das Zeugniß nicht versagen können, daß ich meinerseits in den zehn Jahren, die seitdem ins Land gegangen sind, nie, auch nicht in gereizten Diskussionen, an den damaligen Konflikt erinnert habe. Ich habe meinerseits alle Feindschaft von damals vergessen und ihr die volle Versöhnung der Landsmannschaft und der gleichen Liebe zum Vaterlande substituirt." (Stenogr. Bericht S. 963 ff.).

Bismarck hat diese öffentliche Anerkennung in seiner von unwahren Beschuldigungen gegen die Fortschrittspartei strotzenden Reichstagsrede vom 9. Mai 1884 widerrufen und für einen „mißlungenen diplomatischen Schachzug" erklärt. In Wahrheit denke er über die Fortschrittspartei anders, als er 1876 über sie gesprochen.

[6]) So ist die Angabe Waldecks in seiner Rede vom 9. Februar. Er selbst saß im Civilsenat und versah seine Geschäfte regelmäßig nach wie vor. Dessen ungeachtet hatte er einen Stellvertreter zu bezahlen, der in dem Senat fungirte, in dem er selbst arbeitete. — Der Justizminister und der erste Präsident des Obertribunals Uhden bestritten, die Hilfsarbeiter bestellt zu haben.

[7]) Philippson bringt in seinem Buch über Forckenbeck (S. 140) auch den Schluß der Rede desselben vom 10. Januar 1866, auffallenderweise aber nicht nach dem stenographischen Bericht, sondern augenscheinlich nach einem Zeitungsauszuge, der bei sachlicher Uebereinstimmung stylistisch eine Verschlechterung ist.

[8]) Duncker, der in der steten Meinung, „in die Gedanken Bismarcks eingeweiht zu sein," unausgesetzt bemüht war, den Kronprinzen zu Gunsten Bismarcks zu bekehren, fand es sogar angezeigt, daß der Kronprinz über jenen Beschluß an den König schriebe und um Untersuchung der Vorgänge bäte. Er glaubte an Bismarcks Unschuld. Haym-Duncker S. 376.

[9]) Preußen war im Bundesrath überstimmt. Der Reichstag sollte die Korrektur dahin vornehmen, daß nicht Leipzig sondern Berlin Sitz des Reichsgerichts würde. Die Offiziösen schlugen Lärm; wer nicht für Berlin stimmen wollte, wurde bereits zum Reichsfeind gestempelt. Die hochtönenden patriotischen Reden von Gneist, Löwe-Calbe und Treitschke waren vergebens. Nicht bloß die Klerikalen, Sozialdemokraten, Polen und Elsaß-Lothringer, auch die Fortschrittspartei, von der Frankenburger, Hänel und Bürgers das Wort ergriffen, entschied sich einstimmig gegen Berlin. Ein kleiner Theil der Nationalliberalen unter Lasker und Stauffenberg stimmte mit der Mehrheit (213 gegen 142 Stimmen) für Leipzig. (Siehe meinen Aufsatz „Leipzig oder Berlin" in Nr. 2 der parlamentarischen Correspondenz vom 28. März 1877.) Waldeck, Twesten und Hoverbeck waren todt, Forckenbeck, Reichstagspräsident, stimmte mit Gneist für Berlin, Simson war nicht mehr Reichstagsmitglied, er wurde nun Reichsgerichtspräsident. — Treitschke, Heinrich v., geb. Sept. 1834 in Dresden, von 1871 bis 81 Reichstagsabg. für Kreuznach, † April 1896. — Frankenburger, Wolf, Rechtsanwalt in Nürnberg, geb. März 1827; von 1874 bis 78 Reichstagsabg. für Nürnberg, † Juli 1889. — Bürgers, Heinrich, geb. 1820 in Köln (siehe Bd. I S. 130), von 1877 bis zu seinem Tode Dezember 1878 Reichstagsabg. für Breslau. — Stauffenberg, Freiherr Schenk v., geb. August 1834 in Würzburg, Reichstagsabg. von 1871 bis 93, zuerst für München, dann für Braunschweig III, zuletzt für Erlangen-Führt (natlib., Sezessionist, freisinnig). Zollparlament für Ansbach; bayerischer Landtagsabg., lebt auf seinem Gute Rißtissen in Württemberg.

[10]) Die streitige Angelegenheit erledigte sich nach der Indemnitätserklärung (siehe unten).

[11]) Horst Kohl berichtet (Reden des Fürsten Bismarck, Bd. III, S. 39), das Schreiben vom 18. Februar habe bei der Verlesung die größte Aufregung unter den Mitgliedern der liberalen Partei erregt. Das ist ungenau. Das Schreiben war den Abgeordneten schon zwei Tage früher bekannt geworden, es hatte zu aufgeregten Debatten in der Fraktionssitzung der Fortschrittspartei geführt. Der sehr ruhige und gemäßigte Abgeordnete Dr. Bender schrieb darüber am 18. März in einem Briefe an den in den letzten Tagen beurlaubt gewesenen Krieger-Goldap:

„Es waren die ruhigsten Menschen wild geworden. Hennig stellte den Antrag: das Staatsministerium aufzufordern, das qu. Schreiben zurückzunehmen, und bis sie dies gethan, die Arbeit einzustellen. Das klang so forsch und wurde so feurig begründet, daß Hoverbeck und Virchow, welche ursprünglich motivirte Tagesordnung verlangt hatten, ihre Anträge einpackten und mit Sack und Pack zu den entschiedenen Männern übergingen. Ihrem Beispiele folgten sogar mehrere alte Waldeckianer. Als ich nach der Abstimmung Zählung der Stimmen verlangte, war Hennig wüthend über meine Zweifel und meine Auflehnung gegen die Geschäftsordnung. Das Bureau gab aber nach und da fanden sich 49 pro, 47 contra Hennig! Die

Kommission, welche den Hennigschen Antrag mundgerecht machen sollte, wurde so zusammengesetzt, daß wir voraussahen, sie würde nichts produziren. Denke Hennig, Lasker und der junge John! Wer von diesen sollte da nachgeben? Du wirst schon wissen, daß sie schließlich eine Adresse vorschlugen und natürlich durchfielen. Ueber Nacht war bei vielen die Besinnung wiedergekehrt, und diese baten nun selbst um die förmliche Aufhebung des Hennigschen Antrages. Nur Bresgen versuchte fester zu stehen, wurde aber von Forstmann (der Tag vorher reines Feuer gewesen war) und Anderen umgeraunt . . ."

[12]) Lettow-Vorbeck a. a. O. S. 19 ff.

[13]) Wörtlich aus Haym: Das Leben Max Dunckers S. 373. — Nach den Auszügen, die in Haym aus dem Briefwechsel des Kronprinzen mit Max Duncker mitgetheilt werden, wäre die Veröffentlichung des gesamten Briefwechsels für die Geschichte der Konfliktzeit von großem Werthe. Auch der Briefwechsel Dunckers mit Haym und anderen Hallenser Freunden verdiente veröffentlicht zu werden. Am 13. April 1866 schrieb Duncker „an einen hallischen Freund" nach einer Aeußerung „bitteren Unmuths" über den „Fortschritt": „Leider sind Schwerin, Gruner, Patow, Bethmann ebenfalls im Fahrwasser des Friedens und klagen über frivolen Krieg."

[14]) Roon S. 261.

[15]) Der König hatte nicht daran gedacht, daß am 30. März Gründonnerstag sei und wollte den Abgang der ihm jedenfalls unchristlich erscheinenden Befehle bis zum Sonnabend nach Charfreitag verschieben. Es war aber zu spät. (Roon S. 266.)

[16]) Aus einem Briefe Roons an Bismarck vom 4. April 1866 geht hervor, daß nach einer am 3. April abends zwischen beiden erfolgten Unterredung Roon befürchtete, Bismarck werde „die entsetzlichen Friktionen" nicht mehr ertragen wollen. An „Coburgischen Manschereien" sollte nach Roons Vermuthung die Kronprinzessin, Kaiserin Friedrich, Schuld sein. Roon kannte das Bd. II, S. 216 erwähnte Verhältnis der Königin von England und ihrer Tochter zu dem „Schützen-Ernst" nicht.

[17]) Haym, Duncker S. 376. Duncker hat nach einer Unterredung mit Bismarck auf dessen Wunsch am 23. April dem Kronprinzen über den Reformplan berichtet.

[18]) Die Ernennung Hermann Wageners, des Leiters des preußischen Volksvereins zum Geheimen Regierungsrath und vortragenden Rath im Staatsministerium trug auch nicht zur Verminderung des Mißtrauens bei.

[19]) Bernhardis Gewohnheit ist, Aussprüche anderer, die er nur von Hörensagen kennt, als Thatsachen, gleichsam als ob sie zu ihm gethan wären, zu bestimmten Zwecken, wenn es ihm in seinen Kram paßte, an Dritte weiter zu erzählen. Nach seinem eigenen Tagebuch kam es ihm dabei auf eine Hand voll Unwahrheiten nicht an. Als er z. B. in Bismarcks Auftrag zu Bennigsen reiste, gab er sich den Anschein, als ob er das, was ihm Bismarck über seine eigenen Pläne mitgetheilt, von dem verstorbenen Auerswald gehört habe. Er suchte Bennigsen zu überreden, Bismarck zu unterstützen und fügte hinzu, „das ist auch Roggenbachs Meinung." Roggenbachs Name habe sichtlich Eindruck auf Bennigsen gemacht. Dann erzählte er Bismarck in seiner Berichterstattung, was Bennigsen über Roggenbach geäußert, und sprach den Wunsch aus, daß Roggenbach in Bismarcks Sinne an Bennigsen schriebe. Bismarck habe versprochen, Roggenbach dazu zu veranlassen. Bernhardis Klatsch über Roggenbach, den er zum ersten Mal am 27. April in Bismarcks Vorzimmer gesehen, aber nicht weiter gesprochen hatte, muß in Zeitungen übergegangen sein. Ganz erstaunt war er am 3. Mai, daß Roggenbach eine entgegengesetzte öffentliche Erklärung abgegeben hatte. Freilich glaubte er nun, daß Roggenbach zuletzt, durch einen Artikel der Volkszeitung „aus der Fassung gebracht", gelogen habe. (Bernhardi Theil 6, S. 303 ff.) Roggenbach hatte nach seiner Unterredung mit Bismarck ein Mitglied der Fortschrittspartei, Twesten, besucht. Nach einem Briefe Twestens an Lipke vom 3. Mai 1866 hatte Roggenbach „lebhaft gegen jede Art des Einverständnisses" mit Bismarck protestirt und keinesfalls in dessen Auftrage mit Jemand unterhandelt. (Deutsche Revue 1880, S. 11.) Roggenbach gehörte zu den nächsten Vertrauten Kaiser Friedrichs III. Ueber Bismarcks gehässige, ungesetzliche Maßnahmen

gegen ihn bei Gelegenheit der Verfolgung des kronprinzlichen Tagebuches siehe die Reden von Windthorst und Richter im Reichstag vom 5. Februar 1889.

[20]) Witt schreibt in dem von mir im Reichsfreunde veröffentlichten Aufsatze (Bd. I, S. 36) über die Eltern Hoverbecks . . . „Als sie beide alt waren — er wurde 82, sie 72 Jahre alt — boten sie in ihrer herzlichen Liebe zu einander und in ihrer Sinnesweise das Bild von friedlicher Ruhe und Heiterkeit wie Philemon und Baucis. Er überlebte die Gattin um zwei Jahre, und es war rührend zu sehen, wie er lange gewohnt, alles, was ihn erfreute, ihr sogleich mitzutheilen, auch nach ihrem Tode bisweilen, wenn ihm eine Stelle im Buche besonders gefiel, sich nach ihrem früheren Platze hinwandte und es ihr vorlesen wollte." . . .

[21]) Cohen war ein Stiefsohn des Flüchtlings Carl Blind zu London. Daß er zu preußischen Politikern keinerlei Beziehungen gehabt hat, wußte dazumal Jedermann. (Vergl. Hesekiels Buch vom Grafen Bismarck 1869, S. 315 bis 319.) 18 Jahre später, am 9. Mai 1884 beschuldigte Bismarck im Reichstag in der bereits Anmerkung 5 erwähnten, von unwahren Angriffen auf die Fortschrittspartei strotzenden Rede „sämtliche fortschrittliche Blätter", nach dem Attentat für Blind Partei genommen, „die Masse der mittleren Polizeibeamten, vielleicht auch höhere", vielmehr auf Blinds als auf seiner Seite gestanden und die Frauen namhafter Männer, die Leiche Blinds im Polizeipräsidium mit Lorbeer und Blumen bekränzt zu haben. Mit Recht entgegnete ihm Richter: „Die Verurtheilung, die Beurtheilung jenes Attentats ist auf allen Seiten dieselbe gewesen; es war ein ebenso fluchwürdiges, ein ebenso zu verachtendes Attentat eines wahnsinnigen Kopfes, wie ähnliche politische Attentate leider in der Geschichte aller Länder sich wiederholt haben." Auf Richters Aufforderung, Namen und Thatsachen anzugeben, nannte Bismarck in Betreff der von der Polizei geduldeten Bekränzung mit Lorbeer und Blumen nur den Namen Lewald. Die Frau des Rechtsanwalts Lewald, Elisabeth, geborene Althaus, eine allseitig wegen ihrer menschenfreundlichen Thätigkeit für die ärmeren Volksklassen hochgeachtete Frau, hatte auf Bitten der ihr persönlich bekannten Frau Blind in London auf das Grab ihres unglücklichen, am Tage des Attentats durch Selbstmord geendeten Sohnes zwar nicht Lorbeer, aber Kränze gelegt.

[22]) Eugen Richter, Jugenderinnerungen 1892, S. 160.

Einunddreißigstes Kapitel.

Der deutsche Krieg 1866 und die Neuwahlen zum Abgeordnetenhause.

In den nächsten drei Monaten von der Auflösung des preußischen Abgeordnetenhauses am 9. Mai 1866 bis zum Zusammentritt des neuen Landtags (5. August), waren durch den Krieg mit Oesterreich und durch die Neuwahlen zum Abgeordnetenhause die äußern wie innern Verhältnisse Deutschlands und Preußens völlig umgestaltet worden.

Das Verhalten der liberalen Parteien in Preußen während jener Zeit habe ich in früheren Schriften besprochen.[1]) Damals war mir weder von Bismarcks letzten Unterhandlungen mit Oesterreich zur Aufrechterhaltung des Friedens durch Zweitheilung Deutschlands, noch von seinen geheim gehaltenen Verhandlungen mit den fortschrittlichen Abgeordneten Twesten und Unruh etwas bekannt.

Am 3., 5. und 12. Mai hatte der König Befehle zur Mobilisirung der Armee unterzeichnet. Aber auch jetzt, wo die ganze preußische Feldarmee aufgeboten war, konnte sich der König noch immer nicht entschließen, die Feindseligkeiten zu beginnen. Ein neuer Vorschlag zur friedlichen Lösung tauchte auf. Er ging von den in Sachsen geborenen Gebrüdern Freiherrn v. Gablenz aus, dem österreichischen General Ludwig und dem preußischen Abgeordneten Anton.[2]) Sie meinten, der Kaiser und der König sollten sich über die künftige Gestaltung Deutschlands einigen. Mit den Empfehlungen des „stets auf den Frieden bedachten" Grafen Mensdorf, des österreichischen Ministers des Aeußern war Anton von Gablenz in den ersten Tagen des Mai zu Bismarck nach Berlin gekommen;[3]) Bismarck hatte in seinen Vorschlägen eine geeignete Basis zur Verhandlung gefunden, ebenso Graf Mensdorf unter Zustimmung des Kaisers Franz Josef. Bismarck arbeitete nun mit Gablenz zwischen dem 13. und 20. Mai unter genauer Formulirung der Vorschläge die Grundbestimmungen einer deutschen Verfassung aus. Die Vorschläge gingen in der Hauptsache dahin: „Auflösung des deutschen Bundes, Bildung zweier Bünde eines norddeutschen mit Preußen, eines süddeutschen mit Oesterreich an der Spitze. Enges Bündniß zwischen beiden mit vollständiger gegenseitiger Garantie des Länderbesitzes."[4]) Preußen sollte den militärischen Oberbefehl über Norddeutschland, Oesterreich über den Süden übernehmen. Schleswig-Holstein sollte selbständiges Herzogthum, aber unter einem Hohenzollern bleiben. Beide Staaten sollten sich gemeinschaftlich gegen Frankreich wenden und die Herausgabe des Elsaß erzwingen.[5]) Am 22. Mai kehrte Gablenz nach Wien zurück. Am 25. Mai las er dem Kaiser Franz Joseph Preußens Vorschläge vor. In Folge eines Ministerialbeschlusses erging am 28. Mai nach Berlin die Antwort, daß das Wiener Kabinet die Verhandlung über die Gablenzschen Anträge ablehne. Auf beiden Seiten brachte man von diesem Zwischenfall nichts in die Oeffentlichkeit.

Man kann nicht zweifelhaft sein, daß Bismarck den Vorschlag der Theilung Deutschlands zwischen Oesterreich und Preußen ernsthaft gemeint hat.[6]) Der König war damals noch immer in der

Stimmung, jedes Mittel zur Verhinderung des Krieges gut zu heißen, das irgendwie mit der preußischen Ehre vereinbar war. Er hatte die Vorschläge gebilligt, die Gablenz nach Wien brachte. Wenn sie angenommen und durchgeführt wurden, so fand die von ihm und Bismarck erstrebte Vergrößerung Preußens statt. Entstehung eines einigen Deutschlands interessirte ihn noch nicht und Bismarck erst in zweiter Linie.[7]) Vielleicht war Bismarck von vornherein fest überzeugt, daß das Wiener Kabinet den Vorschlag ablehnen werde. Jedenfalls nahm er bei seinen Handlungen in jenen Maitagen keine Rücksicht auf die Möglichkeit, daß Oesterreich durch Annahme der Vorschläge Preußens auf die Zweitheilung Deutschlands eingehen könnte.

Wenige Tage nach der Auflösung des Abgeordnetenhauses fand in Berlin eine Sitzung des Ausschusses des Nationalvereins statt. Hoverbeck hat an ihr nicht theilgenommen. Oetker ging zu Bismarck. Auf seine Veranlassung wurde Bennigsen durch einen Brief von Keudell zu Bismarck geladen, der ihm bis dahin persönlich unbekannt war. Bismarck besprach mit ihm seine Pläne über die Umgestaltung Deutschlands nach der Besiegung Oesterreichs, über Einführung einer bundesstaatlichen Verfassung, über die Uebereinstimmung seiner Pläne mit den Bestrebungen des Nationalvereins in Herstellung eines engeren Bundesstaates mit Zentralgewalt und Parlament ohne Oesterreich. Der Ausschuß des Nationalvereins nahm nach dieser Audienz eine Ansprache an seine Mitglieder an, in der erklärt wurde, so lange die preußische Verfassung ein todter Buchstabe sei, werde die Nation niemals an eine deutsche Verfassung glauben, die ihr von Preußen in Aussicht gestellt werde.[8])

Am 20. Mai wurde in Frankfurt a. M. der Abgeordnetentag abgehalten. Vorsitzender war Dr. Siegmund Müller, Stellvertreter Bennigsen und M. Barth. Ein langer Antrag des Ausschusses wurde nach erregten Debatten „mit weit überwiegender Mehrheit" angenommen. Der drohende Krieg wurde darin als ein nur dynastischen Zwecken dienender Kabinetskrieg verdammt. Mit ihrem Fluche und der Strafe des Landesverraths werde die Nation diejenigen treffen, die in Verhandlungen mit auswärtigen Mächten deutsches Gebiet preisgeben. Wenn der Krieg in letzter Stunde nicht noch durch einen einmüthig ausgesprochenen Willen des Volkes verhindert werde, so solle man ihn auf den engsten Raum beschränken. Die nicht betheiligten Staaten sollten sich nicht ohne Noth in den Krieg der beiden Großmächte stürzen, und die

Landesvertretungen, wenn sie über Anforderungen zu militärischen Zwecken zu entscheiden haben, sollten Garantien von ihren Regierungen fordern u. s. w. Schließlich wurde Einberufung einer frei gewählten deutschen Volksvertretung nach dem Reichswahlgesetz vom 12. April 1849 gefordert. Für den Antrag des Ausschusses traten namentlich der Referent Voelk, Schulze-Delitzsch und Braun ein. Sie ließen sich nicht beirren „durch den bubenhaften Versuch", durch Kanonenschläge die Versammlung zu stören.[9])

Am 18. Mai wurde eine von allen Ministern unterzeichnete Verordnung über die Gründung öffentlicher Darlehnskassen und die Ausgabe von Darlehnskassenscheinen zum Betrage von 25 Millionen Thalern verfassungswidrig oktroyirt. Der preußischen Bank war die Verwaltung der Darlehnskassen übertragen und alle öffentlichen Kassen waren für verpflichtet erklärt, die Scheine nach ihrem vollen Nennwerthe anzunehmen. Zu den Kundgebungen für den Frieden traten nun Beschlüsse von Kommunalbehörden, Handelskammern und Wählerversammlungen gegen die Annahme der Darlehnskassenscheine. Für das Centralkomitee der Fortschrittspartei schrieb der Abgeordnete Hennig gegen die Annahme der Darlehnskassenscheine eine Flugschrift, die außerhalb Preußens gedruckt, unter die Vertrauensmänner verbreitet wurde.

Der Finanzminister v. Bodelschwingh nahm am 1. Juni den Abschied. An seine Stelle trat v. d. Heydt.[10])

Nach der Auflösung des Abgeordnetenhauses erhielt der König eine für die Regierung erfreuliche Kundgebung: die Adresse des Magistrats (Oberbürgermeister Hobrecht) und der Stadtverordneten von Breslau. Die städtischen Behörden erkannten die den Krieg veranlassenden Gründe an, sicherten dem Könige die Opferwilligkeit wie 1813 zu, unterließen aber nicht die feste Zuversicht auszusprechen, daß die Weisheit des Herrschers die Mittel finden würde, durch Beseitigung des innern Konfliktes die Kampfbegeisterung zu wecken.[11]) Der König antwortete schon am 19. Mai. Er versicherte, daß die Verständigung über die zwischen seiner Regierung und dem Volke schwebenden Fragen das Ziel seiner Wünsche und seines eifrigen Strebens sei, er schloß aber mit der Hoffnung, daß die getreue Stadt Breslau besser wählen und durch ihre Abgeordneten zur Herbeiführung der vom Könige erstrebten Verständigung mitwirken werde.

Bismarck ließ gegen Ende Mai auch Miquel zu sich kommen. Dieser bemühte sich, ihm darzulegen, daß im allgemeinen deutschen Interesse der Verfassungskonflikt beigelegt werden müsse.[12])

Auf Bismarcks Ersuchen kam auch Twesten zu ihm. Ihm gegenüber erkannte Bismarck an, daß es dringend erforderlich sei, wenigstens soweit zur Verständigung zu kommen, daß eine Geldbewilligung seitens des Abgeordnetenhauses erfolgen könne. Twesten schrieb darüber einige Wochen später seinem Freunde, Rechtsanwalt Lipke:

„Ich habe ihm gesagt, daß uns ohne Herstellung des verfassungsmäßigen Budgetrechts jede Verhandlung über Geldbewilligungen unmöglich sei, daß die Bewilligungen aber ohne andere, außerhalb der Budgetfrage liegende Bedingungen sicher erfolgen würden, sobald sie uns durch Herstellung des verfassungsmäßigen Bodens rechtlich und moralisch möglich gemacht würden . . . .

Könnte die Regierung ohne uns kein Geld erhalten, so würde sie in demselben Augenblick nachgeben; aber sie kann es ohne uns auf absolutischem Wege erhalten, und so wird sie den Weg gehen. Ich machte ihm speziell Vorschläge über die Budgetoperationen u. s. w. und habe auf seinen Wunsch einen Entwurf für die Thronrede gemacht, worin der König unter Ankündigung der Finanzvorlagen die Zusicherung ertheilen sollte, daß künftig nicht ohne ein durch die drei Faktoren festgestelltes Etatsgesetz regiert und keine Ausgabe gegen einen Beschluß einer Kammer gemacht werden sollte."

Twesten hatte Bismarck den Entwurf für die Erklärung des Königs in der Thronrede am 3. Juni zugestellt. Das Schicksal seines Vorschlages erfuhr er erst fast drei Wochen später am 20. Juni durch Unruh, der auf Bismarcks Ersuchen, diesen am 19. Juni besucht hatte. Bismarck hatte ihm mitgetheilt, der Twestensche Entwurf sei vom Ministerium berathen und angenommen und dem Könige vorgelegt worden; dieser habe ihn aber abgelehnt, weil darin dasselbe stände wie in der Verfassung. Dann könne man ihm ja nach dem Kriege einen Theil seiner Regimenter wieder fortnehmen.

Freilich stand in Twestens Entwurf:

„Um die zwischen Meiner Regierung und einem Theil der Landesvertretung entstandenen Zerwürfnisse zum Abschluß zu bringen und um Meinem Volke ein neues Pfand meines Vertrauens zu geben, erkläre ich, daß die Verwaltung des Staates in Zukunft nicht ohne ein durch die drei Faktoren der Gesetzgebung festgestelltes Etatsgesetz geführt und hinfort keine Ausgaben geleistet werden sollen, welche von einem der Häuser des Landtags verweigert worden sind; und ich will, daß diese meine Zusicherung als eine die Staatsregierung für alle Zeiten bindende Auslegung der bisher streitig gewesenen Verfassungsbestimmung gelten soll." [13])

Bismarck wünschte für den Satz der Thronrede eine andere Formel, in der das dem Könige Bedenkliche vermieden würde. Doch meinte er, die Abgeordneten müßten auch so Geld für den Krieg bewilligen. Twesten schrieb seinem Freunde Lipke:

„Das wird hoffentlich nicht geschehen. Der äußere Erfolg wird allerdings ziemlich derselbe sein; wird ohne uns, oder mit unserer einfachen Unterwerfung gesiegt, so wird wahrscheinlich der Erfolg für die Umgestaltung Deutschlands nicht sehr groß und gewiß die Herrschaft der Reaktion im Innern lang und drückend werden, aber ich ziehe unsere Niederlage durch die Gewalt der Regierung selbst mit Suspension der Verfassung und allem Uebrigen der Niederlage durch eigenen Abfall und die daran sich knüpfende Demoralisation vor." . . .

Er kam mit Bismarck überein, vorläufig nicht von der Unterhandlung zu sprechen; das hinderte ihn aber nicht, seine Ueberzeugung über das, was zu geschehen habe, öffentlich rückhaltlos darzulegen. Schon am 5. Juni erklärte er in einer Rede im Dorotheenstädtischen Bezirksverein, liberale Konzessionen stünden nicht in Aussicht. Bei den Wahlen müsse der Ruf sein: andere Personen und anderes System! Auch im Kriege sei mit der Regierung keine Verständigung möglich, so lange das Budgetrecht nicht hergestellt sei. Er erörterte die verschiedenen Wege, auf denen dies zu ermöglichen. Freilich werde das Abgeordnetenhaus in dem Kampfe um das Budgetrecht nichts ausrichten, so lange es Leute giebt, die, um ein gutes Geschäft zu machen, einen gesetzwidrigen Vertrag abschließen, wie die Aktionäre der Köln-Mindener Eisenbahn, oder wenn Berliner Bankiers die Regierung in der Vertreibung der durch verfassungswidrig oktroyirte Verordnung beschafften Darlehnskassenscheine unterstützen. In gleichem Sinne schrieb er in einem Briefe an Lipke vom 10. Juni:

„Unser Programm muß natürlich auf Aenderung von System und Personen gerichtet bleiben und unbedingt: keine Geldbewilligung ohne Budgetrecht; weiter werde ich mich auf keinen Fall binden, habe auch manche Andere davon abgebracht und wünschte, daß es allgemein nicht geschehe, da die Gestaltung der Umstände unberechenbar ist. Der Friedensruf ist jetzt gewiß ohne Sinn, und viel Kritik, wer Schuld am Kriege, überflüssig." [14])

Twesten hatte zwei Tage, bevor er jene Rede im Dorotheenstädtischen Bezirksverein hielt, auf Bismarcks Wunsch jenen Entwurf zu einer hochwichtigen Staatsschrift eingereicht, der von dem Gesammtministerium angenommen und dem Könige vorgelegt wurde. Die Presse der Regierung und der konservativen Partei, die freilich davon nichts wußte, benutzte eine aus dem Zusammenhang gerissene Aeußerung jener Rede unter böswilliger Entstellung zu einer Beschuldigung, die, aller Widerlegungen ungeachtet, bis auf die neueste Zeit selbst in geschichtlichen Werken gegen die deutsche Fortschrittspartei vorgebracht wird. So heißt es sogar noch in Maurenbrechers Buch „Gründung des Deutschen Reiches" (Leipzig 1892):

„Diesem Ministerium keinen Groschen und wenn die Kroaten vor Berlin stehen" war das oft zitirte Wort eines der hervorragendsten und angesehensten Führers der gemäßigt liberal gesinnten Politiker in Deutschland." [15])

Unmittelbar vor Ausbruch des Krieges, am 12. Juni, wurde unter Vorsitz des Generals a. D. **Brandt** der Berliner Hilfsverein für die Armee im Felde gegründet. An diesem Wohlthätigkeitsverein sollten die patriotischen Berliner ohne Unterschied der Partei theilnehmen. In den Vorstand traten deshalb auch angesehene fortschrittliche Abgeordnete wie Virchow, Twesten, Siemens, v. Unruh und v. Hennig. Die Gerüchte von „Fusionen der Parteien, Abschluß von Kompromissen" oder, wie es die konservative Presse nannte, von „Waffenstillstand zwischen beiden Parteien" bezeichnet das Zentralkomitee der deutschen Fortschrittspartei in einem letzten Zirkular vom 20. Juni (unterzeichnet: Im Auftrage H. Runge) als absolut unwahr.[16]) Es verstehe sich von selbst, daß es jenen Männern „nicht eingefallen sei, an ihrem bisher eingehaltenen Programm auch nur ein Titelchen zu ändern."

Am 10. Juni bereits war Manteuffel in Holstein eingerückt und hatte die Regierung für den König von Preußen übernommen. Gablenz zog mit den Oesterreichern am 12. Juni ab. Am 11. Juni hatte Oesterreich beim Bundestage den Antrag auf Mobilmachung gegen Preußen eingebracht, der am 14. Juni mit neun Stimmen gegen sechs angenommen wurde. Für Oesterreich stimmten die vier Königreiche Bayern, Sachsen, Württemberg und Hannover, ferner Kurhessen, Hessen-Darmstadt und Nassau u. s. w. Darauf erklärte der preußische Bundesgesandte von Savigny den Bund für erloschen.

Der König brach sofort auf. Am 16. Juni ward der Einmarsch in die deutschen Nachbarländer befohlen; am selben Tage rückten die Truppen in Sachsen ein, am 17. General Manteuffel in Hannover.

Mit Beginn des Krieges hörten die Erörterungen über seine Entstehung auf. Alle politischen Streitfragen wurden vertagt; jedermann dachte nur daran, seine Schuldigkeit zu thun.

„Das Geschehene kann nicht wieder ungeschehen gemacht werden und so muß der Krieg geführt werden, auf welche Weise er auch entstanden sein mag,"

hieß es in dem Zirkular des fortschrittlichen Wahlkomitees vom 20. Juni. Dem Feinde gegenüber war das preußische Volk einig. Der gleiche Kampfesmuth, die gleiche patriotische Begeisterung erfüllte Linie und Landwehr aller Provinzen. In den alten Gebietstheilen stimmte Jedermann den Worten des Königs in seinem Kriegsmanifeste vom 18. Juni bei:

„Wir müssen fechten um unsere Existenz, müssen in den Kampf auf Leben und Tod gehen gegen diejenigen, die das Preußen des großen Kurfürsten, des großen Friedrich, das Preußen, wie es aus den Freiheitskriegen hervorgegangen, von der Stufe herabstoßen wollen, worauf seiner Fürsten Geist und Kraft und seines Volkes Tapferkeit, Hingebung und Gesittung es emporgehoben haben."[17])

Am 25. Juni wurden in Preußen die Wahlmänner zum Abgeordnetenhause, am 3. Juli die Abgeordneten gewählt, — am selben Tage wo in Böhmen in Königgrätz nach siebentägigem Kampfe Oesterreich die größte Schlacht, die in diesem Jahrhundert geschlagen ist, und damit auch den Feldzug verlor.

Hoverbecks Befürchtungen, daß bei der geringen politischen Bildung der unteren Volksklassen und der Langsamkeit aller Erziehung die Neuwahlen, namentlich bei „Ansetzung aller Regierungsschrauben" zu Gunsten der Regierung ausfallen würden, gingen zum großen Theil in Erfüllung, vornehmlich in den östlichen Provinzen. Ostpreußen, das 1863 außer den 4 Klerikalen im katholischen Ermland, nur einen Altliberalen, sonst lauter Fortschrittsmänner gewählt hatte, stellte jetzt neben 3 Klerikalen und einem vom linken Zentrum im Ermland einen Altliberalen, 16 Konservative und nur 11 fortschrittliche Abgeordnete. Im Regierungsbezirke Königsberg blieben nur die Wahlkreise Königsberg, Fischhausen und Labiau-Wehlau der Fortschrittspartei treu. Im Regierungsbezirk Gumbinnen wählten nur Ragnit-Pillkallen, Gumbinnen-Insterburg, Angerburg-Lötzen fortschrittlich und in Goldap-Stallupönen wurde neben Krieger ein Altliberaler gewählt.

Die drei ostpreußischen Wahlkreise, in denen Hoverbeck 1861 mit großer Mehrheit gewählt war, fielen jetzt den Konservativen zu. In dem Wahlkreise Osterode-Neidenburg, wo sich seine Mehrheit 1863 von 158 auf 27 Stimmen verringert hatte, unterlag er gegen den Landrath mit nur 88 gegen 277 Stimmen. (Band I Seite 219.) In Sensburg-Ortelsburg, wo Hoverbeck 1861 mit 224 gegen 28 Stimmen gewählt war, hatte sich die fortschrittliche Mehrheit 1862 auf 95, 1863 auf 11 Stimmen vermindert. Jetzt wurde der konservative Landrath mit 254 gegen 66 Stimmen gewählt. In Tilsit-Niederung war Hoverbeck 1861 mit 299 gegen 40 Stimmen gewählt. 1866 wählte die Stadt Tilsit nur 6 konservative Wahlmänner unter 66; aber auch hier siegten die Konservativen mit geringer Mehrheit.[18]) Hoverbeck wurde in Königsberg-Fischhausen gewählt neben Dr. Kosch und Forckenbeck, in dessen Wahlkreis Mohrungen-Preußisch-Holland die Konservativen ebenfalls mit großer Mehrheit gesiegt hatten.

In Westpreußen wurden 10 Fortschrittliche, 5 Konservative, 5 Polen und 2 vom linken Zentrum gewählt. Danzig, Thorn, Kulm, Rosenberg-Graudenz blieben der Fortschrittspartei treu. In Westpreußen wie in Posen kamen in einzelnen Kreisen Kompromisse zwischen Deutschen und Polen vor. In der Provinz

Posen wurden 16 Polen, 9 Konservative, 3 Fortschrittler und 1 Altliberaler gewählt.

In den Marken, sowohl in der zur Provinz Sachsen gehörenden Altmark, wie in der Priegnitz, der Kurmark, der Uckermark, der Neumark wurden in den ländlichen Wahlkreisen die liberalen Abgeordneten fast sämtlich beseitigt, gleichviel, ob sie altliberal waren, dem linken Zentrum oder der Fortschrittspartei angehörten. Sie wurden durch Konservative ersetzt. Die neun in Berlin wiedergewählten waren die einzigen fortschrittlichen Abgeordneten der Provinz Brandenburg. Dieselbe stellte 30 Konservative (1863 3), einen Altliberalen und 5 vom linken Zentrum, darunter Stavenhagen und Lette, die in ihren alten Wahlkreisen, ersterer neben 2 Konservativen wiedergewählt wurden. Auch Grabow war durchgefallen, wurde dafür aber in Stettin, Saarlouis und Sangerhausen gewählt; er nahm im letztgenannten Wahlkreise an. In Pommern hatten nur Stettin und Randow-Greifenhagen fortschrittlich gewählt.

In Schlesien hatten sich die Konservativen von 13 auf 42 vermehrt. Außerdem wurden 2 Altliberale, 6 vom linken Zentrum und 16 Fortschrittsmänner gewählt. Neben Breslau, wo Kirchmann, Laßwitz und Ziegler wiedergewählt wurden, wählten Lauban-Görlitz, Waldenburg-Reichenbach und mehrere vorwiegend katholische Wahlkreise liberal.

Unter den 37 Abgeordneten der Provinz Sachsen waren jetzt 15 Konservative, 5 Altliberale, 5 von der Fortschrittspartei, 10 vom linken Zentrum und 2 Klerikale. Halle hatte immer liberal, nur einmal 1863 fortschrittlich gewählt, Mommsen und Dr. Ule, die später nationalliberal wurden. Jetzt wurde der frühere Abgeordnete Jubel und Georg v. Vincke gewählt. Letzterer war 1862 in Berent-Stargard, einem westpreußischen Kreise mit überwiegend polnischer Bevölkerung, mit 2 Stimmen Mehrheit gewählt und 1863 durchgefallen. Jetzt wurde er in fünf Wahlkreisen gewählt, außer in Halle in zwei westfälischen und zwei rheinischen Kreisen. Er nahm in Hagen an. In Halle wurde für ihn Haym, der Herausgeber der preußischen Jahrbücher, in Gummersbach Graf Schwerin, in Elberfeld-Barmen Patow und in Herford-Bielefeld ein Konservativer gewählt.

Die Wahlen für die Fortschrittspartei und das linke Zentrum fielen noch am günstigsten in Westfalen und Rheinland aus. In den vorwiegend katholischen Wahlkreisen herrschte Abneigung gegen das protestantische Preußen. Man wünschte vielfach Oesterreich den Sieg. Wo die Ultramontanen keine Mehrheit erhalten konnten, stützten sie häufig die Fortschrittspartei. In Westfalen wurden gewählt 5 Fortschrittler, 11 vom linken Zentrum, 7 Klerikale, 5 Konservative und 2 mal Vincke. Waldeck fiel in seinem alten Wahlkreise Herford-Halle-Bielefeld durch; im Ravensbergschen und dem Fürstenthum Minden wurde konservativ gewählt. Waldeck wurde neben einem klerikalen Abgeordneten für den ganz katholischen Wahlkreis Münster-Koesfeld gewählt. Für ihn stimmten nicht die Ultramontanen, sondern neben allen Liberalen sogar die konservativen Beamten, selbst der Oberpräsident und der Oberstaatsanwalt, weil die Ultramontanen für Oesterreicher gehalten wurden, Waldeck aber ein guter Preuße sei.[19])

In Rheinland, einschließlich Hohenzollern, wurden gewählt 22 Fortschrittler, 31 vom linken Zentrum, 7 Altliberale, 3 Klerikale und 1 Konservativer.[20])

In ganz Preußen zählte man unter den gewählten Abgeordneten 142 Konservative, 26 Altliberale, 15 Klerikale, 21 Polen, 65 vom linken Zentrum und 83 von der Fortschrittspartei.

Die Bekanntmachung des Ministers Eulenburg, die den Landtag zum 30. Juli einberief, wurde außer Kraft gesetzt, weil, wie man sagte, Bismarck sich im Hauptquartier noch nicht mit dem Könige über die Thronrede geeinigt hatte. Der Zusammentritt wurde bis zum 5. August verschoben. Inzwischen war von einer Aenderung des Systems im Innern noch nichts zu spüren. Der Polizeirath Stieber, berüchtigten Andenkens, wurde am 23. Juni zum Feldpolizeidirektor ernannt. In mehreren Städten, z. B. in Pasewalk und Stargard in Pommern, wurden die erwählten Stadträthe nicht bestätigt; in Stargard waren es sogar 6. In Berlin, wo 6 Stadträthe, darunter Halske und die Abgeordneten v. Hennig und Heyl nicht bestätigt waren, wurden am 10. Juni 6 Konservative zu kommissarischen Stadträthen ernannt. Gegen Twesten wurde die Untersuchung fortgesetzt. Nach dem Ausfall der Wahlen zweifelte in liberalen Kreisen niemand mehr daran, daß „an eine Aenderung in dem System oder den Personen der Regierung gar nicht zu denken sei."[21])

Anmerkungen zum 31. Kapitel.

1) Vergleiche mein 1878 erschienenes Buch „Deutschlands politische Parteien und das Ministerium Bismarck" S. 12—16 und meine 1879 erschienene Broschüre „Die Deutsche Fortschrittspartei von 1861—1878" S. 15—17.

[2]) Freiherr v. Gablenz, geb. 1814 im Königreich Sachsen, trat 1833 in österreichische Dienste; 1849 Oberst, in Schleswig-Holstein General. 1866 Sieg bei Trautenau, Feldmarschall-Lieutenant, waghalsiger Börsenspekulant, erschoß er sich 1873, als die Börsenkrisis eintrat. — Sein Bruder Anton v. Gablenz kaufte sich in Preußen an und wurde als Rittergutsbesitzer von Seifersdorf bei Spittelndorf (Kreis Liegnitz) neben Wachler im Mai 1862 Abgeordneter für Breslau-Neumarkt, trat ins linke Zentrum ein; 1863 wiedergewählt, schied er 1864 aus dem linken Zentrum aus. Unruh nennt Gablenz eine eigenthümliche Persönlichkeit. Er sei bei industriellen Unternehmungen betheiligt und habe in verschiedenen politischen Farben geschillert, doch schiene er nirgends festen Anhang gehabt zu haben.

[3]) Gablenz hatte sich zuerst an Beust gewendet. v. Friesen (sächsischer Staatsminister a. D.) erzählt in seinen „Erinnerungen aus meinem Leben" Bd. II S. 160, Anton von Gablenz, damals Direktor der sächsisch-schlesischen Eisenbahngesellschaft, habe dem Minister Beust, angeblich ganz ohne Auftrag von Berlin oder Wien seine Ideen vorgetragen und ihn ersucht, die Vermittelung zu übernehmen und den Vorschlag beiden Regierungen zu machen. Beust lehnte ab.

[4]) So formulirte Bismarck am 18. Februar 1869 in seiner Mittheilung an Friesen die Vorschläge nach dessen „Erinnerungen" Band II S. 161.

[5]) Bismarck ließ am 21. Mai dem Kaiser Napoleon, der auf Landentschädigung drang, durch den italienischen Gesandten Gavone wissen, Preußen könne wegen der öffentlichen Meinung Deutschlands ihn nicht durch Bevölkerungen deutschen Blutes abfinden und verwies ihn zur Entschädigung auf Belgien.

[6]) Nach einer Unterredung, die Bismarck am 13. Juni 1890 zu Friedrichsruh mit Friedjung hatte, scheint er diesen Plan der Theilung Deutschlands nicht als eine endgiltige Ordnung betrachtet, sondern gemeint zu haben, daß später noch „ein Waffengang zwischen Oesterreich und Preußen nothwendig sei, um die dauernde Gestaltung Deutschlands herbeizuführen."

Bismarck sagte, man habe später auf beiden Seiten den Zwischenfall als ein Pudendum betrachtet und von ihm nichts in die Oeffentlichkeit dringen lassen. Man schämte sich auf beiden Seiten, in Preußen wie in Oesterreich. „Weder wir, noch Oesterreich mochten davon Erwähnung thun, daß wir im Mai über die Theilung Deutschlands unterhandelt hatten." Selbst der Fortschrittsmann Unruh, der in höfischen und militärischen Kreisen Anknüpfungen suchte und fand, traute Bismarck, der ihm versicherte, seit 16 Jahren als Ziel die Herstellung der deutschen Einheit mit Parlament verfolgt zu haben, nicht zu, daß er wenige Wochen vorher die Zweitheilung ernsthaft in Angriff genommen. Er hielt für nöthig, Bismarck zu enthüllen, daß Gablenz hinter seinem Rücken mit des Königs Zustimmung den mißglückten Versuch einer Aussöhnung mit Oesterreich gemacht habe und Bismarck „widersprach nicht." (Unruh S. 239 u. 249.) Erst nach vielen Jahren erfuhr man Näheres, zunächst durch Friesens „Erinnerungen" 1880, dann durch Buschs Ergänzungen zu Friesens Mittheilungen in „Unser Reichskanzler" 1884 Bd. II. S. 422ff., ferner Ausführliches aus den diplomatischen Urkunden durch Sybel 1890 Bd. IV. S. 375 bis 391 und endlich durch Friedjung 1898. Man vergleiche dazu Poschingers Anmerkung zu Unruhs „Erinnerungen" 1895 S. 239. Ueber den Zeitungskrieg zwischen der „Post", der „Nationalzeitung", der „Norddeutschen Allgemeinen Zeitung" und der „Provinzialkorrespondenz" siehe die von Poschinger angezogenen Nummern der „Post".

[7]) Friesen sagt in seinen „Erinnerungen" Band II S. 168 zur Schilderung der damaligen Lage: „Zwei große Mächte kämpften miteinander und der Siegespreis war die Oberherrschaft in Deutschland! Beide kämpften für ihre eigenen Interessen, die Deutschlands hatten für sie beide nur insoweit Bedeutung als sie zur Vergrößerung ihrer eigenen Macht benutzt werden konnten."

[8]) Siehe den Auszug in meinem Buche über Deutschlands politische Parteien S. 72. — Bernhardi notirt und scheint dies auch dem Kronprinzen unter anderen Unwahrheiten vorgeredet zu haben, Bennigsen habe sich mit Bismarck über Vieles verständigt. Am 6. Juni sagte Bennigsen in einer Rede in der hannoverschen

Kammer: „Dieses Ministerium Bismarck wollen wir nicht unterstützen. Das mag lieber heute als morgen untergehen, und die preußische Bevölkerung wird es hoffentlich dahin bringen. Dann wird die Konfusion aufhören, und die Gegensätze werden auf ihre alten Grundlagen zurückkehren."

9) Der bisherige Abgeordnete Dr. Frese-Minden erhob heftige Angriffe gegen das aufgelöste preußische Abgeordnetenhaus. Die neun außer ihm anwesenden preußischen Abgeordneten, darunter Schulze-Delitzsch, Cetto, Lüning, Hammacher, Dr. Ule erklärten zu Protokoll, keine Veranlassung zu haben, über diese Angriffe auch nur ein Wort zu verlieren. (Siehe Verhandlungen des 3. Kongresses deutscher Abgeordneter, Verlag von F. Bosseli, Frankfurt a. M.) Frese ging während des Krieges nach Oesterreich, er war ferner in der Wiener Presse thätig. — Bernhardi will am 23. Mai von Duncker erfahren haben, es seien Dank Bennigsen und den badischen Abgeordneten in Frankfurt keine feindselig gegen Preußen gerichteten Beschlüsse gefaßt worden, obschon einzelne Fortschrittsmänner, wie z. B. Schulze-Delitzsch dazu hetzen wollten. Er erzählte diese Verleumdungen am selben Tage brühwarm dem Kronprinzen und fügte hinzu, es sei eine glückliche Folge der Anwesenheit Bennigsens in Berlin, daß wir mit den Frankfurter Beschlüssen ganz gut zufrieden sein könnten!

10) Bd. II S. 78 u. 81. — Heydt hatte „in den Verfassungskampf mit dem Abgeordnetenhause nicht eintreten wollen; im geraden Gegensatz dazu erklärte er sich jetzt mit Freuden bereit, und bewährte sofort sein findiges und gewandtes Talent in glänzendem Maße." Sybel, Bd. IV S. 420.

11) Die Adresse steht in keiner unmittelbaren Verbindung mit dem Bericht, den Franz Ziegler am 17. April in Breslau seinen Wählern erstattete und in dem er die „im Rheinlande, nicht im alten Preußen dutzendweise" gegen den Krieg gefallenen Erklärungen tadelte, aber empfahl, für den Kampf im Innern die bisherige Praxis festzuhalten. (Siehe Gesammelte Reden Zieglers, herausgegeben von seiner Tochter Franziska von Beguelin S. 209.) — Den Ausspruch: „Das Herz der Demokratie ist stets, wo unsere Fahnen wehen" that er zuerst am 23. April 1865 im Abgeordnetenhause bei Berathung des Militärpensionsgesetzes und wiederholte ihn bei seiner Berichterstattung vor den Breslauer Wählern.

12) Poschinger, Fürst Bismarck und die Parlamentarier. Bd. II. S. 28.

13) Der von Twesten entworfene Theil der Thronrede ist in Unruhs „Erinnerungen" S. 251 abgedruckt.

14) Philippson sagt unter Bezugnahme auf einen Brief Lipkes an Forckenbeck vom 24. Juli 1879, die Thronrede, mit der der König am 5. August 1866 den Landtag eröffnete, sei von Twesten entworfen. Den Abdruck des von Twesten entworfenen Theils der Thronrede in Unruhs Erinnerungen und auch in Poschinger a. a. O. hat er mit der wirklich gehaltenen Thronrede zu vergleichen unterlassen. Auch Twestens Briefe an Lipke (Deutsche Revue 1880) hat er nicht benutzt und den von ihm zitirten Brief Lipkes an Forckenbeck nicht abgedruckt.

15) Vergleiche die Briefe Twestens in der Deutschen Revue, Berlin 1880, S. 12; ferner Unruh S. 239 bis 253. Unruh führt an, daß das Wort „diesem Ministerium kein Geld, auch wenn der Feind vor den Thoren steht," eine reaktionäre Lüge sei (S. 240). Aehnliche Erklärungen sind liberalerseits vielfach gemacht worden. Ich habe die Stelle in meiner Broschüre „die Deutsche Fortschrittspartei" 1879 S. 16 unter Nennung von Twestens Namen als eine leichtfertige und böswillige Erfindung bezeichnet. Man siehe auch, was Richter im Reichstage am 9. Mai 1884 gegen Bismarcks Anführung, daß die Fortschrittspartei ihm, weil er Deutschland in den Krieg stürzen wolle, keinen Heller bewilligen wolle, ebenfalls unter Benennung Twestens erwiderte. (Stenogr. Bericht 1884, Bd. I S. 497.) Maurenbrecher hielt nicht für nöthig, sich in seinem Geschichtswerk um die Berichtigungen zu kümmern.

16) Dieses Zirkular ist mit Ausnahme eines auf künftige Wahlen zum deutschen Parlament bezüglichen Theiles in meinem Buche über Deutschlands politische Parteien S. 75ff. wörtlich abgedruckt.

[17]) Die Kriegserklärung wurde, wie Werner Siemens, der geborene Hannoveraner Seite 190 sagt, überall mit selbstbewußter Ruhe hingenommen. „Mir wurde hier so recht klar, welche Macht in einer ruhmreichen Vergangenheit eines Volkes liegt. Sie stärkt in gefahrdrohenden Zeiten das Selbstbewußtsein, läßt keinen Kleinmuth aufkommen und erweckt in Jedem den Entschluß, das Seinige zur Ueberwindung der Gefahr beizutragen, wie es die Vorfahren thaten."

[18]) „Auf dem Lande fand die Lüge, daß die Fortschrittspartei den Krieg und somit die augenblickliche Arbeitslosigkeit verschuldet habe, Glauben." (Oberlehrer Timm „Aus Tilsits Vergangenheit", Bd. V. Die politischen Wahlen in Tilsit S. 71.) Die gleiche Lüge hat auch in anderen Kreisen gewirkt.

[19]) Nach einem Briefe Forstmanns an Hoverbeck. Forstmann, geboren im September 1826 zu Werden an der Ruhr, vertrat 1862—66 den Wahlkreis Naumburg-Zeitz-Weißenfels als fortschrittlicher Abgeordneter. Er gehörte zu den näheren Freunden Hoverbecks. Nach seiner Strafversetzung als Kreisrichter nach Dringenberg fiel er in seinem Wahlkreise durch. Nach 1870 ward er Rechtsanwalt in Bielefeld, wo er noch jetzt als Justizrath außer Diensten lebt.

[20]) Louis Berger hat bei der Erwägung der Gründe der Wahlniederlage nicht in Betracht gezogen, daß in den östlichen Provinzen die durchschnittliche Bildung der unteren Volksklassen noch geringer war als in Rheinland und Westfalen. Er schreibt in seinem Buche über Harkort. S. 604:

„Mit einer Verlogenheit sondergleichen stellte man in dem nun entbrennenden Wahlkampfe die liberale Mehrheit als die eigentliche Urheberin des Streites mit Oesterreich und den Mittelstaaten dar, ja die Verleumdung verstieg sich zu der unglaublichen Behauptung, daß der Landtag „die Armee hungern lassen" wolle. Doch das: columniare audacter, semper aliquid haeret! bewährte sich diesmal. Kriegsfurcht und Finanznoth traten hinzu und thaten das Uebrige."

[21]) Twestens Brief an Lipke Ende Juni 1866. Deutsche Revue a. a. O. S. 13.

Zweiunddreißigstes Kapitel.

Landtagssession vom August 1866 bis zur Wiedereröffnung nach der Vertagung (12. November 1866).

Am 5. August 1866 wurde der Landtag vom König eröffnet. Dieser war am Tage vorher wieder in Berlin eingetroffen, nachdem am 26. Juli die Friedenspräliminarien und der Waffenstillstand mit Oesterreich in Nickolsburg abgeschlossen waren. In der Thronrede ist auf die Thaten des vaterländischen Heeres hingewiesen:

„In einträchtigem Zusammenwirken werden Regierung und Volksvertretung die Früchte zur Reife zu bringen haben, die aus der blutigen Saat, soll sie nicht umsonst gestreut sein, erwachsen müssen."

Die Finanzlage des Staates sei befriedigend. Der König hofft zuversichtlich, daß die Mittel, die zur erfolgreichen Beendigung des Krieges und zur Bezahlung der Naturalleistungen erforderlich sind, bereitwilligst gewährt werden würden. Dann heißt es wörtlich:

„Ueber die Feststellung des Staatshaushaltsetats hat eine Vereinbarung mit der Landesvertretung in den letzten Jahren nicht herbeigeführt werden können. Die Staatsausgaben, welche in dieser Zeit geleistet sind, entbehren der gesetzlichen Grundlage, welche der Staatshaushalt, wie Ich wiederholt anerkenne, nur durch das nach Artikel 99 der Verfassungsurkunde alljährlich zwischen meiner Regierung und den beiden Häusern des Landtages zu vereinbarende Gesetz erhält.

Wenn meine Regierung gleichwohl den Staatshaushalt ohne diese gesetzliche Grundlage mehrere Jahre geführt hat, so ist dies nach gewissenhafter Prüfung in der pflichtgemäßen Ueberzeugung geschehen, daß die Fortführung einer geregelten Verwaltung, die Erfüllung der gesetzlichen Verpflichtungen gegen die Gläubiger und die Beamten des Staates, die Erhaltung des Heeres und der Staatsinstitute, Existenzfragen des Staates waren, und daß daher jenes Verfahren eine der unabweisbaren Nothwendigkeiten wurde, denen sich eine Regierung im Interesse des Landes nicht entziehen kann und darf. Ich hege das Vertrauen, daß die jüngsten Ereignisse dazu beitragen werden, die unerläßliche Verständigung in so weit zu erzielen, daß meiner Regierung in Bezug auf die ohne Staatshaushaltsgesetz geführte Verwaltung die Indemnität, um welche die Landesvertretung angegangen werden soll, bereitwillig ertheilt, und damit der bisherige Konflikt für alle Zeit um so sicherer zum Abschluß gebracht werden wird, als erwartet werden darf, daß die politische Lage des Vaterlandes eine Erweiterung der Grenzen des Staates und die Einrichtung eines einheitlichen Bundesheeres unter Preußens Führung gestatten werde, dessen Lasten von allen Genossen des Bundes gleichmäßig werden getragen werden.“

Ueber die Entstehung dieses Theils der Thronrede weichen die bisherigen Veröffentlichungen erheblich von einander ab. Wie unrichtig Sybels Darstellung ist, ergiebt sich aus den Denkwürdigkeiten Roons, aus Twestens in der Deutschen Revue bereits 1880 abgedruckten Briefen und aus Unruh. Twestens Entwurf war dem Könige schon vor seiner Abreise nach Böhmen als Vorschlag des Gesamtministeriums vorgelegt und von ihm verworfen. Am 28. Juni hatte Minister Eulenburg beim Ministerpräsidenten in einem Schreiben, dem ein Entwurf des entsprechenden Passus der Thronrede beigefügt war, unter ausführlicher Motivirung beantragt, zur Beruhigung der Gemüther im Lande ausdrücklich anzuerkennen, daß nach der Verfassung die Ausgaben nicht hätten geleistet werden dürfen und dies in der Thronrede aufzunehmen, zugleich die Landesvertretung noch besonders um „nachträgliche Gutheißung“ zu ersuchen. Auch wünsche er die Vorlage eines Ministerverantwortlichkeitsgesetzes. Eulenburgs Entwurf war also eine Umarbeitung des Twestenschen. Am 18.

und 19. Juli berietheu die in Berlin zurückgebliebenen Minister und nahmen für die Thronrede einen Entwurf des Finanzministers v. d. Heydt an.

„In Motiven und Anträgen stimmte dieser Entwurf fast völlig, zum Theil sogar wörtlich, mit den Eulenburgschen Vorschlägen vom 28. Juni überein. Doch ist das Wort „nachträgliche Genehmigung" in dem Heydtschen Entwurfe durch „Indemnität" ersetzt."[1])

Alterspräsident des Abgeordnetenhauses war General Stavenhagen. Am 10. August war Präsidentenwahl. Grabow erklärte, nach den ihm gewordenen glaubhaften „sich der Oeffentlichkeit entziehenden Mittheilungen" müsse er unter allen Umständen eine Wahl ablehnen. Der König hatte sich mit heftigen Worten gegen seine Wahl ausgesprochen. Zum Präsidenten ward zum ersten Mal ein Mitglied der deutschen Fortschrittspartei — v. Forckenbeck gewählt. Es bedurfte zweier Wahlgänge. Im ersten Wahlgang erhielt Forckenbeck von 331 Stimmen 154 (v. Arnim kons. 134, Graf Schwerin altliberal 24, Gneist 17 von den Polen). Im zweiten Wahlgange gingen die Polen auf Forckenbeck über. Er ward nun mit 176 gegen 136 für Arnim und 22 für Schwerin gewählt. Zu Vizepräsidenten wurden Stavenhagen mit 180 Stimmen (gegen 145 konservative und 33 altliberale) und der altliberale Minister a. D. v. Bonin mit 186 Stimmen (gegen 125 konservative) gewählt. Die Zusammensetzung des Hauses führte bei den Kommissionswahlen in den einzelnen Abtheilungen zu lebhaften Kämpfen.[2])

Die Wahlen zur Budgetkommission fielen für die Fortschrittspartei günstig aus. Ihr gehörten von 35 Mitgliedern 17 an, darunter Hoverbeck, Twesten, Virchow (linkes Zentrum 10, Konservative 4, Polen und Klerikale je 2). Vorsitzender wurde wiederum Bockum-Dolffs; Stellvertreter aber diesmal nich Stavenhagen, sondern Hoverbeck.

Zur Beantwortung der Thronrede waren 5 Adreßentwürfe eingebracht; von den Konservativen (Blanckenburg, Bodelschwingh, Wagener) mit 117 Unterschriften, mit einem Zusatzantrag des Prinzen Karl von Hohenlohe (später freikonservativ), von den Altliberalen (Graf Schwerin, Vincke, Simson) mit 23 Unterschriften, vom linken Zentrum (Gneist, Harkort) mit 42, von der Fortschrittspartei (Waldeck, Virchow) mit 52, und von den Klerikalen (Reichensperger) mit 25 Unterschriften. Zur Adreßkommission, in der Stärke von 21 Mitgliedern, gehörte auch Hoverbeck. Außer ihm noch 6 Mitglieder der Fortschrittspartei, 5 vom linken Zentrum, 1 Altliberaler,

2 Klerikale und 6 Konservative. Sie tagte nach der Vorschrift der Geschäftsordnung unter dem Vorsitz des Präsidenten v. Forckenbeck. Virchow wurde Berichterstatter. In der Adreßkommission begründete Bismarck die in der deutschen Politik zu erstrebenden Ziele.[3]) Der in der Kommission angenommene Entwurf schloß sich in der Mehrzahl der Sätze dem von der Fortschrittspartei eingebrachten, hauptsächlich von Waldeck verfaßten Entwurfe an. In der Kommission hatte nur noch über wenige Sätze Meinungsverschiedenheit geherrscht. Großen Anstoß erregte vielfach, vor Allem bei den Konservativen und Klerikalen, ein aus Waldecks Antrag aufgenommener Satz über die künftige Lösung der deutschen Frage:

„Das zu vollbringende Werk der bundesstaatlichen Einigung Deutschlands wird sich am sichersten der Unterstützung der Nation erfreuen, wenn die schwierige Arbeit auf der Grundlage der Reichsverfassung von 1849 begonnen und diese der neuen Lage der Dinge entsprechend gestaltet wird.“

Die Empfehlung der Reichsverfassung von 1849 erschien der Mehrheit der Adreßkommission nicht bedenklich, da das Wahlgesetz dieser Verfassung zur Grundlage des künftigen Parlamentes bestimmt war. In letzter Stunde nahm Forckenbeck, der als Vorsitzender der Adreßkommission an erster Stelle deren Entwurf unterzeichnet hatte, den Ausgleich in die Hand. Um vollständige Einigung zu erzielen, verhandelte er privatim mit hervorragenden Mitgliedern aller Parteien. Man ließ die Berufung auf die Reichsverfassung von 1849 fallen und einigte sich über andere Aenderungen. Die Kommission beschloß nunmehr den Entwurf mit diesen Aenderungen zu empfehlen. Er wurde als Abänderungsantrag zum Kommissionsentwurf eingebracht. Als Antragsteller fungirte der Vizepräsident Stavenhagen. Zu Gunsten dieses abgeänderten Entwurfs zogen alle Parteien bis auf Reichensperger und seine Freunde ihre Anträge zurück.

Die wichtigsten Abschnitte der Adresse lauten:

(I.) . . . Die großen Thaten, welche unser tapferes Heer in wenigen Wochen von Land zu Land, von Sieg zu Sieg, dort bis über den Main, hier bis an die Thore der Hauptstadt Oesterreichs geführt, haben unser Herz mit freudigem Selbstgefühl und mit lebhaftem Dank erfüllt. Wir sprechen den Dank des Volkes aus an die Tausende, welche das Grab bedeckt, an die sämtlichen überlebenden Streiter des stehenden Heeres und der in großer Zeit geschaffenen Landwehr, an die einsichtigen Führer, vor Allen an Eure Majestät Selbst, die Sie in der entscheidenden Schlacht die Leitung übernehmend, Noth und Gefahr mit den Kämpfern getheilt und dem Kriege durch rasche Führung ein Ziel gesetzt haben.

(II.) Von hoher Bedeutung sind schon jetzt die errungenen Erfolge: Die Auflösung der Bundesverfassung, die Auseinandersetzung mit Oesterreich, die Erweiterung der Grenzen und des Machtgebietes unseres Staates, und die dadurch gegebene Aussicht, daß in nicht zu ferner Zeit ein politisch geeintes Deutschland unter Führung des größten deutschen Staates sich entwickeln könne.

(III.) Diese Früchte, davon sind wir mit Euerer Majestät überzeugt, werden nur in einträchtigem Zusammenwirken zwischen Regierung und Volksvertretung zur Reife gedeihen.

Ohne die Sicherung und Ausbildung der verfassungsmäßigen Rechte des Volkes werden wir nicht zählen dürfen auf die Huldigung der Geister und Herzen in Deutschland, welche allein der Macht Haltbarkeit und Dauer verleiht.

(IV.) Gegenüber der Thatsache, daß seit einer Reihe von Jahren die Staatsausgaben ohne einen zur gesetzlichen Feststellung gelangten Staatshaushaltsetat und theilweise im Widerspruch mit den Beschlüssen des Abgeordnetenhauses geleistet worden sind, gereicht es dem Letzteren zur großen Genugthuung, daß Euere Königliche Majestät feierlich auszusprechen geruht haben, daß die in jener Zeit geleisteten Geldausgaben der gesetzlichen Grundlage entbehren, weil dieselbe nur durch das nach Art. 99 der Verfassungsurkunde alljährlich zu Stande zu bringende Etatsgesetz erlangt werden kann. Im Hinblick auf dies Königliche Wort, welches die Nothwendigkeit eines nur unter Zustimmung des Abgeordnetenhauses ins Leben tretenden jährlichen Staatshaushaltsgesetzes, sowie demgemäß die Nothwendigkeit einer für die Vergangenheit zu erwirkenden Indemnitätserklärung der beiden Häuser des Landtages anerkannt, ist das Vertrauen der Landesvertretung gerechtfertigt, daß künftighin durch die rechtzeitige Feststellung des Staatshaushaltsgesetzes vor Beginn des Etatsjahres jeder Konflikt verhütet wird.

(V.) Die den Berathungen des Landtags unterbreiteten Vorlagen über die Indemnitätsertheilung und die Finanzen werden wir mit pflichtmäßiger Sorgfalt in Erwägung nehmen.[4])

Virchow begründete als Berichterstatter der Kommission deren Beschlüsse in der Plenarsitzung vom 23. August in den einzelnen Abschnitten. Die Kommission habe aus der Adresse alle diejenigen Punkte entfernt, die im Hause selbst zu starken Meinungsverschiedenheiten führen könnten. Schließlich empfahl er, einmüthig den Abänderungsantrag Stavenhagens anzunehmen. Was darin ausgesprochen, repräsentire in der That in den verschiedensten Richtungen die gemeinschaftliche Meinung, welche die aus allen Parteien des Hauses zusammengesetzte Kommission vertrete. Er begründete auch, weshalb die Kommission, die „möglichst die Form zu finden" suchte, die der „Wärme des Tones der Thronrede" entsprach, den wichtigsten Theil des Entwurfes dem Antrage Waldeck entlehnt hatte.[5])

„ . . . Daß wir an diesem Punkte angekommen, daß wir ein deutsches Parlament — wenngleich zunächst in beschränkter Form — als ein nahes Ereigniß vor uns sehen, wir verdanken es zunächst . . . . ganz allein den Thaten unseres Heeres. (Bravo!) Es schien deshalb der Adreßkommission, daß vor Allem an die Spitze der Adresse, welche an Seine Majestät zu richten ist, auch diese Anerkennung in voller offener Weise ausgesprochen werde. Die Adreßkommission hat aus den ihr vorliegenden Entwürfen hierfür jenen Passus gewählt, der ihr dem Ausdruck und dem Inhalte nach der wärmste zu sein schien. Sie schlägt Ihnen vor, zunächst den Dank des Landes auszusprechen an die Tausende von Tapferen, welche ihr Leben dahingegeben haben in treuer und freudiger Pflichterfüllung; Söhne aller Provinzen, Angehörige aller Stände, Alle gleich todesmuthig vom General bis zum gemeinen Wehrmann. Sie schlägt Ihnen vor, den Dank auszusprechen an die sämtlichen überlebenden Streiter des stehenden Heeres, also an die waffenfähige Jugend des Landes, die, zum Theil ganz frisch in die Armee getreten, sofort in den schwersten Feldschlachten alten und kriegserfahrenen Truppen entgegengetreten ist und mit ihnen gewetteifert hat in dem Ungestüm des Angriffs, in der Kaltblütigkeit des Ausharrens, in der Schnelligkeit und der Dauer der Märsche, in der Ertragung der schwersten Entbehrungen, und dabei unübertroffen gewesen ist in strenger Manneszucht, in wahrer Menschlichkeit und Herzlichkeit gegen Verwundete und Wehrlose, ein Vorbild an Kraft, Intelligenz und Sittlichkeit, wie vielleicht niemals ein stehendes Heer es geboten hat. (Lebhaftes Bravo von allen Seiten.)

Die Kommission schlägt Ihnen vor, hinzuzufügen den Dank an die Landwehr, die reife Mannschaft des Landes, welche zum Theil die größeren persönlichen Opfer zu tragen gehabt hat, welche selbst da, wo sie mit Widerwilligkeit in den Krieg gezogen ist, dem sie Haus und Familie, bürgerliche Existenz und ganze Lebensstellung zum Opfer bringen mußte, doch in dem Augenblicke, wo es sich um die Entscheidung handelte, überall mit Freudigkeit eingetreten ist. Ja, meine Herren, wir dürfen es wohl sagen, gerade diese Mannschaft ist es gewesen, welche dahin gedrängt hat, den Krieg so schnell als möglich zu Ende zu führen, gerade diese Leute waren es, welche es am schnellsten wünschten, den Feind zu schlagen.

Aber, daß dieses möglich war, wir verdanken es vor Allem den Führern, wir verdanken es den Führern, welche im Kriegsrathe und auf dem Schlachtfelde überall die Erfolge der Truppen vorbereiteten, welche im opfermuthigen Angriff überall als leuchtende Vorbilder der Truppen vorangingen. (Bravo!)

Wir verdanken es vor Allem Seiner Majestät dem Könige selbst, der nach der Weise seiner Väter die Mühseligkeiten des Lagers, die Gefahren der Schlacht mit seinen Truppen theilen wollte, Seiner Majestät, dem es in gleicher Weise beschieden war, sowohl die begeisternden Augenblicke des Krieges, wie das Elend der Wahlstatt und der Kriegsspitäler zu sehen. (Bravo!)

Diesen Allen sei unser Dank dargebracht voll und warm, ohne Rückhalt. Sagen wir es offen, daß alle Mannschaft und alle Führer die kühnsten Hoffnungen des Vaterlandes weit übertroffen haben. (Bravo!)

Zu wenig beachtet wurde in der Rede Virchows eine Warnung, die leider heute noch zutrifft.

„Hüten wir uns, den Götzendienst des Erfolges zu treiben."

Gegen die Adresse sprachen Jacoby und Reichensperger und für einen besonderen Zusatzantrag der Pole Lubienski. Dann wurde dieser Zusatzantrag abgelehnt und die Adresse nach dem Antrage Stavenhagens in allen Theilen ohne Namensaufruf gegen etwa 25 Stimmen (Jacoby, Polen und Klerikale) angenommen.

Der König empfing am 25. August die zur Ueberreichung der Adresse gewählte Deputation im Beisein nur eines Flügeladjutanten, — kein Minister war zugegen. Der Präsident Forckenbeck verlas und überreichte die Adresse. Der König dankte und besprach dann „in freier Rede“ die einzelnen Abschnitte. Er erkannte wiederholt das Budgetrecht an, aber die Bedeutung desselben hat er nicht richtig gewürdigt. Vielmehr schien er immer noch seine Lückentheorie für vereinbar mit dem Budgetrecht zu halten. Es sei seine Pflicht gewesen, wo kein Etatsgesetz zu Stande gekommen, so zu handeln, wie er es gethan. Er werde immer so handeln, wenn sich ähnliche Zustände wiederholen würden. „Aber, meine Herren, es wird nicht wieder vorkommen.“ Der Präsident erklärte im Abgeordnetenhause, er glaube nicht, in der Lage zu sein, den Inhalt der Rede offiziell mitzutheilen.[6])

Dieser Erklärung hatten die Mitglieder der Adreßdeputation zugestimmt. Auch ein Ministerrath soll die Auffassung Forckenbecks ausdrücklich gebilligt haben.[7])

Die ersten Wochen der Session verliefen für die fortschrittlichen Abgeordneten traurig. Ueber das Indemnitätsgesetz erhob sich der große Zwiespalt, der zu Austritten aus der Fraktion und schließlich zur Gründung der nationalliberalen Partei führte, nachdem schon bei Einbringung der Adresse Meinungsverschiedenheiten schroff hervorgetreten waren. Ueber diese Vorgänge liegen eingehende geschichtliche Mittheilungen von Zeitgenossen fast nur in weit späteren Aufzeichnungen Ausgeschiedener vor. Für den der Selbsterlebtes nach dem Verlauf vieler Jahre aufzeichnet, sind Irrthümer unvermeidlich; namentlich wenn man unterläßt, seine Erinnerungen nach gedruckt vorliegendem urkundlichen Material zu prüfen. Dies ist zu beachten bei den Mittheilungen von Unruh und Siemens; sie haben die stenographischen Berichte nicht zu Rath gezogen. Selbst Sybel hat dies oft unterlassen. Unrichtigkeiten in der Jubiläumsschrift der nationalliberalen Partei von 1892 und in dem politischen Handbuch für nationalliberale Wähler von 1897 konnten um so leichter unterlaufen, wenn die Verfasser Schmähungen und Verleumdungen der Fortschrittspartei durch die Bismarcksche Reptilienpresse für wahr annahmen.[8])

Schon vor der Adreßdebatte (23. August) war eine Anzahl Mitglieder der Fortschrittspartei aus der Fraktion ausgetreten. Zuerst v. Unruh durch einfache schriftliche Anzeige, dann am 18. August Michaelis, Twesten, Röpell, Krieger-Berlin durch die Mittheilung, daß sie aus der gegenwärtigen Fraktion ausschieden, sich aber nach wie vor zur entschieden liberalen Partei zählten; sie wären gern bereit, sich an den gemeinsamen Sitzungen der liberalen Fraktionen zu betheiligen und würden das Ihrige thun, um das freundschaftliche Verhältniß zu der Fraktion der Fortschrittspartei aufrecht zu erhalten. In den nächsten Tagen folgten Austritte anderer Fraktionsmitglieder. Nach einer von Anfang an aufrecht erhaltenen Bestimmung der Geschäftsordnung war in der Fortschrittspartei jeder „Fraktionszwang“ ausgeschlossen und jedem Mitgliede gestattet, auch gegen Mehrheitsbeschlüsse der Fraktion zu stimmen. Nur war er in diesem Falle verpflichtet, es vorher anzuzeigen oder nachher zu motiviren. Die aus der Fraktion ausscheidenden Mitglieder konnten also in Anspruch nehmen, nach wie vor Mitglieder der deutschen Fortschrittspartei zu bleiben.

Leidenschaftliche Fraktionsverhandlungen gab es vor allem über die Frage der Indemnitätsertheilung. Der Finanzminister v. d. Heydt hatte in der 6. Sitzung vom 14. August den Gesetzentwurf über die Indemnität in Bezug auf die Führung des Staatshaushaltsetats vom Jahre 1862 an und über die Ermächtigung zu den Ausgaben für das Jahr 1866 eingebracht. Der Entwurf hatte nur zwei kurze Artikel. Nach dem ersten sollte der Regierung die Indemnität ertheilt werden; nach dem zweiten wurde sie für das Jahr 1866 zu laufenden Ausgaben bis zur Höhe von 154 Millionen Thalern ermächtigt.

Die Fraktion der Fortschrittspartei hatte darüber schon vor der Budgetkommission, die erst am 21. August verhandelte, zu berathen begonnen. In der Kommission beantragte Twesten als Berichterstatter die Indemnität in verbesserter Fassung mit der Klausel, daß das Staatshaushaltsgesetz alljährlich vor dem Beginn des Etatsjahres zu vereinbaren sei. Virchow und mehrere andere Kommissionsmitglieder der Fortschrittspartei widersprachen der Indemnität, erklärten jedoch, für das Jahr 1866 die Ermächtigung zu den Ausgaben der laufenden Verwaltung bis auf Höhe von 154 Millionen Thalern ertheilen zu wollen. Hoverbeck beantragte:

„Unter zeitweiliger Verweigerung der Indemnität nachfolgende Resolution zu fassen: Es bleibt der Staatsregierung überlassen, die geforderte Indemnität nachzusuchen, sobald der verfassungsmäßige Zustand durch die Feststellung und Publikation des Staatshaushaltsetats für 1867 eingetreten ist.“

Der Finanzminister erklärte aber sofort, daß die Regierung Indemnität und Kredit nicht trennen könne, und bei Verwerfung der Indemnität das ganze Gesetz als verworfen betrachte. Die Regierung sei auch finanziell in freier Lage und durchaus nicht zur Nachgiebigkeit gezwungen, nur der auswärtigen Politik wegen und den zweifelhaften europäischen Verhältnissen gegenüber sei Verständigung nöthig. Die Kommission entschied sich hierauf mit 25 gegen 8 Stimmen für sofortige Ertheilung der Indemnität und lehnte die Resolution ab. In dem von Twesten am 27. August erstatteten Kommissionsbericht sind die Gründe für und wider eingehend dargelegt. Zur Erläuterung dient der Brief Hoverbecks an Professor Möller in Königsberg, der nicht wiedergewählt war, vom 21. August 1866:

„Du fühlst es ganz richtig heraus, daß wir jetzt hier eine traurige Zeit durchleben, nicht nur wegen des resultatlosen Kampfes gegen die brutale Gewalt (denn daran sind wir schon gewöhnt), sondern noch viel mehr wegen des Abfalls alter Freunde, die uns als unverbesserliche Nihilisten mit einem leichten, aber fühlbaren Fußtritt zum Teufel gehen lassen. Gewiß ist es richtig, daß das Unglück die Parteien reinigt, und daß die Zurückbleibenden meistens solche sind, die aus keinen außer der Sache liegenden Motiven zur Fahne der Partei geschworen haben; aber den Augenblick — oder leider die Wochen — des Abfalls durchzumachen, das ist gerade keine Freude. Nun, wir wollen redlich aushalten, bis das Volk unserer müde ist und uns nicht wiederwählt.

Du freust Dich über die günstigen Kommissionswahlen. So dachten wir auch. Aber die Leute, die noch denselben Namen führen, den sie im Frühjahr hatten, sind eben andere Leute geworden. Nur wenige sind es, die „diese 3 Monate geschlafen haben", wie sich der Oberwaschlappen Stavenhagen ausdrückt. In der Budgetkommission, der bestzusammengesetzten, stimmten nur 8, sage Acht für Verschiebung! der Indemnität, nämlich Virchow, Hagen, Krieger, Häbler, Runge, ich, der alte Harkort und der Klerikale Kleinsorgen. Heydt feierte einen großen Triumph, und an seinem Wagen zogen auch Mitglieder der Fortschrittspartei, nicht blos die Abtrünnigen: Twesten, Reichenheim, Baerst[9]) (um den es uns Allen sehr leid thut), sondern auch Duncker, Eberty, Bassenge u. s. w. Die Summe der Staatsweisheit, wie sie von Vielen aufgefaßt wird, heißt: sich ducken, bis bessere Zeiten kommen."

Von den Kommissionsmitgliedern, die zur Fortschrittspartei gehörten und bei ihr blieben, hatten außer den von Hoverbeck genannten (Franz Duncker, Eberty, Bassenge) Hoppe-Magdeburg, Boeck und Schmidt-Randow gegen Hoverbecks Antrag auf Verschiebung der Indemnität gestimmt; außerdem der spätere nationalliberale Dr. Lüning, ferner vom linken Zentrum Stavenhagen, Bockum-Dolffs und sechs andere, ebenso die beiden Polen und die beiden Klerikalen.

Hoverbeck klagt in demselben Briefe, daß die Tafelrunde bei Kiskalt („Stadt London"), wo er mit seiner Frau und einer Anzahl Freunde regelmäßig zu Mittag speiste, kleiner und stiller geworden sei als früher. Es heißt dann wörtlich weiter:

„.... Meine Frau grüßt herzlich, ebenso Häbler, Krieger, Hagen, an die ich Deine Grüße bestellt habe. Den an Hennig habe ich noch nicht ausgerichtet, da er eine Weile auf uns böse war (woher, weiß ich nicht, es sei denn, daß wir so unvernünftig radikal sind). Doch war er gestern wieder in der Fraktion und wird sich wohl von dem Gothaischen Nesselfieber frei machen."

Der Bericht der Budgetkommission über das Indemnitätsgesetz wurde am 28. August vertheilt. Die Berathung im Plenum fand am 1. und 3. September statt. An den Abenden zuvor gab es wieder aufgeregte Fraktionssitzungen. Ueber die letzten Berathungen vor der Plenarverhandlung erzählt Werner Siemens mehr als zwanzig Jahre später in seinen Lebenserinnerungen. Er habe sich einige Zeit in Paris aufgehalten. Als er zurückkehrte, seien bereits Austritte aus der Fraktion der Fortschrittspartei erfolgt. In der Ueberzeugung, daß die überwiegende Mehrheit der Mitglieder der Fortschrittspartei für den Frieden mit der Krone gestimmt wäre, habe er „in der Parteiversammlung" die vielseitigen Gefahren, die mit einer Verweigerung der Indemnität entstehen würden, nach seinen Erfahrungen in Frankreich dargestellt. Seine Schilderung sei auf fruchtbaren Boden gefallen:

„Nachdem Lasker, der auf meine Bitte seine Austrittserklärung bis nach der Fraktionssitzung verschob, meine Ausführungen in beredtem Vortrage bestätigt und weiter entwickelt hatte, erklärte sich die Fortschrittspartei mit überwiegender Majorität für die unbedingte Bewilligung der Indemnität."

Die Thatsachen hatten sich in dem Gedächtnisse Siemens bei Niederschrift der „Erinnerungen" verschoben. In den Fraktionssitzungen der Fortschrittspartei, an der die Ausgeschiedenen nicht theilnahmen, hatten die Gegner der Indemnität die große Mehrheit. In den gemeinsamen Fraktionssitzungen der beiden Parteien wurde nicht abgestimmt.

Sybels Darstellung über die Verhandlungen der Budgetkommission und des Plenums sind mehrfach unrichtig. Nach ihm hätten die Mitglieder der Fortschrittspartei in der Kommission sämtlich für die Verschiebung der Indemnität (Antrag Hoverbeck) gestimmt. Im Plenum hätte sich „die ganze Fortschrittspartei mit Eifer" gegen die Vorlage gewendet. Aus den Reden von Waldeck, Schulze-Delitzsch und Virchow theilt er dann aus dem Zusammenhang gerissene Aeußerungen mit, zum Theil nicht einmal richtig.[10]) Dann heißt es:

„Die Abstimmung ergab für die Vorlage 230 Stimmen, dagegen 75, die Fortschrittspartei, einige wenige Männer des linken Zentrums, die katholische Fraktion."[11])

In Wirklichkeit stimmten, wie der stenographische Bericht ergiebt, von den 81 Mitgliedern der Fortschrittspartei 34, einschließlich der bereits ausgeschiedenen, für die Indemnität, 41 dagegen, während 6, darunter mindestens 4 Freunde der Indemnität, fehlten. Vom linken Zentrum stimmten 42 mit ja, 23 mit nein, 6 fehlten. Die Polen stimmten sämmtlich mit ja; die Klerikalen bis auf einen mit nein.[12])

Den Hergang der zweitägigen Verhandlungen des Plenum ergeben die stenographischen Berichte Band I Seite 149 bis 207, also in 116 Spalten. Wer diese Spalten vorurtheilsfrei durchstudirt, wird, auch wenn er die Ablehnung der Indemnität mißbilligt, ohne Zweifel staunen, woher ein zeitgenössischer Geschichtsforscher den Muth nimmt, 25 Jahre später eine so falsche Darstellung dieser ernsten Kämpfe auf zwei Seiten zu veröffentlichen, wie dies Sybel thut.

In der Sitzung vom 1. September eröffnete Finanzminister v. d. Heydt die Verhandlung mit der Aufforderung,

„den unerquicklichen theoretischen Debatten ein Ende zu machen, den Standpunkt der allen Fortschritt hindernden Negation zu verlassen und fortan im Einvernehmen mit der Regierung auf dem Boden der Thatsachen und der Bahn eines wahrhaft segen- und fruchtbringenden Fortschritts die volle Thätigkeit den großen Aufgaben der Gegenwart zuzuwenden."

Er empfahl die Annahme der Kommissionsanträge. Gegen das Gesetz sprachen am 1. September, abgesehen von persönlichen Bemerkungen, Waldeck, Gneist, der klerikale Dr. Michelis, Harkort, Virchow; für das Gesetz v. Vincke-Olbendorf, Michaelis-Stettin, Wagener-Neustettin, Dr. Löwe-Calbe und der Ministerpräsident v. Bismarck. Nach ihm wurde der Schluß beantragt, aber bei zweifelhafter Abstimmung für abgelehnt erklärt und die Sitzung nur vertagt. Am 3. September sprachen gegen die Indemnität: Hoverbeck, Schulze-Delitzsch; für die Indemnität geheimer Bergrath Dr. Achenbach, der spätere Minister und jetzige Oberpräsident, Lasker, Minister Graf Eulenburg, Vincke-Hagen und nach Schluß der Generaldiskussion der Berichterstatter Twesten.

Hoverbeck begann seine Rede mit der Erklärung, er wäre, namentlich nach der Ausführung seines Freundes Virchow, die seine Ueberzeugung ziemlich genau repräsentirte, eigentlich entschlossen gewesen, auf das Wort zu verzichten, nur die beiden Vorredner, der Ministerpräsident und Achenbach veranlaßten ihn, einiges zu erwidern. Zu Achenbachs Ausführungen sagte er:

„Er hat zunächst davon gesprochen, daß die Ausbildung der Volksrechte abhänge von einem weisen, mäßigen Gebrauch derselben. Ich freue mich, mit ihm in dieser Beziehung auf ganz demselben Boden zu stehen. Ich bin eben derselben Ansicht, daß die Volksrechte im Ganzen mäßig ausgeübt werden sollen, und daß das Abgeordnetenhaus in dieser Betrachtung den richtigen Grad seiner Aktion zu suchen und zu finden habe. Aber, meine Herren, ich denke, der Unterschied zwischen uns wird sich darin zeigen, daß er das schon für einen unmäßigen Gebrauch erklärt, was ich überhaupt erst für einen Gebrauch der Volksrechte erkläre. Wir können leicht um alles das hinwegkommen, wir können leicht mit der Regierung in Einigkeit sein, dem Auslande das scheinbare, erkünstelte Schauspiel der Einigung geben, wenn wir alle Differenzen verhüllen, verdecken und die Rechte des Landes preisgeben. Ich meinerseits habe aber keine Lust dazu.

Er hat namentlich das Budgetrecht für gefährlich erklärt und gemeint, grade in diesem müsse die höchste Mäßigung ausgeübt werden. Nun, meine Herren, ich muß erklären, daß das dahingeschwundene Abgeordnetenhaus diese Mäßigung in einem Grade ausgeübt hat, deren ich persönlich in einem Falle nicht fähig gewesen bin. Ich erkläre hiermit für die neu in das Haus eingetretenen Mitglieder, daß ich das Budget in der vorletzten Session verworfen habe, und daß ich es auch in der letzten Session verworfen hätte, wenn es dazu gekommen wäre. Das kann er aber der Majorität des vergangenen Abgeordnetenhauses nicht nachsagen."

Hoverbeck führte aus, daß die Majorität der Regierung gegenüber das Budgetrecht mit der größten Schonung angewandt habe. In Betreff der Rede des Herrn Ministerpräsidenten erkennt er zunächst an, daß der Ton der Rede ein versöhnlicher war, dann fährt er fort:

„Und ich wünsche auch meinerseits dasselbe zu erwidern; wenn ich dennoch gezwungen sein sollte, etwas Herbes zu sagen, so können alle Seiten des Hauses glauben, daß dies in den Thatsachen liegt und von mir keine Herbigkeit gegen die Personen beabsichtigt wird. Ich kann nur sagen, dem gemäßigten Ton in der Rede des Herrn Ministerpräsidenten haben diejenigen mehr als genug entsprochen, die, obgleich Gegner der Indemnität, bereit sind, den Kredit von 154 Millionen zu bewilligen. Es ist dies ein Standpunkt, den ich mit meinem Freunde Virchow theile, und der, wie ich weiß, von einem Theile der Kämpfer gegen die Indemnität nicht getheilt wird. Dem sei aber, wie ihm wolle, das wird man nicht leugnen können, wenn wir nur die Forderung stellen: Gewährt uns erst ein fertiges, durch alle Instanzen gegangenes, von allen Faktoren der Gesetzgebung anerkanntes, in der Gesetzsammlung publizirtes Budget für das folgende Jahr, und dann kommt mit der Indemnität, — wenn wir dies Wort aussprechen, so liegt darin die Bereitwilligkeit, im Falle der wiederhergestellten Verfassung über die Vergangenheit hinwegzusehen. Daß wir es nicht früher thun, das, meine Herren, muß jeder mit seinem eigenen Gewissen abmachen. Ich kann und würde es keinem Ministerium gegenüber verantworten können; am allerwenigsten würde ich es diesem Ministerium gegenüber verantworten können, mich früher für eine Indemnität zu erklären.

Der Herr Ministerpräsident hat dann, vielleicht im Hinblick auf seine gewöhnliche Thätigkeit als auswärtiger Minister, vom Friedensschluß gesprochen, der in diesem Augenblicke zwischen dem Abgeordnetenhause und dem Ministerium zu schließen wäre. Nein, meine Herren, es handelt sich hier um keinen Friedensschluß, es handelt sich um eine für die Vergangenheit zu gewährende Indemnität, eine Indemnität, welche gesucht wird mit der wenigstens offiziellen Anerkennung, daß gegen das Gesetz gefehlt worden ist. Es ist also von der Regierung gefordert die Befreiung von der Verantwortlichkeit, die Befreiung von der Strafbarkeit, die in den gesetzwidrigen Handlungen der Vergangenheit liegt, und nicht ein glatter Friedensschluß — so stehen die beiden Gewalten sich in diesem Augenblick nicht gegenüber. Er hat uns dann versichert, daß er den Frieden nicht aus Verlegenheit wünsche, und sich darauf berufen, daß die Fluth im Innern zu seinen Gunsten zu fließen scheine. Nun, dieses Bild der Fluth könnte ich acceptiren — ich glaube, daß auf die Fluth die Ebbe folgt. Abgesehen davon will ich nur das Eine sagen, es giebt in diesem Augenblick für den Herrn Ministerpräsidenten außer den innern Angelegenheiten auch noch und zwar in erster Linie äußere Angelegenheiten, und ob das Ganze ein Werk der freien Unterwerfung unter das Gesetz ist, wenn er die Indemnität in diesem

Augenblicke wünscht, würden vielleicht die auswärtigen Diplomaten besser zu beantworten wissen, als ich.

Der Herr Ministerpräsident hat uns versichert, man werde die Staatsregierung wegen der vergangenen Jahre nicht anklagen, und wenn man sie auch anklagte, doch nicht verurtheilen. Ich kann ihm Beides zugeben: man wird ihn einfach nicht anklagen, weil dazu das unumgänglich nothwendige Gesetz und die Richtschnur für die erforderliche Prozedur nicht vorhanden ist. Er weiß selber recht gut, daß die Ministerverantwortlichkeit die erste Bedingung ist, eine solche Anklage ins Werk zu setzen. Ich will aber noch mehr zugeben: wenn wir ein Ministerverantwortlichkeitsgesetz in der Form hätten, wie dies schon einmal durch dies Haus gegangen ist, dann will ich entgegengesetzt den Ausführungen des Abgeordneten Gneist anerkennen, daß das Ministerium wahrscheinlich nicht verurtheilt werden würde. Nun, aus welchem Grunde? Meine Herren, ich antworte ganz einfach: Sämtliche Stellen beim Obertribunal werden von einem der Angeklagten besetzt, und wenn diese Stellen noch nicht ausreichen sollten, so giebt es ja noch zuverlässige Hülfsrichter.

Meine Herren! Der Herr Ministerpräsident hat dann sich darauf berufen, daß man dem Ministerium mindestens keinen Vorwurf der Furchtsamkeit machen könne. Ich thue das in Bezug auf die äußere Politik auch durchaus nicht. Aber es giebt zwei Arten von Muth, und ich kenne einen Muth gerade der Regierung eines Staats, der darin besteht, daß sie bereit ist, dem Volke alle seine Rechte im vollsten Umfange zu geben, und dann überzeugt ist, daß das Volk freiwillig in der äußern und innern Politik sie soweit unterstützen werde, als es für das Wohl des Staats erforderlich ist. (Lebhaftes Bravo links.)

Diesen Muth vermisse ich bis heute bei der gegenwärtigen Regierung.

Das Vaterland bedarf den Frieden, hat der Herr Ministerpräsident gesagt. Ja, gewiß, das Vaterland bedarf den Frieden, den innern und den äußern. Aber das Vaterland bedarf noch anderer Güter. Es bedarf seines vollen Rechtes und seiner vollen gesetzlichen Freiheit. (Bravo links.)

Und wenn Sie diese beiden hohen Güter opfern wollten für einen faulen Frieden, so wäre das ein schlechtes Geschäft. (Stimmen links: Sehr wahr!)

Der Herr Ministerpräsident hat uns versichert, daß die Regierung unsern Ansichten näher stände, als wir früher vielleicht geahnt hätten. Ich kann es nicht wissen, ich würde mich freuen, wenn es der Fall sein sollte. Vorläufig kann ich mich nur an das alte Sprüchwort halten, daß man den Baum an seinen Früchten erkenne. (Stimmen links und auch rechts: Sehr richtig!)

Ich sehe mich im Lande um, ob die Früchte der Art sind, daß sie ein festes konstitutionelles Regiment für die Zukunft versprechen. Wenn Sie es noch nicht wissen, dann erkundigen Sie sich über den Punkt bei den Leuten, die im Gefängniß schmachten, weil sie ausgesprochen haben, was die Regierung jetzt selbst anerkennt. (Große Unruhe rechts.)

Es ist uns von dem Herrn Ministerpräsidenten die Mitarbeit an der Ausarbeitung der Verfassung versprochen. Ich würde das mit Freuden begrüßen, aber ich muß erst wissen, daß die Ziele, nach denen das Abgeordnetenhaus und die Regierung arbeiten, die gleichen sind. Ich muß erst wissen, daß die Regierung auf dem Wege ist, die Hindernisse hinwegzuräumen, die im gegenwärtigen Augenblick einer solchen gemeinschaftlichen Arbeit entgegenstehen, wozu ich namentlich die gegenwärtige Zusammensetzung des Herrenhauses rechne, und ich muß erst wissen, daß sämtliche Mitglieder der Regierung einstimmig sind in diesem Wunsch und diesem Bestreben. Ich muß aber bekennen, eine Erklärung des Herrn Finanzministers, wie sie in der Budgetkommission abgegeben und in diesem Bericht enthalten ist, die Erklärung, wonach er einen Kredit von 154 Millionen, die dazu bestimmt sind, den verfassungsmäßigen Weg wieder möglich zu machen, ablehnt, insofern nicht durch die gesamte Vergangenheit und durch die gesamte Verantwortlichkeit dafür ein Strich gemacht wird, scheint mir ein starker Beweis dafür, daß diese Mitarbeit nicht in dem Sinne erfolgen wird, daß wir damit zufrieden sein können.

Nun, zum Schluß noch das Eine. Der Herr Ministerpräsident hat uns aufgefordert, dafür zu sorgen, daß die Tribüne nicht das verliere oder verlieren mache, was das Schwert und die Feder gemeinschaftlich gewonnen haben. Ich hoffe, diese Apostrophe wird bei uns die rechte Stätte finden. Das, was wir jetzt thun, geht aus dem Gesichtspunkt hervor, daß dasjenige, was das Schwert und vielleicht die Feder vorübergehend erobert haben, durch uns zu einer dauernden Errungenschaft gemacht werde. Und wie ist das möglich? Nur durch Eingehen auf verfassungsmäßige Pfade, dadurch, daß unserm Volke das volle Volksrecht und die volle Volksfreiheit gewährt wird. (Lebhaftes Bravo links, Zischen rechts.)"

Im Herrenhaus wurde das Indemnitätsgesetz am 8. September einstimmig angenommen. Es lautet:

„Artikel 1. Die dem gegenwärtigen Gesetz als Anlage beigefügten Uebersichten der Staatseinnahmen und -Ausgaben sollen für die Jahre 1862, 1863, 1864 und 1865 statt des verfassungsmäßigen und alljährlich vor Beginn des Etatsjahres zu vereinbarenden Staatshaushaltsgesetzes als Grundlagen für die Rechnungslegung und die Entlastung der Staatsregierung dienen.

Artikel 2. Der Staatsregierung wird in Bezug auf die seit dem Beginn des Jahres 1862 ohne gesetzlich festgestellten Staatshaushaltsetat geführte Verwaltung, vorbehaltlich der Beschlußfassung des Landtages über die Entlastung der Staatsregierung nach Vorlegung der Jahresrechnungen, Indemnität ertheilt, dergestalt, daß es rücksichtlich der Verantwortlichkeit der Staatsregierung so gehalten werden soll, wie wenn die Verwaltung in der erwähnten Zeit auf Grund gesetzlich festgestellter und rechtzeitig publizirter Staatshaushaltsetats geführt worden wäre.

Artikel 3. Die Staatsregierung wird für das Jahr 1866 zu den Ausgaben der laufenden Verwaltung bis zur Höhe von 154 Millionen Thalern ermächtigt.

Artikel 4. Die Staatsregierung ist verpflichtet, eine Nachweisung über die Staatseinnahmen und -Ausgaben des Jahres 1866 im Laufe des Jahres 1867 dem Landtage vorzulegen."

Die Abstimmung über die Indemnitätsvorlage ergab eine Meinungsverschiedenheit zwischen Männern, die jahrelang in allen wichtigen politischen Fragen, wenn auch erst nach eingehenden Berathungen zu gleichen Entschließungen gekommen waren. Twesten, Lasker, v. Hennig, v. Baerst, Lüning und v. Forckenbeck, die sich später zur Gründung einer besonderen Fraktion entschlossen, hatten bei ihren Freunden als nicht weniger entschieden gegolten, als Virchow, Schulze-Delitzsch, Hagen, Beitzke 2c. Jetzt stimmten nicht bloß sie für die Indemnität der Regierung, sondern auch Franz Duncker, Löwe, Kosch, Larz und Eberty, die nicht auf den Gedanken kamen, sich von der Fortschrittspartei zu trennen. Nach der Abstimmung erkannten Viele, daß die hier zu Tage getretenen Verschiedenheiten in den politischen Grundsätzen nicht so erheblich waren, als man vorher angenommen hatte. Es handelte sich mehr um Fragen der Taktik. Dies ergab sich auch aus den weiteren Verhandlungen.

Am 7. September kam der Gesetzentwurf, betreffend die Vereinigung von Hannover, Hessen, Nassau und Frankfurt mit der preußischen Monarchie zur Verhandlung. Das Gesetz wurde in verbesserter Formulirung nach einer glänzenden Rede Waldecks gegen die Kleinstaaterei mit allen gegen 14 Stimmen angenommen.[13]) Darin war auf Antrag der Kommission auch bestimmt, daß die preußische Verfassung in diesen Landestheilen am 1. Oktober 1867 in Kraft trete und die zu diesem Behufe nothwendigen Abänderungs-, Zusatz- und Ausführungsbestimmungen durch besondere Gesetze festgestellt werden. Zum Schluß der Verhandlung brachte Bismarck ein ähnliches Gesetz über Annektirung von Schleswig-Holstein ein. Der darüber am 24. September erstattete Kommissionsbericht kam erst im Dezember im Plenum zur Berathung.

Ueber den Entwurf eines Wahlgesetzes für den Reichstag des norddeutschen Bundes wurde am 11. und 12. September berathen. Mit einer Reihe Verbesserungen wurde er unter Protest der Polen gegen die Kompetenz des Abgeordnetenhauses mit großer Mehrheit angenommen. Auf Antrag von Kosch war eine Bestimmung zur Sicherung der Redefreiheit eingefügt. Dagegen war ein Antrag von Schulze auf Gewährung von Diäten abgelehnt worden. Vorher hatte Bismarck erklärt, die Entscheidung der Diätenfrage gehöre mehr in das deutsche Parlament; wenn sie da bejaht werde, würde der Widerstand schwierig sein. Das Herrenhaus nahm die erwähnten Gesetzentwürfe mit den Aenderungen des Abgeordnetenhauses an.

Hoverbeck hatte gegen das Gesetz gestimmt. Er schrieb darüber am 12. September an Krieger, der auf Urlaub war:

„Mein lieber alter Krieger!

Heute haben wir die Schlußabstimmung über das Reichswahlgesetz gehabt. Zu den vielen Bedenken, welche dasselbe schon ohnehin bei unser Einem erregte, kam schließlich noch die Ablehnung des Amendements Schulze, welches Diäten für die Mitglieder festsetzte, sodaß ein Theil unserer Partei, darunter Virchow, Bender und ich schließlich gegen das ganze Gesetz stimmte . . . .“

Auf Antrag der vereinigten Kommissionen für Finanzen und Zölle und Handel und Gewerbe (Berichterstatter v. Hennig) wurde der oktroyirten Verordnung vom 10. Mai über Gründung öffentlicher Darlehnskassen die nachträgliche Genehmigung versagt (24. September). Dagegen wurde ein Gesetzentwurf angenommen, worin der Regierung für Gründung von Darlehnskassen und Ausgabe von Darlehnskassenscheinen die Indemnität ertheilt und zugleich angeordnet wurde, daß jene Kassen bis zum 30. September d. J. zu schließen seien.

Lebhafter Streit in der Fortschrittspartei entstand über einen Gesetzentwurf, der für außerordentliche Geldbedürfnisse des Heeres und der Marine 60 Millionen Thaler Kredit in Form einer Staatsanleihe forderte. Die Kommission (Berichterstatter Hager) verschob auf Antrag Hoverbecks die Beschlußfassung bis zur Erledigung des Indemnitätsgesetzes. Sie war nach gründlichen Verhandlungen nicht geneigt, den Staatsschatz mit 30 Millionen Thalern zu füllen und wollte nur Schatzanweisungen in dieser Höhe bewilligen. In lebhaften Debatten der Plenarverhandlungen am 24. und 25. Sept. bekämpfte namentlich Twesten, als Gegner des Staatsschatzes, das Gesetz. Heydt erklärte, die Regierung hielte es für unerläßlich, daß nicht nur für jetzt, sondern für dauernd ein bereiter Kriegsschatz der bereiten Armee zur Seite stehe. Bismarck verlangte die Annahme als Vertrauensvotum und versprach Namens der Regierung, daß zu anderen Zwecken, als denen der Landesvertheidigung, keine Verwendungen aus dem Kredit gemacht werden sollen. Der Regierung kam nun ein Vermittlungsantrag Michaelis-Röpell zur Hilfe. Dieser gelangte mit einer auch von der Linken, der Fortschrittspartei (Hoverbeck und Genossen), gebilligten Verbesserung Laskers mit 230 gegen 83 Stimmen zur Annahme. Auch hier gingen die Stimmen der Opposition sehr auseinander. Einige fortschrittliche Abgeordnete, die gegen die Indemnität gestimmt hatten, stimmten diesmal mit der Mehrheit und umgekehrt.[14])

Außerhalb des Abgeordnetenhauses, selbst unter denjenigen Anhängern der Fortschrittspartei, die während der ganzen Konfliktzeit standhaft und rückhaltlos ihren Beschlüssen zugestimmt hatten, waren die Meinungen über ihr Verhalten bei den Abstimmungen des Septembers verschieden. Hoverbeck mußte dies auch erfahren. Sein 79jähriger Vater schrieb ihm entrüstet am 11. September:

„Mein lieber Leo, ich wünsche Glück zu eurer Thätigkeit! Ein paar Hundert Millionen habt ihr bewilligt wie ein Pappenstiel, 3 Millionen Menschen habt ihr Recht und Gesetze genommen und sie zu Unterthanen gemacht (daß Du zu dieser glücklichen Annexion zugestimmt, hat mich gewundert). Jetzt geht's an das Parlaments-Wahlgesetz, bei dem nur fehlt, daß den Abgeordneten die Redefreiheit beschnitten wird, was von den Siegs- und Vertrauensseligen wohl zu erwarten ist; dann ist für die Zukunft der Deutschen hinreichend gesorgt. Hunde sind wir ja doch!! —[15])

Mir wird schon ganz übel von all den Hoffnungen — ich wollte nur, Du hättest nichts mehr damit zu thun. Genug davon! . . .

Grüße Deine Frau herzlich und bleibt gesund.

Dein treuer Vater Hoverbeck."

Dagegen erhielt Hoverbeck Zuschriften von Witt und anderen politischen Freunden, die seine Abstimmung über Indemnität und Anleihe nicht billigten oder wenigstens nicht verstanden.

Unter Zustimmung beider Häuser wurde der Landtag am 27. September bis zum 12. November vertagt. Hoverbeck benutzte die ausdrücklich zur Erholung der Landtagsabgeordneten und der Minister bestimmte Unterbrechung, in längeren Briefen an Witt und Möller seine und seiner Freunde politische Taktik zu begründen. Er schrieb an Witt am 17. Oktober aus Nickelsdorf:

„... Du wünschest, ich möchte Dir meine gegenwärtige politische Stellung präcisiren; ich glaube, das kann man am besten, wenn man sich an wirklich vorliegende Fragen hält. Meiner Meinung nach beruht die vorige Session und unsere ganze gegenwärtige politische Lage auf drei Angelpunkten: Indemnität, Annexion und Anleihe. Was die erstere betrifft, so war es von vornherein klar, daß, bei dem Mangel eines Ministerverantwortlichkeitsgesetzes, und bei der Unmöglichkeit die gesetzwidrig verausgabten Millionen von den Schuldigen jemals einzutreiben, die ganze Wirkung dieses Votums nur eine moralische war. Das Haus erklärte damit: in Folge des glücklich geführten Krieges entbinden wir die jetzigen wie die früheren Minister jeder Verantwortlichkeit für den Verfassungsbruch. Das Motiv dazu war eben nur der ohne Billigung des derzeitigen Abgeordnetenhauses, in rein absolutistischer Weise angefangene, aber glücklich durchgeführte Krieg. Zweck desselben war nicht etwa die Einigung Deutschlands, sondern die Vergrößerung Preußens, der Domäne Wilhelms I. Wir mußten uns also fragen, ob die errungenen Erfolge, ohne eine sichtbare Aenderung der inneren Politik, Grund genug zur Gewährung der Indemnität seien. Ich habe die Frage verneinen müssen, da ich es für die Freiheit des Landes sehr bedenklich halte, wenn äußere Erfolge innere Verbrechen der Minister rechtfertigen oder entschuldigen dürfen. Anders wäre es gewesen, wenn eine Umkehr der Minister in der inneren Politik stattgefunden hätte. Das war aber, wenn man einige leere Versprechungen abrechnet, in keiner Weise der Fall; ja, die Erklärungen des Finanzministers, zusammengehalten mit einer verfänglichen Stelle der Thronrede, etablirten sogar die alte Lückentheorie in ihrem ganzen Umfange wieder. Darum ging nun meine Ansicht dahin: Da einmal die Indemnität dem Wortlaute nach zunächst eine finanzielle ist, müssen wir wenigstens finanziell zuerst die Beweise haben, daß es die Regierung mit ihrer Besserung ernst meint. Also Verschiebung der Frage von der Indemnität bis dahin, daß wir ein fertiges Budget haben. Bei der Berathung und Feststellung desselben kamen so viele praktische Fragen zum Austrage, daß es der Regierung unmöglich wurde, uns alle sachlichen Konzessionen zu verweigern und doch die Indemnität, d. h. den offiziellen Anschein des vollendeten inneren Friedens davonzutragen.

Hätte die Regierung wirklich die Beweise gegeben, daß sie die Rechte des Volkes achte, so hätte man ihr dann, trotz ihrer schweren moralischen Verantwortlichkeit, die geforderte finanzielle Absolution ertheilen können; früher aber nicht. Um ihr den Weg zur Besserung nicht zu verschließen, wollte ich ihr auch den geforderten Kredit der 154 Millionen bewilligen, da für das Jahr 66 es doch bereits unmöglich war, ein Budget zu Stande zu bringen; darum stimmte ich auch für den betreffenden Paragraphen des Gesetzes, verwarf aber natürlich schließlich das ganze Gesetz, da der Finanzminister ausdrücklich erklärte, den Kredit nur zugleich mit der Indemnität anzunehmen und eben damit am deutlichsten illustrirte, wie wenig es ihm mit der vorgeblichen Rückkehr in verfassungsmäßige Bahnen Ernst war. — Nach dem, was wir seitdem im Hause erlebt haben, ist es allerdings mehr als fraglich, ob die Budgetberathung und Feststellung in diesem Hause uns irgend eine sachliche Konzession bringen wird, ja ob das Haus sich einmal entschließt, sie zu fordern; aber das konnte man damals eben noch nicht wissen.

Zu der Frage der Annexion hat fast das ganze Haus für die Vorlage gestimmt, und ich auch. Eine abweichende Stellung nahm hauptsächlich Jacoby (mit den Katholiken) ein. Er denkt eben anders in der deutschen Frage, als die Meisten von uns. Er vindizirt jedem zufällig entstandenen Staate oder Stätchen das Recht der Einwilligung bei einer zu vollbringenden deutschen Einigung, was ich für sehr bedenklich halte. Persönlich war ich, wie Du weißt, immer mehr für Errichtung eines deutschen Einheits- als Bundesstaates; aber nicht so eigensinnig, daß ich nicht bereit gewesen wäre, die deutsche Einheit zu nehmen, in welcher Form ich sie irgend erreichen konnte. Nun war der Krieg geführt, der Bundestag zerstört und ein großer Schritt zur Einigung Deutschlands, allerdings ohne Mitwirkung der Volksvertretungen, geschehen. Jetzt sollte ich, als Vertreter des preußischen Volkes, meine Genehmigung abgeben, ob gewisse deutsche Länder mit Preußen vereinigt werden sollten. Nach meiner besten Ueberzeugung war diese Vereinigung ein Vortheil sowohl für Preußen als für die zu annektirenden Länder. Darum sprach ich mein Ja aus, zunächst nur als Vertreter Preußens, aber auch, ohne mir wegen der mangelnden Befragung Hannovers u. s. w. große Bedenken zu machen, da ich den einzelnen, zufällig zu Staaten zusammengewürfelten Städten Deutschlands nicht das Recht zuerkenne, durch ihr verneinendes Votum die Einigung Deutschlands zu verhindern. Ganz Deutschland hat die Pflicht, jeden seiner Theile gegen Angriffe zu vertheidigen u. s. w., also dürfen sich diese Theile allen daraus folgenden Verpflichtungen nicht entziehen. Eine wirkliche Souveränität der einzelnen Staaten wird schon dadurch unmöglich, ob dieselben nun trotzdem den Luxus eines besonderen Scheinfürsten treiben können oder nicht, ist für mich ziemlich gleichgültig, so weit es diese Fürsten anlangt, aber durchaus nicht gleichgültig, insofern es höchst wahrscheinlich ist, daß diese Fürsten beständig die Pfleger aller Separationsgelüste sein werden, die gerade bei uns Deutschen von jeher so gefährlich waren.

Aber wer die Annexion annimmt, muß auch die Mittel gewähren, sie zu vertheidigen! Gut, und das will ich auch, so weit es für den Zweck erforderlich ist. Aber folgt daraus, daß man auch diese Anleihe bewilligte? Keineswegs! Wer die ganze Vorlage, die Erklärungen des Finanzministers u. s. w. genau verfolgte, mußte meines Erachtens zu der Ueberzeugung kommen, daß der Zweck, der damit verfolgt wurde, nicht die Befriedigung eines augenblicklichen Bedürfnisses war, sondern das Unabhängigmachen der Regierung von finanziellen Bewilligungen der Landesvertretung, die Möglichkeit, auch einen etwaigen zweiten Krieg auf eigene Hand zu führen, ohne irgend das Volk zu befragen. Eine finanziell so schlecht begründete Anleiheforderung ist noch nie einer Kammer vorgelegt worden, sehr natürlich, weil für die nächste Zeit ein Bedürfniß überhaupt nicht vorhanden war. Der Kern der Vorlage war nicht die Emittirung einer Anleihe, von der ja in der einleitenden Rede des Finanzministers gesagt war, daß sie wahrscheinlich nicht gemacht werden würde, sondern die Füllung des Staatsschatzes, des eigentlichen Bollwerks des Absolutismus. Und für welche Zeit wurde die Ermächtigung verlangt? Für die sechs Wochen, in denen voraussichtlich die Kammern nicht versammelt sein würden. Für diese Zeit war es sicherlich genug, wenn die Kommission vorschlug, die Emission von 80 Millionen Schatzanweisungen auf ein Jahr zu genehmigen, damit die

Regierung auf alle Fälle gedeckt, und im Stande wäre, der Kammer bei ihrem nächsten Zusammentritt eine besser substanziirte Vorlage zu bringen. Die Kammer, welche leichtsinnig große Geldbewilligungen votirt, um damit Vertrauensvota zu geben — und was für Leuten! — ist auf dem gewagten Wege, nicht nur den Geldbeutel, sondern auch die Rechte ihrer Wähler zu ruiniren. Ruere in servitium! — Da hast Du nun ein Stück Glaubensbekenntniß."[16])

An Möller schrieb Hoverbeck zwei Tage später. Er bedauerte, daß er und Witt seiner Einladung zum Besuch nach Nickelsdorf nicht hatten folgen können und er deshalb schriftlich versuchen müsse, die Auffassung zu rechtfertigen, aus der heraus er mit so manchen alten Freunden und, wie es scheine, auch mit ihm politisch uneins geworden sei. Zunächst verwies er Möller auf seinen Brief an Witt. Zur Ergänzung desselben wollte er nur Einiges berichtigen, was Möller an seiner Stellung mißverstanden habe.

„Wer mein Amendement bei der Indemnitätsvorlage unterstützte, konnte nach seiner Verwerfung nicht für die Indemnität stimmen, denn das Amendement besagte doch wesentlich, daß das Ministerium gegenwärtig noch keine Ansprüche auf Indemnität habe. Gewiß hatten wir auch nach dem Zustandekommen des Budgets pro 67 noch keine Garantie, daß die Regierung für immer verfassungsmäßig handeln würde, aber wir wären doch dann — und erst in dem Augenblicke — auf dem Boden der Verfassung wieder angelangt gewesen, was wir heute noch nicht sind, da ein Kredit doch immer nur ein Nothbehelf ist. Uebrigens brauche ich einem Mitgliede der Budgetkommission nicht weiter auseinanderzusetzen, was Alles dazu gehört, damit diese Regierung mit einem freisinnigen Abgeordnetenhause über ein Budget wirklich einig wird; war also noch ein Fonds von standhaftem Liberalismus in diesem Hause — was ich damals doch noch eher hoffen konnte, als heute — so waren wir durch die in meinem Amendement ausgedrückte Klausel genügend gesichert. Darum durfte ich das Amendement stellen, während ich persönlich allerdings der Meinung war, daß die schlichte Verwerfung der Indemnität eigentlich das Beste gewesen wäre.

Dann hast Du geglaubt, ich wolle den Staatsschatz wieder füllen, wenn er nur unter Kontrole des Landtags gestellt werde. Ich glaube, dies Mißverständniß beruht auf einer der in die Zeitungen gelangten Nachrichten aus den Kommissionen, die überhaupt diesmal in falschen und verdrehten Auffassungen das Möglichste geleistet haben. Ich habe nur erklärt, daß ich die $5^1/_2$ Millionen, welche der Staatsschatz dem Lande an Grundsteuerregulirungskosten vorgeschossen hat, demselben aus den Kriegsentschädigungen zubilligen würde, vorausgesetzt, daß damit die Schuld der Verpflichteten erlischt (Antrag Bender). Im Uebrigen hat in Bezug auf die Anleihe die Kommission gerade das gethan, was Du in Deinem Briefe mir als das Richtigste nach Deiner Ansicht bezeichnetest; sie hat 30 Millionen (freilich vorläufig nur auf ein Jahr) der Regierung zur Disposition gestellt und die Füllung des Staatsschatzes durch Ablehnung der übrigen 30 Millionen indirekt unmöglich machen wollen. Nun, die Majorität hat einen andern Weg eingeschlagen. Die Anleihe ist nach Unruh „gerechtfertigt unter der Voraussetzung, daß die Regierung von jetzt an eine gewissenhafte, streng liberale innere Politik einschlägt." Zwar halte ich auch das nicht für richtig (denn dann war eine Anleihe, wenn überhaupt, sicher nicht von 60 Millionen nöthig) — aber wir wollen diesen Spruch annehmen, und über Jahr und Tag bei den Bewilligern wieder anfragen.

Fragt Ihr nun, warum ich für fortdauernde energische Opposition bin, selbst wenn sie keine greifbaren Erfolge erzielt. Weil ich es unmoralisch, unserm Volke für sehr gefährlich halte, eine noch fortdauernde innere Mißregierung ohne allen Widerstand zu ertragen. Dadurch wird unser Volk sowohl an sich, als in den Augen des übrigen Deutschlands erniedrigt. Und welche Lehre für unsere Könige? (in Gegenwart und Zukunft). Wie die Römer sagten: Divide et impera, so wird ihr Kernspruch werden: „Unterdrücke und führe Krieg!" (Es kostet ja nicht Dein Blut und Dein Geld!)"

Seinem ihm politisch am nächsten stehenden Freunde Krieger-Goldap schrieb er am 24. Oktober:

„Ueber meine politische Stimmung brauche ich Dir eigentlich nichts zu schreiben, da Du sie wirklich aus Deiner Kenntniß all meiner politischen Anschauungen ohnehin kennst. Mit einem Worte: ich bin resignirt. Zu meinem Troste sage ich es mir oft, daß Nationen ein langes Leben haben, und erst lange Zeit im Genusse gewisser Grundrechte müssen gelebt haben, ehe dieselben bei ihnen feste Wurzel schlagen. Wir haben eben geglaubt, das preußische Volk wäre politisch weiter vorgeschritten, als es sich heute zeigt. Aber trotzdem wäre es selbstsüchtig und feige, wenn wir den allerdings unerquicklichen Kampf gegen die Leichtgläubigkeit und Verblendung der Masse aufgeben wollten. So lange man uns in die Kammer wählt, kämpfen wir auf diesem weiten Felde; wenn nicht, dann zu Hause in kleineren Kreisen."[17])

Hoverbecks resignirte Stimmung war erklärlich. Er war in Berlin am 20. September Zeuge des glänzenden Siegeseinzugs des Heeres gewesen. Unmittelbar vor dem Könige ritten Bismarck, Roon und Moltke, sowie die Generalstabschefs Voigts-Rhetz und Blumenthal. Der Jubel des Volkes hatte auch auf die verbissensten Demokraten Berlins den Eindruck nicht verfehlt.

Als Hoverbeck seine Briefe an Witt, Möller und Krieger schrieb, wußte er auch nicht, daß am 28. September in einer Besprechung von solchen Abgeordneten des linken Zentrums und der deutschen Fortschrittspartei, die in der Frage der Indemnität und der Anleihe für das Ministerium gestimmt hatten, eine von Lasker entworfene Erklärung angenommen und unterzeichnet war. Die Unterzeichner hielten es für ihre dringendste Aufgabe in der außerordentlichen Session, „der Regierung in ihrer auswärtigen Politik den vollen Beistand der Landesvertretung zu verschaffen." Dagegen hielten sie in der inneren Verwaltung noch nicht die Wendung gesichert, welche ihnen gestattete, die Schritte der Regierung mit Vertrauen zu begleiten. Sie erklärten:

„Wir fühlen die Pflichten einer wachsamen und loyalen Opposition auf uns ruhen und glauben sie nicht bloß den Rechten des preußischen Volkes zu schulden, sondern auch der Zukunft Deutschlands zu widmen, wenn wir dem Schaden vorzubeugen streben, mit welchem eine mißliebige Regierungsweise im Innern des Landes selbst die Erfolge der auswärtigen Politik bedroht, indem sie das harmonische Zusammenwirken zwischen Regierung und Volksvertretung gefährdet."

Die Erklärung wurde erst am 24. Oktober veröffentlicht, da man vorher noch Unterschriften abwesender Abgeordneten einholen wollte.[18]) Unter den 25 Unterzeichnern (15 Fortschritt, 10 linkes Zentrum) befanden sich von namhaften Abgeordneten der Fortschrittspartei Hammacher, v. Hennig, Lasker, Lüning, Michaelis, Reichenheim, Techow, Twesten, v. Unruh, vom linken Zentrum Bockum-Dolffs. Die Erklärung fand auch innerhalb der Fortschrittspartei um so größeren Beifall, als darin die Bildung einer neuen Partei nicht vereinbart war. Eine Reihe Abgeordneter von der Opposition meinte jetzt nach Beendigung der Konfliktszeit sich mit Ehren aus der politischen Thätigkeit zurückziehen zu dürfen; so legten Werner Siemens und die beiden hochbetagten Abgeordneten des ersten Berliner Wahlkreises, der 82jährige Taddel und der Kaufmann Heyl senior Anfang Oktober ihr Mandat nieder.

Bei der Nachwahl in Berlin I am 10. November zeigten sich unter der großen fortschrittlichen Mehrheit der Wahlmänner verschiedene Strömungen. Man einigte sich dahin, die früheren Abgeordneten Prediger Richter aus Mariendorf und Assessor a. D. Jung-Köln zu wählen. Richter war früher gemäßigtes Mitglied der Fraktion Grabow und später des linken Zentrums gewesen. Jung hatte von 1848 her den Ruf eines radikalen Demokraten.

Während der Vertagung fanden Besprechungen über die Vorbereitung der Wahlen zum norddeutschen Reichstage statt. Angeregt wurden sie von dem Komitee zur Verwaltung des Nationalfonds. Für diesen war beim Schluß des letzten Landtages (28. Februar) ein neuer Aufruf erlassen, der auch von Abgeordneten des linken Zentrums (v. Carlowitz und Graf v. Hacke) unterzeichnet war. „Angesichts der Anforderungen der Gegenwart" wurde das preußische Volk zu neuen Beiträgen aufgefordert, um in erweitertem Umfange diejenigen zu unterstützen, die im gesetzlichen Kampfe für die Rechte des Volkes einstehen. Die neuen Geldsammlungen hatten auch eine neue Ordnung der Verwaltung zur Folge. Neben Mitgliedern des Zentralwahlkomitees der Fortschrittspartei traten auch Abgeordnete und frühere Abgeordnete des linken Zentrums ein. Die von dem neuen Komitee veranlaßten Besprechungen ergaben eine große Uebereinstimmung in den Anforderungen, die die Liberalen an das norddeutsche Parlament stellten. Man trat zu einem gemeinsamen Zentralwahlkomitee für die Wahlen zum norddeutschen Parlament zusammen. In dem am 12. November mit 47 Unterschriften veröffentlichten Aufruf hieß es:

„Die Einheit, die Freiheit und die Größe unseres deutschen Vaterlandes ist also unser Ziel. Mit Männern, die dieses Ziel auf dem Boden der einmal gegebenen Thatsachen mit uns erstreben wollen, sind wir bereit, in rüstiger Arbeit vorzugehen, unbekümmert um solche Meinungsverschiedenheiten, welche in der Erreichung des großen gemeinsamen Zieles ihre Ausgleichung finden werden."

Zur Erledigung der dem Komitee obliegenden Geschäfte setzte man einen geschäftsleitenden Ausschuß ein. Ich wurde dessen Schriftführer und hatte die Leitung der Korrespondenz im besonderen Bureau.

Anmerkungen zum 32. Kapitel.

1) So in Roon Bd. II S. 310 unter Berichtigung Sybels.

2) Damals fanden noch keine Vereinbarungen der Parteien über die Zusammensetzung der Kommissionen statt. Der Seniorenkonvent bestand noch nicht. In den Abtheilungssitzungen wurden die Kommissionsmitglieder mit Stimmzettel gewählt. Falls nicht beim Beginn der Sitzung eine Vereinbarung stattfand, konnte es in der Abtheilung bei jeder einzelnen Kommission zu mehreren Wahlgängen kommen.

3) Mit dem König hatte Bismarck in Nikolsburg vor Abschluß der Friedenspräliminarien einen harten Kampf. Der König verlangte vor Allem Stücke von Oesterreich und von Sachsen. Ihm war an der deutschen Einheit unter Preußen nicht viel gelegen, dagegen forderte er „einen tüchtigen Landzuwachs". „Von Oesterreich einige böhmische Stücke, von Sachsen die Kreise Leipzig und Bautzen, von Bayern Ansbach und Bayreuth, von Hannover Ostfriesland und das Recht auf Braunschweig, von Hessen Verbindungsstrecken zwischen den preußischen Gebieten." (Marcks a. a. O. S. 249.) Der Entsetzung ganzer legitimer Fürstengeschlechter hatte er widersprochen. Nur mit Hilfe des Kronprinzen hatte Bismarck seinen Willen durchzusetzen vermocht. In der Kommission setzte Bismarck auseinander, weshalb es sich nicht empfehle, von den nicht annektirten Staaten (wie Sachsen) Landestheile abzutrennen.

4) Die Abschnitte I bis III und V sind mit geringen Abänderungen dem Antrage Waldecks entlehnt. Nur hatte im ersten Abschnitt der Antrag Stavenhagen bei der Erwähnung der Landwehr die Worte: „neu bewährten" gestrichen und statt „dem unsäglichen Elende dieses Krieges" bloß „dem Kriege" gesetzt. Gleichfalls hatte der Antrag Stavenhagen im zweiten Abschnitt die Charakteristik des alten Bundes als „dieses nur scheinbaren Bandes, welches nach außen und innen sich seit fünfzig Jahren hemmend und kraftlos bewiesen hatte", und die darauf folgenden Worte: „die Beschränkung der Kleinstaaterei" gestrichen. Im dritten Abschnitt war der Satz fortgefallen: „Das Blut der todesmuthigen Streiter hat zum zweiten Male das edelste Gut des Volkes, dessen politische Freiheit und Theilnahme an dem Staatsleben besiegelt." (Erster Satz im Abschnitt IV des Antrags Waldeck.)

Der vierte Abschnitt war im Wesentlichen dem Entwurfe der Klerikalen entnommen. In den Antrag Stavenhagen war der von der Kommission hinzugefügte, inhaltlich dem Antrage Waldeck entsprechende Satz: „Dann werden Ausgaben, welche das Abgeordnetenhaus im Staatshaushaltsetat abgesetzt hat, nicht dennoch aus Rücksichten auf das Staatswohl eintreten können" nicht aufgenommen. (Anlagen Bd. I S. 127 f., Nr. 36; S. 21, Nr. 8; S. 124 f. Nr. 32).

5) Die Führer der Fortschrittspartei bewilligten ohne Schwierigkeiten, die Bezugnahme auf die Reichsverfassung von 1849 als Grundlage der künftigen

bundesstaatlichen Verfassung in dem Adreßentwurf zu streichen. Sybel, dessen Darstellung über die Verhandlungen des Abgeordnetenhauses hier wie an anderen Stellen seines Werkes manches Unrichtige enthält und einseitig und gefärbt ist, tadelt (V Nr. 424) die Entwürfe der Konservativen und der Fortschrittspartei und lobt die Entwürfe der Altliberalen und des linken Zentrums, die „aus anderem Tone redeten". Er behauptet, die Fortschrittspartei hätte in der Kommission das Uebergewicht gehabt und mit geringen Aenderungen ihren Entwurf als Antrag der Kommission an das Haus gebracht.

Sybel kann die Rede des Berichterstatters Virchow nicht gelesen haben, sonst müßte er wissen, weshalb der „aus anderem Tone" als die Entwürfe der Altliberalen und des linken Zentrums redende Entwurf der Fortschrittspartei in seinen Hauptabschnitten in die vom Abgeordneten angenommene Adresse aufgenommen wurde.

[6]) Philippsons Darstellung (S. 154 f.) über die Verhandlungen der Fraktionen, der Kommissionen und des Plenums über die Adresse, die Indemnität und das Anleihegesetz, sowie über die Spaltung der Fortschritts- und die Bildung der nationalliberalen Partei enthält Irrthümer. Es ist z. B. nicht richtig, daß Twesten und Lasker wegen der Adresse aus der Fortschrittspartei ausgeschieden seien. Forckenbecks unbestreitbares Verdienst ist es, durch Beseitigung der Bezugnahme auf die Reichsverfassung und andere geringere Aenderungen die große Mehrheit, namentlich auch die Konservativen und die dem Hause angehörenden Minister für den Kommissionsentwurf gewonnen zu haben. Daß Forckenbeck über die ohne Anwesenheit eines Ministers gehaltene „freie Rede" des Königs dem Hause nichts mittheilte, entsprach vollständig den Anschauungen und dem Verfahren der Abgeordnetenhausmehrheit der Konfliktszeit (Bd. II S. 159).

[7]) Philippson S. 155 nach Briefen Forckenbecks an seine Frau.

[8]) „Die nationalliberale Partei 1867—1892" Leipzig 1892, Rengersche Buchhandlung, schreibt auf Seite 13:

„Einer der erbittertsten der Fortschrittspartei ging mit geballten Fäusten auf Lüning zu mit dem christlichen Wunsche, daß die Karyatiden des Saales herabstürzten und die Abtrünnigen erschlagen möchten."

Ich habe vor dem Erscheinen dieser Schrift von einem solchen Vorfall nie etwas gehört, weiß auch nicht, woher der Verfasser die Nachricht hat. Jedenfalls war er verpflichtet, die Quelle anzugeben. Es bleibt der Verdacht, daß er aus einer der zahlreichen, in demselben Verlage erschienenen Schmähschriften eines Kostgängers des Reptilienfonds geschöpft hat.

Unter den damaligen fortschrittlichen Abgeordneten, die ich persönlich sämtlich kannte, ist kein einziger, dem ich einen solchen Zornesausbruch zutrauen möchte. Unerhört ist es, wenn das 1897 in zweiter Auflage erschienene „Politische Handbuch für nationalliberale Wähler" S. 289 den damaligen Abgeordneten Werner Siemens den Schuldigen nennt. Werner Siemens, einer der genialsten Männer dieses Jahrhunderts, der am 3. September für die Indemnität gestimmt hat (stenograph. Bericht S. 206), war stets ein überaus besonnener Politiker. Die Mitglieder der nationalliberalen Partei, die das Handbuch herausgaben, hätten wissen müssen, daß Werner Siemens in seinen 1892 erschienenen Lebenserinnerungen sich rühmt, in der Fortschrittspartei für die Indemnität gewirkt zu haben. (Siehe Theil 2 dieses Buches S. 98 und Horst-Kohl, Bismarck-Jahrbuch Band I S. 497.)

[9]) Baerst, in seinem alten Wahlkreise durchgefallen, war erst am 8. August an Stelle des am 7. Juli verstorbenen Dr. Diesterweg im dritten Berliner Wahlkreise neben Schultze-Delitzsch zum Abgeordneten gewählt. Er und Reichenheim müssen am 21. August bereits ihren Austritt aus der Fraktion erklärt haben. Noch nicht ausgetreten waren damals Lasker, Dr. Lüning und Hennig. Die beiden Letzteren traten erst am 14. November aus.

[10]) Daß Gneist und Harkort, die gegen die Indemnität sprachen, zum linken Zentrum gehörten, und Michaelis, Löwe-Calbe und Lasker, die Reden für die Indemnität hielten, zur Fortschrittspartei gehörten, scheint Sybel vergessen zu haben.

Gneist und Harkort erwähnt er nicht und Lasker und Twesten zählte er zu den „Mittelparteien". Was aus den Reden von Waldeck, Schulze und Virchow, gefärbt und entstellt mitgetheilt ist, könnte es nicht fast den Verdacht erwecken, als wäre es weniger auf die geschichtliche Wahrheit, als auf Verdächtigung der verhaßten Fortschrittspartei angekommen?

11) Zur Widerlegung der Angaben Sybels folgen hier die Abstimmungen der beiden liberalen Fraktionen. Vom Fortschritt stimmten mit ja: Aegerter, Bassenge, Baur, Berger-Posen, Bock, Chomse, Forckenbeck, Franz Duncker, v. Hennig, Hofmann-Ohlau, Hoppe, Hammacher, John-Labiau, Kalau v. d. Hose, v. Kirchmann, Kosch, Krieger-Berlin, Larz, Lasker, Lent, Dr. Löwe, Dr. Lüning, Michaelis, Paur, Reichenheim, Röpell-Danzig, Selten, W. Siemens, Sommer, Twesten, v. Unruh, v. Baerst, Weese, Qual; zusammen 34. Mit nein stimmten Alscher, Becker, Beitzke, Bender, Berger-Solingen, Bresgen, Caspers, Classen-Cappelmann, Coupienne, Eberty, Fischbach, Frentzel, Frommer, Grote, Häbler, Hagen, Herrmann, Hoverbeck, Jacoby, John-Marienwerder, Keuffel, Krieger-Goldap, Laßwitz, Lesse, Lucas, Plehn, Raffauf, Rondé, Römer, v. Rönne, Roggen, Runge, Saucken-Tarputschen, Schulze-Delitzsch, Senff, v. d. Straeten, Taddel, Virchow, Waldeck, Wendisch, Ziegler; zusammen 41. Es fehlten bei der Abstimmung Cetto, Techow, Schmidt-Randow, Gerlich, Hehl, Pietzker. Vom linken Zentrum stimmten mit ja: Allnoch, Bering, Bockum-Dolffs, Bunsen, Dahlmann, Drabich, Graf Dohna, Engel, Frank, Frech, Grabow, Hinrichs, Hummel, Dr. Jansen, Jüngken, Kanngießer, Kratz-Gladbach, Kropff, Larenz, Lautz, Lette, Machat, Metzmacher, Overweg, Pieschel, Rautenstrauch, Richter-Berlin, Rumpf, Sachse, Schollmeyer, Seubert, Stavenhagen, Thomsen, Schmitz-Mörs, Versen, Wartze, Willich, Wolff, zusammen 42. Mit nein: Cornely, Deutz, Elven, Fühling, Gneist, Harkort, v. Hilgers, Kleinschmidt, Kreutz, Meulenbergh, Meuser, Nitschke, Rücker, Olbertz, Fritz Pauli, Pelzer, v. Proff-Irnich, Schulte-Westhof, Triacca, Werner, Weygold, Winkelmann, zusammen 22. Es fehlten Korn, Carlowitz, Falkenberg, Kuhlwein, Sello und Westermann.

Die gesperrt gedruckten wurden in derselben oder der folgenden Legislaturperiode Mitglieder der nationalliberalen Fraktion.

Aegerter, Drabich, Bockum-Dolffs, Frank und Metzmacher haben zwar später die Erklärung vom 24. Oktober mitunterzeichnet, sind aber der neuen Fraktion nicht beigetreten. — Von den Abgeordneten des linken Zentrums wurden später Cornely, Hilgers, Kreutz, Metzmacher, Meulenbergh, Pauli und Wartze im Abgeordnetenhause oder im Reichstage Mitglieder der Fraktion der Fortschrittspartei.

12) Mit Nein stimmten Jacoby, Franz Duncker, 8 Rheinländer (5 von der Fortschrittspartei und 3 vom linken Zentrum) und 4 Klerikale.

13) Siehe „die Preußische Volksvertretung nach dem Kriege des Jahres 1866" von Dr. Gustav Lewinstein. Berlin 1867. Verlag von Franz Duncker.

14) Von denen, die am 3. September für die Indemnität gestimmt hatten, stimmten z. B. Franz Duncker, Hoppe, Löwe, Kirchmann und auch Twesten am 25. September mit Nein. Umgekehrt stimmten einige entschieden fortschrittliche Gegner der Indemnität, z. B. Saucken-Tarputschen, Rönne, Senff, Herrmann, Keuffel mit der Regierung für den Antrag Michaelis.

15) In Erinnerung an Twestens Rede gegen den Justizminister Grafen zur Lippe vom 20. Mai 1865, worin er sagte:

„Als der König Ernst August im Jahre 1837 das Hannöversche Staatsgrundgesetz kassirte, und eine zustimmende Erklärung seiner Beamten verlangte, der königlichen Diener, wie man sie ja im Welfenlande nennt, da erklärte ein Hannöverscher Beamter: ich unterschreibe Alles, Hunde sind wir ja doch. Es wird Ihnen (zur Ministerbank gewandt) vielleicht gelingen, mit Ihren Strafen und mit Ihren Belohnungen den preußischen Beamtenstand in seinem Durchschnitte zu einem ähnlichen erhebenden Bewußtsein hinabzudrücken: „Hunde sind wir ja doch." (Stenogr. Bericht Bd. III, S. 1617.)

16) Witt war in der Hauptsache nicht bekehrt. In einer ausführlichen Ant-

wort vom 28. Oktober erkannte er von seinem Standpunkt die Gefahr für die Freiheit an. Aber er hielt die Einbußen von innerer Freiheit für durchaus zeitweilige, die auf dem Wege zur Einheit nothwendig ihre Wiederherstellung finden mußten. Er sehe darnach keinen Ausweg, als sich zu überwinden, „allen langgenährten, wohlberechtigten Groll gegen ein gehaßtes und hassenswerthes Regiment über Bord zu werfen und ihm eine Behandlung angedeihen zu lassen, als ob es das Schoßkind der liberalen Partei wäre."

[17]) In dem Briefe an Krieger vom 24. Oktober verglich er, veranlaßt durch eine Bemerkung Kriegers, sein eigenes Auftreten im Abgeordnetenhause bei der Annexion mit dem Jacobys. Er schrieb: „Was sein Auftreten als Abgeordneter z. B. in der Annexion betrifft, so ist nicht zu leugnen, daß es konsequent ist, und daß er nach seiner Adreßrede nicht anders stimmen konnte; aber im Allgemeinen ist er mir zu sehr Prophet; es ist ihm ordentlich eine Wollust, allein zu stehen. Das kann mitunter der Eitelkeit schmeicheln, ist aber immer der Wirksamkeit schädlich. Ich meinerseits habe ohne Enthusiasmus, aber mit ruhigem Gewissen für die Annexionen gestimmt, weil ich glaube, daß es doch ein Schritt zur Einheit Deutschlands ist und die Bevölkerung der neuen Länder ohne sie keine Aussicht hatte, als durch Preußen. Knechte waren sie und sind sie geblieben; aber der Herr sitzt ihnen jetzt wenigstens nicht so unmittelbar auf dem Felle."

[18]) Die Erklärung von Aegerter ist vollständig abgedruckt in meinem Buche, „Deutschlands politische Parteien" S. 79. Es sind nur 24 Unterschriften. Unter den Unterschriften fehlt die 25. des Abgeordneten Drabich vom linken Zentrum, der sofort nach der Veröffentlichung unterzeichnete.

Dreiunddreißigstes Kapitel.

Landtagssession vom 12. November 1866 bis zum Schluß am 9. Februar 1867.

In der ersten Sitzung nach Ablauf der Vertagung brachte Finanzminister v. d. Heydt den Etat für 1867 nebst den dazu gehörenden Uebersichten ein. Michaelis beantragte, wie Hoverbeck meinte, „im offenbaren Einverständniß mit Heydt" statt Ueberweisung an die Budgetkommission die Vorberathung im Hause, die mit 15 Stimmen Mehrheit beschlossen wurde. Hoverbeck klagte darüber in einem Briefe an Krieger (17. November) und fügte hinzu:

„Zu thun giebt es genug. Wir Budgeter von der liberalen Partei haben uns zu einer Privatkommission vereinigt, die vorbereitend die Etats für die Fraktionen bearbeitet.[1])

Forckenbeck schlug vor (21. November), regelmäßig drei Tage in der Woche zur Vorberathung des Etats zu bestimmen. Hoverbeck beantragte, darauf wöchentlich vier Tage zu verwenden, damit endlich einmal vor Anfang des neuen Jahres der Etat mit beiden Häusern des Landtags vereinbart sei. Aber der Vorschlag des Präsidenten drang durch.

Inzwischen hatten Unterzeichner der Erklärung vom 24. Oktober über Bildung einer neuen Fraktion berathen. Am 17. November konstituirte sie sich, nachdem auch Lüning und Lasker ihren Austritt aus der Fraktion der Fortschrittspartei vollzogen hatten. Sie nannte sich neue Fraktion der nationalen Partei und zeigte ihre Konstituirung der Fortschrittspartei und dem linken Zentrum an mit der Erklärung,

„daß sie ein freundschaftliches Verhältniß zu diesen beiden Fraktionen wünsche, mit denen sie als zur entschieden liberalen Partei gehörig sich auf gemeinsamen Boden wisse und daß sie an den gemeinsamen Berathungen der liberalen Partei gern theilnehmen werde."

Sie verfuhr auch danach.

„Das Verhältniß der neuen Fraktion zur deutschen Fortschrittspartei blieb im zweiten Abschnitt der Landtagssession bis zum Zusammentritt des konstituirenden Reichstags ein durchaus freundliches. In der Opposition gegen die innere Verwaltung stand sie zunächst hinter der alten Partei nicht zurück."[2])

In der Vorberathung zum Budget trat Hoverbeck häufig als Wortführer der „Budgeter" von der liberalen Partei auf und beantragte und begründete die Wiederholung von Beschlüssen, die das frühere Abgeordnetenhaus auf Antrag der Budgetkommission gefaßt hatte. Auch bei lebhafter Unterstützung der neuen Fraktion waren diese Anträge zu Folge der veränderten Zusammensetzung des Hauses meist erfolglos. Die Altliberalen stimmten in der Regel mit den Konservativen; zusammen waren sie um 20 Abgeordnete stärker, als die drei liberalen Fraktionen. Den Ausschlag zu Gunsten der Opposition konnten, falls nicht ein Theil der Altliberalen übertrat, nur die Polen (21), die aber häufig fehlten, und das katholische Zentrum (15) geben.

Hoverbeck unterlag z. B. mit den Anträgen auf Streichung des Gehalts für den Direktor des literarischen Bureaus des Staatsministeriums und auf Streichung des Dispositionsfonds für allgemeine politische Zwecke von 31000 Thaler (Provinzialkorrespondenz); ferner auf Herabsetzung und Streichung von Gehältern an Ministerresidenten und Gesandte bei deutschen Kleinstaaten. Er betheiligte sich an diesen Budgetberathungen durch kurze, klare Widerlegungen der Gegner und überließ längere Reden gegen das Ministerium meist Mitgliedern der neuen Partei — Lasker, Hennig, Twesten, Unruh.[3]) Bismarck und Roon waren bis Ende November auf

Urlaub abwesend. Graf Eulenburg vertheidigte sich gegen Angriffe der neuen Partei nicht ungeschickt. Er spottete über die bei ihrer Presse beliebte Redensart von den zwei Seelen im Ministerium, einer liberalen unter Bismarck und einer konservativen unter den Ministern des Innern und der Justiz. Hoverbeck erklärte sich mit Vincke, der dem Minister beistand, darin einverstanden,

„daß diejenigen Herren, die eine entschiedene Opposition gegen die Regierung festhalten wollen, gleichwohl aber ein neues Programm geschaffen haben, worin eine künstliche Theilung des Ministeriums stattgefunden hat, in eine schlimme Lage gerathen. Ich überlasse die Vertheidigung ihnen selber, der sie persönlich auch gewachsen sind, ich glaube aber, sie haben sich allerdings eine sehr schwere Aufgabe gestellt."

Vincke gegenüber erklärte er es für unberechtigt, denen, die vor dem Kriege Bedenken aussprachen, ob wir mit dem innern Zwiespalt auch dem äußern Feinde gewachsen wären, mangelnden Patriotismus vorzuwerfen.

„Ich glaube, daß wir während des Krieges mit demselben Eifer, mit derselben Gluth den Thaten unseres Heeres gefolgt sind, und daß wir überzeugt gewesen sind, daß es nothwendig ist, um ein einiges Deutschland hervorzubringen, die Großthaten unseres Heeres zu trennen von den Uebelthaten unseres Ministeriums."

Der Minister Eulenburg hatte von einer Opposition um der Opposition willen gesprochen und die Gegner gewarnt, die Opposition gegen Personen fortzuführen. Hierauf entgegnete Hoverbeck:

„Ich denke, es ist Zeit, daß ein unverhülltes Wort gesprochen werde. Ich mache auch Opposition gegen die Personen des gegenwärtigen Ministeriums, aber nicht um ihretwillen, nicht um der Personen willen, sondern weil die Personen die Träger eines verderblichen Systems sind. Wer eine solche künstliche Unterscheidung machen kann, als wenn er allein die Maßregeln angreife, die Personen aber im Geringsten nicht damit in Berührung bringe, der, glaube ich, übt entweder einen Idealismus aus, den das Volk in der That nicht versteht, oder — er spricht nicht ganz die Wahrheit. Eins oder das Andere! . . ."

Bei Verhandlung über das Dotationsgesetz am 6. Dezember war Hoverbeck Antragsteller und der einzige Redner für die Mehrheit der fortschrittlichen Abgeordneten, die sich dagegen erklärten, daß Ministern Dotationen gewährt würden. Aus des Königs Initiative war der Gesetzentwurf hervorgegangen, wonach zur Verleihung von Dotationen an preußische Heerführer, die zum glücklichen Ausgange des letzten Krieges in hervorragender Weise beigetragen hatten, 1½ Millionen Thaler aus den Kriegsentschädigungen ihm zur Verwendung bereitgestellt werden sollten. Mit Recht machte Twesten geltend, unter Bezugnahme auf England, daß Dotationen als Nationalbelohnungen jedesmal mit einer bestimmten Summe einer bestimmten Person überwiesen werden müßten. In geheimer Sitzung einer Kommission (Vorsitzender v. Baerst), der auch Hoverbeck angehörte, erklärten sich die Minister ermächtigt, die Namen der Generäle Roon, Moltke, Herwarth v. Bittenfeld, Steinmetz und Vogel v. Falckenstein als diejenigen zu nennen, denen Dotationen verliehen werden sollten. In der Kommission wurde ein Antrag, auch die Vertheilung der Summe in das Gesetz einzufügen, abgelehnt, dagegen beschlossen, neben den genannten fünf Generälen auch den Namen des Ministerpräsidenten Grafen Bismarck „in Anerkennung der von ihm so erfolgreich geleiteten äußeren Politik" einzufügen.[4]) Im Plenum referirte Stavenhagen. Die „Hoffnung, daß der Vorschlag der Kammer einmüthig angenommen würde" traf nicht zu. Es geschah, wie Roons Sohn es in den Denkwürdigkeiten ausdrückte, „das Unerhörte, das Unglaubliche": die Abgeordneten v. Hoverbeck, Virchow und Genossen beantragten, die Minister Bismarck und Roon aus der Zahl derer, die eine Nationalbelohnung erhalten sollten, zu streichen. Hoverbeck begründete seinen Antrag folgendermaßen (6. Dezember):

. . . „Ich, meine Herren, muß Ihnen zunächst sagen, daß ich im Allgemeinen keine große Neigung für diese Art von Belohnung habe, die sich durch das Wort Dotation ausspricht; von allen Arten Dotationen ist mir aber die hier geforderte noch immer die geeignetste insofern, als eine baare Geldsumme gefordert wird und nicht wie in früheren Zeiten eine Dotation in Grundbesitz, die sehr leicht Anlaß zur Gründung von Fideikommissen und derartigen Einrichtungen giebt, die ich als wünschenswerth für unser Land nicht erachten kann. Nun nehme ich zunächst Gelegenheit, mein Einverständniß mit dem Herrn Referenten dahin auszudrücken, daß ich glaube, die Dotation, die uns hier vorliegt, ist bestimmt, durch Belohnung gewisser Personen zugleich den Dank dieses Hauses und des Landes gegen die Armee auszudrücken, und insoweit erkläre ich, daß ich trotz meiner ursprünglichen Bedenken gegen Dotationen in diesem Falle doch darauf eingehen will.

Ich will also, nach der ursprünglichen Intention der Regierung, durch Dotationen, die an Heerführer verliehen werden, den Dank des Vaterlandes für die im Kriege geleisteten Dienste ausdrücken; ich enthalte mich deshalb auch jedes weiteren Wortes (selbst eines anerkennenden, geschweige denn eines tadelnden, was durchaus nicht in meiner Idee liegt) in Bezug auf die in der Vorlage der Kommission genannten Heerführer. Aber, meine Herren, ich verlange meinerseits, daß die beiden Minister, die in diesem Gesetzentwurfe ebenfalls mit einer Dotation bedacht sind, nicht als Heerführer betrachtet werden. Meine Herren! Auch darüber will ich nur das eine kurze Wort sagen: ich kann Ministern im Dienst unter keinen Umständen Dotationen bewilligen, selbst wenn ihre Verdienste um das Land die hervorragendsten sein möchten, die irgend denkbar sind. Ich glaube, es entspricht nicht dem richtigen Gefühl des Landes, wenn ein Ministerium eine Dotationsvorlage bringt, — ein einiges Ministerium, wobei doch jeder einzelne Minister, ob sein Name darunter steht, oder nicht, bei der Vorlage betheiligt ist — also eine Dotationsvorlage bringt, in der Minister selbst mit Nationalbelohnung bedacht werden.

Der zweite Grund für mich ist aber der, daß ich diesen Ministern deshalb von meinem Gesichtspunkte aus keine Dotationen bewilligen kann, weil sie sie in diesem Augenblicke noch nicht verdient haben. Es ist mir unmöglich, eine solche Scheidung zwischen den Personen der Minister in der Zeit des eben vorübergegangenen Krieges und ihrer sonstigen ganzen Amtsführung zu machen, wie der Herr Referent sie zu machen vorgeschlagen. Ich denke daran, daß für die Thaten der Minister, die wir ja — in der großen Mehrzahl, darf ich wohl sagen — schwer gemißbilligt haben, allerdings eine Indemnität gegeben ist, aber doch nur eine Indemnität in dem Sinne, daß wir für die vergangene budgetlose Regierung ihnen Straflosigkeit zugesichert haben. Ihnen nun aber deswegen, weil sie durch die Thaten im Kriege sich die Straflosigkeit für frühere Sünden mögen verdient haben, jetzt noch Nationalbelohnungen entgegen zu tragen, dazu bin ich nicht im Stande, um so weniger, als ich die Indemnität doch nur auf ihre budgetlose Verwaltung beziehen kann und keineswegs der Meinung bin, daß in Bezug auf alle übrigen Vergehen gegen die rechtliche Stellung des Landes ihnen damit eine Verzeihung hat gewährt werden sollen.

Ich schließe also mit der nochmaligen kurzen Erklärung: ich kann diesen Ministern Dotationen nicht bewilligen, erstlich weil ich niemals Ministern Dotationen bewilligen würde, zweitens weil ich diese Minister noch nicht für mit dem Lande ausgesöhnt halte, nicht eher für ausgesöhnt halte, als bis die Rechtszustände auch im Innern solche geworden sind, wie wir sie verlangen."

Sofort nach Hoverbecks Rede wurde der Schluß beantragt und angenommen.[5]) Hierauf wurde Hoverbecks Antrag ohne namentliche Abstimmung abgelehnt und der Kommissionsantrag mit 219 gegen 80 Stimmen angenommen. Unter der Minderheit befanden sich auch diejenigen Abgeordneten, die überhaupt keine Dotation bewilligen wollten.[6]) Die Minderheit von 80 Stimmen setzte sich zusammen aus 45 Fortschrittlern (11 stimmten für das Gesetz), 14 vom linken Zentrum, 11 Klerikalen und 10 Polen.

Gegen eine definitive Anstellung der Distriktskommissare in der Provinz Posen sprach sich Hoverbeck aus, weil er wünsche, daß die beiden Nationalitäten sich freundlich gegenüberstehen und überhaupt eine innige Verschmelzung beider Elemente im Staate erfolge. Bei der Gelegenheit erklärte er dem Minister des Innern:

„Ich habe zwei Wünsche geäußert, die nach meiner Meinung miteinander sehr wohl verträglich waren, nämlich erstens den Wunsch, daß eine neue Kreis- und Gemeindeordnung im Staate so bald als möglich eingeführt werden möchte, und zweitens den Wunsch, daß dieses Ministerium diese Kreis- und Gemeindeordnung nicht einbrächte."

Beim Kultusministerium beantragte Hoverbeck, daß ein im Etat ausgeworfener Fonds „zur Unterstützung von Elementarlehrern" verwandelt werde in einen Fonds „zu dauernden Besoldungsverbesserungen." Er wollte damit erzielen, daß bestimmte Stellen mit Rücksicht auf die schlechte Lage der Elementarlehrer in armen Gemeinden dauernd in der Besoldung verbessert würden und die Regierung nicht etwa befugt sei, nach Belieben aus Gunst und Gnade das eine Jahr diesem, das andere Jahr jenem Lehrer Zulagen zu gewähren. Der Antrag wurde einstimmig angenommen, nachdem der Kultusminister v. Mühler sich ihm „vollkommen“ angeschlossen hatte.

Zweierlei Beschlüsse setzte die Opposition beim Budget gegen die Regierung durch. 1. Der Bewilligung des Hauptextraordinariums von 300000 Thalern wurde die Bedingung beigefügt, daß über dessen Verwendung die nachträgliche Genehmigung der Landesvertretung einzuholen ist. (Antrag Bockum-Dolffs, 27. November mit 142 gegen 141 Stimmen angenommen). 2. Die geheimen Ausgaben im Interesse der Polizei (Dispositionsfonds des Ministers des Innern) mit 35000 Thalern wurden nach Reden von Twesten und Waldeck mit 153 gegen 150 Stimmen abgelehnt (4. Dezember).

Bei der Berathung des Militäretats wurde am 10. Dezember eine Resolution Waldeck in namentlicher Abstimmung mit 165 gegen 151 Stimmen angenommen.[7]) Das Haus erklärte in ihr, daß und weshalb der Etat einen wesentlich provisorischen Charakter trägt, daß ferner

„das Gesetz vom 3. September 1814 bis zum verfassungsmäßigen Zustandekommen eines neuen Organisationsgesetzes die gesetzliche Norm für die Dauer der Dienstzeit im stehenden Heere und für das Verhältniß der Landwehr zu demselben bildet“

und endlich daß die

„nach den jedesmaligen Staatsverhältnissen zu bestimmende Stärke des stehenden Heeres nur unter Zustimmung der Landesvertretung festgesetzt werden kann.“

Dann wurde ein Antrag Vaerst-Virchow mit 165 gegen 151 Stimmen abgelehnt. Nach diesem sollte statt der im Staatshaushaltsetat in den einzelnen Titeln des Ordinariums und Extraordinariums geforderten Beträge ein besonderes Pauschquantum von gleicher Höhe bewilligt werden.[8]) Endlich wurde ein vom Minister Roon gebilligter Antrag Reichenheim angenommen, worin die gleichen Beträge im Ordinarium und Extraordinarium nicht in einzelnen Titeln, sondern in einer Gesamtsumme bewilligt wurden.

Als die Vorberathung des Staatshaushaltsetats für 1867 beendet war, stellte der noch zur Fortschrittspartei gehörende Abgeordnete Jung am 18. Dezember den Antrag, die in der Vorberathung gefaßten Beschlüsse en bloc anzunehmen. Bismarck erklärte sofort Namens der Regierung, daß wenn das Budget en bloc angenommen würde, so würde die Verfassung die schwere fünfjährige Krisis siegreich bestanden haben. Die Regierung würde dann versuchen, mit dem Budget das Verwaltungsjahr zu durchleben u. s. w. Hoverbeck widersprach mit scharfen Worten dem Antrage Jung und fügte sein „persönliches Bedauern“ hinzu, daß der Antrag gerade „von unseren Bänken“ ausgegangen ist. Er hielt eine en bloc-Annahme in der Schlußberathung nicht für zulässig und schloß seine Rede mit der Erklärung gegen den Ministerpräsidenten:

„Der Herr Ministerpräsident hat uns ferner in Aussicht gestellt, daß die Regierung für einen gewissen Fall versprechen könne, das Budget anzunehmen. Nun, meine Herren, ich gestehe von vornherein, ich halte das für eine ganz falsche Auffassung von dem Budgetrecht des Hauses und von der Budgetpflicht der Regierung. Die Regierung tritt vor das Haus mit gewissen Geldforderungen, und dieses Haus und nach ihm das Herrenhaus hat sein Ja oder Nein dazu zu sagen, und die Regierung hat das Budget anzunehmen, sofern sie nicht das Kunststück erfunden hat, ohne Geld die Verwaltung zu führen.“

Nach längerer Verhandlung erklärte der Präsident, daß eine en bloc-Annahme nur bei Einstimmigkeit zulässig sei. Jung zog seinen Antrag zurück, von konservativer Seite wurde er wieder aufgenommen, aber abgelehnt. Man trat nun in die Schlußberathung. In ihr wurden alle Beschlüsse der Vorberathung angenommen.

Virchow nahm seinen Antrag wieder auf, weil die Erklärung, die der Kriegsminister bei der Vorberathung über die Resolution Waldeck abgegeben hatte, nicht genüge. Außer Virchow motivirte auch Hoverbeck in einigen Worten die Wiederaufnahme des Antrages. Er sagte dabei:

„Der Werth der Resolution Waldeck ist in meinen Augen sehr geschwächt durch die Erklärung, die der Herr Kriegsminister gegeben hat. Der Herr Kriegsminister hat, um es mit einem altgewohnten Ausdruck des Hauses zu bezeichnen, sie für einen Monolog des Abgeordnetenhauses erklärt, der in keiner Weise auf die Regierung Einfluß haben könne.“

Der Antrag wurde nunmehr mit 230 gegen 92 Stimmen abgelehnt, indem jetzt neben fünf von der Fortschrittspartei die gesamte neue Partei außer Lasker und Baerst dagegen stimmten. In der Schlußabstimmung wurde der Etat fast einstimmig angenommen. Das Herrenhaus stimmte dem Etat und dem Etatsgesetz ebenfalls zu und so war nach fünfjähriger budgetloser Regierung zum ersten Mal wieder ein Budget auf verfassungsmäßigem Wege zu Stande gekommen, — seit Einführung der preußischen Verfassung zum ersten Mal vor dem Beginn des Etatsjahres.

Jung wurde wegen seines selbständigen Vorgehens gegen die Meinung seiner Parteigenossen von diesen hart angegriffen und schied aus der Fraktion aus.

Der Gesetzentwurf über Einverleibung von Schleswig-Holstein war in der Kommission des Abgeordnetenhauses mit geringfügigen Aenderungen angenommen worden. Zur Verhandlung im Plenum kam er am 20. Dezember 1866. Twesten sprach sich für die

Annexion aus, unterzog aber Bismarcks Politik in Ansehung Schleswig-Holsteins einer herben Beurtheilung. Er sei noch jetzt überzeugt, daß der Augustenburger der berechtigte Herrscher von Schleswig-Holstein sei. Trotzdem sei die Einverleibung eine politische Nothwendigkeit, aber man dürfe den Erbprinzen nicht verlästern. Bismarck hielt hierauf eine lange Rede zur Rechtfertigung und wiederholte darin in Betreff der Unterredung mit dem Herzog vom 1. Juni 1864 die alten Beschuldigungen, zu deren unrichtigen Angaben der Herzog stillgeschwiegen (Seite 58)[9]). Das Annexionsgesetz ward vom Abgeordnetenhause mit sehr großer Mehrheit angenommen, vom Herrenhause genehmigt und am 24. Dezember vom König vollzogen und publizirt. Der Herzog Friedrich war mit den Oesterreichern aus Schleswig-Holstein gezogen und hatte sich seitdem in Thüringen und Franken aufgehalten. Am 15. Juni besuchte er den Herzog Ernst von Koburg. Dieser war „nur durch die Machtverhältnisse auf Preußens Seite gezwungen, im Innern unverändert."[10]) Er, der eifrige Förderer der österreichischen Politik, hatte sich, als der Krieg unvermeidlich war, plötzlich auf die preußische Seite geschlagen, weil sein Koburger Kontingent preußische Offiziere hatte.[11]) Er konnte für den Herzog Friedrich nichts thun. Dieser scheint aber die Hoffnung, eingesetzt zu werden, nicht vollständig aufgegeben zu haben. Er hatte sich eine wohlwollende Aeußerung des Königs vom 17. Juni zur Kronprinzessin zu seinen Gunsten ausgelegt. Noch am 31. August richtete er an den König ein Schreiben, worin er die politischen Gründe aufführte, die gegen die Annexion sprächen. Er erhielt keine Antwort. Dann sprach er (17. September) in einem Briefe an den Kronprinzen die Hoffnung aus, daß ihr Verhältnis durch den neuesten Verlauf der Dinge nicht angetastet werden könne. Der Kronprinz hatte im Kriege seine politische Ansicht „in gewissem Betracht umgestimmt". Er hatte die Geschicklichkeit erkannt, mit der die diplomatischen Geschäfte geführt worden seien und war für die Annexionen gewonnen. Wiederholt erklärte er, die innere Politik der Regierung auf das Entschiedenste zu mißbilligen, scheint aber die Herstellung eines Herzogthums Schleswig-Holstein nicht mehr für durchführbar gehalten zu haben. Er antwortete dem Herzog Friedrich (8. Oktober), die Ereignisse hätten das Geschick der Herzogthümer in seinen Augen und für ihn unabänderlich entschieden. Was er vor dem Kriege für Recht gehalten, sei nicht dadurch für ihn hinterher zum Unrecht geworden, daß es sich undurchführbar gezeigt. Er werde dem Herzog nicht vorwerfen, wenn er sich nicht entschließe, seine Ansprüche aufzugeben, er selbst sei jedoch außer Stande, etwas für seine Interessen zu thun.[12])

Der Kronprinz scheint trotz alledem an der Hoffnung festgehalten zu haben, das Abgeordnetenhaus werde mit Rücksicht auf seine früheren Beschlüsse die Annexion verwerfen. Er ging am 20. Dezember ins Abgeordnetenhaus, ließ Virchow herausrufen und wünschte von ihm zu wissen, welches Votum das Haus abgeben würde. Virchow theilte dies im Juli 1888 in einem Vortrage zu Ehren Kaiser Friedrichs im Handwerkerverein mit:

„Ich sagte ihm, daß die Annahme der Annexion als entschieden angesehen werden dürfe. Er war von dieser Nachricht auf das Aeußerste ergriffen, er erinnerte daran, daß das Haus selbst die Regierung aufgefordert habe, den Krieg zu beginnen auf Grund der Rechtsansprüche des Herzogs Friedrich; er fragte nach einzelnen hervorragenden Parteiführern, und sein Erstaunen wuchs, als ich ihm sagte, daß Twesten eben eine Rede für die Annexion begonnen habe, als ich das Haus verließ. Ich suchte ihm zu zeigen, daß in der Hand der Regierung alle Voraussetzungen, unter denen das Haus die Initiative zu seinem Vorgehen ergriffen hatte, geändert seien, und daß dasselbe keine Macht habe, Geschehenes ungeschehen zu machen. Trauernd schwieg er.“[13])

Das freundliche Verhältniß der neuen Fraktion zur deutschen Fortschrittspartei wurde durch das für die Reichstagswahlen eingesetzte gemeinsame liberale Zentralwahlkomitee nicht gestört. Prinzipielle Gegensätze traten nicht hervor. In einer von dem Komitee einberufenen allgemeinen von 6000 Wählern besuchten Volksversammlung in der Berliner Turnhalle am 17. Dezember sprachen Redner beider Fraktionen. Fast einstimmig wurden Resolutionen angenommen, in denen unter Anderem die entscheidende Mitwirkung des künftigen Parlaments bei der Steuerbewilligung und das energische Eintreten für die von der Nationalversammlung in Frankfurt verkündigten Grundrechte des deutschen Volkes gefordert wurden. Auf eine Warnung von der neuen Fraktion erwiderte Schulze-Delitzsch durch eine Mahnung zur Eintracht. Er erklärte ohne Widerspruch der anwesenden Betheiligten es für einen sehr natürlichen und verzeihlichen Wahn, wenn man meinte, daß im Augenblick, wo die preußische Regierung auf dem Wege der Revolution das Legitimitätsprinzip durchbrach, auch freisinnige Institutionen nicht lange ausbleiben könnten.

„Es ist aber das Verdienst der preußischen Regierung, alle diese Unterschiede wieder ausgeglichen und das ganze Vertrauen wieder erschüttert zu haben. Von unsern Freunden, die so lange mit uns für die Sache der Freiheit in den vordersten Reihen gekämpft haben, glaubt jetzt kein Mensch mehr daran.“[14])

Hoverbeck besuchte diese Versammlung, betheiligte sich aber sonst an der Thätigkeit des Zentralwahlkomitees nur durch Erklärungen über angebotene Kandidaturen. Schon frühzeitig hatte Möller bei ihm wegen einer Kandidatur in Stadt Königsberg angefragt. Hoverbeck antwortete (10. Dezember), man wolle ihn in Allenstein aufstellen und behaupte, er sei der einzige Fortschrittsmann, der Aussicht habe, dort durchzukommen. Das Königsberger Komitee der Fortschrittspartei beschloß dessen ungeachtet ihn zu ersuchen, die Kandidatur für Stadt Königsberg anzunehmen. Möller theilte ihm dies mit, sprach aber zugleich die Befürchtung aus, daß man trotz der geheimen Abstimmung den schönsten Durchfall erleben würde.

„Die große Volksmasse hat keinen Begriff gehabt von dem alten Bunde, und es ist ihr auch keiner beizubringen von dem neuen, der an seine Stelle treten soll."

Hoverbeck antwortete am 28. Dezember, er habe sich bereits für Allenstein gebunden.

„Hier bin ich der einzige Fortschrittsmann, der möglicher Weise durchkommen kann. In Königsberg dagegen werdet Ihr jedenfalls bald geeignete Kandidaten finden. Ohnehin glaube ich, daß Ihr keinen guten Griff gethan hättet, falls Ihr mich aufgestellt hättet. Es kommt hier wesentlich darauf an, Kandidaten zu wählen, die jedem einzelnen Urwähler persönlich bekannt sind, da gerade die bisherige dritte Abtheilung den Ausschlag giebt. Also müßt Ihr einen geborenen Königsberger aufstellen. Wer von diesen in den Kreisen, die hier den Ausschlag geben, die meisten Sympathien hat, wißt Ihr natürlich besser, als ich."

Er schrieb in demselben Briefe über die Verhältnisse in der Fraktion des Abgeordnetenhauses:

„Von unsern jetzigen Leiden und Freuden im Abgeordnetenhause schreibe ich nichts Näheres, da Du ja mit Hilfe Deiner eigenen Erfahrung Dir wohl ein Bild davon wirst machen können, wie es uns bei den gegenwärtigen Verhandlungen dort zu Muthe ist. In der Fraktion ist es jetzt glücklicherweise viel gemüthlicher geworden, man debattirt zwar auch jetzt, aber man zankt sich nicht mehr mit Erbitterung. Die letzte schärfere Scene mit Jung hat dessen Austritt zur Folge gehabt. Es kann jetzt, wo wir doch in keiner entscheidenden Frage mehr auf die Majorität rechnen können, in der That auf eine Stimme nicht mehr ankommen. Dagegen ist es von großem Werthe, daß endlich Klarheit in die Fraktion kommt ... Mit den Mitgliedern der neuen Fraktion stehe ich sehr verschieden. Mit einigen z. B. Michaelis, Röpell ganz feindlich; mit Anderen, wie Reichenheim, Krieger (Berlin), Lent, selbst Hennig ziemlich kühl; mit noch Anderen dagegen ganz gut und selbst vertraulich. Von Letzteren nenne ich Dir namentlich Lasker, Lüning, auch Twesten und Vaerst.

Unsern alten Forckenbeck haben wir noch immer recht lieb. Sein Talent zum Präsidiren findet allgemeine Anerkennung; als Politiker ist er mir zu flau und hofft zu viel von dem Kleinkram der parlamentarisch-ministeriellen Intriguen. Dabei ist er aber ein ehrlicher Mann, dem es nur um die Sache, nicht um seine Person zu thun ist, und diese Gesinnung wird, hoffe ich, ihn auch auf dem jetzigen schlüpfrigen Pfade vor einem zu argen Falle schützen. Herzlichen Gruß und ein fröhliches neues Jahr von Deinem Hoverbeck."

Die Königsberger Freunde fügten sich. In einer Versammlung der liberalen Partei in Königsberg unter Möllers Vorsitz wurde mittels Stimmzetteln mit großer Mehrheit Dickert, der spätere Reichstagsabgeordnete als Kandidat aufgestellt, — um gegen Vogel v. Falckenstein durchzufallen.

In dem weiteren Verlauf der Session hat Hoverbeck öfters das Wort ergriffen. Er war einer der beiden vom Präsidenten ernannten Berichterstatter bei der Schlußberathung des Antrags Paur und der Fortschrittspartei (17. Januar) über ein Gesetz, wodurch die in Preußen gewählten Abgeordneten des Reichstags zur Berathung der Verfassung des norddeutschen Bundes Diäten und Reisekosten wie die Abgeordneten zum preußischen Landtage erhalten sollten. Hoverbeck trat für den Antrag in längerer Rede ein. Folgende Sätze der Rede verdienen hervorgehoben zu werden. Finanziellen Bedenken trat er durch Hinweis auf die vor Kurzem votirten 1½ Millionen Dotationen entgegen, die doch im Vergleich zur Thätigkeit des deutschen Parlaments nicht so vorwiegende Wichtigkeit hätten. Die finanziellen Gründe seien aber wirklich untergeordneter Natur.

. . . „Die Verweigerung der Diäten bei einer Wahl zum norddeutschen Parlament ist nach meiner Ueberzeugung eine hoffentlich nicht beabsichtigte, aber jedenfalls thatsächliche Fälschung des allgemeinen Wahlrechts. Wenn wir, meine Herren, uns fragen, was der eigentliche Kern, das eigentliche Grundprinzip des allgemeinen Wahlrechts ist, so können wir nicht anders sagen, als daß einerseits jeder Staatsbürger zur Wahl berechtigt sein soll; und daß andererseits es jedem Wahlkreise möglich gemacht werden muß, gerade den Abgeordneten, auf den hauptsächlich sein Vertrauen sich richtet, ob er nun arm oder reich ist, ins Parlament zu entsenden. Wir haben ohnehin unter schweren Mißständen zu kämpfen, die das allgemeine Wahlrecht in heutiger Stunde viel bedenklicher erscheinen lassen, als es unter geordneten und würdigen Zuständen der Fall wär, wir haben eine geknebelte Presse, wir haben ein beschränktes Vereinsrecht.

Das, meine Herren, sind die Grundbedingungen des allgemeinen Wahlrechts, und wenn schon diese Grundbedingungen in der bedenklichsten Weise angegriffen und verkümmert sind, dann müssen wir uns hüten, auch noch ein Prinzip zu verletzen, das nach meiner Meinung so wichtig ist, daß ohne dasselbe das allgemeine Wahlrecht der That und Wahrheit nach nicht bestehen kann. Aber es ist auch der letzte Augenblick, daß dies geschehe. Das Volk muß vor der Wahl, ja vor der Vorbereitung zu den Wahlen wissen, daß es wählen kann, wen es will, daß die Armuth eines Abgeordneten, den es sonst für geeignet hält, kein Hinderniß ist, ihn im Parlament zu sehen. Das, meine Herren, ist das Interesse des Landes. Das wahre wohlverstandene Interesse der Regierung steht ganz auf demselben Boden; will unsere Regierung von diesem Parlament, das jetzt zusammentreten soll, einen wahren Schutz haben, einen Schutz gegen den Partikularismus im Innern und gegen Anfeindungen von Außen her, so muß das Fundament, worauf dieses Parlament begründet ist, ein kräftiges, gesundes, unfehlbares sein, und das ist nur möglich, wenn das allgemeine Wahlrecht ehrlich und aufrichtig ausgeführt wird.“ . . .

Der von Paur vorgeschlagene Gesetzentwurf wurde im Abgeordnetenhause mit 178 gegen 108 Stimmen angenommen, vom Herrenhause aber abgelehnt.

Gegen das Salzmonopol hatte Hoverbeck schon 1849, zu einer Zeit, wo er sich grundsätzlich zu keiner politischen Partei bekannte, in Witts Dorfzeitung populäre Aufsätze geschrieben (siehe Band I, Seite 109 ff.). Jetzt wurde von der Regierung ein Gesetzentwurf vorgelegt, wodurch sie ermächtigt werden sollte, das Salzmonopol aufzuheben, aber eine Salzsteuer von zwei Thalern für den Zentner Kochsalz einzuführen, bei Steuerfreiheit allen Salzes zu landwirthschaftlichen und gewerblichen Zwecken. Das Weitere sollte durch Verträge mit den Zollvereinsstaaten festgestellt werden. Der Antrag wurde von den vereinigten Kommissionen für Finanzen und Zölle (Krieger-Berlin Berichterstatter) und für Handel und Gewerbe (Dr. Hammacher Berichterstatter) berathen und von der Mehrheit mit Aenderungen, denen die Regierung zustimmte, angenommen. Zugleich wurde einstimmig beschlossen, die Regierung aufzufordern, auf eine allmälige Herabsetzung der Salzsteuer und auf die Beseitigung der bei den übrigen Zollvereinsstaaten etwa entgegenstehenden Hindernisse Bedacht zu nehmen. Allseitig wurde angenommen, daß es unmöglich sei, die Salzsteuer, die jährlich 6 Millionen Thaler einbrachte, sofort aufzuheben. Hoverbeck aber meinte, es müsse im Gesetz sichergestellt werden, daß das Salz möglichst bald völlig steuerfrei werde. Er sagte bei der Plenarberathung am 1. Februar:

... „Nächst dem Salzmonopol ... ist die schlechteste Steuer, die ich mir überhaupt denken kann, die Salzsteuer, die drückendste, weil sie die ungerechteste ist. Die Kommissionsvorlage sagt, sie wäre so schlimm, wie eine Kopfsteuer. Nach meiner besten Ueberzeugung ist sie noch schlimmer, denn sie trifft den Kopf des ärmeren Mannes stärker, als den des wohlhabenden.

Meine Herren! Ich habe Gelegenheit gehabt, das aus nächster Nähe zu untersuchen. Ich bin der Ueberzeugung, daß der arme Mann mehr Pfund Salz das Jahr über verbraucht und seiner Gesundheit wegen verbrauchen muß, als der Wohlhabende. Sehen Sie sich die nahrungslosen Stoffe an, mit denen sich der arme Mann ernähren muß. Die einzige Würze, die er hat, ist das Salz; es sind bedeutend große Quantitäten, die er verspeisen muß, um sein Leben zu erhalten, und dafür verbraucht er entschieden mehr Salz, als der Reiche. Ich muß gestehen, daß, wenn ich mir denke, es könnte der böse Feind aufgerufen werden, um eine Steuer auszuwählen, welche die allerdrückendste und ungerechteste wäre, er sich für eine hohe Salzsteuer erklären würde. . . . Mein Standpunkt ist der: Wir müssen die Salzsteuer aufheben, weil dies unsere moralische Verpflichtung ist. Sie sehen auch, daß ich wünsche, diese Steuer könnte heute schon vollständig aufgehoben werden. Das aber erkenne ich allerdings als unmöglich an."

Hoverbecks Antrag war nach Ansicht Vieler recht bescheiden.

Danach sollte die Steuer von zwei Thalern für den Zentner Kochsalz nur noch drei Jahre, also bis zum 1. Januar 1870 erhoben werden, dann aber von drei zu drei Jahren sich um zehn Silbergroschen vermindern, so daß sie vom 1. Januar 1882 bis 1885 nur noch zehn Silbergroschen betrüge und dann vom 1. Januar 1885 an keine Steuer mehr erhoben würde. Nicht bloß Twesten sprach die Hoffnung aus, daß man bis 1885 ohnehin zur Aufhebung der Salzsteuer gelangt sein würde, sondern auch v. Blanckenburg erklärte, nach seinen Wünschen ginge es viel zu langsam, wenn noch bis 1885 die Salzsteuer erhoben werden würde. Hoverbecks Antrag wurde verworfen; ebenso ein Antrag Virchows, der in der Meinung, es werde wohl nie eine preußische Landesvertretung geben, die nicht das Prinzip der fortschreitenden Ermäßigung und der endlichen Abschaffung der Salzsteuer auf ihre Fahnen schriebe, beantragt hatte, die Steuer zunächst nur auf drei Jahre zu bewilligen. Die Mehrheit begnügte sich nach Annahme des ganzen Gesetzes, mit der von der Kommission vorgeschlagenen Resolution für allmälige Herabsetzung der Salzsteuer. Hoverbeck bemühte sich im norddeutschen Reichstage (September 1867) vergeblich, die Aufhebung der Salzsteuer zum 31. Dezember 1877 durchzusetzen (siehe unten). Die Steuer von sechs Pfennig für das Pfund Salz besteht noch heute.

Der Landtag wurde am 9. Februar geschlossen. Die vom König verlesene Thronrede sprach sich sehr befriedigt aus. Mit Recht konnte sie hervorheben, daß in weiten Kreisen als dankenswerthe Früchte der Session begrüßt werden würden:

> „die Anbahnung der Aufhebung des Salzmonopols und des Gerichtskostenzuschlages, die Regelung der Verhältnisse der Erwerbs- und Wirthschaftsgenossenschaften, die Aufhebung der Beschränkungen des Zinsfußes, die Post- und Handelsverträge, die Umwandelung der Pommerschen Lehne, die Beseitigung der Rheinschifffahrtsabgaben, die Verbesserung der Besoldung der niederen Beamten und der Lehrer, sowie die Bewilligung der Mittel zur Ausführung und Vervollständigung wichtiger Eisenbahnen."

Anmerkungen zum 33. Kapitel.

1) Am selben Tage schrieb Hoverbeck in seinem Brief an Krieger: „Fraktion Drabich ist in der Konstituirung begriffen. Den besten Namen hat ihr der rothe Becker gegeben: regierungsfähige Fortschrittspartei".

2) Aus meinem Buche „Deutschlands politische Parteien" S. 82.

3) Hervorzuheben ist Laskers geharnischte Rede gegen den Justizminister Grafen zur Lippe, den er namentlich auch als Syndikus des Staatsministeriums angriff, da er als solcher das erste Gutachten über alle Staatsrechtsfragen von Bedeutung abzugeben habe. Die Rede zu studiren, ist allen Justizministern in Preußen zu empfehlen.

4) Philippson behauptet S. 160, Forckenbeck habe die Regierung beim Dotationsgesetz zur Nachgiebigkeit bestimmt, dafür habe er seine Freunde vermocht, auch Bismarck mit einer Dotation zu bedenken. Woher er diese Nachricht entnommen hat, sagt er nicht. Daß Forckenbeck der eigentliche Urheber der Bismarckdotation ist, bezweifle ich. In Hoverbecks Korrespondenz findet sich nirgends eine Andeutung darüber.

5) Die Debatte ward auf Antrag der Rechten geschlossen. Auf der Rednerliste waren Joh. Jacoby, Duncker und der alte Harkort, sowie drei Klerikale und ein Pole gegen das Gesetz eingetragen, für dasselbe u. A. Schulze-Delitzsch, Kirchmann und Virchow.

6) Den Hoverbeckschen Antrag hatten 29 Forschrittsmänner unterstützt, darunter Runge, Schulze, Krieger, Duncker, Virchow, Berger, Kosch, Waldeck, Haebler, Beitzke, Löwe, Becker. Nicht aufgeführt sind: Saucken-Tarputschen, Frentzel, Hagen, Laßwitz und Ziegler, sie gehörten wohl zu denjenigen Mitgliedern, die Dotationen überhaupt verweigerten. Dahlmann und Harkort vom linken Zentrum enthielten sich der Abstimmung.

7) Ueber die von Waldeck beantragte Resolution fand eine gemeinschaftliche Sitzung der Fraktionen der Opposition statt. Man wählte zum Entwurf eine Kommission, zu der Waldeck, Hoverbeck vom Fortschritt, Gneist und Carlowitz vom linken Zentrum und Reichensperger von den Klerikalen gehörte; auch war den Polen ein Mitglied reservirt.

8) Für den Antrag Virchow-Baerst hatten von der neuen Partei zwar Baerst Hammacher, Bunsen, Gneist, Hennig, Lasker, Lüning, Unruh gestimmt, er fiel aber durch, weil Michaelis, Reichenheim, Twesten, Krieger-Berlin und Lette gegen ihn stimmten.

9) Twesten hatte jene nicht bestrittenen Beschuldigungen für wahr halten müssen. Jansen-Samwer begnügen sich Seite 640 mit der Angabe: „Diese Annahme Twestens ist nicht richtig." Herzog Friedrich hatte vor, Bismarcks Beschuldigungen in der Rede vom 20. Dezember 1866 urkundlich zu widerlegen, unterließ es aber wiederum auf Anrathen seiner Freunde Stockmar und Samwer. (Jansen-Samwer S. 669).

10) Wörtlich aus Jansen-Samwer. S. 618 — Der Herzog nahm demnächst Samwer sen. wieder in seine Dienste.

11) Siehe Rudolph Genée „Zeiten und Menschen", Berlin 1897. Genée war längere Zeit Redakteur der offiziösen Koburger Zeitung.

12) Unklar ist, was Haym über die Stellung des Kronprinzen zu der Annexion von Schleswig-Holstein S. 414 mittheilt.

13) Wörtlich Reichsfreund 1888 S. 221.

14) Ueber die Versammlung und deren Beschlüsse siehe S. 83 meines Buches über die politischen Parteien.

Vierunddreißigstes Kapitel.

Konstituirender norddeutscher Reichstag. Abgeordnetenhaus. Wahlen zum ordentlichen Reichstag.

Die Wahlen zum konstituirenden Reichstag des norddeutschen Bundes erfolgten am 12. Februar 1867.[1]) Sie ergaben für die alten Provinzen Preußens, also für das Gebiet, auf das sich die Thätigkeit des gemeinsamen liberalen Zentralwahlkomitees erstreckt hatte, einen gänzlich unerwarteten Sieg der ministeriell-konservativen Partei. Der geschäftsführende Ausschuß des Komitees hatte Flugblätter in Menge versendet, sich durch Haussuchungen, Beschlagnahmen und Preßprozesse nicht abhalten lassen. Die Liberalen hatten in den meisten Wahlkreisen auf einen glänzenden Sieg gerechnet.

„Wahlversammlungen, die in den Städten oder auf dem Lande abgehalten wurden und auf denen der liberale Kandidat sich vorstellte, wurden in der Regel außerordentlich zahlreich besucht; die Konservativen hielten sich von öffentlichen Wahlversammlungen fern, sie stellten ihren Kandidaten nur in geschlossenen Versammlungen vor. Freilich, wo ein energischer Landrath aus der Westfalenschen Züchtung die Wahlen beeinflußte und durch die Polizeibeamten und Gensdarmen den Wählern den konservativen Stimmzettel und die Nothwendigkeit, ihn abzugeben beibrachte und in diesen Bestrebungen durch das Junkerthum und die Geistlichkeit unterstützt wurde, da konnten große städtische Wählerversammlungen mit aller ihrer liberalen Einstimmigkeit keinen Beweis von dem künftigen Ausfall der Wahl liefern. Die liberale Partei hatte sich nicht klar gemacht, daß an den direkten Wahlen die am weitesten zurückgebliebene Masse der Wahlberechtigten, insbesondere die des Lesens und Schreibens unkundigen oder nur nothdürftig kundigen ländlichen Tagelöhner und Arbeiter sich nur auf Kommando, dann aber auch sämtlich betheiligen, daß der weit überwiegende Theil der die untersten Volksklassen Kommandirenden im protestantischen Preußen Polizeibeamte oder Konservative seien, daß also das allgemeine gleiche und direkte Wahlrecht vollends bei dem Mangel einer wirklichen Preßfreiheit und eines wirklich freien Versammlungsrechts der liberalen Partei so lange durchaus ungünstig sein muß, als es nicht gelingt, in den einzelnen Wahlkreisen Organisationen zu schaffen, die es jedem einzelnen liberalen oder unabhängigen Wähler bis in den entlegensten Weiler hin als Ehrensache erscheinen lassen, an der Wahlurne seinen Stimmzettel abzugeben."[2])

Diese 1877, also nach fünf Wahlen nach allgemeinem Stimmrecht von mir niedergeschriebene Darstellung der Gründe für die Niederlage der Liberalen in den alten Provinzen Preußens bei den ersten Wahlen nach allgemein gleichem Wahlrecht bedarf heute auf Grund der Erfahrungen, die bei weiteren sieben Reichstagswahlen gemacht sind, einer Ergänzung. Diese Erfahrungen verdienen um so mehr Beachtung, als bei jeder neuen Wahl, diejenigen als Wähler anzutreten haben, die das letzte Mal das wahlfähige Alter noch nicht erreicht hatten. Die Zahl derselben beträgt bei fünfjähriger Legislaturperiode fast ein Fünftel der gesamten Wählerschaft. 1867 hatte man noch nicht erkannt, was jede oppositionelle Partei bei geringer Bildung der großen Masse der Wähler in der Wahlbewegung für ihren Kandidaten thun muß. Einen Stimmzettel mit dessen Namen hat jeder Wähler rechtzeitig zu bekommen; er muß ferner den Kandidaten, wenn irgend möglich von Person kennen gelernt haben, außerdem muß er dessen politischen Ansichten und Lebensgeschichte kennen. Bei den Wahlen vom Februar 1867 beachteten die Liberalen nicht genügend, welchen gewaltigen Eindruck der Krieg und seine Erfolge im Volke gemacht hatten. Die Konservativen, die Partei der preußischen Regierung stellte, — wohl mehr instinktiv, als der Gründe bewußt, in den Wahlkreisen, wo sie den Einfluß der Fortschrittspartei als überwiegend fürchtete, die mit Dotationen bedachten Heerführer als Reichstagskandidaten auf. Moltke wurde drei Mal gewählt, in Memel (Prov. Preußen), Fürstenthum (Pommern) und Delitzsch (Sachsen); Vogel v. Falckenstein zwei Mal, in Königsberg und in der Stichwahl gegen Waldeck in Bielefeld, während er in Neiße in der Stichwahl gegen den späteren Minister Friedenthal unterlag. General Steinmetz siegte in Züllichau-Krossen, Herwarth v. Bittenfeld in Wittlich-Bernkastel, Roon in Teltow und Bismarck, damals noch wählbar, in Elberfeld und Jerichow. Außer ihnen wurden gewählt in Labiau-Wehlau Prinz Friedrich Karl, in Stallupönen-Darkehmen der Remonteinspektor und Generallieutenant a. D. Synold v. Schütz, in Minden General v. d. Goltz. In Berlin freilich half die Aufstellung der Dotirten zum Reichstage nichts. Hier siegten die Liberalen; in Berlin I. Lasker mit 7708 gegen 4781 Stimmen für Roon, II. Waldeck mit 8281 Stimmen gegen Bismarck mit 5137, III. Moritz Wiggers[3]) mit 9630 gegen 2840 Stimmen für Moltke, IV. Runge mit 6831 gegen Vogel v. Falckenstein mit 1449 Stimmen, V. Franz Duncker mit 7103 gegen 2268 Stimmen für Herwarth v. Bittenfeld, VI. Schulze-Delitzsch mit 6942 gegen 1464 Stimmen für Bismarck und 1266 für General Steinmetz.[4])

Die Fortschrittspartei hat es in den alten Provinzen Preußens nur auf 10 Sitze gebracht außer den sechs Berliner: zwei für Breslau (Simon und Bouneß) je einen für Nordhausen (Eugen Richter), für Dortmund (Dr. Becker) für Solingen (Trip). Sie bildete mit 7 sächsischen Demokraten, einem Hamburger (Dr. Ree) und dem Abgeordneten für Gotha (Ausfeld) eine Fraktion der Linken mit 19 Mitgliedern.[5])

In Ostpreußen wurden nur Konservative gewählt, überall ohne Stichwahl, außer in Allenstein-Rössel, wo im ersten Wahlgange Kreisgerichtsdirektor a. D. Uedinck in Rössel 6380 Stimmen gegen 3108 für Hoverbeck und 1146 für den Probst Stock erhalten hatte und in engerer Wahl Uedinck mit 6492 Stimmen über Hoverbeck mit 5280 siegte. In den alten Provinzen Preußens hatte die liberale Opposition einschließlich der Polen und der freisinnigen Klerikalen kaum ein Drittel der Sitze erstritten.[6]) In den neuen Provinzen war die Stellung der Parteien zur Regierung beim Wahlkampf eine andere. Die Liberalen erhielten in Hannover, Kurhessen und Nassau die Unterstützung der Regierung. In Hannover hatte „ein Zentralkomitee der nationalliberalen Partei für Hannover" unter Bennigsens Vorsitz die Wahlbewegung geleitet, war aber in der Mehrheit der Kreise gegen Welfen unterlegen. In Schleswig-Holstein, wo angeblich alles für Preußen sein sollte, wurden 2 Dänen und 7 von der deutschen Opposition, der augustenburgischen Partei gewählt. In den übrigen deutschen Staaten siegten mit Ausnahme vom Königreich Sachsen, wo Konservative, Demokraten und Bebel gewählt wurden, Anhänger der neuen Partei. Diese nahm jetzt den zuerst von den Hannoveranern gewählten Namen der nationalliberalen Fraktion an. Das Gesamtergebniß war, daß die liberalen Parteien einschließlich der Opposition der Klerikalen, aber ohne die sogenannten Altliberalen eine Mehrheit nur dann erhielten, wenn die Polen mit ihnen stimmten.[7])

Am 4. März legte Bismarck dem Reichstage den Entwurf einer Bundesverfassung vor, nebst dem Protokoll über die Konferenzen (4. Januar bis 9. Februar), in denen er vereinbart worden war.

Mit Bismarcks Vorlage der norddeutschen Bundesverfassung waren auch die Anhänger der neuen Partei in Preußen nicht zufrieden. Am 8. März schrieb Witt an Hoverbeck. Er hatte noch keine Nachricht über den Ausfall der Stichwahl zwischen Uedinck und Hoverbeck bekommen.

„Du selbst wirst wahrscheinlich am ruhigsten in dieser Ungewißheit sein, denn wie ich vermuthe, wird die Rolle, die Dir bei der summarischen Zusammensetzung des Reichstags zufiele, nicht zu den angenehmsten Deiner politischen Thätigkeit gehören.

Vielleicht findest Du einigen Trost in der Anerkennung, die Dir das Januarheft der Grenzboten spendet. Ich habe über die seltsame Zusammenstellung fast laut auflachen müssen, bemerke übrigens, daß mir der ganze Aufsatz wenig politisches Urtheil zu verrathen schien. Die betreffende Stelle heißt also und geht in folgendem Tenor, soweit der Grenzbote reicht auf die Nachwelt: „Welchen Grund haben wir, auf Herrn v. Hoverbeck weniger Hoffnung zu setzen, als auf irgend einen preußischen Politiker, der in der letzten Generation heraufgekommen ist? Wir alle erinnern uns des Jahres, in welchem ein anderer preußischer Junker in des Wortes verwegenster Bedeutung war und verspotteter Sprecher der Partei, welche die größeren Städte als unleidliche Verbildungen einer schlechten Zeit ansah; und derselbe Preuße hat jetzt eine so hohe Stellung über den Parteien gewonnen, wie selten der Staatsmann eines Volkes und in seinen letzten öffentlichen Erklärungen auch allen Gegnern die Bewunderung abgenöthigt, welche eine kluge Rede, die in den meisten Sätzen den Nagel auf den Kopf trifft, sich verdient." Gratulire Dir also zu den Metamorphosen Bismarcks, die freilich bei Dir wohl einen etwas umgekehrten Verlauf nehmen sollen, denn Bismarck hat mit Glanzstiefeln angefangen, und Du, wie Dir die wohlwollende Fama mit dem Behagen der Blücherschen Derbheit erzählt „als der gröbste der groben Ostpreußen" mit niederzuschlagen vergessenen aufgekrämpelten Hosen gegenüber der Ministerbank . . ."

Witt hoffte dann, Hoverbeck werde sich noch zu dem von ihm selbst vor 18 Jahren lebhaft bestrittenen Satz bekennen: „Selbst eine Despotie will ich für einige Zeit in den Kauf nehmen, wenn dadurch die Einheit (Deutschlands) hergestellt wird."

„Aber für die Beiseiteschiebung aller tiefer gehenden Mitwirkung des Volkes, wie sie der jetzige Vorschlag einer Reichsordnung zum Gesetz machen will, sehe ich durchaus keinen Grund bis jetzt wenigstens und würde daher im Reichstag mit Hand und Fuß kämpfen, selbst auf die Gefahr hin, daß der Reichstag ohne Resultat verbliebe. Der Reichstag ist meines Erachtens die einzige Stelle, wo ein solcher Kampf mit Erfolg stattfinden könnte, denn Ihr preußischer Landtag müßte zustimmen, oder Ihr werdet aufgelöst, und erste und dritte Klasse wählen, fürchte ich, in der jetzigen Stimmung dem Ministerium die Männer, die es braucht."[8])

Witt meldete dann seinen Besuch zu Ostern wie alljährlich an. Hoverbeck antwortete ihm am 11. März nach einigen Bemerkungen über den angekündigten Besuch:

„Daß wir uns auch in der Politik, hoffentlich gut vertragen werden, das brauchen wir uns gegenseitig nicht mehr zuzurufen; wir sind ja alte Freunde und Jeder weiß vom Andern, daß er nur nach dem Guten und Wahren strebt. Was nun für das ganze Volk, das wir beide gleich lieben, das Gute ist, das mögen wir bei vorkommenden Differenzen in den Ansichten in herzlicher Eintracht zusammen erwägen; ich weiß kaum zu sagen, was angenehmer ist, eine völlige Uebereinstimmung oder eine derartige rein sachliche Debatte.

Durch einen Ruf ins Parlament die Aussicht auf eine solche Idylle zu verlieren, darf ich nun nicht mehr befürchten, da ich, wie Du inzwischen wohl schon gelesen hast, meinem reaktionär-ultramontanen Gegner Herrn Uedinck (6400 : 5200 Stimmen) unterlegen bin. Du darfst mir also nicht zu meinem Siege, aber doch zu meiner Niederlage gratulieren; denn daß ich mir meine Stellung als Mitglied des Reichstags nur als sehr unerquicklich denken kann, das hast Du richtig errathen. Ich verzichte also einstweilen darauf, durch meine politische Thätigkeit den Beifall der Grenzboten zu verdienen und gönne ihn Bismarck von ganzem Herzen. Ich bleibe übrigens noch jetzt bei dem Satze stehen

„für ein einiges Deutschland nehme ich einstweilen selbst eine Despotie hin, wenn das Ziel nur dadurch zu erreichen ist.“ Aber dies „dadurch“ ist eben nicht erwiesen; ich glaube gerade umgekehrt, daß Süddeutschland und Deutschland nur durch eine freiheitliche Organisation Deutschlands gewonnen werden können. Es ist sehr möglich, daß wir für die nächste Kammersession, die ja schon im Mai vor sich gehen soll, eine Vorlage wegen Einführung des geheimen und direkten Wahlrechts auch bei den Kammerwahlen erhalten. Die Reaktion hat sich an dem Ergebniß dieser Wahlen so verleckert, daß sie gern mehr von diesen Früchten genießen will. Ich meinerseits werde gern dafür stimmen; ich glaube, daß sich die Reaktion für späterhin selbst damit ihr Grab gräbt; wäre aber auch das Umgekehrte der Fall, so hilft es doch nichts, wenn die liberale Partei zwar in der Kammer siegt, aber bei denen, die eigentliche Arbeit leisten und die Bajonette tragen, in der Minderheit ist.

Daß Bennigsen, Miquel, Braun ꝛc. die „Nationalen übernationalen,“ wie es heißt, ist sehr traurig. Das verspricht wenig für die nächste Session mit Zutritt der Annektirten.“

Daß Hoverbeck über seine Niederlage in der That nicht betrübt war, geht aus einem Briefe an Krieger-Goldap (März 1867) hervor. Er schrieb:

„Es wäre mir sehr schmerzlich gewesen, dieses Treiben im Parlament mitanzusehen. Die neuen Preußen machen dort einen schönen Unsinn! Man kann nur noch lachen, wenn man an die Stellung unserer Nationalen denkt. Sie haben doch diesen Weg nach rechts hin eingeschlagen, auf dem sie nun von ihren hoffnungsvollen Zöglingen so weit überholt werden. Denke Dir Twesten, Unruh (vielleicht selbst Michaelis!) als äußerste Linke in ihrer Fraktion und von Braun, Miquel u. s. w. als unpraktische Radikale angegriffen! — Wie schwach ist die eigentliche Linke! Und wenn man nun noch davon die ultramontanen und partikularistischen Elemente abzieht, wie Viele bleiben dann als wahre Linke zurück? Aber man kann jetzt zum Volke sagen: George Daudin, tu l'as voulu!“

Wie zu erwarten war, wurde die norddeutsche Bundesverfassung zu Folge der Nachgiebigkeit der Nationalliberalen der neuen preußischen Provinzen Hannover und Hessen-Nassau gegen Bismarcks Forderungen nur wenig verbessert. Die Aufnahme von Grundrechten, von einem verantwortlichen Ministerium und die Bewilligung von Diäten wurden abgelehnt. Nur der Energie der nationalliberalen Abgeordneten v. Forckenbeck, Twesten und Lasker, die nicht in die „Vernichtung des Budgetrechts für alle Zukunft hin“ willigen wollten, ist es zu verdanken, daß die dauernde Fixirung der Friedenspräsenzzeit des Heeres abgelehnt wurde. Forckenbeck brachte ein Kompromiß (Antrag Ujest-Bennigsen) dahin zu Stande, daß die Präsenzzeit des Heeres bis zum 31. Dezember 1871 auf 1% der Bevölkerung von 1867 normirt und bis dahin ein Pauschquantum von 225 Thalern pro Kopf bewilligt, für später aber die Feststellung der Friedenspräsenz der Reichsgesetzgebung vorbehalten wurde. Die norddeutsche Bundesverfassung wurde schließlich am 16. April 1867 mit 253 gegen 53 Stimmen angenommen.

Am 17. April wurde der Reichstag vom Könige geschlossen. In der Thronrede wurde mit Zuversicht erklärt, die Volksvertretungen der einzelnen Staaten würden dem, was der Reichstag in Gemeinschaft mit den Regierungen geschaffen habe, ihre verfassungsmäßige Anerkennung nicht versagen.

Hoverbeck und seine Freunde von der Fortschrittspartei im Abgeordnetenhause waren für Ablehnung der Verfassung. Der Landtag wurde durch Verordnung vom 18. April auf den 29. April einberufen. Im Abgeordnetenhause erhob sich ein erbitterter Kampf um die Reichsverfassung. Hier war die Mehrheit der Liberalen für die Ablehnung. Die veränderte politische Stellung der liberalen Fraktionen zeigte sich schon bei der Präsidentenwahl. Forckenbeck ward Präsident mit 162 von 239 Stimmen; Waldeck erhielt 60 Stimmen. Erster Vizepräsident ward mit 132 von 237 Stimmen wieder Stavenhagen; Hoverbeck erhielt 79 Stimmen. Zweiter Vizepräsident ward erst im dritten Wahlgang der konservative Graf Eulenburg II - Deutschkrone, der spätere Minister des Innern. Im ersten Wahlgang hatten nächst ihm Carlowitz 64 und der frühere altliberale Vizepräsident v. Bonin 46 Stimmen erhalten.

Der Ministerpräsident überreichte am 1. Mai den Gesetzentwurf über die Verfassung des Norddeutschen Bundes zur verfassungsmäßigen Beschlußnahme. Hoverbeck beantragte sofort die Wahl einer besonderen Kommission von 21 Mitgliedern zur Berathung des Gesetzentwurfs. Er erklärte, die Aufgabe des Abgeordnetenhauses sei eine wesentlich andere als die des Reichstages. Das Abgeordnetenhaus habe zu prüfen, wie die soeben vorgelegte Verfassung des Norddeutschen Bundes sich mit der preußischen Verfassung zu vereinigen habe. Nach langer Geschäftsordnungsdebatte ward Schlußberathung beschlossen und Twesten zum Berichterstatter ernannt. Die Abgeordneten Waldeck, Virchow und Hoverbeck brachten mit Unterstützung von 72 Mitgliedern einen Antrag auf motivirte Ablehnung ein. In demselben wurden in langen Erwägungen die Hauptpunkte dargelegt, in denen der Entwurf einer Verfassung des Norddeutschen Bundes den an ihn von der preußischen Volksvertretung zu stellenden Anforderungen nicht entspräche. Endlich hieß es:

„In Erwägung,

daß eine so mangelhafte, die Volksrechte beschränkende und gefährdende Bundesverfassung für eine weitere Ausbildung im Sinne freiheitlicher Entwicklung keine Aussicht gewährt, daß vielmehr das Nebeneinanderbestehen zweier Verfassungen und Volksvertretungen das verfassungsmäßige Leben in Preußen zu beeinträchtigen und den besonders im Gemeindewesen so nothwendigen Ausbau der Preußischen Verfassung in weite Ferne zurückzudrängen droht;

daß alle diese Opfer an Volksrechten die Einigung Deutschlands eher hindern als fördern;

daß die einheitliche militärische Macht Deutschlands nach außen hin durch die abgeschlossenen Militärkonventionen und Bündnisse für die nächste Zukunft gesichert ist;

daß kein Hinderniß entgegensteht, um den jetzt mißlungenen Versuch der Gründung eines Bundesstaats von Neuem aufzunehmen;

aus diesen Gründen erklärt das Haus der Abgeordneten, daß es dem vorgelegten Entwurf der Verfassung des Norddeutschen Bundes seine Zustimmung nicht geben kann und fordert die Königliche Staatsregierung auf, die anderweitige Regelung der deutschen Verfassungsangelegenheit im Sinne der oben aufgestellten Grundsätze alsbald in Angriff zu nehmen."

Ueber die Reichstagsverfassung und diesen Antrag gab es scharfe Reden zwischen den Nationalliberalen und der Fortschrittspartei. Für diese betheiligten sich auch Abgeordnete, die dem Reichstag nicht angehört hatten, vor allem Virchow und Hoverbeck. Letzterer kam erst gegen Schluß der Berathung zu Wort.

Zu Anfang seiner Rede erklärte er, veranlaßt namentlich durch erbitterte, sehr persönlich gehaltene Ausführungen des Abgeordneten Lasker:

„Wenn mir irgend etwas schmerzlich gewesen ist in dieser Debatte, so ist es der Ton, der zwischen alten Freunden eingerissen ist."

In seiner „Nachlese," wie er es nannte, kam er auf die vergangenen Wahlen und sagte dabei:

„Die Art und Weise, wie namentlich in den ländlichen Gegenden die Eintheilung der kleinsten Wahlbezirke gemacht worden ist, hat eigentlich von dem Geheimnis der Wahl sehr wenig übrig gelassen. Ich wundere mich gar nicht daüber, daß viele Wähler in diesen kleinen Ortschaften, wenn sie von den kontrollirenden Behörden, der bekannten „legalen Macht der Beeinflussung," wie das wohl öfter ausgedrückt ist, aufgefordert sind, anzugeben, wie ihre Zettel lauteten, diesem Wunsche nachgekommen sind. Es ist ein Unrecht und es bleibt ein Fehler und ein Vorwurf für diese Männer. Wenn man aber sieht, in welche ganz andere Kreise sich die Machtanbetung jetzt versteigt, dann kann man es diesen armen Leuten wohl verzeihen."

Er tadelte die Verewigung der Salzsteuer:

„Ich habe schon früher Gelegenheit gehabt, meine Ueberzeugung auszudrücken, daß die bedenklichste, ungerechteste und drückendste Steuer, die denkbar ist, eine hohe Salzsteuer ist, wie sie leider jetzt wirklich besteht und verfassungsmäßig noch mehr gesichert werden soll. Sie werden den Volksklassen, denen Sie jetzt mit der Ertheilung des allgemeinen Wahlrechts schmeicheln, wahrlich nicht einreden, daß Sie für ihre Rechte und für das Wohl des Volkes gründlich gesorgt hätten, so lange Sie eine so hohe Salzsteuer aufrecht erhalten."

Ausführlich ließ sich Hoverbeck über die Bestimmungen der Verfassung, betreffend die Friedenspräsenzstärke aus. Zum Schluß wendete er sich gegen Angriffe des Abgeordneten Reichensperger:

„Der Abgeordnete Reichensperger zunächst wundert sich über den Ausdruck des Kleinmuths, der in den Reden unserer Partei zu finden wäre. Nun, meine

Herren, wir machen gerade auf keine besondere Tapferkeit Anspruch, wir kämpfen redlich und ehrlich für das, was nach unserer Ueberzeugung das Gute, das Recht des Landes ist; aber wir begnügen uns, daß wir in dem Mangel an Tapferkeit uns entschuldigen können mit dem Vorgange eines Mannes, der in dieser Beziehung im Lande eigentlich eines ziemlich guten Rufes genießt. Ich darf hier wohl einen Namen nennen, ich thue das sehr selten, jetzt sage ich: wenn Waldeck feig ist, will auch ich feig sein."

Der Ermahnung Reichenspergers, doch nach dem Willen der Wähler im Lande zu fragen, die für Annahme der Vorlage wären und die eigenen entgegengesetzten Bedenken aufzugeben, erwiderte er:

„Endlich hat er uns dann noch die Ermahnung zu Theil werden lassen, wir möchten doch nach dem Willen unserer Wähler fragen, wir möchten uns im Lande umsehen, und wenn wir eine gewisse Stimmung für die Regierung und für die Annahme der Vorlage fänden, dann möchten wir unsere eigenen entgegengesetzten Bedenken aufgeben. Ich erkläre, daß ich geradezu das entgegengesetzte Prinzip habe. Ich frage in dem Augenblick, wo ich hier im Hause abstimme, ganz und gar nichts nach dem Willen meiner Wähler, sondern ich handle nur nach meiner eigenen Ueberzeugung und frage mein eigenes Gewissen, und wenn die Wähler dann künftig mit mir nicht zufrieden sind, so mögen sie zu ihrer Vertretung nicht Leute wie mich, sondern Staatsmänner wählen."

Der Antrag Waldeck-Virchow-Hoverbeck wurde mit großer Mehrheit abgelehnt. In zwei namentlichen Abstimmungen wurde die norddeutsche Verfassung — das letzte Mal am 31. Mai mit 227 gegen 93 Stimmen angenommen. Mit Nein stimmten: von der Fortschrittspartei 50,[9]) vom linken Zentrum 20, von den Polen 12, von den Klerikalen 11. Am 1. Juni trat wegen der zwei Lesungen, die das Herrenhaus über die Verfassung vorzunehmen hatte, eine längere Pause ein. Erst am 24. Juni wurde der Landtag geschlossen.

Von den Berathungen und Beschlüssen des konstituirenden Reichstags und des nachfolgenden preußischen Abgeordnetenhauses war zwischen den Nationalliberalen und der Fortschrittspartei eine starke Erbitterung zurückgeblieben. Sie wuchs, je weniger eine Aenderung in der inneren Verwaltung Preußens zu bemerken war.

„Da jeder Erfolg in der Politik eine veränderte Strömung in der Meinung der Masse hervorbringt, so gerieth Bismarck, der in der äußeren Politik das Gegentheil von dem geleistet, was Jedermann von ihm erwartet hatte, bald bei denen, die mit ihrer vermeintlichen Ueberzeugung sich nach der Mode richten, mehr und mehr in den Verdacht, heimlich ein entschiedener Liberaler zu sein, der dem Volke, wenn es ihm blind folge, bald alle die schönen Freiheiten, die es sich wünsche, auf dem Geburtstags- oder Weihnachtstisch aufbauen werde. Diese wankelmüthige Masse nannte sich nationalliberal und drängte sich in die neue Partei und brachte auch die entschiedensten Führer derselben in den Verdacht des Wankelmuthes und der Liebesdienerei. Wenn die fortschrittliche Presse diesem Verdachte oft mit Bitterkeit Ausdruck gab, so stand die nationalliberale Presse, voran die „Nationalzeitung" nicht an, den der Fortschrittspartei Treugebliebenen Prinzipienreiterei, ja sogar preußischen Partikularismus vorzuwerfen; selbst der verleumderische Vorwurf des Bündnisses mit Ultramontanen, Sozialdemokraten und anderen „Vaterlandsfeinden" tauchte schon auf."[10])

Beide Parteien waren noch während der Landtagssession bedacht, zu den bevorstehenden Reichtags- und Landtagswahlen eine festere Parteiorganisation herzustellen. Die Nationalliberalen begannen schon durch ein Rundschreiben vom 14. Mai Geld für die Wahlagitation zu sammeln. Am 12. Juni wurde ein im Auftrage der nationalliberalen Fraktion abgefaßtes Programm veröffentlicht. Der Inhalt des Programms[11]) war ziemlich entschieden. Für das Reich wurde Herstellung von Garantien gefordert, Vervollständigung des Budgetrechts, Diäten für die Reichstagsabgeordneten, Ausdehnung der Geschworenengerichte auf politische Strafsachen, für Preußen auch Reform des Herrenhauses als Vorbedingung jeder anderen Reform. Die nationalliberalen Delegirten für Berlin erklärten ausdrücklich, alle Sätze des Programms der Fortschrittspartei von 1861 aufrecht zu erhalten, soweit sie auf die gegenwärtigen Zustände noch anwendbar sind.

Die Fraktion der Fortschrittspartei hatte vor Beginn der Pause die Abgeordneten Dr. Löwe, Franz Duncker und Runge als Komitee eingesetzt mit dem Auftrage, zur besseren Organisation der Partei einen Wahlverein zu gründen. Zur Klärung der Berliner Parteiverhältnisse trug eine am 15. Juni abgehaltene Versammlung der bei der Wahl zum konstituirenden Reichstage gewählten Vorstände der sechs Berliner Wahlkreise bei.

Es stellte sich heraus, daß unter den Anwesenden nur drei Nationalliberale sich befanden. Diese entfernten sich, und nun wurde beschlossen, einen Wahlverein der deutschen Fortschrittspartei mit dem Sitze in Berlin zu gründen, unter möglichster Ausbreitung auf alle norddeutschen Wahlkreise. Ein neues Programm hielt man nicht für nöthig. Als Aufgabe des Wahlvereins, der am 22. Juni gegründet wurde, wurde die Ausbreitung der Grundsätze der deutschen Fortschrittspartei im Volke bezeichnet und zum Reichstag, Abgeordnetenhause und anderen Vertretungen die Wahl von Männern empfohlen, die sich zu diesen Grundsätzen bekennen und *kein Recht des Volks aufgeben*. Außerdem wurde betreffs der Reform der Verfassung des Norddeutschen Bundes auf den Antrag Waldeck-Virchow-Hoverbeck hingewiesen.

Hoverbeck betheiligte sich an den Arbeiten der Neuorganisation der Partei nicht. Er war Anfang Juni nach Hause gereist und kehrte zur Schlußsitzung nicht nach Berlin zurück. Mit Eifer widmete er sich seiner Wirthschaft. Seine Gattin weilte auf ärztliche Anordnung in Kissingen zur Kur. Nach einem Briefe, den Hoverbeck am 17. Juni von Nickelsdorf an den Gutsbesitzer Luce in Junckerken Kreis Rössel sandte, kaufte er diesem vier Zuchtböcke ab. Er legte ihm spezielle Fragen über Stallung und Fütterung vor, damit die Thiere in Nickelsdorf in gutem Zustande blieben und nicht unnütz verweichlicht würden.[12]) Nach Erledigung des geschäftlichen Theils heißt es in dem Briefe:

„Was die Politik anlangt, so freue ich mich herzlich, aus Ihrem Briefe zu entnehmen, daß Sie auch in dieser Krisis der entschiedenen Fortschrittspartei treu geblieben sind; übrigens bekenne ich, daß ich schon nach unserer seitherigen Bekanntschaft daran keinen Augenblick gezweifelt habe. Immerhin thut es aber wohl, in einer Zeit so häufigen politischen Abfalls, von braven Männern nicht sowohl Lob — denn ich bin Gott sei dank in dieser Beziehung ziemlich unempfindlich — als vielmehr etwas viel Besseres, den Ausdruck der geistigen Uebereinstimmung zu hören. Sie können sich denken, wie traurig es für uns war, daß so viele unserer alten Freunde und Mitkämpfer einen Weg wandelten, den wir für verderblich halten mußten. Manche davon halte ich noch heute nicht nur für liebenswürdige und geistig begabte, sondern auch für durchaus ehrenhafte Männer, nichtsdestoweniger kann ich jetzt politisch keine Gemeinschaft mit ihnen haben. Vielleicht kommen sie in einiger Zeit selbst zur Erkenntniß; ich rechne in der Beziehung auf unsere edlen Minister, die ihnen mit Gewalt die Binde von den Augen reißen."

Hoverbeck lud Luce ein, ihn ihn Nickelsdorf zu besuchen. Luce folgte der Einladung.

Möller schrieb an Hoverbeck, es gehe die Sage, er werde nach Königsberg kommen, seine Wolle abzuliefern. Er erinnerte ihn, daß er mit Forckenbeck Landtagsabgeordneter für Königsberg sei. Hoverbeck antwortete am 24. Juni:

„Das Verhängte muß geschehen,
Das Gefürchtete sich nahn!"

Schon seit längerer Zeit war es mir klar, daß unsere Wähler auch mich vor die Schranken fordern würden, wozu sie unter allen Umständen und doppelt bei mir das Recht hatten, da ich nicht einmal vor der Wahl zu ihnen gesprochen habe. So kann und werde ich mich natürlich nicht weigern, so schwer es mir auch persönlich wird, unserem alten Freunde Forckenbeck entgegenzutreten. Ob es dabei möglich sein wird, die Person ganz von der Sache zu trennen, weiß ich nicht; besonders da es Forckenbeck mir schwer dadurch gemacht hat, daß er sich als den Autor des verhängnißvollen Amendements Ujest-Bennigsen proklamirt hat. Nun, ich will jedenfalls versuchen, was sich in dieser Beziehung thun läßt."

Hoverbeck bestätigte dann, daß es mit der sagenhaften Wollreise in der That seine Richtigkeit habe und schlug vor, sich am 28. Juni seinen Wählern zu stellen, zugleich um sie zum Eintritt in den Wahlverein aufzufordern.

In Königsberg gelang es seinen Freunden, ihn zu bewegen, wieder eine Kandidatur zum Reichstag anzunehmen. Auch die

Arbeiter interessirten sich für seine Wahl und beschlossen in einer großen Arbeiterversammlung (10. August) diese zu unterstützen. Eine größere Zahl der Sackträger schickte eine Deputation an das fortschrittliche Wahlkomitee mit der Erklärung, sie hätten im Februar sämtlich für Vogel v. Falckenstein gestimmt; diesmal würden sie für Hoverbeck stimmen. Es war vergeblich.

Die Reichstagswahl fand am 31. August 1867 statt. In Königsberg siegte Vogel v. Falckenstein über Hoverbeck mit 6352 gegen 6086 Stimmen, angeblich weil 800 Soldaten und 1000 Festungsarbeiter zur Wahl angetreten waren. Auch in Allenstein-Rössel wurde Vogel v. Falckenstein gewählt, lehnte aber das Mandat ab.[13]) Uebrigens unterlagen in Ostpreußen die Liberalen in allen Wahlkreisen. Im Ganzen und Großen fielen die Wahlen in den alten Provinzen nur wenig anders aus, als die vom Februar. Den Konservativen und Freikonservativen brachten die Wahlen eine kleine Verstärkung. Das altliberale Zentrum war erheblich zusammengeschmolzen. Dafür hatte die Fortschrittspartei 31 Mitglieder erhalten. Sechs rheinisch-westphälische Abgeordnete, die früher zum linken Zentrum hielten, Cornely, Fühling, Harkort, v. Hilgers, Meulenbergh, Kreutz waren ihr beigetreten. In Berlin siegte die Fortschrittspartei in allen Wahlkreisen ohne Schwierigkeiten. In Berlin I wurde Dr. Löwe gewählt, von Lasker war keine Rede mehr. In den andern fünf Bezirken wurden die früheren Abgeordneten (Waldeck, Moritz Wiggers, Runge, Franz Duncker und Schulze-Delitzsch wiedergewählt. Im ersten und zweiten Bezirke fanden Nachwahlen statt. Löwe nahm ein Mandat in Bochum an und Waldeck, der fünf Mal gewählt war, in dem westphälischen Wahlkreis Bielefeld-Wiedenbrück, wo er zuletzt in der Stichwahl gegen Vogel von Falckenstein siegte. Bei diesen Nachwahlen kam es zu einem heftigen Zusammenstoß zwischen den Nationalliberalen und der Fortschrittspartei. Die erste Wahl sollte nicht für „die sogenannte Fortschrittspartei“ mit ihren „dem Staate feindlichen und gegen die Nation gleichgültigen Elementen“ entschieden haben (Nationalzeitung vom 15. September). Das hohe Ansehen von Löwe und Waldeck habe die Wahl herbeigeführt. Man stellte die beiden nationalliberal gewordenen Abgeordneten des ersten Landtagswahlkreises, Jung und Prediger Richter als Kandidaten auf. Die Fortschrittspartei stellte im Bezirk I den Staatskämmerer Hagen, im Bezirk II Hoverbeck auf. In der Versammlung der liberalen Wähler des Bezirks II war Hoverbeck von dem 81jährigen Taddel vorgeschlagen worden. Taddel, seit 1860 zuerst in Jung-Lithauen und später, bis zu seiner Mandatsniederlegung 1866 in der Fortschrittspartei Hoverbecks Fraktionsgenosse, lobte ihn in kurzer Rede als thätigen, einsichtsvollen, stets auf das Wohl des Volkes bedachten Mann und als unermüdlichen Kämpfer für Freiheit und Recht. Die Nationalliberalen hofften, unterstützt von den Altliberalen, umso sicherer auf eine Niederlage Hoverbecks, als dieser „die neueste Richtung in der Fortschrittspartei vielfach mit besonderer Schroffheit vertreten habe." Hoverbeck siegte bei der Nachwahl am 22. September mit 5463 von 8468 Stimmen. Sein konservativer Gegenkandidat Heise brachte es auf 2185, Prediger Richter als gemeinschaftlicher Kandidat der Altliberalen und Nationalliberalen nur auf 785 Stimmen.[14])

Anmerkungen zum 34. Kapitel.

1) Ueber die Wahlbewegung, Thätigkeit des liberalen Zentralwahlkomitees und das Ergebniß der Wahlen vergl. die Darstellung auf Seite 81 bis 92 meines Buches über Deutschlands politische Parteien. Unrichtigkeiten sind ihr meines Wissens niemals nachgesagt.

2) Aus meinem Buche „Deutschlands politische Parteien" S. 86.

3) Die mecklenburgische Regierung hatte dem Achtundvierziger Moritz Wiggers die Wählbarkeit versagt. — Jacoby hatte aus politischen, Virchow aus ganz und gar persönlichen Gründen jede Kandidatur abgelehnt.

4) Berlin hat seitdem zum Reichstage nur fortschrittlich oder sozialdemokratisch, zum Abgeordnetenhause nur fortschrittlich gewählt. Gewählt sind 1898 drei von der freisinnigen Volkspartei und drei Sozialdemokraten. Die freisinnige Wahl in Berlin II wurde ungültig erklärt und dafür der vierte Sozialdemokrat gewählt. Die Sozialdemokraten erlangten ein Mandat in Berlin zuerst in IV 1877 und 78 und dann seit 84, in VI seit 1884, in III seit 1893, in II und V nur 1893.

Die Betheiligung betrug 1898 im ersten Wahlgang in Berlin III 77,0, II 71,4, V 69,8, I 67,9 und fiel in den beiden, den Sozialdemokraten sicheren Wahlkreisen auf 64,1 in VI (58778 von 87028) und 61,4 in IV (45293 von 61967).

5) Simon, Max, siehe Bd. II S. 84. — Bouneß, Wilhelm, Rechtsanwalt in Breslau, geb. Juni 1817, gestorben. — Richter, Eugen, geb. Juli 1838, Mitglied des Abgeordnetenhauses seit 1869, des Reichstages seit 1870. — Trip, Jos. Lambert, siehe Bd. II S. 183. — Dr. Ree, Anton, Schulvorsteher in Hamburg, geb. 1815 † 1891. Reichstagsabgeordneter für Hamburg III 1881.

6) Bernhardi hatte nach seinem Tagebuche schon im Dezember in Hirschberg gehört, daß die dortigen Liberalen damit umgingen, ihn in den Reichstag zu wählen. Die gleiche Absicht hörte er auch von konservativer Seite. Im Januar erklärten sich Duncker, Camphausen, Moltke und schließlich selbst Bismarck für seine Wahl. Letzterer scheint aber geglaubt zu haben, daß Bernhardi durchfallen werde. Bernhardi bat nun Minister Eulenburg, er möchte die beiden Landräthe (in Schönau und Hirschberg) verständigen, „daß seine Wahl der Regierung erwünscht" sei. In Hirschberg war aber von ihm weder bei den Liberalen noch bei den Konservativen mehr

die Rede, obschon sich auch Roon bei den Letzteren „besonders energisch" für seine Wahl ausgesprochen. Das Breslauer liberale Wahlkomitee hatte Professor Röpell empfohlen. Röpell wurde gewählt und war „so naiv," Bernhardi vor der Eröffnung des Parlaments am 24. Februar in Berlin zu besuchen. Bernhardi sprach zu ihm „nach Verdienst" von der Hirschberger Wahl, so daß er „von dem lebhaften Verlangen ergriffen wurde," wieder aus dem Zimmer zu kommen. Bernhardi gab trotzdem die Hoffnung nicht auf, noch in den Reichstag zu kommen. Minister Eulenburg hatte versprochen, ihn für eine Nachwahl zu empfehlen.

Bernhardis Wahl ist nicht, wie sein Sohn meint, „im Wesentlichen durch allerhand lichtscheue Machenschaften der Liberalen" unmöglich geworden. — Seine Unkenntniß der preußischen Parteiverhältnisse und seine Abneigung, sich besser zu unterrichten, tritt im siebenten Theil seiner Tagebuchblätter immer greller hervor. Grabow bleibt bei ihm eine Hauptperson in der Fortschrittspartei (Bd. VII S. 271). „In Berlin sind sechs feuerrothe Demokraten gewählt; darunter der Erzdemokrat Lasker, der demokratische Jesuit Waldeck, Schulze-Delitzsch, der Preußen den Großstaatkitzel austreiben will". (Bd. VII S. 334).

Den späteren Justizminister Friedberg verdächtigt er, daß er den Kronprinzen und die Kronprinzessin im Interesse der Juden beeinflusse, es auch so einrichte, daß der Kronprinz vielfach mit Virchow und Twesten zusammenkomme. Er ist entsetzt, als er im April Virchow in einer Gesellschaft beim Kronprinzen trifft. Wiederholt scheint er seinem Freunde Max Duncker seine antisemitischen Abneigungen vorgetragen zu haben, ohne zu ahnen, daß dessen ausgezeichnete Mutter die Tochter eines jüdischen Bankiers war! (Haym-Duncker S. 5. — Bernhardi Bd. VII S. 311, 315, 318, 335, 355.)

7) Ueber die Fraktionen des konstituirenden Reichstages siehe Parisius „Deutschlands politische Parteien" S. 90.

8) Der Brief Witts ist bei Hensel S. 165 gekürzt und verstümmelt abgedruckt.

9) Nach der Verfassung mußte zwei Mal abgestimmt werden. Im Ganzen stimmten 53 Fortschrittsmänner gegen die Verfassung. Beitzke aber starb zwischen der 1. und 2. Abstimmung. Beurlaubt fehlte das erste Mal Berger-Solingen, das zweite Mal Chomse. Demnach wurden das erste Mal 51, das zweite Mal 50 fortschrittliche Stimmen gegen die Verfassung abgegeben. Für die Verfassung stimmten 9 von der Fortschrittspartei Bassenge, Baur, Coupienne, Lesse (später nationalliberal), Qual, Rondé, Schanz, Selten, Weese.

10) Wörtlich aus meiner Schrift: „Die deutsche Fortschrittspartei von 1861 bis 1878" Berlin 1879. S. 25f.

11) Das Programm ist wörtlich abgedruckt mit allen Unterschriften in meinem Buche über die politischen Parteien. S. 99 bis 103.

12) Er verstand sich auf die Schafzucht. Es heißt in dem Briefe: „Daß ich durch diese Kreuzung die Konstanz der Heerde veringere, weiß ich wohl; wenn aber nur das erste Produkt gut ist, und man dann je nach dem Bedürfniß des Marktes fortzüchtet, wird wenigstens so viel zu erreichen sein, daß man Wollreichthum und Mastungsfähigkeit verbindet; auf Bockzucht verzichte ich."

13) In Allenstein-Rössel fand die Nachwahl erst am 10. Oktober statt. Die konservativen Landräthe stellten den bekannten Eisenbahngründer Dr. Strousberg als konservativen Kandidaten auf, die Liberalen Hoverbeck, der ja, falls er dort gewählt wäre, sein Berliner Mandat zu Gunsten des Allensteiner niedergelegt haben würde; aber er fiel mit 3109 gegen 3490 Stimmen durch.

14) Näheres über diesen Wahlkampf siehe in meinem Buche über Deutschlands politische Parteien. S. 106.

Fünfunddreißigstes Kapitel.

Norddeutscher Reichstag I. Session und die Wahlen zum Preußischen Abgeordnetenhause.

Die erste Session des Reichstages des norddeutschen Bundes wurde vom Könige am 10. September 1867 eröffnet. Die Verfassung des norddeutschen Bundes war in allen Bundesstaaten auf verfassungsmäßigem Wege Gesetz geworden. Ein Vertrag mit den süddeutschen Staaten sicherte Fortdauer des Zollvereins. Wichtige Gesetze über die Freizügigkeit, über die Verpflichtung zum Kriegsdienst, über das Paßwesen, über Maß- und Gewichtsordnung, über Postwesen u. s. w. wurden in der Thronrede angekündigt.

Die Session dauerte nur bis zum 26. Oktober. Simson wurde wieder Präsident.

Hoverbeck trat erst am 27. September in den Reichstag ein. Er wurde sofort in die Militärkommission (zur Vorberathung des Gesetzentwurfs, betreffend die Verpflichtung zum Kriegsdienste) gewählt.

Es war schon früher beschlossen, den Haushaltsetat im Plenum, dagegen Gesetzentwürfe über das Postwesen und über die Erhebung einer Abgabe für Salz in Kommissionen zu berathen. Der letztere Entwurf schloß sich dem vom preußischen Landtage angenommenen Gesetz an. Unter Aufhebung des Salzmonopols sollte für das zum inländischen Verbrauch bestimmte Kochsalz eine Abgabe von zwei Thalern für den Zentner gezahlt werden. Der Entwurf stützte sich auf eine im Mai geschlossene Uebereinkunft mit den süddeutschen Staaten, mit denen der Zollverein zunächst bis Ende 1877 und, wenn nicht ein Jahr vorher gekündigt würde, noch zwölf Jahre weiter fortgesetzt werden sollte. Hoverbeck beantragte mit Unterstützung der fortschrittlichen Parteigenossen, in dem § 2 durch Einfügung der Worte „bis längstens zum 31. Dezember 1877" die Erhebung der Salzsteuer bis dahin zu begrenzen. Bei der Berathung vom 30. September begründete er den Antrag. Er berechnete in Uebereinstimmung mit den Angaben der Regierung die Höhe der Steuer auf zehn Silbergroschen pro Kopf.

„Das aber ist für die unteren Volksklassen eine Höhe der Besteuerung, welche es rechtfertigt, wenn aus dieser Klasse Klagen über Steuerüberbürdung fort und fort erhoben werden. Ich bin keineswegs gewillt, ungerechtfertigte Wünsche der Arbeiterbevölkerung zu befürworten, aber wo ihnen wissentlich und ersichtlich Unrecht geschieht durch die Art der Besteuerung, da scheint es mir doppelt unsere Pflicht zu sein, ihnen zu ihrem guten Rechte zu verhelfen."

Wie im preußischen Abgeordnetenhause erklärten sich auch hier Abgeordnete aller Parteien eifrig für möglichst schleunige Abschaffung der Salzsteuer, allein der Antrag Hoverbeck wurde mit 143 gegen 52 Stimmen verworfen. Die große Mehrheit des Reichstages begnügte sich auf Antrag der Konservativen,

„den Bundeskanzler aufzufordern, auf möglichst schleunige Herabsetzung der Transportpreise für das Salz auf den Eisenbahnen . . . . sowie auf eine allmälige Herabsetzung der Salzsteuer Bedacht zu nehmen."[1])

Einen Erfolg hat die Aufforderung nicht gehabt.

Hoverbeck hat in dieser Session noch einige Male das Wort ergriffen; zunächst bei einer Wahlprüfung. Harkort hatte sich entschließen müssen, eine Kandidatur im Kreise Hagen gegen seinen alten Freund und Landsmann Georg v. Vincke anzunehmen. Letzterer hatte im konstituirenden Reichstag in der Regel mit der äußersten Rechten gestimmt. Harkort aber hielt zur Opposition fester wie je zuvor. Sein Wahlprogramm war eine öffentliche Erklärung:

„Keine neuen Steuern!

Gründe: Nach Herrn v. Manteuffel hat die Regierung heidenmäßig viel Geld. Bestehende Steuern wachsen und werden nach der Verfassung unweigerlich forterhoben. Dagegen gehen Handel und Wandel schlecht, weil die Vertrauensseligkeit fehlt, und der Volksbeutel leidet an der Schwindsucht."

Außerdem hatte er einen Wahlspiegel für Arbeiter, Bürger und Bauern geschrieben, in dem er heftig auf die Nationalliberalen schalt.[2])

Harkort siegte über Vincke erst in der Stichwahl mit 6557 gegen 5746 Stimmen. Im ersten Wahlgange hatte Vincke 3653, Harkort nur 2985 Stimmen erhalten. Harkort schloß sich jetzt der Fortschrittspartei an. Bei der Stichwahl sollten Ungehörigkeiten zu seinen Gunsten vorgekommen sein. Die Abtheilung, der die Wahlprüfung oblag, beantragte Beanstandung und Beweisaufnahme. Hoverbeck unterstützte den Antrag, wünschte aber gerichtliche Vereidigung der Zeugen:

„Im Allgemeinen glaube ich, liegt es im Interesse des Reichstages, bei den Wahlprüfungen so streng als irgend möglich zu verfahren, und es ist für mich eine große Freude, daß es mir möglich wird, hier in einem Punkte für eine strenge Wahl aufzutreten, die wenigstens den Verdacht ausschließt, daß man seinerseits eine gewisse politische Richtung begünstigen wolle."

Die Wahl wurde zwar beanstandet, aber nach erhobener

Beweisaufnahme erst in der folgenden Session im Juni 1868 für gültig erklärt.

Der Gesetzentwurf, betreffend die Verpflichtung zum Kriegsdienste wurde, entsprechend den Anträgen der Kommission, im Wesentlichen angenommen und endete den langjährigen Streit zwischen Volksvertretung und Regierung in Preußen in allen Punkten zu Gunsten der Regierung.

Die Fortschrittspartei, die Hoverbeck in der Kommission vertreten hatte, stellte eine Reihe Abänderungsanträge. Hoverbeck begründete diese in den Sitzungen vom 17. und 18. Oktober, doch wurden die meisten abgelehnt. So wurde ein Antrag, der hindern sollte, daß die Reservisten auch wegen „nothwendiger Verstärkungen" des Heeres eingezogen werden dürften, und dadurch wie Hoverbeck sagte, der größte Theil der waffenfähigen Mannschaft der Willkür der Militärbehörde preisgegeben würde, mit 165 gegen 81 Stimmen abgelehnt. Bismarck, Moltke und Roon hatten den Antrag bekämpft, für den dessen ungeachtet Forckenbeck, v. Hennig, Lasker, Twesten und Unruh stimmten. Hoverbeck sprach in der Rede zur Generaldiskussion über Mittel, Kriege zu hindern:

„Sorgen Sie für ein mäßiges Angriffsheer und für ein möglichst starkes Vertheidigungsheer, dann wird es das Interesse aller Staaten sein, nicht anzugreifen. Ich sage das Interesse aller Staaten, ich könnte mich noch anders ausdrücken. Das Interesse der Völker ist es niemals, anzugreifen, nach dem Interesse der Völker würde niemals ein Krieg entstehen. Aber Sie werden selbst die Gewalthaber, die augenblicklich die Geschicke der Völker in der Hand haben, verhindern, einen großen Krieg anzufangen, wenn diese Gewalthaber sich sagen müssen: Du bist schwach im Angriff, stark nur in der Vertheidigung."

Ohne Erfolg sprach er gegen die Wiederherstellung der Rechte der mediatisirten Standesherren auf Befreiung von der Wehrpflicht. Mehr Glück hatte er mit den Ausführungen gegen die Dienstbefreiung der „frommen und wehrlosen Mennoniten", deren „zarte Gewissen" Anstoß nehmen, den Feind zu tödten:

„Die Mennoniten wollen den Feind nicht in der Schlachtordnung erlegen; es hindert aber nichts, daß sie unsere Gefallenen und Verwundeten aus derselben zurückholen. In den Krankenträgerkompagnien ist für sie Platz."[3])

Hoverbeck nahm am 23. Oktober Gelegenheit, den Schutz des Präsidenten Simson für ein Mitglied des Hauses gegen ein Mitglied des Bundesraths zu verlangen. Der fürstlich detmoldische Bundesrathsbevollmächtigte Kabinetsminister v. Oheimb (vorher und nachher preußischer Landrath) hatte erklärt, daß er einen Ausdruck in der Petition, die von dem Abgeordneten für Lippe-Detmold, Hausmann,[4]) herrührte, mit Verachtung zurückweise.

Simson erwiderte, ein Mitglied des Bundesraths dürfe er nach der Verfassung nicht unterbrechen. Würde die Ordnung des Hauses durch ein Mitglied des Bundesraths verletzt, so würde er diesem erklären, daß er ihn zur Ordnung rufen würde, wenn er Mitglied des Reichstages wäre. Hoverbeck erklärte:

„Ich glaube, die Macht des Präsidenten geht dahin, Jeden, der hier im Hause das Wort ergreift, auf die parlamentarische Ordnung zurückzuweisen, und das, glaube ich, gilt für jedes Mitglied des Hauses wie des Bundesraths."

Oheimb nahm den beleidigenden Ausdruck zurück.

Die Session des Reichstages ward am 26. Oktober vom Könige mit einer Thronrede geschlossen, voller Lob über patriotischen Ernst und anstrengende Thätigkeit der Abgeordneten. Es hieß darin:

„Die von Ihnen berathenen Gesetze über den Bundeshaushaltsetat, über die Verpflichtung zum Kriegsdienst, über die Freizügigkeit, das Postwesen, den Posttarif, das Paßwesen, die Besteuerung des Salzes, die Nationalität der Kauffahrteischiffe, die Ausbildung der Kriegsmarine und der Küstenvertheidigung, über die vertragsmäßigen Zinsen und die Bundeskonsulate haben in der Form, welche sie durch Ihre Beschlüsse erhielten, die Zustimmung des Bundesrathes gefunden."

Auch wurde die Hoffnung ausgesprochen, daß in Folge des Vertrages über die Fortdauer des Zollvereins im Verhältniß zu allen süddeutschen Staaten die Reichstagsabgeordneten sich bald wieder in Gemeinschaft mit Abgeordneten aus Süddeutschland zum Zollparlament versammeln würden.

Die preußischen Reichstagsabgeordneten hatten sich während der kurzen Reichstagssession auch mit Vorbereitung der bevorstehenden Wahlen zum Abgeordnetenhause zu beschäftigen. Das Abgeordnetenhaus war am 22. September wegen des nothwendigen Hinzutritts von 80 Abgeordneten aus den annektirten Provinzen aufgelöst worden. Die Urwahlen waren auf den 30. Oktober, die Abgeordnetenwahlen auf den 7. November angesetzt. Mit seinem nationalliberal gewordenen Spezialkollegen Forckenbeck (siehe oben Seite 93) hatte Hoverbeck sich jedenfalls bald nach seiner Ankunft in Berlin ausgesprochen.[5]) Bis kurz vor den Urwahlen erklärte Forckenbeck, kein Mandat für das neue Abgeordnetenhaus annehmen zu wollen. Daß er in Königsberg nicht wiedergewählt werden würde, glaubte er nach der ungünstigen

Aufnahme, die er im Juni bei einer Berichterstattung dort gefunden hatte. Hoverbeck hat ihm wie seinem ebenfalls national-liberal gewordenen Freunde Witt die freundschaftliche Gesinnung stets bewahrt. Witt schrieb an ihn Anfang Oktober. In Hoverbecks Antwort (7. Oktober) heißt es:

„Mein lieber alter Witt!

Herzlich habe ich mich gefreut, in meine Einsamkeit einen Brief von Dir zu erhalten; ja in meine Einsamkeit! Wenn ich in Nickelsdorf wochen- und monatelang allein bin — allerdings in der Regel mit meiner Frau, aber bisweilen auch ohne sie — dann komme ich mir niemals so vereinsamt vor als jetzt mitten im Menschengewühl. Wenn ich gerade im Reichstage Kommission oder Fraktion zu thun habe, so ist das die angenehmste Zeit für mich; aber kommt auch nur eine kurze Zeit der Ruhe, dann denke ich fortwährend nach Hause oder auch an die Freunde aus der Provinz, mit denen ich sonst jede freie Stunde zuzubringen gewohnt war. Ich weiß wohl, der Mensch ist ein Gewohnheitsthier, und so werde ich auch wohl lernen, mich mit mir selbst zu begnügen. Ich kenne sogar ein probates Mittel dafür, nämlich Lektüre, aber einstweilen ist die Sache sehr ungemüthlich . . ."

In einer späteren Stelle des Briefes heißt es:

„Jetzt noch ein Stückchen Politik! Nachdem Du in der ersten Hälfte Deines Briefes mir so recht trotzig entgegen gerufen, daß Du ein Nationaler vom reinsten Wasser bist, entschuldigst Du Dich in der zweiten Hälfte, daß Du für mich gestimmt hast. Für Beides sei Dir Verzeihung gewährt! Das Erste wußte ich leider schon von früher, und was die Stimme betrifft, so ist, denke ich, der qualifizirte Nationale entschuldigt, wenn er in einem Kampfe zwischen Vogel v. Falckenstein und mir sich für mich erklärt. Schade, daß es sich nicht anders machte; es hätte mir gewissermaßen Spaß gemacht, wenn Du gegen mich hättest stimmen müssen. Daß unsere Freundschaft zu fest ist, um unter solchen politischen Differenzen zu leiden, das wissen wir ja Beide. Es ist ein eigenthümliches Geschick, daß wir jetzt politisch so weit getrennt sind; der Begriff Witt ist dadurch für mich eine Art O a s e geworden, zu der der Lärm des Tages und der aufgewirbelte S t a u b d e s P a r t e i k a m p f e s nicht dringt."

Witt konnte sich in den Gedanken, von Hoverbeck „politisch so weit getrennt" zu sein, noch nicht finden. Seine Antwort (16. Oktober) enthält bittere Betrachtungen, nicht über Hoverbeck, aber über die Fortschrittspartei. Er bricht dann die politischen Betrachtungen mit den Worten ab:

„Aber ist das Deine Oase? Der schönste Sand wirbelt wieder umher, schnell fort von dem politischen Kampfplatz und zu Privatsachen übergegangen."

Er schließt den Brief:

„Nun gehe in den Stunden der Langeweile in Dich, lieber Hoverbeck, und werde — nationalliberal! Sapere aude!" [Horaz: Wage es weise zu sein.]

Daß Hoverbeck bei allem Mißmuth den Humor nicht verloren hatte, zeigt ein Brief (6. Oktober) an seinen alten Freund Krieger, der dem Justizminister zur Lippe die Errichtung einer dritten Rechtsanwaltstelle beim Kreisgericht Goldap zu verdanken hatte:

„Mein lieber alter Cryger![6])

(Das ist nämlich die richtige Orthographie Deines Namens, wie sie der Däne, Dein Namensvetter, neuerdings aufgebracht hat, um sich von Kieselack zu unterscheiden; ein Bedürfniß, das schon seit lange auch das Deinige gewesen ist!) Da Du jetzt ruhig zu Hause sitzest, und in Folge des dritten Goldaper Rechtsanwaltes nichts zu thun hast, ich dagegen gar keine Zeit habe — muß ich natürlich die Korrespondenz beginnen, wenn ich irgend etwas von Dir erfahren will!

So will ich Dir also nur kurz melden, daß es mir hier sehr schlecht geht. Unsere Thätigkeit im Reichstage mit dem Bewußtsein der absoluten Ohnmacht, im vergeblichen Kampfe mit einer übermächtigen Regierung, die noch dazu von unsern früheren alten Freunden und Mitkämpfern unterstützt und umwedelt wird, hat sicher wenig Erfreuliches. Und doch ist das noch die Sonnenseite meines jetzigen Lebens. Man fühlt doch, daß man nach seinem Gewissen handelt und man hat immer noch brave Freunde und Mitkämpfer zur Seite, und an der Spitze den berühmten weißen Federbusch unseres alten Freundes Jung[7]). — In den Fraktionssitzungen verlebt man auch manche ernste, aber gemüthliche Stunde, und in den Kommissionen fehlt es nicht an Beschäftigung, da man immer fast allein gegen die ganze Meute ankämpfen muß. Aber kommt dann die sogenannte Erholungszeit, wo man für geistige Arbeit die Kraft oder wenigstens die Lust entbehrt, dann beschleicht mich ein so tiefes Gefühl der Einsamkeit, wie man es niemals auf dem Lande, sondern nur beim Alleinsein in einer volkreichen Stadt erleben kann. Du kannst Dir kaum denken, wie sehr Eure Gestalten durch eine solche Beleuchtung gewinnen, dann erscheint mir sogar Frentzel besonnen, Bender fleißig und Du höflich! Unser alter Hagen ist mir ein wahrer Augentrost; aber leider hat er jetzt so viel auf seinem Rücken, daß ich ihn zu Hause nicht stören will, und selbst nicht übers Herz bringe, ihn zum Kneipen zu verführen. Hier in Berlin sucht man mich zu überreden, nicht mehr für Königsberg zu kandidiren (d. h. zum Reichstage), damit sie dort Bender aufstellen; wenn Bender annähme und gewählt würde, wäre ich ganz glücklich."

Es handelte sich hierbei um eine Nachwahl. Die Wahl des Generals Vogel von Falckenstein war bereits im September für ungiltig erklärt worden. Die Nachwahl, zu der Hoverbeck nicht kandidiren sollte, fand erst am 18. Dezember statt. Die Königsberger beharrten darauf, Hoverbeck wieder aufzustellen. Das Ergebniß war die Wiederwahl Vogel von Falckensteins.

Es heißt weiter in jenem Briefe:

„Ich wohne jetzt Stadt London, gerade unter dem früheren Zimmer Häblers; an den alten Kerl denke ich auch oft genug. Nun, wie wird es denn mit den Abgeordnetenwahlen? Werden wir dann wenigstens wieder zusammen sein? Die Königsberger wollen mich und Kosch wieder aufstellen; von Forckenbeck ist vorläufig nicht die Rede, und sie scheinen wenig Lust dazu zu haben. Ich habe ihnen geschrieben, wenn sie allein die Mehrheit hätten, möchten sie nehmen, wen sie wollten; wenn nicht, so wäre es besser, die Wiederwahl zur Parole zu machen. In jedem Fall wird die Arbeit in dieser flauen Zeit keine leichte sein. Was sagst Du dazu? und wie steht es bei Euch? . . .

Unser alter Virchow ist im Harz, sonst wäre ich längst bei ihm gewesen. — Auf unsere annektirten Nationalen kannst Du Dich freuen; gegen die sind Forckenbeck, Hennig, Unruh, selbst Twesten noch das pure Gold! Man muß unsern alten Schulze einmal über Bennigsen reden hören!

Hier heißt es, wir sollten schon am 20. fertig werden, Gott gebe es! So wäre die Komödie wenigstens kurz!" . . .

Wie nach dem Ergebniß der Reichstagswahlen zu erwarten war, fielen auch die Wahlen zum Abgeordnetenhause für die liberalen Parteien ungünstig aus. In den alten Provinzen verloren die Nationalliberalen ebenso wie die liberale Opposition (Fortschrittspartei und linkes Zentrum) eine Reihe von Sitzen, die bei den Wahlen vom Juli 1866 noch behauptet waren. Der Zwiespalt zwischen den liberalen Parteien bewirkte, daß mehrere fortschrittliche Sitze den Nationalliberalen zufielen und umgekehrt. In Berlin beschloß eine vom Wahlverein berufene Versammlung von Mitgliedern der Fortschrittspartei nur für solche Kandidaten zu stimmen, die sich verpflichteten, die im Programm der Fortschrittspartei ausgesprochenen Forderungen nach besten Kräften zu betreiben. Von den Berliner neun Abgeordneten waren sechs — Wahlkreis I Krieger, Richter und Jung, Wahlkreis III Baerst und Wahlkreis IV Lasker und Löning — nationalliberal geworden und nur Schulze-Delitzsch (III) Runge und Jacoby (II) bei der Fortschrittspartei geblieben. Ohne Zaudern und Schwanken wurden jene sechs beseitigt. Ebenso beseitigte die Fortschrittspartei in Ostpreußen in Königsberg-Fischhausen Forckenbeck und in Labiau-Wehlau John. Dagegen wurden durch die Konservativen fortschrittliche Abgeordnete geschlagen: in Ragnit-Pillkallen Frommer, in Gumbinnen-Insterburg Bender und Frentzel und in Angerburg-Lötzen Saucken-Tarputschen. In Westpreußen wurden einzelne Fortschrittsmänner durch Nationalliberale ersetzt, so Kalau v. d. Hofe in Danzig, Wendisch in Marienwerder, Römer in Graudenz, Chomse in Thorn. In Pommern beseitigten die Konservativen in Randow-Greifenhagen die Fortschrittsmänner Schmidt und Hagen. Ersterer ward aber in Stettin in der Nachwahl für Lasker, der hier ablehnte, gewählt und Hagen in Görlitz an Stelle von Carlowitz, der kein Landtagsmandat mehr annahm. Der Fortschrittspartei blieb in Schlesien Breslau treu, wogegen in Brieg-Ohlau Hofmann, in Leobschütz Alscher, in Neiße Sommer, in Glatz Aegerter und Selten, in Beuthen Böck, durch Konservative und Klerikale, bezw. Nationalliberale verdrängt wurden.

In der Provinz Sachsen wurden in Halle die Altliberalen durch die Konservativen geschlagen. In Magdeburg wurde neben Unruh Lasker statt des fortschrittlichen Hoppe gewählt. In Westfalen blieb es wesentlich beim Alten. In Lüdinghausen wurde für Versen vom linken Zentrum der fortschrittliche Kreisrichter Windhorst gewählt.

„In den katholischen Wahlbezirken war der Klerus zwar mit dem Hinausweisen Oesterreichs aus Deutschland unzufrieden, aber er verhielt sich abwartend und still. War doch Aussicht vorhanden, daß die katholische Abtheilung im preußischen Kultusministerium unter Herrn Krätzig ihre von den Jesuiten dankbar unterstützten Bestrebungen auf ganz Norddeutschland ausdehnen werde. Darnach war es nicht auffallend, daß in dem katholischen Rheinland die nicht bloß zur Fortschrittspartei und dem linken Zentrum gehörenden Abgeordneten, sondern auch die katholisch oppositionellen zum weitaus größten Theile von ihren Sitzen verdrängt wurden; an ihre Stelle rückten in den liberalsten Kreisen Nationalliberale, in den anderen katholische Beamte (Landräthe u. dgl.) oder Priester konservativer Richtung.“[8])

Von fortschrittlichen Abgeordneten unterlagen im Rheinland unter Anderen: in Köln Roggen und Classen-Cappelmann, in Bergheim Pauli, in Mülheim Lucas, in Solingen Berger und Rönne jun., in Düsseldorf Grote, in Koblenz Caspers und Mallmann, in Ahrweiler Bresgen, in Bernkastel Herrmann und Rondé, in Saarbrücken Franz Duncker und Virchow.

Die Führer der Fortschrittspartei und der Nationalliberalen in den alten Provinzen wurden, wenn auch in andern Wahlkreisen, sämtlich wiedergewählt. Hoverbeck war zweimal gewählt, in Königsberg und in seinem heimischen Wahlkreise Allenstein-Rössel. Er nahm hier an. In Königsberg trat an seine Stelle Saucken-Tarputschen. Forckenbeck ward in Köln gegen die Fortschrittspartei gewählt. In Berlin siegten in allen Wahlkreisen die Kandidaten der Fortschrittspartei ohne Stichwahl; in Berlin I Waldeck, Löwe und ich, in III neben Schulze-Delitzsch Virchow an Stelle von Vaerst, in Berlin IV Franz Duncker und Eberty. Die Konservativen nahmen nur im ersten Wahlkreise den Kampf auf. Die Nationalliberalen unterlagen überall, im ersten Bezirk mit Twesten, im zweiten mit Prediger Richter, im dritten mit Braun-Wiesbaden, im vierten mit Bennigsen.

Während in den alten Provinzen 181 Konservativen nur 143 Liberale (einschließlich 18 Altliberale) gegenüberstanden, die auch mit Polen und oppositionellen Klerikalen (28) keine Mehrheit bildeten, wählte man in den neuen Provinzen vorwiegend liberal. Die Nationalliberalen hatten sich dabei der Zustimmung der Regierung zu erfreuen. Hannover stellte unter 36 Abgeordneten

33 Nationalliberale, Hessen (Regierungsbezirk Kassel) unter 14 Abgeordneten 9 Nationalliberale. Von den 12 Abgeordneten des Regierungsbezirks Wiesbaden gingen 6, die beiden Frankfurter und 4 aus Nassau, zur Fortschrittspartei. In Schleswig-Holstein wurden in den nördlichsten Kreisen 2 Dänen und 2 Nationalliberale gewählt, von den übrigen 14 Abgeordneten gehörten 12 zur alten Augustenburgischen Partei.[9])

Anmerkungen zum 35. Kapitel.

1) Die späteren Versammlungen und Beschlüsse des Reichstages über Herabsetzung der Salzsteuer auf die Hälfte werden später besprochen. Vgl. auch Eugen Richter „Im alten Reichstag. Erinnerungen“ Band I (1894) „Keine Dotation für das Volk.“ Seite 45 bis 47.

2) Es heißt z. B. in Harkorts Wahlspiegel: „Aber die Nationalliberalen, wer sind denn diese so zuversichtlich Auftretenden? Fahnenflüchtige der Fortschrittspartei, die sich wie Baumöl und Essig geschieden hat. Männer von Talent, die über Nacht mit einer ehrenvollen Vergangenheit gebrochen und politisch Schiffbruch gelitten haben unter der muthlosen Devise „man muß den Thatsachen Rechnung tragen, die da sagen: was ist Recht ohne Macht“ . . . .

3) Nach Philippson hat Forckenbeck in diesem Reichstag seine erste Rede gehalten gegen die Petition der Mennoniten, und dann seiner Frau geschrieben, die Petition sei zu seiner Freude abgelehnt. Abgelehnt ist sie, aber gesprochen hat Forckenbeck, wie die stenographischen Berichte ergeben, kein Wort in dieser Sache.

4) Hausmann, Franz, geb. 1818 in Horn (Lippe-Detmold), daselbst Stadtrichter, gehörte dem norddeutschen und deutschen Reichstage bis zu seinem Tode im Dezember 1877 an.

5) Philippson erzählt, Hoverbeck hat am 29. September Forckenbeck besucht. Was er über Motive und Inhalt der Unterredung mittheilt, kann nicht richtig sein. Nach den preußischen Jahrbüchern soll man im Allgemeinen eine bei Philippson stehende Notiz nur dann für richtig halten dürfen, wenn sie mittelst einer anderen Quelle oder durch innere Wahrscheinlichkeit ihre Bestätigung findet. Jedenfalls müssen auch seine Citate kontrolirt werden. Nach der Wahl Forckenbecks zum Präsidenten des Abgeordnetenhauses 1866 erzählt er, daß diesem „der Ungestüm des Grafen Bismarck oft zu schaffen machte“. Wann kann man dem Grafen Bismarck Ungestüm gegen den Abgeordnetenhauspräsidenten Forckenbeck vorwerfen? Zum Beweise führt Philippson unter Berufung auf Berthold Auerbachs Briefe an seinen Freund Jacob Auerbach 1884 mit Anführungszeichen in direkter Rede einen Ausspruch Forckenbecks an Berthold Auerbach an. Auerbachs Erzählung Bd. II S. 395 bezieht sich auf einen Ausspruch Forckenbecks vom 13. März 1879 (Forckenbeck hatte von den Schwierigkeiten des Reichstagspräsidiums gesprochen): „Jeden Morgen müsse er sich sagen: erhalte dir den Gleichmuth. Er habe bei der letzten Attacke Bismarcks wieder gefühlt, wie er als Präsident die brennende Lunte in der Hand hat, über einem Faß von Sprengstoffen. Hätte er Bismarck auch in der mäßigsten Form angerufen, so war die Zersprengung da, deren Folgen nicht zu ermessen.“ — Forckenbeck sprach von der letzten Attacke Bismarcks im Reichstag vom 8. März 1879. Nun vergleiche man was Philippson von den Attacken und von der Unmöglichkeit des Präsidenten, Bismarck „anzugreifen“ Forckenbeck sagen läßt.

6) Krüger, Hans Andersen, Hofbesitzer in Besthoft bei Hadersleben, geb. 1816, † 1881; gehörte den norddeutschen und deutschen Reichstagen bis zu seinem Tode an, gleichzeitig auch dem preußischen Abgeordnetenhause. In dies trat er aber nicht ein, weil er den Eid auf die Verfassung verweigerte. Er schrieb sich zuerst Cryger. — Krieger, Richard (siehe Bd. II S. 118), gleichzeitig mit Krieger-Goldap, Landtagsabgeordneter bis 1867, trat aus der Fortschrittspartei erst 67 aus. In der 2. Session 1862/63 war er Abgeordneter für Jüterbogk-Luckenwalde. Bei seinen Fraktionsgenossen erhielt er um diese Zeit den scherzhaften Beinamen Kieselack nach der damals viel belachten Posse auf dem Wallner-Theater „Kieselack und seine Nichte aus Luckenwalde."

7) Jung, Georg, geb. 1814 Landgerichtsassessor a. D., saß in der preußischen Nationalversammlung 1848 und in der Kammer von 49 auf der äußersten Linken; von 1863 bis 67 Abgeordneter der Fortschrittspartei zuerst für Mettmann, dann für Berlin, wurde nationalliberal. Von 1869 bis 76 Abgeordneter zuerst für Ohlau, dann für Stadt Breslau. Jung hatte, als er der Fortschrittspartei angehörte, bei einer Fraktionswahl in einem begeisterten Lebehoch auf Waldeck dessen weißes Haar mit einem weißen Federbusch verglichen, dem wir alle im Schlachtgewühl folgten.

8) Wörtlich aus meinem Buche „Deutschlands politische Parteien" S. 116.

9) Ueber die Vertheilung der 432 Landtagsabgeordneten auf die einzelnen Parteien nach Provinzen vergleiche mein Buch „Deutschlands politische Parteien" S. 118. Danach waren von den 432 Abgeordneten 127 konservativ, 61 freikonservativ, 22 altliberal, 101 nationalliberal, 39 gehörten zum linken Zentrum, 48 zur Fortschrittspartei. Dazu kamen 16 unabhängige oder oppositionelle Klerikale und 18 Polen und Dänen.

Sechsunddreißigstes Kapitel.

Preußisches Abgeordnetenhaus 1867 bis 1868. Ostpreußischer Nothstand.

Der Landtag wurde am 15. November durch den König eröffnet. Die Thronrede wies darauf hin, daß sich der Entwurf des Staatshaushaltsetats für 1868 wesentlich von den früheren unterscheide. Er umfaßte die neuhinzugetretenen Landestheile; andererseits wurden wichtige Kategorien von Einnahmen und Ausgaben auf den Etat des norddeutschen Bundes übertragen. Auch auf Maßregeln zur Bekämpfung des durch die Mißernte entstehenden ostpreußischen Nothstandes wurde hingewiesen.

Zum Präsidenten ward wieder mit großer Mehrheit Forckenbeck, zu Vizepräsidenten v. Köller und v. Bennigsen erst im dritten Wahlgange gewählt. Die Fortschrittspartei hatte an beiden Stellen zuerst für Hoverbeck gestimmt, der es aber nicht über 81 Stimmen brachte.[1])

Unter Bennigsens Vorsitz hatte vier Tage zuvor (11. Novbr.) die Generalversammlung des Nationalvereins getagt und den Verein aufgelöst. Hoverbeck war mit Schulze-Delitzsch, Franz Duncker und anderen Ausschußmitgliedern schon im Frühjahr aus dem Verein ausgetreten.[2])

Für den Staatshaushaltsetat für 1868 schlug der Präsident Forckenbeck am 23. November die Vorberathung im Hause vor, weil bei Ueberweisung an die Budgetkommission es nicht möglich sei, den Etat vor dem 1. Januar durch Gesetz festzustellen. Hoverbeck beantragte dagegen die Verweisung des Etats an die Budgetkommission. In sachlich zutreffender Rede führte er aus, daß gerade dieser Etat sich nicht für Vorberathung im Hause eigene. Der Etat habe wichtige Kapitel an den des Norddeutschen Bundes abgegeben, außerdem sei das Haus neu gewählt und enthalte achtzig mit den Gewohnheiten der preußischen Etatsberathung noch nicht vertraute Mitglieder aus den neuen Provinzen. Die Mehrheit stimmte mit dem Präsidenten für Vorberathung im Hause.

Noch vor Beginn der Etatsvorberathung suchte die nationalliberale Partei die Redefreiheit der Abgeordneten gegen die falsche Auslegung des Obertribunals für die Zukunft sicherzustellen durch einen Antrag Laskers auf Deklaration des Artikels 84. Hoverbeck beantragte für die Fortschrittspartei gemäß der Beschlüsse vom Februar 1866 eine motivirte Tagesordnung, da jener Artikel einer Deklaration nicht bedürfe, vielmehr die Kompetenz der Staatsanwaltschaft und der Gerichte in Ansehung der Landtagsreden völlig ausschließe. Laskers Antrag wurde zuerst in der Vorberathung am 2. Dezember, sodann in der Schlußberathung und in der wegen der Verfassungsänderung nöthigen zweiten Abstimmung am 8. Januar 1868 mit 174 gegen 144 Stimmen angenommen, nachdem der jedesmal wiederholte Antrag Hoverbeck abgelehnt war. Die Deklaration wurde im Herrenhause mit großer Mehrheit abgelehnt (15. Februar).

Wie vorauszusehen war, kam die Etatsberathung in den wenigen Wochen nicht zu Ende. Die Vorberathung hatte am 3. Dezember begonnen. Am 20. Dezember konstatirte Präsident Forckenbeck die thatsächliche Unmöglichkeit der in der Verfassung und im Indemnitätsgesetz unbedingt vorgeschriebenen Nothwendigkeit der Feststellung des Staatshaushaltsetats durch Gesetz vor Beginn der Etatsperiode gerecht zu werden und schlug Vertagung der Sitzungen bis zum 7. Januar 1868 vor.

Während der Budgetberathung bekämpfte Hoverbeck als Wortführer und Antragsteller der Fortschrittspartei eine Reihe Forderungen der Regierung, namentlich auf Erhöhung der Gehälter für Minister, Oberpräsidenten und andere höhere Beamte. Seine Anträge waren meist erfolglos, auch wenn die Nationalliberalen aus den alten Provinzen ihn unterstützten, da die Abgeordneten der neuen Provinzen in der Regel mit den Konservativen und der Regierung stimmten.

Hoverbeck nahm am 6. Dezember Urlaub und fuhr in 24 Stunden nach Nickelsdorf zu seiner an einer schweren Erkältung erkrankten Frau. Sobald ihr Gesundheitszustand es erlaubte, kehrte er in ihrer Begleitung eine Woche vor den Ferien wieder nach Berlin zurück und verlebte auch die Weihnachtsferien mit seiner Frau in Berlin.

Gegen Ende des Jahres 1867 und in den ersten beiden Monaten des Jahres 1868 war Hoverbecks Thätigkeit vorwiegend der Bekämpfung des Nothstandes in Ostpreußen gewidmet, anfänglich in heftiger Opposition gegen verkehrte Anschauungen und fehlerhafte büreaukratische Maßnahmen des Oberpräsidenten, der Regierungen und Landräthe. Schließlich gelang es in den meisten Beziehungen, ein Einverständniß mit der Regierung zu erzielen.

Wiederholte Mißernten und „die beispiellose Nässe" der Sommer- und Herbstmonate hatte die Erntehoffnungen der ostpreußischen Landwirthe namentlich in den östlichen Kreisen zerstört. Der Roggen, die eigentliche Brotfrucht der dortigen Bevölkerung, und die Kartoffeln waren für gänzlich vernichtet anzusehen. Die nördlichen Kreise des Regierungsbezirks Königsberg und die lithauischen Kreise des Regierungsbezirks Gumbinnen sahen einem allgemeinen Nothstand entgegen. Eisenbahnen und Chausseen fehlten in diesen Bezirken. Durch allgemeine Erwerbs- und Nahrungslosigkeit standen zu gleicher Zeit

„Gesundheit und Leben einer ganzen großen Bevölkerung auf dem Spiele: das schrecklichste Menschenunglück, der Hunger, — eine fürchterliche Seuche, der Hungertyphus, — bedrohen die Hälfte einer ganzen Provinz, wenn nicht schleunigst kräftige Maßregeln stattfinden."[3])

Zu denjenigen fünf Kreisen des Regierungsbezirks Königsberg, in denen es noch eine mittelmäßige Ernte gab, gehörte der Kreis Allenstein. Hoverbeck hatte noch im Oktober nicht geglaubt, daß ein solcher Nothstand drohe. Er konnte damals noch scherzhafte

Briefe an seine Freunde schreiben. In den Kreisen Memel-Heydekrug, Labiau-Wehlau, Tilsit-Niederung, Ragnit-Pillkallen, Gumbinnen-Insterburg, Darkehmen-Goldap-Stallupönen, Angerburg-Lötzen, die am schwersten unter dem Nothstand litten, gehörten die große Zahl der „Besitzer" zur Fortschrittspartei. Wenn nicht früher, so erkannte man dort allgemein bei der Landtagswahl, von welcher Noth die Bauern, Eigenkäthner und Arbeiter betroffen waren. Wie die Wahlprüfungsverhandlungen des Abgeordnetenhauses ergaben, ließen es die Mitglieder der Gumbinner Regierung (Regierungspräsident v. Maurach) und viele Landräthe an den üblichen Wahlbeeinflussungen nicht fehlen. Mehr noch wirkte auf die Wahlen die Furcht der Bauern, bei fortschrittlicher Stimmabgabe auf Hilfsleistungen der Regierungsbehörden nicht rechnen zu können.[4]) Wie Frentzel und Bender in Gumbinnen-Insterburg, der strafversetzte Kreisrichter Frommer in Ragnit-Pillkallen, so fiel Krieger in Goldap-Darkehmen-Stallupönen durch. An seine Stelle wurde auf Vorschlag der Gumbinner Regierung Georg v. Vincke gewählt. Krieger schrieb darüber am 10. November an Hoverbeck:

„. . . Mein Wahlkreis, der mir 7 Jahre lang treu ausgehalten, hat mich diesmal im Stich gelassen. Trotz des Kompromisses, das wir weiland sehr hochmüthige Demokraten von Stallupönen und Goldap diesmal mit den Darkehmer Gothaern abgeschlossen, haben wir nur $^1/_3$, die Reaktionären aber $^2/_3$ Stimmen erhalten. Ich bin von Vincke, der alte Saucken von Meyhöffer-Schackummen geschlagen! Das ganze Rüstzeug der Reaktion war, wie noch nie, in Thätigkeit. Von meinen Bauern, die sonst wie Kletten an mir hingen, sind alle — bis auf 3!! — abgefallen. Ihre leibliche Noth ist zu groß — und die Regierung wird ihnen im Frühjahr Geld geben, wenn sie gut wählen. — Die Bürger und die Gutsbesitzer waren treu geblieben, haben aber auch allen Einfluß auf die Bauern verloren. Ich bin empört — aber vielleicht auch nur traurig! Das Resultat vom 7. hat so niederschmetternd auf mich gewirkt, daß ich meinen eigentlichen Gemüthszustand noch gar nicht recht zu bezeichnen weiß; ich glaube aber, daß es mehr Trauer um die Niederlage der Partei ist, als das Gefühl persönlicher Kränkung, Von letzterem will ich mich aber auch nicht freisprechen. Es ist doch auch toll genug. daß ich hier in meinem alten Wahlkreise gerade gegen Vincke habe durchfallen müssen!"

Hoverbeck tröstete ihn über die Niederlage und die bei dieser Gelegenheit aufgewärmten Lügengeschichten der Kreuzzeitung:

„Ueber solche Dinge muß man sich einfach wegsetzen. Du fühlst Dich gedemüthigt, daß Du in Deiner Heimath von Vincke geschlagen bist. Tröste Dich mit mir, der ich bei der Reichstagswahl von Strousberg hier geschlagen bin, und keine vier Wochen später hier zum Abgeordneten gewählt wurde. Nein, mein alter Krieger, reiße das Gefühl der persönlichen Kränkung über die Niederlage, falls noch etwas davon vorhanden ist, nur ganz und gar aus

Deinem Herzen aus; ich darf Dich dazu auffordern, denn ich glaube, mir ist es gelungen!"

Vincke nahm die Wahl in Goldap nicht an. Krieger schrieb am 19. November an Hoverbeck:

„Unsere Leute wissen nicht, was sie thun sollen. Die Meisten wollen sich an der Wahl gar nicht betheiligen. Mir will das richtig scheinen. Von den 400 Wahlmännern gehören uns — 100; den Gothaern 40 und der Reaktion 260. Scheints da nicht auch Dir ganz richtig, wenn wir von der Nachwahl ganz fortbleiben?"

Hoverbeck, beunruhigt über diesen Gedanken seines engsten politischen Freundes, schrieb ihm am 21. November von Berlin aus:

„Ich habe sehr wenig Zeit, und bin schreib- und denkmüde. Da soll man eigentlich gar nicht schreiben, und ich bitte Dich um Verzeihung, wenn ich es doch thue. Es ist mir aber darum zu thun, Euch eine etwas (wenn ich ehrlich reden soll, sehr) thörichte Idee aus dem Kopfe zu bringen, nämlich gar nicht zu wählen. Was fürchtet Ihr? Zu unterliegen, wie das vorige Mal, oder um richtiger zu sprechen, noch ärger als das vorige Mal, weil vielleicht einige von euren Wahlmännern nicht kommen werden. Erstens könnt Ihr annehmen, daß auch von Euren Gegnern welche fehlen werden, und also das Verhältniß dasselbe bleibt; und wenn das auch nicht wäre, ich wünschte zehnmal lieber, daß die Fortschrittspartei nur zehn Stimmen hätte, als daß sie aus Bequemlichkeit oder falscher Spekulation den Kampf ganz aufgäbe. Wir können es noch immer ruhig ertragen, daß in der Provinz Preußen große Majoritäten für die Reaktion stimmen; aber an dem Tage, wo unsere Partei den Kampf ganz aufgäbe, da würde ich mich zum ersten Male vor unsern Gegnern schämen. Denke Dir einmal selbst, welchen Eindruck es im Hause machen würde, wenn irgend ein reaktionärer Lump als einstimmig gewählter Abgeordneter von Goldap proklamirt würde! Und frage Dich so: wird sich Maurach über Eure Wahlenthaltung ärgern oder freuen? Und sind nicht die Wahlmänner verpflichtet gegen ihre Wähler, zur Wahl zu gehen, und nach ihrer Ueberzeugung zu stimmen? — Ueberlegt Euch die Sache nochmals; ich kann unmöglich glauben, daß Ihr den flüchtig gefaßten Plan ausführt!"

Inzwischen hatte am 5. Dezember 1867 bereits Graf zur Lippe seinen Abschied genommen.[5]) Sein Nachfolger war der frühere hannoversche Justizminister Leonhardt geworden.

Die fortschrittlichen Wahlmänner in Goldap beschlossen zur Neuwahl zu erscheinen. Hoverbeck war unterdessen nach Nickelsdorf gereist und schrieb am 8. Dezember an Krieger zunächst über eine gegen diesen schwebende Anklage. Dann heißt es weiter in dem Briefe:

„An dieser Geschichte kann sich ja gleich der neue Herr Justizminister erproben. Daß ich von einem Manne, der in dies Ministerium tritt, nicht viel erwarte, das kannst Du Dir denken; übrigens sprach aber Waldeck mit Achtung von ihm, allerdings nicht von seinen politischen Ansichten, die er nicht kennt, sondern von seiner juristischen Befähigung und selbst von seiner persönlichen Ehrenhaftigkeit. Wir werden doch jetzt sehen, ob er in Bezug auf die Verfolgung von Abgeordneten „den Becher bis zur Hefe leeren" will! Möglicherweise hat der brave Staatsanwalt sich nur bei Lippe mit seinem Pflichteifer in Gunst setzen wollen und sieht sich jetzt in einer gewissen Klemme, nachdem der Grundpfeiler, auf den seine Spekulation gebaut war, vor dem Zorne der Nationalen oder vor der Sorge Sr. Majestät für die Million Krondotation (event. auch nur vor einer pikanten Debatte darüber) — gefallen ist . . .

Daß Ihr beschlossen habt, bei der Neuwahl in Goldap zu erscheinen, freut mich herzlich. Denke Dir einmal den Eindruck, den es machen müßte, wenn ein Streber wie A . . . oder ein Dummlack wie B . . . als einstimmig gewählt in den Zeitungen und im Abgeordnetenhause proklamirt würde! Die Stimmen der Minorität sind darum noch lange nicht verloren, wenn sie auch keinen äußerlich greifbaren Erfolg herbeiführen. Also frisch daran, und sucht die Majorität zu verringern!"[6])

Nach Berlin zurückgekehrt, nahm Hoverbeck an Besprechungen der ostpreußischen Abgeordneten aller Parteien theil. Der Abgeordnete Generallandschaftsrath v. Saucken-Julienfelde, der Hauptvorsteher des landwirthschaftlichen Zentralvereins für Lithauen und Masuren bat den Kronprinzen, den Protektor des Zentralvereins, auch die Protektion eines zu bildenden Hilfsvereins für Ostpreußen zu übernehmen. Der Kronprinz erklärte sich sofort brieflich (15. Dezember) bereit und forderte auf, ungesäumt Schritte zur Gründung des Vereins zu thun. Seine Hauptaufgabe sollte sein, den zu schwerer Arbeit im Freien — bei Unternehmungen von Kunststraßen, Eisenbahnen und Landesmeliorationen — unfähigen Personen beiderlei Geschlechts lohnende häusliche Arbeit, vor allem Beschäftigung jeder Art durch Spinnen und Weben, Stricken und Nähen zu vermitteln.[7]) Schon am 20. Dezember erschien der öffentliche Aufruf des Hilfsvereins für Ostpreußen.[8]) Näheres über Entstehung des Aufrufs enthält der folgende Brief Hoverbecks an seinen Freund Krieger-Goldap vom 28. Dezember:

„Seit meiner Studentenzeit ist dies der erste Weihnachten, den ich in Berlin verlebt habe. Wie Du weißt, war ich wegen Erkrankung meiner Frau anfangs des Monats nach Hause gefahren und brachte dieselbe, sobald ihr Gesundheitszustand es erlaubte, mit mir hierher. So war ich die letzte Woche vor den Ferien wieder im Hause, konnte ihr aber nun unmöglich wieder die Winterreise nach Nickelsdorf zumuthen, und blieb also die Ferien hier. Zu der langen Weile, die ich für diese Zeit in Aussicht genommen hatte, ist es übrigens bis jetzt nicht gekommen; ja ich habe nicht einmal die Muße gehabt, die ich eigentlich gewünscht hätte. Viel Zeit nimmt mir nämlich meine Theilnahme an dem „Hilfsverein für Ostpreußen," von dessen Bildung unter dem Präsidium des Kronprinzen Du wohl gelesen hast. Als Mitglied des engern Ausschusses — mit Patow (Vors.), Bunsen (Schriftführer), Zwicker (Schatzmeister), Lehndorf und Romberg[9]) (Herrenhaus), Saucken-Julienfelde und mir (Abgeordnetenhaus), Herrn v. Magnus (haute finance) und Wulfshein (Ministerium des Innern) — erleide ich nämlich beinahe einen Tag um den andern eine Sitzung im Palais und unter Vorsitz des Kronprinzen, und zwar im Frack und weißer Binde! So sehr mir diese albernen Formen zuwider sind, so habe ich doch den Eintritt in das Komitee nicht abschlagen wollen, um für die gute Sache zu wirken, und um nicht die Reaktion die gesamte Privatwohlthätigkeit allein für ihre Zwecke ausnutzen zu lassen. In dem Aufrufe, den der Verein erlassen hat, wirst Du namentlich bei dem Appell an die freie Vereinsthätigkeit, die landwirthschaftlichen Vereine und die Genossenschaften, die Frucht langer Kämpfe gegen die Reaktion erkennen. Ich habe mich wegen der Theilnahme der letztern noch brieflich an Schulze gewendet, der jetzt in Potsdam ist, und fahre auf dessen Einladung heute mit dem alten Kosch Nachmittag zu ihm, um das Nähere mit ihm zu besprechen . . ."[10])

Aus den vor Gründung des Hilfsvereins stattgehabten Besprechungen der Landtagsabgeordneten aus der Provinz Preußen mit den Ministern war ein Gesetzentwurf, betreffend die Einrichtung von Darlehnskassen in den Regierungsbezirken Königsberg und Gumbinnen hervorgegangen, der am 19. Dezember zur Berathung kam und einstimmig angenommen wurde. Dem Chausseebaufonds der Provinz Preußen und dem Landesmeliorationsfonds der landwirthschaftlichen Verwaltung waren von der Regierung bedeutende Vorschüsse überwiesen. Nach einem am 12. Dezember eingebrachten Gesetzentwurf, über Aufnahme einer Eisenbahnanleihe von 40 Millionen Thalern sollten davon zum Bau einer Eisenbahn von Thorn nach Insterburg 15 750 000 Thaler verwendet werden.

Der Ausschuß des Hilfsvereins hielt in der ersten Zeit häufig Sitzungen ab. In der ersten Sitzung wurde ein engerer Ausschuß gewählt, der die hauptsächlichen Arbeiten, namentlich auch den Briefwechsel mit den einzelnen Kreisen zu führen hatte. In allen landräthlichen Kreisen bildeten landwirthschaftliche Vereine, Erwerbs- und Wirthschaftsgenossenschaften u. s. w., Kreisausschüsse, um die aufgebrachten Mittel zur Bekämpfung des Nothstandes zu vertheilen. Zu dem engeren Ausschuß des Hilfsvereins, der in einem Zimmer des Abgeordnetenhauses arbeitete, gehörten außer dem Vorsitzenden v. Patow und dem Schriftführer Abgeordneten v. Bunsen vor Allen Saucken-Julienfelde und Hoverbeck. Hoverbeck hatte die Korrespondenz mit den Kreisausschüssen zu führen, an denen sich in hervorragender Weise einflußreiche Fortschrittsmänner betheiligten.

Ende Dezember trat in Ostpreußen starker Frost und hoher Schneefall ein und machte Arbeiten im Freien unmöglich. Zuverlässige Berichte meldeten von Erfrorenen. Ansteckende Krankheiten zeigten sich bei den Hungernden; an mehreren Orten berichtete man von der Hungerpest (fälschlich Hungertyphus genannt).

Neben dem Hilfsverein für Ostpreußen entfaltete auch der vaterländische Frauenverein unter dem Protektorat der Königin eine bedeutende Wirksamkeit zur Bekämpfung des Nothstandes. Zu seinem durchaus konservativ zusammengesetzten Vorstand gehörte auch Dr. Krätzig, der Vorstand der katholischen Abtheilung des Kultusministeriums, der später klerikaler Abgeordneter wurde, und General v. Troschke. Letzterer reiste im Auftrage der Königin nach Ostpreußen. Seine Mittheilungen, voll Lobeserhebungen auf die Regierungspräsidenten und Landräthe, verleiteten das Ministerium, die Konservativen und deren Presse zu der irrigen Annahme, daß die Nachrichten über den Nothstand übertrieben seien.

Die Provinzialkorrespondenz brachte darüber lange Aufsätze. Konservative Blätter begannen, den ganzen Nothstand für einen demokratischen Schwindel auszugeben. Fortschrittlichen Handwerkern wurden bei Gewährung von Unterstützungen vom Regierungspräsidenten v. Maurach in Gumbinnen politische Vorträge über ihre Unwürdigkeit gehalten. Noch das am 11. Januar erschienene Angerburger Kreisblatt verlangte ungesäumte Ausführung von Steuerexekutionen!

Mängel und Gebrechen der Staatsverwaltung traten beim ostpreußischen Nothstand deutlicher mit jedem Tage hervor. Einen Umschwung zum Bessern kann man von der Sitzung des Abgeordnetenhauses vom 14. Januar 1868 datiren. Bei der Vorberathung des Budgets für das Ministerium des Innern brachte Virchow den Nothstand Ostpreußens zur Sprache. Virchow war als Privatdozent im Februar 1848 von der preußischen Regierung in Oberschlesien und einige Jahre darauf als Würzburger Professor von der bayerischen Regierung in Franken mit der wissenschaftlichen Untersuchung des sogenannten Hungertyphus beauftragt und hatte darüber in Vorträgen und Schriften die werthvollsten Mittheilungen veröffentlicht. Er knüpfte im Abgeordnetenhause seine Mahnungen und Warnungen an einen auch vom Oberpräsidenten Eichmann und Regierungspräsidenten v. Ernsthausen mitunterzeichneten, in der Königsberger Hartungschen Zeitung vom 12. Januar veröffentlichten Aufruf des vaterländischen Frauenvereins in Königsberg. In dem Aufruf war gesagt, alles was der Staat und die Privatwohlthätigkeit bis dahin geleistet, sei gegen die Größe der Noth verschwindend klein Es handle sich „um die Ernährung einer darbenden Bevölkerung von vielen Tausenden bis zur nächsten Ernte, um ihre Errettung von Hunger, Frost und Krankheit."

Virchow erklärte, lebhaft erinnert zu sein an die ihm „sehr nahe stehende Geschichte des Leidens der oberschlesischen Bevölkerung" von 1847. Seinen Ausführungen wurde vom Minister Eulenburg zunächst recht ungeschickt entgegengetreten. Er erkannte an, bis

1866 einen großen Theil seiner Thätigkeit auf die Wahlen verwendet zu haben und rühmte sich, durch Niederhaltung der Fortschrittspartei einen Anspruch auf den Dank des Vaterlandes erworben zu haben. Er pries die Leistungen des Ministeriums und der Regierungen gegen den Nothstand, griff die alarmirenden und „ganz enorm übertriebenen“ Artikel der Presse an. Auch der von den Präsidenten unterschriebene Aufruf male ein bischen warm. Durch Berichte der Gumbinner Regierung suchte er zu beweisen, daß nichts mehr zu besorgen sei. Nicht bloß im Abgeordnetenhause, sondern im ganzen Lande machte es tiefen Eindruck, als ihm der 70jährige hochangesehene v. Saucken-Julienfelde entgegentrat. Er hatte schon im Herbst mit den Ministern konferirt, aber was diese zugesagt, stand mehrere Wochen darauf nur auf dem Papier. Er schloß:

„Wenn die Privatwohlthätigkeit nicht in so großem Maße und Umfange in unserer Provinz thätig gewesen und noch thätig wäre, so würden viel mehr Leute verhungert sein, wie es vielleicht bis jetzt der Fall gewesen ist.“

Viel Arbeit und dazu mancherlei Aerger erfuhren die Ausschußmitglieder des Hilfsvereins. Von Mißtrauen gegen die Berliner Komités zeugte ein Mitte Januar veröffentlichter Aufruf eines in Königsberg neu gebildeten Komités, dem die angesehensten Kaufleute angehörten. Es hieß darin, die Unterzeichner hätten sich vereinigt, um eine vermittelnde Instanz für die Vertheilung der Gaben zu bilden. Sie baten alle Hilfskomités in Deutschland, ihnen ihre Geldmittel anzuvertrauen. Nicht nur die Verhältnisse der Stadt Königsberg, sondern auch der Provinz seien ihnen bekannt u. s. w. Der Aufruf war auch von dem Stadtverordnetenvorsteher, späteren Reichstagsabgeordneten Dickert und von Dr. Möller unterzeichnet. Hoverbeck schrieb darüber an Möller am 15. Januar:

„Heute steht in allen Zeitungen Euer Aufruf, wodurch Ihr denjenigen, welche die „vieler Orten sich geltend machende Abneigung, den Berliner Centralkomités“ Gelder zuzuführen, theilen, einen Mittelpunkt in Königsberg darbietet. Nun bin ich weit entfernt, mit Eurem Komité überhaupt zu rechten; mögen die Leute thun, was sie nicht lassen können, und ihre Kenntniß der Provinz, von der ich etwas geringer denke als sie selbst, bestens verwerthen. Dir persönlich aber habe ich den Vorwurf zu machen, daß Du bei dieser Gelegenheit Dich etwas schnell zu einem mindestens indirekten Mißtrauensvotum gegen den hiesigen Hilfsverein, und impl. gegen mich hast hinreißen lassen. Wenn Du unter den „Centralkomités“ nur den Frauenverein verstehst, so würde ich an sich nichts dagegen haben, da wir re vera gegen ihn einen fortlaufenden Kampf führen; aber dann ist Eure Wortfassung nicht zu rechtfertigen. Versteht Ihr aber auch unsern „Hilfsverein für Ostpreußen“ darunter, so ist erstens die Sache an sich Gott sei Dank in dem Umfange nicht richtig. Eine Menge von Vereinen schreibt an uns und erbittet sich von uns die Adressen zur Uebersendung der Sachen, was uns sogar viel angenehmer und bequemer ist, als die direkte Uebersendung an uns. Solche Mißtrauensvota, wie Eures, erhalten wir doch verhältnißmäßig selten. Leuten, die Niemanden von uns kennen, nehme ich sie auch nicht übel, da die Zusammensetzung des Vereins eine viel zu aristokratische ist. Dagegen glaubte ich von den Königsbergern, speziell aber von Dir erwarten zu können, daß sie es auf einen Privatbrief nicht ankommen ließen, und erst bei mir anfragten, ehe sie einen so offensiven Schritt thäten. Ich hätte Dir dann gern mitgetheilt, daß der engste Ausschuß aus Patow, Bunsen, Lehndorf (-Steinort), Saucken-Julienfelde und mir besteht, also doch alle politischen Parteien enthält, und daß ich faktisch noch mit allen Anträgen darin durchgedrungen bin; daß ich nach meinem besten Gewissen sagen kann, daß unsere Partei bei der von uns ins Leben gerufenen Organisation keinen Schaden leidet; daß es meiner Ueberzeugung nach nur so möglich war, die hier zusammenfließenden Gelder (bis heute 120000 Thlr.) unparteiisch zu verwenden und der Selbstverwaltung der betheiligten Kreise Raum zu schaffen. Endlich hätte ich Dich gebeten, mir zu glauben, daß ich keinen Augenblick im Komité bleiben würde, wenn ich die Ueberzeugung hegte, daß die Geldmittel parteiisch verwendet würden. Ich darf vielleicht von Ueberzeugung reden, da ich seit Bildung des Komités beständig im Bureau arbeite (täglich 5 bis 6 Stunden).

Jetzt bitte ich Dich nur, Dich bei Leuten, denen Du vielleicht mehr vertraust als mir, also z. B. Guttmann-Insterburg, den Gumbinnern, Donalies u. s. w. zu erkundigen, ob sie Grund haben, sich über das Hilfskomité zu beschweren. Wir haben z. B. an Stadt und Kreis Insterburg ca. 4000, Gumbinnen 4500, Stallupönen 4000 Thlr. abgeschickt und werden in diesen Tagen wieder ca. 3000 pro Kreis übersenden.

An Euer Komité habe ich nur eine Bitte zu richten, nämlich uns Nachricht zu geben, wohin Ihr Eure Mittel dirigirt, event. auch nur durch Mittheilung der Zeitungsnummer, in der das Publikum benachrichtigt wird.

Ob die Art und Weise, wie wir gesammelt und das Geld verwendet haben, und noch verwenden, richtig war, wird die Zukunft lehren. Ich für meine Person bin zufrieden, wenn ich ein gutes Gewissen habe."

Ueber seine übermäßigen, sogar seinen Augen schädlichen Arbeiten für den Hilfsverein schrieb Hoverbeck auch am 22. Januar seinem Freunde Krieger:

„Es ist jetzt eine arbeitsvolle Zeit für mich, und ich schreibe sehr viel für den Hilfsverein, eigentlich mehr als meine Augen vertragen wollen. Selbst einen großen Theil der Plenarsitzungen muß ich versäumen, um die Sitzungen des engeren Ausschusses, der die Bewilligungen ausspricht, mitzumachen. Es scheint mir aber die dringendste Pflicht zu sein, da ich einmal in ein solches Komité eingetreten bin, gerade als einziger Fortschrittsmann darin auch dafür zu sorgen, daß bei der Bewilligung der Unterstützungen Niemand um seiner politischen Ueberzeugung willen leide."

Hoverbeck brachte mit Saucken-Julienfelde einen Antrag ein, betreffend Annahme eines Gesetzes auf Erlaß von Steuern und Niederschlagung der Reste in den beiden nothleidenden Regierungsbezirken. Inzwischen war die konservative Presse, am schlimmsten die von der Kreuzzeitung herausgegebene Zeidlersche Korrespondenz mit Schmähungen und Verdächtigungen gegen Saucken-Julienfelde vorgegangen. Hoverbeck erwähnte des ostpreußischen Nothstandes im Plenum zuerst am 17. Januar bei der Berathung des Eisenbahngesetzentwurfs. Er befürwortete einen in Folge zufriedenstellender Erklärung des Handelsministers Grafen Itzenplitz später zurückgezogenen Zusatzantrag, der dazu beitragen würde, den Nothstand in der Provinz Preußen, den jetzt doch Gott sei Dank nur wenige vernünftige Menschen noch leugnen, abzustellen. Er gestattete sich die kurze Vorrede:

„Ich will Ihnen nämlich offen sagen, daß ich einer in dieser Beziehung betheiligten Gegend angehöre. Die Linie Thorn-Insterburg geht gerade durch meinen Heimathskreis. Ich würde unter manchen andern Umständen es durchaus vermieden haben, in einer solchen Sache zu sprechen, weil ich es sehr ungern thue, mich in Angelegenheiten an das Haus zu wenden, bei denen ich betheiligt bin. Ich habe aber gerade hier geglaubt, dem Ansuchen vieler Freunde und Bekannten in meinem Kreise entsprechen zu müssen, und ich glaube, wenn ich es Ihnen offen sage, wie ich bei der Sache betheiligt bin, so wird das meiner Glaubwürdigkeit hier keinen Schaden thun. Vielleicht auch ein zweiter Umstand nicht. Ich kann Ihnen hier feierlich erklären, daß ich nicht zu den Pferdehändlern in der Provinz Preußen gehöre, die von einem hochkonservativen Organ in diesen Tagen als jeder Glaubwürdigkeit baar bezeichnet wurden. Ich ziehe keine Pferde, aber erlauben Sie mir im Vorübergehen noch ein bescheidenes Wort für diese Pferdehändler und Pferdezüchter einzulegen. Es giebt unter ihnen, Gott sei Dank, eine ganze Zahl von anständigen und ehrlichen Leuten, und ich denke, wenn ich den Herrn erwähne, der von diesem hochkonservativen Organe mit besonderer Malice genannt wurde, nämlich den Herrn v. Saucken-Julienfelde, so wird sein Name in der Provinz und im Lande allein hinreichen, um die Ausführungen dieses Organs zu kennzeichnen. Ich denke, meine Herren, es verkauft eben Jeder, was er übrig hat, der eine die Pferde, die er züchtet, der andere, wenn er nichts weiter übrig hat, mitunter sich selbst."

Auch bei späteren Verhandlungen in Sachen des Nothstandes nahm Hoverbeck meist in kurzen Bemerkungen das Wort. Bei Berathung eines Antrages des Dr. med. Kosch-Königsberg über Ausgabe von Darlehnskassenscheinen (12. Februar) erklärte Hoverbeck gegen seinen politischen Freund Dr. Löwe:

„Er hat uns Abgeordneten aus Preußen den Vorwurf gemacht, daß sie mit einem chevaleresken Stolz es versäumt hätten, zu rechter Zeit Anträge um Unterstützung von Seiten der übrigen Provinzen oder von der Staatsregierung zu stellen. Mir persönlich ist das Wort chevaleresk außerordentlich zuwider. Ich bitte Sie zu glauben, daß ich garnichts Chevalereskes an mir habe. Wohl aber haben wir den bürgerlichen Stolz, erst dann um Unterstützung zu bitten, wenn wir selbst uns gar nicht mehr allein helfen können."

Am 22. Februar kam zur Berathung der mündliche Bericht der Kommission (Berichterstatter Lasker) über einen von sämtlichen Abgeordneten der Provinz Preußen gemeinschaftlich eingebrachten Gesetzentwurf, betreffend die Errichtung einer Hilfskasse zur Linderung des Nothstandes (Antrag Hennig und Genossen), und über einen Gesetzentwurf der Regierung, betreffend Verstärkung der Geldmittel zum gleichen Zweck. Die Kommission hatte durchgreifende Unterschiede in der Anschauung der Regierung, und der Antragsteller nicht gefunden und sich auf Annahme eines Gesetzentwurfs geeinigt, wonach die Staatskasse verzinsliche Darlehne zur Beschaffung von Saatfrüchten für die nächste Feldbestellung und außerdem in Fällen dringenden Bedürfnisses Ausgaben bis zur Höhe von 3 Mill. Thlr. durch Schatzanweisungen leisten konnte. Zur Generaldiskussion, in der eingehende Reden namentlich von Schulze-Delitzsch und Virchow über Selbst- und Staatshilfe gehalten wurden, hatte sich Hoverbeck nicht zum Wort gemeldet. Aber als der nationalliberale Volkswirth Dr. Faucher gegen die im § 2 in Fällen dringenden Bedürfnisses zugelassenen Ausgaben aus der Staatskasse mit allgemeinen volkswirthschaftlichen Einwendungen kam, führte Hoverbeck dagegen an, daß nationalökonomische Grundsätze nicht auf einen Ausnahmefall, wie er in der Provinz Preußen jetzt vorliege, anzuwenden seien.

„Wenn man diese Ausnahme in Zuständen, wie der vorliegende, als eine gerechtfertigte nicht anerkennen will, dann befindet man sich auf einem theoretischen Standpunkte, der von fünf bis sechs Grundsätzen ausgeht, die unter Umständen auch Grundwahrheiten genannt werden können, mit denen man aber so kühn umspringt, sie in der einen und andern Richtung betrachtet, und schließlich sie, wie es zu gehen pflegt, auf den Kopf stellt, daß die Resultate, wenn auch die Grundsätze richtig waren, falsch werden."

Nachdem auch Lasker als Berichterstatter seinen Parteigenossen gebührend abgefertigt hatte, wurden die Kommissionsanträge angenommen.

Den Antrag über Erlaß der untersten Klassen- und Grundsteuerstufen in der Provinz Preußen nahm Hoverbeck zugleich im Auftrage seines Mitantragstellers v. Saucken-Julienfelde unter Verlesung einer in der Kommissionsitzung abgegebenen befriedigenden Erklärung der Regierung zurück (25. Februar). Ueber eine Petition ostpreußischer Lehrer begründete er als Berichterstatter einen von ihm in der Budgetkommission in Uebereinstimmung mit dem Vertreter der Regierung gestellten Antrag auf Ueberweisung mit der Aufforderung, die schon zu demselben Zwecke bewilligte Summe von 25000 Thaler dem Bedürfnisse angemessen zu erhöhen.

Inzwischen war jeder Zweifel über die in Folge des Nothstandes ausgebrochene Typhusepidemie beseitigt. Zehn Aerzte waren bereits gestorben. Es war wesentlich das Verdienst Hoverbecks und seiner ostpreußischen Freunde, daß zwischen dem Abgeordnetenhause und der Staatsregierung ein völliges Einverständniß über das zu Stande kam, was der Staat in Sachen des Nothstandes auch in Betreff der Typhuswaisen und der bedürftigen Hinterbliebenen der ihrem Beruf dort zum Opfer gefallenen Aerzte zu leisten hatte.

Der Hilfsverein erstattete am 29. Februar 1868 einen vorläufigen Rechenschaftsbericht, blieb aber noch ein volles Jahr nach dem Aufhören der Noth in Thätigkeit. Nach dem ausführlichen Bericht, den der Ausschuß des Hilfsvereins der im neuen Palais zu Potsdam am 12. Mai 1869 abgehaltenen Generalversammlung erstattete, betrug die Gesammtsumme der Nothstandsbeiträge im Jahre 1868 etwa zwei Millionen Thaler. Der Hilfsverein hatte 693403 Thlr. erhalten, der vaterländische Frauenverein 375013 Thlr. Ein großer Theil der Komités, auch der Zeitungen hatte die Beiträge unabhängig von ihm nicht an die Berliner Komités, sondern direkt in die Nothstandskreise gesendet.

Durch den Hilfsverein wurde Hoverbeck, der persönliche Beziehungen zu den Ministern und zu den höfischen Kreisen grundsätzlich vermied, eines Tages im Januar zu einem Besuch beim Kronprinzen genöthigt. In einer Ausschußsitzung des Hilfsvereins hatte Hoverbeck vorgeschlagen, in den Ausschuß Schulze-Delitzsch zu kooptiren, der als Anwalt der Genossenschaften mit vielen dortigen Kreisen Fühlung habe. Der Vorschlag wurde von der großen konservativen Mehrheit abgelehnt. Der Kronprinz verhielt sich schweigsam. Er mußte die Sitzung vor Schluß derselben verlassen, bat aber Hoverbeck, der zu berichten gehabt hatte, ihm am nächsten Morgen über den ferneren Verlauf der Sitzung zu referiren.

„Hoverbeck war dadurch in die Nothlage versetzt, am nächsten Tage im kronprinzlichen Palais antreten zu müssen. Er hatte wenig von Belang über die Sitzung mitzutheilen; darauf war es aber auch, wie es schien, dem Kronprinzen gar nicht angekommen, er hatte vielmehr nach einer Gelegenheit gesucht, mit Hoverbeck unter vier Augen zu sprechen. Er erklärte zunächst, weshalb er sich bei dem Vorschlag bezüglich Schulzes so passiv verhalten; er habe persönlich nichts gegen denselben, aber der König habe eine entschiedene Abneigung gegen alle Männer von 1848 und sein Eintreten für einen derselben habe der Sache, um die es sich handele und die das Wohlwollen des Königs nothwendig habe, nur schaden können. Darauf verwickelte er Hoverbeck in ein politisches Gespräch, in dessen Verlauf die Kronprinzessin geräuschlos eintrat und ab und zu ein Wort einwarf. Der Kronprinz frug, weshalb eigentlich die Fortschrittspartei gegen die norddeutsche Bundesverfassung gestimmt habe, trotzdem die Regierung dem Reichstage so entgegengekommen sei. Hoverbeck entwickelte die bekannten Gründe für die Haltung der Partei und meinte, man habe von einem Kompromiß, von dem immer geredet worden, eigentlich gar nicht sprechen können, da die Regierung nur in ganz unwesentlichen Punkten nachgegeben habe. Hier fiel die Kronprinzessin lebhaft ein: Habe ich das nicht immer gesagt! Bismarck hat nur in einigen formalen Dingen nachgegeben und der Reichstag hat sich unterworfen.“[11])

Hoverbeck bearbeitete auch während der Plenarsitzungen Nothstandssachen in dem dem Hilfsverein eingeräumten Zimmer des Abgeordnetenhauses und kam in der Regel nur zu Abstimmungen in den Sitzungssaal. Seinen politischen Freunden, namentlich Waldeck, Virchow und Schulze-Delitzsch überließ er auch die Bekämpfung der beiden auf Hannover bezüglichen Gesetzentwürfe, betreffend die Dotirung an König Georg und den hannoverschen Provinzialfonds von 500000 Thalern.

Bismarck hatte mit dem König von Hannover und mit dem Herzog von Nassau Verträge abgeschlossen, wonach ihnen Abfindungssummen gewährt wurden, von solcher Höhe, daß sich dadurch ihr Einkommen auf das Doppelte vermehrte; dem König Georg 16 Millionen und dem Herzog von Nassau 9 Millionen Thaler. Das Geld dazu nahm die Regierung widerrechtlich aus einer im Jahre zuvor zur Landesvertheidigung gewährten Anleihe. Bismarck hatte damals ausdrücklich im Namen der Regierung versprochen, daß zu anderen Zwecken als zu dem der Landesvertheidigung keine Verwendungen aus diesem Kredite gemacht werden sollten.[12]) Trotz der schweren Rechtsverletzung und obschon ausreichende Gründe für die Höhe der Abfindung nicht vorlagen, genügte Bismarcks Drohung, den Abschied zu nehmen, am 1. Februar zur Annahme des Gesetzes (245 gegen 113 Stimmen).

Schwerer wurde es Bismarck, das Gesetz durchzubringen, wodurch der Provinz Hannover jährlich 500000 Thaler zu eigener Verwaltung eigenthümlich überwiesen wurden. In dreitägigen erregten Verhandlungen fielen die meisten altländischen Konservativen, die ihm bis dahin auf den ihren früheren Grundsätzen schnurstracks zuwiderlaufenden Bahnen blindlings gefolgt waren, von ihm ab. Wenn nicht die Polen und ein paar Dutzend Konservative, meist Landräthe und Staatsanwälte, mit ihm gegangen wären, so würde er unterlegen sein. Der § 1 des Gesetzes wurde am 6. Februar nur mit 197 gegen 192 Stimmen, das ganze Gesetz am 7. Februar mit 204 gegen 168 Stimmen angenommen. Viele der aufsässigen Konservativen fielen über Nacht um, nachdem der König sie auf einem Hoffeste mit heftigen Worten getadelt hatte. Die Erbitterung und Entrüstung Bismarcks, der zunächst unbestimmten Urlaub nahm, über die Konservativen hielt noch lange vor. Er that nichts, die Junker zu versöhnen. In einem Brief vom Februar 1868 schrieb Moritz v. Blanckenburg an Roon:

„Die hartgerittenen, jetzt allerdings durchgehenden Junker wieder weichmäulig zu machen, ist geradezu eine Kleinigkeit, aber freilich mit solchen Mitteln geht es nicht, die jetzt angewendet werden, z. B. er soll Niemand sprechen wollen, bevor nicht Bodelschwingh aus dem Vorstande vertrieben ist. Das geht sicherlich, aber erst wenn der Zeitpunkt da ist, es geht doch jetzt nicht Knall und Fall. Neue Partei bilden? Ja, wo ist die?"[13])

Bei den nicht auf den Nothstand in Ostpreußen bezüglichen Plenarberathungen und -Beschlüssen gingen die Meinungen zwischen der Fortschrittspartei und den Nationalliberalen immer weiter auseinander. Im Jahre zuvor waren die geheimen Ausgaben im Interesse der Polizei abgelehnt (Seite 127); jetzt wurden sie bewilligt, weil die Nationalliberalen sich dafür erklärten. Hoverbeck bekämpfte die Gründe (21. Januar), die Unruh und Lasker für den Wandel anführten. Die Fortschrittspartei betrachte die Bewilligung dieses geheimen Fonds eminent als ein Vertrauensvotum für das Ministerium und speziell für den Minister, dem die Disposition anheim gegeben sei.

„Wir müssen sagen, wenn ein Ministerium offen erklärt, daß es einen wesentlichen Hauptheil seiner Wirksamkeit darin gefunden hat, mehrere Jahre lang auf die Wahlen zum Abgeordnetenhause direkt einzuwirken, wenn ein Ministerium es als seine Verpflichtung erklärt, eine bestimmte Partei im Lande, unsere Partei . . . — also: unsere Partei niederzuhalten, so kann das Ministerium wahrhaftig von uns nicht das Vertrauen verlangen, das in der Bewilligung eines geheimen Fonds liegt. Wir haben von jeher daran festgehalten, daß ein Ministerium, welches von dem Vertrauen des Volkes getragen wird, überhaupt einen Fonds dieser Art nicht braucht; daß Dispositionsfonds diesen Fonds sehr gut ersetzen können . . ."

Hoverbeck erklärte, einen geheimen Fonds, wenn überhaupt, nur dann bewilligen zu können, wenn er glaube, daß wenigstens die allergrößte Wahrscheinlichkeit vorhanden sei, daß der Fonds zum richtigen Zweck benutzt werde.

Einen in der Vorberathung abgelehnten Antrag vertheidigte Hoverbeck vergebens auch in der zweiten Berathung am 13. Febr. mit wenigen Worten dahin, daß die Besitzungen des Staates in den neuen Provinzen ganz gleich mit denen in den alten Provinzen zu behandeln, also die Erträge aus Verkäufen ebenso zur Tilgung der Staatsschulden zu verwenden seien.

Unerwarteterweise kam am selben Tage die vom Reichstag beschlossene Aufhebung der Militärdienstbefreiung der Mennoniten zur Sprache. Die konservativen Abgeordneten für Elbing-Marienburg v. Brauchitsch und Dr. Wantrup wollten, um eine künftige Wiederherstellung der Dienstbefreiung möglich zu machen, die Abgabe der Mennoniten von 7000 Thaler aufrecht erhalten. Gegen die sentimentalen Aeußerungen Wantrups sagte Hoverbeck:

„Wenn ein Theil (der westpreußischen Mennoniten) so sehr auf die Wehrlosigkeit besteht, so können sie doch sehr gut ihre Kriegspflicht in einer Weise erfüllen, daß sie wirklich nicht gezwungen sind, Menschen umzubringen. Schon Napoleon hat das sehr gut zu vereinigen gewußt: er hat diese frommen, wehrlosen Leute in den Train gesteckt. (Heiterkeit.) Es giebt noch ein anderes Mittel — ich nehme die Sache sehr ernsthaft — ich meine ihre Verwendung für die Krankenträgerkompagnien würde vortrefflich sein; da würden sie allerdings in die Lage kommen können, todtgeschossen zu werden, das werden sie indessen gern über sich nehmen (Heiterkeit); aber sie brauchen dann in der That Niemanden todt zu schießen."

Der Herzog von Sachsen-Coburg-Gotha, der unmittelbar vor dem Kriege, „weil sein Kontingent preußische Offiziere hatte", genöthigt war, die Partei Oesterreichs zu verlassen und zu Preußen überzugehen, erhielt wegen seiner „getreuen Bundesgenossenschaft" eine große Belohnung. Vom Könige wurden ihm durch Schenkungsvertrag vom 14. September 1867 die Staatsforsten in der kurhessischen Herrschaft Schmalkalden als fideikommissarisches Privateigenthum des sächsisch-gothaischen Gesamthauses abgetreten. Der Grund und Boden blieb preußisch. Die Budgetkommission hatte Kenntniß von dem Vertrage genommen, aber keinen Anlaß zu einem Antrage gefunden. Virchow beantragte einen Beschluß des Hauses dahin, daß jede definitive Verfügung über den kurfürstlich hessischen Familienfideikommiß an die Zustimmung des Landtags gebunden sei. Kurz vor Schluß des Landtags ward darüber im Plenum verhandelt (28. Februar). In Verhinderung Virchows sprach Hoverbeck für den Antrag, dagegen Lasker. Der Antrag ward abgelehnt. Den Bewohnern des armen Schmalkaldener Kreises ward durch jene Schenkung des ehemals kurhessischen Staatswaldes, der nun fast ausschließlich als herzogliche Wildbahn benutzt wurde, und durch die Schwäche der preußischen Regierung gegenüber der gothaischen Forstverwaltung ein schwerer wirthschaftlicher Schaden zugefügt.[14])

Der Landtag wurde am 29. Februar vom Könige geschlossen.

Anmerkungen zum 36. Kapitel.

1) Auf einen Vorwurf Kriegers, Hoverbeck hätte sich nicht zur Kandidatur hergeben sollen, erwiderte er ihm: „Ich habe mich aus allen Kräften gewehrt, so lange noch eine Möglichkeit vorhanden war, daß ich im Wege eines Kompromisses mit den Nationalen gewählt würde; als das erst ganz abgeschnitten war, habe ich dem dringenden Wunsche der Fraktion mich gefügt . . . Uebrigens hat die Sache keine Gefahr. Die rechte Seite der Nationalen wird mich niemals wählen, nachdem ich ausdrücklich darauf hingewiesen, daß es das Recht des Präsidenten sei, den Minister zur Ordnung zu rufen; sie fürchten zu sehr einen Konflikt à la Bockum-Dolffs. So ist also das Ding eine bloße Demonstration, und da konnte ich ja meiner Fraktion den Gefallen thun."

2) Ueber die letzte Generalversammlung des Nationalvereins und die Schlußrede Bennigsens siehe mein Buch „Deutschlands politische Parteien" S. 118 ff.

3) Wörtlich aus dem mündlichen Bericht des Abgeordneten Regierungsraths Jacoby-Liegnitz vom 19. Dezember 1867. Stenogr. Bericht S. 568.

4) Ungiltig erklärt wurden die Wahlen des Landraths v. Zander in Tilsit-Niederung, des Regierungsraths Bergenroth in Angerburg-Lötzen, des Landraths v. Dobillet und des Freiherrn v. Lyncker in Gumbinnen-Insterburg. In letzterem Kreise wählten dieselben Wahlmänner schon bei der Nachwahl fortschrittlich. In allen diesen Kreisen aber wurde von 1870 bis 79 bezw. 82 wieder fortschrittlich gewählt.

5) Roon schrieb am 18. November: „Der semper lächelnde Lippe hat zum dritten Male Abschied gefordert und diesmal erhalten." (Roon Bd. II S. 355.) Von Leonhardt sagt er, er habe sich einen strammen Konservativen genannt.

6) An Krieger schrieb Hoverbeck am 8. Dezember: „Du fragst, wie wir mit den Nationalen stehen. Was mich persönlich betrifft, so muß ich sagen — in allen nicht die Politik angehenden Dingen recht freundlich (viel freundlicher als die Mehrzahl unserer Partei) — in politischen Fragen nicht gerade feindlich, aber reservirt, so daß ich mich nie zu etwas verbindlich mache, sondern alles dem Beschlusse der Fraktion vorbehalte. Dasselbe Verhältniß, aber noch potenzirt, findet zwischen Forckenbeck und mir statt. Es erfordert wirklich einen starken Grad von Resignation auf beiden Seiten, persönlich so freundschaftlich und politisch so fremd zu stehen, wie wir Beide. Er weiß von mir, daß ich ihn lieb habe und an seinem Schicksal lebhaft Theil nehme, und daß ich ihn auch in seiner politischen Thätigkeit nicht für schlecht oder gar ehrlos, sondern nur für schwach halte."

Unter die zahlreichen unrichtigen Behauptungen Philippsons gehört, daß Hoverbeck in diesen Jahren Forckenbeck den Gruß versagt habe! (Philippson S. 176.)

7) Der Kronprinz und seine Gemahlin gaben für die Zwecke des zu gründenden Vereins einen für ihre finanzielle Lage hohen Beitrag von 6000 Mark.

8) Ueber den ostpreußischen Nothstand (von 1867 bis 1868) liegt außer der Schrift: „Zur Erinnerung an die Thätigkeit des von Seiner Königlichen Hoheit dem Kronprinzen am 20. Dezember 1867 gegründeten Hilfsvereins für Ostpreußen; bei Auflösung des Hilfsvereins am 8. Juli 1869 veröffentlicht vom geschäftsführenden Ausschusse desselben" gedrucktes Material meines Erachtens nicht vor. Nur hat der frühere Landtagsabgeordnete v. Ernsthausen in seinem 1894 erschienenen Buche „Erinnerungen eines preußischen Beamten" eine ausführlichere Darstellung (S. 238 bis 263) darüber gegeben. Ernsthausen verwaltete von Juli 1865 bis zum 1. Juli 1866 als Kommissar der Regierung die Königsberger Oberbürgermeisterstelle. Vom 1. Juli 1866 bis 1869 war er Präsident der Königsberger Regierung. In seiner Darstellung hebt er hervor, daß ihm nur die Verhältnisse des Regierungsbezirks Königsberg, nicht auch die des Regierungsbezirks Gumbinnen genauer bekannt seien. Seine Beobachtungen und Erfahrungen sind im Allgemeinen zutreffend, wenngleich die Absicht nicht zu verkennen ist, die Behörden gegen die damaligen Angriffe zu vertheidigen.

9) Graf Lehndorf-Steinort, Reichstagsmitglied von 1867 bis 71. — Freiherr v. Romberg, Herrenhausmitglied. — Zwicker, Geh. Kommerzienrath, Firma Gebr. Schickler.

10) Schulze-Delitzsch hat in Sachen des ostpreußischen Nothstandes den Hilfsverein, wie die Aufsätze in seinen Blättern für Genossenschaftswesen und seine Reden im Abgeordnetenhause nachweisen, in der Ansicht unterstützt, daß man „der Demoralisation, dem völligen Erschlaffen der eigenen Thätigkeit, welche die reine Substantition mittelst fremder Unterstützung in weitere Kreise zu verbreiten nur zu geeignet ist", einen Damm entgegenzustellen habe, indem man den nothleidenden Handwerkern und Arbeitern lohnende häusliche Arbeit zu verschaffen und den Absatz ihrer Produkte zweckmäßig bewirken muß. Die Vorschußvereine Ostpreußens und ihr Verband unter der ausgezeichneten Leitung von P. B. Sieburger in Königsberg und Guttmann in Insterburg haben mit Erfolg dem Hilfsverein geholfen.

11) Nach Hoverbecks Mittheilungen an Forstmann, der im Mai 1870 zur Beerdigung Waldecks nach Berlin reiste und sich in später Nachtstunde mit Hoverbeck über die etwaigen Aussichten der liberalen Sache bei einem Thronwechsel unterhielt. — Auch Anderer Erinnerungen stimmen damit überein. — Hoverbeck erzählte, er habe seinen alten Freund Forckenbeck wegen des Wechsels seiner politischen An-

schauungen förmlich vertheidigen müssen. — Hoverbeck hatte dem Kronprinzen auch einen Brief der Frau Marie Ancker geb. Beerbohm, der Gattin des Junglithauers und Mutter des späteren Reichstagsabgeordneten überbracht. Nach den Ueberlieferungen der Familie Ancker scheint es sich um eine Beschwerde gegen hochfahrende Briefe des Vorstandes des vaterländ. Frauenvereins gehandelt zu haben. Frau Ancker war eine kluge, entschlossene Frau, die eine umsichtige Thätigkeit zur Linderung der Noth durch Speisung der Hungernden im Kreise Heydekrug entwickelte. Vielleicht handelte die Beschwerde auch von einem Gumbinner Regierungsrath, der sehr geringschätzig über den Nothstand sprach und den Leuten klar machen wollte, daß eigentlich kein Nothstand existire und die Forderungen an die Regierung einfach Bettelei wären. Der Regierungsrath mußte sich von Ancker sen. mit lithauischer Derbheit belehren lassen. — Ancker reiste auch nach Berlin zum Kronprinzen. Er rühmte nachher das ausgezeichnete Gedächtniß desselben, der sich aus seiner Jugendzeit der Frau Ancker gut erinnerte. Als junges Mädchen war sie längere Zeit bei ihrer Vaterschwester der Frau General v. Unruh geb. Beerbohm, der Gattin des ersten militärischen Erziehers des Kronprinzen zum Besuch gewesen.

12) Mit Twesten, dem Berichterstatter der Kommission, brach Bismarck einen Streit vom Zaun (Ende November 1867). Ueber die ausführliche Darlegung siehe Lipke, Deutsche Revue 1880 S. 19 bis 21, „Bismarck und Karl Twesten".

13) Siehe Roons Denkwürdigkeiten Bd. II S. 368 bis 377; Roons Brief an Bismarck vom 19. Februar 68 und sein Brief an Bodelschwingh vom 18. April in Horst Kohl, Bismarck-Jahrbuch Bd. VI S. 198 und 205.

14) Siehe Kuno Frankenstein, Bevölkerung und Hausindustrie im Kreise Schmalkalden, S. 11 bis 13 und 241. Neuerdings hat Tempeltey im Feuilleton der National-Zeitung vom Juni 1898 in längeren Aufsätzen gegen vermeintliche Verunglimpfungen des Herzogs Ernst durch Jansen-Samwer und Genée das Verfahren seines Herrn zu rechtfertigen gesucht. (Vergl. auch Genés Erwiderungen in der Nationalzeitung.) Danach wäre die Lossagung von Oesterreich schon am 10. Mai erfolgt. Die von Tempeltey mitgetheilten Briefauszüge des Königs, des Kronprinzen u. s. w. bringen neue Beweise für die Mittel Bismarcks, „die Schwierigkeiten zu überwinden, seinen König über den Graben zu bringen." (Siehe Hopf a. a. O. S. 172 nach Vitzthum v. Eckstädt.)

Siebenunddreißigstes Kapitel.

Norddeutscher Reichstag und Deutsches Zollparlament 1868.

Drei Tage nach Schluß des Landtags veröffentlichte der Staatsanzeiger den Erlaß über die vom Landtage genehmigten Abfindungen an den König von Hannover und den Herzog von Nassau; unmittelbar darauf eine auf Grund des Oktroyirungsparagraphen 63 der Verfassung erlassene königliche Verordnung, wodurch das Vermögen des Königs Georg unter Vorbehalt der Genehmigung des Landtages von neuem mit Beschlag belegt wurde.

Zum 23. März wurde der norddeutsche Reichstag einberufen. Seine Session dauerte bis 20. Juni. Inzwischen war in Süddeutschland zum Zollparlament gewählt und hatte am 2. März der erste Zusammentritt des Zollbundesraths zu Berlin unter dem Vorsitz Bismarcks stattgefunden. Die Wahlen zum Zollparlament erfolgten in Bayern am 10., in Baden am 22. Februar, in Württemberg am 24. und in Südhessen am 31. März. Die erste Session des Zollparlaments ward in die zweite Session des norddeutschen Reichstages eingeschoben. Dieser hatte vom 25. April bis 27. Mai keine Sitzung, und das Zollparlament tagte vom 27. April bis 23. Mai.

In der Thronrede zum Reichstag war neben vielen anderen Vorlagen auch eine auf den Grundlagen der Gewerbefreiheit beruhende Gewerbeordnung, Aufhebung der polizeilichen Beschränkungen der Eheschließung und ein Gesetz über die Quartierleistung im Frieden angekündigt.

Das Präsidium des Reichstages, der zum ersten Male einen Tag beschlußunfähig war, wurde wie in der vorigen Session besetzt: Simson, Herzog v. Ujest, v. Bennigsen. Hoverbeck wurde Mitglied der Geschäftsordnungskommission. Er ist ohne Zweifel während der ersten Zeit noch stark in Sachen des Hilfsvereins für Ostpreußen beschäftigt gewesen.

Wie in der vorigen Session wurde ein Antrag der Fortschrittspartei — Waldeck und Genossen — auf Einführung von Diäten in der Vorberathung wie in der ordentlichen Berathung mit geringer Mehrheit abgelehnt, dagegen ein Antrag Lasker und Genossen auf Erlaß eines Gesetzes, betreffend die Redefreiheit der Abgeordneten, beide Male mit Mehrheit angenommen.

Jedenfalls auf Antrag des Präsidenten des Bundeskanzleramts Delbrück, der sich seit November 1867 der Unterstützung des zum Geheimen Regierungsrath ernannten, früheren fortschrittlichen, später nationalliberalen Abgeordneten Dr. Michaelis erfreute, wurde ein Gesetzentwurf über die Aufhebung der polizeilichen Beschränkung der Eheschließung vom Bundesrath vorgelegt und vom Reichstag angenommen.

Eine Aussöhnung Bismarcks mit den Konservativen war nicht erfolgt. Er erlernte aber immer mehr die Kunst, sich in parlamentarischen Körperschaften eine Mehrheit selbst für solche

Bestimmungen zu schaffen, die mit den altüberlieferten Grundsätzen der liberalen Parteien Preußens in entschiedenem Widerspruch standen. Eine Probe machte er im Reichstage 1868 bei der Anleihe für die Flotte. Die 1867 bewilligte Bundesanleihe von zehn Millionen Thalern konnte ohne ein Gesetz über die Bundesschuldenverwaltung nicht aufgenommen werden. Ein 1867 bereits abgelehnter Antrag der Nationalliberalen (Miquel, Twesten, Unruh, Lasker und Genossen) zu dem Gesetz, betreffend Verwaltung des Schuldenwesens des Bundes, wonach dem Reichstag und dem Bundesrath gegen die bei der Verwaltung des Schuldenwesens verantwortlichen Beamten ein Klagerecht gegeben werden sollte, wurde am 22. April mit 131 gegen 114 Stimmen angenommen. Bismarck zog hierauf das ganze Gesetz zurück und sistirte den Schiffsbau. „Der Bruch der Freundschaft mit den Nationalen ist der segensreichste Theil dieser Affaire," schrieb Blanckenburg am selben Tage an Roon. Aber die „sichtbare Gefahr der Flotte" (nach Roons später im Reichstage abgegebenen Erklärung garnicht vorhanden), veranlaßte die Nationalliberalen zur „patriotischen" Nachgiebigkeit. Ein Kompromißantrag wurde zwei Monate später mit 152 gegen 41 Stimmen angenommen. [1])

Am 25. April wurden die Plenarsitzungen des norddeutschen Reichstages ausgesetzt. Zuvor waren mehrere wichtige Gesetzentwürfe, darunter der Entwurf einer Maß- und Gewichtsordnung besonderen Kommissionen überwiesen. Sie arbeiteten während der Session des deutschen Zollparlaments unausgesetzt fort. Dieses wurde am 27. April vom König eröffnet. Es bestand aus den 298 Mitgliedern des norddeutschen Reichstags und 85 Abgeordneten der süddeutschen Staaten — 48 Bayern, 17 Württembergern, 14 Badensern und 6 Südhessen.

Die Thronrede kündigte die zu erwartenden Vorlagen an:

Ausdehnung des Zollvereins auf Mecklenburg und Lübeck, Handels- und Zollvertrag mit Oesterreich, Gesetz über Abänderung der Zollordnung, Handels- und Schifffahrtsvertrag mit Spanien. „Eine gleichmäßige Besteuerung des Tabacks und eine durchgreifende Abänderung des Zolltarifs sind dazu bestimmt, die Freiheit des Verkehrs im Innern des Vereins und mit dem Auslande zu fördern und den finanziellen Interessen der Vereinsstaaten gerecht zu werden."

Zum Präsidenten wurde Simson gewählt, zum 1. Vizepräsidenten der bayrische Minister Fürst Hohenlohe-Schillingsfürst (jetziger Reichskanzler), zum 2. Vizepräsidenten der Herzog v. Ujest (Fürst Hohenlohe-Oehringen). Er siegte erst im zweiten Wahlgange über den Freiherrn v. Roggenbach.

Die Wahlen in den süddeutschen Staaten waren in der Mehrheit nicht preußenfreundlich ausgefallen. Die Zusammensetzung des deutschen Zollparlaments war deshalb für Bismarck nicht so günstig, wie die des Reichstags. Die badischen und hessischen Nationalliberalen hatten, unterstützt von der nationalliberalen Partei, eine Adresse an den König von Preußen als Antwort auf die Eröffnungsrede eingebracht. Sie wurde durch Uebergang zur einfachen Tagesordnung mit 186 gegen 150 Stimmen abgelehnt. Außer den Nationalliberalen stimmten nur die Freikonservativen und die süddeutschen Liberalen gegen die Tagesordnung.

Der Handelsvertrag mit Oesterreich wurde mit 246 gegen 17 Stimmen angenommen; 2 badische, 7 württembergische und 8 bayrische Schutzzöllner bildeten die Minderheit. Das Gesetz, die Besteuerung des Tabacks betreffend, wurde nur zum kleineren Theil angenommen. Die Erhöhung der Eingangszölle auf Taback wurde abgelehnt. Dagegen wurde die Steuer vom inländischen Tabacksbau auf sechs Thaler pro Morgen erhöht und auch in Süddeutschland eingeführt. Die Regierungen bekamen dadurch 300000 Thaler an Steuern mehr.

Das Gesetz, betreffend Abänderung des Vereinszolltarifs vom 1. Juli 1865, kam nicht zu Stande. Nach dem Entwurf sollte der Vereinszolltarif in wichtigen Punkten abgeändert werden. Vom Eingangszoll sollten 45 Gegenstände befreit, bei 12 sollte er ermäßigt werden. Der Gesamtausfall sollte sich auf 1527895 Thaler belaufen. Dafür sollte für Petroleum ein Eingangszoll von 15 Silbergroschen für den Zentner eingeführt werden. Der Petroleumszoll aber wurde in der ersten und zweiten Berathung (149 gegen 86 Stimmen) abgelehnt. Kaum war das Resultat der namentlichen Abstimmung publizirt, (23. Mai) so erklärte Bismarck, daß er die ganze Vorlage zurückziehe.

Hoverbeck hat in der ganzen Session mehrmals zur Geschäftsordnung gesprochen und außerdem nur eine kurze Bemerkung gegen seinen früheren Parteigenossen v. Hennig gemacht. Dieser hatte bei der Debatte über den Zollvertrag mit Oesterreich dem schutzzöllnerischen, partikularistischen Abgeordneten Moritz Mohl[2]) von Stuttgart vorgeworfen, daß er vor einigen 30 Jahren zollvereinsfeindliche Aeußerungen gethan hätte. Hoverbeck sagte:

„Ich wollte nur die herzliche Bitte aussprechen, daß wir dergleichen Eingehen auf so alte Daten überhaupt unterlassen. Meine Herren, greifen wir an unser eignes Herz; es sitzen hier Leute genug im Hause, die heute nicht alles das unterschreiben möchten, was sie vor 3 bis 4 Jahren gesagt haben; gehen wir nicht auf 34 Jahre zurück."

Am 23. Mai wurde das Zollparlament geschlossen. Eine erste Sitzung des norddeutschen Reichstages fand erst wieder am Mittwoch den 27. Mai statt. Die ersten drei Tage der Woche waren auf Festlichkeiten zu Ehren des Zollparlaments verwendet. Die Stadt Berlin gab den süddeutschen Gästen ein großes Gartenfest, dem folgte ein Fest der Börse und endlich eine Festfahrt nach Hamburg und Kiel.

Aus dem zweiten Theil der Reichstagssession ist die Verhandlung über einen Antrag des Sozialdemokraten Dr. med. Reincke hervorzuheben. Derselbe wollte in die Verfassung des norddeutschen Bundes eine Bestimmung einschieben, wonach dem Reichstag das Recht zugesprochen wurde, behufs seiner Information Kommissionen zur Untersuchung von Thatsachen zu ernennen. Für den Antrag trat die Fortschrittspartei ein. Der Abgeordnete Lasker schloß eine Rede gegen den Antrag mit den Worten:

„Die Rücksicht auf das Interesse der Kräftigung des norddeutschen Bundes bestimmt mich dazu, auf diesen zur Zeit nicht wichtigen Antrag für heute nicht einzugehen."

Dagegen erklärte Hoverbeck:

„... Ich fühle mich im Gewissen gedrungen, einen Protest gegen die Staatsweisheit einzulegen, die sich in den letzten Worten nur zu deutlich kenntlich gemacht hat. Ich fasse die Pflicht eines Abgeordneten etwas anders auf; ich glaube allerdings, daß der Abgeordnete sich wohl zu überlegen hat, ehe er einen Antrag in das Haus bringt, und ich halte es für sehr unzweckmäßig, wenn er einen nicht zeitgemäßen Antrag einbringt. Wenn ihm aber ein Antrag vorgelegt ist, so ist es nach meiner Ueberzeugung seine Pflicht, ja oder nein zu sagen, je nachdem er den Antrag an sich für gerechtfertigt hält, oder nicht, und nicht darauf zu sehen, ob er in diesem Augenblicke praktische Erfolge haben kann. Meine Herren, wenn Sie danach fragen wollen, ob der Bundesrath zu den Anträgen die Sie stellen, ja oder nein sagt, dann kommt es dahin, daß Sie von vornherein nur solche Anträge bringen, die der Bundesrath ohnehin angenommen hätte, d. h. Sie verzichten auf die parlamentarische Initiative." ... „Sie haben sich jetzt klar zu machen, nicht darüber, ob der Antrag nach der äußeren Lage ein zweckmäßiger ist, nicht, ob der Bundesrath ihn annehmen werde, sondern darüber, ob ein solches Recht Ihnen gebühre, und danach haben Sie zu handeln!" (Bravo links, Murren rechts.)

Eine neue Maß- und Gewichtsordnung, die dem Volke das metrische und dezimale Maß- und Gewichtssystem verschaffte, war einer Kommission zur Vorberathung überwiesen. Sie wählte Hoverbeck zum Berichterstatter. Als solcher hat er in den Sitzungen vom 13. und 15. Juni wiederholt zu längeren und kürzeren Ausführungen das Wort ergriffen.

Die Berathung der 172 Paragraphen umfassenden Gewerbeordnung wurde in der Reichstagskommission nicht fertig. Lasker und Miquel brachten mit Unterstützung aller liberalen Parteien einen Gesetzentwurf, betreffend den Betrieb der stehenden Gewerbe, die sogenannte Nothgewerbeordnung ein. Danach sollten namentlich das Recht der Zünfte, Andere vom Gewerbebetriebe auszuschließen und der Befähigungsnachweis aufgehoben werden. Dieses Gesetz wurde angenommen, ebenso ein Gesetz über Abschaffung der Schuldhaft und ein von Schulze-Delitzsch eingebrachtes Gesetz über Erwerbs- und Wirthschaftsgenossenschaften. Hiernach konnte die Thronrede am Schluß des Reichstags (20. Juni) mit Recht aussprechen, daß wichtige Reformen der gemeinsamen Gesetzgebung des Bundes theils eingeleitet, theils zum Abschluß gebracht seien.

Anmerkungen zum 37. Kapitel.

1) Vergl. Laskers Bericht der nat.-lib. Partei, Annalen Bd. III S. 566 und mein Buch „Deutschlands pol. Parteien" S. 126; ferner Blanckenburgs Brief vom 23. April, Roon Bd. II S. 383 und Gesetz über den außerordentlichen Geldbedarf des norddeutsch. Bundes vom 9. Nov. 1867 im Bundes-Gesetzblatt 1867 S. 157; endlich Gesetz, betr. die Verwaltung der nach Maßgabe des Gesetzes vom 9. Nov. 1867 aufzunehmenden Bundesanleihe vom 19. Juni 1868 im B.G.B. 1868 S. 339.

2) Mohl, Moritz, Dr., Obersteuerrath a. D. in Stuttgart, geb. 1802. Frankfurter Parlament, Zollparlament und Reichstag 1871. Großdeutsch, Schutzzöllner. † 1888.

Achtunddreißigstes Kapitel.

Session des Abgeordnetenhauses 1868 bis 1869.

Im Oktober 1868 machten Bunsen und Hoverbeck zu ihrer Information auf eigene Kosten eine Reise in die Nothstandsgegenden und besuchten dabei die Güter der drei Schwäger Hoverbecks Gebrüder Käßwurm in Puspern (Kreis Gumbinnen),

Tilsewischken und Kindschen (Kreis Ragnit) und des Abgeordneten Haebler in Sommerau (Kreis Ragnit).

Noch in demselben Monat hatte Hoverbeck seinen Vater zu begraben. Der Zweiundachtzigjährige starb am 25. Oktober 1868 zu Elbing. Bis zu seinem Tode war er in gleichem Maße körperlich rüstig und geistig frisch, nur über Schlaflosigkeit klagte er. Die Stunden der Nacht, wo ihn der Schlaf mied, kürzte er sich durch Lösung von Schachaufgaben der illustrierten Zeitung; er zündete Licht an und benutzte das auf dem Tisch neben seinem Bette befindliche Schachbrett. Bis an sein Ende in so hohem Greisenalter war er „begeisterter Jünger der Freiheit und des Rechts geblieben." Nach Monaten schrieb sein Sohn über ihn:

„Ich denke täglich an ihn, nicht bloß im Schmerze über seinen Verlust, sondern viel öfter in wahrer Freude über das Bild eines ganzen Mannes, wie er es jederzeit und bis zu seinem Ende geboten hat." [1])

Am 4. November 1868 ward die zweite Session des Abgeordnetenhauses eröffnet. Bismarck war nicht zugegen. Er war schon seit Mitte Juni krank in Varzin. Erst am 5. Dezember erschien er zum ersten Male wieder im Hause. Die Session dauerte bis zum 6. März. Zu Präsidenten wurden wiederum Forckenbeck, Köller und Bennigsen gewählt.

Nach der Geschäftsübersicht, die der Präsident beim Schluß erstattete, war die Session überaus arbeitsreich. 64 Plenar- und 219 Kommissionssitzungen waren abgehalten. Die Staatsregierung hatte dem Hause 84 Vorlagen gemacht; eine so große Zahl war seit 1850 nicht erreicht worden. Von den Vorlagen erhielten 63 die verfassungsmäßige Zustimmung beider Häuser des Landtages, darunter 17 allgemeine und 32 provinzielle Gesetze (9 für die älteren, 23 für die neueren Provinzen).

Hoverbeck hat in dieser Session sehr oft gesprochen. Er vertrat in der Regel die deutsche Fortschrittspartei als deren Wortführer. Unausgesetzt vertheidigte er die verfassungsmäßigen Rechte des Abgeordnetenhauses und rügte rücksichtslos jeden Verstoß der Staatsregierung gegen Gesetz und Verfassung.

Finanzminister v. d. Heydt legte schon am 6. November den Staatshaushaltsetat vor. Derselbe hatte ein Defizit von 5 200 000 Thalern. Der Minister hatte, wie er mittheilte, zur Deckung einen Steuerzuschlag vorgeschlagen, aber der König ihn verweigert. Die außerordentliche Ausgabe mußte aus den Aktivbeständen des Staates gedeckt werden. Heydt empfahl dringend die Vorberathung des Etats und sprach die Hoffnung aus, daß es möglich sein würde, die Feststellung noch vor dem Beginn des neuen Etatsjahres zu bewirken.

Ein Antrag der Fortschrittspartei auf Vorberathung durch die Budgetkommission wurde abgelehnt und die Vorberathung im Hause beschlossen. Wie vorauszusehen, wurde man damit vor Weihnachten nicht fertig. Am 19. Dezember wurden die Verhandlungen bis zum 7. Januar ausgesetzt, als mehrere Etats der Vorberathung und die ganze Schlußberathung des Etats noch ausstand. Endlich am 16. Januar 1869 wurden Etatsgesetz und Etat vom Abgeordnetenhause angenommen; ersteres mit einem Indemnitätszusatz, wonach die bisher innerhalb der Grenze des Etats geleisteten Ausgaben nachträglich genehmigt wurden. Twesten erinnerte daran, daß er schon bei Einbringung des Etats erklärt habe, ohne Verlegung des Etatsjahres werde man aus dem gesetzwidrigen Zustande nicht herauskommen. Er forderte Abhilfe. Heydt bestritt, daß der Zustand ein ungesetzlicher sei. Hoverbeck erklärte, vollkommen mit Twesten übereinzustimmen:

„Ich kann der Staatsregierung doch nicht zugeben, daß sie korrekt gehandelt habe, und ich bin sogar der Meinung, daß sie am Schlusse des eben vollendeten Jahres auch nicht mehr in gutem Glauben gehandelt habe. Sie konnte in gutem Glauben sein in dem Augenblick, als die Kammern zusammentraten, daß es möglich sein würde, den Etat am 31. Dezember fertig zu bekommen, und ich zweifle garnicht, daß dies mehreren der Herren Minister außerordentlich angenehm gewesen wäre, sowie ich bemerke, daß namentlich in gewissen Ressorts jede gewonnene Viertelstunde der Etatsberathung für einen großen Schatz angesehen wird. Aber in den letzten Tagen vor den Weihnachtsferien, da war es jedem im Lande klar, daß wir nicht fertig werden würden, selbst wenn wir das Fest über hier geblieben wären, und bis zum 1. Januar im Hause gesessen hätten; da war es Sache der Regierung, mit einer entlastenden Vorlage zu kommen und nicht erst in einen ungesetzlichen Zustand sich hineinzubegeben, und dann mit einem Indemnitätsgesetz vorzugehen. . . . Alle die Schwierigkeiten, . . . die ich nicht verkenne, genügen dennoch nicht, einen ungesetzlichen Zustand mit Bewußtsein fest an jedem ersten Januar wieder eintreten zu lassen.“

Die neunte Sitzung (Vorberathung des Etats) vom 23. November war, wie der Präsident schon bei Beginn angekündigt hatte, bereits um 2 Uhr geschlossen worden, weil eine sehr große Anzahl von Mitgliedern dem am selben Nachmittage stattfindenden Begräbnisse ihres langjährigen Kollegen, geheimen Justizraths Taddel beiwohnen wollte. „Der alte Taddel“, unter diesem Namen Jedermann in Berlin bekannt, war am 20. November im Alter von 82 Jahren gestorben. Seinem innersten Wesen entsprechend hatte er sich jedes Leichengepränge und auch die Begleitung eines Geistlichen verbeten.

„Draußen in der Leichenhalle des alten Jerusalemer Kirchhofs stand sein Sarg von Blumen umgeben. Ein Männerquartett sang dem tapferen Manne zu Ehren jenes Wort des unerschrockenen Muthes:

Und wenn die Welt voll Teufel wär'
Und wollt' uns gar verschlingen,
So fürchten wir uns nicht so sehr,
Es soll uns doch gelingen.

Der Abgeordnete Freiherr v. Hoverbeck, erst auf dem Kirchhof darum ersucht, sprach in Erfüllung eines von dem Verstorbenen in seinen letzten Tagen angedeuteten Wunsches ein paar Freundesworte der Erinnerung. Es waren schlichte, einfache Worte. Er wies darauf hin, wie die Liebe und Verehrung, welche seine Freunde zu dem Verstorbenen hegten, nicht allein sich von jener That herleiteten, wodurch er ein Bubenstück sondergleichen hinderte und einen braven hochverdienten Mann, seinen Freunden, seiner Familie und seinem Volke erhielt, wie vielmehr sein ganzes Leben aus einem Guß gewesen sei; er habe es bewährt in seiner langen richterlichen Laufbahn, aber ebenso in seiner politischen Wirksamkeit, wo er stets fest und unerschrocken für Freiheit und Recht auftrat. Er sprach die Hoffnung aus, daß uns die Zukunft wieder Richter bringen möge, die ihm gleichen, den man wohl den letzten Richter nannte, und daß das Bild dieses Mannes nicht bloß im Kreise seiner Freunde, welche sich daran so oft erfrischten, sondern im ganzen Volke ewig unvergeßlich bleibe."[2])

Bei der Berathung des Etats des Ministeriums des Innern sprach Hoverbeck (am 7. Dezember) wiederum gegen die geheimen Ausgaben (40000 Thaler) im Interesse der Polizei, — gegen diesen Fonds, den der Abgeordnete Waldeck nachher für absolut unmoralisch erklärte, da er auf höchst unmoralische Weise für die Polizeispione verwendet wird. Hoverbeck sagte:

„Es ist mir sehr beruhigend gewesen, von dem Herrn Abgeordneten v. Kardorff die feste Versicherung entgegenzunehmen, daß das Ministerium ohne diese Summe nicht regieren kann, während er durchaus nicht weiß, zu welchen Zwecken diese Summe verwendet wird; wenn man das nicht Vertrauensvotum nennen will, so kenne ich den Begriff Vertrauensvotum überhaupt nicht. Uebrigens muß ich offen sagen, daß ich noch eine andere Auffassung habe. Selbst wenn dieser Fonds überhaupt für das Ministerium nothwendig wäre, was ich prinzipiell leugne, kann man sagen, ich will diesen Fonds dem gegenwärtigen Ministerium nicht geben, weil ich nicht will, daß das gegenwärtige Ministerium fortregiere.

Das ist eine in England vollständig konstitutionell gerechtfertigte Maxime und, meine Herren, wenn Sie wirklich Schritte thun wollen, um endlich ein konstitutioneller Staat zu werden, dann nehmen Sie sich England auch da zum Muster, wo es wirklich Keime der Freiheit zeigt."

Der Fonds wurde mit 228 gegen 109 Stimmen bewilligt.

Beim Etat des Ministeriums der auswärtigen Angelegenheiten hatten die Abgeordneten Hoverbeck, Graf Bethusy und Bennigsen beantragt, die Regierung aufzufordern, Sorge zu tragen, daß dies Ministerium vom Jahre 1870 ab auf den Etat des norddeutschen Bundes übernommen werde. Nach längerer

Diskussion (9. Dezember) wurde der Antrag mit sehr großer Mehrheit angenommen, nachdem Bismarck erklärt hatte, daß er schon im nächsten Reichstage eine damit übereinstimmende Vorlage zu machen hoffe. Dagegen wurden Anträge Hoverbecks, die Besoldungen des Gesandtschaftspersonals zu Darmstadt, Dresden, Hamburg, Oldenburg, Weimar u. s. w. als künftig wegfallend zu erklären und die Ausgaben für die Gesandtschaft zu Peking zu streichen, abgelehnt.

Beim Forstetat hatten konservative Abgeordnete aus Ostpreußen, voran der Forstmeister Schimmelpfennig = Gumbinnen beantragt, von den zu Forstkulturen ausgesetzten 75000 Thalern mindestens 50000 Thaler den Regierungen zu Königsberg und Gumbinnen zu überweisen, wo die Nonnenraupe in den Fichtenwäldern große Verheerungen angerichtet hatte. Mit Entschiedenheit sprach sich Hoverbeck (11. Dezember) gegen den Antrag aus. Es habe ein gewisses gehässiges Aussehen, zwei Drittel des ganzen für den Staat geforderten Fonds für zwei Regierungsbezirke zu fordern.

„Auf der anderen Seite haben wir keine Veranlassung, dem Herrn Regierungskommissar, wie er den Etat hier vertreten hat, irgend wie entgegenzutreten, noch auch — das sage ich mit Ueberzeugung — der Forstverwaltung in der Weise, wie sie die Forsten überall im Lande verwaltet . . . so ist es mir durchaus nicht wünschenswerth, namentlich daß von einem Einwohner der betreffenden Regierungsbezirke ein solcher Antrag hier in das Haus kommt.“

Er verknüpfte damit noch einen Dank:

„Die Regierung ihrerseits, die beiden Häuser des Landtags und die ganze deutsche Nation sind im vorigen Jahre der gefährdeten Provinz Ostpreußen mit solcher Bereitwilligkeit entgegengekommen, und die Provinz ist allen diesen in so hohem Grade dafür dankbar, daß wir auch jeden Schein vermeiden müssen, als ob wir mit ungerechten Forderungen kommen.“

Der Antrag Schimmelpfennig ward hierauf zurückgezogen.

Hoverbeck hatte wenige Tage zuvor (2. Dezember) seines Freundes Möller Anfrage, ob er nicht auch die Klagen des damals von Reitenbach=Plicken redigirten Bürger= und Bauernfreundes, über einen abermals zu befürchtenden Nothstand, für übertrieben halte, bejahend beantwortet. Er schrieb ihm:

„Gewiß wird noch manche Noth und Verlegenheit da sein, wie alljährlich; aber für die unterste Volksklasse ist nicht entfernt ein Zustand wie der vorjährige zu besorgen, — namentlich wenn Staat und Kreise die öffentlichen Arbeiten an Eisenbahnen und Chausseen fleißig fortsetzen, wozu auch der Ausschuß des Hilfsvereins durch einen Antrag beim Ministerium beizutragen sucht. Wiederum Sammlungen zu veranstalten, und die Armen zu füttern, würde für diese selbst in seinen moralischen Nachwirkungen vollkommen verderblich sein.“

Beim Etat des Unterrichtsministeriums war der Pole

Dr. v. Krasicki in einem Antrage für Errichtung von Lehrstühlen der polnischen Sprache und Litteratur an den Universitäten Berlin und Königsberg eingetreten (16. Dezember). Hoverbeck beantragte, die Universität Königsberg aus dem Antrage fortzulassen, weil ein Bedürfniß, dort einen besonderen Lehrstuhl zu begründen, nicht hervorgetreten sei. Er fügte hinzu:

„Ich darf von vornherein sagen, daß ich in Bezug auf alle Forderungen, die von den Herren polnischer Nationalität in diesem Hause gestellt werden, der Meinung bin, daß man ihnen nicht nur mit der alleräußersten Gerechtigkeit begegnen müsse, sondern daß es ebenso sehr dem eigenen Rechtsgefühl, als der Politik entspricht, noch etwas weiter darüber hinauszugehen." ...

Wegen eines in der Konfliktzeit erfolgten Verfassungsbruchs wurde der Regierung Entlastung ertheilt. Der am 10. August 1865 von der Regierung mit der Köln-Mindener Eisenbahngesellschaft abgeschlossene Vertrag war von der Kommission des Abgeordnetenhauses im Februar 1866 einstimmig für verfassungswidrig und rechtsungiltig erklärt, so lange er nicht die Genehmigung der Häuser gefunden habe (siehe oben Seite 74). In der Session von 1867 zu 68 hatten eingehende Verhandlungen nicht zu einer Erledigung des Streites geführt; das Abgeordnetenhaus hatte auf Laskers Antrag vielmehr beschlossen (mit 129 gegen 122 Stimmen), von der Regierung die schleunigste Vorlegung des Vertrages zur verfassungsmäßigen Genehmigung zu verlangen. Diesem Verlangen war nicht nachgekommen. Jetzt wollte die Regierung zur Deckung des Defizits die in ihrem Besitz befindlichen Köln-Mindener Aktien (2529000 Thaler) veräußern. Sie bedurfte dazu eines Gesetzes, betreffend die Uebernahme der auf diesen Aktien lastenden Verpflichtungen auf die allgemeinen Staatsfonds. Es kam nunmehr ein Abkommen zu Stande, wonach die Regierung den Vertrag vom 10. August 1865 vorlegte, das Abgeordnetenhaus „mit einer fast an Einstimmigkeit grenzenden" Majorität den Gesetzentwurf annahm und gleichzeitig hinsichtlich jenes Vertrages der Staatsregierung Entlastung ertheilte. Der Finanzminister hatte zu Protokoll namens der Staatsregierung die ausdrückliche Erklärung abgegeben, daß sie sich „unter gewöhnlichen Verhältnissen für verpflichtet halte, zu derartigen Verträgen die Genehmigung der Häuser des Landtages einzuholen."[3])

Einen sonderbaren Verlauf nahm die Verhandlung des Landtags über den Gesetzentwurf der Staatsregierung, wonach der Dotationsfonds der Hilfskassen der provinzial- und kommunalständischen Verbände der acht alten Provinzen ihnen als ein ihnen gehöriges und von ihnen zu verwaltendes Vermögen überwiesen werden sollte. Die Fassung des Gesetzentwurfs war schlecht. Es schien darnach, als wenn jenen Verbänden das Eigenthum der Dotation gehören sollte, während nicht die Verbände, sondern nur die Provinzen Eigenthümer werden sollten, und die ersteren den Fonds nur „einstweilen bis zur gesetzlichen Einführung der in der Verfassung vorgesehenen Provinzialvertretung" (§ 105 der Verfassung) das Vermögen verwalten sollten. Hoverbeck beantragte Aenderungen zu besserer Klarstellung. Sie wurden, nachdem Graf Schwerin und Lasker sie empfohlen hatten, in der Vorberathung angenommen (19. Januar 1869). In der Schlußberathung am 26. Januar nahm das Abgeordnetenhaus den Gesetzentwurf, wie er sich nach Hoverbecks Anträgen gestaltet hatte, ebenfalls an, aber fügte noch einen auch von liberaler Seite gebilligten Zusatz des konservativen Abgeordneten Landrath Scharnweber hinzu. Im Herrenhause erklärte man sich im Interesse der thatsächlich bestehenden Provinzialstände gegen die Abänderungen des Gesetzentwurfs, verwarf diese und nahm den Gesetzentwurf nach der Vorlage der Regierung an (5. Februar). Im Abgeordnetenhause war man weder auf konservativer noch auf liberaler Seite mit dem Herrenhausbeschluß einverstanden. Zu Referenten waren ernannt der konservative Landrath v. Brauchitsch-Flatow und Twesten. Sie einigten sich im Interesse des Zustandekommens des Gesetzes, die Vorlage der Regierung wieder herzustellen, aber in einem besonderen Paragraphen zu bestimmen, daß, nach der in der Verfassung vorgesehenen neuen Organisation der Provinzen, diesen und ihren Vertretungen die Bestände der Hilfskasse im Wege der Gesetzgebung überwiesen werden sollten. Hoverbeck erklärte, seine Anträge seien vielleicht besser, aber der von den Referenten gestellte Antrag sei jedenfalls auch genügend:

„Es kommt wesentlich nur darauf an, daß hier ausgesprochen wird, die Provinzen als solche sollen künftig die Disposition über diesen Fonds haben, die Verwaltung soll augenblicklich den jetzt bestehenden provinzial- und kommunalständischen Verbänden verbleiben. Und wenn diese Reservation, die wahrlich in diesem Augenblick doppelt nothwendig ist, dem Herrenhause so bedenklich sein sollte, daß es deswegen das Gesetz ablehnte, dann mag es das vor dem Lande verantworten."

Auch damit waren die Feudalen des Herrenhauses nicht zufrieden. Sie nahmen eine Aenderung der Wortfassung vor, die vollständig unerheblich, aber in ihrer Bedeutung zweifelhaft war. Nun kam es am 3. März zur vierten Berathung im Abgeordnetenhause. Jetzt erklärten sich Twesten, Hoverbeck und Waldeck entschieden gegen die Aenderung; und der betreffende Paragraph wurde auf Antrag Twestens nach dem früheren Beschluß des Abgeordnetenhauses mit 151 gegen 146 Stimmen wieder hergestellt. Zum dritten Male gelangte der Gesetzentwurf an das Herrenhaus. Dessen Präsident Eberhardt Graf Stolberg-Wernigerode erklärte (6. März), die Hoffnung aufgegeben zu haben, daß darüber noch eine Verständigung beider Häuser des Landtags herbeigeführt werde. Hoverbeck hatte in der letzten Berathung vielleicht mit Recht die Besorgniß ausgesprochen, daß das Herrenhaus aus gewissen Antipathien, die bei einzelnen Mitgliedern desselben gegen seine Person möglicherweise vorhanden sein könnten, die Sache selbst ungünstig entschiede.

Bedauerlich war es wegen der von keiner Partei vorausgesehenen Folgen, daß durch Uebereinstimmung beider Häuser des Landtags ein Gesetz über die Beschlagnahme des Vermögens des Königs Georg zu Stande kam (29. Januar 1869), wodurch die Einkünfte des Welfenfonds (Reptilienfonds) mit jährlich über einer Million Mark dem Ministerpräsidenten zur Verwendung unter Ausschließung der Rechnungslegung überwiesen wurde. Eine Kommission unter dem Vorsitz des Abgeordneten Dr. Löwe hatte es beantragt. Die Fortschrittspartei war in der Frage nicht einig. Die Mehrheit trat für einen Antrag Virchows ein, nach dem für die Landesvertretung der Fall einer verfassungsmäßigen Mitwirkung überhaupt nicht vorliege, und deshalb das Abgeordnetenhaus erkläre, daß es der Staatsregierung überläßt, im Falle eines nachgewiesenen Vertrauensbruches von dem Vertrage mit dem Könige von Hannover zurückzutreten. Schulze-Delitzsch, Löwe und Genossen hatten dagegen beantragt, der Verordnung vom 2. März 1868 die Genehmigung zu versagen,

„unter der Aufforderung, ihren Rücktritt von dem mit dem König Georg geschlossenen Vertrage zu erklären, zur Auseinandersetzung wegen des Privatvermögens mit ihm zu schreiten und ihm die Beschreitung des Rechtsweges gegen den preußischen Fiskus zu überlassen."

Waldeck wollte den Vertrag mit König Georg sofort aufgehoben haben. Virchow sah damals schon voraus, daß aus den Einkünften dieses Fonds ein geheimer Dispositionsfonds werden würde. Er sagte unter Anderem:

„. . . Die einzige positive Aussicht, welche sich durch die Annahme des gegenwärtigen Gesetzentwurfs eröffnet, ist die, daß dem Herrn Minister der auswärtigen Angelegenheiten von nun an zu den sehr beträchtlichen geheimen Mitteln, die ihm schon durch den Etat bewilligt sind, und deren Höhe bei uns immer schon gerechte Bedenken hervorgerufen hat, noch neue Mittel in ganz kolossaler Ausdehnung eröffnet werden. Ich erinnere Sie daran, daß in den Mittheilungen der Regierung gesagt ist, daß gegenwärtig die Erträge des Vermögens des Königs Georg auf 598000 Thaler veranschlagt werden, und daß davon 180000 Thaler an Verwaltungskosten abgehen. Diese Verwaltungskosten sind etwas sehr hoch bemessen; sie sind vielleicht etwas niedriger zu veranschlagen. Auf alle Fälle wird man aber rechnen können, daß allein aus dieser Quelle der Regierung ein geheimer Dispositionsfonds von mindestens 400000 Thalern eröffnet werden würde. Wie mein Freund Waldeck, der doch Gelegenheit gehabt hat, in eigener Erfahrung dieses System kennen zu lernen, sich entschließen kann, einem Gesetze zuzustimmen, durch welches die Geheimpolizei in den Händen des Ministeriums auf einer solchen Skala organisirt werden soll, auf einer Skala, welche die Wahrscheinlichkeit mit sich bringt, daß das System der geheimen Agenten sich über ganz Europa ausdehnt, das verstehe ich in der That nicht."

Nach eindringlichen Reden Bismarcks wurde zuerst der Antrag Schulze-Delitzsch und Genossen, dann der Antrag Virchow abgelehnt und das Gesetz mit 256 gegen 70 Stimmen angenommen. Mit der Mehrheit stimmten 14 Abgeordnete der Fortschrittspartei, darunter Waldeck, Schulze-Delitzsch, Löwe u. s. w.; gegen das Gesetz stimmten 29 (Virchow, Hoverbeck, Harkort, Häbler, Duncker u. s. w.)[4])

Aus der Bestimmung des § 2 der Verordnung vom 2. März 1868 (genehmigt laut Bekanntmachung des Ministeriums vom 15. Februar 1869):

„Aus den in Beschlag genommenen Objekten und deren Revenüen sind, mit Ausschließung der Rechnungslegung an den König Georg, die Kosten der Beschlagnahme und der Verwaltung, sowie der Maßregeln zur Ueberwachung und Abwehr der gegen Preußen gerichteten Unternehmungen des Königs Georg und seiner Agenten zu bestreiten. Verbleibende Ueberschüsse sind dem Vermögensbestande zuzuführen."

leitete Bismarck die Befugniß her, gegen den klaren Wortlaut den Einnahmeüberschuß über die Verwaltung ohne Rechnungslegung vor Landtag und Oberrechnungskammer zu beliebigen politischen Zwecken zu verwenden. Dem Könige wurden darüber alljährlich die Belege vorgelegt und nachdem er Decharge ertheilt, wurden die sämtlichen Rechnungen über die Ausgaben und sämtliche Quittungen verbrannt. Die einzelnen Aufwendungen blieben also nach Ziel und Herkommen durchaus geheim.[5])

So die Auseinandersetzung, die Bismarcks Nachfolger v. Caprivi bald nach seinem Amtsantritt in der Sitzung des Abgeordnetenhauses vom 22. April 1891 machte. In den 22 Jahren bis zur Entlassung Bismarcks sind darnach vom Welfenfonds mindestens 25 bis 30 Millionen Mark gesetzwidrig verwendet, zum großen Theil zur Korruption der öffentlichen Meinung. Die vielen Versuche, welche im Laufe der Jahre die Fortschrittspartei des Abgeordnetenhauses zur Beseitigung des Unfugs machte, scheiterten an der Standhaftigkeit, mit der auch die nationalliberale Partei Bismarcks Gesetzverletzungen schützte. Caprivi beeilte sich, die gesetzwidrige Verwendung des Welfenfonds abzuschaffen. Das Gesetz vom 10. April 1892 hob die Beschlagnahme auf, freilich erst nachdem der Fonds für geheime Ausgaben des auswärtigen Amtes von 48000 auf 500000 Mark erhöht war.

Ueber die Ausführung der Gesetze, betreffend den ostpreußischen Nothstand, hatte das Ministerium eine Denkschrift eingereicht. In der Verhandlung darüber (5. März) rügte der Abgeordnete Bender, daß die Regierung zu Gumbinnen im Januar 1869 sechs bäuerliche Grundstücke wegen rückständiger Abgaben öffentlich verpachtet hatte. Hoverbeck trat der Beschwerde seines Schwagers bei. Die Regierung zu Gumbinnen werde, vom grünen Tisch aus gar keine Ahnung gehabt haben, welch einen tiefen Schnitt das in die Wirthschaft eines Mannes macht, der davon betroffen wird.

„Ich kann versichern, in einer Provinz, die soviel gelitten hat, ist die Verpachtung eines Grundstücks auf ein Jahr, wobei gewisse Steuern mit Gewalt herausgewirthschaftet werden sollen, beinahe gleichbedeutend mit einer Entsetzung des Mannes aus seinem Besitzthum."

Der Minister v. d. Heydt wußte von diesem Unfug noch nichts.

Die Thronrede vom 4. November 1868 hatte erklärt:

„Vor allem ist die Fortbildung der Kreisverfassung erforderlich. Meine Regierung wird Ihnen einen dahin zielenden Entwurf vorlegen."

Der Entwurf wurde nicht vorgelegt. Die Provinzialkorrespondenz verkündete erst im Februar 1869, daß es nicht geschehen werde. Statt dessen wurden zu einer vertraulichen Besprechung je 20 Mitglieder des Herrenhauses und des Abgeordnetenhauses aus allen Parteien zum Austausch der Ansichten über den vom Ministerium entworfenen Kreisordnungsentwurf vom Minister Eulenburg eingeladen; aus der Fortschrittspartei nahmen Bender und Hoverbeck daran theil.

Ueber die kommunale Gesetzgebung hatte der Wahlverein der Fortschrittspartei in der Generalversammlung vom 11. Dezember 1868 beschlossen. Unter Theilnahme vieler Landtagsabgeordneten wurde über die Stellung der Partei zu verschiedenen Fragen, darunter auch Gemeinde-, Kreis- und Provinzialordnung, auf Grund von Vorschlägen des Vorstandes und Ausschusses berathen. Auf Referat Hoverbecks war folgende Resolution angenommen:

„Wir erstreben die Selbstverwaltung der Gemeinden, Kreise und Provinzen. Zu ihrer Durchführung bedarf es vor Allem einer für den ganzen Staat gemeinsamen freisinnigen Gemeindeordnung mit nachfolgenden Grundzügen:

a) Jeder zur Reichstagswahl Berechtigte ist gleich stimmberechtigt. Das Klassenwahlsystem ist zu verwerfen. b) Die Vertreter und Vorsteher der Gemeinde werden auf kurze Dauer gewählt; die Vertreter verwalten ihr Amt unentgeltlich.

c) Der Gemeinde soll mindestens die Lokalpolizei, die Leitung der Schule und des Armenwesens und die Beschlußfassung über ihre Einnahmen und Ausgaben zustehen. d) Sie entsendet, je nach ihrer Größe, einen oder mehrere Abgeordnete zum Kreistage. Letzterer einen oder mehrere Abgeordnete zum Provinziallandtage. e) Kleinere Ortschaften und abgesonderte größere Güter werden zu einer Gemeinde vereinigt. f) Der Kreistag hat die Entscheidung in allen Angelegenheiten, welche mehrere Gemeinden, der Provinziallandtag in allen, welche mehrere Kreise betreffen. g) Den Abgeordneten zum Kreistage und Provinziallandtage werden mäßige Reise- und Tagegelder gezahlt."

Vor dem Beschluß hatte eine eingehende Debatte stattfunden. Von Abgeordneten hatten Hoverbeck sehr ausführlich als Berichterstatter, Schulze-Delitzsch und Virchow gesprochen.[6]) Eine wesentliche Meinungsverschiedenheit ergab sich nur bei a), wo gegen den Vorstand und Ausschuß des Vereins und gegen sämtliche anwesende Landtagsabgeordnete auf Antrag des Stadtraths Streckfuß die Einschränkung, daß nur die zu den Gemeindelasten beitragenden Reichstagswähler zur Gemeindevertretung stimmberechtigt sein sollten, gestrichen wurde. Die Fortschrittspartei hat auch später niemals gebilligt, daß das Reichstagswahlrecht auf die Kommunalwahlen ohne Einschränkung ausgedehnt würde.[7]) Bei dem entgegengesetzten Beschluß des Wahlvereins stellte sich das Mangelhafte dieser Parteiorganisation heraus: Die Stellung der Partei zu wichtigen politischen Fragen kann nicht in der Generalversammlung eines Wahlvereins festgestellt werden, in der alle Erschienenen gleiches Stimmrecht haben. Unter den 500 am 11. Dezember 1868 anwesenden Wahlvereinsmitgliedern befanden sich über 90% Berliner.

Zwischen dem, wie der fortschrittliche Wahlverein die Selbstverwaltung der Gemeinden, Kreise und Provinzen auf Grund einer für den ganzen Staat gemeinsamen Gemeindeordnung durchzuführen trachtete und der vom Ministerium ohne jene Grundlage entworfenen Kreisordnung für die östlichen Provinzen war eine Vermittelung schwierig. Jene Besprechungen der Vertrauensmänner wurden Anfang März abgebrochen, ohne daß eine Verständigung erzielt war.

Beinahe wären Hoverbeck und seine Gattin während dieser Session in Berlin durch Kohlendunst ums Leben gekommen. Zu damaliger Zeit gab es in den meisten Miethswohnungen noch Oefen mit Ofenklappen. Hoverbeck schrieb am 10. Januar 1869 seinem Freunde Krieger:

„Deinen Brief erhielt ich gerade am Morgen einer für uns denkwürdigen Nacht, in der wir durch Kohlendunst in eine nicht geringe Gefahr gerathen waren. Sehr wider meinen Willen hat Duncker oder einer seiner Satelliten die Geschichte in der Volkszeitung erzählt. Besonders merkwürdig war mir das Versagen aller Körperkräfte bei vollkommen klarer geistiger Besinnung. Nachdem ich auf Händen und Füßen ans Fenster gekrochen und es geöffnet hatte, habe ich nicht, wie die Volkszeitung sagt, meine Frau ans Fenster getragen, sondern wir fielen zusammen zur Erde, als ich sie aus dem Bette heben wollte, und so schleifte ich sie auf der Erde bis zum Fenster hin, wo es uns gelang, uns aufzurichten und gesunde Luft einzuathmen. Das Gefühl, mit dem ich in diesem Augenblicke die Worte aussprach: „Jetzt sind wir gerettet", wird mir immer im Gedächtniß bleiben."

In einem anderen Briefe an Krieger vom 14. Februar 1869 schrieb Hoverbeck:

„Unsere Kohlendunstaffaire hat Gott sei Dank keine nachtheiligen Folgen zurückgelassen, und ist uns bei dem Berliner Trubel fast schon aus den Gedanken gekommen. Natürlich ist jetzt der Ofen in der Schlafstube mit luftdichtem Verschlusse eingerichtet, und wird nur mit Holz geheizt — wenn überhaupt; da wir bei diesem milden Winter gewöhnlich keine Heizung in der Schlafstube brauchen.

Wo wir in der Pfingstzeit sein werden, können wir noch gar nicht mit Sicherheit bestimmen, da das vom Reichstag und Zollparlament abhängt. Beiläufig gesagt: dieses ewige Parlamentern wird mir doch auf die Länge unerträglich, und wenn ich auch bei der nächsten Wahl als Kandidat für beide Körperschaften aufgestellt werden sollte, so werde ich mich doch nur für eine entscheiden; für welche, das weiß ich noch nicht. . . ."[8])

Am 6. März 1869 wurde endlich der Landtag durch eine von Bismarck verlesene Thronrede geschlossen, nachdem bereits am 4. März der norddeutsche Reichstag eröffnet war.

Anmerkungen zum 38. Kapitel.

[1]) In seinem Pessimismus schrieb der alte Hoverbeck im Sommer 1867 seinem Sohn, als dessen Reichstagskandidatur in Berlin angeregt worden war:

„Ich hoffe zwar, daß Deine Berliner Aussicht vorübergehen wird, . . . denn ich habe für meine Lebenszeit und auch wohl für Deine nicht die geringste Aussicht für einen Fortschritt; auch nicht für die deutsche Einigung — was ja Herr Bismarck gar nicht beabsichtigt; — seine Eitelkeit wird befriedigt sein, wenn er den König durch einen Zuwachs zur Hausmacht vergnügt, und sich durch seine Bestrebungen reich macht, vielleicht gar einen Fürstentitel erschnappt et après nous le déluge! —"

[2]) Wörtlich aus dem Volksfreund vom 27. November 1868 S. 378. — Siehe auch Hoverbeck Bd. I S. 222. — Für Taddel fand am 22. Januar 1869 eine Gedächtnißfeier statt. Im Druck erschienen ist die Rede von Schulze-Delitzsch (Verlag von Franz Duncker 1869.)

[3]) Die Entstehung und Entwickelung des Streites und der ganzen verwickelten Sachlage ist in dem am 16. Januar 1869 vom Abgeordneten Dr. Hammacher erstatteten mündlichen Bericht der Budgetkommission sehr klar dargestellt. Stenogr. Bericht Bd. II S. 1095.

[4]) Mit Waldeck, Schulze-Delitzsch und Löwe stimmten von den damaligen Mitgliedern der Fortschrittspartei für das Gesetz: Becker, Berger-Witten, v. Bersworth-Wallrabe, Eberty, Laßwitz, Müller-Lauban, Paur, Qual, Roland, v. Saucken-

Tarputschen, Schmidt. Gegen das Gesetz stimmten mit Virchow und Hoverbeck: Behrentz, Bender, Born, Coupienne, Duncker, Ebner, Fischbach, Häbler, Harkort, Hermes, Freiherr Hilgers, Jacoby, Keuffel, Kirchmann, Knapp, Kosch, Kugler, Larz, Meulenbergh, Parisius, Plehn-Danzig, Runge, Ruß, Saucken-Georgenfelde, Uhlendorf, Weese, Windhorst-Lüdinghausen. Die Schleswig-Holsteiner Forchhammer, Hänel, Karsten, Lorenzen, Lutteroth, Pflueg, Warburg, die ebenfalls mit Nein stimmten, gehörten damals noch nicht zur Fortschrittspartei, sondern zum linken Centrum. Von zweifellosen Gegnern fehlten als krank oder beurlaubt Hagen, Ziegler, Ahlmann, Schlichting. — Durchaus unrichtig war die Angabe Laskers im Abgeordnetenhause am 5. Dezember 1877, die Fortschrittspartei sei bei dem Beschluß von 1869 in zwei gleiche Hälften getheilt gewesen.

[5]) Siehe Hopf a. a. O. den Abschnitt „Der Reptilienfonds" S. 458 bis 498. Nicht mit Unrecht sagt Hopf von der Mittheilung Caprivis über das Verbrennen aller Beläge: „Diese Mittheilung machte deshalb das peinlichste Aufsehen, weil sich selbst der durch einen 25jährigen nationalen Götzendienst verdummteste Verstand immer noch zu sagen vermochte, daß man keine Akten verbrenne, welche gesetzlich und moralisch erlaubte Handlungen belegen."

Es läßt sich nicht mehr feststellen, was von dem öffentlich im Parlament und in der Presse in der Regel ohne Widerspruch über Verwendung des Welfenfonds Mitgetheilten richtig ist. Jedenfalls hat auch im Kulturkampf, in Ausführung des Sozialistengesetzes und bei den Wahlen in Verleumdung der Fortschrittspartei der Welfenfonds mitgewirkt. Seine Mittel sind mit verwendet zur Besoldung von Preßgesindel und Geheimpolizisten, zu Geschenken an Beamte, sogar an Minister und deren Verwandte. Man vergleiche die stenogr. Berichte über die Verhandlungen des preuß. Abgeordnetenhauses vom 21. November 1872, 8. Dezember 73, 20. Januar 74, 5. Dezember 77, 29. März 82 und des deutschen Reichstags vom 15. Dezember 1881 mit der berühmten Rede Virchows gegen die Provinzialkorrespondenz; worin Virchow dem neben ihm sitzenden Minister v. Puttkamer strenge Vorhaltungen machte, z. B.: „Ja, Herr v. Puttkamer, die Ehrlichkeit gegen die Gegner ist die Pflicht eines anständigen Mannes. . . . Wir verlangen, daß unsere Ehre vor der Welt unangegriffen bleibt . . . und wenn solche Schufte gegen uns da schreiben, dann fordern wir unser gutes Recht und erwarten nicht, daß Herr v. Puttkamer sagt „alles was uns unterstützt, das ist uns willkommen". — Moritz Buschs letztes Buch bringt neue Enthüllungen.

[6]) In dem von Levinstein verfaßten Bericht über die Generalversammlung sind die Referate und Debatten ausführlich besprochen. (Berlin, Selbstverlag von Süßmann.)

[7]) Vergl. Virchows Ansprache auf dem ersten Parteitag der Deutschen Fortschrittspartei am 24. November 1878, in der Broschüre S. 17 und 30. — In dem Programm der freisinnigen Volkspartei vom 24. September 1894 heißt es: „Selbstverwaltung in Kommunalbehörden und Gemeinden, Reform des Wahlrechts in denselben nach den Bedürfnissen der Einzelstaaten; keine Klassenwahlen, keine öffentliche Abstimmung." (Siehe die von mir im Auftrage des Ausschusses herausgegebene Broschüre über den 2. Parteitag, Berlin 1894.) — Zu Abänderungen dieses Programms bedarf es der Zustimmung des Parteitages.

[8]) Die Ofenklappen haben in Berlin noch ein Jahrzehnt ihre mörderische Thätigkeit geübt. Erst durch eine Polizeiverordnung vom 29. November 1877 sind sie beseitigt. Bei Strafe wurden sie für Neubauten sofort verboten und mußten bis zum 1. Januar 1881 bei allen in Wohn- und Schlafräumen stehenden Oefen abgeschafft werden. Erst als aus dem Berliner statistischen Jahrbuch bekannt wurde, daß 1875 30, 1876 47, 1877 34 Personen mit Ausschluß der Selbstmörder durch Kohlendunst verunglückt waren, begann in der Bürgerschaft und den Bezirksvereinen eine Agitation, bei der Sonderabdrücke eines in der Gartenlaube schon 1868 veröffentlichten Aufsatzes von Dr. Otto Hermes, jetzigem Reichstagsabgeordneten, „Fort mit den Ofenklappen" besonders wirksam waren.

Neununddreißigstes Kapitel.

Reichstags- und Zollparlament. Session 1869.

Ueber die Verwirrung, die im preußischen Ministerum seit dem Schluß des Zollparlaments (Ende Mai 1868) bis zur Eröffnung des norddeutschen Parlaments (März 1869) geherrscht hat, haben erst der Briefwechsel zwischen Bismarck und Roon und zwischen Roon und Blanckenburg genügenden Aufschluß gegeben. Bismarck war schon vor dem Schluß des norddeutschen Reichstags im Juni 1868 krank nach Varzin abgereist, wo er Nervenstärkung und Heilung seiner neuralgischen Schmerzen suchen wollte. Erst nach Monaten begann er, sich wieder ernsthaft mit allgemeinen Staatsangelegenheiten zu befassen und darüber mit den Ministern, besonders mit Heydt und Roon, der Ende Mai 1868 von seiner Erholungsreise aus dem Süden nach Berlin zurückgekehrt war,[1]) zu korrespondieren. Schwere Sorge machte dem Bundeskanzler die preußische „Finanznoth". Er trat in Schreiben an den Finanzminister v. d. Heydt mit Entschiedenheit gegen den Vorschlag auf, das Defizit bei Aufstellung des Etats für 1869 aus dem Aktivvermögen des Staates zu decken; vielmehr verlangte er — nachdem ihm das Zollparlament verweigert hatte, durch Zoll auf Tabak und Petroleum zu helfen — vom Abgeordnetenhause Zuschläge zu den direkten Steuern zu fordern, er fügte sich aber, als der König seine Zustimmung versagte.[2])

Als Bismarck endlich Anfang Dezember nach Berlin zurückkehrte, hatten sich die Meinungsverschiedenheiten zwischen ihm und dem Könige vermehrt und verstärkt. Er klagte, die Entlassung des Unterstaatssekretärs Sulzer im Ministerium des Innern seit Jahren nicht durchsetzen zu können, noch mehr aber, daß der König den Grafen Usedom trotz dessen Pflichtwidrigkeiten nicht entlassen wollte. Im Januar hatte Bismarck dem Könige mündlich erklärt, daß seine Ehre ihm verbiete, mit dem Grafen Usedom länger zu dienen. Der König hatte aber die Freimaurer Sulzer und Graf Usedom noch nicht fallen lassen, selbst nicht nachdem Bismarck wegen Unzulänglichkeit seiner Kräfte und seiner Gesundheit für die „vom König geforderte Art des Dienstes" seinen Abschied erbeten hatte. Ein sehr gnädiges Schreiben des Königs befriedigte ihn nicht; er wiederholte das Entlassungsgesuch mit ausführlicher Begründung. Er beschwerte sich, daß der König Entschließungen, die nach Anhörung der Minister gefaßt waren, in jüngster Zeit durch außeramtliche Einflüsse wieder änderte und die Arbeitskraft der Minister in erneuten Verhandlungen wochenlang in Anspruch nehme.

Besonderen Grund zur Beschwerde bot der Gesetzentwurf wegen der Auseinandersetzung zwischen dem Staat und der annektierten Stadt Frankfurt a. M. Nachdem das Ministerium am 1. Februar 1869 den vom Könige genehmigten Gesetzentwurf eingebracht hatte, wurde der Magistrat zu Frankfurt vom Könige zu weiteren Verhandlungen aufgefordert. Ein neuer Gesetzentwurf mit dem Auseinandersetzungsrezeß wurde vorgelegt. Der König hatte sich durch die Königin bewegen lassen, der Stadt 3 Millionen Gulden zu überweisen: 2 Millionen aus der Staatskasse, 1 Million aus seiner Schatulle. Damit es sich nicht rückgängig machen ließe, hatte der König, wie jetzt erst bekannt geworden ist, dem Präsidenten Forckenbeck im eigenhändigen Brief den Wunsch ausgesprochen, er möge sorgen, daß die Kommission nicht eher an das Haus berichte, als bis die Deputation nach Frankfurt zurückgekehrt sei.[3]) Von diesem Brief hat Bismarck jedenfalls nichts erfahren. Der König veranlaßte Graf Usedom seinen Abschied zu nehmen. Bismarck blieb im Amte.

In diesem Jahre tagten zum ersten Male Reichstag und Landtag gleichzeitig, wenn auch nur auf zwei Tage. Der Reichstag ward am 4. März durch eine Thronrede des Königs eröffnet, der Landtag erst am 6. März durch eine von Bismarck verlesene Thronrede geschlossen. Man nahm vielfach an, die Einberufung des Reichstags zwei Tage vor Schluß des Landtags sei erfolgt, um zu verhüten, daß sich nicht das vorjährige für eine diätenlose Versammlung für nicht ehrenvoll gehaltene und dem diätenfeindlichen Bundeskanzler schmerzliche Schauspiel der Beschlußunfähigkeit wiederholte. War dies wirklich beabsichtigt? Die Beschlußfähigkeit wurde aber nicht erzielt; statt 149 (der Hälfte von 298) waren nur 123 Abgeordnete anwesend.

In der Sitzung vom 4. März präsidirte der bisherige erste Vizepräsident Herzog von Ujest. Simson war kürzlich zum Appellationsgerichtschefpräsidenten in Frankfurt a. O. befördert und hatte deshalb sein Reichstagsmandat niederlegen müssen. Da die Regierung ihn als Reichstagspräsidenten nicht entbehren mochte, so wurde die Nachwahl in kürzester Frist ausgeschrieben und das Ergebniß bereits am 6. März verkündet. Vor zwei Jahren hatte Simson als alleiniger Kandidat der liberalen Partei des Wahlkreises Frankfurt a. O. — Lebus den konservativen Regierungskandidaten, den durch Wahlbeeinflussungen bekannten Landrath v. d. Marwitz, einen Schwiegersohn des Handelsministers v. Itzenplitz mit kaum 100 Stimmen Mehrheit geschlagen. Jetzt hatte dieser Landrath die Aufgabe, Simsons Kandidatur gegen seine eigene schleunigst zum Siege zu verhelfen. Es gelang ihm. Simson wurde mit 6559 von 7902 Stimmen gewählt und konnte nun schon am 9. März zum Präsidenten gewählt werden.

Der norddeutsche Reichstag tagte vom 4. März bis 22. Juni in 56 Sitzungen, dazwischen hielt er nur kurze Ostern- und Pfingstferien. Das Zollparlament wurde am 3. Juni eröffnet und ebenfalls am 22. Juni nach 12 Sitzungen geschlossen.

Die Thronrede zur Eröffnung des Reichstags kündigte wichtige Vorlagen an: Gewerbeordnung, Gesetze über Unterstützungswohnsitz, über Beschränkung des Lohnarrestes, über Einführung des Handelsgesetzbuches und der Wechselordnung als Bundesgesetze, über Errichtung eines obersten Gerichtshofes in Handelssachen, über gegenseitige Rechtshilfe, über die Rechtsverhältnisse der Bundesbeamten, Wahlgesetz für den Reichstag, Postverträge u. s. w. Einen sehr bescheidenen Theil der Thronrede nahm die Forderung auf Erhöhung der eigenen Einnahmen des Bundes ein; die Aufhebung und Ermäßigung der Zölle und die Herabsetzung des Briefportos hätten Ausfälle zur Folge gehabt, deren Ersatz nothwendig sei.

Hoverbeck hat im Reichstag und Zollparlament in dieser Session öfter das Wort ergriffen, als in früheren Landtags- und Reichstagssessionen, wenn auch in der Regel nur mit kurzen Bemerkungen. Er sprach in 22 von den 56 Reichstags- und in 5 von den 12 Zollparlamentssitzungen. Nach dem Sprechregister des Reichstags haben nur Lasker und Hennig öfter als er gesprochen.

In den ersten zwölf Sitzungen des Reichstages vor den Osterferien (bis 20. März) wurde u. a. ein Gesetzentwurf, betreffend Maßregeln gegen die Rinderpest, eingebracht. Besondere Schwierigkeiten machten die Bestimmungen über Absperrung der Gehöfte, Ortstheile, Orte und Bezirke, in denen Erkrankungen vorgekommen waren, sowie die Bestimmungen über die Anzeigepflicht der Besitzer erkrankter Thiere. Die Vorschläge Hoverbecks, gestützt auf seine Erfahrungen als Landwirth, führten zu wesentlichen Verbesserungen der Gesetzesvorlage und zu einer Resolution, durch welche der Bundeskanzler ersucht wurde, mit Bayern,

Württemberg, Baden und Hessen Verhandlungen zur Ausdehnung der Schutzmaßregeln einzuleiten.

Für das Wahlgesetz zum Reichstag des norddeutschen Bundes fanden Vorberathungen zwischen Abgeordneten der liberalen Parteien statt, aus denen Anträge hervorgingen, die von Lasker, Hoverbeck und dem nationalliberalen Abgeordneten Dr. Prosch mit Unterstützung der liberalen Fraktionen einbracht und meist nach Befürwortung der Antragsteller angenommen wurden und in das Gesetz übergingen.

Nicht angenommen wurde ein Antrag des nationalliberalen Abgeordneten Sombart, wonach zur Sicherung der geheimen Abstimmung den Wählern zur Einschließung der Stimmzettel undurchsichtige Kouverts verabfolgt werden sollten. Hoverbeck hatte für den Antrag gesprochen, wennschon er ihn noch nicht für ausreichend hielt.

Das Wahlgesetz für den Reichstag des norddeutschen Bundes ist am 31. Mai 1869 publizirt und gilt jetzt im ganzen Reiche.

Ein erfreuliches Ergebniß dieser Session war die Gewerbeordnung für den norddeutschen Bund vom 21. Juni 1869. In den drei Berathungen wurde darüber in nicht weniger als 20 Sitzungen verhandelt. Einzelne Theile wurden einer Kommission zur Vorberathung überwiesen. Diese ließ nur mündlich Bericht erstatten. Eine sehr große Zahl Abänderungsanträge wurden von liberaler Seite gestellt. Sie gingen aus gemeinschaftlichen Berathungen hervor. Als Antragsteller wurden in der Regel Runge von der Fortschrittspartei und v. Hennig von den Nationalliberalen genannt. Die meisten dieser Anträge wurden angenommen.

Hoverbeck hat in den Berathungen einige Male mit Erfolg das Wort ergriffen. Auf seinen Antrag wurde jedem Mitgliede einer Innung das Recht zugesprochen, jederzeit, vorbehaltlich der Erfüllung seiner Verpflichtungen, auszuscheiden. Zu Gunsten der umherziehenden Musikanten sagte er:

„Ich kann bezeugen, daß namentlich auf dem Lande diese Leute von der Mehrzahl der Bevölkerung im Allgemeinen recht gern gehört werden (Heiterkeit); und Alle, die etwas gebildetere Ohren haben, vertragen sich mit ihnen auch ganz gut unter einer Bedingung, daß sie sich nämlich nicht allzu nahe aufstellen." (Heiterkeit.)

Zu Gunsten der Hausirer sprach er gegen den Vorschlag, daß dieselben sich erst bei dem Inhaber der Ortspolizei (Schulzen oder Schöppen) melden müßten (30. April).

Hoverbeck hatte mit der ganzen Fortschrittspartei den von

Twesten und dem freikonservativen Grafen zu Münster gestellten Antrag unterstützt

„den Bundeskanzler aufzufordern: für die zur Kompetenz des Bundes gehörigen Angelegenheiten eine geordnete Aufsicht und Verwaltung durch verantwortliche Bundesministerien, namentlich für auswärtige Angelegenheiten, Finanzen, Krieg, Marine, Handel und Verkehrswesen, im Wege der Gesetzgebung herbeizuführen."

Der Antrag, dem Bismarck in langer Rede widersprach, wurde mit 111 gegen 100 Stimmen angenommen (16. April). Die Zustimmung des Bundesraths blieb aus.

Bei der ersten Berathung des Bundesetats für 1870 kam es zu längeren Erörterungen zwischen den nationalliberalen Abgeordneten Twesten, Miquel[4]), Hennig und Forckenbeck mit Hoverbeck. Letzterer nahm die Matrikularbeiträge, deren Freund er an sich nicht sei, in Schutz gegen die Erhöhung der eigenen Einnahmen des Bundes im Wege der Erhöhung „von Verzehrssteuern" und dergleichen. „Dann treten die sehr schweren nationalökonomischen Schädlichkeiten ein," die noch verderblicher seien. Man werde sich mit den Matrikularbeiträgen behelfen müssen, bis an Stelle derselben eine direkte und zwar quotisirte Steuer mit dem Bundesrath vereinbart sei. Hoverbeck beantragte, den Etat in eine Kommission zu verweisen, oder wenigstens den Präsidenten zu ermächtigen, für die einzelnen Etatstitel Kommissarien zu ernennen, die sich mit den verbündeten Regierungen in Beziehung setzten. Beide Anträge wurden abgelehnt (13. April).

Bei der zweiten Berathung des Bundesetats am 24. April hielt Hoverbeck bei dem Hauptetat der Militärverwaltung zum Eingang die nachfolgende Rede:

„Im Auftrage meiner politischen Freunde wünsche ich Ihnen in der Kürze, die Sie an mir gewohnt sind, ein paar Worte zu sagen über unsere Stellung zu diesem ganzen Etat. — Wir wissen, daß dieser Etat durch die Bundesverfassung sich in einer singulären Lage befindet, und wir sind so verpflichtet als gewillt, die Bundesverfassung auch in diesem Punkte zu achten. Dagegen können wir nach unserem Gefühl die Stellung einer Landesvertretung, wenn sie nicht mehr als das, was ihr hier zur Disposition gegeben ist, in einem Etat zu entscheiden hat, nicht für eine würdige halten, wenigstens nicht soweit, daß wir uns darauf einlassen könnten, die einzelnen Punkte einer näheren Besprechung zu unterziehen. Wir werden uns daher nur darauf beschränken, im Allgemeinen anzudeuten, daß wir nach unserer Ueberzeugung in der Höhe des Etats die hauptsächlichste Quelle der finanziellen Verlegenheiten sowohl des Norddeutschen Bundes als der einzelnen Staaten des Norddeutschen Bundes sehen. Wir denken nicht nur an erster Stelle an die direkten Ausgaben, an die Millionen, die direkt für die Unterhaltung des Heeres verwandt werden, sondern noch viel bedeutender erscheint uns der Verlust an Arbeitskraft, indem gerade diejenigen Personen, die ihrer ganzen körperlichen Rüstigkeit nach am geeignetsten wären, den schwächeren Theil der Bevölkerung zu ernähren, nun umgekehrt von diesem ernährt werden müssen. Zu diesen Schwierigkeiten tritt aber noch eine viel größere. Je mehr nämlich die Militärstaaten des Kontinents ein großes Friedensheer erhalten, desto gespannter wird die allgemeine Lage, und desto weniger sind alle industriellen, alle gewerblichen Kräfte der Nation dazu geeignet, wirkliche Fortschritte zu machen. Sie können das sehr deutlich an unserem Volke sehen: alle industriellen Zweige leiden unter dem gemeinsamen Drucke, und ebenso ist die Landwirthschaft theilweise von besonders großen Kalamitäten, an allen Orten aber von einer schweren Ueberlastung und von Mangel an Kredit heimgesucht. Die einzigen Gewerbe, welche floriren, das ist die Waffenfabrikation und die transatlantische Schifffahrt, soweit sie dazu bestimmt ist, die Auswanderer nach Amerika zu führen (Oh! oh! rechts, Bravo links), um deren Kräfte und finanzielle Mittel dort verwerthen zu lassen. Für diese Schäden, die ich nur kurz angedeutet habe und die ich nicht weiter ausführen will, kennen wir nur ein Heilmittel, welches wir schon seit langer Zeit empfohlen haben. Ich weiß zwar, daß wir Ihnen in dieser Beziehung nichts Neues sagen, wir sind eben, wie Sie wissen, unverbessert und auch unverbesserlich. (Heiterkeit und Zustimmung rechts.)

Unser Heilmittel besteht in der bedeutenden Verminderung des stehenden Heeres und in der Einführung einer kurzen, allerhöchstens zweijährigen Dienstzeit bei den Fahnen. (Bravo links, Widerspruch rechts.)

Wenn Sie, meine Herren, diese Erklärung anhören, so sind wir uns vollständig bewußt, daß vielleicht aus der Mitte dieses Hauses, vielleicht auch außerhalb desselben, uns der landläufige Vorwurf des Mangels an Patriotismus gemacht werden wird. Meine Herren, wir können das in gewissem Maße zugeben. Es giebt nämlich sehr verschiedene Begriffe von Patriotismus, — der eine erklärt den für den besten Patrioten, der bei gewissen loyalen Festen am längsten seine Fahne aushängt und die hellste Illumination veranstaltet; ein anderer ist der Meinung, daß der der beste Patriot sei, der ehrlich und gewissenhaft für das materielle und geistige Wohl des Volkes sorgt und sein eigenes selbstisches Interesse dem allgemeinen Besten unterzuordnen weiß. (Bravo links.)

Wir unsererseits streben nur nach der zweiten Art des Patriotismus. Man wird uns weiter sagen, meine Herren, es sei unzeitgemäß, daß wir in dem gegenwärtigen Augenblicke mit einer solchen Forderung kämen. Ja wir haben es erfahren, daß seit mehreren Jahren solche Verhältnisse bestanden haben, daß man sagte, kommt doch künftig mit diesen Anliegen, in diesem Augenblick ist es zweckmäßiger zu schweigen. Wir sind aber der Meinung, daß diese Verhältnisse eben so lange fortbestehen werden, als die großen Friedensheere bestehen, und daß, wenn nicht in diesem Punkte die Heilung angefangen wird, dann dieselbe für alle Zukunft überhaupt unterbleiben wird. Man kann noch eine andere Frage stellen, man wird fragen, ob wir der Meinung sind, daß wir im Norddeutschen Bunde mit der Entwaffnung anfangen sollen. Die Antwort ist einfach die: Es könnte möglich sein, daß das nicht nothwendig wäre und daß durch Verhandlungen mit anderen Staaten sehr wohl eine gleichzeitige Entwaffnung zu erzielen wäre; wir würden das mit Freuden begrüßen; sollte das aber nicht der Fall sein, dann allerdings erklären wir, daß wir der Meinung sind: der norddeutsche Bund ist im Stande, seinerseits mit der Entwaffnung zu beginnen. (Sehr wahr! und Bravo links, lebhafter Widerspruch rechts.) Wenn wir unsere Heeresorganisation, deren gute Seiten von keiner Partei dieses Hauses verkannt werden, überhaupt hochgeschätzt haben, so ist es hauptsächlich deswegen, weil sie das Mittel gewährt, in einem Augenblick so viel als möglich das Volk den Arbeiten des Friedens hinzugeben und kurze Zeit darauf ein großes Heer in voller Waffenkraft aufzustellen. (Bravo!

links.) Ich glaube also, daß wir mit einer derartigen Anforderung der Wehrfähigkeit unseres Vaterlandes nicht Schaden thun. Zum Schluß, meine Herren, lassen Sie mich noch ein Wort aussprechen. Wir haben hier im Hause öfter, und zwar auch in Fällen, wo es eigentlich weniger zur Sache gehörte, den kriegerischen Ruhm des Jahres 1866 zitiren und hochhalten hören. Wir unsererseits erkennen die militärischen Großthaten an, die in diesem Jahre geleistet sind und freuen uns darüber; denn die militärische Tüchtigkeit einer Nation ist durchaus nothwendig, um ihre Unabhängigkeit aufrecht zu erhalten; aber, meine Herren, ein bitterer Beigeschmack ist uns doch bei einem solchen Zitiren dieses kriegerischen Ruhmes jedesmal fühlbar geworden. Wir können nicht leugnen, wir wünschen, es würden diese Siege weniger oft angeführt, weil sie doch leider, wenigstens zum Theil, Siege von Deutschen über Deutsche sind. (Widerspruch rechts.)

Meine Herren, zum Schluß also die Ueberzeugung: es giebt noch einen anderen und einen höheren Ruhm als den kriegerischen Ruhm, und die Nachwelt wird die Palme demjenigen aufbehalten, der es versteht, dem deutschen Volke die innere Freiheit und die ruhige Friedensarbeit zu geben." (Lebhafter Beifall links.)

Nach ihm nahm Twesten das Wort mit eingehender Besprechung einiger Punkte des Etats, die möglicherweise künftig, wenn wieder zur Feststellung des Etats übergegangen wird, von Erheblichkeit sein würden. Er begann seine Rede mit der Erklärung:

„Meine Herren, ich will dem Herrn Abgeordneten v. Hoverbeck in keiner Weise auf das politische Gebiet folgen, weil ich glaube, daß eine erhebliche Ermäßigung der Armee in diesem Augenblicke für den norddeutschen Bund vollständig unmöglich ist. Ich erkenne an, daß unsere Besprechung des Militäretats, da wir uns ihm gegenüber nur in der Stellung einer berathenden Körperschaft befinden, für den Augenblick keine sehr große Bedeutung hat, ich würde aber gern gesehen haben, wenn der Herr Abgeordnete v. Hoverbeck den Ausdruck, daß eine Besprechung dieser Angelegenheit nicht würdig sei, unterlassen hätte."

Es war dies die letzte Rede, die Twesten als Volksvertreter hielt. Mit der Sitzung vom 24. April 1869 schloß seine parlamentarische Thätigkeit, „er erkrankte und verließ außer einigen kurzen Unterbrechungen das Bett nicht bis zu seinem am 14. Oktober 1870 erfolgten Tode."[5])

Mit dem Marineetat, über den in derselben Sitzung vom 24. April verhandelt wurde, kam zugleich ein Gesetz zur Berathung, wodurch der Betrag, der zur Bestreitung der außerordentlichen Ausgaben für die Kriegsmarine und die Küstenvertheidigung im Gesetz vom 9. November 1867 bewilligten Anleihe von 10 Millionen auf 17 Millionen Thaler erhöht werden sollte. Zu Eingang der Diskussion hielt der Abgeordnete Dr. Wehrenpfennig eine begeisterte Rede für Vergrößerung der Marine. Er erklärte Hoverbecks Ansicht nicht zu theilen,

„daß wir heut in der Lage wären, statt uns zu sichern, statt uns zu bewaffnen — zu entwaffnen. Ich bin vielmehr der Ansicht, daß wir besser thun, wenn wir den altpreußischen Traditionen, den Traditionen Friedrichs des Großen folgen, der warnend den Seinigen zurief, toujours en vedette zu sein."

Er hatte den Rath von Sachverständigen eingeholt und besprach die Ergebnisse, wenn der Flottenplan von 1867 nach zehn Jahren ausgeführt wäre. Von der im Bau begriffenen Panzerkorvette Hansa meinte er:

„sie ist wohl mehr bestimmt, um auswärtige Missionen zu übernehmen, um stationiert zu werden in den ostasiatischen Gewässern. Die Civilisation dringt jetzt auch, so sehr der Herr Abgeordnete v. Hoverbeck es bedauern mag, bis zu den halbbarbarischen Völkerschaften. Selbst die Japanesen schaffen sich schwere Kanonen an; wir müssen deshalb auch etwas thun und den Korvetten, die wir hinausschicken in fremde Meere, einen Panzer mitgeben."

Wehrenpfennig hielt nicht für richtig, wenn die Marineverwaltung die seit dem Jahre 1866 eingeschlagene Richtung, die einseitige Vorliebe für große Seekolosse weiter verfolge.

„Alle Sachverständigen sind darüber einig, daß es nicht möglich ist, eine Küstenvertheidigung allein vom Lande aus fertig zu bringen, allein dadurch, daß wir die verschiedensten Punkte durch Landbatterien befestigen; sie bedarf der nothwendigen Ergänzung durch bewegliche schwimmende Batterien, durch Thurmschiffe, durch Monitors."

Hoverbeck entgegnete ihm:

„Ich bin dem Herrn Vorredner zunächst Dank schuldig für die Erklärung, die er mir in Beziehung auf den Begriff der Civilisation gegeben hat. Nach ihm ist Civilisation die Anschaffung von Panzerschiffen, und er rühmt die Japanesen, daß sie auch schon so weit in der Civilisation gekommen seien. Ich muß offen gestehen, wenn die Civilisation den armen Leuten nichts Besseres bringt, so mögen sie immer noch ein Weilchen darauf verzichten. Wenn er mir den Schatten Friedrichs des Großen beschwört und sagt, derselbe würde meinen Anschauungen schnurstraks widersprechen, so können wir das dahin gestellt sein lassen; wir haben den Mann leider nicht hier; ich glaube aber, wenn er hier wäre, so würde er wahrscheinlich dem bekannten Diktum zustimmen, welches sagt: „Derjenige gewinnt den Krieg, welcher den letzten Thaler in der Tasche behält."

Ich wünsche nun zu den Motiven der Vorlage, die uns allerdings in ziemlicher Kürze gegeben sind, ein paar Worte der Erläuterung zu sagen. Die Motive stützen sich vor allen Dingen auf einen finanziellen Plan, der schon in den früheren Sessionen dem Hause vorgelegt ist. Ich bin über den Werth solcher finanziellen Pläne zur Ausführung künftiger großer Bewaffnungen einigermaßen Ketzer; ich weiß, daß im preußischen Abgeordnetenhause vielfach auf die Vorlegung solcher Pläne gedrungen ist, und daß man es im vorigen Jahre zweckmäßig gefunden hat, solche Pläne zu sehen. Ich glaube aber, dieselben werden in jetziger Zeit sehr an Werth verlieren, da es anerkannt ist, daß gerade in dem Punkte des Schiffsbaus und der Bewaffnung jetzt so starke und plötzliche Reformen eintreten, daß man auf längere Jahre hinaus einen Plan eigentlich gar nicht gut begründen kann. Ich glaube also, man kann von der Bundesregierung durchaus nicht verlangen, daß der Plan derartig sein soll, daß er für längere Jahre Giltigkeit behält; was uns aber vor allen Dingen wichtig, ist, daß der Reichstag sich durch einen solchen Plan nicht binden lassen kann. Der Reichstag hat in jedem Jahre für die Bedürfnisse dieses Jahres zu sorgen; er hat aber, meine ich, weder den Beruf noch die Berechtigung, für lange Jahre hinaus schon Gelder zur Disposition zu stellen und also in diesem Falle seinem etwaigen Nachfolger ein Recht zu vergeben. (Bravo! links.)

Ich sehe ferner in dem Plane, wie er hier aufgestellt ist, und der auf eine Ausgabe von 8 Millionen jährlich hinausgeht, auch noch ein anderweitiges Bedenken: es scheint mir das der erste Schritt dazu zu sein, das Pauschquantum, das wir bei dem Landheere haben und das wir unsererseits beklagen, auch für die Marine einzuführen, und zwar für eine Zeit, die weiter hinausgeht, als die, für welche es bei dem Landheere bestimmt ist. Ich glaube, daß man solchen Anfängen durchaus entgegentreten muß. — Im Uebrigen will ich bekennen, daß mir die Summe von 8 Millionen für die Marine an sich nicht zu hoch erscheinen würde; sie erscheint mir aber zu hoch, so lange ich nicht weiß, auf welche Summe in Zukunft der Militäretat bestimmt wird. So lange der Militäretat seine heutige Höhe hat, glaube ich, dürfen wir eine so große Summe für die Marine nicht als zulässig anerkennen, und ich würde also zu einer Antwort auf die Frage, ob die 8 Millionen angemessen sind oder nicht, erst im Jahre 1872 bereit sein und nicht früher.

Meine Herren, es ist dann unter den Verwendungen, die hier namentlich in Aussicht genommen werden, auch von der Küstenbefestigung die Rede gewesen. Ich bin mit der Nothwendigkeit dieser Maßregel vollkommen einverstanden: ich glaube aber, daß sie durch die Bewilligungen, die jetzt bereits gegeben sind, auch schon fast vollständig erfüllt ist. $2^1/_2$ Millionen sind schon früher dazu verwandt, $^3/_4$ Millionen sind aus der Anleihe für diese Zwecke noch disponibel, es würde also nach der eigenen Rechnung der Regierung sich nur um eine Viertelmillion handeln, und ich glaube, daß dies eine Summe ist, derentwegen es nicht zweckmäßig wäre, eine neue Anleihe von 7 Millionen zu bewilligen. Es kann mir leid thun, daß in Beziehung auf den Schiffsbau Einschränkungen eintreten müssen, wenn die 7 Millionen, die heute von uns mehr verlangt werden, nicht bewilligt würden; gleichwohl glaube ich, ist die finanzielle Lage des Bundes eine solche, daß wir uns zu dieser Reduktion verstehen müssen, und ich berufe mich auf das, was ich schon früher angedeutet habe: nicht die Höhe der Verwendungen für militärische Zwecke, sondern die Höhe der im Ganzen disponibeln Mittel wird schließlich über unsere Wehrkraft entscheiden.

Wenn die geringe Summe, welche nach diesen Andeutungen, die ich eben gemacht habe, noch fehlen sollte, der Regierung zur Disposition gestellt werden soll, so würde ich meinerseits mich dem nicht entziehen, insofern sie sich auf eine Verwendung allein für dieses Jahr bezieht; aber dann würde ich eben bei der verhältnißmäßigen Geringfügigkeit der Summe es immer für viel zweckmäßiger halten, dieselbe durch Matrikularbeiträge aufzubringen, als darum eine besondere Anleihe zu bewilligen."

Harkort, das in Marinesachen sachverständigste Mitglied des Reichstags, besprach Fehler der Marineverwaltung beim Schiffsbau, dann wurde die Vorlage mit großer Mehrheit angenommen.

Ein Antrag von Harkort und Genossen, auf der Insel Norderney einen Fluthhafen anzulegen zur Hebung der Fischerei auf hoher See, ebenso ein eventueller Antrag des Abgeordneten Röben für Aurich, der zunächst die erforderlichen Untersuchungen zur Anlegung des Hafens veranlassen wollte, wurden abgelehnt. Hoverbeck hatte sich für den letzteren Antrag ausgesprochen.

Von den in der Thronrede angekündigten Vorlagen zur Erhöhung der Einnahmen des Bundes war die erste, ein Gesetzentwurf, betreffend die Besteuerung des Branntweins, erst am 16. April eingegangen. Bei der ersten Berathung (26. April) begründete der Bundeskommissar, daß zunächst wegen des preußischen Defizits die Finanzverwaltung noch eine Reihe anderer Gesetzesvorlagen zur Beschaffung von Einnahmen vorlegen werde. Der Bundeskanzler erklärte die Mannigfaltigkeit der Steuervorlagen aus der Abneigung, irgend einen Erwerbszweig zu beeinträchtigen und überließ dem Reichstag die Auswahl.

Der Reichstag hatte keine Lust, diese Auswahl vorzunehmen, — Mißmuth auf allen Seiten. Forckenbeck, der als Landtagspräsident Vertrauensmann auch der Minister geworden war, schrieb am 30. April an seine Frau:

„Die gegenwärtige unerträgliche Lage unsrer öffentlichen Dinge nutzt alle betheiligten Menschen bis auf den letzten Nerv ab und schafft doch nichts Befriedigendes. Nicht ich bloß befinde mich in dieser Stimmung, sondern von allen Seiten wird dieselbe mir anvertraut. Hoverbeck will kein Mandat zum Reichstage mehr annehmen, Blanckenburg, Bethusy-Huc sagen dasselbe u. s. w."

Gestern ließ mich v. d. Heydt um eine Konferenz bitten. Ich traf ihn sehr aufgeregt. Er fragte mich, was aus den Steuervorlagen werden würde. Schon in Varzin habe er sich mit Bismarck geeinigt, daß im Reichstage zur Vermehrung der eignen Einnahmen des Bundes die neuen Steuern beantragt werden sollten. Alle Vorlagen seien auf Befehl des Grafen Bismarck ausgearbeitet. Jetzt habe derselbe die Branntweinsteuer so schlecht vertheidigt. Gehe die nicht durch, so wären ihm die andern Steuervorlagen bedenklich.

Ich erklärte ihm rund heraus, daß ich keine einzige bewilligen würde und glaube, daß die Majorität dasselbe thun werde. Es scheine mir am besten, wenn die Regierung noch jetzt alle Steuervorlagen zurücknehme und die Lage der Finanzen am Schlusse des Jahres abwarte und dann mit der liberalen Partei sich ernstlich zu verständigen suche, namentlich uns solche Rechte gebe, daß wir wenigstens hinsichtlich einer vorhandenen Steuer jährlich bewilligen könnten. Der erste Theil des Rathes leuchtete ihm ein, der zweite nicht. Er fragte mich, ob ich ebenso offen mit Bismarck sprechen werde. Ich sagte ihm, daß sich das von selbst verstehe; rieth noch, das Zollparlament gar nicht erst zu berufen.

Zwei Tage zuvor, am 28. April, hatte Hoverbeck in einem Briefe an seinen Freund Professor Möller geschrieben:[6])

„Du kannst Dir wohl denken, mit welcher Sehnsucht ich auf das Ende unserer parlamentarischen Zwangsarbeit warte. — Aber ein Gutes hat diese übertriebene Parlamenterei doch in mir zu Wege gebracht, nämlich den bestimmten Beschluß, sie zu beschränken, und daher eine Wahl zum Reichstage nicht mehr anzunehmen. Eine der Folgen davon wird sein, daß ich auch meine landschaftlichen Pflichten, die ich jetzt unerhört vernachlässigen muß, besser erfüllen kann. . . . . . Was die Politik betrifft, so stehen wir uns jetzt mit den Nationalen etwas besser, weil sie uns versprochen haben, gegen die neuen Steuern zu stimmen. Von einem Theil derselben glaube ich das auch bestimmt; aber ob dieser bessere Theil Herr über die faulen Elemente werden wird, bleibt abzuwarten."

Hoverbecks Erwartungen wurden nicht getäuscht. Die neuen Steuern wurden in der Hauptsache abgelehnt; zunächst das Branntweinsteuergesetz. Dasselbe wollte die Maischbottichsteuer von 3 Silbergroschen für jede 20 preußische Quart Rauminhalt der Maischbottiche auf 4 Silbergroschen erhöhen. In der zweiten Berathung (29. Mai) wurde diese Erhöhung mit 217 gegen 15 Stimmen abgelehnt. Statt der Erhöhung der Maischbottichsteuer für die kleineren landwirthschaftlichen Brennereien auf 3 Silbergroschen 4 Pfennige wurde auf Antrag Hoverbecks beschlossen, die bisherige Steuerermäßigung von 2 Silbergroschen 6 Pfennige wiederherzustellen. Als in der dritten Berathung (5. Juni) im Wesentlichen dieselben Bestimmungen angenommen wurden, erklärte der Präsident des Bundeskanzleramts, Delbrück, auf die weitere Berathung des Gesetzes zu verzichten.

Mit großer Mehrheit wurden ferner die Gesetzentwürfe, betreffend die Besteuerung der Schlußscheine und anderer Schriftstücke des Handelsverkehrs, und die Besteuerung des Braumalzes abgelehnt. In einer Kommission vorberathen wurde ein Gesetzentwurf, betreffend die Wechselstempelsteuer. Dies Gesetz kam zu Stande und damit die Umwandlung des Wechselstempels in eine Bundessteuer. Abgelehnt wurde dabei ein Antrag der Fortschrittspartei, der alle Wechsel unter 50 Thaler wie bisher in Preußen stempelfrei erklären wollte. Dieses Gesetz und die Aufhebung der Portofreiheit brachten in die Bundeskasse jährlich über zwei Millionen Thaler. Gegen die neuen Steuern hielt Waldeck am 21. Mai seine letzte Rede. Nach Schluß des Reichstags nöthigte ihn sein Gesundheitszustand, seine Mandate niederzulegen.

Auch in dieser Session wurde von der Fortschrittspartei (Waldeck und Genossen) der Antrag auf Gewährung von Reisekosten und Diäten eingebracht und in der ersten Berathung mit 109 gegen 94 Stimmen angenommen, aber in der zweiten Berathung (12. Mai) mit 110 gegen 100 Stimmen abgelehnt.

Ein von Schulze-Delitzsch mit Unterstützung der Fortschrittspartei eingebrachter Gesetzentwurf über die privatrechtliche Stellung von Vereinen wurde in besonderer Kommission vorberathen und nach mehrtägigen Plenarverhandlungen vom Reichstage angenommen (21. Juni). Der Bundesrath verweigerte die Genehmigung.

Angenommen wurde u. A. das Gesetz, betreffend die Beschlagnahme des Arbeits- oder Dienstlohnes vom 21. Juni 1869, ferner das Gesetz, betreffend die Errichtung eines obersten Gerichtshofes für Handelssachen vom 12. Juni, wodurch für Handelssachen für alle Staaten des norddeutschen Bundes als gemeinsamer oberster Gerichtshof das Bundesoberhandelsgericht zu Leipzig eingesetzt wurde.

Aus der Initiative der Fortschrittspartei — Antrag Moritz Wiggers — ging das Gesetz, betreffend die Gleichberechtigung der Konfessionen in bürgerlicher und staatsbürgerlicher Beziehung, vom 3. Juli 1869 hervor. Ueber Petitionen von Mennoniten ging der Reichstag nach Reden von Forckenbeck und Hennig zur Tagesordnung über.

Das Zollparlament war zum 3. Juni einberufen und tagte bis zum 22. Juni. Der Reichstag hielt noch bis zum 5. und dann erst wieder am 19. Juni Sitzungen ab. Die Eröffnungsrede zum Zollparlament verlas der Präsident des Bundeskanzleramts Delbrück. Das Präsidium wurde wie im Jahre zuvor besetzt: Simson, v. Hohenlohe-Schillingsfürst und Herzog v. Ujest.

Drei wichtige Gesetzesvorlagen bildeten den Hauptgegenstand der Verhandlungen. Ein neues Vereinszollgesetz wurde nach mehrfachen Aenderungen des Entwurfs schließlich einstimmig angenommen. Ein Vereinszolltarifgesetz, wesentlich mit dem 1868 vorgelegten übereinstimmend, verlangte wiederum die Einführung eines Petroleumzolls; diese wurde in zweiter und dritter Berathung abgelehnt, zuletzt mit 57 gegen 111 Stimmen, das Gesetz selbst mit 139 gegen 129 Stimmen angenommen. Bismarck, der zum ersten Male bei der Schlußberathung des Zolltarifgesetzes (21. Juni) im Parlament erschienen war, hatte vor der Abstimmung erklärt, eine Tarifänderung ohne die Bewilligung des Zolles auf Petroleum würde die verfassungsmäßig unentbehrliche Zustimmung des Präsidiums nicht finden.

Ein Gesetzentwurf, betreffend die Besteuerung des Zuckers, erhöhte die Steuer vom inländischen Rübenzucker von 7½ auf 8 Silbergroschen für den Zollzentner der zur Zuckerbereitung bestimmten rohen Rüben und enthielt neue Bestimmungen über die Ausfuhrvergütung und den Eingangszoll vom ausländischen Zucker und Syrup. Das Gesetz wurde mit 159 gegen 109 Stimmen angenommen. Die Fortschrittspartei gehörte zur Minderheit.

Am folgenden Tage, den 22. Juni, wurden unmittelbar hintereinander Zollparlament und norddeutscher Reichstag vom Könige geschlossen. In der Thronrede zum deutschen Zollparlament erklärte der König, die Revision des Vereinszolltarifs sei zu seinem Bedauern nicht zum Abschluß gelangt. Er gebe die Hoffnung nicht auf, daß die Verschiedenheit der Meinungen über die finanziellen Aufgaben des Vereins, die den Abschluß verhindert, mit der Zeit ihre Ausgleichung finden werden.

Hoverbeck hatte bei den Berathungen über den Vereinszolltarif für die im Gesetz vorgeschlagene Ermäßigung des Eingangszolls auf Reis gesprochen und dabei ausgeführt, die Landwirthschaft habe keinen Grund, sich gegen diese Ermäßigung zu wehren. Er knüpfte daran eine allgemeine Erklärung:

„Ich wollte lieber meine Gewerbsgenossen, die Landwirthe überhaupt warnen, sich auf dieses Danaergeschenk einzulassen, das ihnen von Seiten der Schutzzollpartei hin- und hergebracht wird. Erstlich wäre das moralich durchaus nicht zu rechtfertigen, denn die Landwirthschaft, welche die nothwendigsten Lebensmittel für die Konsumtion gerade auch des Aermeren erzeugt, kann es in ihrem Gewissen nicht verantworten, wenn sie durch den Schutz, den sie verlangt, den ärmsten Leuten die Nahrung vertheuert. Es wäre aber auch eine Thorheit, nachdem die Einfuhr des Getreides zollfrei gemacht ist — Gott sei Dank ohne Protestation seitens der Landwirthschaft, was ich hier konstatieren will — jetzt noch anzufangen, sich bei einzelnen Kleinigkeiten einen Schutzzoll zu erbitten. Das kann der Landwirthschaft in keiner Weise helfen. Das Einzige, was für sie von wirklichem Werth sein muß, ist, daß die freie Einfuhr fremder Waaren ebenso, wie dies bei allen Produkten der Landwirthschaft geschehen ist, so viel als möglich und mit den Finanzen verträglich ist, überall durchgeführt werde. Die Landwirthschaft hat darauf zu dringen, daß das Schutzzollsystem überall abgeschafft werde, und wollen Sie wissen, was die Landwirthschaft zu ihrem Gedeihen gebraucht, es ist Ihnen gestern schon gesagt worden: Schaffen die der Landwirthschaft freie und billige Benutzung ihres Arbeitsmaterials, des Eisens!"

In der Thronrede zum Schluß des Reichstags war neben dem Bedauern, daß über mehrere zur Verminderung der Matrikularbeiträge vorgeschlagene Maßregeln eine Einigung nicht erzielt wurde, ausgesprochen, daß zunächst den Landesvertretungen die Aufgabe zufalle, die Ausfälle durch Einschränkung der Staatsausgaben oder durch Bewilligung von Abgaben, die der Gesetzgebung der Einzelstaaten unterliegen, zu decken.

In dieser Session wurde im Reichstage der sogenannte Schwerinstag eingeführt (17. April 1869). In jeder Woche findet an einem bestimmten Tage eine Sitzung statt, in der an erster

Stelle die zur Erörterung im Plenum gelangenden Petitionen und die von Mitgliedern des Reichstages gestellten Anträge erledigt werden. Ueber die Reihenfolge und deren Aenderungen sind im Laufe der Jahre neuere Bestimmungen getroffen. In der Hauptsache besteht der Schwerinstag sowohl im Reichstage wie im preußischen Abgeordnetenhause noch jetzt.

Anmerkungen zum 39. Kapitel.

[1]) Roon hatte guten Humor mitgebracht. Er schrieb seinem „lieben Moritz" (Blanckenburg) am 8. November: „Die Aufregungen der letzten Wochen sind verrauscht; gegen 60 Gesetzentwürfe berathen und fertig gemacht, sehr ernste Differenzen mit dem „großen Zauberer" in V. ausgeglichen . . . und morgen — ja morgen beginnt wieder der alte parlamentarische Leierkasten seine bekannten Melodien zu orgeln. Ja, das Leben ist herrlich! Besonders unter Goldonkels fetten Fittigen! — — Und Du, elender Krautjunker, sitzest daheim bei Deiner Giftbude und grübelst über einem anständigen Vorwande, um auch dem diätenlosen Reichstage Dich zu entfremden?! Du bist im Sinken und Verkommen, daß es zum Erbarmen wäre, wäre es nicht zum Beneiden!!

[2]) Zu Forckenbeck sprach der König am 11. November davon, wie unangenehm das Defizit ihm sei. Sein Herz habe es nicht zugelassen, neue Steuern zu fordern. Eine so hart geprüfte Provinz wie Preußen, könne man nicht jetzt neu besteuern, ebenso wenig die neuen Landestheile, die eben erst neu besteuert seien. Deutsche Revue 1898 Bd. 4 S. 149.

[3]) Im Dezember 1868, Januar und Februar 1869 gab es hinter den Coulissen öfter Verhandlungen des Finanzministers mit Forckenbeck und anderen nationalliberalen Parteiführern. Diese verriethen nicht, was in vertraulichen Konferenzen mit den Ministern verhandelt war. Ferner hatte Forckenbeck wiederholt Konferenzen mit Bismarck. Letzterer sprach zwar nicht mehr davon, wie im Frühjahr 1868, daß er abgehen und den König veranlassen werde, Bennigsen und Forckenbeck zu Ministern zu machen, aber er sprach sich, wie Forckenbeck seiner Frau schrieb, „sehr bitter, sehr entrüstet über Eulenburg und Mühler aus." Forckenbeck traute diesen Reden nicht. „Was ist davon Wahrheit, was Lüge? . . . Hat er wahr gesprochen?" schrieb er im Dezember 1867 und Januar 1869 seiner Frau.

[4]) Miquel verwahrte sich, Hoverbeck den Vorwurf eines System- oder Meinungswechsels gemacht zu haben: „Dazu steht er mir als Charakter viel zu hoch."

[5]) Gustav Lipkes Aufsatz „Bismarck und Carl Twesten", Deutsche Revue 1880, Jahrgang 4, 2. Band. — Twesten schrieb an Lipke noch am 12. Juli 1870: „Da an eine parlamentarische Thätigkeit für die nähere Zukunft nicht mehr zu denken, habe ich natürlich auf Wiederwahl verzichtet. So scheide ich denn aus der politischen Thätigkeit — mit einem gebrochenen Arm, Verlust von Amt und Einkommen, gänzlich zerrütteter Gesundheit, ohne irgend etwas gewirkt und erreicht zu haben. Die Junker haben Glück, bei Aenderung hätte ich doch am meisten gethan, ihrem Regiment einen Riegel vorzuschieben."

[6]) Hoverbecks Brief war eine Antwort auf einen schon 4 Wochen früher empfangenen Brief Möllers. Möller war wie die meisten alten Fortschrittsmänner erbittert über die Nachgiebigkeit der nationalliberalen Abgeordneten. Dies ging aus seinem Brief an Hoverbeck hervor, worin er schrieb:

„. . . Ich war vor 14 Tagen auf einige Stunden in Elbing, um im dortigen kaufmännischen Verein auf Wunsch des Vorstandes einen Vortrag zu halten. Bei dieser Gelegenheit sprach ich Forckenbeck, zum ersten Male seit dem Herbste 1866. Er kam natürlich gleich auf Politik und ebenso natürlich lagen wir uns alsbald — in aller Freundschaft — in den Haaren. „Wachsende Macht des Landtags, wie des Reichstags", „fruchtbare Initiative des Hauses" (der Judeneid!), „steigende Opposition des Herrenhauses gegen die liberalen Intentionen der Regierung" — das waren die Geigen, davon sein Himmel voll hing!

O selig, o selig ein Nationalliberaler zu sein! Was kümmern ihn neue Steuern und Defizits; hat er doch die Lehrerwittwenpensionen erhöhen helfen! Was ficht ihn die Militär- und Pfaffenwirthschaft an; der Judeneid ist ja beseitigt! Welche Siege! Man muß es wirklich mit eignen Ohren hören, um es für möglich zu halten, daß sich einsichtsvolle Männer mit solchen Brocken abspeisen lassen und dabei in allen Hauptfragen nach der Pfeife des Junker- und Pfaffenregiments tanzen."

Vierzigstes Kapitel.

Nach Schluß des Reichstags 1869. Landtagssession vom Oktober 1869 bis zum Februar 1870.

Hoverbeck verwendete die nächsten drei Wochen unmittelbar nach Schluß des Reichstages zu einer Reise, die er mit seiner Gattin nach Salzkammergut, Salzburg, München und Tirol unternahm. Er schrieb an seinen Freund Witt, er habe nach dem vielfachen Rath mehrerer Freunde, namentlich der süddeutschen Parlamentskollegen Völk, Crämer, Staufenberg u. s. w. eine Tour gewählt, die in allen Theilen schön war.

„Lichtpunkte darin waren besonders das Salzkammergut mit seinen schönen Seeen und Flüßchen, namentlich der Gosau (inkl. Zwieselalp); Salzburg, so viel es der strömende Regen sehen ließ; München mit Glyptothek und Pinakotheken; Innsbruck mit Schloß Amras; die Brennerbahn, ein wunderreicher Bau, der die Lokomotive über und durch Felsen an schwindelnden Abgründen bis in die Höhe der Alpenrosen führt; Botzen und Meran mit Schloß Tirol und alle Ueppigkeit einer südlichen Vegetation, wo die Granaten im Freien an Felswänden wachsen; endlich das anmuthige Zillerthal mit seiner freundlichen Bevölkerung und seinen wechselnden Ansichten; vorn breit mit fast sumpfiger Ebene, in der die Ziller fließt, umgeben von sanftansteigenden Bergen, welche überall mit grünen Weiden, Fruchtfeldern oder Wald bedeckt sind; dagegen tief im Hintergrunde in fünf verschiedenen schmalen Thälern sich bergaufziehend, und den ewigen Schnee des Urgebirgs im Hintergrunde. Doch von all dem Schönen wollen wir Michaeli gemüthlich plaudern!"

Hoverbecks Widerwillen am parlamentarischen Leben hatte sich nicht verringert. An Witt schrieb er am 17. August:

. . . „Ich meinerseits fühle ein wirkliches Grauen vor meiner bevorstehenden Winterarbeit, nicht an sich, sondern hauptsächlich wegen ihrer übermäßigen Länge. Der erste Theil derselben, das Abgeordnetenhaus ist mir verhältnißmäßig noch der liebste; es herrscht dort (ob der Diäten wegen?) ein soliderer, ich möchte sagen bürgerlicher Ton vor, während der Reichstag im Allgemeinen trotz seiner Sozialdemokräten ein vornehmes Wesen hat oder haben möchte. Den alten Waldeck werde ich auch sehr vermissen; fürs Abgeordnetenhaus gewährt Virchow doch einen, wenn auch kaum parlamentarisch, doch jedenfalls geistig vollkommen ausreichenden Ersatz.

Die freilich kurze Reise gewährt uns noch immer viele angenehme Erinnerungen . . . Reichenhall, Berchtesgaden und den Königssee habe ich mir für ein anderes Mal vorbehalten müssen . . ."

Er hoffte mit Bestimmtheit, daß Witt die Michaelisferien in Nickelsdorf zubringen werde.

„Auf unser bevorstehendes Stillleben in den Michaelisferien freue ich mich schon sehr. Je früher sie eintreten, desto besser, sowohl wegen des Wetters, als der drohenden frühen Einberufung des Landtags. Dann sollst Du auch meine jungen Bäume in der Pflanzung mit Früchten bedeckt sehen, — wenigstens die Sorten, welche dann noch nicht reif geworden und abgenommen sind. Ob Du Nickelsdorf noch wiederkennst, nachdem die Eisenbahnbauten es in zwei Theile zerschnitten haben, ist freilich zweifelhaft, um so dringender ist es aber, daß Du es wieder ordentlich kennen lernst . . ."

Froh, der parlamentarischen Arbeit, deren Wiederkehr im Winter ihm Grauen einflößte, auf kurze Zeit entronnen zu sein, kümmerte sich Hoverbeck nicht um das, was inzwischen in den oberen Kreisen vorging. Forckenbeck hatte schon am 30. Mai seiner Frau geschrieben:

„Der König ist krank, inwieweit, weiß man nicht. Graf Bismarck ist krank . . . Was vorgeht, weiß Niemand."

Auch über das, was damals vorging, haben wir jetzt aus dem Briefwechsel Bismarcks und Blanckenburgs mit Roon ziemlich genaue Kenntniß erhalten. Bismarck verweilte seit Schluß des Reichstags wieder krank in Varzin. Die Verwirrung im preußischen Ministerium bestand fort, ja, hatte sich noch gesteigert. Bald wollte Roon, bald Bismarck den Abschied nehmen, dagegen vertheidigte Heydt, den Beide beseitigen wollten, seine bedrohte Stellung mit Löwenmuth; auch Selchow und Mühler dachten nicht daran zu weichen. Roon war Mitte August im Ministerium überstimmt, die Marinebeamten sollten nicht mehr preußische, sondern lediglich Bundesbeamte sein. Roon drohte mit seinem Abschied und schrieb an Bismarck, solche Interpretation des Artikels 53 der Bundesverfassung empöre sein preußisches Pflichtgefühl. „Und Ihr deutsches nicht? wieviele hat man denn?" bemerkte Bismarck am Rande des Schreibens. Er suchte Roon in einem langen Briefe zu beruhigen.

Ende August war Bismarck empört, daß die Anstellung eines von ihm zum Oberpostdirektor nach Frankfurt empfohlenen früheren hannoverschen Postbeamten vom König bemängelt wurde, weil derselbe erst drei Jahre in preußischen Diensten stehe, — „weibliche Einbläserei (Harems-Intriguen)“ suchte er fälschlich dahinter.

„Ich habe seit 36 Stunden nicht geschlafen, die ganze Nacht Galle gespieen und mein Kopf ist wie ein Glühofen trotz Umschlägen“

schrieb er am 29. August an Roon.[1])

Als brennende Frage bezeichnete auch Roon schon im September (Brief an Bismarck vom 21. September) die Beseitigung des „Goldonkels“. Er war mit Itzenplitz und Eulenburg darin einig. Sie hatten sich vorgenommen, zu versuchen, ob er sich nicht freiwillig zum Abtritt bekehrt![2]) Bismarck antwortete (24. September):

„Itzenplitz, der selbst den Fuchs nicht beißen will, wollte wiederholt verlangen, daß ich brieflich den Goldonkel morde. Ich verwies ihn und die anderen Kollegen auf Selbsthilfe und erwähnte dabei, daß Sie mir auf eine Andeutung in dieser Richtung nicht geantwortet hätten . . . Mein Verbleiben mache ich nicht gerade vom Ausscheiden des vergoldeten Onkels abhängig, wenn ich mich auch freuen würde, ihn freiwillig, befriedigt und mit suum cuique (schwarzen Adlerorden) scheiden zu sehen, da seine Unsicherheit und Unklarheit, sein Mangel an Festigkeit, Wahrheit und staatsmännischem Beruf es sehr erschweren, mit ihm zu arbeiten. Für seine Person habe ich eher ein gewohnheitsmäßiges Wohlwollen; aber als Kabinetsfrage sehe ich das Festhalten an dem Prinzip an, daß wir nicht wieder vom Kapital zehren, um das Budget zu equilibriren, sondern daß wir zu letzterem Zwecke Steuern fordern oder Ausgaben streichen . . . Ich würde an Heydts Stelle 25 % zu den Klassen- und Mahlsteuern, 50 % zur Einkommensteuer auf ein Jahr fordern. Aber jede Quälerei der Ziffern und Hilfsquellen, um das Defizit kleiner erscheinen zu lassen, als es thatsächlich und dauernd ist, halte ich für den größten politischen Fehler, den ich nicht mitmachen will . . .“

Zum Schluß des Briefes sprach sich Bismarck mit gebührender Vorsicht über „die Persönlichkeit des Souveräns“ aus:

„Unser Herr ist heut anders besaitet als 1862; er hat den Kelch der Popularität getrunken und will ihn nicht zerschlagen. Ich bin noch zu reizbar, um zu kommen. Ich werde Unfug anrichten und bin nicht arbeitsfähig genug, um ihn wieder gutzumachen.“

Minister Eulenburg sandte ihm den Entwurf der Thronrede und besuchte ihn dann, wohl im Auftrage des Königs, in den ersten Tagen des Oktober in Varzin. Blanckenburg war auf die dringende Bitte der Gräfin Bismarck auch nach Varzin gekommen. Eulenburg theilte ihm in einem langen Gespräch mit, „was man plante, um Heydt zu beseitigen.“[3])

Am 6. Oktober fand die feierliche Eröffnung des Landtages durch den König statt. Die Thronrede bedauerte, daß die Bemühungen der Regierung, durch Vermehrung der eigenen Einnahmen des Norddeutschen Bundes eine Erleichterung Preußens herbeizuführen, erfolglos geblieben seien. Die Regierung müsse deshalb zur vollständigen Deckung der etatsmäßigen Ausgaben einen Steuerzuschlag in Anspruch nehmen.[4]) Ferner wurde die Vorlegung zweier wichtiger Gesetzentwürfe, einer neuen Kreisordnung, zunächst für die sechs östlichen Provinzen, und eines vollständigen, alle Stufen des Unterrichts umfassenden Gesetzes über das Unterrichtswesen angekündigt.

Die Präsidenten der vorigen Session Forckenbeck, Köller und Bennigsen wurden wiedergewählt. In den ersten Sitzungen des Landtags wurde von den Ministern eine große Zahl Gesetzentwürfe vorgelegt, — außer dem Etat auch ein Gesetzentwurf über Aufnahme einer Anleihe von 13 Millionen Thalern, ferner der Entwurf der Kreisordnung für die sechs östlichen Provinzen.

Bei der Wahl der Mitglieder der ständigen Kommissionen wurde Hoverbeck in die Budgetkommission gewählt. Auch in dieser Session hat er öfter als alle anderen liberalen Abgeordneten außer Lasker das Wort ergriffen. Er war der eigentliche Wortführer der Fortschrittspartei. Ich werde nur auf diejenigen Reden näher eingehen, die für seine Eigenart charakteristisch sind.

Nur durch Unterstützung der Interpellation bezw. des Antrages nahm Hoverbeck theil an der Bekämpfung der Konzession einer Prämienanleihe von hundert Millionen Thalern, die auf Anregung der Direktion der Diskontogesellschaft vier großen Eisenbahngesellschaften (Bergisch-Märkische, Köln-Mindener, Magdeburg-Halberstädter, Oberschlesische) gewährt werden sollte. Der von Löwe in Gemeinschaft mit Mitgliedern anderer Parteien gestellte Antrag, daß das Haus die beabsichtigte Konzession mit dem Staatswohl für nicht vereinbar erklärte, wurde mit sehr großer Mehrheit angenommen (12. Oktober).

Bei der Berathung über die geschäftliche Behandlung des Staatshaushaltsetats (12. Oktober) griff Eugen Richter die bisherige Art der Vorberathung mit scharfen Worten an. Sein Antrag auf Kommissionsberathung der Etatsgesetze wurde von Klotz, der an Stelle Waldecks ins Abgeordnetenhaus gewählt war und von Virchow unterstützt, aber abgelehnt.

Am 26. Oktober[5]) beschloß das Abgeordnetenhaus auf die Tagesordnung der nächsten Sitzung die Vorberathung des Staatshaushaltsetats zu setzen. Am selben Tage ward dem Finanzminister v. d. Heydt die nachgesuchte Dienstentlassung gewährt und der bisherige Präsident der Seehandlung Otto Camphausen zu seinem Nachfolger ernannt. Die Vorberathung des Staatshaushaltsetats wurde bis zum 4. November vertagt.

Inzwischen begann man sich hauptsächlich mit dem Entwurf der Kreisordnung zu beschäftigen. Ihr wurden in dieser Session nicht weniger als 19 Sitzungen gewidmet, und doch gelangten damit die Berathungen kaum bis zur Hälfte. An der dreitägigen allgemeinen Diskussion der Kreisordnung hat sich Hoverbeck nicht betheiligt. Der Antrag der Fraktion der Fortschrittspartei (Hoverbeck und Genossen), von sämtlichen Mitgliedern als Antragstellern unterzeichnet, verlangte, den Gesetzentwurf, dessen Verbesserung nicht durch Abänderung einzelner Paragraphen, sondern nur durch Umarbeitung erfolgen könne, an eine Kommission von 21 Mitgliedern zu verweisen. Die Gesichtspunkte, nach denen die Umarbeitung geschehen müsse, waren in neun Erwägungen dem Antrage vorangestellt. Hervorzuheben sind davon die folgenden drei:

„In Erwägung:

1. daß eine den berechtigten Wünschen des Landes entsprechende Kreisordnung nothwendig eine auf dem Grundsatze der Selbstverwaltung beruhende Gemeindeordnung zur Grundlage haben muß, in welcher jedem volljährigen, im Besitze der bürgerlichen Rechte befindlichen und zu den Gemeindelasten beitragenden Gemeindeangehörigen ein gleiches Stimmrecht gewährt ist;

3. daß die Trennung des Kreises in Gemeinde- und Gutsbezirke der Entwickelung eines selbständigen Gemeindelebens entgegentritt;

5. daß bei den Wahlen zum Kreistage, anstatt dieselben durch den Vertreter der Gemeinden mit gleichem Stimmrecht vollziehen zu lassen, durch Trennung der ländlichen Wählerschaft in drei Wahlverbände (Meistbegüterte, größere Grundbesitzer, Landgemeinden) von Neuem eine der bisherigen ständischen Gliederung ähnliche Rechtsungleichheit begründet wird."

Der Antrag wurde abgelehnt (20. Oktober), dagegen ein Antrag des Abgeordneten Lasker angenommen, wonach schon jetzt eine Kommission zu wählen, die mit Vorberathung derjenigen Punkte zu beauftragen sei, die das Plenum später einer Kommission überweisen werde. Ueberweisungen an diese Kommission, in die auch Hoverbeck gewählt wurde, fanden erst spät statt. Auf Antrag des Präsidenten wurden ihr am 22. Januar 1870 die Bestimmungen von den Versammlungen und Geschäften des Kreistages, von dem Kreishaushalt und vom Kreisausschuß, resp. von der Kompetenz des Ausschusses zur Vorberathung überwiesen. Die Kommission hat einen Bericht nicht erstattet.

Bei den Berathungen über den Kreisordnungsentwurf zeigte sich, wie außerordentlich schwierig es war, in den östlichen, schwach bevölkerten Provinzen Preußens mit den vielen kleinen Bauergemeinden und kleinen Rittergütern eine kommunale Selbstverwaltung herzustellen. Die Ansichten standen sich vielfach schroff gegenüber. Liberalerseits versuchte man den Vorschlägen der Regierung, die den Rittergütern die bestehenden Vorrechte möglichst erhalten wollte, in einer Reihe von Anträgen mit einer planmäßigen, den Grundsätzen der Gleichberechtigung mehr entsprechenden Neugestaltung entgegenzutreten.

Die drei liberalen Fraktionen hielten bei den Beschlüssen der Vorberathung der Kreisordnung meist fest zusammen.[6]) Mit der Formulirung zahlreicher Abänderungsanträge hatten sie die Abgeordneten Hoverbeck und Klotz von der Fortschrittspartei, Böhmer[7]) vom linken Centrum, Hennig, Lasker und Miquel von den Nationalliberalen betraut. Die von diesen Abgeordneten eingebrachten Abänderungsanträge sind als gemeinsame Anträge der drei Fraktionen anzusehen. Bei ihrer Feststellung sind ohne Zweifel die Anschauungen Hoverbecks, des genauen Kenners der ländlichen Verhältnisse des Ostens, vorzugsweise ausschlaggebend gewesen. Die Berathungen wurden in den nächsten Monaten durch die Budgetverhandlungen unterbrochen.

In der Sitzung vom 4. November begründete der neue Finanzminister Camphausen den inzwischen vom Staatsministerium und vom Könige genehmigten Finanzplan. Der Gesetzentwurf wegen Bewilligung eines Steuerzuschlags von 25 % wurde zurückgezogen. Die Deckung des ganzen Defizits von 5400000 Thalern werde keine Schwierigkeit bereiten, man brauche nicht zu außeretatsmäßigen Hilfsmitteln Zuflucht zu nehmen.

Die verzinsliche preußische Staatsschuld betrug zum Beginn des Jahres 1870 424389371 Thaler; durch ein Gesetz, betreffend „die Konsolidation preußischer Staatsanleihen" sollte für etwas über die Hälfte der Schuldkapitalien, von denen gesetzlich jährlich ein Prozent einem Schuldentilgungsfonds zu überweisen war, der Tilgungszwang aufgehoben und die Kapitalien in eine für die Gläubiger unkündbare Rentenschuld verwandelt werden. Zur Einlösung sollten Verschreibungen einer konsolidirten preußischen Staatsanleihe ausgegeben werden. Durch die Beseitigung des Tilgungszwanges konnte der Etat für 1870 schon um 3422000 Thaler, also um mehr als die Hälfte des vermeintlichen Defizits entlastet werden.

Die Fraktion der deutschen Fortschrittspartei hatte am 20. Oktober, also vor der Entlassung Heydt's beantragt:

„Das Haus der Abgeordneten wolle am Schlusse der Generaldebatte über den Staatshaushaltsetat beschließen:

In Erwägung, daß eine Ermäßigung der Ausgaben des Norddeutschen Bundes durchaus nöthig ist, um ohne steigende Belastung des Volkes eine dauernde Ordnung des Preußischen Staatshaushaltsetats herbeizuführen und die Mittel für jene wichtigen Zwecke zu gewinnen, welche nach dem Zugeständnisse der Königlichen Staatsregierung selbst seit Jahren zurückgestellt sind,

in fernerer Erwägung, daß die Höhe der Ausgaben des Norddeutschen Bundes wesentlich durch den Militäretat bestimmt wird,

in endlicher Erwägung, daß die dauernde Erhaltung der Kriegsbereitschaft in fast allen Staaten Europas nicht durch die gegenseitige Eifersucht der Völker, sondern nur durch das Verhalten der Kabinette bedingt wird,

die Königliche Staatsregierung aufzufordern, dahin zu wirken, daß die Ausgaben der Militärverwaltung des Norddeutschen Bundes entsprechend beschränkt und durch diplomatische Verhandlungen eine allgemeine Abrüstung herbeigeführt werde."

Sämtliche Namen der Fraktionsmitglieder waren als Antragsteller nach dem Alphabet unterzeichnet, Virchows Name war vorweg gestellt, weil er den Antrag angeregt und zu vertreten übernommen hatte.

Lasker hatte mit Unterstützung von 53 Mitgliedern der nationalliberalen Partei beantragt, über den Antrag Virchow und Genossen zur Tagesordnung überzugehen. In den voraufgeschickten Erwägungen hieß es: die Ueberzeugung des preußischen Volkes und seiner Vertreter von der Nothwendigkeit jeder irgendwie möglichen Verminderung der Militärlasten könne keinem Zweifel unterliegen; weltkundig strebe das deutsche Volk seine nationale Wiedergeburt in Frieden und Freundschaft mit allen Völkern zu vollziehen, aber das Abgeordnetenhaus sei nicht in der Lage zu beurteilen, ob eine diplomatische Einwirkung in einem bestimmten Sinne und zu einer bestimmten Zeit geeignet sei, die Ansichten des Friedens zu bestärken oder das gerade Gegentheil herbeizuführen.

Die Berathung des Antrages erfolgte im Anschluß an die allgemeine Diskussion über den vom Minister Camphausen vorgetragenen Finanzplan am 5. November. Nur Virchow und Lasker wurden dabei zum Wort zugelassen. Dann wurde der Antrag Lasker und hierauf in namentlicher Abstimmung der Antrag Virchow mit 215 gegen 99 Stimmen verworfen. Für ihn stimmten die Fortschrittspartei, das linke Centrum, die Polen, einzelne Katholiken, darunter Reichensperger, und zwölf Nationalliberale. Antrag und Beschluß sind bis in die neueste Zeit benutzt worden, den Patriotismus der deutschen Fortschrittspartei von 1869 zu verdächtigen. In der parlamentarischen Korrespondenz vom 30. Dezember 1886 habe ich eine genaue und sorgfältige Darstellung der Verhandlungen von 1869 nach den stenographischen Berichten veröffentlicht, um es den Parteigenossen zu erleichtern, den Lügen und Verdächtigungen entgegenzutreten.[8])

Erst am 16. November legte der Finanzminister den Entwurf des Konsolidationsgesetzes vor. Die Vorlage wurde auf Hoverbecks Antrag der Budgetkommission überwiesen.

Von den Budgetverhandlungen dieser Session ist noch Folgendes hervorzuheben:

Bei dem Etat der öffentlichen Schuld rügte der Abgeordnete Richter ein gesetzwidriges Verfahren: Die Regierung hatte im vorigen Jahre 300 Thaler zur Remuneration des dritten Mitgliedes der Hauptverwaltung der Staatsschulden gefordert, sie waren aber abgelehnt, weil diese Stelle ein unbesoldetes Ehrenamt sein sollte. Darauf hatte die Regierung von den 1700 Thalern, die der Hauptverwaltung der Staatsschulden vom Bundesetat als Entschädigung zugewiesen waren, 300 Thaler genommen und dem unbesoldeten Mitgliede überwiesen. Richter erklärte:

„Ich meine, daß ein solches Becher- und Würfelspiel mit dem Geldbewilligungsrechte der Volksvertreter zwischen dem Reichstage und Landtage am allerwenigsten sich für eine Behörde gepaßt hätte, wie für die Hauptverwaltung der Staatsschulden."

Auf die Bemerkung eines Regierungskommissars, daß das Mitglied der Staatsschuldenverwaltung schon vorher durch den König ernannt sei, sprach Hoverbeck (6. November):

„Wenn Seine Majestät die neue Ernennung vollzogen hat, ohne daß damit eine Renumeration verbunden war, so war also in keiner Weise von Seiten der Regierung eine Verpflichtung vorhanden, dem Ernannten eine Renumeration zuzuführen; und ich muß um so mehr bedauern, daß dann der Norddeutsche Bund in seinen etwas verzwickten Verhältnissen benutzt worden ist, um das auszuführen, was nach dem Votum des Abgeordnetenhauses nicht hätte ausgeführt werden sollen."

Beim Kultusetat beantragte Hoverbeck, die Remunerationen für den Oberkirchenrath zu streichen. Der Antrag wurde abgelehnt (27. November). Bei demselben Etat wurde auf seinen Antrag beschlossen:

„die Staatsregierung aufzufordern, bei dem neu zu errichtenden Gymnasium in Wongrowiec den Bedürfnissen sowohl der deutschen, als der polnischen Bevölkerung durch Errichtung sprachlicher Parallelklassen für die unteren Klassen Genüge zu leisten."

Zur Begründung des Antrages entwickelte er seine Ansichten über den Unterricht der polnischen Jugend. Er sagte u. A.:

„Es scheint mir eine Forderung der Gerechtigkeit zu sein, daß jedes Kind wenn irgend möglich in der Sprache unterrichtet werde, die ihm von Jugend auf die natürliche Muttersprache ist. Wenn Sie das Kind schon in einer fremden Sprache unterrichten, so verdrehen und verderben Sie ihm alle nationalen Gefühle in einer Weise, die wir nicht rechtfertigen können. (Oho! rechts — Zustimmung links) . . .

Ich wünsche, daß in den unteren Klassen dieses Gymnasiums die deutschen Schüler Gelegenheit haben, in deutscher Sprache unterrichtet zu werden, die polnischen Schüler Gelegenheit haben, in polnischer Sprache unterrichtet zu werden, und daß dann diese Parallelklassen diejenigen Schüler, die sie vollständig ausgebildet haben, in die oberen Klassen entsenden, zu gemeinschaftlicher Ausbildung, die dann auch in deutscher Sprache fortgesetzt werden kann. Der Zweck ist also, daß die Schüler polnischer und deutscher Nationalität in den oberen Klassen zusammentreffen und friedlich neben einander ihren Weg zur Universität machen. Das, glaube ich, wird der richtige Weg zur Versöhnung beider Nationalitäten sein, und deswegen würde ich Ihnen meinen Antrag, der vollständig unparteiisch ist, und die Interessen der deutschen und der polnischen Bevölkerung ganz gleichmäßig behandelt, zur Annahme empfehlen." (Bravo!)

Hoverbeck beantragte auch in diesem Jahre die Besoldungen des Gesandtschaftspersonals in Dresden, Hamburg, Oldenburg, Weimar für „künftig wegfallend" zu erklären. Sein Antrag wurde in der Vorberathung bei Dresden abgelehnt, aber bei Hamburg (mit 156 gegen 130 Stimmen), Oldenburg und Weimar angenommen. Der Beschluß wurde in der Schlußberathung des Etats (17. Dezember) angefochten, aber mit 166 gegen 161 Stimmen aufrecht erhalten.

Der von der Budgetkommission über das Konsolidationsgesetz erstattete Bericht vom 7. Dezember kam im Plenum am 14. Dezember zur Verhandlung. Ein Antrag Hoverbecks:

„Vom 1. Januar 1870 ab werden jährlich mindestens 8 Millionen Thaler in baarem Gelde zur Tilgung der Staatsschulden verwandt, falls nicht das Etatsgesetz für ein einzelnes Jahr etwas Anderes festsetzt."

wurde mit 262 gegen 124 Stimmen abgelehnt. Das ganze Gesetz wurde mit 242 gegen 128 Stimmen angenommen. Darnach sollte die Tilgung der konsolidirten Anleihen durch die Hauptverwaltung der Staatsschulden erfolgen, so bald und so weit etatsmäßige Ueberschüsse der Staatseinnahmen über die Staatsausgaben sich ergeben und darüber nicht im Etatsgesetz anderweitig verfügt wird

Bismarck kam noch vor der Schlußberathung des Etats von Varzin nach Berlin. Er hatte mit seiner Gemahlin nach Bonn reisen wollen, wo sein Sohn Herbert als Student an einem im Duell erhaltenen Hieb über den Kopf lebensgefährlich krank lag, setzte aber in Folge günstigerer Nachrichten die Reise nicht weiter fort. An den Verhandlungen im Landtage betheiligte er sich in diesem Jahre nicht mehr. Wie er gewollt, war Heydt entlassen und Delbrück, der Präsident des norddeutschen Bundeskanzleramts zum preußischen Staatsminister ernannt.[9])

In der Vorberathung hatte Lasker eine Frage wegen der

Rechnungslegung über die Revenüen aus den mit Beschlag belegten Geldern der abgesetzten Fürsten gestellt. In der Antwort hatte das Staatsministerium am 10. Dezember 1869 sich nicht für verpflichtet erklärt, Rechnung zu legen; im Jahre 1869 sollten alle Revenüen zur unmittelbaren oder mittelbaren Abwehr feindlicher Unternehmungen des Königs Georg und seiner Agenten verbraucht sein. Bei der Besprechung des Gegenstandes in der Schlußberathung erinnerte Hoverbeck an die vergebliche Warnung Virchows (siehe oben Seite 187); in der That seien nun dem Ministerium jährlich 600000 bis 700000 Thaler geheimer Fonds bewilligt.

Der Staatshaushaltsetat für 1870 kam rechtzeitig zu Stande. Das Etatsgesetz für 1870 datirt vom 24. Dezember 1869 und ist in der am 30. Dezember ausgegebenen Nummer der Gesetzsammlung veröffentlicht. Vor der Abstimmung über das Etatsgesetz am 18. Dezember legte Richter dar, daß auch nach demselben ein Defizit überhaupt nicht vorhanden gewesen. Er schloß zur Heiterkeit des Hauses:

„Es wird daher durch die Fassung des Etatsgesetzes jetzt am Schlusse der Etatsberathung anerkannt, daß die Ansicht derer, welche das Defizit von vornherein für das Produkt einer unrichtigen Buchführung gehalten haben, und welche diese Ansicht auch bei der Berathung über das Konsolidationsgesetz vertreten haben, eine richtige war. Indessen: das Defizit hat seine Schuldigkeit gethan (Heiterkeit); das Konsolidationsgesetz ist angenommen. Bevor das Defizit von der Bildfläche des Etats verschwindet, fühle ich mich gedrungen, ihm diesen kurzen Nachruf zu widmen." (Heiterkeit.)

Im Januar und Februar wurden auf die Vorberathung der Kreisordnung noch neun Sitzungen verwendet, es wurden aber nur 53 von den 142 Paragraphen erledigt.

Sehr erhebliche Unterschiede zwischen dem Kreisordnungsentwurf und den liberalen Anträgen traten bei dem Abschnitt von den Amtsbezirken und dem Amte des Amthauptmanns hervor. Auf Vorschlag des Präsident Forckenbeck wurde eine Generaldiskussion über den Abschnitt (18. Januar) angenommen. Er meinte, vielleicht werde eine ruhige sachliche Diskussion der vorhandenen Gegensätze einen dem Bedürfnisse des Landes angemessenen praktischen Ausweg zeigen.

Nach dem Regierungsentwurf sollte in Amtsbezirken von 2000 bis 10000 Einwohnern die Polizei im Namen des Königs durch einen vom Könige berufenen Amtshauptmann im Ehrenamte verwaltet werden, nach den liberalen Anträgen von Miquel, Hoverbeck und Genossen durch einen von einer Amtsvertretung gewählten Amtshauptmann in Amtsbezirken von 2000 bis 5000 Einwohnern.[10])

Hoverbeck hatte sich in der Rednerliste zurückstellen lassen (19. Januar), um seine Mitantragsteller Lasker und Miquel gegen die scharfen Angriffe der Gegner zu vertheidigen. Von dem Minister Eulenburg sagte er:

„Der Herr Minister hat uns ermahnt, wir möchten das Mißtrauen bei Seite lassen, wir möchten doch die Kreisordnung nehmen, dann würde schon Alles gut gehen; es würde garnicht daran gedacht werden, daß von Seiten der Regierungsgewalt, also des Ministeriums, in Bezug auf diese Bestätigung irgendwie politische Rücksichten maßgebend sein könnten. Ja, meine Herren, ein gebranntes Kind scheut das Feuer! Wir haben in der ganzen Zeit des Konfliktes als obersten Grundsatz gerade dieses Herrn Ministers das entgegengesetzte System proklamiren hören. Der Herr Minister des Innern hat sich gerühmt, daß er in der Zeit von fünf Jahren den einen Hauptzweck gehabt habe, eine bestimmte Partei, die Fortschrittspartei, niederzuhalten. Er hat oft erklärt, daß er dieses System bei seinen Bestätigungen zum Maßstab genommen habe. Wir haben allen Grund zu sagen, das ist ein Prinzip, das wir nicht billigen können und gegen das wir uns zu allen Zeiten vorsehen müssen. Aber ist denn mit der Konfliktszeit die Sache zu Ende? Ich bezweifle dies."

Hoverbeck führte den Fall an, wo der Bürgermeister Trip[11]) in Solingen, von dem Niemand etwas Uebles sagen könne mit Ausnahme der unverzeihlichen Sünde, daß er als Mitglied der Fortschrittspartei im konstituirenden Reichstage gewesen, trotz einstimmiger Wiederwahl nicht bestätigt worden war.

„Ich bin ganz überzeugt, in allen Fällen, wo die Wahl so ausfällt, daß der Herr Minister politisch nichts einzuwenden hat, wird er sehr bereitwillig auf den Willen der einzelnen Amtsbezirke, auf den Willen der Eingesessenen eingehen. Nur in dem Falle, wo ihm die Wahl nicht paßt, wird er das Gegentheil thun, wenn er es nützlich findet. Manchmal wird er aus Gnade auch ein Mitglied der Linken, wenn er nicht allzuweit links ist, bestätigen. (Heiterkeit.) Aber annehmen zu wollen, daß er nie aus politischen Rücksichten handeln würde, dafür wird er uns den Beweis erst liefern müssen."

Minister Eulenburg fragte hierauf:

„Meine Herren, was würden Sie thun als Minister des Innern, wenn von der Regierung und von dem Oberpräsidium, zumal der Rheinprovinz, wo man bisher nur selten auf Nichtbestätigung angetragen hat, berichtet wird, sie kennten den Bürgermeister einer gewissen Stadt seit einer Reihe von Jahren durch seine amtliche Thätigkeit und diese Kenntniß veranlasse sie zu dem Ausspruche, daß die Verwaltung dieses Herrn eine dem Gemeindewesen schädliche sei, sie trügen deshalb darauf an, die Bestätigung desselben zu versagen? Soll ich dann sagen, es ist mir unbequem, jetzt gerade eine Nichtbestätigung bei Sr. Majestät zu beantragen, es wird ja das gleich wieder in der Kammer besprochen. (Heiterkeit.)" . . . .

Er berief sich dann auf einen zweiten Fall im Insterburger Departement, wo ebenfalls Regierung und Oberpräsident die Bestätigung des Gewählten für eine Schädigung des Kommunalinteresses erklärt hatten.

Hoverbeck entgegnete in persönlicher Bemerkung:

„Der Herr Minister des Innern hat mich gefragt, was ich wohl an seiner Stelle thun würde, wenn in den beiden Fällen der Nichtbestätigung der Bürgermeister die Regierungspräsidenten berichtet hätten, daß die Bestätigung dieser Herren „den kommunalen Interessen nicht ersprießlich wäre." In dem Falle würde ich an die beiden Herren Präsidenten Kühlwetter und Maurach zurückschreiben: Ich bitte mir das genauer zu detailliren; ich bitte um eine Antwort mit Thatsachen und Gründen und nicht mit Redensarten."

In derselben Rede kam Hoverbeck auf die scharfen Angriffe der konservativen Redner. Bei den liberalen Anträgen stand Miquels Name voran:

„Nun, meine Herren, stürzt sich die ganze konservative Partei auf den Namen Miquel; Miquel ist ein Hannoveraner, ist einer von denen, die nicht direkt durch diese Kreisordnung getroffen werden; es erhebt sich also der „östlich-altkonservative Stolz" und sofort wird gesagt: wie kann Miquel ein Amendement stellen, welches auf eine Provinz Bezug hat, in der er nicht selber wohnt? Schön! Es tritt also Lasker für dieses Amendement ein. Da erhebt sich der „Grundbesitzerstolz" — ich könnte ihn auch den „landräthlich-absolutistischen" nennen. — Es kommt ein Anderer und sagt: wie kann Lasker über ein Amendement sprechen, und noch dazu sich unterstehen so gut zu sprechen, während er eigentlich in den ländlichen Verhältnissen nicht so zu Hause ist, wie wir es sind? Jeder meint nämlich, wenn er auf dem Lande wohnt, er verstehe alle ländlichen Verhältnisse in den sechs Provinzen bis auf den innersten Grund. (Heiterkeit.)

Nun aber ist der Herr Vorredner (Landrath v. Brauchitsch-Flatow) ein ganz besonders vorsichtiger Mann; er hat nämlich aus der Rednerliste gewußt, daß auch noch Landwirthe, unter Andern ich, für das Amendement sprechen werden; möglicherweise mußte er sagen, daß ich der Nächste wäre; er hat mich also im Voraus abgefertigt, da er vor mir zum Worte kam. Er hat gesagt: ja, allerdings, unter dem Amendement stehen auch noch andere Namen, aber diese Leute sind ja gewöhnlich in Berlin, die können, wenn sie auch früher einige Ahnung von den ländlichen Verhältnissen gehabt haben sollten, heute kein richtiges Urtheil mehr fällen. In dieser Beziehung kann ich nur das Eine sagen: es gereicht mir in vieler Beziehung zum Schmerze, daß ich durch meine Mandate genöthigt bin, einen großen Theil des Jahres in Berlin zuzubringen; wenn man aber genau nachrechnen will, so ist es doch nur die Hälfte des Jahres oder eine Kleinigkeit mehr; der Herr Präsident gewährt uns ja gelegentlich auch eine Ferienreise, und ich mache mir die Ferienreise auch zu Nutze, um zu lernen. Die übrige Zeit des Jahres bin ich zu Hause, und das ist gerade die Zeit, wo die Landwirthe am meisten Gelegenheit haben, zusammenzukommen, wo man sich also am besten aussprechen kann.

Sie können sich auch denken, daß ich wirklich in meinem Kreise mannigfache Gelegenheit habe, mich von den Verhältnissen desselben persönlich zu überzeugen. Ich habe früher in einem anderen Kreise gewohnt, kenne auch die Kreistage recht gut und weiß, daß sie manchmal die Vorwürfe nicht verdienen, die ihnen oft gemacht werden, daß sie aber auch häufig nicht so vortrefflich sind, wie die Herren von jener Seite (rechts) sie darstellen. Ich will aber Eins zugestehen: ich bin allerdings ein unpraktischer Mann, denn ich bin, obgleich Rittergutsbesitzer, doch Demokrat; das ist im Sinne mancher Herren ein undenkbares Ding, wer also zu dieser Verkehrung des Begriffs gekommen ist, Demokrat und Rittergutsbesitzer und noch dazu adlig zu sein, der kann kein praktischer Mann sein! (Bravo! links. Heiterkeit und Unruhe rechts.)

Ich gebe zu, es ist richtig: praktisch thut der viel besser, der in einer solchen Lebensstellung geboren ist und Karriere machen will, wenn er sich der andern Partei zuwendet; aber Kenntniß von den Verhältnissen um sich herum kann auch der Demokrat haben, denn er macht seine Augen auf, und, glauben Sie mir, unter Umständen etwas weiter, als die Herren Konservativen."

Zum Unwillen der Konservativen wurden hier die Anträge Miquel, Hoverbeck und Genossen mit 189 gegen 177 bezw. 185 gegen 164 Stimmen angenommen.

Das Ministerium stellte am 4. Februar an beide Häuser des Landtags, namentlich mit Rücksicht auf die Kreisordnung den Antrag zur Vertagung des Landtags die Zustimmung zu ertheilen. Das Herrenhaus verwies den Antrag an eine Kommission, die einstimmig Ablehnung empfahl. Nicht bloß die Minister Eulenburg und Leonhardt, sondern auch Bismarck selbst traten in der Herrenhaussitzung vom 7. Februar eifrig für Vertagung ein, aber sie wurde abgelehnt.

Von Reden Hoverbecks bei anderen Gesetzen und Anträgen sind noch folgende zu erwähnen.

Der konservative Abgeordnete Landrath a. D. v. Diest-Daber hatte mit Unterstützung seiner Parteigenossen einen Gesetzentwurf eingebracht, wonach die Vorschriften über einstweilige Versetzung in den Ruhestand mit Gewährung von Wartegeld auch auf die vortragenden Räthe im Ministerium ausgedehnt werden sollten. Hoverbeck sagte gegen den Gesetzentwurf (27. Januar 1870):

„Ich frage mich, wenn ich einen neuen Gesetzentwurf vor mir habe: ist er nothwendig? und wenn ich diese Nothwendigkeit leugnen muß, dann stimme ich gegen den Gesetzentwurf. Ich frage, ist dieser Gesetzentwurf nothwendig, um den Ministern die freie Stellung zu geben, die sie beanspruchen können, die freie Stellung zur Befolgung der Gesetze? Meine Herren, das können Sie wahrhaftig nicht behaupten. Es ist eine Zeit gewesen und sie ist noch nicht lange hinter uns, wo die Herren Minister gegen das Gesetz gehandelt haben, in der ganzen Konfliktszeit. (Unruhe rechts, Zustimmung links.)

Hat die Stellung der Ministerialräthe sie daran gehindert? Und nun soll es noch nicht genug damit sein? Die Macht, welche die Regierung in dieser Beziehung ausübt, soll bei einem Gesetze, welches schon jetzt viel zu weit geht, das z. B. jeden einzelnen Landrath der freien Disposition des Ministers unterstellt, noch erweitert werden durch solche unwünschenswerthe Anträge? Ich kann nur sagen, wie ich die Sache auffasse, aber ich glaube ein großer Theil des Landes stimmt mir zu: die Thätigkeit der Landräthe und die Achtung der Landräthe hat einigermaßen gelitten von dem Augenblicke an, wo sie zur Disposition gestellt werden können. (Sehr wahr! links.) Wollen Sie dies Prinzip hier noch weiter unnütz vermehren? Es wird in dem Antrage als der offene Zweck des Gesetzes angegeben, „die Bureaukratie zu brechen". Ich bin wahrhaftig kein Freund der Bureaukratie, aber dann nehmen Sie eben mein Zeugnis als ein besonders unparteiisches hin. In der alten preußischen Bureaukratie steckt ein guter Sinn von Gesetzlichkeit und eine gute Arbeitskraft (Beifall rechts), und diejenigen Leute, die Sie an die Stelle bringen würden, ob bewußt oder nicht bewußt, weiß ich nicht, das würden junge feudale Streber sein. (Heiterkeit und sehr richtig links.) Meine Herren, es wird dann gesagt: die Herren Ministerialräthe verständen manchmal nicht die Winke des Ministers, abzugehen. Ja, sie mögen sie nicht verstehen; sie haben es aber auch gar nicht nöthig, sie zu verstehen; sie brauchen es nicht, denn sie haben ihr bestimmtes Recht; im Uebrigen, wenn sie solche Winke nicht verständen, so folgten sie nur dem Beispiele der Herren Minister, die verstehen ähnliche Winke auch nicht. (Bravo! links und Heiterkeit.) Endlich sage ich: ich würde mich über das Bedürfniß eines solchen Gesetzes mit den Herren Ministern verständigen können, in dem Augenblicke, wo die Ministerverantwortlichkeit erst durch Gesetz eingeführt sein wird; eher aber nicht." (Lebhaftes Bravo links.)

Das Abgeordnetenhaus hatte ein Gesetz, betreffend Ablösung der den geistlichen und Schulinstituten sowie den frommen und milden Stiftungen zustehenden Reallasten, angenommen (16. Dezember 1869). Es waren darnach Bestimmungen getroffen über die Ablösung auf Antrag des Verpflichteten. Das Herrenhaus änderte die Bestimmungen dahin, daß auch der Berechtigte den Verpflichteten zwingen könnte, unter ungünstigen Bedingungen abzulösen. Die Kommission des Abgeordnetenhauses empfahl Annahme der Anträge des Herrenhauses. Hoverbeck aber beantragte (11. Februar 1870) Wiederherstellung der Beschlüsse des Abgeordnetenhauses durch Streichung der Worte „des Berechtigten". Sein von ihm begründeter Antrag wurde mit 130 gegen 128 Stimmen abgelehnt. Wegen der geringen Stimmendifferenz konnte namentliche Abstimmung beantragt werden. Hoverbeck erklärte nun:

„Es wird mir schwer, aber ich habe die Ueberzeugung, daß hier eine große Klasse von Personen überlastet werden soll, und deshalb fühle ich mich verpflichtet, auf namentliche Abstimmung anzutragen."

Die Wirkung dieser Begründung zeigte sich im Resultat der Abstimmung; jetzt hatten für den Antrag Hoverbeck 142, dagegen nur 122 gestimmt.

Bei der Verhandlung über ein Gesetz, betreffend die Schonzeiten des Wildes (1. Februar 1870) erklärte Hoverbeck das Gesetz für verfrüht, so lange ein Jagdpolizeigesetz fehle, das vollständigen Schutz gegen Wildschaden gewährt.

„Man gebe uns zunächst ein Wildschadengesetz und eine Jagdpolizeiordnung in der Weise, wie wir sie wollen, und wir sind sofort bereit, über ein Jagdschongesetz ernstlich zu berathen. Ich sehe ein solches Gesetz wahrlich aus dem Standpunkt der noblen Passionen nicht an .... sondern von dem Standpunkte: sind die einzelnen Thiere der Landwirthschaft direkt schädlich, nützlich oder gleichgültig. Sind sie direkt schädlich, so will ich gar keine Schonzeit statuiren, und sollte es einzelnen hohen Herren genehm sein, sie zu halten, so mögen sie Gehege um die Wälder ziehen und sie da halten; sind sie der Landwirthschaft nützlich, so will ich eine absolute Schonzeit für sie, das generelle Verbot, sie zu zerstören; sind sie ihr gleichgültig, ...

ist das nationale Vermögen durch den Werth des Fleisches dieser Thiere einigermaßen zu erhöhen, dann ist es nützlich, eine Schonzeit für sie festzustellen und dann bin ich bereit, auf diese Frage einzugehen. . . ."

Seine Ansichten fanden keine Zustimmnng im Abgeordnetenhause; in allen Parteien waren viele eifrige Jagdliebhaber.

Nützlichen Gesetzesvorschlägen des Ministers Leonhardt z. B. Herabsetzung des Großjährigkeitstermins auf 21 Jahre, Beseitigung der Vorschriften bei Interzession der Frau, hat Hoverbeck mit der ganzen Fortschrittspartei zugestimmt. Nicht gesprochen hat er abgesehen von den Fraktionssitzungen, bei denen er den Vorsitz führte, für die beiden von der Fortschrittspartei beantragten, die Presse betreffenden Gesetzentwürfe — Dr. Eberty auf Abschaffung des Staatsgerichtshofes und Ueberweisung der politischen und Preßvergehen an die Schwurgerichte und Duncker und Dr. Eberty, betreffend die Aufhebung der Beschränkungen der Preßfreiheit.[12]) Beide Anträge wurden vom Abgeordnetenhause angenommen, aber vom Herrenhause mit Zustimmung der Regierung verworfen.

Politische Versammlungen von Berliner Parteigenossen besuchte Hoverbeck ohne sich an den Reden und Debatten zu betheiligen. Den Sozialdemokraten gelang es unter Führung von Schweitzer und Tölke Volksversammlungen, die von Mitgliedern der Fortschrittspartei einberufen waren, zu sprengen, anscheinend zur Freude der Polizei und der Regierung. Bei einer Waldeckfeier am 3. Dezember zur Erinnerung an seine vor zwanzig Jahren erfolgte Freisprechung durch die Geschworenen hielt Schulze-Delitzsch die Festrede.

Am 14. Februar wurde die Landtagssession geschlossen. Bismarck verlas die Thronrede. Darin wurde die Hoffnung ausgesprochen, daß auf den Grundlagen des Entwurfs der Kreisordnung eine allseitige Verständigung erreichbar sei. In der Absicht der Regierung liege es, durch eine außerordentliche Sitzung dem Landtage zur Sicherstellung wenigstens eines Theils der Ergebnisse der bisherigen Berathungen Gelegenheit zu geben. Abgesehen von Finanzgesetzen hatte der Landtag nur das Wildschongesetz, das Handelskammergesetz und das Großjährigkeitsgesetz als einzige allgemeine Landesgesetze zu Stande gebracht.

Anmerkungen zum 40. Kapitel.

[1]) „Man muß Herz und Gewissen aus bergisch-märkischem Aktien-Pergament haben, um das zu ertragen," schrieb er u. A. in seinem Zorn. Kohl, Bismarck-Jahrbuch, Band 3, S. 289.

[2]) Roon hat in diesem Briefe seinem Aerger über die Kollegen und deren Geheimräthe kräftigen Ausdruck gegeben. Er meint, mit Bismarck würde er sich leicht verständigen;

„ganz anders verhält es sich aber Kollegen gegenüber, die von gewandten und schlauen Geheimräthen, die durch trügerische, dialektische Künste selbst dem Teufel die Klauen abdisputiren möchten, gegängelt und geführt werden, wohin sie wollen, und es ist ganz gleichgültig, ob dieser Einfluß in der Beschränktheit, der Trägheit oder der Unterordnung unter die büreaukratische Routine wurzelt. — Sie würden, glaube ich, bei der Berathung qu. nicht ganz gleichmüthig geblieben sein, wenn Sie, wie ich, wahrgenommen, daß, während der Dezernent ungeheuerliche Deduktionen mit behaglicher Breite leistet, der eine Kollege Privatbriefe schreibt, der andere schläft und der dritte auf Kunststücke sinnt, um zwischen den kontroversen Meinungen ein Stühlchen zu finden, auf daß er sich setzen kann."

[3]) So schrieb Blanckenburg am 8. Oktober an Roon und fügte hinzu: „Ich bin ganz einverstanden und Bismarck wird auch nicht krank werden, wenn ihm [Heydt] der schwarze Adler umgehängt wird."

[4]) Forckenbeck schrieb seiner Frau, die Thronrede fordre, man könne sagen, fast mit Ungestüm Steuerzuschläge. Der König habe die betreffenden Stellen auch mit erhobener Stimme gelesen. Deutsche Revue 1899, Bd. 1, S. 132. — Sybel hat die Thronrede nicht gelesen. Er berichtet Bd. 7, S. 171, sie habe ein Defizit von rund $5\frac{1}{2}$ Millionen Thaler und 25% Zuschlag auf Einkommen-, Klassen-, Mahl- und Schlachtsteuer angemeldet und die Deckung von 18 Millionen Schatzscheinen durch eine Anleihe vorgeschlagen. Von all dem steht kein Wort in der Thronrede; auch sonst ist seine Darstellung dieser Landtagssession einseitig und ungenau. Eugen Richter bezeichnet er als den schärfsten Widersacher der Vorschläge Camphausens. Richter hatte die Konsolidation der Staatsschulden in Preußen bereits im Dezember 1868 in einem längeren Aufsatze (Reichsfreund Nr. 52) und im September 1869 in seinem Buche „das Preußische Staatsschuldenwesen und die Preußischen Staatspapiere" unter ausführlicher Begründung empfohlen.

[5]) Durch Beschluß vom selben Tage wurde der sogenannte Schwerinstag mit großer Majorität auch im Abgeordnetenhause eingeführt.

[6]) Meinungsverschiedenheiten waren auch auf liberaler Seite nicht ausgeschlossen. So lehnten die Nationalliberalen den Antrag von Hoverbeck und Böhmer ab, der schon in die Kreisordnung die Bestimmung aufnehmen wollte, daß jeder volljährige Mann im Besitz der bürgerlichen Rechte, der zu den Gemeindelasten beiträgt, stimmberechtigtes Gemeindemitglied sein sollte.

[7]) Böhmer, Theodor Eduard, Kreisrichter in Neuwied, geb. August 1829, † Dezember 1872. Abgeordneter von 1867 bis 70 im linken Zentrum, von 1870 bis zu seinem Tode nat.-lib. Reichstagsabg. Seitdem wurde der Kreis nur klerikal vertreten.

[8]) Man vergl. auch das konservative Handbuch von 1894 S. 127 ff. und das politische Handbuch für nationalliberale Wähler 1897 S. 11, sowie Richters politisches A-B-C-Buch 1898 S. 5. — Ende Juni 1870, wo noch Niemand auch die leiseste Ahnung von dem bevorstehenden Kriege hatte, erließ die Fortschrittspartei einen von sämtlichen zur Partei gehörigen Abgeordneten des Reichstags und des preußischen Landtags unterzeichneten Wahlaufruf zu den bevorstehenden Neuwahlen, worin einer der bei den Wahlen in den Vordergrund zu stellenden Punkte lautete: „Verminderung der Militärlast durch Verminderung der Friedensarmee und Verkürzung der Dienstzeit. Unterstützung aller, auf allgemeine Abrüstung in Europa gerichteten Bestrebungen." (Siehe folgendes Kapitel.)

[9]) In einem Briefe vom 27. Oktober 1869 hatte der König an Bismarck geschrieben die Finanzministerkrisis sei in seinem Sinne erledigt. „Nachdem Graf Eulenburg und ich selbst Alles vergeblich angewendet hatte, um v. d. Heydt von seiner Fahnenflüchtigkeit vor der Aktion zurückzuhalten, habe ich mich rasch für Camphausen entschieden und v. d. Heydt die auch von Ihnen gewünschte Anschwärzung verliehen und ihm noch eigenhändig geschrieben, um ihm nochmals meinen Dank und meine Anerkennung

für seinen Muth und für seine erfolgreichen Leistungen namentlich im Jahr 1866 auszusprechen." Camphausen sinne auf andere Mittel als Steuerzuschlag, um das Defizit zu decken. Er rieth Bismarck entschieden ab, nach Berlin zu kommen, weil dadurch seine Karlsbader Kur unterbrochen würde.

[10]) Zur Erläuterung seines Standpunktes hatte Hoverbeck sich für verpflichtet erachtet „einigermaßen ein Glaubensbekenntniß über die Organisation der Gemeinden zu geben." Die Gutsbesitzer und die kleinere Dorfgemeinden widerstrebten entschieden der Bildung von Samtgemeinden, d. h. die gänzliche Vereinigung einzelner kleiner lebensunfähiger Gemeinden zu einer größeren lebensfähigen Gemeinde. Es müßte deshalb neben der Einzelgemeinde eine größere Amtsgemeinde gebildet werden, der die Armenpflege, die Schule und die Wegeordnung übertragen werden müsse.

[11]) Wegen Nichtbestätigung des Bürgermeisters Trip in Solingen fragten die drei nationalliberalen Abgeordneten des Kreises Müller, der langjährige Unterstaatssekretär im Justizministerium, v. Bunsen und Hardt in einer Interpellation am 1. Februar 1870 nach den Gründen. Der Minister erklärte, die Regierung halte es für unvereinbar, die Gründe, aus welchen einer Wahl die Bestätigung versagt sei, öffentlich kund zu geben. Der Minister und der Regierungspräsident Kühlwetter erfuhren in der folgenden Besprechung von Seiten der Abgeordneten v. Bunsen, Eugen Richter und Laßwitz scharfe Angriffe.

[12]) Dazu gehört: Aufhebung der Verpflichtung der Hinterlegung von Druckschriften bei der Ortspolizeibehörde, Aufhebung der Zeitungskautionen sowie der Befugnisse des Beschlagnahmerechts der Staatsanwaltschaft u. s. w.

Einundvierzigstes Kapitel.

Norddeutscher Reichstag und Zollparlament im Frühjahr 1870. Eröffnung des Krieges gegen Frankreich.

Der Reichstag wurde am 14. Februar vom Könige eröffnet. Nach der Thronrede waren die Aussichten des Bundes überaus friedlich.

„Unter den Regierungen, wie unter den Völkern der heutigen Welt ist die Ueberzeugung in siegreichem Fortschritte begriffen, daß einem jeden politischen Gemeinwesen die unabhängige Pflege der Wohlfahrt, der Freiheit und der Gerechtigkeit im eigenen Hause zustehe und obliege und daß die Wehrkraft eines jeden Landes nur zum Schutze eigener, nicht zur Beeinträchtigung fremder Unabhängigkeit berufen sei."

Wichtige Vorlagen wurden angekündigt, wie Strafgesetzbuch, Gesetze über den Unterstützungswohnsitz, über das Urheberrecht an Schriftwerken, Abbildungen, musikalischen Kompositionen, dramatischen Werken und Werken der bildenden Kunst über den Schutz der Photographien gegen unbefugte Nachbildung über Erwerbung und Verlust der Bundes- und Staatsangehörigkeit.

Nach drei beschlußunfähigen Sitzungen konnte der Reichstag sich erst in der 5. Sitzung durch Wiederwahl der früheren Präsidenten (Simson, Herzog v. Ujest, v. Benningsen) konstituiren.

Inzwischen hatte Hoverbeck Gelegenheit gefunden, den ersten agitatorischen Bestrebungen ostelbischer Landwirthe für eine landwirthschaftliche Interessenvertretung entschieden entgegenzutreten. 1869 auf einem Kongreß der deutschen Forst- und Landwirthe in Breslau hatte ein Theil der Kongreßmitglieder über ein von dem Rittergutsbesitzer Elsner v. Gronow[1]) auf Kalinowitz im oberschlesischen Kreise Großstrelitz entworfenes Programm, betreffend die Forderungen der Landwirthschaft an die Gesetzgebung in Sonderverhandlungen berathen. Auf einem im Februar 1870 in Berlin tagenden Kongreß der norddeutschen Landwirthe hielten die Freunde des entschieden freihändlerischen, sogenannten Breslauer Programms auf Einladung von Elsner v. Gronow und des zu Anfang des Jahres an Stelle Waldecks im Wahlkreise Bielefeld-Wiedenbrück gewählten Reichstagsabgeordneten M. Anton Niendorf[2]) besondere Besprechungen ab. Der konservative Reichstagsabgeordnete v. Wedemeyer-Schönrade[3]) stellte in den Hauptversammlungen einen Antrag im Sinne jenes Programms. Im letzten Theil des Antrages wurde es für dringend geboten erklärt, auf eine stärkere Vertretung der landwirthschaftlichen Interessen in den gesetzgebenden Körperschaften hinzuwirken.

Hoverbeck, der dem Kongresse beiwohnte, erregte großen Unwillen, als er sich mit gewohnter Schärfe gegen die Interessenvertreter aussprach:

„Es sei Aufgabe jedes Abgeordneten, stets für das zu wirken, was gerecht sei; kein Abgeordneter solle Vertreter einer einzelnen Erwerbsklasse sein, jeder habe das ganze Volk zu vertreten. Die Interessenvertreter würden zu Abgeordneten zweiter Klasse herabsinken . . .“

In den Reichstagsverhandlungen bekämpfte er öfter bei verschiedenen Vorlagen die feudalen Anschauungen des Abgeordneten v. Wedemeyer, z. B. bei Berathung des Unterstützungswohnsitzes (14. Mai). Wedemeyer hatte einen Abänderungsantrag des mecklenburgischen Grafen Bassewitz vertheidigt, wonach die noch keinem Ortsarmenverbande angehörenden Grundstücke nicht einem angrenzenden, sondern auch einem nur benachbarten Verbande zugeschlagen werden könnten. Hoverbeck erklärte für Preußen das

Prinzip für falsch, daß Rittergüter einen besonderen Armenverband bilden dürften.

„Was ist die Folge davon, meine Herren? Wenn Sie die einzelnen großen Güter so als selbständige Armenverbände konstituiren, so kommt es nur zu häufig vor — ich kann aus meiner praktischen Kenntniß Zeugniß davon ablegen, — daß die benachbarten, kleinbäuerlichen Gemeinden in dieser Beziehung zu ihrem Schaden ausgenutzt werden. Es werden eine große Menge Arbeiter von denselben auf diese Güter gezogen und dort regelmäßig beschäftigt; sie müssen aber, im Falle sie arbeitsunfähig werden, nachher von den kleinen bäuerlichen Ortschaften verpflegt werden. Ebenso kommt der Fall leider nicht selten vor, daß Rittergutsbesitzer so wenig das Gefühl ihrer innerlichen Pflicht haben, daß sie die Leute, die bei ihnen in der Zeit der Kraft gearbeitet haben, und nachher alt und arbeitsunfähig wurden, noch zu rechter Zeit von dem Gute zu beseitigen und einer benachbarten kleinen Gemeinde einer Bauergemeinde oder der benachbarten Stadt zuzuwenden wissen. Alle solche Verhältnisse werden, wie ich schon sagte, ihre schließliche Erledigung hier nicht finden: aber wir müssen uns hüten, das Gesetz für den ganzen Bund so herzustellen, daß nachher Schwierigkeiten für die praktische Erledigung in den einzelnen Staaten stattfinden; und das wird der Fall sein, wenn wir hier nicht das richtige Prinzip festhalten, daß ein solches Grundstück nur mit einer angrenzenden Gemeinde verbunden werden darf."

Der Reichstag tagte bis zum 26. Mai in 55 Sitzungen, die vom 21. April bis 9. Mai durch das Zollparlament unterbrochen wurden.

Schon am 21. Februar fand die erste Berathung des Gesetzes über den Schutz der Photographien gegen unbefugte Nachbildung statt. Hoverbeck bekämpfte es (21. Februar), weil er den Schutz nicht für nothwendig hielt, mit dem einfachen Satze:

„Wenn ich die Freiheit des Verkehrs nur irgend mit einem guten Zustande vereinbar finde, dann sage ich, es wird das Richtigste sein, es bei dieser Freiheit des Verkehrs zu lassen."

In der zweiten Berathung (14. Mai) wurde das Gesetz abgelehnt.

Den größeren Theil der Verhandlungen des Reichstags nahmen das Strafgesetz und die Strafprozeßordnung in Anspruch. Das in dieser Session vollendete Strafgesetzbuch für den Norddeutschen Bund vom 31. Mai 1870 ist durch ein Redaktionsgesetz das vom 1. Januar 1872 gültige Strafgesetzbuch für das Deutsche Reich geworden. Die Entwürfe jener Gesetze waren sehr gründlich vorbereitet aus Anlaß eines Reichstagsbeschlusses vom 18. April 1868. Bundesrath und Bundeskanzler hatten schon im Juni 1868 den preußischen Justizminister Leonhardt ersucht, den Entwurf des Strafgesetzbuchs für den Norddeutschen Bund zu veranlassen. Dr. Friedberg war der Verfasser des ersten Entwurfs, der bereits im Juli 1869 dem Bundesrath vorgelegt und veröffentlicht werden konnte.

Eine vom Bundesrath erwählte Kommission von sieben hervorragenden Juristen Norddeutschlands berieth in drei Lesungen und 43 Sitzungen den Entwurf. Schon am 31. Dezember konnte der zweite Entwurf veröffentlicht, vom Bundesrath berathen und dem Reichstag bei seinem Zusammentritt vorgelegt werden.[4])

Bei der ersten Lesung (22. Februar) beantragte Schwarze den Entwurf ungetheilt einer Kommission zu überweisen. Hoverbeck unterstützte vergeblich den Antrag. Es wurde beschlossen, den allgemeinen Theil und die 7 ersten Abschnitte, hauptsächlich politische Verbrechen betreffend, der sofortigen Berathung im Plenum zu unterziehen und nur die Abschnitte 8 bis 29 (§§ 145 bis 366) einer Kommission von 21 Mitgliedern zu überweisen.[5]) Dieser gegehörte auch Hoverbeck neben Eysold[6]) und Kirchmann von der Fortschrittspartei an. Die Kommission hat einen schriftlichen Bericht nicht erstattet; die von ihr beschlossenen Abänderungsanträge wurden im Plenum durch einzelne Referenten vertreten.

Wie bei den Berathungen der Gewerbeordnung im Reichstag und der Kreisordnung in der Session von 1869 im preußischen Landtag hatten sich auch bei Berathung des Strafgesetzbuchs die liberalen Mehrheitsfraktionen in der Regel zu gemeinschaftlichen Abänderungsanträgen vereinigt, die zum großen Theil zur Annahme gelangten.

Die zweite Lesung begann am 28. Februar und wurde in zwanzig Sitzungen fortgesetzt. Die beiden ersten Sitzungen am 28. Februar und 1. März wurden von der Debatte über die Todesstrafe ausgefüllt. In den Verhandlungen, die durch das schroffe Auftreten Bismarcks sehr erregt wurden, hat Hoverbeck nicht gesprochen. Mit 119 gegen 81 Stimmen wurde die Todesstrafe abgelehnt. Zur Mehrheit gehörten auch mehrere Konservative, zur Minderheit nur ein Liberaler — Miquel.

An den weiteren Verhandlungen hat sich Hoverbeck in hervorragendem Maße betheiligt. Er sprach am 2. März mit Erfolg für die Anträge der Fortschrittspartei, daß die Einzelhaft ohne Zustimmung des Gefangenen die Dauer von drei Jahren nicht überschreiten dürfe, und auf Fortfall der Bestimmung, daß die vorläufige Entlassung des Verurtheilten nur stattfinden dürfe, wenn er Beweise der Besserung gegeben habe.[7])

Bei den ferneren Berathungen, denen gemeinschaftliche Anträge von Kommissarien der liberalen Fraktionen zu Grunde lagen, sprachen meist Hoverbeck und Kirchmann für die Forschrittspartei, Lasker, Meyer-Thorn, Fries, Planck u. s. w. für die Nationalliberalen.[8])

Abgelehnt wurden Hoverbecks und seiner Freunde Anträge, als Strafe des Hochverraths und anderer politischer Vergehen nicht Zuchthaus, sondern nur Festungshaft festzustellen. Für mildere Strafen machte Hoverbeck u. A. geltend (17. März):

„Wenn hier immer auf die Gnade provozirt wird, so muß ich sagen, es scheint mir nicht die Aufgabe der gesetzgebenden Versammlung zu sein, die Gesetze so zu machen, daß von vornherein mit Bewußtsein Lücken darin gelassen werden, die dann durch die Gnade sollen ausgefüllt werden. Wir wissen, in Folge der menschlichen Schwäche werden bei der besten und sorgfältigsten Berathung, und wenn wir uns in allen Fällen auch noch so sehr vorsehen, doch immer einige Punkte übrig bleiben, wo das Strafgesetz nicht mit der absoluten Gerechtigkeit harmonirt. Für diese Fälle ist dann die Gnade das entsprechende Auskunftsmittel. Will man aber von vornherein die Gesetze so machen, daß sie schon nach unserem Bewußtsein für eine große Zahl von Fällen nicht passen, dann, meine Herren, macht man unvollständige, ungenügende Gesetze, welche ohne die Gnade des Landesherrn eigentlich vollständig werthlos wären, und das darf unsere Aufgabe nicht sein."

Bei Vertheidigung eines Antrages auf Ermäßigung der Strafen für Hochverrath während des Krieges sagte Hoverbeck:

„Wenn man auch hier wieder einen Appell gerichtet hat an unsere Vaterlandsliebe, so muß ich bekennen, daß es in mir ein trauriges Gefühl erregt, wenn man daran appellirt um lebenslängliche Zuchthausstrafe auszusprechen. Ich denke mir die Sache anders. Ich will meine Vaterlandsliebe genau so gut, wie jeder Andere im Hause, dokumentiren, aber nicht dadurch, daß ich in allen den Fällen, wo es sich um das Kriegsheer handelt, die allerstrengste und entehrendste Strafe feststelle, sondern daß ich mich bemühe, den ewigen Prinzipien der Gerechtigkeit überall nachzukommen. Ich denke, das ist unsere Pflicht und diese Pflichterfüllung wird den besten Patriotismus dokumentiren."

Bei Berathung der Bestimmungen über Bestrafung der Vergehen gegen die Wehrpflicht gelang es, die Minimalgrenze (3 Monate) zu beseitigen. Hoverbeck erklärte bei der Gelegenheit (23. März):

„Ich bitte Sie zu glauben, daß wir von dieser Seite des Hauses auf den Zweck dieses Paragraphen, nämlich die Aufrechterhaltung der allgemeinen Wehrpflicht mindestens soviel Gewicht legen, wie irgend Jemand aus dem Hause . . ."

Von großem Einfluß und praktischer Bedeutung waren Hoverbecks Reden auch für eine Reihe Beschlüsse,

„die in den Paragraphen, die von der Anreizung zum Ungehorsam gegen Gesetze und Verordnungen, von dem Widerstand gegen die Organe der Verwaltung und der Gerichte, gegen Forst- und Jagdbeamte handeln, den Grundsatz aufnahmen, daß die Verordnung rechtsgültig sein, der von der Obrigkeit ausgegangene Befehl innerhalb ihrer Zuständigkeit sich bewegen, daß der Beamte in der rechtmäßigen Ausübung seines Amts begriffen sein muß, wenn die Aufforderung zum Ungehorsam oder der Widerstand straffällig sein soll."[9])

Die Ausführungen Hoverbecks waren besonders wirkungsvoll durch seine geschickt gewählten Beispiele.

Die zweite Berathung des Strafgesetzbuchs und des Einführungsgesetzes wurde in der letzten Sitzung vor den Osterferien am 8. April beendet. Nach den Ferien (21. April) wurden die Sitzungen des Reichstags durch das Zollparlament unterbrochen. Es wurde am 21. April eröffnet und tagte nur 16 Tage.

Die Thronrede kündigte neben einigen Steuergesetzen und Handelsverträgen eine erneute Revision des Zolltarifs an. Das frühere Präsidium wurde wiedergewählt. Schon am 29. April trat das Zollparlament in die Vorberathung der Revision des Zolltarifs ein. In 13 Sitzungen kam die Revision durch ein Kompromiß zwischen Freihändlern und Schutzzöllnern zu Stande. Nach dem vorgelegten Gesetzentwurf, „betreffend die Abänderung des Vereinszolltarifs vom 1. Juli 1865", sollte der Eingangszoll von 51 Handelsartikeln fortfallen, von 30 ermäßigt werden; außerdem wurden neue Feststellungen der Taravergütigung und dergl. vorgeschlagen. Der Bundesrath hatte die früheren Ermäßigungen wiederholt. Er verzichtete auf den Eingangszoll von 15 Silbergroschen für den Zentner Mineralöl, dagegen sollte der Kaffeezoll von 5 Thalern auf 5 Thaler 25 Silbergroschen für den Zentner erhöht werden.

Hauptwortführer der Freihändler war Hoverbeck, der Schutzzöllner Stumm und Miquel. Ermäßigung des Eingangszolls für Baumwollengarn wurde angenommen. In der Vorberathung wurde ein Antrag Hoverbeck, der den Roheisenzoll am 30. September 1873 aufheben und bis dahin auf 2½ Silbergroschen ermäßigen wollte, und ein Antrag Meier-Bremen,[10]) wonach die Zollfreiheit erst am 1. Januar 1875 eintreten und bis dahin eine allmähliche Herabsetzung stattfinden sollte, abgelehnt. Ein Vermittelungsantrag, den Niendorf mit Konservativen und Schutzzöllnern einbrachte, wurde von Hoverbeck zu Fall gebracht; die ganze Fortschrittspartei stimmte mit ihm. Hoverbeck erklärte den Antrag für schädlich, weil er die gänzliche Aufhebung des Roheisenzolls erschwere, indem er den Schutzzoll zum Finanzzoll mache. Ferner wurde in der Vorberathung auf Antrag Hoverbeck der Reiszoll von einem Thaler auf 15 Silbergroschen ermäßigt, die Erhöhung des Kaffeezolls dagegen mit 187 gegen 63 Stimmen abgelehnt (4. Mai). Zwei Tage darauf war das Kompromiß zu Stande gebracht; nun wurde die Kaffeezollerhöhung mit 183 gegen 91 Stimmen angenommen, den Schutzzöllnern die Eingangszölle unermäßigt auf der alten Höhe belassen, den Freihändlern beim Roheisen eine Ermäßigung von 5 auf 2½ Silbergroschen bewilligt, dagegen die Herabsetzung des Reiszolls angenommen. Der so durch das Kompromiß zurechtgemachte Gesetzentwurf über Abänderung des Zolltarifs wurde mit 179 gegen 65 Stimmen angenommen. Zur

Minderheit gehörte die gesamte Fortschrittspartei und das linke Zentrum; Konservative und Nationalliberale stimmten sämtlich mit der Mehrheit.

Hoverbeck erklärte, weshalb er den Kompromißverhandlungen nicht beigewohnt habe:

„Weil man nämlich in der Regel Kompromisse und dreifach das hier vorliegende nicht anders schließt, als durch Aufgabe eines Theiles seiner Ueberzeugung. Das wird mir aber schwerer, als Andern.[11]")

Das Zollparlament wurde am 7. Mai entlassen.

Am 9. Mai nahm der Reichstag seine Sitzungen wieder auf. Die dritte Berathung des Strafgesetzbuches wurde erst in den letzten vier Sitzungen vom 21. bis 25. Mai erledigt. In den voraufgehenden Sitzungen beschäftigte sich der Reichstag mit dem Bundesstaatshaushalt und zweiten und dritten Berathungen anderer Vorlagen und Anträge.

Nicht in dritter, sondern schon in zweiter Berathung wurde der Antrag der Fortschrittspartei (Schulze-Delitzsch) über Einführung von Reisekosten und Diäten (Aufhebung des Art. 32 der Verfassung) abgelehnt (2. März). In der Debatte erklärte Hoverbeck u. A.:

„Es ist durchaus nothwendig, daß Jeder, gleichviel ob reich oder arm, so viel erhält, um seine Pflicht im Reichstage üben zu können, wenn er gewählt wird."

Auf einen Einwand v. Blankenburgs antwortete er:

„Ich fühle in mir eine Ungewißheit, indem ich mir sage, daß meine Wähler nicht die Auswahl gehabt haben, die ihnen eigentlich gebührt. Sie haben wählen müssen unter Leuten, die soviel Wohlhabenheit hatten, daß sie hier im Reichstag auch ohne Diäten sitzen konnten. Wäre ich der Konkurrenz aller Befähigten, auch der unbemittelten ausgesetzt gewesen, so wäre ich vielleicht nicht gewählt und ich würde Gott danken, wenn ich aus solchem Grunde einmal ungewählt bliebe."

Der Antrag ist für die Fortschrittspartei ein „Vermächtniß Waldecks." Waldeck starb in der Nacht vom 11. zum 12. Mai. Aus Ost und West des Vaterlandes kamen die alten Freunde und Kampfgenossen herbei, um dem stolzen Führer der achtundvierziger Demokraten, dem kühnen Vorkämpfer für die ewigen Grundsätze der Freiheit, der Wahrheit und des Rechts das letzte Geleit zu geben.[12])

Bei der zweiten Berathung über den Bundeshaushaltsetat für 1871 war es am 1. April zu einem lebhaften Meinungsaustausch zwischen Bismarck gegen Hoverbeck und Lasker gekommen, die eine von der preußischen Regierung zu gewährende Entschädigung von 30000 Thalern für Besorgung preußischer Angelegenheiten vom Etat streichen wollten. Obschon Bennigsen für sie eintrat, unterlagen sie nach heftigen Angriffen Bismarcks auf den Partikularismus mit 111 gegen 74 Stimmen.[13])

In derselben Sitzung wurde erörtert, daß in der Marine bei jedem Soldaten zweiter Klasse die Prügelstrafe zulässig sei. Bismarck erklärte, es bestände das Bestreben, die körperlichen Strafen ganz aus unserem Kodex verschwinden zu lassen. Hoverbeck meinte, diese Erklärungen

„werden dazu beitragen, daß sobald als möglich dieser Flecken, der auf der Marine ruht im Vergleiche zum Kriegsheer, und der von keiner Seite als wünschenswerth anerkannt wird, beseitigt werde. Ich hoffe, daß die Initiative zu einer solchen Beseitigung von Seiten des Bundesraths selber ausgehen wird, wo ich sie zunächst zu sehen wünschte; eventuell würden natürlich auch die einzelnen Abtheilungen des Hauses gezwungen sein, die Initiative zu ergreifen."

Bismarck nahm das Wort, um

„den Ausdruck von einem „Flecken, der an unserer Marine hafte," mit aller Entschiedenheit zurückzuweisen. Derselbe Flecken würde auf den Marinen aller zivilisirten Staaten der Welt ruhen. So viel ich weiß, sind wir, wenn wir dazu gelangen, diese mit unserer Gesittung, unseren Gewohnheiten, unseren Auffassungen in Widerspruch stehende Strafart zu beseitigen, die erste Nation mit einer größeren Marine, die damit vorgehen würde, und ich habe vorhin schon konstatirt, daß die Geneigtheit der Regierung dazu vorhanden ist. Ich möchte aber doch die Herren bitten, Erklärungen, die lediglich im Interesse der gegenseitigen Verständigung und zur Aufklärung der öffentlichen Meinung von mir gegeben werden, nicht zu benutzen, um mit so harten, ich kann fast sagen, beleidigenden Worten über eine makellose Nationalinstitution zu sprechen, auf die das ganze deutsche Vaterland stolz ist."

Hoverbeck ließ sich in solcher Weise nicht abfertigen. Er sagte:

„Der Herr Bundeskanzler hat meine Aeußerung über den Flecken, der auf der Marine lastet, als hart, ja wohl als beleidigend für die Marine bezeichnet. Ich meinerseits bin überzeugt, daß in der Marine selbst der gute Wille, aus dem dieser Ausdruck hervorgegangen ist, vollkommen anerkannt wird, und daß die Beleidigung vielmehr da liegt, wo man noch ferner die Prügelstrafe für die Marine aufrecht erhalten will."

Die dritte Berathung des Strafgesetzbuchs war von Tag zu Tag aufgeschoben. Hoverbecks Anträge auf Beschleunigung blieben lange erfolglos; das Kompromiß, an dem die Konservativen und der rechte Flügel der Nationalliberalen eifrig arbeiteten, war noch nicht fertig und der Bundeskanzler war krank in Varzin. Endlich am Sonnabend, den 21. Mai kam das Strafgesetzbuch auf die Tagesordnung, aber Bismarck war noch nicht da. Minister Leonhardt berichtete über die Beschlüsse der verbündeten Regierungen zur zweiten Lesung. Abgesehen von Beschlüssen, die einer technisch-juristischen Korrektur bedürften, bezeichnete er gewisse Beschlüsse der zweiten Berathung als solche, deren Beseitigung dringend wünschenswerth sei. Für unannehmbar erklärte er drei Beschlüsse: 1. die Abschaffung des preußischen Staatsgerichtshofes durch das Einführungsgesetz, 2. die Zulassung von Festungsstrafe neben Zuchthausstrafe bei den schwersten Fällen des Landesverraths, 3. die Aufhebung der Todesstrafe.

Die nationalliberalen Abgeordneten Planck, Stephani, v. Puttkamer-Fraustadt[14]) und Wagner-Altenburg hatten einen Vermittlungsantrag eingebracht, wonach es bei der Abschaffung der Todesstrafe in denjenigen Ländern bewenden sollte, wo sie bereits abgeschafft sei (Sachsen, Oldenburg, Anhalt, Bremen; in Nassau war sie 1849 aufgehoben, aber mit der Annexion wieder eingeführt). Leonhardt erklärte, die verbündeten Regierungen würden den Antrag in ernste Erwägung ziehen. Graf Schwerin beantragte sofort Vertagung der Berathung. Hoverbeck widersprach, da die Erklärung des Regierungsvertreters nichts Neues geboten habe, eventuell beantragte er Vertagung bis um 6 Uhr desselben Tages. Gegen Forckenbeck und Blanckenburg erklärte er weiter:

„Ich fasse die Sache so auf, daß wir es der deutschen Nation schuldig sind, ihr den Ruhm zu erhalten, den wir für sie durch unsere erste Abstimmung bei allen zivilisirten Völkern bereits erworben haben. (Lebhaftes Bravo links, großer Widerspruch rechts). Wir sind es ferner uns selbst schuldig, zu zeigen, daß wohl erwogene Beschlüsse, die aus dem innersten Gewissen hervorgegangen sind, durch zufällige Verhandlungen und zufällige Vorschläge, wie sie hier zum Schaden der Konsequenz gemacht sind, nicht bei uns Eingang finden. (Bravo links.) Was unsere Schuldigkeit gegen die verbündeten Regierungen betrifft, . . . ich denke, wir haben Alles, was wir an Verbindlichkeiten gegen die verbündeten Regierungen zu erfüllen hatten, durch den langen Zeitraum, der zwischen der zweiten und dritten Lesung lag, auf das Vollkommenste erledigt. (Bravo links)."

Hoverbecks Antrag wurde abgelehnt. Am Montag erschien nun auch Bismarck. In einer wunderbaren Rede verlangte er von den Abgeordneten die Annahme der Todesstrafe als ein Opfer für die nationale Einheit; unsere Aufgabe sei, Gleichheit vor dem Gesetz für alle norddeutschen Bürger zu schaffen. Bismarck kannte seine Leute. Der Abgeordnete Planck nahm seinen Antrag sofort zurück. Vortreffliche Reden von Lasker, Schulze-Delitzsch u. s. w. blieben wirkungslos. Die am 2. März mit 118 gegen 81 Stimmen beseitigte Todesstrafe wurde jetzt mit 147 gegen 119 Stimmen wieder aufgenommen (23. Mai).[15]) 24 Abgeordnete, meist nationalliberale, fielen um. Ueber die Abstimmung der einzelnen Abgeordneten verweise ich auf die zuverlässige Darstellung in meiner Schrift „Deutschlands politische Parteien" S. 124.[16]) Die Mehrheit der Nationalliberalen, darunter Bennigsen, Forckenbeck, Hammacher, Lasker, Meyer-Thorn, Simson, Stephani, blieben bei ihrem Votum gegen die Todesstrafe. Die Bestimmung des § 80 in dem noch heute geltenden Strafgesetzbuch für das Deutsche Reich wurde damals zum Beschluß erhoben. Der Mord und der Versuch des Mordes gegen das Bundesoberhaupt oder den eigenen Landesherrn werden als Hochverrath mit dem Tode bestraft.

Auch die übrigen vom Bundesrath als unannehmbar erklärten Beschlüsse wurden nach Wunsch geändert. Zahlreiche Amendements kamen noch zur Berathung und zur Annahme, die Mehrzahl hervorgegangen aus gemeinsamen Besprechungen von Abgeordneten aller Parteien. Diese Anträge der sogenannten „Vertrauensmänner" (Lasker, Hoverbeck, Luck, Bernuth, Kardorff, Dr. Schwarze) waren meist technisch-juristische Verbesserungen von Fassungen zweiter Berathung. In einer Nachtsitzung vom 24. zum 25. Mai erfolgte die Schlußredaktion durch das Bureau des Reichstags unter Zuziehung der Vertrauensmänner und des Präsidenten Friedberg. Am 25. Mai wurde das Strafgesetzbuch mit sehr großer Mehrheit angenommen.

Hoverbeck hatte in der dritten Berathung des Strafgesetzbuchs nicht mehr gesprochen. Er hat aber wie vorher bei den Berathungen der Delegirten der liberalen Parteien zur Vorberathung der Abänderungsanträge, so auch bei den Arbeiten der sogenannten Vertrauensmänner eine ganz hervorragende Thätigkeit entwickelt. In dem Geschick, für abweichende Meinungen bei Gesetzesbestimmungen die kürzeste und zutreffendste Fassung zu finden und danach Abänderungsanträge zu formuliren, übertraf er seine klugen und gewandten Mitarbeiter, zu denen die ausgezeichnetsten Juristen der verschiedenen politischen Parteien gehörten.[17])

Am 26. Mai wurde in feierlicher Thronrede der Schluß der Session und der „ersten ordentlichen" Legislaturperiode des Reichstags des Norddeutschen Bundes verkündet.

Die Neuwahlen zum Norddeutschen Reichstage sollten am 12. September, die zum preußischen Abgeordnetenhause in der zweiten Hälfte des September stattfinden. Bei Schluß des Reichstags war von einer Wahlbewegung noch wenig zu spüren. Die Fortschrittspartei hatte vielleicht mehr als die andern Parteien von der Gleichgültigkeit der Wähler zu leiden. Selbst in Ostpreußen, wo alle Reichstags- und die Mehrzahl der Landtagssitze den Konservativen anheimgefallen waren, sah es sogar zu den Landtagswahlen bedenklich aus. Möller-Königsberg klagte in einem Briefe an Hoverbeck vom 18. März 1870 über das Anwachsen der Nationalliberalen und die Gründung einer besonderen Volkspartei (Jacoby) in Königsberg. Er schrieb:

„Wenn wir die Häupter unserer Lieben zählen, wird wohl Manches darunter fehlen, das Tod, Wegzug oder Lauheit aus der Liste streicht, und mit der Ausfüllung der Lücken sieht es traurig aus; denn der junge Nachwuchs, soweit er überhaupt politisches Interesse hat, läuft meist einem der beiden Extreme zu."

In seiner Antwort erkannte Hoverbeck an, daß

„viele unserer Parteigenossen, welche es allmählich müde werden, zu arbeiten, ohne Erfolge davon zu sehen, und dem Dinge durch einen gewissen Gewaltsakt beikommen möchten. Unser alter Bender ist ja den Heißspornen der Jacobiten nun auch ein Stein des Anstoßes geworden; in der Regel tadeln die Nüchternen die Betrunkenen, hier aber kehrt sich die Sache um.“

Schon im April hatte die Fortschrittspartei einen Wahlaufruf für die Wahlen zu beiden Körperschaften beschlossen. In ihm hieß es:

„Getreu den leitenden Grundsätzen des Parteiprogramms stellt die Fortschrittspartei bei den bevorstehenden Wahlen folgende Punkte in den Vordergrund:

I. Herstellung der Deutschen Einheit auf friedlichem Wege; — Erweiterung des Nordbundes zum Deutschen Bundesstaate, deshalb Ausbildung der Bundesverfassung in freiheitlicher Entwicklung, besonders durch Einführung der Grundrechte und eines verantwortlichen Bundesministeriums in dieselbe, wie durch Gewährung der Diäten an die Abgeordneten.

II. Verminderung der Militärlast durch Verringerung der Friedensarmee und Verkürzung der Dienstzeit. Unterstützung aller auf allgemeine Abrüstung in Europa gerichteten Bestrebungen.

III. Keine Steuererhöhung, vielmehr Verminderung der bestehenden Steuern, zunächst durch Beseitigung der die ärmeren Klassen drückenden Verbrauchssteuern auf nothwendige Lebensbedürfnisse.

IV. Gleiches Recht für Alle! — — Allgemeines gleiches Wahlrecht, wie im Bunde, so auch in den Einzelstaaten. — Gleiche Möglichkeit zur humanen und bürgerlichen Ausbildung durch die Freiheit des Unterrichts und Uebernahme der Kosten der Volksschule auf die Gemeinde und den Staat. — Schutz für Leben und Gesundheit der Staatsbürger. Gewährung der vollen Freiheit und Rechtssicherheit des Vereinswesens. — Abweisung jeder Ausbeutung des Staates für die Sonderinteressen einzelner Gesellschaftsklassen, mögen dieselben seitens der bisher priveligirten Stände oder seitens der sozialistischen Arbeiterparteien geltend gemacht werden.

Für das Preußische Abgeordnetenhaus insbesondere:

I. Volles Steuerbewilligungsrecht des Abgeordnetenhauses.

II. Selbstverwaltung in Gemeinde, Kreis und Provinz. Verantwortlichkeit der Beamten vor dem Richter.“

Der Aufruf wurde erst im Juni mit Unterschriften veröffentlicht. Da kam der französische Krieg und machte allen Wahlvorbereitungen ein Ende.

Neuerdings ist durch Bismarcks „Gedanken und Erinnerungen“ und durch Buschs „Tagebuchblätter“ die Frage, wie der Krieg von 1870 entstanden ist, von der gesamten Presse in Erörterung gezogen. Buchers Erzählungen von 1883 und 1888, wonach die Kandidatur des Prinzen Hohenzollern nur eine Falle für Napoleon gewesen sei, die ihm Bismarck gestellt, ohne daß Kaiser Wilhelm und der Kronprinz eine Ahnung gehabt hätten, sind für die deutsche Nation heute von ebenso geringem Werthe, als die Frage, ob ohne die von Bismarck unternommene Kürzung des Textes der Emser Depesche und ohne die sofort erfolgende Verbreitung des neuen Textes sich Napoleon hätte in den Krieg treiben lassen.[18])

Am 15. Juli befahl der König die Mobilmachung der norddeutschen Streitkräfte, die Einberufung des Bundesraths auf den 16. und des Reichstags auf den 19. Juli. Die Thronrede wandte sich, nachdem man uns das Schwert in die Hand gezwungen habe, mit Zuversicht an die Vaterlandsliebe und Opferfreudigkeit des deutschen Volkes mit dem Aufruf zur Vertheidigung seiner Ehre und seiner Unabhängigkeit.

In der nach Eröffnung des Reichstags folgenden Sitzung theilte Bismarck sofort dem Reichstage mit, daß ihm der französische Gesandte heute die Kriegserklärung Frankreichs überreicht habe. Der stenographische Bericht notirt darauf „stürmisches nicht enden wollendes Bravo, Hochrufen und Händeklatschen von allen Seiten des Hauses und auf den Tribünen."

Das Bureau der vorigen Session wurde durch Akklamation wiedergewählt. Am 20. Juli wurde einstimmig eine Adresse an den König beschlossen.[19]) Es heißt darin:

„Von den Ufern des Meeres bis zum Fuße der Alpen hat das Volk sich auf den Ruf seiner einmüthig zusammenstehenden Fürsten erhoben. Kein Opfer ist ihm zu schwer . . . Das Deutsche Volk wird auf der behaupteten Wahlstatt den von allen Völkern geachteten Boden friedlicher und freier Einigung finden . . ."

Der Geldbedarf der Militär- und Marineverwaltung wurde bewilligt. Die Session schloß bereits am 21. Juli. Lebhaften Widerspruch fand ein vom Bundesrath eingebrachtes Gesetz, wonach die Legislaturperiode des am 31. August 1867 gewählten Reichstags für die Dauer des gegenwärtigen Krieges, jedoch nicht über den 31. Dezember 1870 hinaus, verlängert wurde.

Hoverbeck trat dagegen mit folgenden Worten auf:

. . . „Das Wahlgesetz, das Gesetz, auf dessen richtiger Ausführung die ganze Kraft, die ganze Legalität einer gesetzgebenden Körperschaft beruht, unterliegt noch ganz anderen Gesetzen, als gewöhnliche Verfassungsbestimmungen. Wir könnten unter Umständen selbst das Wahlgesetz abändern, wir könnten ein längeres Mandat festsetzen, als das bisher in der Verfassung angegebene. Nie und nimmer darf aber diejenige Versammlung, welche einen solchen Beschluß gefaßt hat, selbst einen direkten Vortheil daraus ziehen, um mich so auszudrücken. Ich will daraus keine Beschuldigung auf ein Mitglied der Versammlung werfen, als ob ein Vortheil niedriger Art damit verbunden wäre. Immer aber ist es die Ausübung eines Rechts, das aus einem gewissen ehrenden Vertrauen von Seiten einer großen Anzahl seiner Mitbürger entstanden ist. Dieses Vertrauen ist auf eine eng gemessene Zeit gewährt und diese muß innegehalten werden. Dieses Recht erlischt jetzt für unsern Reichstag und ich glaube, wenn nicht die absolute Unmöglichkeit vorhanden ist, Neuwahlen zu Stande zu bringen — die ich nicht anerkenne — dann giebt es keinen Grund in der Welt, der uns berechtigen könnte, einen Beschluß, wie den vorliegenden, zu fassen."

Auch v. Kirchmann und Schulze-Delitzsch sprachen in gleichem Sinne. Das Gesetz aber wurde „mit sehr großer Majorität" am 21. Juli angenommen und der Reichstag geschlossen.

Anmerkungen zum 41. Kapitel.

1) Elsner v. Gronow auf Kalinowitz, geb. Oktober 1817, freikons. Abg. von 1855 bis 58 und 1870 bis 73.

2) Niendorf, M. Anton, seit Oktober 1869 R.-Abg. zuerst Fortschrittspartei, im Mai folgenden Jahres aus der Fraktion ausgetreten; agrarischer Agitator; † Juni 1878.

3) Wedemeyer, Dr. Ludwig, auf Schönrade, geb. Sept. 1819; kons. Mitglied des konstit. und nordd. Reichstags; † Nov. 1875.

4) „Die Geschichte und das System des deutschen Strafgesetzbuchs" vergl. Hans Rüdorffs Kommentar S. 1 bis 100. Die sieben Kommissionsmitglieder waren außer Leonhardt und Friedberg der sächsische Generalstabsanwalt Dr. Schwarze (freikons. Reichstagsabg. für Dresden v. d. E. von 1867 bis 86; † 1886), Waldecks Vertheidiger Rechtsanwalt Dorn (s. Bd. II S. 97), Appell.-Gerichtsrath Bürgers-Cöln (altlib. Abg. im Nordd. Reichstag und Reichstag bis 1873; † 1882), Senator Donandt-Bremen und Oberappell.-Gerichtsrath Budde-Rostock.

5) Drucksachen Nr. 85, 92, 104.

6) Eysold, Arthur, Rechtsanwalt in Dresden, geb. 1832; fortschr. R.-Abg. vom März 1869 bis 84.

7) Beide Verbesserungen sind im Strafgesetzbuch für das Deutsche Reich bestehen geblieben (§§ 22 und 23). Die Fortschrittspartei hatte, wie hervorgehoben wurde, die meisten „Sachverständigen" Becker, Ziegler, Moritz Wiggers. Die letzteren Beiden sprachen mit Erfolg über ihre Erfahrungen in Gefängnissen.

8) Meyer-Thorn, Dr. Rechtsanwalt, seit 1875 vortrag. Rath, geb. 1826, nat.-lib. Mitglied des konstit., nordd. und deutschen Reichstags bis 1875; † 1888. — Planck, Appell.-Gerichsrath, geb. 1824, im konstit. und deutschen Reichstag bis 1873.

9) Wörtlich aus Dr. Hans Rüdorffs „Strafgesetzbuch für das Deutsche Reich" 4. Aufl. S. 23.

10) Meier-Bremen, geb. 1809, nat.-lib. R.-Abg. bis 1884.

11) Vergl. die Rechtfertigung des Kompromisses in dem Bericht von Lasker. „Annalen des Deutschen Reiches" III. S. 610.

12) Bei der Waldeckfeier am 3. Dezember 1869 (siehe oben S. 221) erwiderte Waldeck auf den Glückwunsch der Abgeordneten der Fraktion der Fortschrittspartei: „Zwanzig Jahre sind vergangen und während derselben sind die Grundsätze, auf die wir fest gebaut, zur weitesten Anerkennung gelangt. Es sind die ewigen Grundsätze, die wir vertheidigt und die auch heute noch die unsrigen sind, — die Grundsätze, welche die Zukunft anerkennen wird, die Grundsätze der Freiheit, der Wahrheit und des Rechts."

13) Hoverbeck sagte: „Wenn jemals die Frage im Publikum entstehen sollte, ob der Vorwurf, den der Herr Bundeskanzler gegen mich in Beziehung auf Partikularismus gemacht hat, von mir eine besondere Erwiderung nothwendig machte, so würde ich das dem Urtheil des Publikums ohne Weiteres überlassen; ich glaube, ich kann ruhig schweigen!"

14) Dr. Stephani, Vizebürgermeister a. D. in Leipzig, geb. 1817; im nordd. und deutschen Reichstag bis 1875; † 1885. — Puttkamer, Maximilian, geb. 1831, Kreisrichter in Fraustadt. Abg.-Haus seit 1867; im konst. und deutschen Reichstag bis 1878; nat.-lib., trat 1879 aus; jetzt Minister in Elsaß-Lothringen.

[15]) Im Reichstag wies der konservativ-klerikale Abgeordnete Kanonikus Dr. Künzer am 23. Mai bei Berathung über die Todesstrafe auf die Haltung der Berliner Bevölkerung bei dem Begräbnisse Waldecks hin: „Es gab keinen preußischer gesinnten Mann als Waldeck, es gab keinen Mann, der mehr für die Einigung Deutschlands glühte, als der Verstorbene. Und warum ist dieser Mann von 30000 Menschen in so stiller, in so erhebender Ehrfurcht begraben worden? Deshalb, weil der Mann das Volk in seinem wirklichen Wesen erkannt und gewürdigt hat! Er hat dem Volke nicht Brot geben können, er war nicht im Stande, ihm die Schleusen des Reichthums zu eröffnen, er hat aber für das Recht, für das Wohl, für die Freiheit dieses Volkes gesprochen und ist dafür eingetreten, und dafür ist das Volk ihm dankbar gewesen."

[16]) Vergl. auch die Darstellung Laskers „Bericht der nat.-lib. Partei" in „Annalen des Deutschen Reiches" III S. 581. — Forckenbeck schrieb (Philippson a. a. O. S. 138) an seine Frau am 7 bezw. 21. Mai, der Kronprinz sei Anhänger der Aufhebung der Todesstrafe und habe darüber an Simson geschrieben. Später sei er im Conseil vergeblich lebhaft aufgetreten, für politische Verbrechen die Todesstrafe vollständig aufzuheben. Forckenbeck war überzeugt, die Mehrheit werde ihrem ersten Votum treu bleiben.

[17]) Lasker und Forckenbeck haben dies damals öfter zu mir ausgesprochen.

[18]) Siehe Bismarck „Erinnerungen" Band II, 22. Kapitel „Die Emser Depesche" S. 78 bis 93. Vor Eingang der Emser Depesche war Bismarck sehr niedergeschlagen: „Ich sah kein Mittel, den fressenden Schaden, den ich von einer schüchternen Politik für unsere nationale Stellung befürchtete, wieder gut zu machen, ohne Händel ungeschickt vom Zaun zu brechen und künstlich zu suchen" (S. 85).

[19]) In Schultheß „europäischer Geschichtskalender" für 1870 (S. 91) ist die Adresse verstümmelt, mit Entstellungen fast in jedem Satze abgedruckt.

Zweiundvierzigstes Kapitel.

Krieg mit Frankreich. Letzte Session des norddeutschen Reichstags. Annahme des Vertrages mit Bayern. Wahlen zum Landtag.

Die Verlängerung der Legislaturperiode des norddeutschen Reichstages hatte zur Folge, daß die Wahlen zum preußischen Abgeordnetenhause vor den Reichstagswahlen vorgenommen werden mußten. Für politische Wahlen war der Zeitpunkt den Liberalen ungünstig. Die Aufmerksamkeit der Wähler war auf den Krieg, ihre Erwartungen auf einen baldigen, ehrenvollen Friedensschluß gerichtet. Seit Beginn des Krieges, seit Sieg auf Sieg: Weißenburg (4. August), Spicheren und Wörth (6. August), Courcelles, Vionville und Gravelotte (14.—18. August), bis zur Gefangennahme Napoleons in Sedan (2. September), schnell aufeinander folgten, fand die Besorgniß vor einem faulen Frieden im Volke keinen Eingang. Ein freies, einiges Reich und geschützte Grenzen forderte eine Berliner Versammlung angesehener Männer aller Parteien schon am 30. August 1870 in einer Adresse an den König.[1]) Versammlung und Adresse wurden im Volke wenig beachtet — drei Tage vor der siegreichen Schlacht von Sedan.

Nach Sedan beschloß der Vorstand der nationalliberalen Partei hervorragende Mitglieder nach Süddeutschland zu entsenden, um den Anschluß des Südens an den Norden zu betreiben. Lasker, Bennigsen und Forckenbeck fuhren nach Karlsruhe und Stuttgart; die ersteren Beiden dann auch nach München. Die Nationalliberalen hatten Furcht, daß die süddeutschen Herrscher und ihre Minister sogar jetzt noch der Herstellung eines Deutschen Reiches Hindernisse bereiten würden. Die norddeutsche Bundesverfassung hatten sie freilich nur als Nothbehelf betrachtet, „als den ersten unentbehrlichen Schritt auf der Bahn zu den in Freiheit und Macht gefestigten deutschen Staaten;"[2]) ihr Wahlspruch sei, der deutsche Staat und die deutsche Freiheit müssen gleichzeitig mit denselben Mitteln errungen werden. Sie hatten stets erklärt, bei erster Gelegenheit die Mängel der Verfassung beseitigen zu wollen. Jetzt war davon keine Rede. Man meinte, bloß den Eintritt der süddeutschen Staaten in den Nordbund auf Vorschlag des Bundespräsidiums im Wege der Gesetzgebung nach Art. 79 der Verfassung des Norddeutschen Bundes erreichen zu sollen. „Eigentlich weiß Niemand etwas davon, wie es im Innern Deutschlands werden soll," schrieb Forckenbeck an seine Frau auf der Reise von Berlin nach Stuttgart am 14. September, nachdem er sich mit Berliner nationalliberalen Führern besprochen hatte. Von den Besprechungen mit Ministern und Abgeordneten in Karlsruhe und Stuttgart war Forckenbeck sehr erbaut. „Süddeutschlands Fürsten und Volk wollen die Einheit und große Opfer (?) bringen." Von Bayern berichteten Lasker und Bennigsen weniger Günstiges.[3])

Die frühere Besorgniß, daß Bismarck selbst dem Eintritt der süddeutschen Staaten widersprechen werde, war geschwunden.[4]) Delbrück fuhr auf Veranlassung der Nationalliberalen am 21. September nach München.

Die Forderung, die Berliner Mitglieder der Fortschrittspartei, darunter die meisten in Berlin wohnhaften Reichstags- und Landtagsabgeordneten, am 25. September in einem Aufruf stellten, ein allgemeines deutsches Parlament durch Bundesgesetz in Norddeutschland und entsprechende Gesetze in Süddeutschland zur Berathung der Reichsverfassung für Deutschland zu berufen, blieb ohne Wirkung. In demselben Aufruf waren die Forderungen über die Grundlagen der künftigen deutschen Reichsverfassung entwickelt.

Am 25. Oktober begannen in Versailles die Unterhandlungen zwischen Bismarck und den Bevollmächtigten der süddeutschen Staaten. Er hatte gleichzeitig auch die Landtagsabgeordneten Blanckenburg, Friedenthal und Bennigsen eingeladen. Bismarck konnte mit der Vorarbeit der nationalliberalen Abgeordneten in Süddeutschland zufrieden sein. Bamberger gegenüber behauptete er, Lasker habe den Bayern zu viel Konzessionen gemacht.[5])

Zum preußischen Landtage fanden am 9. November die Urwahlen, am 16. November die Landtagswahlen statt. Wie vorausgesehen, fielen die Wahlen für die Liberalen ungünstig aus. Daß der Führer der Fortschrittspartei, Hoverbeck kein Mandat annehmen wollte, hatte man ungeachtet füherer Aeußerungen desselben nicht geglaubt. In Berlin fand ein erbitterter Wahlkampf nur im zweiten Wahlbezirk statt, wo die Mehrheit der Fortschrittspartei der Wiederwahl von Johann Jacoby widerstrebte, da er 1868 aus der Partei ausgetreten war, sozialistische Anschauungen verkündete und in einer Versammlung der Königsberger Volkspartei einen Protest gegen die Annektirung von Elsaß-Lothringen bewirkt hatte. Wegen des Letzteren ließ ihn Vogel v. Falckenstein am 20. September widerrechtlich verhaften. Erst am 27. Oktober wurde er aus der Haft in Lötzen entlassen.

Im Auftrag der großen Mehrheit der fortschrittlichen Wahlmänner fragte ich am 10. November bei Möller telegraphisch an, ob dort Hoverbecks Wahl gesichert sei, wo nicht, so würden in Berlin II für ihn 500 Wahlmänner, für Jacoby nur 70 stimmen. Möller theilte dies sofort seinem Freunde mit:

„Ich war freudig überrascht, da ich nach der Reklame, die Falkenstein für Jacoby gemacht hat, sicher auf eine Majorität für ihn rechnete. Natürlich forderte ich sofort dringend auf, Deine Kandidatur aufzustellen, weil Du in Deinem heimischen Bezirk nie mit einiger Sicherheit auf den Sieg rechnen kannst und wir hier in Königsberg gar nicht einmal daran denken können, Dich aufzustellen . . .“

Von den drei fortschrittlichen Abgeordneten Königsbergs hatte Saucken-Tarputschen eine Wiederwahl abgelehnt. Die Fortschrittspartei hatte mit den Nationalliberalen ein Kompromiß geschlossen und ihnen dabei diese dritte Stelle eingeräumt. Unter Darlegung der Königsberger Parteiverhältnisse forderte Möller, Hoverbeck solle sich nicht durch zarte Rücksichten abhalten lassen, in Berlin gegen Jacoby aufzutreten:

„Unsere Partei wird, fürchte ich, ohnehin nicht so stark vertreten sein, um dabei irgend eine Stimme, geschweige denn die eines ihrer bewährtesten Führer entbehren zu können. Also frisch zugegriffen!"

Möller wußte noch nicht, daß Hoverbeck fest entschlossen war, jedes Mandat zum Abgeordnetenhause abzulehnen. Ueber die ihm angebotene Kandidatur schrieb Hoverbeck mir nun:

... „Trotz meiner herzlichen Dankbarkeit für das mir dadurch bewiesene Vertrauen kann ich ein Mandat im zweiten Berliner Wahlkreise nicht annehmen:

1. weil ich Jacoby nicht verdrängen möchte. Allerdings betrachte ich mich nicht mehr als seinen Gesinnungsgenossen und halte auch die Fortschrittspartei an sich nicht für verpflichtet, für die Wahl eines Mannes einzutreten, der seit Jahren eher feindselig als freundschaftlich gegen sie gehandelt hat. Trotzdem wäre es mir gerade als Protest gegen den Militarismus und die Lötzener Affaire wünschenswerth, wenn Jacoby diesmal gewählt würde. Endlich habe ich ihm persönlich früher nahe gestanden, bin auch heute noch ihm zugethan und würde schon deshalb diese Kandidatur nicht annehmen;

2. weil ich eine Kandidatur in Berlin nicht mehr annehmen kann, nachdem ich zwei andere in Osterode und Graudenz entschieden abgelehnt habe;

3. weil ich, wenn ich überhaupt ins Abgeordnetenhaus gehen könnte, unbedingt das Mandat des Allenstein-Rösseler Kreises, welches ich bis jetzt gehabt habe, beibehalten müßte Uebrigens lehne ich auch dies Mandat ab, da ich meiner Gesundheit wegen den festen Entschluß gefaßt habe, mich auf eins der beiden Mandate, Reichstag oder Abgeordnetenhaus zu beschränken und für das Abgeordnetenhaus — vielleicht auch schon der Diäten halber; wir Fortschrittsleute dürfen das ruhig anerkennen — sich leichter Nachfolger finden, als für den Reichstag. Für diesen will mich mein heimischer Wahlkreis aufstellen, und diese Kandidatur habe ich angenommen.

Sie werden mir wohl glauben, mein lieber Parisius, daß es mir in vielfacher Beziehung nicht leicht geworden ist, meine Thätigkeit im Abgeordnetenhause aufzugeben, welche mir gerade der vielen lieben Freunde wegen, mit denen ich dabei zusammen war, gemüthlich, die angenehmere war; aber da ich eine Wahl treffen mußte, durfte ich natürlich nicht meine Neigung, sondern mußte allein das Interesse der Partei berücksichtigen. Leider sind wir im Reichstage an Zahl und Kräften noch schwächer als im Abgeordnetenhause. Daß ich meine Gesundheit bis heute nicht geschont habe, werden Sie mir auch bezeugen; jetzt aber mahnt mich mein Körper deutlich genug, daß es so nicht länger geht . . ."

Hoverbecks Entschluß erregte nicht bloß in der Fortschrittspartei lebhaftes Bedauern. Lasker schrieb ihm am 9. November:

„Lieber Freund! Soeben höre ich zu meinem großen Bedauern, daß Sie das Mandat zum Abgeordnetenhause nicht annehmen wollen. Ich würde dies nicht bloß persönlich, sondern im Interesse der liberalen Sache zu verhüten wünschen. Unter uns darf ich offen reden, die Fortschrittspartei würde durch Ihr Ausbleiben diejenige Leitung verlieren, welche in den abgelaufenen Sessionen so viel zum Gelingen mancher gemeinsamer Schritte beigetragen hat. Ihre abweichende Stellung ist zuweilen auch solchen Bestrebungen, welche ich der liberalen Sache für nützlich gehalten und deswegen begünstigt habe, hinderlich gewesen; umso mehr werden Sie meinem

Zeugniß glauben, daß Ihre Ablehnung unseren gemeinsamen Aufgaben und den beiden von uns vertretenen Richtungen erheblichen Nachtheil zufügen würde, und darum bitte ich Sie dringend, nochmals zu erwägen, ob es Ihnen denn durchaus unmöglich ist, der liberalen Sache den allerdings schweren Dienst zu leisten.

Mit herzlichen Grüßen Ihr Lasker."

Das Ergebniß der Landtagswahlen war der Fortschrittspartei ungünstig. Die Fraktion erreichte die gleiche Stärke nur dadurch, daß die Schleswig-Holsteiner ihr beitraten, die vorher dem linken Zentrum angehört hatten. Das linke Zentrum löste sich auf. Papst Pius IX. hatte am 18. Juli vom Vatikan das Dogma von der päpstlichen Unfehlbarkeit verkündet. Nun wählte man in den katholischen Kreisen von Rheinland und Westfalen klerikal. Im Osten verloren die Konservativen nur wenige Sitze, obschon Landräthe und Gensdarmen keine besondere Thätigkeit entwickelt hatten.

Den Nationalliberalen, die im Gegensatz zu den Friedensmahnungen ihrer Führer „ihre Hauptaufgabe in der Bekämpfung der Fortschrittspartei sahen"[6]) gelang es, der Fortschrittspartei in Breslau alle drei Sitze, in Königsberg, Görlitz je einen von drei Sitzen abzunehmen und sie aus Bromberg und Danzig gänzlich zu verdrängen.

Am 24. November fand die Eröffnung der zweiten außerordentlichen Session des Reichstages des Norddeutschen Bundes durch den Minister Delbrück statt. Dieser konnte nur erst am 24. November den Vertrag mit Baden und Hessen, am 28. den Vertrag mit Württemberg und endlich am 1. Dezember der Vertrag über den Beitritt Bayerns vorlegen.

Noch vor Berathung der Verträge im Reichstage wurde über eine Petition Bremenser Rheder verhandelt, die dem Bundespräsidium in der künftigen Friedensverhandlung die Erwerbung der französischen Flottenstation Saigon empfahlen. Die Petitionskommission und mehrere nationalliberale Redner befürworteten, diese Petition zur Erwägung zu überweisen. Hoverbeck beantragte Tagesordnung. Er hielt es nicht für würdig, die Haut des Löwen zu verhandeln, ehe man ihn hat. Sein Antrag wurde angenommen.

Mit der ersten Berathung der drei Verträge wurde die Verhandlung über einen präjudiziellen Antrag der Fortschrittspartei (Duncker und Genossen) verbunden. Dieser verlangte, die verbündeten Regierungen aufzufordern, Schritte zu thun, „um die deutsche Verfassung einem nach dem Wahlgesetz zum Zollparlament gewählten gemeinsamen Reichstage zur Vereinbarung mit den deutschen Regierungen vorzulegen."[7]) Hoverbeck überließ Duncker und Schulze-Delitzsch den Antrag zu begründen, der schließlich mit großer Mehrheit abgelehnt wurde.

An der zweiten und dritten Berathung der Verträge hat sich Hoverbeck als Wortführer der Fortschrittspartei lebhaft betheiligt. In der zweiten Berathung hatte Delbrück gegen einen Antrag des fortschrittlichen Abgeordneten Dr. Wigard[8]) auf Einführung von Grundrechten erklärt, es sei für die Regierungen keine Möglichkeit vorhanden, für eine Revision der Bundesverfassung einzutreten. Hoverbeck entgegnete:

„Meine Herren, die eben gehörte Erklärung des Herrn Präsidenten des Bundeskanzleramts drückt das Siegel auf die Art und Weise, wie die künftige Verfassung des Deutschen Bundes hier von uns festgestellt werden soll. Wenn hier ausdrücklich anerkannt wird, und zwar bei dem Eingang in die Spezialberathung, daß irgend eine Frucht für die freiheitlichen Bestrebungen des deutschen Volkes, irgend eine Erfüllung einer Forderung der Nation von vornherein ausgeschlossen ist, daß also Alles, was der Reichstag hier beschließen kann, nichts als eine Vermehrung des separatistischen Elements im künftigen Deutschen Bunde ist, so ist das in diesem Augenblick um so gefährlicher, als für alle Zukunft derartige Verbesserungen, wie sie die norddeutsche Bundesverfassung wenigstens theilweise zuläßt, bedeutend erschwert werden. Wenn die Vorlagen der vereinten Regierungen Gesetz werden, so wird künftig eine verhältnißmäßig sehr geringe Zahl von Stimmen hinreichen, um jede heilsame Veränderung nach dieser Richtung hin zu erschweren. Ob es in diesem Augenblick möglich ist, einzelne Amendements noch zu stellen und durchzubringen, während in der Handlungsweise der Regierungen Alles darauf hinzielt, uns die ganze Sache en bloc annehmen zu machen, das stelle ich anheim. Ich glaube, es wird zweckmäßig sein, daß wir bis zum letzten Augenblick mit unseren Amendements aushalten und daß wir dem ganzen Lande gegenüber zeigen, wo der Entschluß bestanden hat, jede Förderung des Werks unmöglich zu machen; wenn aber das Werk in dieser Weise zu Stande kommen sollte, dann wird man, glaube ich, überall verstehen, daß eine Anzahl von Mitgliedern, die sich nicht gescheut haben, trotz aller schweren Bedenken in diese Arbeit einzutreten, unter solchen Umständen schließlich dem Gesamtresultat nur ihr Nein entgegensetzen können." (Bravo links.)

Der Antrag Wigard wurde abgelehnt.

Abgelehnt wurde ferner ein Antrag der Fortschrittspartei (Duncker, Schulze, Hoverbeck) wenigstens Preßfreiheit und Versammlungsrecht sicher zu stellen durch Hinzufügung: Bei den Bestimmungen über die Presse und das Vereinswesen

„sind folgende Grundsätze maßgebend:

Die Preßfreiheit darf durch keinerlei vorbeugende Maßregeln oder Hemmungen des Verkehrs beschränkt werden.

Das Recht, sich friedlich und ohne Waffen in geschlossenen Räumen zu versammeln, sowie das Recht, Vereine zu bilden, darf von einer vorgängigen Erlaubniß nicht abhängig gemacht werden."

Dasselbe Schicksal hatte ein Antrag Wiggers-Berlin und Genossen, den die Fortschrittspartei im Interesse von Mecklenburg und Lippe stellte:

„In jedem Bundesstaate muß eine aus Wahlen der Bevölkerung hervorgehende Vertretung bestehen, deren Zustimmung bei jedem Landesgesetz und bei der Feststellung des Staatshaushalts erforderlich ist.“

Ein gleicher Antrag war im konstituirenden Reichstage von 1867 und in der ersten Session des norddeutschen Reichstages 1867 abgelehnt, dagegen 1869 mit großer Mehrheit angenommen, hatte aber die Genehmigung des Bundesraths nicht gefunden. Ueberzeugende Reden der Abgeordneten Moritz Wiggers-Berlin und Hausmann-Lippe waren vergeblich. Hennig beantragte Tagesordnung, weil es sich empfehle, die Aufgabe dieses Reichstags auf die Feststellung derjenigen Punkte der Bundesverfassung zu beschränken, die durch den Hinzutritt der süddeutschen Staaten eines Zusatzes oder einer Aenderung bedürften. Hennig und Miquel sprachen für Tagesordnung. Hoverbeck erklärte:

„Es handelt sich hier nur darum, mit welcher Sauce die freiheitlichen Forderungen Mecklenburgs, Lippes und anderer Länder verspeist werden sollen, — das Verspeisen ist außer aller Frage. Ich meinerseits ziehe in diesem Falle aber doch vor, daß der Antrag des Abgeordneten v. Hennig abgelehnt werde, damit die Sache so klar als möglich zur Entscheidung komme. Der Antrag des Abgeordneten v. Hennig gewährt, wenn er angenommen werden sollte .... eine gewisse Decke, um hinterdrein sagen zu können: wir sind sehr wohl einverstanden gewesen mit allen diesen Forderungen, und wir haben sie vertheidigt und werden sie vertheidigen, notabene in solchen Augenblicken, wo bei uns die Mittel nicht liegen, die Sache durchzusetzen; im entscheidenden Momente aber, wo es allein möglich ist, einer solchen Forderung zum Durchbruch zu verhelfen, nämlich, wenn eine neue Verfassung begründet werden soll, dann stellen wir keinen Antrag.“ (Lebhaftes Bravo links.)

Mit großer Mehrheit wurde der Antrag Hennig angenommen.

Der letzte Zusatzantrag der Fortschrittspartei (Wigard und Genossen) zur Verbesserung der bisherigen Bestimmungen der Bundesverfassung, ein Antrag auf Gewährung von Reisekosten und Diäten wurde nach kurzer Begründung ohne Diskussion abgelehnt.

Hingegen wurden sämtliche Verschlechterungen der norddeutschen Bundesverfassung durch die Einstimmigkeit der Konservativen und Nationalliberalen angenommen. In meinem Buche „Deutschlands politische Parteien und das Ministerium Bismarck“ heißt es Seite 137:

„„Die im Hauptquartier zu Versailles .... vereinbarte Reichsverfassung war nichts weiter als die norddeutsche Bundesverfassung mit partikularistischen Verschlechterungen, oder — wie Delbrück es ausdrückte — „mit Aenderungen, die den föderativen Charakter der Bundesverfassung verstärken“; der Norddeutsche Reichstag wurde aufgefordert, zuzustimmen, da es Deutschland nicht zum Segen gereiche, „das Erreichbare dem Wünschenswerthen zu opfern!“ Die wichtigsten Aenderungen, über deren Verwerflichkeit alle politischen Parteien Norddeutschlands hätten einverstanden sein sollen, gingen auf Schwächung Preußens zu Gunsten der Mittelstaaten aus und betrafen das Stimmverhältniß der einzelnen Staaten im Bundesrathe und ihre Berechtigung, Verfassungsänderungen trotz der Uebereinstimmung des Reichstags mit der Mehrheit des Bundesraths durch ihren Widerspruch zu hintertreiben. Von dem bei Berathung der norddeutschen Bundesverfassung von der deutschen Fortschrittspartei aufs Aeußerste bekämpften unnatürlichen Stimmverhältniß im Bundesrath, wonach Preußen mit 24 Millionen Einwohnern 17, die übrigen norddeutschen Staaten mit 6 Millionen Einwohnern aber 26 Stimmen bekamen, hatten damals die liberalen Fürsprecher Miquel, Lasker, v. Vincke übereinstimmend anerkannt, dasselbe sei, wenn gleich es (wie Miquel sich ausdrückte) zur „zeitweiligen Aufhelfung eines kurzlebigen Militärstaates Norddeutschlands" passiren könne, völlig unmöglich, wenn es sich um den Beitritt der süddeutschen Staaten handle. Jetzt mutheten die Regierungen dem norddeutschen Reichstage zu, dafür zu stimmen, daß Preußen 17 gegen 41 Stimmen führe, daß jede Verfassungsänderung als abgelehnt gelte, wenn sie im Bundesrathe von 58 Stimmen 14 (also z. B. die Stimmen der 3 Königreiche Bayern, Württemberg, Sachsen oder der 12 Kleinstaaten Mecklenburg, Braunschweig, Schwarzburg, Reuß, Lippe, Schaumburg-Lippe, Hamburg, Lübeck und Bremen mit $1^{1}/_{2}$ Million Einwohnern) gegen sich hätte; — daß bei der Beschlußfassung über nicht gemeinsame Angelegenheiten im Reichstage die in den davon nicht betroffenen Staaten gewählten Abgeordneten sich der Abstimmung zu enthalten hätten, — daß endlich Bayern eine große Zahl Sonderrechte garantirt würden.""

Hoverbeck und seine Freunde bekämpften alle diese Verschlechterungen. Hoverbeck erklärte die dem Reichstag angewiesene Stellung des absoluten Jasagens für durchaus unwürdig. Auch die Itio in partes, die, wie er sagte, ein außerordentlich widerwärtiges Schauspiel sein und den neuen Reichstag dem Fluch der Lächerlichkeit aussetzen werde, wurde angenommen.

Die Regierungen boten dem Reichstag die Einigung Deutschlands nur unter ganz bestimmten Bedingungen und drohten ihm, wenn er nicht unbedingt Ja sage, wenn er auch nur ein Titelchen verwerfe, solle er gar nichts, auch die Einigung nicht haben. Die Regierungen täuschten sich in der Reichstagsmehrheit nicht. Der bayerische Vertrag wurde in dritter Berathung mit 195 gegen 32 Stimmen genehmigt (9. Dezember). Unter den 32 waren Hoverbeck und die große Mehrheit der Fortsschrittspartei (Schulze-Delitzsch, Wiggers, Runge, Duncker).[9])

Noch vor der dritten Berathung der Verträge brachte Delbrück namens der verbündeten Regierungen einen Gesetzentwurf ein, (9. Dezember) wonach der Bund den Namen „Deutsches Reich" und der König von Preußen als Präsident des Bundes den Namen „Deutscher Kaiser" führen sollte. Mit allen gegen die Stimmen der sechs Sozialdemokraten nahm der Reichstag diesen Gesetzentwurf an und zugleich eine Adresse an den König mit der Bitte, er möge „durch Annahme der deutschen Kaiserkrone das Einigungswerk weihen." Es wurde beschlossen, die Adresse durch eine Deputation dem Könige nach Versailles zu überbringen. Hoverbeck hatte die Ueberreichung durch die Präsidenten für genügend erklärt, eventuell aber beantragt, die Zahl der Deputirten auf 10 festzusetzen. Sein Antrag wurde abgelehnt und die Sendung von 30 Abgeordneten beschlossen. Der Schluß des Reichstages erfolgte gleich nach der Auslosung der Deputation am 10. Dezember. Die Deputation fuhr am 13. Dezember von Berlin ab. Am 18. Dezember fand die feierliche Ueberreichung an den König durch den Präsidenten Simson in Versailles statt.

Vor Schluß des Reichstags wurde in einer Vormittagssitzung des 10. Dezember eine Petition des Magistrats und der Stadtverordneten zu Königsberg gegen das „den bestehenden Gesetzen nicht entsprechende Verfahren" gegen Jacoby dem Bundeskanzler zur weiteren Veranlassung überwiesen. Hoverbeck sagte dabei:

„Es wäre durchaus nicht räthlich für den Reichstag, wenn er die einzige Gelegenheit, die ihm gegeben ist, ein wirkliches Votum über einen Vorfall abzugeben, den ich meinerseits nur für einen schweren Rechtsbruch ansehen kann, versäumte. (Sehr wahr.) Ich glaube, nach alledem, was wir gethan haben, um zu zeigen, daß wir überall da mit vollem Herzen die regierenden Gewalten unterstützen, wo es die Vertheidigung des Vaterlandes gilt, müssen wir auch etwas thun, um zu zeigen, daß wir auch für die Vertheidigung der inneren Freiheit sorgen." (Beifall.)

Anmerkungen zum zweiundvierzigsten Kapitel.

1) Die Adresse ist wörtlich abgedruckt im Volksfreund 1870 S. 280.

2) Wörtlich aus dem Programm der nationalliberalen Partei vom Juni 1867.

3) Deutsche Revue 1899 I S. 139 (Aufsatz von Philippson).

4) Blanckenburg und Wagener hatten mit Lasker, Forckenbeck und Unruh auf deren Antrag eine Konferenz, über deren Resultat Wagener eine Promemoria an Bismarck schickte. Siehe Blanckenburgs Brief vom 24. September in Roons Denkwürdigkeiten II S. 481. Die Nationalliberalen „kamen aus München und Stuttgart und berichteten blaue Wunderdinge! Alles sei bereit zum Eintritt, es käme nur auf Bismarck an" . . . — Sehr bezeichnend für die preußischen Junker ist diese Verwunderung.

5) Siehe den Briefwechsel Bambergers mit Lasker in Poschinger, „Fürst Bismarck und die Parlamentarier" Bd. II, S. 134 ff. und „Deutsche Revue" 1892 III S. 283 ff.

6) Siehe Philippson, „Forckenbeck" S. 214 und mein Buch „Deutschlands politische Parteien" S. 186.

7) Virchow hatte am 14. November über die Inkompetenz des Reichstags eine Erklärung veröffentlicht, worin es heißt: „Ein wirkliches Parlament, durch ein begeistertes Volk gewählt, durch die siegreiche Macht Preußens gestützt, wird die Widerstände der kleinen Höfe schneller beseitigen als die Verhandlungen der Diplomaten." (Volksfreund 1870, S. 377.) Der gleichen Meinung war Kaiser Friedrich, der in sein Tagebuch am 8. November 1870 schrieb: „Delbrück meint, man habe doch einen Bundesgenossen wie Bayern im gegenwärtigen Augenblick nicht mit Gewalt zum Eintritt zwingen können, ich aber behaupte, daß wir uns unserer Macht gar nicht bewußt sind, folglich in dem gegenwärtigen weltgeschichtlichen Augenblick das, was wir ernstlich wollen, auch zweifellos können, nur Gott sei's geklagt, fragt es sich, was wir wollen und wer jetzt etwas ernstlich will."

8) Wigard, Dr. med. Franz, geb. 1807. Frankfurter Parlament, fortschr. Mitglied des konstit., nordd. und deutschen Reichstags bis 1873 für Stadt Dresden. † 1885.

9) Von der Fortschrittspartei stimmten mit der Mehrheit Becker, Hänel, v. Kirchmann, Kreutz, Roland, Karl v. Saucken-Georgenfelde (jetzt für Bromberg).

Dreiundvierzigstes Kapitel.

Frieden. Wahlen zum Reichstag. Erste Session des deutschen Reichstags 1871.

So wenig die Reichsverfassung den Forderungen Hoverbecks entsprach, so hielt er sie doch nicht für ein untaugliches Material zur politischen Arbeit. In einem Briefe vom 3. Januar 1871 an den Abgeordneten Eduard Windthorst[1]) schrieb er:

„Was unsere gegenwärtigen Zustände angeht, so sehe ich sie nicht so schwarz an, als Sie es zu thun scheinen. Die Zeit während und kurz nach einem siegreichen Kriege ist der Freiheit nie und bei keinem Volke vortheilhaft gewesen; wenn also auch freiheitliche Fortschritte jetzt gar nicht zu erwarten sind, so ist darum das Material, in dem wir arbeiten, noch durchaus nicht als untauglich erwiesen. Unsere Aufgabe ist also, ruhig und ohne unsere Zukunft zu kompromittiren, diese magern Jahre zu überstehen, und uns weder von der Vertrauensseligkeit der Nationalen, noch von den albernen Träumen der Sozialisten und — wie ich leider hinzufügen muß — der Jacobiten von unserem geraden Wege abbringen zu lassen. Daß wir in Hinsicht von Elsaß und Metz, so wie bei der Kaiserfrage uns von den letzteren geschieden haben, ist mir ganz recht. Die Kaiserwürde paßt unsern Herrenhäuslern sehr wenig; für uns ist sie eine schöne Waffe gegen den altpreußischen Partikularismus; Grund genug, sie zu acceptiren, da sie andererseits unleugbar auch eine Mithülfe zur Einigung Deutschlands bildet."

Den ersten Aufruf zu den Reichstagswahlen erließ am 11. Januar 1871 das Zentrum, — die 59 Mitglieder zählende neue klerikale Fraktion des Abgeordnetenhauses, — an der Spitze mit vollen Titeln der Wirkl. Geh. Rath v. Savigny, der Obertribunalsrath Peter Reichensperger und der Staatsminister a. D. Dr. Windthorst. Der Aufruf verlangte die Wahl selbstloser, charakterfester Männer, die auch die kirchliche Freiheit und das Recht der Religionsgesellschaften gegen mögliche Eingriffe der Gesetzgebung sowohl, als gegen feindliche Parteibestrebungen entschieden gewahrt wissen wollten und die sich als parlamentarische Partei eng aneinander anschließen. Es folgten Wahlaufrufe der Fortschrittspartei und der nationalliberalen Partei.

Am 18. Januar fand in Versailles mit militärischem Pomp die feierliche Proklamirung des Deutschen Kaisers statt. Nach einer Ansprache des Kaisers an die Fürsten hatte Bismarck eine Proklamation des Kaisers an das Deutsche Volk zu verlesen, deren Schluß lautet:

„Uns und Unsern Nachfolgern in der Kaiserkrone wolle Gott verleihen allzeit Mehrer des Deutschen Reichs zu sein, nicht in kriegerischen Eroberungen, sondern in den Werken des Friedens, auf dem Gebiete nationaler Wohlfahrt, Freiheit und Gesittung."

Dem Waffenstillstand vom 31. Januar folgte am 26. Februar die Unterzeichnung der Friedenspräliminarien mit Frankreich. Der Friede wurde am 3. März ratifizirt. An demselben Tage fanden die Wahlen zum ersten Reichstage des geeinigten Deutschlands statt.

Hoverbeck wurde außer in seinem Berliner Wahlkreise noch dreimal in Ostpreußen als Reichstagskandidat aufgestellt, — nicht in Königsberg, wo er bereits dreimal durchgefallen war; hier wurde der fortschrittliche Stadtverordnetenvorsteher Dickert aufgestellt und gegen Konservative und Nationalliberale gewählt. Hoverbecks Aussicht in den drei ostpreußischen Kreisen war gering. Er unterlag in Preußisch-Holland-Mohrungen, einem Wahlkreise, der bis heute zum Reichstag nur konservativ gewählt hat. In Allenstein-Rössel, seinem heimischen Wahlkreise war er das letzte Mal bei geringer Betheiligung in der Stichwahl gegen Stroußberg unterlegen. Der Wahlkreis hat mehr als 90 Prozent katholische Bevölkerung. Jetzt wurde zum ersten Male Domkapitular Borowski mit 8122 Stimmen gewählt, während auf Hoverbeck nur 1893 und auf Stroußberg 1671 Stimmen fielen.

Ungeachtet seiner abmahnenden Vorstellungen, wurde Hoverbeck auch in Sensburg-Ortelsburg zum Reichstagskandidaten aufgestellt. Vorher hatten die Konservativen auf Vorschlag des Landraths v. Schwerin-Sensburg Dr. Stroußberg aufgestellt, der, wie man erzählte, wenn er gewählt werden würde, eine Eisenbahn bauen werde. Gutsbesitzer L. Troje-Sdrojowen[2]) (später fortschrittlicher Landtagsabgeordneter) schrieb an Hoverbeck, man hoffe, sein Name werde ihnen eine anständige Minorität verschaffen.

In Berlin II hatten die fortschrittlichen Vertrauensmänner schon im Januar Hoverbeck als einzigen Kandidaten den Wählern empfohlen. Der Vorsitzende Stadtverordnete Romstädt hatte vorher bei ihm angefragt. Er konnte seine Antwort vom 16. Januar verlesen. Hoverbeck schrieb, daß er auch in seiner Heimath, in Allenstein-Rössel aufgestellt werde und die Zusage gegeben habe, dort unbedingt in erster Linie anzunehmen. Er erörterte die Frage, ob es überhaupt zweckmäßig sei, ihn in Berlin aufzustellen:

„Es kann Ihnen sicherlich nicht schwer fallen, einen anderen Parteigenossen aufzufinden, der im Reichstage meine Stelle mehr ausfüllt und dabei durch seinen beständigen Aufenthalt in Berlin mehr Gelegenheit hat, den Wählern unmittelbar bekannt zu werden, als dies bei mir der Fall gewesen ist oder sein würde. Sie wissen ja selbst, daß ich während meiner Anwesenheit in Berlin von den parlamentarischen Arbeiten so in Anspruch genommen war, daß ich eine Theilnahme an den Berathungen der Bezirks- und ähnlicher Vereine, welche ich doch an sich als die eigentlichen Träger und Verbreiter der politischen Bildung für so werthvoll halte, von vornherein ablehnen mußte.“

Er empfahl, ernstlich zu erwägen, ob man nicht statt seiner einen Berliner vorschlagen wolle:

„Sollten übrigens die Vertrauensmänner des dortigen Wahlkreises es trotz der obigen Bedenken und trotz des weiteren erschwerenden Umstandes, daß es mir nicht möglich ist, vor den Wahlen die Reise nach Berlin zu machen, um mich persönlich über meine Ansichten auszulassen, dennoch für zweckmäßig halten, mich als Kandidaten aufzustellen, so fühle ich mich zu der Erklärung verpflichtet, daß ich ein Mandat anzunehmen bereit bin und nicht zögern würde, noch über einzelne Punkte oder etwaige Interpellationen, deren Beantwortung den Wählern wünschenswerth sein dürfte, und um deren baldige Uebermittelung ich bitten würde, in gewohnter Kürze schriftlich auszusprechen. Daß die Fortschrittspartei auch in der neuen parlamentarischen Versammlung an ihren Ueberzeugungen festhalten wird, darüber wird wohl nirgends ein Zweifel sein!"

Niemand verlangte, Hoverbeck noch über einzelne Punkte zu interpelliren. Er wurde doppelt gewählt; in Berlin II mit 6123 von 8381 Stimmen (v. Erichsen konf. 1574, Johann Jacoby 330, Grau sozialdem. 180); in Sensburg-Ortelsburg mit 4464 von 7954 Stimmen (Stroußberg 2911, drei andere Konservative 568). Hoverbeck nahm das Mandat in Sensburg-Ortelsburg an; in Berlin II wurde in der Nachwahl für ihn Kreisgerichtsrath Klotz gewählt.

Der neu gewählte Reichstag zeigte in seiner Zusammensetzung im Verhältniß zum Reichstag des norddeutschen Bundes eine nicht unwesentliche Aenderung. In fast allen norddeutschen Wahlkreisen mit überwiegend katholischer Bevölkerung siegten die Klerikalen. In den nicht katholischen Kreisen Preußens wurden den Konservativen mehrere Sitze abgenommen. Davon eroberte die Fortschrittspartei vier in Ostpreußen (Königsberg, Gumbinnen-Insterburg, Ragnit-Pillkallen und Sensburg-Ortelsburg), zwei in der Provinz Brandenburg (Brandenburg und Potsdam-Osthavelland). Sie gewann ferner die Sitze in Stettin, Wiesbaden und Schwarzburg—Rudolstadt, während sie in Köln gegen einen Ultramontanen unterlag.

In Süddeutschland erlitten alle Parteien, die der deutschen Einheit mit preußischer Spitze widerstrebten, vor allen die Klerikalen eine gründliche Niederlage. Der nationalliberalen Partei traten 36 süddeutsche Abgeordnete bei, darunter Freiherr v. Stauffenberg, Bamberger und der Württemberger Hölder. Die deutsche Fortschrittspartei bekam süddeutschen Zuwachs nur durch sechs Abgeordnete aus Franken (Crämer, Herz, Erhard, Kraussold, Gerstner und Fischer[3]). Von den früheren Fraktionen des Reichstages des Norddeutschen Bundes fielen drei aus: die bundesstaatlich-konstitutionelle Vereinigung, zu der Windthorst, Mallinckrodt und

Reichensperger gehört hatten, die Altliberalen und die freie Vereinigung (linkes Zentrum). Aus Resten dieser Fraktionen unter Zutritt einiger Süddeutscher entstand die neue Fraktion der liberalen Reichspartei. Sie fand ihren Platz zwischen der deutschen Reichspartei (Freikonservativen) und der nationalliberalen Partei und erklärte in ihrem Programm, sie würde dem Verlangen des Deutschen Volkes nach Gewährung der persönlichen, bürgerlichen und politischen Freiheit „im Sinne wahren Fortschritts entschieden Rechnung tragen."

Der Deutsche Reichstag zählte nun nach Eintritt 90 Süddeutscher 382 Abgeordnete, davon 55 Konservative, 39 Freikonservative, 33 Liberale Reichspartei, 119 Nationalliberale, 46 Deutsche Fortschrittspartei, 70 Zentrum, einschließlich Welfen, 15 Polen und Dänen und 5 Volkspartei und Sozialdemokraten.

Am 21. März wurde der erste deutsche Reichstag vom Kaiser, der am 17. März nach Berlin zurückgekehrt war, feierlich eröffnet. Die Thronrede schloß mit dem Wunsche:

„Möge dem deutschen Reichskriege, den wir so ruhmreich geführt, ein nicht minder glorreicher Reichsfrieden folgen, und möge die Aufgabe des deutschen Volkes fortan darin beschlossen sein, sich in dem Wettkampf um die Güter des Friedens als Sieger zu erweisen."

Zum Präsidenten wurde Simson, zu Vizepräsidenten Fürst Hohenlohe-Schillingsfürst (jetzt Reichskanzler) und der württembergische Obertribunalsrath v. Weber gewählt. Gegen Hohenlohe (222 Stimmen) hatte nur das Zentrum einen Gegenkandidaten Freiherrn Aretin (60 Stimmen) aufgestellt, gegen den Nat.-Lib. v. Weber (150 Stimmen) hatten die Konservativen Blanckenburg (78 Stimmen) und das Zentrum Reichensperger (65 Stimmen) aufgestellt.

Das vom vatikanischen Konzil am 18. Juli 1870 beschlossene Dogma von der päpstlichen Unfehlbarkeit nöthigte das Zentrum, den Kampf für die Kirche gegen den Staat aufzunehmen. Die erste Gelegenheit ergab die Adreßdebatte. Aus einer freien Besprechung von Vertrauenspersonen sämtlicher Parteien des Reichstags (für die Fortschrittspartei Hoverbeck, Hänel, Erhard) war ein Adreßentwurf (Bennigsen und Genossen) an den Kaiser hervorgegangen. Das Zentrum (Reichensperger und Genossen) brachte einen Gegenentwurf ein. Der in dem gemeinsamen Entwurf enthaltene Satz:

„Die Tage der Einmischung in das Leben anderer Völker werden, so hoffen wir, unter keinem Vorwande und in keiner Form wiederkehren",

schloß jede Intervention zu Gunsten der Wiederaufrichtung der weltlichen Herrschaft des römischen Stuhles aus; aber um diese hatten die 56 klerikalen Mitglieder der Zentrumsfraktion des preußischen Abgeordnetenhauses nach Schluß des Landtags am 18. Februar in einer nach Versailles gesandten Adresse den Kaiser gebeten. Der Reichstag nahm nach Ablehnung des Adreßentwurfs des Zentrums (Reichensperger) die Adresse Bennigsen und Genossen mit 243 gegen 63 Stimmen an (30. März).

Der Reichstag hielt bis zum 15. Juni 57 Sitzungen ab. Hoverbeck arbeitete im Reichstag wie in früheren parlamentarischen Sessionen unermüdlich, sowohl im Plenum, wie in Kommissions- und Fraktionssitzungen und Besprechungen von Delegirten der Parteien. Vor Pfingsten nahm er 8 Tage Urlaub zu einer Reise in die Heimath. Als er zur ersten Sitzung nach Pfingsten (31. Mai) wieder in Berlin eintraf, schrieb er seinem Freunde Krieger nach Tilsit, wo derselbe unter Leonhardt eine Rechtsanwaltstelle erhalten hatte:

„Ich habe in der Zeit immer weiter im Dienste der Politik gearbeitet oder — geschaarwerkt, noch immer mit derselben festen Ueberzeugung, mit derselben Hoffnung für den endlichen Sieg der Freiheit, aber leider nicht mehr ganz mit derselben Frische des Geistes und noch weniger des Körpers. Zu Ende dieser Session muß ich zur Heilung eines lästigen Rheumatismus, den ich lediglich den langen parlamentarischen Arbeiten in den ungesunden, überheizten Räumen mit verdorbener Luft verdanke, nach Kissingen gehen, wohin mich meine Frau und unser Pflegetöchterchen Olga begleiten sollen."

Dem Reichstag wurde sofort der vom Bundesrath beschlossene Entwurf eines Gesetzes, betreffend die Verfassung des deutschen Reiches vorgelegt. Es war dies eine Redaktion ohne materielle Aenderungen des in den Verträgen mit Baden und Hessen, mit Bayern und Württemberg enthaltenen Verfassungsrechts. Im Reichstag wurde darüber in vier Sitzungen berathen. Aufgeregte Verhandlungen veranlaßte ein Antrag des Zentrums Reichensperger und Mallinckrodt an der Spitze. Er wollte in die Verfassung als Grundrechte die „bewährten" Bestimmungen der preußischen Verfassung über Presse und Vereinswesen (Art. 27 bis 30) und die damit „in unmittelbarer Verbindung stehenden Bestimmungen des Art. 12" (Gewährleistung der Religionsfreiheit) und des Art. 15 (Unabhängigkeit der Kirche vom Staat) aufgenommen haben. Mit Recht nahm man allgemein als Hauptzweck des Antrages an, die Unabhängigkeit der Kirche vom Staat als Grundrecht verfassungsmäßig festzustellen durch Aufnahme des Art. 15 der preußischen Verfassung. Dieser Artikel ist zufolge der kirchenpolitischen Kämpfe in Preußen durch Gesetz vom 5. April 1873 wesentlich verändert und dann durch Gesetz vom 18. Juni 1875 vollständig aufgehoben.

Der Bundesrath wollte materielle Aenderungen in der Verfassung nicht vorgenommen haben, so erklärte Bismarck am 1. April, sich einer Erklärung Laskers aus voller Ueberzeugung anschließend. In gleichem Sinne hatte die Fortschrittspartei (Schulze, Erhard, Hoverbeck u. s. w.) eine motivirte Tagesordnung beantragt, in der sie außerdem noch hervorgehoben, daß die in dem Antrage aufgestellten Grundrechte in ihrer Unvollständigkeit weder dem Bewußtsein, noch den Bedürfnissen des deutschen Volkes entsprächen. Abgelehnt wurde der Antrag der Fortschrittspartei, sodann der Antrag Reichensperger und Genossen mit 223 gegen 59 Stimmen. Für Letzteren stimmten nur das Zentrum und die Polen (4. April). Hoverbeck ist in der Abstimmungsliste als fehlend aufgeführt, obschon er in derselben Sitzung vor- und nachher gesprochen hat. Ueber die Gründe, weshalb er sich der Abstimmung entzog, liegt keine Erklärung von ihm vor.

Am 10. Mai erfolgte in Frankfurt a. M. die Unterzeichnung des definitiven Friedens mit Frankreich. Der Reichskanzler erschien am 12. Mai im Reichstag und unterbrach die Berathung des Postgesetzes durch Mittheilungen über das Ergebniß der Verhandlungen, die mit lebhaftem Beifall aufgenommen wurden.

Mit manchen Beschlüssen des Reichstags, der sich liberaler als der norddeutsche Reichstag zeigte, war Bismarck unzufrieden.

Der Antrag der Fortschrittspartei (Schulze) auf Reisekosten und Diäten wurde in zweiter Berathung nach sehr eingehenden Debatten mit 185 gegen 138 Stimmen, in dritter Berathung (25. April) mit 186 gegen 128 Stimmen angenommen. Bismarcks Haltung zum Diätenantrag blieb wie früher ablehnend. Freilich hätte wohl Niemand für möglich gehalten, daß er den in wenigen Fällen zufolge falscher Auslegung eines Paragraphen des preußischen Landrechts gelungenen Versuch machen würde, oppositionellen Abgeordneten die Entschädigungen, die sie von ihrer Partei für den Berliner Aufenthalt erhalten hatten, zu Gunsten des Fiskus zu entreißen. Mit 221 gegen 37 Stimmen wurde ferner ein Gesetzentwurf der Fortschrittspartei (Wiggers und Genossen) angenommen, wonach die Vorschriften der Landesgesetze über Kautions- und Konzessionswesen für Zeitungen aufzuheben seien. Auch der Beschluß des Reichstags auf Aufhebung des Landbriefbestellgeldes hatte den Widerspruch des Bundesraths gefunden.

Bei der dritten Berathung des Gesetzentwurfs, betreffend Vereinigung von Elsaß-Lothringen mit dem deutschen Reiche am

25. Mai hielt Bismarck, bedauernd, daß es ihm nicht vergönnt war, an den früheren Plenar- und Kommissionsberathungen theilzunehmen, eine Rede voll Gift und Galle. Die Annahme eines für unschuldig gehaltenen Amendements Lasker-Stauffenberg erklärte er für ein Mißtrauensvotum. Sofort wurde der Gesetzentwurf in die Kommission zurückverwiesen. In der Kommission folgten die heftigsten Zornesausbrüche Bismarcks gegen die Reichstagsmehrheit. In dem Brief an Krieger vom 31. Mai schrieb Hoverbeck:

„Hier im Parlamente braut jetzt eben ein Stückchen Konflikt, durch die Unverschämtheit Bismarcks veranlaßt. Ob es dazu kommt, oder ob die Mittelpartei Alles durch Nachgiebigkeit vertuscht, ist noch nicht abzusehen; ich vermuthe das Letztere."

Hoverbecks Vermuthung war richtig, — die Nationalliberalen unterwarfen sich. Das Amendement erhielt eine bedeutungslose Fassung und „die Komödie war zu Ende".[4])

Bei erster Berathung des Gesetzentwurfs, betreffend Pensionirung und Versorgung der Militärpersonen und Unterstützung ihrer Hinterbliebenen erörterte Hoverbeck die Frage (13. Mai):

„Wie erleichtern wir den Kämpfern, die aus dem Kriege zurückkommen, den Uebergang in ihre civile Beschäftigung? Der Herr Abgeordnete v. Bunsen hat, ich weiß nicht aus welchem Grunde, gemeint, es wäre nicht möglich, diesen Männern eine bestimmte baare Geldsumme zu zahlen. Nun, ich bin anderer Meinung. Ich erinnere sie Alle, daß den Offizieren, welche den Krieg mitgemacht haben, Retablissementsgeld bewilligt ist, und es ist der Ehre der Offiziere nicht im Mindesten zu nahe getreten, wenn man dieses Retablissementsgeld bewilligt hat, worauf Sie gerechte Ansprüche haben. Aber ebenso sind diejenigen rückkehrenden Soldaten, die schon in laufenden Gewerben gewesen sind, also Reservisten und Landwehrleute, mindestens berechtigt zu verlangen, daß man ihnen diesen Uebergang so leicht als möglich mache. Ich will also nur die Erwägung anregen, ob es nicht zweckmäßig sei, den Reservisten und Landwehrmännern, die aus dem Kriege zurückkommen, ebenso wie den Offizieren, Retablissementsgeld zu gewähren." (Beifall.)

Ein Antrag der Abgeordneten Bunsen und Genossen, den Reichskanzler zu ersuchen, in dieser Richtung hin auf Bildung eines Fonds Bedacht zu nehmen, wurde am 23. Mai mit sehr großer Mehrheit angenommen, obschon Delbrück widersprach und Bismarck sich (nach Blanckenburgs Mittheilung) schriftlich auf das Entschiedenste gegen den Antrag erklärt hatte. Dennoch wurde erst gegen Schluß der Session ein Gesetzentwurf vorgelegt, wonach den Bundesregierungen vier Millionen Thaler aus der Kriegsentschädigung zur Verfügung gestellt wurden, um den durch ihre Einziehung zur Fahne in ihren Erwerbsverhältnissen besonders schwer geschädigten Offizieren, Aerzten und Mannschaften der Reserve und Landwehr die Wiederaufnahme ihres bürgerlichen

Berufs nach Möglichkeit zu erleichtern. Nicht das Reich, sondern die Einzelstaaten sollten die Gewährungen besorgen.

Bei diesem Militärpensionsgesetz wurden größere Aenderungen angenommen, die auf Berathungen einer freien Kommission beruhten. Nicht unterstützt von anderen Parteien wurde der Versuch der Fortschrittspartei, durch einen Antrag Herz und Genossen zu hindern, daß Pensionen an Offiziere, die keineswegs zur Fortsetzung des Militärdienstes „dauernd" unfähig sind, lediglich gewährt werden, weil sie im Avencement übergangen wurden. Der Antrag, für den auch Hoverbeck gesprochen hat, wurde in zweiter und dritter Berathung abgelehnt.

Ein Gesetzentwurf, wodurch dem Kaiser vier Millionen aus der von Frankreich zu zahlenden Kriegsentschädigung zur Verleihung von Dotationen an Heerführer zur Verfügung gestellt wurden, wurde mit 175 gegen 51 Stimmen angenommen. Die Fortschrittspartei, die von der Mehrheit nicht zum Wort gelassen war, stimmte dagegen, obschon eine Kommission in vertraulicher Sitzung Erläuterungen erhalten hatte.

Hervorzuheben sind noch Verhandlungen des Reichstags über die Versetzung zweier Hamburger Postbeamten, die eine Petition an den Reichstag um Aufbesserung ihrer finanziellen Lage zu senden beabsichtigten. In Beantwortung einer Interpellation der Fortschrittspartei (begründet durch den Hamburger Abgeordneten Dr. Banks) erklärte Delbrück (17. Mai), über die Gründe der Strafversetzung nach Schwelm bezw. Stallupönen könnte die Verwaltung im Reichstage nicht diskutiren ohne Erschütterung der Disziplin. Die Antwort wurde fast von allen Seiten angegriffen. Hennig erinnerte dabei als Abgeordneter der Provinz Preußen an frühere Strafversetzungen von Abgeordneten nach Preußen (v. Bockum-Dolffs nach Gumbinnen, v. Diedrichs nach Marienwerder u. s. w.). Hoverbeck sagte, durch die Worte Delbrücks sei die Stellung und Würde des Reichstags in Deutschland schwer geschädigt; Anträge zur Wiederherstellung der richtigen Stellung würden vorbehalten. Als Mitabgeordneter der Provinz Preußen erklärte er, daß er es nicht so sehr beklage wie Hennig,

„daß die Provinz Preußen zum Verbannungsort für gewisse politisch mißliebige Beamte geworden ist. Wir haben auf diese Weise außerordentlich tüchtige und sehr ehrenwerthe Beamte in die Provinz Preußen bekommen (Zustimmung links), die sich eben durch Widerstand gegen ungerechte Gewalt ausgezeichnet hatten. Wenn die hohen Behörden uns von der Sorte mehr schicken wollen, werden wir immer sehr dankbar sein." (Lebhafter Beifall links.)

Ein gemeinschaftlicher Antrag der Abgeordneten Völk, Banks

und Hölder, wonach der Reichstag in Sachen der Versetzung der Postbeamten dem Reichskanzler die Erwartung ausspricht, daß das verfassungsmäßige Recht der Beamten, sich mit Petitionen an den Reichstag zu wenden, in Zukunft nicht werde beeinträchtigt werden, kam am 10. Juni zur Berathung. Delbrück erklärte jetzt, die Reichsverwaltung sei nach wie vor entfernt, den Bundesbeamten die Ausübung des Petitionsrechtes zu beeinträchtigen oder zu verkümmern; die Thatsachen seien mißverstanden, lediglich wegen Ausübung des Petitionsrechtes seien keine Postbeamten versetzt. Im Laufe der Verhandlung beantragte Windthorst-Meppen Tagesordnung, in Erwägung, daß nach der Erklärung Delbrücks das Petitionsrecht der Bundesbeamten für die Folge in keiner Weise beschränkt werden solle. Die Antragsteller erklärten sich mit der Tagesordnung einverstanden. Hoverbeck aber nahm, da die Thatsachen hier in keiner Beziehung widerlegt seien, den ursprünglichen Antrag wieder auf. Die Tagesordnung werde als eine feindselige Mißbilligung des Antrages angesehen werden:

„Ich kann die Sache nur so ansehen, als ob man der Bundesregierung über eine Verlegenheit weghelfen will, welche dieselbe auf die gerade Weise, durch Anerkenntniß des Fehlers, zu beseitigen zu stolz ist."

Nunmehr wurde in namentlichen Abstimmungen der Antrag Windthorst mit 125 gegen 113 und der Antrag Hoverbeck mit 119 gegen 116 Stimmen abgelehnt. Es war also nichts beschlossen. Der stenographische Bericht notirt „andauernde Aufregung".

In mehreren Sitzungen dieser Session beschäftigte sich der Reichstag, der im Abgeordnetenhause tagte, mit Vorschlägen für seine vorläufige Unterkunft und für den Bau eines Parlamentshauses. Hoverbeck erklärte dabei mit Bezug auf einen Zwischenruf, wonach es auf Geld durchaus nicht ankomme, er wünsche nicht, daß von Seiten des Reichstags eine Initiative gegeben werde, um besonders kostbare Bauten herzustellen:

„Die erste Frage ist die, ob die parlamentarischen Zwecke sich erreichen lassen. Wenn das in einem verhältnißmäßig einfachen Gebäude geschieht, dann ist es mir viel lieber, wenn die späteren Jahrhunderte sagen: seht, in diesen schlichten, aber zweckmäßigen Räumen faßte man diese großen Beschlüsse! — als wenn man umgekehrt sagt: mein Gott, das Gebäude sieht herrlich aus, aber die Beschlüsse sind etwas kleiner ausgefallen."

Der Reichstag wurde durch den Kaiser am 15. Juni geschlossen. Am folgenden Tage fand der feierliche Siegeseinzug der heimkehrenden Truppen in Berlin statt.

Acht Tage später (24. Juni) überwies der Kaiser, der entgegen dem Ungiltigkeitsbeschluß des preußischen Abgeordnetenhauses vom

3. Februar 1866 die faktische Personalunion des Herzogthums Lauenburg mit der Krone Preußens aufrecht erhalten hatte, dem Reichskanzler Bismarck Grundbesitz im Amte Schwarzenbeck (Friedrichsruh), dessen Werth damals auf eine Million Thaler geschätzt wurde, „in Anerkennung seiner Verdienste als eine Dotation zu Eigenthum". Dem Kaiser war der Grundbesitz durch einen mit der Ritter- und Landschaft des Herzogthums Lauenburg am 19. Juni abgeschlossenen und von ihm am 21. Juni genehmigten Rezeß „zum freien und unbeschränkten Eigenthum überlassen".[5])

Anmerkungen zum dreiundvierzigsten Kapitel.

1) Dr. Windthorst, Eduard, geb. 1834 zu Halle i. W., Kreisrichter in Werne, dann Landgerichtsrath in Bielefeld. Fortschr. Abgeord. von 1867 bis 79; RAbgeord. für Berlin III von 1871 bis 73 (Nachwahl für den doppelt gewählten Moritz Wiggers); jetzt Justizrath in Hamm. Dr. Eduard Windthorst ist der Neffe des Staatsministers a. D. Dr. Ludwig Windthorst-Meppen († März 1891). Hoverbeck war mit Beiden von 1867 bis 69 im Abg.-Hause und mit Windthorst-Meppen im norddeutschen und deutschen Reichstage zusammen. Windthorst-Meppen gehörte im norddeutschen Reichstage zur bundesstaatlich-konstitutionellen Vereinigung mit Hänel und anderen später fortschrittlichen Schleswig-Holsteinern. Hoverbeck schrieb in jenem Brief an Dr. E. Windthorst vom 3. Januar 1871 über ihn:

„Im Abg.-Hause ist ja jetzt Ihr Onkel der Herr der Situation. Ich bin neugierig, wie weit er sich dadurch nach rechts drängen läßt, was er von unserer Regierung erwartet — und erreicht. Ob ihn nicht manchesmal ein Grauen vor seiner verehrten Fraktion beschleichen mag?"

2) Troje, Ludwig, geb. 15. Aug. 1821 Gutsbesitzer und Landwehrartillerie-Offizier. Fortschr. Abg. für Sensburg-Ortelsburg von 1873 bis 79.

3) Crämer, Karl, geb. 1818, R.Abg. für Nürnberg im Zollparlament und ersten deutschen Reichstag. — Erhard, Otto, Rechtsanwalt in Nürnberg, geb. 1829, Abg. für Dinkelsbühl, Zollparlament und Reichstag von 1871 bis 78; † Sept. 1888. — Fischer, Christian, Kaufmann in Marktbreit, geb. 1823, Abg. für Kitzingen, legte sein Mandat Okt. 1871 nieder. — Dr. Gerstner, Joseph, Professor der Staatswissenschaften in Würzburg, geb. 1830, Abg. von 1871 bis 73; † 1883. - Herz, Karl, Landger.-Rath in Nürnberg, geb. 1831, R.Abg. 1871 bis 73 für Eichstädt, 1874 bis 77 für Berlin III (in der Nachwahl für Hoverbeck auf dessen Vorschlag gewählt), 1877 (Doppelwahl für Ansbach—Schwabach), 1878 für Forchheim; legte 1883 sein Mandat wegen Beförderung nieder; † als Präs. des Landgerichts in Aschaffenburg 1897. — Kraußold, Max, protest. Pfarrer in Marktredwitz, geb. 1832, R.Abg. für Bayreuth 1871 bis 73, jetzt Pfarrer in München.

4) Siehe die ausführliche Darstellung des Vorganges, bei dem sich Hoverbeck rednerisch nicht betheiligt hat, unter der Ueberschrift: „Demüthigung des Reichstags" in Richters Erinnerungen „Im alten Reichstag" S. 26 ff.

5) Vergleiche oben S. 70 und 83.

Vierundvierzigstes Kapitel.

Zweite Session des deutschen Reichstags 1871.

Nach Schluß der ersten Session war Hoverbeck in Begleitung seiner Frau und seiner Pflegetochter zur Heilung seines Rheumatismus nach Kissingen gegangen.[1] Von dort aus unternahm er mit den Seinigen eine Reise nach Heidelberg, nach dem noch in Trümmern liegenden Straßburg und in die Schweiz.

Zu einer zweiten Sitzungsperiode wurde der Reichstag zum 16. Oktober nach Berlin einberufen. Im weißen Saale des Schlosses eröffnete ihn der Kaiser durch eine Thronrede. Von den nicht ausgeführten Beschlüssen des Reichstags der vorhergehenden Session war nichts darin enthalten.

Der Reichstag konnte schon in dieser Session seine Sitzungen in dem eigenen provisorischen Reichstagsgebäude abhalten, das in der Leipzigerstraße 4 und 5 neben dem Herrenhause aus dem umgewandelten Gebäude der Königlichen Porzellan-Manufaktur errichtet war.

Schon am 18. Oktober wurden Gesetze über Post- und Posttaxwesen vorgelegt, genau in der Fassung, wie sie im vorigen Reichstage angenommen waren. Der Bundesrath hatte sich überzeugt, daß der Beschluß über Beseitigung des Landbriefbestellgeldes auch vom 1. Januar 1872 an zulässig sei. Der Reichstag nahm die Postgesetze in zweiter und dritter Berathung an.

Ueber das Schicksal anderer Beschlüsse erhielt der Reichstag erst auf Interpellationen Auskunft. Dem Gesetzentwurf über Diäten hatte, wie Delbrück erklärte, der Bundesrath einstimmig beschlossen, die Zustimmung zu verweigern. Ebenso hatte er seine Zustimmung zu dem mit 6/7 aller Stimmen gefaßten Beschlusse vom 10. Mai über den Antrag Wiggers, betreffend Aufhebung der Kautions- und Konzessionspflicht der Zeitungen versagt, aber es wurde versprochen, dem Reichstag in der Frühjahrssession ein vollständiges Preßgesetz vorzulegen.

Ein Gesetzentwurf forderte, aus der von Frankreich zu entrichtenden Kriegsentschädigung (vier Milliarden Mark) 40 Millionen Thaler zur Bildung eines in gemünztem Gelde verwahrlich niederzulegenden Reichskriegsschatzes zu verwenden. Ueber ihn sollte nur für Zwecke der Mobilmachung mittelst kaiserlicher Anordnung und der vorgängig oder nachträglich einzuholenden Zustimmung des Bundesraths und des Reichstags verfügt werden. In Preußen bestand seit König Friedrich Wilhelm I. ein Staatsschatz von 30 Millionen Thalern, der bei der Mobilmachung der Armee 1870 schon nicht ausgereicht hatte und jetzt aufgehoben werden sollte. Hoverbeck stellte in der Budgetkommission den Antrag, die Worte „oder nachträglich" zu streichen, eventuell statt deren zu setzen „oder im Falle eines Angriffs auf das Bundesgebiet oder dessen Küsten auch nachträglich." Er nahm diese von der Kommission verworfenen Anträge im Plenum wieder auf und vertheidigte sie in der zweiten wie dritten Berathung. Der eventuelle Antrag ist dem Art. 11 Absatz 2 der Verfassung nachgebildet, wonach in diesen Fällen zur Kriegserklärung im Namen des Reiches die Zustimmung des Bundesraths nicht erforderlich ist. Hoverbeck sagte (4. November):

„Im Falle eines Angriffskrieges ist es unsere heilige Pflicht, daß wir, die wir doch die Vertreter des deutschen Volkes sind, wenigstens den Anspruch auf ebensoviel Rechte des Mitsprechens machen, als die verbündeten Regierungen es sich hier in diesem Artikel ausdrücklich vorbehalten haben." . . .

Der Einwand, das Gesetz komme mit der von ihm beantragten Aenderung nicht zu Stande, könne ihn, erklärte er, nicht abschrecken:

„Meine Herren, zeigen wir uns in der Vertheidigung unserer Rechte ebenso standhaft, als es der Bundesrath in der Vertheidigung seiner Rechte gewesen ist."

Bismarck freilich hob als Thatsache hervor:

„daß, wenn wir einen Staatsschatz nicht gehabt hätten . . . wir positiv nicht im Stande gewesen sein würden, die paar Tage zu gewinnen, welche hinreichten, das gesamte linke Rheinufer, das bayerische, wie das preußische, vor der französischen Invasion zu schützen (Hört!). Hätten wir den Staatsschatz nicht gehabt, so fing der Krieg am Rhein an, und wir hatten aus den Rheinfestungen zu debouchiren und den Franzosen das Rheinufer, was sie möglicherweise bis Frankfurt überschwemmt und überschritten haben konnten, wiederabzunehmen, nachdem sie Zeit gehabt, dort mit ihren Turkos und anderem Gesindel zu hausen." (Heiterkeit.)

Hoverbeck entgegnete, der § 1, zu dem er gesprochen hatte, setzte die Existenz eines Staatsschatzes voraus, er habe aber in die allgemeine Diskussion nicht zurückgreifen wollen.

„Wenn der Herr Reichskanzler sich also bemüht, zu beweisen, wie schlimm wir daran gewesen wären, wenn wir im Juli v. J. nicht den preußischen Staatsschatz gehabt hätten, so ist das ein Punkt, über den hier mir die Erörterung nicht zusteht, über den mir aber privatim eine andere Meinung zu haben gestattet sein muß."

Bismarck hatte Hoverbecks Frage, was die Folge sein würde, wenn der Reichstag nachtäglich die Genehmigung zur Mobilmachung nicht ertheile, für nicht praktisch erklärt, sie darum nicht beantwortet und angedeutet, es sei das eine abgethane Zeit. Hoverbeck sagte dagegen:

„Ich muß doch bemerken, daß die Menschen nicht ewig leben und daß die Gesetzgebung nicht auf den Leib eines bestimmten Mannes zugeschneidert werden soll."

Bismarcks ganze Ausführung sei eigentlich nur eine Variation über das Thema, daß der Absolutismus die bequemere Regierungsform für den Krieg sei. Bismarck erklärte diese Bemerkung für ungerecht, denn nach jedem der letzten Kriege sei die preußische und die Reichsregierung entgegenkommender und konstitutioneller gewesen, als in der Zeit vor dem Kriege, wo ihr Ansehen durch die Umstände geschwächt war. Ein nachträgliches ablehnendes Votum sei undenkbar. Wenn der Krieg wirklich schon erklärt wäre, so könnte die Folge nur ein nachtheiliger Friedensschluß und in allen Fällen die Beseitigung derjenigen Staatsmänner sein, die ein so ungeschicktes Verhältniß herbeigeführt hätten.

Bei den Bestimmungen des Gesetzentwurfes über Ergänzung des Kriegsschatzes bei eingetretener Verminderung des Bestandes von 40 Millionen Thalern sprach sich Hoverbeck gegen den Vorschlag aus, auf Ergänzungen durch etwaige Kriegskontributionen künftiger Kriege Bezug zu nehmen.

In zweiter und dritter Berathung wurde das Gesetz unter Ablehnung der Anträge Hoverbecks und seiner Freunde angenommen. Seitdem liegen im Juliusthurm zu Spandau 120 Millionen Mark in Goldmünzen. Bei Verwerthung nur zu 3% wären an Zinsen dieses Kapitals bis jetzt weit über 100 Millionen Mark hinzugekommen.

Durch die norddeutsche Bundesverfassung war nach dem Kompromiß Forckenbeck-Ujest die Friedenspräsenzstärke[2]) des Heeres bis zum 31. Dezember 1871 auf 1% der Bevölkerung von 1867 normirt und der Militärverwaltung bis dahin für diese Zeit zur Bestreitung der Heereskosten ein Pauschquantum von 225 Thalern für jeden Mann der Sollstärke zur Verfügung gestellt. Eine regelrechte Berathung und Festsetzung des Militäretats sollte erst bei dem Haushaltsetat für 1872 eintreten. Schon in der Thronrede vom 16. Oktober 1871 war erklärt worden, da die rechtzeitige Aufstellung des Militäretats nicht möglich gewesen sei, werde die Zustimmung des Reichstags dafür in Anspruch genommen, daß die Uebergangszeit noch auf das kommende Jahr ausgedehnt werde.

Namens der Fortschrittspartei hielt der Abgeordnete Richter die Budgetrede. Die Partei verblieb wie früher dabei, daß eine Dienstzeit von höchstens zwei Jahren zur vollständigen Ausbildung der Infanterie genüge. Der Reichstag beschloß Vorberathung des Pauschquantums durch eine sogenannte Gruppe; in diese wurden von der Fortschrittspartei Hoverbeck und Richter delegirt. Die Verhandlungen der Gruppe, der Fraktionen und des Plenums über dieses neue

Militärpauschquantum schildert Richter in seinem Buche „Im alten Reichstag" ausführlich. Die fortschrittlichen Delegirten beantragten einen Abstrich von 18 Millionen Mark und stellten eine Resolution auf Einführung der zweijährigen Dienstzeit. Die Nationalliberalen suchten lebhafte Meinungsverschiedenheiten durch ein Kompromiß auf zwei Jahre zu verdecken. Als dieses abgelehnt wurde (25. Okt.) brachte der Bundesrath einen Gesetzentwurf ein, wonach die Friedenspräsenzstärke von 401659 Mann und das Pauschquantum von 225 Thalern pro Kopf nicht nur für 1872, sondern auch für die folgenden Jahre 1873 und 74 festgestellt werden sollten.

Für und wider dieses dreijährige Pauschquantum fand auch im Plenum ein heftiger Kampf unter den Nationalliberalen statt (29. November) — Lasker gegen Treitschke, Bamberger gegen Forckenbeck. Hoverbeck kam unmittelbar nach Treitschke zum Wort, der die bekannte Rede für eiserne Friedenspräsenz und eisernen Militäretat hielt. Hoverbecks Rede, eine der längsten, die er je im Parlament gehalten, nimmt im stenographischen Bericht sieben Spalten ein. Ich theile daraus folgende Stellen mit:

„Wir haben schon in der letzten Zeit, als diese Vorlage geplant wurde, uns tief traurig und gedemüthigt gefühlt, daß überhaupt durch die Mitwirkung des Reichstags dergleichen möglich sein soll. (Sehr wahr!) Aber dreifach schwer ist in diesem Augenblicke es mir geworden, anzuhören, daß man die Prinzipien eines Kriegsfanatismus entwickelte, die nach meiner Ueberzeugung kein friedliches Nebeneinanderleben der Nationen mehr gestatten würden. (Sehr wahr! Oho!) Ich, meine Herren, kann mir nur aus der Stellung dieses Abgeordneten erklären, daß er sogar zu Schlußfolgerungen gekommen ist, für die ich in der That nicht die geringste Auffassungskraft habe, zu der Schlußfolgerung, daß durch diese Bewilligung des eisernen Etats das Ansehen des Reichstags gestärkt werden könne! (Sehr wahr!) Ich nenne die Bewilligung eines eisernen Etats . . . eine Unmündigkeitserklärung des Reichstags . . .

Die Regierung hat keinen eisernen Etat vorgelegt, sie ist augenblicklich damit zufrieden, daß ihr ein Pauschquantum für dieses Jahr bewilligt wird, und sie hat das ausdrückliche Versprechen hinzugefügt, daß demnächst ein ordentlicher, regelmäßig spezialisirter Etat vorgelegt werden solle. Wenn aber im Hause selbst eine Koalition konservativer und sogenannter liberaler Abgeordneter sich findet, die der Regierung den eisernen Etat entgegentragen, so findet sie sich schließlich in der Lage, ihn bereitwillig anzunehmen. (Sehr richtig!) Der Herr Vorredner meint, daß dieser neue Vorschlag keine Veränderung der Verfassung sei, sondern, wie ich ihn verstanden habe, eine gewisse natürliche Konsequenz. Ich glaube, er wird ihn uns nächstens als einen wünschenswerthen weiteren Ausbau der Verfassung vorführen. Ich meinerseits kann nicht anders, als sagen, daß, wenn der eiserne Etat zur Existenz unserer deutschen Verfassung absolut nothwendig wäre, ich lieber den nackten Absolutismus wollte. (Sehr wahr!) Der Scheinkonstitutionalismus ist für mich das Allergefährlichste. Er meint ferner, es wären ja die Zustände in diesem Augenblicke keineswegs so friedlich, wie die Linke gewöhnlich sich bemühe, sie zu sehen. Meine Herren, das weiß ich recht gut, daß die europäischen

Verhältnisse in keines Menschen Kommando sind und daß auch bei scheinbar außerordentlich friedlichen Aussichten in einem Vierteljahre ein Krieg da sein kann. Daraus würde aber bloß folgen, daß wir einen beständigen Kriegsetat machen müßten, (Sehr gut!) und einen regelmäßigen Friedensetat gar nicht aufstellen könnten ...

Ich würde es ganz außerordentlich bedauern, wenn wir nach dem Herrn Vorredner in die Stellung gerathen sollten, die vorwiegend militärisch gerüstete Nation Europas zu sein. Solche Rüstungen auf der einen Seite rufen Rüstungen auf der anderen Seite hervor. Europa würde nach einer solchen Theorie von Waffen starren, Europa könnte den Frieden gerade darum auf die Länge nicht bewahren und die endliche Folge würde sein, daß das prophetische Wort eines Geschichtsschreibers — auch eines Geschichtsschreibers — bewährt würde, der sagte:

„Gehen die Verhältnisse so weiter, so kann ich mir nicht vorstellen, daß das alternde Europa noch der Sitz der Civilisation bleiben kann, die Freiheit wird dann von Europa nach Amerika hinübergehen."

Der Herr Vorredner meint, wir wären ja reich genug, um außer dem Militäretat, wie er ihn sich denkt, auch noch für die Wissenschaft einiges zu thun. Nun, da müßte ich mich mit ihm auseinandersetzen, was er eigentlich unter Wissenschaft versteht. Wenn er nichts weiter als einige Universitäten darunter meint, dann kann ich ihm die Sache auch noch nicht zugeben —, denn sein Etat würde noch nicht einmal erlauben, allein die Universität Berlin in würdiger Form herzustellen — aber, meine Herren, ich glaube, wir verstehen Wissenschaft im weiteren Sinne, wir wollen die Wissenschaft als Gemeingut haben. Ich behaupte, wie sein „Kriegsetat" die Zustände unseres Landes gestalten würde, würde es unmöglich sein, durch alle Grade des Unterrichts, also vor allen Dingen in Bezug auf den Volksunterricht das zu leisten, was nothwendig ist, um uns die Stellung zu erringen, die wir auch in Bezug auf unsere politische Sicherheit am allermeisten in einer gesteigerten Bildung aller Volksklassen erstreben müssen ....

Die Art und Weise, wie der Herr Vorredner die Schwierigkeiten der Situation löst, wird ihn allerdings niemals in der Lage finden, die zu Konflikten führt. Er braucht nur einfach — ich will nicht sagen — das zu thun, was die Regierung verlangt, sondern noch dreimal so viel ihr gewähren!" — (Sehr gut!) ....

In einer persönlichen Bemerkung erklärte er zu einer vorhergehenden längeren Rede Forckenbecks:

„Wenn ich gesagt habe, daß dieser Antrag entspringe einer im Hause entstandenen Koalition zwischen Konservativen und sogenannten Liberalen, so bin ich meiner Stellung zum Abgeordneten v. Forckenbeck schuldig, zu erklären, daß ich bei den Worten „sogenannten Liberalen" nicht an ihn gedacht habe, sondern, wie dies mir am nächsten lag, an den Abgeordneten v. Treitschke, der unmittelbar vor mir gesprochen hatte. Im Uebrigen wird mir Herr Abgeordneter v. Forckenbeck nicht weitläufiger vorhalten dürfen, daß wir, abgesehen von unserer persönlichen Stellung, politisch sehr weit auseinandergekommen sind. Es wird dem Hause sattsam bekannt sein, daß er der deutschen Fortschrittspartei seit dem Indemnitätsgesetze nicht mehr angehört, und daß ich immer streng auf diesem Boden stehen geblieben bin."

Der Gesetzentwurf und mit ihm das dreijährige Pauschquantum wurde am 30. November mit 150 gegen 134 Stimmen angenommen.

Hoverbeck hat allezeit nicht bloß die verfassungsmäßigen

Rechte des Reichstages gegenüber dem Bundesrath, den verbündeten Regierungen und dem Reichskanzler mit Entschiedenheit gewahrt, sondern ist auch für das Recht der Minderheit oder einzelner Abgeordneten, gleichviel welcher Partei, gegenüber der Mehrheit und dem Präsidenten nach seiner Ueberzeugung eingetreten, wenn Verfassung oder Geschäftsordnung verletzt wurde. In der Sitzung vom 8. November hatte der Präsident Simson dem Abgeordneten Bebel nach zweimaliger Rüge auf Beschluß des Hauses das Wort entzogen. Bebel erklärte am folgenden Tage, es habe die nothwendige Voraussetzung des ausdrücklichen zweimaligen Ordnungsrufes gefehlt, und beantragte Entscheidung der Geschäftsordnungskommission. Der Abgeordnete Klotz erstattete darüber mündlichen Bericht (22. November). Hoverbeck unterstützte, da die Sache zweifelhaft sei, einen Antrag Windhorst auf Zurückverweisung in die Geschäftsordnungskommission, damit diese eine klarere Fassung des Art. 43 der Geschäftsordnung vorschlüge. Der Antrag wurde angenommen. Simson legte hierauf das Präsidium nieder (23. November), wurde aber in einer Abendsitzung desselben Tages mit 219 von 276 Stimmen wiedergewählt. Die Geschäftsordnungskommission hat in dieser Session einen zweiten Bericht nicht erstattet. Der Paragraph (jetzt 46) erhielt in der folgenden Session durch einen auch von Simson mitunterstützten Antrag Hoverbeck-Bernuth eine präzisirtere Fassung.

In Preußen waren zahlreiche Konflikte zwischen den kirchlichen und weltlichen Behörden aus Anlaß der Verkündung des Unfehlbarkeitsdogmas entstanden. Am 8. Juli 1871 wurde die besondere katholische Abtheilung aufgehoben, die im Kultusministerium die katholisch-kirchlichen Angelegenheiten zu bearbeiten hatte. Der bayrische Kultusminister Lutz fand eine Lücke im Strafgesetzbuch. Es enthielt keine Strafe gegen Geistliche, die von der Kanzel Staatsangelegenheiten in einer der Regierung feindlichen Weise erörterten.

Auf Bayerns Antrag brachte der Bundesrath am 19. November einen Gesetzentwurf ein. Für Bayern lag ein besonderes Interesse mit Rücksicht auf die bevorstehenden neuen Landtagswahlen vor. Aus den Berathungen des Reichstags über diesen Gesetzentwurf ging der sogenannte Kanzelparagraph, § 130a des Strafgesetzbuchs hervor (Gesetz vom 10. Dezember 1871), wonach mit Gefängniß oder Festungshaft bis zu zwei Jahren Geistliche oder andere Religionsdiener bestraft werden, wenn sie Staatsangelegenheiten in einer den öffentlichen Frieden gefährdenden

Weise zum Gegenstand einer Verkündigung oder Erörterung machen. Der Kanzelparagraph wurde mit großer Mehrheit angenommen; in der zweiten Lesung in namentlicher Abstimmung mit 179 gegen 108 Stimmen (25. November). Die liberale Reichspartei stimmte geschlossen für das Gesetz, das Zentrum geschlossen dagegen; alle übrigen Parteien waren gespalten. Von den Nationalliberalen stimmte nur Lasker gegen das Gesetz. Von der Fortschrittspartei haben 23 dafür und 12 dagegen gestimmt. Zu den Letzteren gehörte Hoverbeck, der nur in Fraktionssitzungen gesprochen hat.[3]) Im Plenum sprachen von der Fortschrittspartei Herz für das Gesetz, Richter dagegen.

Der deutsche Reichstag wurde in der 36. Sitzung am 1. Dezember, unmittelbar nachdem der Haushaltsetat in dritter Berathung einstimmig genehmigt war, vom Minister Delbrück, der im Auftrage des Kaisers für die aufopfernde, fruchtbringende Thätigkeit und patriotische Hingebung während der arbeitsvollen Session dankte, ohne jegliche Feierlichkeit für geschlossen erklärt.

In Berlin tagten seit dem 27. November drei parlamentarische Körperschaften, neben dem Reichstage die beiden Häuser des preußischen Landtages.

Anmerkungen zum vierundvierzigsten Kapitel.

1) Freundlicher Verkehr mit den gleichzeitig dort anwesenden Reichstagsabgeordneten Rohland, v. Schöning-Sallentin (kons.) und dem früheren Abgeordneten General Steinmetz.

2) Unter Friedenspräsenzstärke war der Stand der Mannschaften und Unteroffiziere zu verstehen, dagegen waren Offiziere, Aerzte, Militärbeamte und Einjährig-Freiwillige nicht einbegriffen. Nach dem Gesetz vom 3. August 1893 sind auch Unteroffiziere in die Friedenspräsenzstärke nicht eingeschlossen

3) Für das Gesetz stimmten u. A. Banks, Crämer, Erhard, Hänel, Hagen, Harkort, Herz, Löwe, Runge, Schulze-Delitzsch. Die 12 Gegner waren: Dickert, Duncker, Eysold, Hausmann-Brandenburg, Hausmann-Lippe, Hoverbeck, Klotz-Berlin, Müllauer-Insterburg, Müller-Görlitz, Richter, Wigard, Ziegler. — Hoverbeck, der in der Volksvertretung in kirchenpolitischen Fragen nie das Wort ergriffen hat, wird wohl mit den Ausführungen Richters einverstanden gewesen sein. Richter meinte, durch das Gesetz kitzelt man nur die ultramontane Partei und stachelt sie auf zu energischem Widerstand, eine liberale Regierung möge statt dessen „den Polizeizwang zum Taufen der Kinder aufheben, den Religionsunterricht vom Schulzwang befreien, Civilstandsregister schaffen, die obligatorische Civilehe einführen, volle Vereins- und Versammlungsfreiheit, freie Privatschulen gewähren, die öffentlichen Schulen von der Aufsicht der Geistlichkeit befreien und jede Dotation der Kirche aus öffentlichen Mitteln unterlassen, welche nicht aus privatrechtlichen Titeln verlangt werden kann."

Fünfundvierzigstes Kapitel.

Reichstag und Landtag 1872.

In der Thronrede, die der Kaiser bei Eröffnung des Landtages hielt (27. November 1871) waren neben der Kreisordnung für die östlichen Provinzen besondere Vorlagen zur Wahrung der Selbstständigkeit der Staatsgewalt gegenüber der kirchlichen Bewegung angekündigt.

Hoverbeck hatte schon an den vertraulichen Besprechungen von Mitgliedern des Herren- und Abgeordnetenhauses beim Minister Eulenburg (siehe oben Seite 189) theilgenommen und sich dann 1869 bis 70 an den Plenar- und Kommissionsberathungen der Kreisordnung als Führer der Fortschrittspartei lebhaft betheiligt. Jetzt wurde dem Abgeordnetenhause ein neuer umgearbeiteter Entwurf der Kreisordnung vorgelegt. Auf Ersuchen seines Freundes Möller schrieb Hoverbeck noch vor Beginn der Verhandlungen einen ausführlichen Aufsatz über den neuen Entwurf, der in der Königsberger Hartungschen Zeitung in vier Leitartikeln am 12., 21., 27. und 28. Januar 1872 veröffentlicht wurde. Hoverbeck hat in diesem Aufsatz seine und der entschiedenen Fortschrittspartei Ansichten über die künftige Gestaltung der Selbstverwaltung in den östlichen Provinzen klar und überzeugend dargelegt; er hat sich das Manuskript aus der Druckerei zurückgeben lassen und aufbewahrt. Seine Mahnungen und Warnungen wurden bei den Berathungen weder von den Nationalliberalen, noch von den fortschrittlichen Abgeordneten genügend gewürdigt; noch weniger bei den späteren Verhandlungen der Kreis- und Provinzialordnung. Er schloß den Aufsatz mit der Aufforderung, jedenfalls bei gewissen Differenzpunkten die früheren Beschlüsse aufrecht zu erhalten. Sollte die Regierung daran die Kreisordnung scheitern lassen,

> „nun dann wäre das nur ein Zeichen, daß die Verwirklichung des Rechtsstaates in Preußen noch gute Wege hat; dann thun wir das, was wir so oft und so lange gethan haben und was wir jetzt mit viel bessern Aussichten, als früher, thun können: *wir warten!*"

Weniger als die Verhandlungen über den neuen Kreisordnungsentwurf kümmerten ihn die oft leidenschaftlichen Berathungen über die zu Folge der kirchlichen Bewegung gemachten Gesetzesvorlangen.[1]) Seiner Wirthschaft, vor allem aber seinem Obstgarten widmete er fern vom parlamentarischen Getriebe Fleiß und Sorgsamkeit.

Mit seinem fortschrittlichen Kollegen im Reichstag, Professor Dr. Seelig in Kiel,[2]) einem ausgezeichneten Pomologen, stand er in stetem Tauschverkehr von Obstreisern. Mit einem Brief vom 9. Februar 1872 sandte er an Seelig die von diesem gewünschten Reiser und bat seinerseits um eine Sendung. Nach pomologischen Erörterungen schrieb er zum Schluß:

„Uebermorgen muß ich zu einem landschaftlichen Landtag nach Königsberg reisen (auf 4 bis 5 Tage); dann aber hoffe ich Ruhe zu haben, bis uns der Reichstag wieder zusammenführt. Unser Freund Hänel arbeitet unverdrossen im Abgeordnetenhause weiter, mit wie lebhaftem Interesse ich den dortigen Verhandlungen folge, so gestehe ich doch, daß es mir sehr wohlthuend ist, jetzt zu Hause zu sein. Einstweilen herzlichen Gruß bis zu hoffentlich frohem Wiedersehn von Ihrem Hoverbeck."

Während der Landtagssession kam Minister Mühler endlich auf allseitiges Drängen am 12. Januar um seinen Abschied ein, den er am 17. Januar erhielt. Am 22. Januar wurde Falk zu seinem Nachfolger ernannt.

Das Abgeordnetenhaus nahm die Kreisordnung für die sechs östlichen Provinzen in zweiter Berathung mit 265 gegen 61 Stimmen an (23. März). Die nächste Sitzung hatte der Präsident, „durch die dringende Noth getrieben", zum 20. April, während gleichzeitig „der Reichstag tagte, angesetzt. Erst nach Schluß des Reichstages wurden die Landtagsverhandlungen fortgesetzt.

Der Reichstag wurde am 8. April eröffnet. Es waren nur 166 Mitglieder anwesend; gleichzeitig tagten noch der preußische, der bayrische und andere Landtage. Am folgenden Tage konnte, da 203 Mitglieder zugegen waren, die Präsidentenwahl stattfinden. Simson und Hohenlohe wurden wiedergewählt, als zweiter Vizepräsident erst im dritten Wahlgange Bennigsen. Die wiederholte Beschlußunfähigkeit zu beseitigen, sollte nach einem Antrage des württembergischen Abgeordneten Dr. Elben der Reichskanzler aufgefordert werden, das gleichzeitige Tagen vom Reichstage und den Landtagen zu verhindern. Hoverbeck beantragte, dies womöglich durch Feststellung eines bestimmten Anfangstermins für die ordentlichen Sessionen des Reichstags zu bewirken. Die Geschäftsordnungskommission empfahl diese Anträge einstimmig, fast einstimmig nahm auch der Reichstag sie an. Ueber einen Anfangstermin für die ordentlichen Sessionen hatte sich die Kommission nicht verständigt. Im Plenum wurde ein Antrag, der die Eröffnungszeit von Mitte Januar bis Mitte Februar vorschlug, abgelehnt. Abgelehnt wurde ferner ein Antrag des Grafen zu Münster, der die Wahlen der Präsidenten und Schriftführer gestattete, wenn die Anwesenheit von 100 Mitgliedern des Reichstages durch Namensaufruf festgestellt ist. Hoverbeck forderte Ablehnung ohne Kommissionsberathung. Er erklärte (8. Mai):

„Es ist der erste Schritt zu einem System, welches darauf ausgeht, überhaupt eine niedrigere Beschlußfähigkeit für das Haus herbeizuführen, also die englischen Prinzipien zu adoptiren, wo verhältnißmäßig wenig Mitglieder arbeiten, und die übrigen dann und wann als Stimmmaschinen erscheinen. Nun bin ich aber der Meinung, daß wir sehr Unrecht thäten, wenn wir in diesem Punkte die englischen Verhältnisse uns zum Muster nehmen wollten. Die englischen Verhältnisse, wie sie sich gestaltet haben, sind nur möglich, weil dort im Grunde nur zwei große Parteien bestehen, und weil dort, wenn diese darüber einig sind, daß eine gewisse Anzahl von Parteimitgliedern zurückbleiben, also sich „abpaaren", wie man sagt, durch den Rest noch eine ziemlich richtige Parteistellung in jeder Sache sich zeigt. Das ist aber bei unseren Parteiverhältnissen durchaus nicht der Fall; bei uns ist es durchaus nothwendig, daß jede auch verhältnißmäßig nur kleine Partei alle ihre Kräfte zusammennimmt ....

Die Frage kommt mir darauf hinaus .... man beabsichtigt, aus diesem Hause eine Vertretung der wohlhabenden, der sogenannten besitzenden Klassen zu machen, man will nur die reicheren Leute in die Möglichkeit versetzen, hier im Hause zu sitzen, und man will sich dann in aristokratischer Manier die Sache so bequem als möglich machen. (Sehr wahr! links.) Das aber ist ein Grundsatz, den ich hier nicht acceptiren will; ich bin der Meinung, daß wir so viel als möglich allen Volksklassen die Möglichkeit geben müssen, hierin zu wählen und hierher gewählt zu werden. Aus diesem Grunde haben wir immer darauf gedrungen, daß mäßige Diäten gegeben werden, und aus diesem Grnnde dringen wir auch jetzt darauf, daß das Volk regelmäßig und vollständig vertreten werde, daß die „Zahl der Beschlußfähigkeit nicht herabgesetzt werde". (Bravo! links.)

Schon die Thronrede führte eine große Anzahl Gesetze auf, auf die der Reichstag zur Fortführung der im Vorjahre begonnenen gesetzlichen Regelung und Ausbildung der gemeinschaftlichen Einrichtungen im Reich seine Thätigkeit zu erstrecken habe.

Ein Gesetz, betreffend Einrichtung und Befugnisse des Rechnungshofes, wurde in einer Reihe von Sitzungen durchberaten und schließlich mit großer Mehrheit angenommen (8. Juni). In Preußen war das in der Verfassung von 1850 vorgeschlagene Gesetz über Einrichtung und Befugnisse der Oberrechnungskammer endlich kurz zuvor zu Stande gekommen (Gesetz vom 27. März 1872). Das Reichsgesetz scheiterte an dem Widerspruch der verbündeten Regierungen; Delbrück wiedersetzte sich allen Bestimmungen, die in einer schärferen Kontrole über das preußische Gesetz hinausgingen. Unannehmbar sollten Beschlüsse sein, die dem Reichstag, noch dazu durch Vermittlung des Reichskanzlers, Rückfragen an den Rechnungshof gestatteten. Hoverbeck hat nur einmal in der zweiten Berathung gesprochen gegen einen Antrag Zedlitz, wonach die Verpflichtung des Rechnungshofes ausgesprochen werden sollte, auf Rückfragen des Reichskanzlers Auskunft zu ertheilen. Er sagte (25. Mai):

„Es handelt sich in meinen Augen um das Recht des Reichstages in Beziehung auf den direkten Verkehr mit dem Rechnungshofe. Nun hat die Kommission eigentlich auch das Gefühl, daß ein solcher direkter Verkehr nothwendig wäre, sie ist aber so vorsichtig, hier diejenige Behörde einzuschieben, die meiner Meinung nach am wenigsten geeignet ist, weil sie diejenige ist, die kontroliert werden soll. (Sehr richtig!)

Es soll also durch das Reichskanzleramt diese Anfrage vermittelt und auch die Antwort zurückgebracht werden. Dadurch verliert der Paragraph für mich schon sehr an Wichtigkeit, denn sollte in irgend einem Falle eine ernste Zwistigkeit zwischen dem Reichstage und dem Reichskanzleramt bestehen, so dürfte es auch Reichskanzlerämter geben, die in der Uebermittelung und Zurückhaltung der Antworten nicht allzu eilig wären. Ich lege deshalb auf diesen Paragraphen kein übertriebenes Gewicht.

Nun ist aber auch das noch nicht loyal genug, sondern aus der Mitte des Reichstages findet sich nun Jemand, der die Sache so ansieht, daß aus einem Rechte, welches der Reichstag für sich haben will, ein Recht des Reichskanzlers gegenüber dem Rechnungshofe gemacht wird. Ich muß gestehen, ich lasse den Reichskanzler für sich selber sorgen; er hat für die Summe der Rechte, die er nöthig hat, in jeder Beziehung so vollständig gesorgt, daß ich ihm nicht noch behülflich zu sein brauche."

Zu Stande kam das Militärstrafgesetzbuch für das deutsche Reich. Der Entwurf wurde in erster Berathung einer Kommission von 21 Mitgliedern zur Vorberathung überwiesen. Die Kommission war bei den ersten Berathungen für weit mildere als die zuletzt angenommenen Bestimmungen, die durch Umfall der rechten Seite der Nationalliberalen die Mehrheit erlangten. Eysoldt, Hoverbeck, Windhorst=Berlin brachten mit Unterstützung der Fortschrittspartei, entgegen den Anträgen der Kommission in einer Reihe Paragraphen ein besonderes System der Arreststrafen (Stubenarrest, gelinder, mittlerer und strenger Arrest) ein. Darnach sollte der Arrest für Offiziere nicht als Stubenarrest, sondern in besonderen Offizierarrestzimmern verbüßt werden. Die von Eysoldt und Ziegler geschickt vertheidigten Anträge wurden abgelehnt. Hoverbeck nahm das Wort nur gegen den § 80, wonach gegen Offiziere, die während der Verbüßung des Stubenarrestes dem Verbot zuwider Besuche annehmen, außer Freiheitsstrafe bis zu sechs Monaten in schweren Fällen auf Dienstentlassung erkannt werden könne. Er erklärte (7. Juni):

„Hier ist nämlich eine Konsequenz aus der besonderen Stellung gezogen, in der die Offiziere in Beziehung auf den Stubenarrest sich befinden. Die Offiziere haben nämlich in der Beziehung eine besonders privilegirte Stellung allen andern Menschen im Lande gegenüber. Man kann einen Staatsminister, wenn er sich ein Vergehen zu Schulden kommen läßt, das ihn der Haft aussetzt, nicht in der Weise behandeln, wie jeden einfachen Leutnant. Es wird ihm auf Leutnantsehre gestattet, in seiner eigenen Wohnung zu bleiben, vielleicht mit Frau und Kind zusammen zu bleiben, und ohne jede Wache zu bleiben. Das sind Privilegien, die sonst unerhört sind. Wenn nun diese Privilegien gewährt werden, wie sie durch die Annahme der vorigen Paragrahen gewährt sind, so muß auf die Verletzung dieser privilegirten Haft jedenfalls die möglichst strenge Strafe festgesetzt werden. Eine solche Strafe finde ich nur darin, daß für jeden Fall der Verletzung Dienstentlassung angedroht wird, ohne daß eine andere Strafe zur Auswahl nebenbei gestellt wird. Wenn dem Offizier wegen seiner Stellung und wegen seiner Offiziersehre eine besondere Berechtigung gegeben wird, und er verletzt gerade in diesem Punkte die Offiziersehre, so kann er meiner Meinung nach nicht länger Offizier bleiben, er kann auf diese Privilegien in keiner Weise mehr Anspruch machen. Ich kann also für diesen Paragraphen nicht stimmen, weil er nicht in allen Fällen das Verlassen des Stubenarrestes und die Annahme von Besuchen mit Dienstentlassung bedroht."

Der Gesetzentwurf wegen Erhöhung der Brausteuer wurde nach erster Berathung einer Kommission überwiesen. In seiner Rede zur Befürwortung der Kommissionsberathung sprach sich Hoverbeck u. A. dafür aus,

„das Bier so billig als möglich zu stellen, weil ich die Billigkeit des Bieres für außerordentlich wichtig halte, um den Branntwein zu bekämpfen. Das ist ein Punkt, den man wenigstens in Norddeutschland alle Veranlassung hat, in hohem Maße zu beachten. Wir haben den großen Schaden, welchen der übermäßige Branntweingenuß physisch und moralisch veranlaßt, Alle beklagt, bekämpft, aber nur gering und schwach mit den sogenannten Mäßigkeitsbestrebungen. Wir haben gesehen, daß diese nur wirken bis zu einem gewissen Grade, aber nicht weiter. Das konsumirende Publikum gerade der ärmeren Klasse wird irgend ein, wenn auch nur in geringem Maße alkoholartiges Getränke immer verlangen, und wenn wir ihm ein billiges Bier geben, so wird dies das beste Mittel sein, den Branntweingenuß in mäßige Schranken zurückzuführen."

Bei der zweiten Berathung des Gesetzentwurfs wurde beschlossen, daß die Stimmen der Abgeordneten von Bayern, Württemberg und Baden nicht mitzuzählen seien, worauf diese Abgeordneten den Saal verließen (13. Mai). Das Gesetz wurde in zweiter und dritter Berathung angenommen. Am folgenden Tage brachte die Fortschrittspartei auf Vorschlag Hoverbecks einen Antrag ein, den die itio in partes anordnenden Absatz 2 des Art. 28 der Reichsverfassung aufzuheben. In der ersten Berathung (22. Mai) nahm Hoverbeck mehrmals das Wort für den Antrag, dem das Zentrum (Windhorst, Mallinckrodt) widersprach. Gegen Mallinckrodt sagte er u. A:

„Der Herr Abg. Mallinckrodt hat den Antragstellern eine gewisse Leidenschaftlichkeit vorgeworfen. In dem Antrage an sich liegt das gewiß nicht; wenn er aber sucht, in unserer Seele zu lesen, so will ich soviel zugestehen, daß wir sehr widerwillig das traurige Schauspiel der itio in partes betrachten, das nun einmal hier wirklich stattgefunden hat, und daß wir es für unsere Pflicht hielten, der Sache so schnell wie möglich, soweit es an uns liegt, ein Ende zu machen. Wenn Einzelne von uns in der Ueberzeugung von der Verderblichkeit einer solchen Trennung so weit gehen, daß sie sich nicht entschließen können, an einem Reichstage theil zu nehmen, den sie, wie auch von anderer Seite die Aeußerung gefallen ist, für ein Rumpfparlament ansehen, so wird es gerade in ihrer Pflicht liegen, dergleichen Anträge so bald als möglich zu bringen.

Im Uebrigen will ich den Herrn Abgeordneten Mallinckrodt in einer Beziehung beruhigen. Gegen den Antrag scheint er eigentlich wenig zu haben, er fürchtet nur für die von gewisser Seite mit einigem Fanatismus vertheidigten Reservatrechte. Ich erkläre, daß wir es in diesem Augenblicke mit den Reservatrechten in keiner Beziehung zu thun haben, und daß wir die Schwierigkeiten, welche der Abschaffung dieser Reservatrechte grade in finanzieller Beziehung entgegenstehen möchten, nicht unterschätzen, aber grade weil wir der Ueberzeugung sind, daß dieselben nicht sofort zu beseitigen sind, ist die Auskunft erwünscht, die wir vorgeschlagen haben, daß die süddeutschen Abgeordneten mit gleichem Rechte bei der Berathung aller Gegenstände theilnehmen, auch wenn sie durch die Reservatrechte der Sache einigermaßen ferner stehen, ich sage ferner stehen, denn für ganz unbetheiligt kann ich sie nie und nimmermehr ansehen". . . .

Zum Schluß der zweiten Berathung (4. Juni) sprach Hoverbeck nur wenige Worte als Antragsteller. Die Gründe der Gegner, meinte er, seien von den Freunden des Antrages vollständig widerlegt.

„Da ich nicht gerne spreche, wo ich es nicht für nöthig halte, will ich im Interesse der Zeit des Hauses auf das Wort verzichten."

Der Antrag wurde in zweiter Berathung „mit höchst überwiegender Majorität" und ebenso in dritter Berathung (6. Juni) angenommen. Der Bundesrath trat dem Beschlusse des Reichstages bei. Durch Gesetz vom 24. Februar 1873 ist der Absatz 2 des Art. 28 der Reichsverfassung beseitigt.

Allmälige Herabsetzung der Salzsteuer hatte der norddeutsche Reichstag 1867 auf Antrag der Konservativen beschlossen, nachdem der Antrag Hoverbeck auf Abschaffung der Salzsteuer bis längstens zum 31. Dezember 1877 abgelehnt war (siehe oben S. 150). Jetzt veranlaßte die Fortschrittspartei auf Antrag von Hoverbeck und Richter Verhandlungen mit den beiden liberalen Parteien und dem Zentrum über die Aufhebung der Salzsteuer. Man einigte sich, einen Gesetzentwurf einzubringen, wonach unter Abänderung des Gesetzes vom 12. Oktober 1867 die Abgabe vom Salz (2 Thaler) vom 1. Januar 1873 auf einen Thaler für den Zentner Nettogewicht zu ermäßigen sei und zugleich folgende Resolution zu beantragen:

„Die gänzliche Aufhebung der Abgabe vom Salz ist ebenso eine Forderung der Gerechtigkeit als einer gesunden Finanzpolitik und demgemäß, sobald die Finanzlage es irgend gestattet, in erster Linie durchzuführen."

Der Antrag wurde von je einem Abgeordneten der vier Fraktionen als Antragsteller unterzeichnet: Hoverbeck, Grumbrecht (nationalliberal), Marquard Barth, Reichsoberhandelsgerichtsrath für Rothenburg (liberale Reichspartei), Schröder-Lippstadt (Zentrum) und von 137 Abgeordneten unterstützt.

Zu Eingang der ersten Berathung am 1. Mai 1872 begründete Hoverbeck den Antrag. Der Anfang seiner ausführlichen Rede lautete:

„Ich war noch heute Morgen der frohen Hoffnung, daß hier in diesem Hause ziemliche Uebereinstimmung in diesem Punkte herrschen werde, weil ich nach Allem, was ich im Hause selbst gehört und aus den vorher gepflogenen Verhandlungen abstrahiren konnte, glauben mußte, daß eine eigentliche Meinungsverschiedenheit über die Salzsteuer im Hause nicht existirt. Ich darf vielleicht daran erinnern, daß schon in dem Augenblicke, als das Salzmonopol in die jetzt bestehende Salzsteuer verwandelt wurde, das damalige Haus nur mit Bedauern auf eine so hohe Salzsteuer eingegangen ist, und zwar alle Parteien des Hauses, und daß alle Parteien des Hauses gleichmäßig eingestimmt haben in die damals gefaßte Resolution, es möge sobald als irgend möglich eine Herabsetzung dieser Salzsteuer ins Auge gefaßt werden. Meine Herren, es sind seit der Zeit fünf Jahre verflossen, die damals ziemlich ungünstigen finanziellen Verhältnisse haben sich sehr wesentlich gebessert, ich glaube, es wird die Konsequenz sein, welche alle Parteien des Hauses ziehen müssen, daß sie bald thunlichst einen entscheidenden Schritt zur völligen oder mindestens allmäligen Beseitigung der Salzsteuer thun.

Auch von Seiten der Regierungen glaube ich einen direkten Widerspruch nicht zu finden. Schon damals hat der Herr Präsident des Bundeskanzleramts sich dahin erklärt, daß die Salzsteuer in dieser Höhe nur widerwillig eingeführt werde und daß es in der Absicht liege, sie sobald als möglich durch eine anderweite Einnahme zu ersetzen, und in neuerer Zeit sind sowohl hier im Reichstage als im preußischen Abgeordnetenhause Aeußerungen kompetenter Persönlichkeiten aus den Regierungskreisen gefallen, die mich zu derselben Ansicht veranlassen. Ich darf in ersterer Beziehung wohl auf die Aeußerungen des Herrn Reichskanzlers selbst hinweisen, in zweiter auf die ganze Finanzpolitik, die der gegenwärtige Herr Finanzminister des preußischen Staates eingeschlagen hat. Wenn seine umfassenden Finanzpläne im Abgeordnetenhause in diesem Jahre auch Widerstand erlitten haben, so steht doch so viel fest, daß seine Absicht, seine anerkannte und ausgesprochene Absicht die war, die überbürdeten ärmeren Volksklassen thunlichst zu entlasten. Wenn er das seiner Zeit durch Aufhebung der untersten Klasse der Klassensteuer zu erreichen gesucht hat, so glaube ich, wird er für uns Sympathie fühlen, wenn wir auf einem, wie mir scheint noch direkteren Wege auf dieses Ziel losgehen. Wenn wir nämlich fragen, was die Aufhebung der untersten Stufe der Klassensteuer für ein finanzielles Resultat grade in Bezug auf eine Familie der untersten Steuerstufe hat, so können wir jene Aufhebung der Klassensteuer selbst auf einen Thaler reduciren; die Salzsteuer dagegen beträgt 9 oder richtiger $9^1/_2$ Silbergroschen pro Person, also für eine Familie von durchschnittlich 5 Personen, Mann, Frau und drei Kinder, richtig gerechnet 1 Thaler $17^1/_2$ Silbergroschen. Wir würden in dem Augenblicke also, wo wir die Salzsteuer los würden, grade dasselbe Ziel, das der Herr Finanzminister des preußischen Staates auf seine Weise zu erreichen gesucht hat, viel besser und gründlicher hier erledigen, und ich glaube, es muß uns von großem Interesse sein, das an der richtigen Stelle, also gerade hier im Reiche zu thun. . ."

Im Laufe der Verhandlung sprach Bismarck gegen den Antrag mit Entschiedenheit, in schroffster Form. Er gestand ein, daß die Salzsteuer eine von denen ist, deren Abschaffung primo loco wünschenswerth bliebe, aber dennoch erklärte er die Bezeichnung der Steuer, als eine den armen Mann besonders drückende, so lange wir noch Brot und Fleisch besteuern, für eine Aeußerung der politischen Heuchelei u. s. w. Er wundere sich nicht, alle centrifugalen Elemente unter dem Antrage zu sehen, wohl aber, daß die eifrigsten, hingebendsten Mitarbeiter an dem Zustandekommen, an der Befestigung des Reichs mitunterschrieben haben.

Zum Schluß der Debatte, an der sich Bismarck noch mehrmals namentlich in Entgegnung auf scharfe Angriffe in persönlicher Bemerkung Richters vertheidigte, sagte Hoverbeck,

„Der Herr Reichskanzler hat seine guten Freunde, deren er auch unter den Unterzeichnern meines Antrages mehrere zu finden glaubte, vor centrifugalen Elementen gewarnt, die zunächst die Anregung zu demselben gegeben hätten. Da ich nun der erste Unterzeichner der Anträge bin, so kann ich wohl mit Fug und Recht diese Redensart auf mich beziehen. Ich würde gegen den Ausdruck, den er gebraucht hat, in Beziehung auf mich nicht viel einzuwenden haben, wenn er darunter diejenigen Leute versteht, die nicht nach dem Centrum Bismarcks gravitiren. Wenn er aber zur Erklärung hinzugefügt hat, daß er unter centrifugalen Elementen diejenigen verstehe, die keinen Sinn für die Einheit und Machtstellung des deutschen Reichs hätten, so spreche ich ihm jedes Recht ab, von mir ein solches Urteil auszusprechen."

Bismarck erklärte darauf:

„Der Herr Vorredner braucht dies nicht in so erregter Manier zu thun, denn ich kann ihm die Versicherung geben, daß ich an ihn nicht gedacht habe, denn die centrifugalen Elemente liegen ganz wo anders, als auf seiner Seite." (Große Heiterkeit.)

So leicht ließ sich Hoverbeck nicht abfertigen. Er entgegnete:

„Ich kann dem Herrn Reichskanzler nur antworten, daß, wenn er mich unter dem Ausdruck „centrifugale Elemente" nicht gemeint hat, er seine Worte billig besser hätte wählen sollen; denn jeder Unbefangene wird bei der Lesung seiner Worte annehmen, daß sie auf mich gerichtet waren."

Bismarck erwiderte:

„Ueber die Wahl meiner Worte bin ich allein Richter; ich glaube, sie richtig gewählt zu haben."[3])

Die zweite Berathung des Antrages fand erst am 3. Juni statt. Bismarck hatte bereits am 18. Mai einen längeren Urlaub angetreten. Seine Reden in der ersten Berathung hatten ihre Wirkung nicht verfehlt. Die konservativen Parteien (Stumm, Wedell-Malchow) brachten einen Gegenantrag ein, den Reichskanzler aufzufordern, in nächster Session eine Vorlage auf vollständige Aufhebung der Salzsteuer und Deckung des Ausfalls durch eigene Einnahmen des Reichs (Tabaksteuer) einzubringen. Diese Anträge wurden abgelehnt, ebenso aber auch, da der rechte Flügel der Nationalliberalen abfiel, der Antrag Hoverbeck und Genossen; nur die Resolution erhielt die große Mehrheit. Bismarck konnte nun (24. Mai 1873) in Beantwortung der Resolution dem Reichstag melden, daß der Bundesrath die Aufhebung der Salzsteuer ablehne.

Beim Marineetat des Reichstages erwähnte der fortschrittliche Abgeordnete Dr. Seelig-Kiel (28. Mai), daß im November vorigen Jahres plötzlich angeordnet sei, ein Geschwader von Panzer und anderen Kriegsschiffen in drei bis vier Wochen in Dienst zu stellen. Der Befehl sei in dieser Frist unausführbar gewesen. Die mit schweren Kosten und größtem Nachtheil ausgeführte Maßnahme mußte mit großen Opfern rückgängig gemacht werden. General v. Stosch, der kurz zuvor Minister und Chef der Admiralität geworden, entschuldigte die Anordnung; sie sei nicht, wie behauptet war, wegen einer Wirthshausschlägerei, sondern aus allgemeinen politischen Kombinationen veranlaßt und habe 116343 Thaler gekostet. In der Debatte, die ohne Beschlüsse verlief, erklärte Hoverbeck:

„Ja, meine Herren, über den eigentlichen Grund dieser Indienststellung haben wir, das muß ich offen gestehen, nach meiner Ansicht wenig erfahren. Sie soll nicht durch eine Wirthshausschlägerei verursacht worden sein — nein, der Ausdruck ist viel hochgreifender: wegen allgemeiner politischer Verhältnisse! Also, meine Herren, wegen allgemeiner politischer Verhältnisse werden dicht vor dem Einfrieren vier kleine Schiffe in Dienst gestellt. (Hört! Hört! links.) Was wollte man denn damit bewirken? wollte man die allgemeinen politischen Verhältnisse mit diesen vier kleinen Schiffen verändern? (Heiterkeit.)

Das ist mir vollständig unerklärlich. Ich glaube doch, daß dabei irgend eine Schuld vorhanden ist. Ich weiß zwar sehr gut, daß diese Schuld nicht bei dem zeitigen Vorsteher des Marineministeriums zu finden ist und daß er sich nur eine Ehrenpflicht daraus macht, diese Sache zu vertheidigen, soweit es möglich ist; es wird aber unsere Sache sein, die Schlußfolgerungen aus dem zu ziehen, was Sie gehört haben, und diese Schlußfolgerungen sind, wenigstens für mich, die, daß hier das Geld des Landes verausgabt ist und Leute, die soeben die Strapazen des Krieges durchgemacht haben, in ihrem Erwerbe gestört worden sind in einem Augenblicke, wo ein wirkliches politisches Resultat unmöglich zu erreichen war.“

Bei der Marineverwaltung waren in den Jahren zuvor grobe Gesetzesverletzungen vorgekommen. Erst 1873 erfolgte durch ein Indemnitätsgesetz die Ordnung der Angelegenheit. (Gesetz vom 29. März.) Trotz der früheren Mißgriffe der Marineverwaltung gab es unter den Abgeordneten zahlreiche Marineenthusiasten. Hoverbeck warnte vor ihnen. Er sagte bei der Etatsberathung (28. Mai):

„Dieses Wettrennen, um mich so auszudrücken, der Herren Marineenthusiasten droht wirklich zu einer öffentlichen Gefahr zu werden. (Sehr wahr! links und Heiterkeit.)

Ich habe bis jetzt noch nicht gesehen, daß, während die Regierung erklärt: „wir fordern kein Geld und können es zweckmäßigerweise auch in diesem Jahre nicht verwenden,“ daß dann von der anderen Seite, hier im Hause, verehrte Abgeordnete auftreten und sagen: „Ihr sollt und müßt mehr fordern, denn wir wollen mehr geben!" Meine Herren, ich möchte doch daran erinnern, daß der jetzt eingetretene Vorsitzende des Marineministeriums ausdrücklich erklärt hat, daß er erst noch Zeit braucht, um sich zu informiren; daß er mit einer Offenheit, die mich gewissermaßen gerührt hat (Heiterkeit), gesagt hat: ich kann noch nicht zu einer Entscheidung kommen, gönnen Sie mir die Zeit, um mich erst einzuleben, — und nun wollen Sie ihn in diesem Momente dahin drängen, in der allerwichtigsten Sache eine so schwere Entscheidung zu fällen. Daß, wie wir gehört haben, die Bauten in Kiel und Wilhelmshaven ganz andere Dimensionen angenommen haben, als wir voraussetzten in dem Augenblicke, als wir die Bewilligung aussprachen, daß sowohl technisch, als auch in den Kosten die Sache außerordentlich ausgedehnt ist, eigentlich gegen unsere Bewilligung, das sollte, wenn wir an unserem Budgetrecht festhalten wollen, von unserer Seite eine Forderung auf Indemnität veranlassen, die die Regierung an uns zu richten hätte, sollte uns aber nicht veranlassen zu sagen: „weil die Regierung ohne unsere Genehmigung die Pläne verändert hat, möge sie doch so gut sein, auch noch das Geld für die Mehrverwendung von uns zu fordern."

Die in der Thronrede angekündigte Vorlage über die gesetzliche Regelung, Verwendung und Vertheilung der französischen Kriegsentschädigung wurde dem Reichstage erst am 16. Mai vorgelegt. Die erste Berathung fand am 31. Mai statt. Die Kriegsentschädigung betrug 5 Milliarden Francs. Der Reichstag hatte schon eine Reihe Anweisungen durch Spezialgesetze auf diese Milliarden ertheilt. Hoverbeck betonte in längerer Rede die ungeheure Tragweite, „die man schon aus der Ziffer 1441 Millionen (Thaler) beurtheilen kann, um die es sich hier in Summa handelt". Da die allergründlichste Prüfung stattfinden müsse, beantragte er eine Kommission von 21 Mitgliedern.

„Meine Herren, ich spreche hiermit aus, daß ich den Bundesregierungen gewissermaßen es zur Schuld anrechne, daß sie mit diesem Gesetzentwurfe so spät erst vor das Haus getreten sind. Es ist nicht unsere Schuld, daß wir in einer Zeit, wo die Beschlußfähigkeit mit Mühe aufrecht zu erhalten ist, wo der bestimmte Schluß selbst in nicht zu langer Zeit in Aussicht steht, uns mit einem so ungeheuren Gegenstande befassen. Es war allerdings nothwendig, daß dieser Gegenstand in dieser Session gebracht wurde, aber er mußte früher gebracht werden. Meine Herren, ich gestehe, daß mir von mehreren Seiten im Hause das Bedenken geäußert ist, ob nicht in dieser Art und Weise, zu so später Stunde einen Antrag an das Haus zu bringen, ein gewisses System liege; daß die Bundesregierung möglicherweise gerade die bedenklichsten Gesetze, diejenigen, bei denen nicht eine sehr sorgfältige Auskunft gegeben werden soll, in so später Stunde in das Haus bringt, damit nachher in den letzten Tagen des Hauses die Sache im Rummel mit angenommen wird". . . .

Sodann ging er auf einzelne Punkte des Gesetzentwurfs näher ein. Gewisse Summen seien unbedingt dem Pauschquantum des Militäretats zur Last zu schreiben und zu verweigern.

Der Präsident des Reichskanzleramts, Delbrück, erklärte:

„die Verdächtigung zurückzuweisen, mit der Hoverbeck seinen Vortrag begonnen hat, die Verdächtigung nämlich, daß die verbündeten Regierungen mit dieser Vorlage deshalb in diesem Augenblicke vor das Haus treten, weil sie sich vor einer eingehenden Berathung der Vorlage scheuten. Ich diskutire eine solche Verdächtigung nicht, ich weise sie zurück."

In persönlicher Bemerkung erklärte Hoverbeck:

... „Ich habe ... mit meiner persönlichen Meinung in der Sache aus Höflichkeit zurückgehalten; ich habe nur mitgetheilt, was ein Faktum ist, daß ein solcher Verdacht existirt, und ob der Ausdruck, der von Seiten des Herrn Ministers Delbrück gebraucht worden ist, daß er diese Verdächtigung zurückweise, genügen wird, diesen Verdacht überall im Hause oder im Lande zu beseitigen, wird ja wohl die Zukunft noch lehren."

Die Einsetzung der Kommission zur Vorberathung wurde beschlossen. Dieser lag eine schwere Arbeit ob. Sie brauchte fünf lange Abendsitzungen, denen Minister aller größeren Staaten beiwohnten. Hoverbeck und Richter, die neben Dickert und Erhard von der Fortschrittspartei in die Kommission gesandt waren, können das Hauptverdienst in Anspruch nehmen, daß das schwierige Werk gelang. Der wesentlich umgeänderte Gesetzentwurf, der 3½ Milliarden vertheilte und die Verfügung über 1½ Milliarden vorbehielt, wurde nach den Kommissionsbeschlüssen auf mündlichen Bericht angenommen. Es gelang namentlich, eine gesetzliche Bestimmung herbeizuführen, wonach alle Einnahmen aus Veräußerungen entbehrlicher Festungsgrundstücke von der Militärverwaltung auf den nächsten Reichshaushaltsetat zu bringen sind (Anträge Lasker, Hoverbeck).

Eine besondere Schwierigkeit machte es, bei der Vertheilung „die Ansprüche zwischen dem Reich und den Einzelstaaten abzugrenzen". Den fortschrittlichen Abgeordneten, die davon ausgingen, „möglichst viel von den Milliarden alsbald zu dezentralisiren und damit aus dem Gesichtskreis der Militärverwaltung zu bringen",[4]) gelang es, eine Verständigung zu erzielen. Selbst der Kriegsminister v. Roon war augenscheinlich geneigt, die Verdienste der entschiedensten Gegner des Militarismus anzuerkennen. Als er Reden der fortschrittlichen Abgeordneten Richter und Ludwig stark kritisirte, meinte Hoverbeck, (6. Juni) Roon habe gegen sie eine Art von Zensur geübt, indem er sie in einer Weise zurechtgewiesen, die, wie er glaube, für den Reichstag nicht passe. Roon drückte sein Bedauern darüber aus, daß Hoverbeck ihn so falsch verstanden habe. Er habe Niemanden zensiren, noch weniger Jemanden kränken wollen.

. „Die Zeit, wo ich das gelegentlich vielleicht gern gethan habe, ist längst vorüber. (Heiterkeit.) Ich habe und hatte nur die Absicht, weil die Pflicht, der Verständigung."

Die Kommission hatte zum Theil aus formalen Gründen beantragt, einen namentlich zur Einrichtung und Erweiterung der Kadettenhäuser (Bau eines neuen Kadettenhauses bei Lichterfelde) bestimmten Betrag zu streichen. Roon hatte die Fortdauer und Erweiterung der Kadettenanstalten für eine Nothwendigkeit für das Vaterland erklärt. Die Interessen des Vaterlandes würden geschädigt, wenn man die Erweiterung verweigere. Hoverbeck entgegnete (13. Juni):

„Wenn der Herr Kriegsminister ferner sagt, die Verweigerung dieser Summen sei eine Schädigung der Interessen des Vaterlandes, so glaube ich, wird er sich damit begnügen, etwa zu erklären, daß er das nach seiner persönlichen Ansicht objektiv so ansehen müßte; ich glaube, es ziemt sich nicht einer Kommission des Reichstages gegenüber einen solchen Vorwurf zu machen." (Bewegung. Oh! rechts.)

Roon erklärte „in freundlicher Weise", daß ein Mißverständniß vorliege. Er habe Niemand den Vorwurf machen wollen, es fehle ihm an dem nöthigen Patriotismus.

„Eine Voraussetzung, als ob ich etwas derartiges habe sagen wollen, ist für mich nur ein Beweis dafür, daß man mich für viel streitsüchtiger hält, als ich in der That bin."

Ein Gesetzentwurf, betreffend die Rechtsverhältnisse der Reichsbeamten, erlangte in der vom Reichstag angenommenen Gestalt die Genehmigung des Bundesrathes nicht, ein Einvernehmen wurde erst 1873 erzielt (Gesetz vom 31. März 1873). Die Kommission hatte vorgeschlagen, daß die Anstellung der im Entwurf nicht berücksichtigten Reichstagsbeamten durch den Reichstagspräsidenten erfolge, der die vorgesetzte Behörde derselben bilde. Zur Erläuterung der Bedenken der Bundesregierungen gegen die Berechtigung des Reichstagspräsidenten erklärte Hoverbeck (4. Juni):

. . . „Nun, meine Herren, ist es allerdings eine der traurigen Traditionen, die in Preußen aus den früheren Kämpfen mit der Landesvertretung hervorgegangen sind, (Sensation rechts und im Centrum) die das Hausrecht der Landesvertretung in Frage stellt; daß aber eine solche Tradition in den Reichstag mit hinübergeschleppt werden sollte, das hätte ich nicht gedacht und das bedaure ich tief."

Der betreffende § 156 wurde angenommen.

Auf Antrag des Abgeordneten Lasker wurde zur Hebung von Mängeln, die gerade in dieser Session stark hervorgetreten waren, mit großer Mehrheit beschlossen (8. Juni), den Reichskanzler aufzufordern, dafür Sorge zu tragen, daß in Zukunft, soweit nur immer möglich, Gesetzesvorlagen, welche die Finanzverwaltung berühren, gleichzeitig mit dem Reichshaushaltsetat vorgelegt werden, und daß ferner in jedem Entwurf eines Finanzgesetzes in Zahlen ausgedrückt werde, welche Wirkung der Vorschlag auf die Einnahmen und Ausgaben der Etatsgesetze ausübe. Hoverbeck warnte bei Unterstützung des Antrages vor den bis heute im Reichstage wie im preußischen Abgeordnetenhause üblichen Einleitungsreden zum Etat. Er sagte:

„Dagegen glaube ich, daß wir nicht zu viel Gewicht auf die nachträglich gehaltenen Einleitungsreden seitens der Bundesbank legen sollten. Dieselben geben nur zu häufig die Gelegenheit, das, was man gründlich in der Motivirung zum Etat selber hätte sagen sollen, dann in einer längeren Einleitungsrede viel weniger gründlich zu sagen. Eine finanzielle Motivirung von großer Tragweite, die immer, wenn sie solide sein soll, nur auf große Zahlenreihen gestützt werden kann, ist zweckmäßigerweise nicht in der Einleitungsrede zu geben. Das Haus wird mir zugestehen, daß, wenn Einleitungsreden dieser Art gehalten sind, die wenigsten Mitglieder des Hauses sich haben klar daraus vernehmen können. Daher meine ich, daß längere Einleitungsreden hier nur dann nöthig seien, wenn seit der Aufstellung des Etats und der schriftlichen Motivirung Veränderungen vorgekommen sind. An sich aber muß es dem Hause viel wünschenswerther sein, größere und ausreichendere Motivirungen im Etat selbst zu haben, als längere Einleitungsreden zum Etat".

Erst auf Interpellation der Abgeordneten Wiggers und Genossen (Mitglieder der drei liberalen Fraktionen und der deutschen Reichspartei) wurde dem Reichstage am 22. April mitgetheilt, daß der in vorjähriger Session zugesagte Preßgesetzentwurf (siehe oben Seite 255) in dieser Session nicht fertig werde.[5])

Am 14. Mai wurde bei der Berathung des Etats für das auswärtige Amt über die Forderung für den Gesandten in Rom (19300 Thaler) verhandelt. Hierbei sprach Bismarck das bekannte Wort aus: „Nach Canossa gehn wir nicht, weder körperlich, noch geistig". Stürmische Begeisterung rief das Wort bei einem großen Theil der Nation hervor. Verehrer errichteten auf der Harzburg die Canossa-Säule. Die spätere Versöhnung Bismarcks mit dem Zentrum wurde vielfach als Gang nach Canossa angesehen?

In den folgenden Tagen, als Bismarck nach Varzin gegangen war, begann durch Initiative von Reichstagsabgeordneten anläßlich der Petitionen für und wider die Jesuiten der Sturm auf den Jesuitenorden. Die Führung übernahm Bismarcks Vertrauensmann, der vortragende Rath im Staatsministerium, frühere Kreuzzeitungsredakteur Hermann Wagener. Nach zweitägigen Debatten wurde in dem mit 205 gegen 84 Stimmen angenommenen Antrag Wagener, Marquardsen und Genossen die Vorlegung eines Gesetzentwurfs gefordert, der die privatrechtliche Stellung der religiösen Orden, Kongregationen und Genossenschaften, die Frage ihrer Zulässigkeit und deren Bedingungen regelt und die staatsgefährliche Thätigkeit namentlich der Gesellschaft Jesu unter Strafe stellt (16. Mai). In Folge dieses Beschlusses wurde am 11. Juni ein Gesetzentwurf, betreffend die Beschränkung des Rechtes zum Aufenthalt der Jesuiten im Deutschen Reiche vorgelegt. In zweiter Berathung (17. Juni) wurde der Entwurf wesentlich geändert, namentlich wurde in Erweiterung des Gesetzes „der Orden der Gesellschaft Jesu und der ihm verwandten

Orden und ordensähnlichen Kongregationen vom Gebiet des Deutschen Reiches ausgeschlossen" und die Errichtung von Niederlassungen untersagt. Die Annahme erfolgte in zweiter Berathung mit 183 gegen 101, in dritter Berathung mit 181 gegen 93 Stimmen (19. Juni). Die Fortschrittspartei war bei diesen Abstimmungen nicht einig. Mit Hoverbeck stimmten schon gegen den Antrag Wagener sechs fortschrittliche Abgeordnete, gegen das Gesetz selbst schlossen sich ihnen noch zehn andere fortschrittliche Abgeordnete an[6]).

Im Anschluß an die dritte Berathung sprach der Reichstag auf Antrag des Abgeordneten Völk noch die Erwartung aus, daß ihm bei seinem nächsten Zusammentritt Gesetzentwürfe über Einführung der obligatorischen Civilehe und über Ordnung der Civilstandsregister vorgelegt würden. Dieser Antrag wurde mit 151 gegen 100 Stimmen angenommen; die fortschrittlichen Abgeordneten stimmten sämtlich dafür.

Der Reichstag wurde vom Minister Delbrück auf Ermächtigung des Kaisers am 19. Juni geschlossen.

Das Abgeordnetenhaus tagte wieder seit dem 6. Juni. Im Herrenhause war seit dem 23. März nur die Kreisordnung in der Kommission berathen worden. Auf übereinstimmenden Antrag wurde die Regierung am 10. Juni ersucht, beide Häuser des Landtages bis zum 21. Oktober zu vertagen. Während dieser Zeit sollte versucht werden, eine Verständigung über die Kreisordnung zwischen Regierung, Abgeordneten- und Herrenhaus zu erzielen. Der Versuch mißlang. Das Herrenhaus berieth bis zum 31. Oktober und lehnte dann die Vorlage mit 100 gegen 61 Stimmen ab (Antrag Below).

Der Landtag wurde nun im Namen des Kaisers vom Minister Roon am 1. November 1872 geschlossen.

Hoverbeck konnte, nachdem er die Wiederwahl zum Abgeordnetenhause abgelehnt hatte, dem Amte als Landschaftsdirektor mehr Zeit und Arbeit widmen als vorher. Er war 1865 und 68 auf je drei Jahre wiedergewählt, hatte aber mehrere Landschaftssessionen in Königsberg nicht besuchen können, weil er zu parlamentarischen Sitzungen in Berlin weilte. In der Frühjahrssitzung der Landschaft 1871 wurde er in mehrere Kommissionen gewählt. Ein von ihm befürworteter Antrag, das Institut der Departementsdirektoren, die jeder jährlich 500 Thaler als Entschädigung erhielten, aus Sparsamkeitsrücksichten zu streichen, wurde abgelehnt und er selbst für die drei Jahre vom 1. Juli 1871 bis 74 diesmal einstimmig mit allen vierzig Stimmen wiedergewählt. Auch 1872 war er bei beiden Landschaftssessionen im Februar und September anwesend, auf denen wichtige Beschlüsse über Umwandlung ausgegebener Pfandbriefe in solche zu geringerem Zinsfuße gefaßt wurden. Im Juli traf er mit vielen Verwandten in Elbing zur Hochzeit seiner ältesten Schwestertochter zusammen und machte mit ihnen einen Ausflug nach Danzig und Umgebung. Größere Reisen hat er in diesem Sommer nicht gemacht.

Anmerkungen zum fünfundvierzigsten Kapitel.

[1]) Bismarcks Reden bei Beginn des sogenannten Kulturkampfes zeugen von der Leidenschaftlichkeit, mit der er namentlich die Einflüsse des katholischen Klerus auf die polnisch sprechende Bevölkerung in Oberschlesien, wie in Posen und Westpreußen bekämpfte. Erst neuerdings ist sein Brief vom 7. Februar 1872 an Minister Eulenburg bekannt geworden. Er klagt darin über dessen Passivität, betreffs der polnischen Verhältnisse und droht mit einem Personenwechsel in Eulenburgs oder seinem Ministerium. Sein Antrag gehe auf prinzipielle Ausweisung aller bei uns nicht heimathberechtigten Polen. Er verlangte, daß Eulenburg gegen die seit 10 Jahren (also seit ihrer beider Ministerschaft) prosperirende polnische Unterwühlung der Fundamente des preußischen Staates vorgehe. Seine Nerventhätigkeit sei erschöpft, er könne das Geschäft unter diesen Bedingungen nicht fortsetzen. Eulenburg muß ihn beruhigt haben. Erst unter Minister Puttkamer begann 1885 die unrühmliche und gemeinschädliche Polengesetzgebung, begannen die Massenausweisungen russischer und österreichischer Polen, die durch einen Beschluß des Reichstags von 1886 nach ihrem Umfange und ihrer Art nicht gerechtfertigt und mit den Interessen der Reichsangehörigen nicht vereinbar erklärt wurden.

[2]) Dr. Seelig, Wilhelm, Professor der Staatswissenschaften zu Kiel, geboren 1821 zu Kassel, war Reichstagsabg. von 1871 bis 78 für Plön-Segeberg, von 1890 bis 98 für Tondern-Husum; Mitglied des Abgeordnetenhauses von 1873 bis 93.

[3]) Wilhelm Böhm, der Herausgeber der „vollständigen Sammlung der parlamentarischen Reden Bismarcks" hat Bd. 6 S. 164 Bismarcks letzte Erklärung nicht abgedruckt; er konnte so die letzte Abfertigung Bismarcks durch Hoverbeck fortlassen. — Mit „centrifugalen Elementen" hat Bismarck ohne Zweifel die Klerikalen (Graf Ballestrem, Reichensperger u. s. w.) gemeint.

[3a]) (Zu S. 270 Abs. 4.) Vergl. die Darstellungen Richters, der die „falschen Rechnungen" entdeckt hatte in seinen Erinnerungen „Im alten Reichstag" S. 48.

[4]) Wörtlich aus Richter a. a. O. S. 54.

[5]) Der Uebelstand, daß man oft erst auf Interpellation die Entschließungen des Bundesraths über die Beschlüsse des Reichstages erfuhr, wurde in dieser Session für die Zukunft beseitigt. In der Sitzung vom 12. Juni wurde ein Antrag Ackermann, Braun, Löwe, Miquel fast einstimmig angenommen, wodurch der Reichskanzler aufgefordert wurde, die Entschließungen des Bundesraths auf die vom Reichstag beschlossenen Gesetzentwürfe und Anträge spätestens beim Beginn der nächsten Session in schriftlicher Form mitzutheilen.

[6]) Dickert, Duncker, Gerstner, Herz, Richter, Ziegler. In der zweiten Berathung stimmten gegen das Gesetz selbst: Erhard, Hagen, Hausmann-Westhavelland, Kloß, Müller-Görlitz, Wigard, Wiggers, und in der dritten Berathung, an der Hoverbeck als beurlaubt nicht theilnahm, noch Kirchmann und Schaffrath, die bei der zweiten Berathung fehlten.

Sechsundvierzigstes Kapitel.

Landtag 1872/73. Reichstag 1873.

Die schon am 12. November 1872 einberufene neue Session des Abgeordnetenhauses dauerte mit Unterbrechung der Plenarsitzungen zwischen dem 21. März bis 5. Mai bis zum 20. Mai 1873.

Die Kreisordnung wurde in einer zwischen Eulenburg, den Nationalliberalen und Freikonservativen vereinbarten verschlechterten Fassung vorgelegt und vom Abgeordnetenhause mit 288 gegen 91, sodann von dem in seinem Bestande durch einen kleinen Pairsschub von 25 Mitgliedern veränderten Herrenhause mit 116 gegen 91 Stimmen angenommen.

Der Kampf um die Kreisordnung sprengte die konservative Partei auseinander. Von den 116 Konservativen im Abgeordnetenhause bildeten 45 eine „neu-konservative„ Fraktion. Minister v. Selchow, ein Gegner des Pairsschubs nahm den Abschied, Roon wurde Präsident des Ministeriums, General v. Kameke Staatsminister und Stellvertreter des Kriegsministers.

Der Kampf zwischen der preußischen Regierung und der katholischen Kirche führte zur Vorlegung einer Reihe von Kirchengesetzen. Die erregten Verhandlungen über dieselben wurden durch ebenso erregte Verhandlungen über den Gründungsschwindel und über Enthüllungen Laskers, betreffend die Mißstände bei Ertheilung von Eisenbahnkonzessionen unterbrochen.

Am 12. März 1873 wurde der Reichstag vom Kaiser eröffnet. „Während dreier Sessionen," hieß es im Eingang der Thronrede,

„haben Sie in Gemeinschaft mit dem Bundesrathe eine doppelte Aufgabe zu erfüllen gehabt, die Befestigung und Ausbildung der durch die Reichsverfassung geschaffenen Institutionen und die Ordnung und Regelung der durch einen großen Krieg herbeigeführten außerordentlichen Verhältnisse. In beiden Beziehungen wird Ihre Thätigkeit wiederum in Anspruch genommen werden" . . . .

Hoverbeck fehlte. Er mußte bettlägerig krank Urlaub erbitten und konnte erst am 1. Mai in den Reichstag eintreten.

Der Schwerpunkt der Verhandlungen der Session lag in den Gesetzen über Vertheilung der letzten $1^1/_2$ Milliarden aus der französischen Kriegsentschädigung. Richter hat in seinem Buche „Im alten Reichstage" die „Milliardenschmerzen" der Kommissionen geschildert. In der Budgetkommission führten Hoverbeck und Richter angesichts der vorgelegten Verwendungsgesetze einen zähen Kampf, um die Militärverwaltung wieder an eine etatsmäßige und geregelte Wirthschaft zu gewöhnen, und dem Geldbewilligungsrecht des Reichstags nach allen Richtungen thatsächlich Anerkennung zu verschaffen. Aus Richters Feder stammen, wie er hervorhebt, in den bezüglichen Gesetzen fast alle auf die formale etatsrechtliche Regelung bezüglichen Paragraphen.

Auch an den meisten Plenarsitzungen des Reichstags im Mai und Juni betheiligte sich Hoverbeck als Redner. Aus seinen Reden sei Nachfolgendes hervorgehoben. Zur Vorberathung des zur Annahme gelangten Gesetzentwurfs über die Kriegsleistungen hatte sich ohne Betheiligung der Fortschrittspartei eine freie Kommission gebildet, in deren Auftrage Freiherr v. Stauffenberg Bericht erstattete. Die Kommission hatte sich in mühevoller Arbeit mit der Regierung über Abänderungsvorschläge verständigt, die im Plenum fast sämmtlich angenommen wurden. Als Lasker den Dank an die Kommission mit der Bemerkung erstattete, daß eine wirklich gewählte und offizielle Kommission die Aufgabe nicht glücklicher hätte lösen können, erklärte sich Hoverbeck zwar mit dem Dank einverstanden, aber nicht mit der Meinung, ob es zweckmäßiger war, die Sache in einer freien Kommission zu verhandeln. Er sagte (13. Mai):

... „Ich will unter Anderem darauf aufmerksam machen, daß möglicherweise ein Theil der glänzenden Erfolge der Kommission, die sie namentlich heute mit ihren Anträgen errungen hat, darin besteht, daß wir erst in dem Augenblicke, wo wir in das Haus eintraten, den größten Theil ihrer Vorschläge erhalten haben. Mir wenigstens ist es nach bester Anstrengung nicht möglich gewesen, noch Alles so durchzugehen, wie ich es für eine parlamentarische Pflicht jedes Mitgliedes halte. Ich habe geschwiegen, theils um die Verhandlungen nicht zu unterbrechen, theils in der Erwartung, daß die dritte Lesung uns vielleicht noch Gelegenheit geben wird, manches zu verbessern; aber ich wünsche nicht, daß der Dank gegen die Kommission dahin gewendet werde, daß die Neigung für freie Kommissionen, welche ich für ungewöhnlich und unpraktisch halte, dadurch gesteigert werden müßte."

Der Gesetzentwurf, betreffend die Gründung und Verwaltung des Reichsinvalidenfonds, wurde einer Kommission von 21 Mitgliedern zur Vorberathung überwiesen (27. März). In der Kommission, der von der Fortschrittspartei Richter, Erhard und Dickert angehörten, erhielt das Gesetz vielfach eine andere Gestalt. Entsprechend den Vorschlägen eines Gegenentwurfs von Richter wurden zunächst in einer Subkommission und dann in der Kommission wesentliche Theile des Regierungsentwurfs abgeändert. Die Kommission beauftragte den nationalliberalen Abgeordneten Stephani auf Grund einer Zusammenstellung der Beschlüsse, mündlichen Bericht zu erstatten. Vor der zweiten Berathung beantragte Hoverbeck Zurückverweisung der Zusammenstellung nebst den dazu gestellten Amendements an die Kommission zur Erstattung eines schriftlichen Berichts. Er meinte, es sei nicht in der Ordnung, finanzielle Gesetze von diesem Umfange — es handle sich um 187 Millionen Thaler — durch mündlichen Bericht zu erledigen. Die Begründungen der Regierung seien in manchen Punkten sehr dunkel gewesen. Er belegte dies durch Beispiele. Sein Antrag wurde abgelehnt (1. Mai). Die Mehrheit beschloß gegen die Stimmen der Fortschrittspartei, daß die Anlage der dem Reichsinvalidenfonds überwiesenen Gelder auch erfolgen dürfe in Schuldverschreibungen deutscher kommunaler Korporationen (Provinzen, Kreise, Gemeinden u. s. w.), die einer regelmäßigen Amortisation unterliegen. Diese Erweiterung des Kreises der zulässigen Anlagen veranlaßte die Fortschrittspartei schließlich gegen das ganze Gesetz zu stimmen.[1])

Hoverbeck hatte bei der zweiten Berathung aus Anlaß eines Zwischenfalles ausgesprochen, daß dem Präsidenten die Disziplin über die Mitglieder des Bundesraths ebenso gut wie über die Mitglieder des Hauses zustehe.

„Ich bin der Meinung, daß diese Disziplin auch ein Theil der Rechte des Hauses ist und hoffe, daß es künftig so geschehen wird."

Präsident Simson erkannte dies freilich nicht an.

Denselben Grundsatz vertrat Hoverbeck am 14. Mai bei der zweiten Berathung des von den Mecklenburgern Büsing, Wiggers und Genossen eingebrachten Gesetzentwurfs, betreffend die Volksvertretung der Bundesstaaten. Darnach sollte in der Verfassung folgender besonderer Artikel aufgenommen werden:

„In jedem Bundesstaat muß eine aus Wahlen der Bevölkerung hervorgehende Vertretung bestehen, deren Zustimmung bei jedem Landesgesetz und bei der Feststellung des Staatshaushalts erforderlich ist."

Der Antrag, der sich namentlich auf die der Volksvertretung entbehrenden Großherzogthümer Mecklenburg und das Fürstenthum Lippe-Detmold bezog, wurde in zweiter Berathung mit 174 gegen 62 Stimmen und auch in dritter Berathung mit großer Mehrheit angenommen. Die Beseitigung der Feudalverfassung Mecklenburgs ist nicht durchgesetzt, weil Bismarck und die mecklenburgische Ritterschaft widersprachen.

Der fortschrittliche Abgeordnete Hausmann-Lippe hatte den Antrag durch Darstellung der rechtswidrigen Zustände in Lippe-Detmold begründet. Der Bundesbevollmächtigte für Lippe, Minister v. Flottwell, früher preußischer Landrath, antwortete mit einer für Hausmann und seine Wähler beleidigenden Rede. Der Präsident erklärte, daß er solche Aeußerung, wenn sie von einem Mitgliede des Reichstages gegen ein anderes ausgesprochen wäre, mit dem Ordnungsruf begleitet haben würde. Hoverbeck drückte sein Bedauern darüber aus, daß der Ordnungsruf nicht ausgesprochen sei:

„Wenn Ordnung hier im Hause aufrecht erhalten werden soll, wenn der richtige Ton zwischen den Mitgliedern des Bundesrathes und denen des Reichstages überhaupt in irgend einer Weise kontrolirt werden soll, ist es ganz unbedingt nothwendig, daß der Herr Präsident den Ordnungsruf, wie er ihn den Mitgliedern des Reichstages ertheilt, ebenso den Mitgliedern des Bundesrathes ertheilt."

Auch in dieser Session wurden liberalerseits Anträge eingebracht und angenommen, den Reichstagsabgeordneten die pflichtgemäße Erledigung ihrer Arbeiten zu erleichtern. Der Antrag der Fortschrittspartei auf Gewährung von Reisekosten und Diäten (Antrag Schulze und Genossen) wurde schon vor dem Eintritt Hoverbecks in zweiter Berathung mit 114 gegen 91 Stimmen, in dritter Berathung mit 145 gegen 85 Stimmen angenommen.

Ein Antrag Lasker und Genossen wurde von den Liberalen und Freikonservativen eingebracht, wonach in Aenderung des Art. 4 Nr. 13 der Verfassung die gemeinsame Gesetzgebung über das gesammte bürgerliche Recht auszudehnen sei. Der mit großer Majorität unverändert angenommene Gesetzentwurf (3. April) wurde eingebracht, bevor Hoverbeck in den Reichstag eingetreten war; für ihn unterzeichnete als Mitantragsteller der Abgeordnete Herz.

Fast einstimmig gelangte auch ein Antrag der Fortschrittspartei Schulze-Berlin, Hoverbeck und Genossen zur Annahme, worin der Reichstag es für Pflicht der verbündeten Regierungen erklärte, das Berathungsmaterial dergestalt bereit zu stellen, daß die Arbeiten des Reichstages ohne Verzögerung und Unterbrechung ihren Verlauf nehmen können und dabei auf Abstellung des gleichzeitigen Tagens der einzelnen Landesvertretungen zu dringen. Hoverbeck nahm bei der Berathung das Wort gegen Ausführungen des nationalliberalen Abgeordneten Dernburg, der es für gesetzwidrig erklärte, wenn Abgeordnete das Haus verließen, in der Absicht, es beschlußunfähig zu machen. Hoverbeck, der dies früher gethan,[2]) sagte (13. Juni):

. . . „Ich glaube als Reichstagsabgeordneter so handeln zu müssen, daß meine Ueberzeugung und die Ueberzeugungen meiner Wähler so gut als möglich ins Leben geführt werden. (Sehr gut!) Ich werde immer dafür sorgen, daß meiner Wähler und meine Ueberzeugung bestens im Reichstage vertreten werde, und sollte ich in die von mir sehr bedauerte Lage kommen, das in keiner andern Weise erreichen zu können, in wichtigen, das gesammte Recht des Landes umfassenden Fragen, dann werde ich jedesmal wieder so handeln, wie damals." (Sehr gut! im Centrum.)

Endlich wurde ein von den drei liberalen Parteien unterstützter Antrag Lasker, Hoverbeck, Bamberger, Bennigsen,

Bernuth mit großer Mehrheit angenommen, worin die Monate Oktober, November, Dezember als geeignete Zeit für die ordentliche Session des Reichstages erklärt und der Reichskanzler aufgefordert wurde, künftig den Monat Oktober für die regelmäßige Einberufung des Reichstages in Aussicht zu nehmen. Bismarck erklärte sich in der Hauptsache mit dem Antrage einverstanden, flocht aber den Rath ein, die beschlußfähige Zahl herabzusetzen. Hoverbeck entgegnete ihm (13. Juni):

... „Nach meiner Meinung wäre ein solcher Beschluß seitens des Reichstages so gut wie eine Banquerotterklärung. (Lebhafte Bewegung. Widerspruch. Zustimmung.)

Wenn eine gesetzgebende Versammlung von vornherein sich andere Gesetze gegeben hätte, wenn, wie bei dem englischen Parlamente, von jeher derartige Einrichtungen eingeführt wären, wonach eine geringere Zahl beschlußfähig wäre, so wäre ein Beharren bei dieser, wie ich meine, *an sich falschen Praxis* vielleicht zu entschuldigen. Wenn aber das Deutsche Reich sich gleich so konstituirte, daß es das allgemeine Wahlrecht einführte und nun also eine Versammlung zusammentritt, die den Willen des ganzen Volkes repräsentiren soll, dann, meine ich, ist es eine würdige und richtige Bestimmung, daß bei jeder Beschlußfassuung mindestens die Majorität sämmtlicher Wahlkreise des ganzes Landes vertreten sei.

Wenn man nun aus dem Grunde, daß sich nicht genug Abgeordnete zu den Sitzungen eingefunden hätten, um dieser Bestimmung zu genügen, andere trifft, so wäre das eine Erklärung dahin, daß im deutschen Volke die Männer nicht vorhanden sind, welche nothwendig sind zu seiner Vertretung, oder daß man sie *nicht da sucht*, wo man sie finden kann. Das Letztere ist aber der Fall. (Bravo!)

Diese ganze künstliche Manipulation wäre ganz bestimmt nicht nothwendig, wenn man das allgemeine Wahlrecht nur ehrlich zur Wahrheit machen wollte, indem man das passive Wahlrecht von allen Schranken befreite. Dann, meine Herren, wenn man dem armen Manne so gut, wie dem reichen, den Weg in den Reichstag eröffnete, dann würden wir immer einen beschlußfähigen Reichstag haben. Aus dem Grunde bitte ich Sie, meine Herren, dem verderblichen Gedanken ja auch nicht entfernt Zugang zu Ihren Herzen zu gestatten!" (Bravo.)

Bei der zweiten Berathung eines Gesetzentwurfs, betreffend Erweiterung der Dienstgebäude des Kriegsministeriums und Generalstabes sowie der Militärerziehungs- und Bildungsanstalten, hielt Hoverbeck eine namentlich gegen den Referenten der Budgetkommission, Miquel, gerichtete längere Rede gegen die Erziehung der Offiziere in Kadettenhäusern und in erster Linie gegen die Bewilligung von 1460000 Thaler für den Neubau der Zentralkadettenanstalt bei Lichterfelde. Er sagte u. A. (6. Juni):

... „Ich bin und so viel ich weiß, sind alle meine poltitischen Freunde Gegner aller Internate. Wir sind uns sehr wohl bewußt, daß in dieser Weise manches mit geringeren Kosten und Umständen erreicht werden kann, als in anderer Weise; aber wir haben jedesmal gefunden, daß die Internate einen gewissen Beigeschmack von Abrichtung mit sich führen. Es gilt das nicht für diese Art von Internaten allein, die Internate der Seminaristen, die sich zum Lehrerstande ausbilden, die

Seminarien, in denen junge Priester erzogen werden, selbst die Schulen und Gymnasien, die in Form von Internaten errichtet sind, so daß die Schüler mit Niemand anders zu thun haben, als mit ihren Lehrern und Mitschülern, — diese alle leiden an dem gleichen Mangel, und wenn sie auch unter gewissen Umständen tüchtige Leute erzogen haben, was wir nicht bestreiten wollen, so sind wir doch überzeugt, daß dasselbe werthvolle Material in anderer Weise vielleicht noch höhere Resultate ergeben hätte . . . .

Es ist ein offenes Geheimniß, daß in Bezug auf die Annahme von jungen Leuten, die später in die Höhe dienen wollen, bei verschiedenen Regimentern sehr verschiedene Prinzipien bestehen, daß es Regimentskommandeure giebt, die sich in dieser Beziehung sehr spröde verhalten, daß namentlich junge Leute, die aus gewissen sogenannten unteren Ständen entsprossen sind, sehr ungerne aufgenommen werden, daß man früher wenigstens auch den Unterschied gemacht hat, wo möglich nur adlige junge Leute aufnehmen zu wollen. Das ist mit der Zeit nicht recht durchführbar geworden, man hat das Material nicht mehr in genügender Menge gefunden, und man hat sich deshalb entschlossen, Bürgerliche aufzunehmen, vorausgesetzt, daß sie aus solchen bürgerlichen Ständen sind, die in ihrer Beschäftigung dem Adel möglichst nahe stehen. Von diesem bürgerlichen Elemente nimmt man meistens die Söhne von Rittergutsbesitzern, hohen Staatsbeamten u. s. w. Je tiefer dagegen die gesellschaftliche Stellung des Vaters ist, desto schwerer wird es ihm, auch bei sonst tüchtiger Qualität des jungen Mannes, ihn bei solchen Regimentern unterzubringen. Meine Herren, ich darf offen sagen, der Sohn eines Schusters hat noch heutzutage sehr wenig Aussicht, als Offiziersaspirant in einem Regiment angenommen zu werden. (Hört!)

Ich muß noch einen zweiten Uebelstand berühren: auch der Regimentskommandeur kann dem jungen Manne nicht helfen, wenn die Stimmung des Regiments so ist, daß eine besondere Liebhaberei den Ausschlag giebt. Es ist kein Geheimniß, daß es noch Regimenter giebt, worin fast nur adlige Offiziere zu finden sind; das ist doch ein merkwürdiger Fall, aber die Erklärung ist sehr einfach. Wenn Jemand Offizier werden will, so genügt es nicht, daß er alle Examina absolvirt, das beste Zeugniß über seine Tüchtigkeit hat, daß der Regimentskommandeur und Andere für ihn sprechen — das Offizierkorps hat die freie Wahl und wenn das Offizierkorps bei einer solchen Meldung nein sagt, so giebt es keine Instanz, die das verbessern kann, wenigstens so weit ich unterrichtet bin . . . Ich bin in Betreff dieses Punktes absichtlich außerordentlich scharf, weil ich glaube, daß er einer der schwersten Uebelstände in Beziehung auf die Gleichberechtigung im Lande ist. Man hat gesagt, ein solcher Mangel an Offizieren wird immer vorhanden sein, und der Mangel rührt daher, weil in anderen Karrieren man vielleicht bequemer und leichter sein Glück macht, weil man namentlich in der gewerblichen Karriere leichter zu einer wohlhabenden Stellung gelangt. Meine Herren, ich glaube, das ist nicht richtig und läßt sich am besten widerlegen dadurch, daß wir noch immer verhältnißmäßig für die viel schlechter dotirten Stellen der Civilverwaltung Aspiranten genug finden. Ich bitte Sie, einmal zu betrachten, was ein junger Mann opfern muß, entweder er selber oder seine Eltern, bis auf den Augenblick, wo er Referendarius wird und weiterhin, wo er den ersten Silbergroschen von Seite des Staates für seine Vorbereitungen und Arbeiten bezieht. Wenn zwei junge Leute zu gleicher Zeit auf der Schulbank gesessen haben, und der eine sich entschließt, Offizier zu werden, der andere Jurist, so hat der eine eine ziemlich bedeutende Stellung als Offizier bereits gewonnen, während der andere Referendarius wird; und trotzdem ist es möglich, die Stellen der Juristen immer zu besetzen, wiewohl unter denselben auch viel Abgang zu anderen Stellungen stattfindet. Wenn nun dies hier der Fall ist, meine Herren, so würde es doppelt und dreifach bei dem Offizierstande der Fall sein; denn es ist nicht zu leugnen, daß zu jeder Zeit, besonders aber zu einer Zeit, wo ein gewisser kriegerischer Erfolg und Glänz im Lande Effekt gemacht hat, die Karriere zum Offizier bei den jungen Leuten eine sehr beliebte ist" . . .

Die Bewilligung für Lichterfelde wurde mit 136 gegen 61 Stimmen ausgesprochen.

Bei einer späteren Berathung (19. Juni) über ein Gesetz, betreffend den Antheil des norddeutschen Bundes an der französischen Kriegskostenentschädigung, erklärte Minister v. Kameke auf den Vorwurf, daß ein Regimentskommandeur keine Katholiken annehme, es sei ein alter Grundsatz in der preußischen und jetzt deutschen Heeresverfassung, weder Evangelische noch Katholiken unter den Offizieren zu kennen; auch habe man keinen Unterschied zwischen Adel und Bürgerstand; gesetzlich bestehe kein Grund, der Regimentskommandeure bevollmächtige, in dieser Hinsicht einen Schritt zu thun. Hoverbeck erklärte hierauf (19. Juni):

„Ja, meine Herren, von dem, was wir soeben gehört haben, kann ich nicht Alles für unbedingt richtig anerkennen. Ich will sehr gern glauben, daß der Herr Kriegsminister, der das eben ausgesprochen hat, wünscht, daß es so sei, daß also in der Weise gar kein Unterschied bestände, daß kein Offizier von seinem Nebenoffizier wisse, ob er evangelisch oder katholisch sei, daß er ebensowenig einen Unterschied mache, ob er bürgerlich oder adlig sei. Ich bemerke übrigens nebenbei, daß es sogar so auffallende Fälle giebt, daß Leute, die an sich von bürgerlicher Geburt sind, sogar dafür sorgen, daß in gewissen Kreisen der Adel vorwaltend bleibe — das ist durchaus nichts Unerhörtes und so merkwürdig die innere Konfiguration in dem Gehirn eines solchen Mannes sein mag, (große Heiterkeit) so sind solche Fälle doch schon vorgekommen.

Aber ich möchte Ihnen, meine Herren, doch ein kleines Beispiel geben, um zu beurtheilen, ob das wohl bloßer Zufall ist, daß bürgerliche und adlige Offiziere in manchen Regimentern in wunderbar verschiedener Zahl vorhanden sind. Nach einer Nachweisung, die mir durch die Güte eines Gesinnungsgenossen zugekommen ist, giebt es 16 Regimenter im deutschen Heere, welche keinen einzigen bürgerlichen Offizier haben. (Hört, hört! links.)

Es ist reiner Zufall, meine Herren, (große Heiterkeit) es ist gar kein Gedanke, daß da irgend eine Absicht zu Grunde gelegen hat! Es sind dies: das erste Garderegiment, (Hört, hört!) das Gardes du Korpsregiment, (Hört, hört! Heiterkeit,) das Garde-Kürassierregiment, (Hört, hört!) das erste Garde-Dragonerregiment, (Hört, hört!) das zweite Garde-Dragoner-Regiment, (Hört, hört!) das erste Garde-Ulanenregiment, (Hört, hört!) das zweite Garde-Ulanenregiment, (Hört, hört!) das Garde-Husarenregiment, (Hört, hört! Heiterkeit.) — Sie sehen, meine Herren, daß die Garde hierbei auffallend stark betheiligt ist. Es ist natürlich auch reiner Zufall, daß es gerade die Garde ist! — (Große Heiterkeit.) Dann das erste Kürassierregiment, (Hört, hört!) das zweite Kürassierregiment, das zweite Dragonerregiment, das dritte Dragonerregiment, das zwölfte Dragonerregiment, das zehnte Husarenregiment, das fünfte Ulanenregiment, das fünfzehnte Ulanenregiment: der reine Zufall, daß alle übrigen Regimenter lauter Kavallerieregimenter sind; (Heiterkeit) merkwürdig, daß kein Bürgerlicher Lust gehabt hat, in diese Regimenter einzutreten. (Heiterkeit.) Ja, meine Herren, das kann ja sehr wohl sein, konstituiren Sie erst einmal ein rein adliges Offizierkorps und sehen Sie dann, wie Sie den ersten Bürgerlichen hineinbringen.[3]) Das ist bei der Wahl, die immer noch festgehalten wird, eine außerordentlich schwierige Sache. Möglich wäre es immer — und ich will das Mittel angeben — diese Aristokratie zu brechen, aber nur so, daß Seine Majestät sich entschlösse, in diese Regimenter von andern Regimentern eine größere Zahl von Offizieren bürgerlichen Standes von vornherein zu versetzen (Sehr wahr!) und es müßten Leute sein, die Haare auf den Zähnen haben, die würden dann für das Weitere sorgen. Aber, meine Herren, ich will Sie mit der Liste nicht ermüden. Es kommen ferner zwölf Regimenter und ein Bataillon, welche nur einen bürgerlichen Offizier enthalten — (Hört, hört! Große Heiterkeit.) Der reine Zufall! dann neun Regimenter, welche zwei bürgerliche Offiziere enthalten, (Hört, hört!) endlich sechszehn Regimenter, die höchstens drei bis vier Bürgerliche enthalten.

Ich bin sehr gerne bereit, diese meine Liste kontroliren zu lassen. Sollten ein oder zwei Fehler darin sein, was ich nicht garantiren will, so wird deshalb doch im Prinzip richtig bleiben, daß die Gleichstellung, die hier behauptet ist, nicht besteht, und das war es, was ich habe verfechten wollen." (Lebhafter Beifall links.)

Mallinckrodt legte den Brief eines Regimentskommandeurs vor, worin dieser erklärte, bei Annahme eines bürgerlichen Avantageurs die Bedingungen zu stellen, daß derselbe wirklich aus einer angesehenen Familie sein müsse, das Abiturientenexamen bestanden habe und der evangelischen oder lutherischen Religion angehöre.

Im weiteren Verlauf der Debatte sagte Hoverbeck u. A.:

„Ich habe auch durchaus nicht den gesammten Adel deswegen mit einer Beleidigung angehen wollen; ich könnte es ja umsoweniger, weil ich ja selber auch dazu gehöre, (Beifall) aber, meine Herren, ich glaube, es ziemt sich gerade, es ist ein nobile officium, daß gerade Jemand, der dem Adelstande angehört, eine ungerechte Bevorzugung des Adelstandes hier zur Sprache bringt. (Bravo!)

... Ich weise vor allen Dingen zurück, wenn gesagt wird: der Dienst in den Garderegimentern in Berlin ist nur sehr reichen Leuten möglich, und deshalb sind nur Adelige darin. Die Ansicht scheint veraltet, so viel ich weiß, sind die reichsten Leute nicht gerade die Adligen. (Heiterkeit.)

Ich habe auf der andern Seite ausführen gehört, daß gerade der verarmte Adel um deswegen so sehr zu den Offizierstellen sich meldet, weil er da viel eher zu einer selbständigen Stellung gelangt, ohne große Kosten dafür aufwenden zu müssen, und das widerspricht jenen Ausführungen. Auf der anderen Seite fällt mir auch auf, daß gerade diese Garderegimenter, die viele sehr reiche Offiziere haben, noch mit besonderen Gehaltserhöhungen mehr als andere Regimenter bedacht werden. Ich meinerseits würde glauben, daß dazu keine Veranlassung vorläge und möchte deshalb schließlich den Gedanken aussprechen, daß es nachgerade an der Zeit wäre, den ganzen Unterschied zwischen Garde und Linie auch bei uns aufzuheben."

Entgegen der Behauptung, daß durch das Wahlrecht der Regimenter die Kameradschaft erhalten würde, sagte er:

„Ich sehe unter dem Worte Kameradschaft eine Verbindung von Männern, die, unter dem gleichen Kriegsherrn als Volk in Waffen dienend, nebeneinander stehen und, ob bürgerlich oder adlig, gleich gute Kameradschaft halten; und ich kann diese Kameradschaft . . . nie und nimmer vermissen, wenn in demselben Regimente nebeneinander beide sogenannte Stände gefunden werden. Meine Herren, ich spreche von abgelebten Verhältnissen; denn man kann in der That unmöglich doch den Adel als einen besonderen Stand kennzeichnen; wie will man ihn vom übrigen Volke unterscheiden? Ich bin absichtlich auf diesen Punkt eingegangen, weil ich glaube, daß er einen tiefen Schaden in der Armee bezeichnet. Dieses Recht, welches man dem Offizierkorps gegeben hat, durch eine Wahl Einzelne, die ihm nicht gefallen, auszuschließen, nenne ich darum einen Schaden, weil es im eminenten Sinne ein Privilegium derjenigen Beamten, die zufällig das Gewehr tragen, gegen alle übrige Beamten des Reiches konstituirt; ich will sie aber alle gleichmäßig behandelt haben und darum werde ich, wie schon bei mehreren Gelegenheiten, auch in Zukunft darauf hindeuten, welche Schäden aus diesem Privilegium entstehen." (Bravo!)

Ein vom Bundesrath beschlossener Gesetzentwurf, betreffend die Abänderung des Vereinszolltarifs schlug vor, zum 1. Oktober 1873 die Eisenzölle zu beseitigen, außerdem die Aufhebung anderer Eingangszölle, namentlich der Zoll auf Stärke. Die Schutzzöllner Hammacher und v. Varnbüler beantragten, die Aufhebung der Eisenzölle auf Halbfabrikate bis zum 1. Juni 1877 hinauszuschieben. Es gelang ihnen, hierfür sogar nationalliberale Freihändler zu gewinnen. Als nunmehr nationalliberale und konservative Landwirthe des Ostens den Antrag stellten, bis zu diesem Zeitpunkt auch den Zoll auf Stärke bestehen zu lassen, erklärte Delbrück, die Diskussion wiederhole das bekannte Schauspiel, daß man Freihändler ist, so lange es konvenirt und daß man aufhört, es zu sein, sobald es nicht konvenirt. Darauf sagte Hoverbeck (20. Juni):

„Meine Herren! Ich will Sie nicht lange aufhalten, ich will nur erklären, daß ich auch einer der Landwirthe der Ostseeprovinzen bin und daß ich die Konsequenzen, die der Herr Präsident des Reichskanzleramts eben gezogen hat, anerkenne. (Sehr gut!) Wenn die Landwirthe der Ostseeprovinzen auf der einen Seite Freihändler sind und von diesem Standpunkte aus verlangen, daß die Eisenzölle aufhören, so müssen sie die Konsequenzen auch gegen sich gelten lassen; ich bin also vollständig mit der Vorlage einverstanden."

Zum Schluß der zweiten Berathung wurde ein Antrag Hoverbeck, zuerst über die Regierungsvorlage abzustimmen, abgelehnt und hierauf der Kompromißantrag Hammacher angenommen. Zur dritten Berathung beantragte Hoverbeck in Gemeinschaft mit den Abgeordneten Wilmanns (kons.) und Dr. Birnbaum (natlib.) die Regierungsvorlage wiederherzustellen, außerdem mit Unterstützung der Fortschrittspartei in dem in der zweiten Berathung angenommenen Kompromißantrag die Aufhebung vom Eingangszoll statt am 1. Januar 1877 schon am 1. Januar 1875 eintreten zu lassen. Er erkärte (24. Juni):

„Der Herr Abg. v. Kardorff hat zum Schlusse seiner Auseinandersetzung eine furchtbare Drohung ausgesprochen. Ich nenne sie deshalb eine furchtbare Drohung, weil ich die verhängnißvolle Einwirkung dieses Wortes auf den Reichstag genügend kenne. Herr v. Kardorff will sich unter gewissen Umständen nicht an das Kompromiß gebunden halten. Nun, ich gestehe, daß das Wort Kompromiß und der Genius des Kompromisses so sehr über diesem Reichstage schwebt, daß auch in solchen Fällen alle entgegengesetzten Meinungen von vornherein in die Minderheit verwiesen zu sein scheinen, in denen ursprünglich das Kompromiß von der Minderheit abgeschlossen sein sollte. (Sehr richtig!)

Nach Allem, was ich gesehen, war das hier in der That der Fall. (Sehr richtig!) Wenn aber einmal eine Minderheit, etwa aus den Mittelparteien des Hauses, sich zu einem Kompromiß versteht, so wächst der Gedanke von der Macht dieses Kompromisses gegenüber den Gegnern und von der Heilsamkeit des Kompromisses zu einem „großen gemeinsamen deutschen Interesse" — denn das sind die Ausdrücke, wie sie dann gewöhnlich fallen — im Handumdrehen so sehr, daß aus der Minderheit eine Mehrheit wird. Ich bin überzeugt, daß, wenn von vornherein die Regierungsvorlage zur Abstimmung gekommen wäre, dieselbe die Majorität gehabt hätte (sehr richtig!) und würden wir das mit der größten Freude begrüßt haben. Wenn ich auch nicht immer in der Lage bin, Regierungsvorlagen zu vertheidigen, so vertheidige ich sie sehr gern überall da, wo ich glaube, daß sie richtig und in sich begründet sind. Dieses Mal hatte sich die Regierung dazu entschlossen, wenn auch nur in einem Theil des Tarifes, ganze Arbeit zu machen, und das wird von unserer Seite immer gelobt werden. Deshalb thut es mir sehr leid, daß die gute Vorlage der Regierung durch dieses Kompromiß sehr verschlechtert worden ist. (Sehr richtig!) . . . Ich habe mich aber auch noch zum Worte gemeldet, weil ich doch mit einigen Konsequenzen meines Herrn Mitantragstellers Wilmanns nicht einverstanden sein kann. So wünschenswerth mir die Annahme der Regierungsvorlage ist, so werde ich mir doch bewußt bleiben, daß es eigentlich nicht richtig gehandelt wäre, wollten wir nach einer etwaigen Ablehnung dieser Regierungsvortage nun das ganze Gesetz verwerfen. Das ist meinerseits auch nicht die Absicht gewesen. Wenn ich in der zweiten Lesung hier lebhaft dafür gekämpft habe, daß die Regierungsvorlage an erster Stelle zur Abstimmung käme, so war es eben mein Wunsch, daß wir nicht präoccupirt würden, und es uns möglich würde, eventuell auch für dieses Kompromiß zu stimmen. Wir stimmen nicht sehr gern für ein Kompromiß, aber da dieses Mal das Kompromiß doch nur durch Thaler und Silbergroschen sich ausdrücken läßt, so würden wir im äußersten Falle auch auf dieses Kompromiß eingehen.

Ich wollte aber auch noch dagegen protestiren, daß der Herr Abg. Wilmanns, wie mir scheint, es beklagt, daß nicht der Stärkezoll beibehalten würde oder wenigstens, daß der Stärkezoll nicht bis zu dem Tage beibehalten würde, wo der Eisenzoll aufgehoben respektive verringert würde. Allein, meine Herren, ich halte das für einen sehr gefährlichen Weg. So schraubt sich das gegenseitig in die Höhe. Wenn ich von der Zweckmäßigkeit des Freihandels überzeugt bin, so muß ich ihn auch gegen mich gelten lassen, und vor allen Dingen sagen: ich wünsche nicht, daß sich eine geschützte Industrie entwickele, so weit sie bis jetzt noch nicht vorhanden gewesen ist. Ich will, wenn sie sich unter den jetzigen Verhältnissen nicht entwickeln kann, wenn sie so unmittelbar vom Eisenzoll abhängt — was ich übrigens nicht zugebe, — lieber ein paar Jahre warten, bis sie sich unter natürlichen Verhältnissen entwickelt. Das sind die Schlingen, mit denen der Schutzzoll sich gewöhnlich dem Freihandel genaht hat, er wußte auch die Freihändler zu theilen, jedem Einzelnen, der ja häufig auch ein bestimmtes Gewerbe betreibt und sich da auch ein Schutzzöllchen möchte gefallen lassen, einzureden, es wäre doch viel zweckmäßiger, lieber die Schutzzölle eine Weile noch bestehen zu lassen und für sich selbst ein wenig Schutz zu bekommen. Gehen die Freihändler auf die Sache ein, und kommt dieses Kompromiß glücklich zu Stande, so haben sie sich gegenseitig in die Höhe geschraubt, die Preise aller Waaren unnütz vertheuert, und bei keiner Seite wird ein entschiedenes und glückliches Resultat zu ersehen sein.

Ich bitte Sie, dieser Versuchung zu widerstehen, und einfach gleiches Recht für Alle, d. h. möglichst schnelle Aufhebung aller Schutzzölle zu fordern." (Bravo.)

Die von Hoverbeck und seinen Freunden eingebrachten Anträge wurden abgelehnt, der Antrag, die Aufhebung der Zölle statt am 1. Januar 1877 schon am 1. Januar 1875 eintreten zu lassen, mit 119 gegen 114 Stimmen (24. Juni).

Gegen Ende der Session wurde der Gesetzentwurf über Einführung der Reichsverfassung in Elsaß-Lothringen berathen. Nach demselben hatten die Reichslande 15 Abgeordnete in den Reichstag zu senden.

Am 25. Juni wurde der Reichstag auf Befehl des erkrankten Kaisers durch den Reichskanzler geschlossen.

Mitte Juli unternahm Hoverbeck mit Frau und Adoptivtochter eine mehrwöchentliche Reise, an die sich für ihn eine Badekur in Ragatz schloß. Möllers Verordnung von 25 heißen Bädern hielt er gewissenhaft ein, aber als er am 7. September das letzte Bad genommen hatte, reiste er ohne Aufenthalt nach Hause. Aus Ragatz schrieb er mehrere Briefe an Möller und eine 16 Seiten lange Reisebeschreibung an Witt. Von Nickelsdorf waren sie in zwei Tagen und Nächten nach Wien gefahren, wo sie Möller empfing und drei Tage lang in der Ausstellung umherführte. Dann begleitete er sie auf der Fahrt über den Semmering nach Gratz.

„In Gratz wählten wir weislich einen Gasthof, der laut Bädecker viel von Geistlichen besucht wird. Unser Vertrauen auf die fleischliche Einsicht der hohen Herren hatte uns nicht betrogen. Wir haben auf der ganzen Reise keinen so guten Gasthof getroffen. So blieben wir also den folgenden Tag bis gegen Abend da und feierten meinen Geburtstag durch eine Wanderung auf den Gratzer Schloßberg und dann durch ein sehr wohlschmeckendes Mittagsmahl."

Von Gratz aus setzten sie die Reise über Marburg, Villach, durchs Pusterthal bis Lienz nach Franzensfeste fort, von dort nach Toblach, mit der Brennerbahn nach Bozen und Mori, zu Omnibus nach Riva am Gardasee, von dort nach der italienischen Grenzstadt

Limone, dann über Innsbruck, Rosenhain nach München. Hier trennte sich Möller von ihnen und kehrte nach Königsberg zurück, wo inzwischen die Cholera ausgebrochen war. Nach einem zweitägigen Aufenthalt in München ging es nach Lindau, zum Rheinfall, nach Laufen, Neuhausen, Bern, Montreux, Rhonegletscher, auf die Furka, nach Andermatt und Flüelen.

„In Flüelen erreichten wir gerade noch ein Schiff, mit dem wir sofort nach Luzern weiterfuhren. Der Vierwaldstättersee, der schönste von allen, die ich kenne, bewährte wiederum die ganze Macht seiner Schönheit auf unser Gemüth."

Von Luzern ging es mit der Bahn nach Zürich, von da über Rapperswyl nach Ragatz. Hier nahm Hoverbeck sofort sein erstes Bad. In den nächsten Tagen machten sie schöne Ausflüge nach der Via mala und Bad Pfäffers. Am 20. August fuhr Frau v. Hoverbeck über Rorschach nach Lindau zum Berliner Schnellzuge.

Auf 4 Tage mußte Hoverbeck seine Bäder unterbrechen, ein Telegramm rief ihn nach Gersau, wo sich ein Sohn seines Schwagers Bender schwer brustkrank aufhielt (Max Bender † 1874). Am 8. September fuhr er ohne Aufenthalt heim nach Nickelsdorf.

Anmerkungen zum sechsundvierzigsten Kapitel:

1) Siehe Richter „Im alten Reichstag" S. 60 bis 62 „Der Reichsinvalidenfonds."

2) Bei der Berathung über die Brausteuer (13. Mai 1872), wo zum einzigen Male die itio in partes stattfand.

3) Damals war es nicht üblich, daß sich adlige Regimenter einen einzigen bürgerlichen Offizier hielten, — den Konzession-Schulzen (Konzession des Adels gegen das Bürgerthum) oder Renommir-Schulzen, mit dem das adlige Offizierkorps prahlte.

Siebenundvierzigstes Kapitel.

Kreistag. Neuwahlen zum Landtag und Reichstag. Session 1874.

In der Heimath hatte Hoverbeck an der Ordnung des Kreises Allenstein auf Grund der neuen Kreisordnung mitzuwirken. Er war vom Großgrundbesitz in den Kreistag gewählt. Am 9. Oktober 1873 hielt dieser seine erste Sitzung. Die Wahlen wurden für gültig erklärt und den außerhalb Allensteins wohnenden Kreistagsmitgliedern Reisekosten (20 Silbergroschen für die Meile) und Tagegelder (1 Thaler für die Sitzung) bewilligt. Hoverbeck wurde als erstes Mitglied mit 28 von 30 Stimmen in den Ausschuß gewählt; die anderen Mitglieder erst im zweiten Wahlgange nach lebhaftem Kampf. Zum Kreisdeputirten wurde er durch Zuruf gewählt. An den Kreistagen und Kreisausschußsitzungen nahm er regelmäßig Theil, außer in der Reichstagssession. Trotz des Kulturkampfes blieb er der erste Vertrauensmann des Kreistages, z. B. wurde er noch wenige Monate vor seinem Tode an erster Stelle in eine Kommission zur Abänderung der Kreismeliorationskorporation gewählt.

Zum preußischen Landtage und zum Reichstage standen Neuwahlen bevor. Seiner Zeit, als Abgeordnetenhaus und Reichstag in Berlin tagten, wurde von den Mitgliedern der fortschrittlichen Fraktionen beider Körperschaften auf Grund eines Entwurfs von Virchow ein Wahlaufruf berathen, einstimmig angenommen und am 23. März 1873 veröffentlicht. Hoverbeck hat an den Berathungen nicht theilnehmen können, da er noch krank zu Hause war. Der Wahlaufruf lautete:

„Das Mandat, welches wir von unsern Wählern zu einer Zeit empfangen hatten, als das deutsche Heer noch nicht die letzten seiner zahlreichen Siegeskränze erkämpft hatte, wird bald erledigt sein. In wenigen Monaten werden Neuwahlen ausgeschrieben werden müssen, und zum ersten Male nach ihrer Heimkehr werden auch die Sieger berufen sein, an dem friedlichen und doch nicht minder ernsten Kampfe an der Wahlurne Theil zu nehmen. Darum möge das ganze Volk sich rüsten in wahrer Erkenntniß dessen, was dem Vaterlande noth thut und in strenger Erfüllung der Pflicht, welche dem Bürger obliegt, damit ein der großen Opfer würdiger Neubau unseres Staatswesens geschaffen werde.

Wähler! Die großen Ziele, welche die deutsche Fortschrittspartei seit ihrer Gründung verfolgt hat, sind noch lange nicht erreicht. Indeß ist manches davon schneller verwirklicht worden, als selbst wir gehofft hatten, und wer die Lage der öffentlichen Angelegenheiten vor zwölf Jahren mit der gegenwärtigen vergleicht, der wird zugestehen müssen, daß die stattgehabten Veränderungen mehr unserem Programm als dem unserer Gegner entsprechen.

Der Gedanke der deutschen Einheit, den wir von Anfang an aufgenommen und gegen Angriffe und Verdächtigungen der damaligen Regierungspartei geschützt haben, ist jetzt in Kaiser und Reichstag verkörpert. Gleichmäßige Rechtsinstitutionen in freiheitlichem und humanem Geiste aufgestellt, beginnen sich über ganz Deutschland auszubreiten. Der materielle Verkehr, fast auf allen Gebieten von hemmenden Schranken befreit, pulsirt in einer Kraft und Lebendigkeit, welche die Sicherheit gewähren, daß auch gewisse beunruhigende Erscheinungen des Augenblicks bald werden überwunden werden.

Aber noch fehlen den Institutionen des Reiches die wichtigsten Bürgschaften. Selbst die Organisation der höchsten Verwaltungsämter im Reiche kann nur als eine provisorische betrachtet werden. Es wird langer und ernster Arbeit bedürfen, um die Lücken der Reichsverfassung und der Reichsgesetzgebung im Sinne einer wahrhaft konstitutionellen Entwicklung auszufüllen.

Auch der preußische Landtag hat Fortschritte der Gesetzgebung zu verzeichnen, wie sie keine frühere Legislaturperiode aufzuweisen hat. Das Budgetrecht wird regelmäßig gehandhabt und hat durch das Oberrechnungskammergesetz eine sichere Unterlage gewonnen. In der Steuergesetzgebung sind die ersten Schritte auf dem Wege einer Reform geschehen, welche einerseits eine gerechtere Vertheilung der Steuern und eine Entlastung der am schwersten bedrückten Volksklassen, andererseits eine den jeweiligen Verhältnissen mehr entsprechende Bemessung der Steuerquoten herbeiführen muß. Der Realkredit hat durch die Ordnung des Grundbuchwesens eine neue Sicherheit erlangt.

Die Nothwendigkeit einer Kräftigung der Selbstverwaltung und einer weiteren Dezentralisation wird jetzt auch offiziell zugestanden: in verschiedenen Richtungen ist schon gegenwärtig durch die Gesetzgebung die polizeiliche und bevormundende Thätigkeit des Staates eingeengt worden, und die neue Kreisordnung wird sicherlich das Verdienst haben, die Schranken des Feudalismus niedergebrochen und den thätigen Elementen des Volkes in der Verwaltung des Kreises freie Bahn geöffnet zu haben. Schließlich sind auch auf dem Gebiete der humanen und individuellen Entwicklung einige große Schritte vorwärts gethan. Die Schulregulative sind gefallen. Unter der entscheidenden Mitwirkung unserer Partei hat die Regierung das Gesetz über die Schulaufsichtsbehörden durchgesetzt, und in der langen Reihe der Kirchengesetze wird der definitive Bruch mit jenem verwerflichen System der gegenseitigen Versicherung zwischen der Beamtenherrschaft im Staate und der Priesterherrschaft in der Kirche, welches so lange unsere Entwicklung daniedergehalten hat, besiegelt werden.

Es giebt wenige unter diesen Gestaltungen, welchen unsere Partei ohne Bedenken ihre Zustimmung ertheilen konnte. Sie hat s. Z. versucht, diejenigen Abänderungen der Gesetze zu erzielen, welche sie für erforderlich hielt. Aber obwohl sie dabei nur zu oft unterlegen ist, so hat sie es doch als eine Nothwendigkeit erkannt, im Verein mit den anderen liberalen Parteien die Regierung in einem Kampfe zu unterstützen, der mit jedem Tage mehr den Charakter eines großen Kulturkampfes der Menschheit annimmt.

Die Fortschrittspartei ist darum keine Regierungspartei geworden. Sie ist eine Partei unabhängiger Männer, welche keinerlei Verpflichtungen gegen die Regierung oder gegen einzelne Mitglieder derselben haben. Ihr Programm war und ist ein rein sachliches. Aber sie wird über ihren einzelnen Forderungen nie vergessen, daß es die höchste Aufgabe des Staates ist, seinen Bürgern innerhalb der gesetzlichen Schranken dasjenige Maaß individueller Freiheit und diejenigen Mittel der Bildung zu sichern, welche es ihnen möglich machen, an der allgemeinen Kulturbewegung der Menschen Theil zu nehmen, und sie wird jede einzelne Maßregel der Gesetzgebung und der Verwaltung danach beurtheilen, ob sie dieser Aufgabe förderlich oder hinderlich ist.

Wähler! Neue Ordnungen für die Provinzen und Gemeinden im Sinne der Selbstverwaltung müssen festgestellt werden. Große Entscheidungen auf dem Gebiete der Schule und der Kirche stehen bevor; insbesondere wird für lange Zeit entschieden werden, ob in der künftigen Kirchenverfassung der Gemeinde die ihr gebührende Stellung zu Theil werden soll. Sorgt daher durch die Wahl unabhängiger und wahrhaft freisinniger Männer dafür, daß diese Entscheidungen nicht gegen die Freiheit, nicht gegen die Bildung, nicht gegen die edleren Ziele der Menschheit ausfallen."

Die Gesamtlage der liberalen Parteien, namentlich der deutschen Fortschrittspartei in Preußen gestaltete sich nach Veröffentlichung des Wahlaufrufs ohne Zweifel günstiger. Die Verhandlungen des Abgeordnetenhauses, betreffend Mißstände bei Ertheilung von Eisenbahnkonzessionen, die in Folge des Antrages Lasker unter Mitwirkung des Landtages erfolgte Einsetzung der Spezialuntersuchungskommission für das Eisenbahnkonzessionswesen, die nach Schluß der Kommissionsverhandlungen dem Handelsminister v. Itzenplitz bewilligte Entlassung und die Ernennung des freikonservativen Dr. Achenbach zu seinem Nachfolger (13. Mai 1873), schädigten die Konservativen in der öffentlichen Meinung.[1]) Die Regierung verhielt sich zum ersten Male seit 1861 passiv und mahnte ihre Beamten von Wahlbeeinflussungen ab. In manchen protestantischen Landkreisen der östlichen Provinzen kämpften Fortschrittspartei und Nationalliberale auf Grund von Wahlbündnissen gegen die Konservativen. Für die Provinz Brandenburg waren von den liberalen Parteien gemeinsame liberale Vertrauensmänner nach Berlin berufen.

Schon die Wahlmännerwahlen (28. Oktober) ergaben eine schwere Niederlage der Konservativen. Die allgemeinen Landtagswahlen fanden am 4. November statt. In den alten Provinzen verloren die Konservativen 81 von 110, die Freikonservativen 16 von 51 Sitzen. In Ostpreußen verloren die Konservativen alle 12 Sitze. Dort wurden neben den 4 Klerikalen des Ermlandes 24 Fortschrittsmänner und 4 Nationalliberale gewählt.

Das Zentrum (vorher 59) hatte in den katholischen Kreisen 30 Sitze gewonnen: in Schlesien 11, im Rheinland 19. Die beiden liberalen Fraktionen hatten die entschiedene Mehrheit erlangt: die Nationalliberalen 178 (früher 123), die Fortschrittspartei 72 (früher 50).

Am 12. November 1873 wurde der Landtag eröffnet. Der Vizepräsident des Staatsministeriums Camphausen verlas die Thronrede. In derselben wurde neben neuen Verwaltungs- und Kirchengesetzen ein Bericht der Eisenbahnuntersuchungskommission und ein Gesetzentwurf gegen die Uebelstände des Konzessionswesens angekündigt. Der Bericht der Spezialuntersuchungskommission, die unter dem Vorsitz des Seehandlungspräsidenten und Herrenhausmitgliedes Dr. Guenther getagt hatte, zu der auch die Abgeordneten Lasker, v. Köller und die Herrenhausmitglieder v. Tettau-Tolks und Professor Dr. Baumstark gehörten, wurde gleich nach der Eröffnung, am 12. November vorgelegt, aber bis zum Schluß dieser Session (21. Mai) nicht erledigt.

Ueber das Bureau des Abgeordnetenhauses fand eine Verständigung der liberalen Parteien mit den Freikonservativen statt.

Präsident wurde Bennigsen, Vizepräsidenten wurden Dr. Löwe und der freikonservative Dr. Friedenthal.

Der für die Liberalen günstigere Ausfall der Abgeordnetenwahlen in den protestantischen Kreisen des Ostens trug zu einer lebhafteren Agitation der Fortschrittspartei zu den Reichstagswahlen bei. Der geschäftsführende Ausschuß der Fortschrittspartei wurde verstärkt. Mit der Leitung des Bureaus wurde der Abgeordnete Hoppe, der 1873 in Königsberg-Fischhausen bei der Nachwahl an Stelle des hier ablehnenden Saucken-Tarputschen gewählt war, betraut.[2])

Noch vor den Reichstagswahlen fanden weitere Aenderungen im Ministerium statt. Roon erhielt im November die Entlassung als Kriegsminister und Ministerpräsident. Bismarck übernahm wieder das Ministerium, Camphausen wurde Vizepräsident, v. Kamecke Kriegsminister.

Die Wahlen zum Reichstag fanden am 10. Januar statt (für Elsaß-Lothringen am 1. Februar). Das Ergebniß war den Konservativen ungünstig. Den Gewinn trugen vorzugsweise Zentrum, Nationalliberale und Sozialdemokraten davon. Die Fortschrittspartei gewann zwar in Preußen acht Sitze, verlor aber einen Sitz in Nassau und zwei in Schleswig-Holstein. Außerhalb Preußens wurden Verluste (in Bayern und Sachsen) nur unvollständig durch neue Sitze in norddeutschen Kleinstaaten ersetzt.

Das Gesamtergebniß der Reichstagswahl war folgendes: Die Konservativen erhielten 21 Sitze; sie büßten 33 von 54 ein. Die deutsche Reichspartei erhielt 36 Sitze (vorher 38). Die liberale Reichspartei, von der nur 8 Mitglieder wiedergewählt wurden, löste sich auf; drei ihrer Mitglieder traten zur deutschen Reichspartei, zwei zu den Nationalliberalen über. Letztere wuchsen auf 155 gegen 120, die Fortschrittspartei auf 49 gegen 45. Das Zentrum verstärkte sich von 49 auf 95. Die Polen (14) erschienen in gleicher Anzahl. Elsaß-Lothringen wählte nur Partikularisten (Protestler). 10 Sozialdemokraten.

In Ostpreußen verloren die Konservativen von ihren zehn Sitzen drei an Nationalliberale — Fischhausen, Heiligenbeil, Rastenburg-Gerdauen — vier Sitze: Osterode-Neidenburg, Tilsit-Niederung, Goldap-Darkehmen, Angerburg, und bei einer Nachwahl auch Oletzko-Lyck, an die Fortschrittspartei. In Labiau-Wehlau wurde der Nationalliberale wiedergewählt, in Königsberg, Pillkallen, Gumbinnen-Insterburg, Sensburg-Ortelsburg die fortschrittlichen Abgeordneten.

Hoverbeck hatte sich an der Agitation nicht betheiligen können; eine längere schwere Erkrankung seiner Frau fesselte ihn an das Haus; gleichzeitig herrschte in Nickelsdorf stark die Cholera.

Hoverbeck wurde in seinem bisherigen Wahlkreise Sensburg-Ortelsburg und in Berlin III gewählt. Er nahm in Sensburg-Ortelsburg an und empfahl für Berlin III sowohl beim Zentralwahlkomitee, als unmittelbar dem Wahlkreise die Wahl des Landgerichtsraths Herz-Nürnberg, der in seinem zu ²/₃ katholischen Wahlkreise Eichstädt-Weißenburg den Klerikalen unterlegen war. In einem Briefe an Hoppe schrieb Hoverbeck über Herz:

„Sie kennen ja seine parlamentarische Begabung und Gesinnungstüchtigkeit gut genug, um mit mir einig zu sein, daß er ein vortrefflicher Kandidat ist. Wir haben in Bayern leider alle unsere Mitglieder verloren — Herz, Crämer, Gerstner, Erhard! — Das ist sehr, sehr traurig! Alles tüchtige, ja ausgezeichnete Leute! Sorgen wir dafür, daß wenigstens einer in Berlin gewählt werde!“[3])

Herz wurde in Berlin III bei stärkerer Wahlbetheiligung mit großer Mehrheit gewählt.[4])

Am 5. Februar 1874 wurde der Reichstag im Auftrage des Kaisers durch Bismarck eröffnet. In der Thronrede wurden als wichtigste Gegenstände der Berathung ein allgemeines Militärgesetz und ein gemeinschaftliches Gesetz über die rechtliche Stellung der Presse angekündigt. Der Reichstag war beschlußfähig. Zum ersten Präsidenten wurde v. Forckenbeck, zu Vizepräsidenten wurden Hohenlohe-Schillingsfürst und Professor Dr. Hänel gewählt.

Der Schwerpunkt der Session lag in der Berathung des Militärgesetzes, die schließlich zur Annahme des Septenats, zur Feststellung der Friedenspräsenzstärke von 401659 Mann auf sieben Jahre und zufolge des Kompromisses Bennigsen zu einer Spaltung der Fortschrittspartei durch Austritt der Abgeordneten Dr. Löwe-Calbe, Berger, Schmidt-Stettin u. s. w. führte. Hoverbeck war bei der ersten Berathung rednerisch nicht betheiligt; er überließ dem Abgeordneten Richter, die Partei im Plenum zu vertreten. Ein Antrag der Fortschrittpartei, den § 1 des Militärgesetzes, der die Friedenspräsenzstärke an Unteroffizieren und Mannschaften ohne die Einjährig-Freiwilligen bis zum Erlaß einer anderweitigen gesetzlichen Bestimmung auf 401659 Mann festsetzte, im Hause selbst zu berathen, wurde vom Reichstag verworfen und der ganze Gesetzentwurf einer Kommission von 28 Mitgliedern überwiesen. Diese konstituierte sich unter dem Vorsitz des Abgeordneten v. Bennigsen. Zu seinem Stellvertreter wurde Hoverbeck gewählt. Außer ihm gehörten von der Fortschrittspartei Richter-Hagen, Dr. Herz und Dr. Minckwitz[5]) der Kommission an. Ueber die Zusammensetzung und den Kampf der Kommission gegen den Militarismus siehe die Mittheilungen in meinem Buche „Deutschlands politische Parteien“ Seite 185 ff.[6])

Bismarck war krank. Die Kommission verschob die Berathungen über § 1 des Gesetzes bis nach den Osterferien. Die Nationalliberalen hatten eine Minimalpräsenzstärke von 360000 Mann angeboten. Da die Regierung ablehnte und die Konservativen für den Regierungsentwurf stimmten, so wurde der § 1 überhaupt abgelehnt und der Gesetzentwurf kam ohne denselben nach den Osterferien in das Plenum.

Inzwischen waren durch die Offiziösen und die Reptilienpresse, denen sich die meisten nationalliberalen Blätter anschlossen, weite Volkskreise gegen die Volksvertretung aufgehetzt. Wie später öfters wurde dem Volke eingeredet, die liberale Partei wolle das deutsche Reich wehrlos machen. Vom Krankenbett aus ließ Bismarck durch die konservativen Abgeordneten Amtsrath Dietze-Barby und Dr. Lucius (den späteren Landwirthschaftsminister) kundthun, er werde den Abschied nehmen. Dies half. Die nationalliberale Fraktion beschloß einstimmig, als Verständigung die verlangte Präsenzstärke für die Dauer von sieben Jahren anzubieten. Es wurde versucht, für das Kompromiß Unterzeichner zu gewinnen. Die Geschäftsordnung der fortschrittlichen Fraktion verbot die Unterzeichnung von Anträgen, bevor sie in der Fraktion besprochen waren. Obschon dies mit dem zwischen den Nationalliberalen und der Regierung vereinbarten Kompromißantrag Bennigsen nicht geschehen war, unterzeichneten denselben sechs Mitglieder der Fortschrittspartei, die beiden Pfälzer Groß und Zinn, der Sachse Heine, der westfälische Schutzzöllner Heinrich Kreutz für Altena-Iserlohn, der Mecklenburger Professor Baumgarten und der Oberlehrer Schmidt-Stettin. Bis auf Schmidt, der schon seit 1862 im preußischen Abgeordnetenhause der Fortschrittspartei angehört hatte, waren sie derselben sämmtlich erst bei den letzten Wahlen beigetreten. Das ordnungswidrige Verhalten der Sechs rügte Hoverbeck in der nächsten Fraktionssitzung mit scharfen Worten. Das Kompromiß wurde mit 224 Stimmen der Konservativen und Nationalliberalen gegen 147 der Fortschrittspartei, des Centrums u. s. w. angenommen. In der Schlußabstimmung (20. April) wurde das Reichsmilitärgesetz mit 214 gegen 23 Stimmen angenommen.

Die Meinungsverschiedenheiten, die in der Fraktion der Fortschrittspartei bei den Verhandlungen über das Militärgesetz zur Sprache kam, boten die Veranlassung, daß sich elf Mitglieder: Dr. Löwe, Berger, Schmidt, Kreutz, Spielberg, Lorentzen, Donath, Zinn, Groß, Heine, Baumgarten von der Fraktion trennten.[7])

Dem Kompromiß über das Reichsmilitärgesetz folgte ein Kompromiß zwischen der Regierung und den Nationalliberalen über ein Reichsgesetz, wonach zwar die für die preußische Presse sehr wichtigen Bestimmungen über Aufhebung des Zeitungsstempels und des Kautionswesens für die politische Presse aufrechterhalten, dagegen auf andere in der zweiten Berathung angenommene Beschlüsse, wie über Beschlagnahme von Druckschriften ohne richterliche Anordnung und über Abschaffung des Zeugnißzwanges verzichtet werden sollte.

Die Entscheidung lag bei der Fortschrittspartei. Die Fraktion beschloß zwar gegen das Kompromiß zu stimmen und die Beschlüsse der zweiten Lesung aufrecht zu erhalten, aber für den Fall, daß das Kompromiß die Majorität erhielte, für das Gesetz zu stimmen.

In der Plenarsitzung vom 24. April sprach sich der Abgeordnete Träger, der, weil er der Fraktionssitzung nicht beigewohnt hatte, die dort gefaßten Beschlüsse nicht kannte, mit großer Schärfe gegen das Kompromiß und für die Beibehaltung der Beschlüsse zweiter Berathung aus. Dies führte zu erregten Debatten. Lasker fand in der Rede Trägers mißverständlich die Aufforderung der Fortschrittspartei, die mit dem Centrum über die Mehrheit gebot, an die Nationalliberalen, das Gesetz abzulehnen durch Wiederannahme der Beschlüsse zweiter Berathung. Hoverbeck klärte das Mißverständniß Laskers auf. Die Fortschrittspartei werde die Entscheidung über die Endabstimmung erst treffen, wenn seitens des Bundesraths bestimmtere Erklärungen abgegeben würden, daß mit der Annahme oder Ablehnung der einzelnen Anträge das Scheitern des ganzen Gesetzes unweigerlich verbunden sei. Delbrück gab diese Erklärungen ab. Die Fortschrittspartei stimmte nunmehr (25. April) mit der großen Mehrheit für das Gesetz, entsprechend ihren schon früher gefaßten Fraktionsbeschlüssen.

„Dieser Verlauf der Verhandlnngen ist von nationalliberaler Seite viele Jahre hindurch in der Presse und in Wählerversammlungen so dargestellt worden, als ob die Fortschrittspartei, erschreckt darüber, daß die Nationalliberalen sie beim Worte nehmen wollten, ihre Stellung plötzlich verändert habe und für das Gesetz eingetreten sei.“[8])

Nach dem Schlußparagraphen des Preßgesetzes sollte die Einführung in Elsaß-Lothringen einem besonderen Gesetze vorbehalten bleiben. Hoverbeck, sowohl wie der Abgeordnete für Hagenau im im Elsaß Abbé Guerber hatten beantragt, diesen Paragraphen zu streichen. In seiner Begründungsrede hatte Guerber u. A. von dem Lesezwang gesprochen, indem sie nach dort noch geltendem französischen Gesetz durch die Verwaltungsbehörden genöthigt würden, amtliche Blätter zu halten. Hoverbeck begründete seinen zufälliger Weise mit dem Antrag des Abgeordneten Guerber übereinstimmenden Antrag in längerer Rede, hob aber hervor, daß die Gründe dafür sich wesentlich von einander unterscheiden. Er sagte u. A.:

„Ich mache vor allen Dingen darauf aufmerksam, daß Guerber dort jetzt unter dem französischen Gesetz lebt, welches ihm in anderer Beziehung doch viel näher gestanden hat, als das deutsche. Ich halte es aber für meine Pflicht, den Elsaß-Lothringern darin zu helfen, daß sie in preßpolizeilicher Beziehung zu etwas Besserem kommen, als sie bisher zu haben gewohnt sind.

Er spricht von dem Lesezwang der Amtsblätter; das mag den Elsaß-Lothringern als Genossen des Reichs etwas Neues sein, das ist aber dem übrigen Deutschland sehr bekannt und kann, wie ich es auffasse, eigentlich nicht gut anders sein. Amtliche Blätter müssen gehalten werden von denjenigen amtlichen Organen, die sie ausführen müssen; wenn dahinter noch politische Artikel kommen, so halte ich die für außerordentlich überflüssig (sehr wahr! Heiterkeit) und wünschte durchaus, daß sie fehlten. Im Uebrigen aber könnte man das nicht einen Lesezwang nennen. Ich kann dem Herrn Guerber versichern, daß wir nicht im Geringsten daran denken, diese Artikel zu lesen, und ich möchte den Elsaß-Lothringern ein gleiches Verfahren anrathen. (Heiterkeit, Zustimmung.)

Meine Herren, im Allgemeinen denke ich aber über diesen Antrag, den ich gestellt habe, derart: ich erkenne vollkommen an, daß diejenigen, welche die Annexion von Elsaß-Lothringen gebilligt haben, — und dazu gehöre ich auch — verpflichtet sind, die Konsequenzen dieses ihres Schrittes zu ziehen und Alles das zu thun, was sie unbedingt nothwendig halten, um die Elsaß-Lothringer in schnellster Weise an Deutschland zu gewöhnen und vor allen Dingen in der sichersten Weise bei Deutschland zu erhalten. Wenn diese durchgeführte Annexion auch von mir gebilligt ist, ... so will ich doch für die Zukunft dafür sorgen, daß wir der Elsaß-Lothringer vollkommen sicher sein können. Das Alles erkenne ich an und bin also der Meinung, daß sehr wohl Differenzen auch innerhalb der liberalen Partei über die Behandlungsweise Elsaß-Lothringens und über diesen Antrag bestehen können, ohne daß der eine Theil nöthig hat, dem anderen schlechte Motive unterzuschieben. Ich erkenne offen an, daß liberale Gegner dieser Ansicht zu einer anderen Meinung kommen können: diese Herren werden mir aber zugestehen, daß ich von meinem Standpunkte aus, ohne irgend wie die Sicherheit und den Zusammenhang Elsaß-Lothringens zu gefährden, zu meiner Ansicht kommen kann. Sie begründet sich kurz darin, daß, wie ich im privaten Leben Ehrlichkeit für die beste Klugheit halte, so es sich auch im politischen Leben in der Regel bewähren wird, daß die Freigebung, die Entfesselung auch die richtige Politik ist. Es muß mir bewiesen werden, daß ein Zwang nothwendig ist, sonst bin ich unbedingt für die Freiheit; und dieser Beweis ist mir im Allgemeinen nicht geführt, und er ist mir noch viel weniger in Bezug auf die Presse geführt. Wir haben es sehr oft ausgesprochen, daß die Presse die Wunden, die sie schlägt, selbst heilt, und ich bin vollkommen überzeugt davon, daß die Freigebung der Presse auch in Elsaß-Lothringen schon längst eine Presse hervorgerufen haben würde, welche die Interessen Elsaß-Lothringens besser und weiser vertritt, als es jetzt geschieht. Ich verkenne nicht, daß auch jetzt eine Anzahl von unabhängigen Organen in Elsaß-Lothringen vorhanden sind, die eine gemäßigte und ruhige Politik Deutschland gegenüber predigen; aber es sind deren sehr wenige, und ich glaube, es ist nicht eher möglich, daß die Elsaß-Lothringer auch politisch zu der richtigen Ueberzeugung kommen, als bis die freie Presse hergestellt ist. . . . .

Sehen wir den Zustand der Presse in Elsaß-Lothringen an, so werden wir in der That uns nicht wundern können, daß die heutigen Verhältnisse so merkwürdig geworden sind. Die französische Presse, die man bis jetzt, ich glaube aus Vergessenheit, mehr hat bei Seite liegen lassen, ist jetzt auch sehr wesentlich in polizeilichen Angriff genommen, und zwar unmittelbar nachdem wir im Reichstage die Verhandlungen über § 10 des Verwaltungsgesetzes gehabt haben; diese Toleranz hat also aufgehört. Die einheimische Presse ist allerdings, wie ich es auffasse, zum großen Theile von dem unglückseligen Reptilienfonds ernährt. Meine Herren, ich darf nur nebenbei sagen, wenn dieser Reptilienfonds damals, als er gestiftet wurde, in der Absicht gegründet wurde, um denjenigen Leuten, denen er sonst zugekommen wäre, und die man als besondere Feinde Deutschlands erklärt hat, nachtheilige Wirkungen auf die Konstituirung Deutschlands unmöglich zu machen, so ist das Mittel ein total verfehltes zu nennen. Ich möchte wissen, wie diese Personen, wenn sie Deutschlands schlimmste Feinde gewesen wären, den Fonds hätten verderblicher anwenden können, als es bis jetzt geschehen ist. (Bravo! Sehr wahr!)

Da also die einheimische Presse in dieser Art als fast nicht vorhanden betrachtet werden kann, wo drängen Sie die Leute in Elsaß-Lothringen hin, die überhaupt etwas lesen wollen? Leider zu der geheimen Presse! Es existirt eine geheime Presse, es werden tausende von Pamphleten in Elsaß-Lothringen vertheilt. Wenn sie so sind, wie ich deren einige neulich zu Gesicht bekommen habe, so muß ich gestehen, daß ich sie an sich nicht sehr fürchten würde, denn sowohl die Gesinnung als der Geschmack der Leute, die dieselben schreiben, können keinen bedeutenden Eindruck machen. Verschließen Sie aber jede andre Wirksamkeit der Presse, dann wird selbst diese gefährlich und namentlich bei dem gereizten Zustande der Elsaß-Lothringer.

Nun, meine Herren, welches Gesetz will man denn den Elsaß-Lothringern vorenthalten? Ist es die bekannte „Zügellosigkeit", von der hier gesprochen ist? In der That, das Gesetz, das wir eben hier in zweiter Lesung beendet haben, trägt davon doch sehr wenig die Spur. Es ist in der That . . . derartig, daß mancher Bedenken haben könnte, ob die richtige Ueberschrift wäre „Gesetz über die freie Presse"; aber immerhin, ich will es nicht verkleinern, ich will das Gesetz auch mit den Punkten, die mir nicht daran gefallen, gern nehmen, weil es wenigstens einen Fortschritt gegen den heutigen Zustand im größeren Theile Deutschlands darstellt; — aber so gefährlich ist das Gesetz doch in keiner Weise, daß wir meinen müßten, daß Elsaß-Lothringen dem schlimmsten Zustande überliefert würde, wenn dieses Gesetz dort sofort eingeführt werden sollte; und außerdem wird es noch nicht sofort eingeführt. Aber wenn es heute eingeführt würde, wie ich wünsche, so ist in Elsaß-Lothringen noch ein ganz besonderes Schutzmittel gegen jede Ueberschreitung gegeben, es ist § 10 des Verwaltungsgesetzes. Wir haben uns damals gegen diesen Paragraphen erklärt, Sie können uns auch jetzt nicht die Schlußfolgerung übel nehmen: wenn Sie als Majorität des Reichstages diese enorme Gewalt den Organen der Regierung in Elsaß-Lothringen gewährt haben, so können sie jetzt um so ruhiger dieses Gesetz über die Presse dort einführen, weil Sie gegen jeden Uebergriff auftreten können. Wenn Sie aber, wie die Kommission gethan hat, um so schnell als möglich den § 10 des Verwaltungsgesetzes beseitigen zu können, gegenwärtig Elsaß-Lothringen von den Wohlthaten dieses Gesetzes ausschließen wollen, so nenne ich das mit einem etwas harten Ausdrucke, daß die Elsaß-Lothringer mit doppelten Ruthen gezüchtigt werden. . . ."

Nach Hoverbeck sprach Miquel gegen die Anträge. In seiner Rede gebrauchte er gegen den abwesenden elsässischen Abgeordneten Teutsch in Bezug auf eine frühere Rede desselben vom 8. Februar anläßlich seines Antrages gegen die Einverleibung von Elsaß-Lothringen, den Ausdruck Narrheit und warf den elsaßlothringischen Abgeordneten im Allgemeinen Mangel an Bescheidenheit vor. Hoverbeck beantragte hierauf gegen Miquel den Ordnungsruf und erregte damit großen Unwillen bei den Nationalliberalen. Der Präsident verweigerte den Ordnungsruf.

In dieser Session kam ein neues kirchenpolitisches Gesetz, das sogenannte „Expatriirungsgesetz" zu Stande (25. April). Danach wurde die Regierung ermächtigt, Geistlichen, die durch gerichtliches Urtheil aus dem Amte entlassen waren, gleichwohl aber eine geistliche Amtshandlung ausübten, den Aufenthalt in bestimmten Bezirken oder Orten zu versagen, oder anzuweisen; auch sollten sie der Staatsangehörigkeit verlustig erklärt und aus dem Reichsgebiet ausgewiesen werden können.

In der Fortschrittspartei trat eine gleiche Meinungsverschiedenheit wie bei dem Jesuitengesetz (siehe oben Seite 274) und dem Kanzelparagraphen (Seite 260) zu Tage. Kurz zuvor war es in Sachen des Militärgesetzes zu der Spaltung in der Fortschrittspartei gekommen. Hoverbeck wußte, daß die fortschrittlichen Gegner des Expatriirungsgesetzes durch ihr Votum die Annahme desselben nicht verhindern konnten, hielt aber für ungemein schädlich, daß auch hier wiederum ein Zwiespalt in der Fortschrittspartei nach außen hervortrete. Er selbst hatte das Gesetz durch einen Abänderungsantrag, der jedoch Internirung und Expatriirung der Geistlichen zuließ, zu verbessern getrachtet. Jetzt forderte er in der Fraktion die Gegner des Gesetzes auf, an der Abstimmung nicht theilzunehmen.[9])

Im Plenum erklärte Windthorst, daß ihn das Amendement Hoverbeck mit Trauer erfülle.

„Also dahin ist der Fortschritt Deutschlands gekommen, daß auch er die „Proskription" beantragt."

Nachdem Hänel den Antrag Hoverbecks vertheidigt hatte, erklärte Hoverbeck selbst:

„Meine Herren, der Herr Abgeordnete Windthorst hat sehr bedauert, meinen Namen unter einem Antrage zu lesen, der — wie er sich ausdrückte — „Proskriptionen" befürwortete. Nun, meine Herren, der Ausdruck „Proskriptionen" scheint mir mehr geschickt gewählt als zutreffend zu sein. Er meint wahrscheinlich damit einen Antrag, der zum Schlusse dahin geht, auch die Ausweisung aus dem deutschen Bundesgebiete zu befürworten. Ich bitte den Herrn Abgeordneten Windthorst, aus den Ausführungen meines Freundes Hänel zu entnehmen, wie schwer uns Allen und auch mir persönlich dieser Entschluß geworden ist. Er mag aber eben daraus schließen, für wie strafbar und verwerflich wir eine Agitation halten, die zu solchen Schritten unabweislich drängt."

In der zweiten Berathung wurde Hoverbecks Abänderungsantrag abgelehnt, hingegen ein Abänderungsantrag Meyer-Thorn und Genossen, der dem verurtheilten Geistlichen die Berufung gestattete, angenommen. In dritter Berathung erfolgte die Annahme des Gesetzes nach den Beschlüssen der zweiten Berathung in namentlicher Abstimmung mit 214 gegen 108 Stimmen (25. April). Hoverbecks Mahnung hatte Erfolg. Alle fortschrittlichen Gegner des Gesetzes fügten sich dem Wunsche des Führers und nahmen an der Abstimmung nicht theil.

Bei dem wichtigsten kirchenpolitischen Gesetz, dem Gesetz über die Beurkundung des Personenstandes und die Form der Eheschließung war die Fortschrittspartei in allen Stadien der Berathung einig. Das Gesetz wurde mit großer Mehrheit am 28. März angenommen, kam aber in der folgenden Session in veränderter Form nochmals zur Berathung und erlangte so die Zustimmung des Bundesraths (Gesetz vom 6. Februar 1875).

„Meine Herren, da der Strom der Milliarden jetzt nachgerade anfängt zu versiegen, wird es wohl Zeit sein, unser Interesse auch den finanziellen Fragen zuzuwenden, in denen es sich nicht gerade um Millionen handelt,"

begann Hoverbeck am 12. März eine Rede, worin er die durch einen Gesetzentwurf geforderte Bewilligung für die Erwerbung eines Grundstücks behufs Errichtung eines Gebäudes für die kaiserliche Botschaft in Wien in Zahlen klar dargestellt wissen wollte. Er sprach und stimmte schließlich gegen den Gesetzentwurf, weil er die Forderung finanziell nicht für genügend begründet hielt.

Nach einem Gesetzentwurf, betreffend die Erwerbung eines Dienstgebäudes für das Reichseisenbahnamt sollte in diesem Dienstgebäude dem Präsidenten des Reichseisenbahnamtes die erste Etage, bestehend aus 22 Zimmern, als Dienstwohnung bewilligt werden, mit der Bedingung, daß er einen Theil der Räume wieder abtreten sollte, falls sie später zu Dienstzwecken erforderlich würden. Hoverbeck erklärte sich für den Ankauf des Gebäudes, aber gegen den Vorbehalt der eventuellen Rückgabe eines Theils der Dienstwohnung des Präsidenten. Er sagte:

„Ich halte die ganze Art und Weise, dies von vorherein festzustellen, für nicht richtig. Ich meine, wenn man eine Dienstwohnung dem Präsidenten geben will, so muß man sie von vornherein auf die Zimmer beschränken, die ihm auch später gelassen werden können. Eine solche Art und Weise, ihm zuerst eine solche ungemessen große Wohnung zu geben — denn 22 Zimmer für eine Familie nenne ich, auch in Beziehung auf die Stellung dieses Beamten, doch ungemessen —, und ein Sichzurückziehen darauf, in späterer Zeit ihm einen Theil davon wieder abzunehmen, das halte ich für durchaus unvortheilhaft; ich möchte daher bitten, in dieser Beziehung mir etwas nähere Aufklärung zu geben."

Die darauf abgegebene Erklärung genügte ihm nicht, er unterließ aber, einen Abänderungsantrag zu stellen, sondern bezog sich nur darauf, daß ausdrücklich bei Berathung des nächsten Etats Gelegenheit gegeben ist, darauf zurückzukommen. Der Gesetzentwurf wurde in zweiter und dritter Berathung (24. und 25. April) unverändert angenommen.

Am 26. April wurde der Reichstag vom Kaiser geschlossen.

Im Sommer weilte Frau v. Hoverbeck längere Zeit zur Erholung in Bad Elster in Begleitung ihrer Pflegetochter. Hoverbeck holte sie am 25. Juni von dort ab. Sie reisten zusammen nach Regensburg, Passau, dem Gmundner See, Salzburg, dem Königsee, Berchtesgaden, Reichenhall, Innsbruck, dem Puster- und Ampezzothal, zurück über Innsbruck nach München, wo am 10. August ein Sängerfest stattfand. Von München fuhren sie über Nürnberg, wo Hoverbeck seine Fraktionsgenossen Erhard und Herz traf, über Eisenach und Berlin nach Hause.

Hoverbeck war eifriges Mitglied der 1871 in Berlin begründeten Gesellschaft für Verbreitung von Volksbildung. Er wollte, daß diese Gesellschaft, deren erwählter Vorsitzender bis zu seinem Tode Schulze-Delitzsch war, bei Verfolgung ihres Zweckes (der nur in Volksschulen unterrichteten städtischen und ländlichen Bevölkerung andauernd Bildungsstoff und Bildungsmittel zuzuführen) abergläubischen Vorurtheilen der Masse keinerlei Zugeständnisse machen dürfe. In diesem Sinne schrieb er im August 1874 dem Generalsekretär der Gesellschaft, Dr. Franz Leiwing, in Bezug auf die Ankündigung des von der Gesellschaft herausgegebenen „Deutschen Reichs-Kalenders":

„Sehr geehrter Herr! In dem Inhaltsverzeichnisse des „Deutschen Reichs-Kalenders pro 1875" finde ich neben dem Kalendarium auch den „hundertjährigen Kalender" angeführt. Ich will Sie nur darauf aufmerksam machen, daß durch die Aufnahme desselben einem höchst thörichten Aberglauben Vorschub geleistet wird, und gebe zu bedenken, ob es den Zwecken unseres Vereins entspricht, in dieser

Weise der Volksbildung zuwider zu handeln. Mit der Bitte, meine Kritik gütigst zu entschuldigen, bleibe ich hochachtungsvoll Ihr ganz ergebenster

Hoverbeck.

Anmerkungen zum siebenundvierzigsten Kapitel.

1) Wagener-Neustettin, Fürst Putbus, Stroußberg und Andere, die als besonders kompromittirt galten, waren konservative Parlamentarier.

2) Ein besonderer Wahlaufruf wurde nicht erlassen u. s. w. Siehe mein Buch „Deutschlands politische Parteien" S. 167.

3) Hoverbeck irrte sich. Erhard wurde wiedergewählt. Crämer und Gerstner verzichteten auf eine Kandidatur. Für Crämer wurde Franckenburger von der Fortschrittspartei gewählt. Gerstners Wahlkreis Würzburg fiel den Klerikalen zu.

4) In der Nachwahl stieg die Betheiligung von 35 auf 38 Prozent. Herz erhielt 6174 von 7822 Stimmen, Hoverbeck hatte 5064 von 7450 erhalten.

5) Dr. jur. Minckwitz, Heinrich, Rechtsanwalt in Dresden; geb. März 1819; Mitglied des konst. und deutschen Reichstages von 1867 bis 1877.

6) „Der Kampf gegen den Militarismus wurde in erster Linie durch die Fortschrittspartei geführt. Richter, der durch seine bis in das feinste Detail eindringenden, von den ersten Autoritäten der Militärverwaltung bewunderten Kenntnisse des Militärwesens alle übrigen Mitglieder der Kommission weit überragte, wurde durch seine Fraktionsgenossen, vor Allem durch den streitbaren Freiherrn von Hoverbeck wacker unterstützt. Die acht vom Centrum, — vorwiegend aus streng konservativer Aristokratie stammend, — schlossen sich regelmäßig den vier Fortschrittsmännern an. In der großen Mehrzahl der Fälle stimmte auch Lasker mit der Linken. Diesen 13 Stimmen der Opposition standen gegenüber die vier Konservativen, die . . . nach konservativer preußischer Art sich der Militärverwaltung gegenüber jeder eigenen Meinung entschlugen, sowie die nationalliberalen Abgeordneten v. Benda und Dr. Gneist; diesen sechs schlossen sich in der Regel auch noch die Abgeordneten Wehrenpfennig, Miquel, v. Bennigsen, v. Puttkamer und Meyer-Thorn an. Zwischen der gesammten Rechten von 11 und jener Linken von 13 Abgeordneten standen nun gewissermaßen als rechtes Centrum die beiden Abgeordneten Stephani und v. Unruh und als linkes Centrum Friderich und v. Stauffenberg. Bestimmungen der Regierungsvorlage oder Anträge der Rechten, gegen welche außer jenen 13 noch Stauffenberg und Friderich stimmten, war mit Stimmengleichheit (14 gegen 14 Stimmen) abgelehnt, Anträge der Linken mußten, um (mit 15 gegen 13 Stimmen) durchzubringen, schon die beiden zuletzt genannten, Abgeordneten für sich haben; sonst waren sie abgelehnt . . ." Vergl. Eugen Richter, „Im alten Reichstag" S. 81 ff. „Das Reichsmilitärgesetz in der Kommission."

7) Löwe, Wilhelm, Dr. med. prakt. Arzt in Berlin, geb. 1814. 1849 letzter Präsident des Frankfurter bezw. Stuttgarter Parlaments; von 1867 bis 80 Mitglied des norddeutschen und deutschen Reichstags, des Abg.-Hauses von 1877 bis 82, † 1886. — Berger, Louis, geb. 1829. Fortschrittl. Reichstagsmitglied vom Februar bis 11. April 74. 15. Okt. 1874 wiedergewählt bis 1881. Mitglied des Abg.-Hauses von 1877 bis 82, † 1891. — Schmidt, Theodor, Oberlehrer in Stettin, geb. 1817. Mitglied des Reichstages von 1871 bis 78, des Abg.-Hauses von 1877 bis 82, † 1887. — Kreutz, Heinrich, zuletzt Hüttenbes. in Boppard, geb. 1808. Mitglied des nordd. Reichstags von 1867 bis 70, des deutschen Reichstags von 1874 bis 78, des Abg.-Hauses von 1877 bis 79, † 1879. — Spielberg, Wilhelm, Fabrikbesitzer und Oberamtmann in Volkstedt bei Eisleben, später Stadtrath in Berlin, geb. 1826. Reichstagsmitglied von 1874 bis 78. — Lorentzen, Karl, Dr. phil., Schriftsteller in Berlin, geb. 1817. Mitglied des nordd. Reichstags von 1867 bis 70, anfängl. bundesstaatl. konst., dann freie Vereinigung des deutschen Reichs-

tags von 1871 bis 76 (vom 17. April 1874 annatlib.), des Abg.-Hauses von 1877 bis 79, † 1888. — Donath, Karl, Gutsbesitzer auf Rutkowitz Kreis Neidenburg, geb. 1819. Mitglied des Reichstags von 1874 bis 76. — Zinn, August, Dr. med., Geh. Sanitätsrath, geb. 1825. Mitglied des Reichstags von 1874 bis 81, zuerst Fortschritt, vom 11. April 1874 Gruppe Löwe-Berger, Anfang 1878 bei keiner Fraktion, dann natlib., seit Juli 1879 wieder bei keiner Fraktion, seit 1880 Lib. Gr., † 1897. — Groß, Ludwig, Dr. med., prakt. Arzt und Gutsbes. in der Pfalz; geb. 1825. Mitglied des Reichstags von 1874 bis 87; seit April 1874 Gruppe Löwe-Berger, 1878 anfängl. bei keiner Fraktion, dann natlib., † 1894. — Heine, Karl, Dr. jur., Gutsbes. in Plagwitz bei Leipzig, geb. 1819; 1874 für Jacoby in den Reichstag gewählt bis 1876; tritt 14 April 1874 aus der Fortschr.-Partei aus und nannte sich „unabhängig konservativ", gest. 1888. — Baumgarten, Michael, Dr. theol., Prof. a. D. in Rostock, geb. 1812. Reichstagsmitglied von 1874 bis 81, zuerst Fortschritt, scheidet 14. April 1874 aus, 1877 zuerst Fortschritt, dann bei keiner Fraktion, 1878 anfängl. Fortschritt, dann natlib., † 1889.

[8]) Wörtlich aus Richter, „Im alten Reichstage" I S. 25. Leider hat die ausführliche Darstellung in Richters 1894 erschienener Schrift die nationalliberale Partei nicht gehindert, in dem „politischen Handbuch für nationalliberale Wähler" (2 Aufl. abgeschlossen im Februar 1897) die verleumderische Schilderung in weiterer Verdächtigung Hoverbecks zu wiederholen (S. 512). Lasker, in Wallung gehalten, hat in heftiger Erwiderung eine Warnung an die Fortschrittspartei ausgesprochen. „Nun war es also eine Entscheidung, bei der es auf das Ja oder Nein der Fortschrittspartei wirklich ankam, und wie mit einem Schlage war die stolze Fortschrittspartei verwandelt; sie beeilte sich, durch den unbequemsten ihrer Führer, den Freiherrn v. Hoverbeck, in ganz ungewohnt sanften und gewundenen Sätzen zum Rückzug blasen zu lassen. Das Ende war, daß die Fortschrittspartei das „schlechte Kompromißgesetz" schlankweg annahm . . ." Genügte den Herausgebern des nationalliberalen Handbuchs die Darstellung Richters nicht, zu der er seine damaligen Aufzeichnungen benutzt hat, so konnten sie das Zeugniß der zum Theil noch parlamentarisch thätigen fortschrittlichen Abgeordneten fordern. Ich selbst war damals Reichstagsabgeordneter, habe allen seinen Fraktionssitzungen beigewohnt und kann Richters Darstellung nur in jedem Punkte bestätigen.

[9]) Siehe Richter a. a. O. I. S. 96.

[10]) Von Mitgliedern der Fortschrittspartei stimmten außer Hoverbeck für das Gesetz: Allnoch, Ausfeld, Bernhardi, Duncker, Eberty, Erhard, Francke, Frankenburger, Hänel, Hagen, Hausmann (Westhavelland), Herz, Hoffmann, Kisker, Klotz, Minckwitz, Müller (Görlitz), Parisius, Rohland, v. Saucken (Julienfelde), v. Saucken (Tarputschen), Schulze-Delitzsch, Traeger, Wiggers, Wulfshein, Zimmermann. Als beurlaubt fehlten: Berger, Eysoldt, Hausmann (Lippe), Ziegler; entschuldigt waren Föckerer und Oehmichen, unentschuldigt fehlten Banks, Dickert, Kirchmann, Klöppel, Richter, Schwarz.

Achtundvierzigstes Kapitel.

Die Reichstagssession 1874/75.

Am 29. Oktober 1874 wurde der Reichstag vom Kaiser eröffnet. In der Thronrede wurden Gesetzentwürfe angekündigt über die Verfassung der Gerichte, über das Civilprozeß-, Strafprozeß- und Konkursverfahren, über den Landsturm, über die militärische Kontrole der Beurlaubten, über die Naturalleistungen für die bewaffnete Macht im Frieden, über Einnahmen und Ausgaben des Reichs, über Einrichtung und Befugnisse des Rechnungshofes, über die Feststellung des Staatshaushaltsetats von Elsaß-Lothringen, über die Einführung der obligatorischen Civilehe und die Beurkundung des Personenstandes u. s. w.

Zum Präsidenten wurde Forckenbeck wiedergewählt; Vizepräsidenten wurden Freiherr v. Stauffenberg und Hänel. Der Militäretat wurde zur Vorberathung an die Budgetkommission verwiesen, zu der von fortschrittlichen Abgeordneten Hoverbeck, Eugen Richter und Minckwitz gehörten.

Bei der Berathung des Gesetzentwurfs, betreffend die deutsche Seewarte in Hamburg, die aus einem Privatinstitut hervorgegangen ist, bemerkte Hoverbeck u. A. (30. November):

„Eine solche freie Thätigkeit aus der Mitte des Volkes heraus muß uns immer erfreulicher sein, als wenn wir die Sache in dem einfach bureaukratischen Zuge regeln."

Der Gesetzentwurf wurde angenommen (18. Dezember) mit einem Zusatze, wonach die Seewarte zum Ressort der kaiserlichen Marine gehören sollte.

Bei der zweiten Berathung des Militäretats für 1875 schloß der Abgeordnete Richter an die Bemerkungen des Referenten Wehrenpfennig über die Vorberathung des Etats in der Budgetkommission (ein schriftlicher Bericht lag nicht vor) seinerseits Ausführungen an, die die von den fortschrittlichen Mitgliedern in der Kommission gestellten und von der Mehrheit abgelehnten Anträge erläuterten. Der nationalliberale Abgeordnete v. Benda fand in den Worten Richters einerseits eine Selbstverherrlichung, andererseits eine bedauerliche Unterschätzung der Anträge der nationalliberalen Kommissionsmitglieder. Hoverbeck entgegnete:

„Meine Herren, ich bedaure, daß die Debatte diesen Gang genommen hat, hauptsächlich deswegen, weil durch den von dem letzten Redner erhobenen Vorwurf ein Gegenstand in Schatten gestellt worden ist, den ich allerdings für mehr geeignet halte, dem Betreffenden den Dank des Hauses zu verdienen, als einen bitteren Vorwurf. Es ist der Vorwurf, daß der Abgeordnete Richter sich in einer Selbstverherrlichung gefallen habe. Meine Herren, es ist einmal ein unleugbares Faktum, daß mehr als neun Zehntel sämmtlicher Anträge, die in der Budgetkommission gestellt, und mehr als neun Zehntel sämmtlicher Arbeiten, die dort gemacht worden sind, vom Abgeordneten Richter allein getragen worden sind; und ich glaube, wenn in Folge der vielen von ihm eingebrachten guten und sachlich begründeten und dennoch abgelehnten Anträge vielleicht eine gewisse bittere Stimmung sich seiner bemächtigt hat, wie das natürlich ist, so ist wirklich andererseits das, was er geleistet hat, so verdienstlich, daß man es wohl sich hätte ersparen können, in dem Augenblicke, wo er nicht auf sich selber, sondern auf die allgemeinen Verhältnisse in der Kommission hingewiesen hat, ihm speziell den Vorwurf zu machen, daß er sich einer Selbstverherrlichung schuldig gemacht habe. Nein, meine Herren, ich habe immer gefunden, daß seine Angriffe, wenn sie auch bisweilen in der Form bitter waren, sich doch hauptsächlich auf das Wesen der Sache bezogen; und wenn auch in diesem Augenblicke eine solche Empfindlichkeit herrscht, daß in gewissen Kreisen des Hauses man dies nicht anerkennt, so werden doch auch jetzt schon im Hause eine gute Anzahl Mitglieder sein, die darüber anders urtheilen. Ich glaube, wenn über diese persönlichen Empfindlichkeiten die Geschichte längst geurtheilt hat, werden seine verdienstlichen Arbeiten immer noch anerkannt werden." (Bravo! links).

Der Militäretat, welcher bis dahin seit 1867 stets als Pauschsumme bewilligt war, unterlag diesmal zuerst einer Festsetzung nach Spezialtiteln im Reichstage.

Die Budgetkommission hatte u. A. beantragt, den Reichskanzler zu ersuchen, bei Ausarbeitung des nächsten Budgets in Erwägung zu ziehen, ob nicht die Ausgaben für das sächsische Armeekorps künftig mit den Ausgaben für die preußischen Armeekorps zusammenzufassen, dagegen diejenigen Ausgaben, welche Einrichtungen und Kompetenzen betreffen, hinsichtlich deren das sächsische Armeekorps von den preußischen abweicht, zum Gegenstand besonderer Titel zu machen sind. Bismarck nahm dagegen das Wort, um darauf zu dringen, daß die Besonderheiten des sächsischen Kontingents materiell nicht angetastet werden möchten. Die Besonderheiten beruhten zum Theil auf vertragsmäßigen Abkommen mit dem König von Sachsen. Er bat, diese Verhältnisse mit Zartheit und Rücksicht zu behandeln. Hoverbeck erklärte, bis auf einen Gesichtspunkt mit der Rede des Reichskanzlers vollständig einverstanden zu sein (11. Dezember):

„Auch ich bekenne mich dazu, daß ich keineswegs besondere Eile habe, die sogenannten berechtigten Eigenthümlichkeiten, die den Einzelstaaten zuertheilt sind, aus der Welt zu schaffen. Ich betrachte diese berechtigten Eigenthümlichkeiten — das „berechtigt" meine ich übrigens mit Gänsefüßchen — als eine Art von Kinderkrankheit, die dem deutschen Reiche einmal leider noch anklebt, und die mit der Zeit, wenn es nur erwachsen und in gesunder Kraft dastehen wird, von ihm abfallen wird. Aber so lange diese Empfindlichkeit besteht, schone ich sie gern an den Stellen, wo sie noch da ist, und erwarte, daß, wenn der richtige Zeitpunkt gekommen ist, die Initiative zu einer Veränderung gerade von den Stellen ausgeht, die jetzt eine Art Privilegium darin suchen.

Also, in alledem wäre ich ganz einverstanden mit dem Herrn Reichskanzler; nur muß ich bekennen, ich denke auch zu gut von unseren sächsischen Mitbürgern, als daß ich glauben könnte, daß dieser Antrag ihnen irgendwie zu nahe treten könnte. Es ist eine reine Frage der Aufstellung des Etats, ob es zweckmäßiger ist, ihn in der oder der Form zu behandeln; und wenn alle sächsischen Eigenthümlichkeiten, die bei dem Militäretat vorkommen, in besonderen Titeln abgehandelt werden

— das wird ja hier vorgeschlagen — so ist davon gar nicht die Rede, daß denen zu nahe getreten werde. Käme von sächsischer Seite der Einwand: „ja das ist doch der Fall", so würde ich eben daraus schließen, daß die Kinderkrankheit gefährlicher wüthet, als ich bisher geglaubt habe, und ich würde deshalb auch gern gegen diesen Antrag sein. So lange ich aber dafür gar keine Beweise habe, bin ich verpflichtet, anzunehmen, daß kein Sachse darauf großes Gewicht legt."

Der Antrag der Budgetkommission wurde darauf mit 141 gegen 139 Stimmen angenommen.

Die Budgetkommission hatte beim Garde du Corps-Regiment beantragt, die Gehälter für einen Stabsoffizier, drei Rittmeister erster und zwei Rittmeister zweiter Klasse mit zusammen 29,850 Mark als künftig wegfallend zu bezeichnen. Dagegen wurde vom Referenten Wehrenpfennig und von Dr. Lucius-Erfurt, dem späteren Landwirthschaftsminister, darauf hingewiesen, es handle sich um eine Truppe, die in einem nahen persönlichen Verhältniß zu dem Kaiser stehe, es sei die Haustruppe des Kaisers, die sich von den anderen Truppen nur dadurch unterscheide, daß ihr eine größere etatsmäßige Zahl von Rittmeisterstellen und auch eine etatsmäßige Stabtsoffizierstelle mehr zugetheilt sei. Diese Einrichtung sei in der preußischen Monarchie noch zu keiner Zeit angefochten worden. Es stehe dem Reichstag wohl wenig an, dem deutschen Kaiser zu versagen, was der König von Preußen stets unbestritten besessen habe. Dagegen erklärte Hoverbeck (11. Dezember):

„Meine Herren, ich will zunächst dagegen protestiren, daß durch den Herrn Vorredner in den letzten Worten ein Element in die Diskussion gezogen ist, das, wie ich meine, auf nicht vollkommen erlaubte Weise hier hineingetragen ist. (Widerspruch). Es handelt sich hier nicht darum, ob Seine Majestät persönlich gewisse Wünsche in Beziehung auf das Garde-du-Corps-Regiment hat, sondern wir haben — wobei ich mich auf die Ausführungen des Herrn Referenten beziehe — aus rein sachlichen Gründen zu erwägen, was wir in dieser Sache thun und lassen müssen. Und von diesem rein sachlichen Standpunkt ausgehend muß ich Ihnen bemerklich machen, daß eine gewisse Beschränkung schon von Seite derer, die das Garde-du-Corps-Regiment mit den übrigen Regimentern gleichstellen wollen, dahin stattfindet, daß wir den Antrag, der in der Budgetkommission gestellt und dort mit Majorität abgelehnt war, nicht wieder aufnehmen, daß wir also die beiden sogenannten ausgestopften — das Wort hat ja jetzt parlamentarischen Usus bekommen — Hauptleute respektive Rittmeister nicht zu streichen beantragen. Meine Herren, daß wir darum unserer Meinung treu bleiben, daß dieses ganze Institut ein Mißbrauch ist, das brauche ich Ihnen nicht weiter zu sagen. Daß historische Reminiszenzen nicht entscheiden dürfen, wenn im Etat Stellungen angegeben werden unter den persönlichen Ausgaben als Beamte des Staates, die gar nicht existiren, darüber kann meiner Meinung nach gar keine Frage sein. Es wäre auch sehr wohl möglich gewesen, wenn man nach gewisser Richtung hin das Garde-du-Corps-Regiment begünstigen wollte, was ich nicht will, dies in einer anderen Weise zu machen, als daß man nicht gerade dem Etatsrechte direkt entgegenträte. Man konnte die Douceurgelder, eine Ausgabe, die auch ausnahmsweise bei dem Garde-du-Corps-Regimente sich findet, entsprechend erhöhen und dagegen die beiden Stellungen weglassen, die, wie ich meine, unserem Etat nicht zur Zierde und zum Ruhme gereichen. Indessen diesen Antrag auf Streichung wollen wir, wie gesagt, nicht aufnehmen; aber das wünschen wir denn doch, daß festgehalten werde, daß rein sachliche Gründe nicht vorliegen, um das Garde-du-Corps-Regiment mit der doppelten Anzahl von Rittmeistern auszustatten und ihm einen Stabsoffizier mehr zu geben als allen anderen Regimentern. Gerade das, was der Herr Vorredner gesagt hat, daß das Garde-du-Corps-Regiment wie jedes andere im Felde seine Pflicht thun müsse, überzeugt mich davon, daß auch in Beziehung auf die Zahl der Offiziere es wie jedes andere Regiment zu behandeln sei. Oder wollen die Herren etwa behaupten, daß dieses Regiment der Garde-du-Corps deshalb die doppelte Zahl von Führern haben müsse, weil das Garde-du-Corps nicht so gut und nicht so präzise in der Schlacht seine Pflicht thun würde, wie jedes andere Korps? (Unruhe.) Ich meine, es ist doch ein eigenthümliches Faktum! Wenn Sie sagen, daß die doppelte Zahl von Offizieren nothwendig ist für die Felddiensttüchtigkeit dieses Regiments, so müßte die Folgerung die sein, die Garde-du-Corps brauchen eine stärkere Aufsicht und eine genauere Leitung; sonst würden sie ja mit derselben Zahl von Offizieren zufrieden sein können. Nun tritt das sonderbare Verhältniß ein, daß, während wir sonst den Begriff von Kompagnie in der Kavallerie überhaupt nicht kennen, zu dem Zwecke, um mehrere Offiziere zu schaffen, — wenn ich mich nicht irre, ich bitte mich dann zu berichtigen — aber ich glaube, es wird so sein, daß jede Eskadron in zwei Kompagnien getheilt wird... (Ganz richtig!) Faktisch liegt also die Sache so! Ich will nicht sagen, dem Wortlaute nach, aber dem Sinne nach widerspricht das auch dem Militärgesetze, das wir in diesem Frühjahre durchdiskutirt und beschlossen haben; und ich bitte Sie, meine Herren, in Berücksichtigung aller dieser Umstände, das Garde-du-Corps-Regiment wie jedes andere zu behandeln und mindestens den Antrag der Budgetkommission anzunehmen."

Nachdem noch Unruh, Voigt-Rhetz und Gneist gegen, Richter für den Antrag der Budgetkommission gesprochen hatten, wurde derselbe mit Majorität abgelehnt. Neuerlich, unter Kaiser Wilhelm II. sind die hier in Frage gekommenen überflüssigen Offizierstellen aus der Initiative der Regierung selbst aufgehoben worden.

Für den Neubau von Garnisonkirchen in Breslau und Neiße waren im Militäretat erste Raten im Betrage von 30,000 und 225,000 Mark gefordert. Die Budgetkommission beantragte, sie zu streichen. Hoverbeck, der im Allgemeinen ein Gegner von Garnisonkirchen war, nahm für den Antrag das Wort und sagte u. A.:

... „Man muß sich einfach sagen: so lange noch im Deutschen Reiche, wenn ich nicht irre, 85000 Mann in Bürgerquartieren liegen, zum Theil unter großer Belästigung der Bürger, also für diese große Menge von Soldaten die Wohnungsfrage noch nicht erledigt ist, so lange ist es bedenklich, in diesem Augenblick den ersten Schritt zu thun mit dem Bau einer Kirche. Meine Herren, wenn Sie konstatiren, daß überall, wo sich Soldaten befinden, auch Kirchen, und zwar besondere Kirchen, für sie vorhanden sein müssen, dann werden Sie dem Bedürfniß des jetzigen Militäretats noch ein gutes Stück anhängen müssen. Ich bin überhaupt kein Freund eines besonderen Gottesdienstes für die Soldaten. Ich glaube, daß die Soldaten sich doch in der Kirche ganz und gar mit jedem anderen Christen und Gläubigen gleichfühlen müssen, und ich wünsche es durchaus nicht, daß sie besonders zu einem Gottesdienste, der nur allein für sie bestimmt ist, kommandirt werden. Schon dieser Gedanke eines kommandirten Gottesdienstes widerspricht, wie ich meine, der Auffassung, die heutzutage immer mehr die herrschende wird, daß jeglicher Gottesdienst aus dem Innern des Menschen hervorgehen muß, und so kann ich eine Einrichtung, die von vornherein darauf basirt ist, für Soldaten besondere Kirchen zu bauen, besonders Kirchen von einem finanziell so großen Betrage, nicht rechtfertigen" . . .

Der Antrag der Budgetkommission auf Streichung der Bauraten wurde angenommen.

Auch in der übrigen Session betheiligte sich Hoverbeck stetig und sehr eingehend an den parlamentarischen Verhandlungen, indem er durch knappe, stets den Nagel auf den Kopf treffende Bemerkungen bald hier, bald dort in die Debatte eingriff und dabei insbesondere auf klare Fragestellung und korrekte Handhabung der Geschäftsordnung achtete. Er legte ein Wort ein für die Besserstellung der Post- und Telegraphenbeamten, interessirte sich lebhaft für die Bekämpfung der Reblaus, achtete auf die budgetmäßige Behandlung bei dem Ankauf des Palais Radziwill für das Reich.

Insbesondere betheiligte sich Hoverbeck lebhaft auch im Einzelnen an der Verhandlung über den Gesetzentwurf, betreffend die Beurkundung des Personenstandes und die Eheschließung. Nachdem im Vorjahre ein solches Gesetz für Preußen erlassen war, sollte nunmehr ein Reichsgesetz diese Materie regeln. Hoverbeck trat mehreren konservativen Abänderungsanträgen zur Regierungsvorlage mit Erfolg entgegen. Der Regierungsentwurf verpflichtete einen jeden Vorsteher oder anderen Beamten einer Gemeinde, das Amt des Standesbeamten oder Stellvertreters zu übernehmen. Die Konservativen wollten von der Verpflichtung diejenigen entbinden, welche gleichzeitig die Verwaltung eines größeren Bezirks als unbesoldetes Ehrenamt führen (also die Amtsvorsteher in den östlichen Provinzen). Hoverbeck trat dem unter Berufung auf seine eigenen Erfahrungen als Standesbeamter wie folgt entgegen:

„Ich bin sowohl Zivilstandsbeamter als Amtsvorsteher und habe außerdem sowohl in Kreisangelegenheiten als in Staatsangelegenheiten und auch in meinen eigenen Angelegenheiten noch recht hübsch viel Anderes zu thun und so unerträglich ist mir die Last doch nicht gewesen."

Der Regierungsentwurf bestimmte, daß, wenn ein Kind todtgeboren, oder in der Geburt verstorben ist, die Anzeige spätestens am nächstfolgenden Tage geschehen muß. Die Konservativen wollten von dieser Anzeigepflicht die Sonntage ausnehmen. Hoverbeck trat dem entschieden entgegen, indem er ausführte, daß gerade wegen Verdachts des Kindesmordes in solchen Fällen nähere Recherchen der Zivilstandsbeamten sehr eilig sein könnten.

Abgeordneter Dr. Zinn beantragte, daß die Eintragung des Sterbefalls in das Zivilstandsregister auch die Ursache des Todes, wenn möglich ärztlich bescheinigt, angeben sollte. Hoverbeck trat dem auf Grund seiner praktischen Erfahrungen entgegen mit dem Hinweis, daß in vielen Gegenden kein Arzt in der Nähe sei und die Angaben über die Todesursachen oft sehr unzuverlässig seien.

Zugleich hatte Dr. Zinn beantragt, den Herrn Reichskanzler aufzufordern, dem Reichstage baldmöglichst ein Gesetz über die Einführung der obligatorischen Leichenschau im Deutschen Reiche vorzulegen. Auch dieser Resolution trat Hoverbeck entgegen, indem er die Schwierigkeiten der Durchführung betonte. Er habe eine instinktmäßige Angst vor wohlwollenden Anträgen dieser Art. Als Dr. Zinn um eine nähere Erklärung hierüber bat, bemerkte Hoverbeck, einen wohlwollenden Antrag nenne er einen solchen, der an sich nicht zu verwerfen sei, aber an einem falschen Ort eingebracht ist.

Lebhaft betheiligte sich Hoverbeck auch an der Berathung des Bankgesetzes. Dasselbe ging ihm in mancher Beziehnng in der Beschränkung des Notenumlaufs noch nicht weit genug. Schon bei anderer Gelegenheit hatte Hoverbeck ausgeführt, daß die baldige Beseitigung der kleinen Banknoten dringend erwünscht sei. Bei dem Bankgesetz verlangte Hoverbeck die Verpflichtung nicht bloß, wie der Regierungsentwurf bestimmte, ein Drittel, sondern die Hälfte des Betrages der im Umlauf befindlichen Noten jederzeit in baar vorräthig zu halten. Eine Drittel-Deckung wollte er auch eingeführt sehen für die Depositen, die bei den Notenbanken mit kürzerer als einmonatlicher Frist kündbar angelegt sind. Eine längere Auseinandersetzung hierüber fand zwischen Hoverbeck und dem Regierungskommissar Michaelis statt. Schließlich zog Hoverbeck seinen Antrag zurück.

Eine lebhafte Erregung brachte in die Reichstagsverhandlungen die plötzliche Verhaftung des Abgeordneten Kaplan Majunke. Dieser war während der kirchenpolitischen Kämpfe als Redakteur der „Germania“ wegen Majestätsbeleidigung und Ministerbeleidigungen zu mehrmonatlicher Gefängnißstrafe verurtheilt worden. Er wurde dann plötzlich am 11. Dezember 1874 während der Reichstagssession verhaftet behufs Einlieferung zur Verbüßung der Strafhaft. Vertreter aller Parteien einigten sich zu einem schleunigen Antrag, die Zulässigkeit einer solchen Verhaftung durch die Geschäftsordnungskommission berathen zu lassen. In der Geschäftsordnungskommission wurden Zweifel darüber laut, ob Artikel 31 der Verfassungsurkunde auch den Antritt einer rechtskräftig erkannten Strafhaft während der Session ausschließe. Artikel 31 lautet nämlich:

„Ohne Genehmigung des Reichstags kann kein Mitglied desselben während der Sitzungsperiode wegen einer mit Strafe bedrohten Handlung zur Untersuchung gezogen oder verhaftet werden, außer wenn es bei Ausübung der That oder im Laufe des nächstfolgenden Tages ergriffen wird."

Ein Beschluß kam in der Geschäftsordnungskommission nicht zu Stande. In der Plenarsitzung am 16. Dezember gab sich im Reichstage eine große Rathlosigkeit kund, was nunmehr zu geschehen habe. Eine Reihe von Anträgen war in der verschiedensten Richtung eingebracht worden. Alle wurden abgelehnt, nur ein Antrag Hoverbeck gelangte zur Annahme. Derselbe lautete:

„Der Reichstag wolle beschließen: Behufs Aufrechterhaltung der Würde des Reichstags ist es nothwendig, im Wege der Deklaration resp. Abänderung der Verfassung die Möglichkeit auszuschließen, daß ein Abgeordneter während der Dauer der Sitzungsperiode ohne Genehmigung des Reichstags verhaftet werde."

Mit wenigen treffenden Worten hatte Hoverbeck seinen Antrag begründet und nachher auch mit bitterer Schärfe gegen den Abgeordneten Gneist vertheidigt. Wollte man dem Abgeordneten Gneist folgen, so müßte man konsequenter Weise darauf verzichten, daß der Reichstag in irgend einer Weise geschützt wird auch gegenüber den allertendenziösesten Verfolgungen. Die Erörterung dieser Frage nochmals einer Kommission zu überlassen, müsse er entschieden abrathen, weil zu fürchten sei, daß in der Kommission, um die es sich dann handelt, gerade der Herr Abgeordnete Gneist eine sehr wesentliche Rolle spielen würde. (Große Heiterkeit.) „Wie in der Kommission diese unsere Ansicht wegkommen würde, daran kann ich in der That nur mit Schaudern denken." (Große Heiterkeit.) . . .

Ich bitte Sie also, meine Herren, sich durch die wiederholte, aber irrthümliche Bezugnahme darauf, daß wir die Gerichte zu respektiren und nicht in die Sphäre der Gerichte einzugreifen hätten, nicht irre führen zu lassen! Nein, meine Herren, es handelt sich nicht um die Gerichte, sondern es handelt sich einfach um die Justizvollstreckung, in die wir wohl noch einzusprechen haben; ja noch mehr, es handelt sich wesentlich nicht einmal um die Justizvollstreckung, sondern es handelt sich um den Schutz der Mitglieder des Reichstages gegen die Willkür der Staatsanwälte!" (Bewegung.)

Fürst Bismarck stellte sich überaus empfindlich über die Annahme des Antrages Hoverbeck und reichte bei dem Kaiser seine Entlassung ein. Der letztere fühlte natürlich sogleich heraus, wie die Sache gemeint war und ging auf das Entlassungsgesuch nicht ein. Die ganze Komödie des Entlassungsgesuchs war, wie Eugen Richter in seinen Erinnerungen „Im alten Reichstag" bemerkt, der erste Vorstoß, darauf berechnet, in die Nationalliberalen einen Keil zu treiben und den Lasker'schen Flügel zu schwächen. Der Antrag Hoverbeck war nämlich nur angenommen worden mit Hülfe von 30 bis 40 Nationalliberalen.

In der am Tage nach der Annahme des Antrages Hoverbeck stattfindenden parlamentarischen Soiree am 17. Dezembrr 1874 klagte Fürst Bismarck gegenüber den Abgeordneten v. Bennigsen, Miquel, Wehrenpfennig und Dr. Löwe, daß er nach der gestrigen Abstimmung keine Mehrheit mehr für sich im Reichstage zu haben glaube und deshalb seine Entlassung eingereicht habe. Die nationalliberale Partei entbehre einer festen Führung und habe keine anerkannten Leiter. Er verlange, daß die Mehrheit mit ihm Fühlung suche, und er mit größerer Sicherheit als bisher auf sie rechnen könne.

Am folgenden Tage, am 18. Dezember versöhnten die Nationalliberalen durch eine Rede des Abg. v. Bennigsen den Fürsten Bismarck wieder. Die Verhandlungen über die Geheimen Ausgaben des auswärtigen Amtes benutzte Abg. v. Bennigsen zu einem Panegyrikus auf den Reichskanzler und legte die Bewilligung dieses Titels als ein parlamentarisches Vertrauensvotum für den Fürsten Bismarck aus. Hoverbeck wollte hierzu erklären, daß seine Partei stets für diesen geheimen Fonds im auswärtigen Amt gestimmt habe, und daß sie deshalb, ohne damit irgendwie im Sinne des Herrn v. Bennigsen demonstriren zu wollen, auch diesmal für den Etatstitel stimmen werde. Die aus Nationalliberalen und Konservativen bestehende Mehrheit aber schnitt Hoverbeck durch den Schluß der Diskussion das Wort ab. Nach dieser Abstimmung war wieder voller Friede zwischen den Nationalliberalen und dem Reichskanzler. In der parlamentarischen Soiree am folgenden Tage war, wie Poschinger erzählt, Fürst Bismarck in bester Stimmung und äußerte sich u. A., wenn er nach einem so liebenswürdigen Beweis des Vertrauens, wie ihn der Reichstag ihm soeben gegeben habe, nicht beruhigt sein wollte, so müßte er ja ein Zänker sein.

Poschinger meint, daß die Abstimmung über den Hoverbeck'schen

Antrag auch ein Merkstein gewesen sei in dem Verhältniß des Fürsten Bismarck speziell zur Fortschrittspartei. Die Anknüpfungsversuche, die er der Fortschrittspartei gegenüber kurz zuvor gemacht habe, hätten damit ein Ende genommen. Es ist allerdings, wie Eugen Richter in seinen „Erinnerungen" erzählt, damals in den Fraktionssitzungen der Forschrittspartei über gewisse Wendungen in Privatgesprächen mit dem Fürsten Bismarck berichtet worden. Niemand aber hat diesen Vorkommnissen irgend eine politische Bedeutung beigelegt, am wenigsten Freiherr v. Hoverbeck. Derselbe warnte, wie Eugen Richter erzählt, insbesondere die jüngeren Kollegen, auf Schmeichelreden des Fürsten Bismarck, eines Meisters in jeder Verstellungskunst, jemals irgend etwas zu geben.

Die Fortschrittspartei ließ es in der Frage der Verhaftung von Reichstagsabgeordneten bei der am 16. Dezember 1874 angenommenen Resolution Hoverbeck nicht bewenden. Sie brachte am 8. Januar 1875 ein Gesetz ein zur Abänderung des Artikels 31 der Verfassung, in dem Sinne, daß nach demselben kein Mitglied des Reichstags während der Sitzungsperiode sollte verhaftet werden können, außer wenn es bei Ausübung der That oder im Laufe des nächstfolgenden Tages ergriffen wird. In Fortfall sollte also kommen die Beschränkung, daß die Verhaftung nur wegen einer mit Strafe bedrohten Handlung ausgeschlossen sein sollte. Es gelang der Fortschrittspartei aber nicht, in der Reihenfolge der für die Mittwoche bestimmten Anträge ihren Antrag noch zur Verhandlung zu bringen. Am 28. Januar 1875 erinnerte Hoverbeck bei Festsetzung der Tagesordnung den Präsidenten an diesen Antrag. Er könne freilich angesichts des bevorstehenden Schlusses der Session nicht beantragen, den Antrag noch auf die Tagesordnung zu bringen, da derselbe als Gesetzentwurf drei Lesungen durchzumachen habe.

„Es liegt uns nicht daran, daß über diesen Antrag hin und her geredet werde. Wir wollen durch ein Gesetz die Mitglieder des Reichstages schützen und wir werden es nun in der Weise thun, die uns die zweckmäßigste scheint, nämlich zu rechter Zeit in nächster Session den Antrag wieder einbringen." (Bravo.)

Diese Ankündigung der Wiederholung des Antrages in der nächsten Session war die letzte parlamentarische Kundgebung Hoverbecks. Nach dem Tode Hoverbecks ist der Antrag nicht wieder eingebracht worden. Die letzten Worte Hoverbecks im Reichstage wurden gehört am 29. Januar 1875, als er den Präsidenten erinnerte, nicht die Abstimmung über einen ganzen Gesetzentwurf zu vergessen. Eine Erinnerung, die der Präsident als berechtigt anerkannte.

Am 30. Januar wurde die Session geschlossen.

Neunundvierzigstes Kapitel.

Hoverbecks letzte Lebenstage.

Nach Beendigung der Reichstagssession hielt sich Hoverbeck in Nickelsdorf auf, wie immer mit seiner Gutswirthschaft emsig beschäftigt. Diesmal nahm, wie er am 9. März 1875 seinem Freunde Witt schrieb, „die bestmöglichste Pflege und Ernährung von 75 Mastochsen" sein Interesse besonders in Anspruch. „Du sollst sie sehen", schrieb er an Witt, „und vielleicht sogar schmecken." Am 3. März lud er seinen Freund ein, auch diesmal wieder als „der liebe Ostergast" in Nickelsdorf zu erscheinen. Ostern falle zwar sehr früh, aber das im Vorjahre erbaute kleine Gewächshaus werde auch für diese Feiertage Blumenschmuck spenden.

Am 5. Mai trat Hoverbeck über Königsberg, Berlin, Eisenach und Frankfurt a. M. eine Reise an, um seine kranke Schwägerin, Frau Clara Kaeswurm, geb. Carganico zu einem Luftkurort bei Baden-Baden zu begleiten. Frau Kaeswurm war auch Gesellschaft von Fräulein Anna Wagenbichler. Unterwegs auf der Reise erfreute sich Hoverbeck, wie aus den von ihm gemachten Aufzeichnungen über die Reise hervorgeht, lebhaft an den von Station zu Station sich steigernden Fortschritten der Vegetation.

In Eisenach und Halle wurde Station gemacht. Am 8. Mai traf die kleine Gesellschaft in Baden-Baden ein, woselbst Hoverbeck für die Damen im Ludwigsbad an der Lichtenthaler Allee eine Wohnung besorgte. Hoverbeck besuchte alsdann den Abg. Lasker in Freiburg, wo sich der Letztere zum Besuche seines Bruders aufhielt. Von dort aus nahm Hoverbeck seinen Rückweg über Westfalen; er besuchte in Hamm seinen langjährigen Parlamentskollegen und Freund Uhlendorff und traf mit diesem zusammen am 13. Mai in Bielefeld ein zum Besuche älterer Freunde und Parlamentskollegen aus der Konfliktzeit, des Justizraths Forst-

„Hoverbecks Wohnhaus in Nickelsdorf".

mann des Fabrikdirektors Bertelsmann und seines jüngeren Kollegen Landgerichtsrath Eduard Windthorst. Der Abend des 13. Mai vereinigte die Freunde mit anderen Gesinnungsgenossen in der Gesellschaft „Eintracht.“ Einen Trinkspruch, der auf Hoverbeck ausgebracht wurde, beantwortete dieser mit einem Hoch auf die Partei, ihre Einigkeit und Prinzipientreue.

Im Juni gebrauchte Frau von Hoverbeck eine Kur in Karlsbad. Anfang Juli holte Hoverbeck seine Frau und seine Pflegetochter Olga von dort ab und machte in ihrer Begleitung zum zweiten Male die Reise nach Baden-Baden. Aus der Zwischenzeit ist nur von einer fröhlichen Taufe in Puspern zu berichten, an der Hoverbeck theilnahm und über die er in launigen Versen an seine Schwägerin im Ludwigsbad schrieb.

Am 10. Juli traf die Familie im Ludwigsbad bei Baden-Baden ein. Hoverbeck war nach den Aufzeichnungen seiner Schwägerin so heiter, wie sie ihn noch nie gesehen. Bis zum 16. Juli verblieb man im Ludwigsbad, dann trat Hoverbeck mit Frau und Tochter, der Schwägerin Frau Kaeswurm und Fräulein Anna Wagenbichler die Reise nach der Schweiz an. Auf der Durchreise in Freiburg sprach Hoverbeck Lasker am Bahnhof.

Am 17. Juli traf die Gesellschaft über Basel, Luzern in Gersau am Vierwaldstättersee ein. Der Besitzer des Hotel Müller, ein alter, würdiger und freundlicher Herr, „Papa Müller“ genannt, stand am Ufer und hieß seine Gäste willkommen.

Zwei Schlafzimmer für das Ehepaar Hoverbeck und die beiden anderen Damen waren durch einen kleinen Salon verbunden, in dem man sich gesellig zusammenfand. Am 19. Juli machte die Gesellschaft bei schönem Wetter gemeinsam eine Dampfschifffahrt über den See. Am 20. Juli fühlte sich Hoverbeck krank und klagte über Magenbeschwerden. Am 21. Juli besuchte ihn Dr. med. Zeno Faßbind, der in Gersau wohnende Arzt, untersuchte ihn genau und verordnete Mittel gegen Magenkatarrh. Beim Fortgehen aber winkte der Arzt Frau Kaeswurm zu sich heran und theilte ihr mit, der Magenkatarrh wäre das nebensächliche Leiden bei Hoverbeck, ein anderes aber erfülle ihn mit Besorgniß. Hoverbecks Herz wäre sehr krank, sein schwacher und unregelmäßiger Herzschlag beängstigend — freilich könne Hoverbeck noch Jahre lang damit leben — darum möchte er auch vorläufig nicht seine Frau über diesen Zustand aufklären — aber ausgeschlossen sei die Gefahr nicht, daß einmal ein plötzlicher schneller Tod ihn ereile.

Hoverbeck hielt sich die folgenden Tage über still zu Hause und erfreute sich an dem Vortrag Schubertscher Lieder, von Fräulein Regine Müller, der Tochter des Wirths und einer anderen jungen Dame.

Am 25. Juli war Hoverbecks 54. Geburtstag. Er nahm mit seiner Gesellschaft gemeinsam im Zelt den Morgenkaffee ein, wobei ihm ein von seiner Schwägerin verfaßter scherzhafter Hymnus auf seinen alten vielgeliebten blauen Mantel erheiterte und erfreute. Besonders bewegt lauschte er am Nachmittag wiederum dem Gesange der erwähnten Lieder.

Am 26. Juli las Hoverbeck aus einem seiner Reisetagebücher vor. Während des Aufenthalts in Gersau nahm er auch gern Schillers Wilhelm Tell zur Hand und las daraus vor. Als er in der vierten Scene im ersten Aufzug bis zu der Stelle gekommen war: „Oh, eine edle Himmelsgabe ist das Licht des Auges" war er so bewegt, daß er nicht weiter lesen konnte.

Am 27. Juli unternahm die ganze Gesellschaft bei großer Hitze eine Fahrt zum Axenstein hinauf. Vor dem Trubel in dem großen Hotel flüchtete Hoverbeck auf eine Bank unter einem alten Birnbaum, um dort in der Stille die herrliche Aussicht auf den See und die Gebirgswelt zu genießen. Hier hatte er den Uri-Rothstock so recht vor Augen, der stets einen besonderen Eindruck auf ihn machte. Die folgenden drei Tage verflossen sehr still. Die Fahrt nach Axenstein hatte Hoverbeck sehr ermüdet und angegriffen.

Am 30. Juli gewahrte Eduard Windthorst, als er mit seiner Gattin auf dem Vierwaldstätter See bei Gersau vorüberfuhr, Hoverbeck in den unmittelbar an den See stoßenden Anlagen lesend und unter Bäumen sitzend. Windthorst rief mit lauter Stimme Hoverbeck bei Namen, worauf dieser aufsprang, an den See eilte und: „Wer da?" rief. Auf die Antwort: „Bielefeld" rief er zurück: „Ich kenne Dich" und winkte ihm freundlich zu.

Am folgenden Tage besuchte dann Eduard Windthorst mit seiner Frau von Beckenried kommend, Hoverbeck in Gersau. Er traf ihn Vormittags an derselben Stelle in den Anlagen. Hoverbeck war über den Besuch sehr erfreut und bat, doch so lange zu bleiben, bis seine auf einem längeren Spaziergang begriffene Familie zurückgekehrt sei. Hoverbeck befand sich, wie Windthorst schreibt, in schwermüthiger Stimmung und klagte darüber, daß er sich so müde und angegriffen fühle. Nach etwa einstündiger Unterhaltung, die ihn sehr anzuregen schien, kamen Frau v. Hoverbeck und die anderen Damen von ihrem Spaziergange zurück. Nach einem weiteren halbstündigen Beisammensein verabschiedete sich Windthorst mit seiner Frau. Hoverbeck und die Seinigen begleiteten Windthorst zum Dampfer, der sie nach Brunnen führen sollte. Beim Abschied war Hoverbeck sehr bewegt, küßte Windthorst wiederholt und sagte: „Ich danke Dir, lieber Freund, für Deinen Besuch, der mir meine trüben Gedanken verscheucht hat, Du weißt nicht, wie große Freude Du mir dadurch bereitet hast.“ Das Schiff fuhr ab. Mit den Tüchern winkte man sich hüben und drüben noch ein Lebewohl zu.

Als nach dieser Abfahrt Hoverbeck vor dem Mittagessen noch einmal auf sein Zimmer hinaufgehen wollte, brach er auf der Treppe ohnmächtig zusammen. Dr. Faßbind kam sofort; es wurden kalte Umschläge auf die Stirn gemacht, weil Hoverbeck diese sich beim Fallen, allerdings nur unbedeutend, beschädigt hatte. Am folgenden Morgen klärte Dr. Faßbind Frau v. Hoverbeck mit aller Schonung über ihres Gatten Zustand auf. Am Nachmittage brachte er noch einen anderen Arzt mit, der Dr. Faßbinds Urtheil darin bestätigte, daß Hoverbeck schon längere Zeit herzkrank gewesen sein müsse. Hoverbeck war sehr matt, schlummerte zumeist, die größte Ruhe war anempfohlen worden. In den folgenden sieben Tagen ging es abwechselnd bald etwas besser, bald wieder schlechter.

Der 10. August war ein sehr heißer Tag. Die Abgg. v. Forckenbeck und Lipke meldeten ihren Besuch an, durften aber nicht vorgelassen werden. Am 11. August hatte Hoverbeck eine gute Nacht gehabt. Seine Schwägerin fuhr am Nachmittage mit seiner Pflegetochter nach Flüelen. Abends nach ihrer Rückkehr mußte die Schwägerin über die Fahrt berichten und wie sein lieber Uri-Rothstock in der Abendsonne schön geleuchtet habe. „Ja“, sagte Hoverbeck, „man kann einen solchen Berg, oder auch einen schönen alten Baum lange betrachten und immer wieder aufsuchen und neue Freude daran haben. Es ist gut, daß Du das auch kannst.“

In der Nacht zum 12. August hörte die Schwägerin aus Hoverbecks Schlafzimmer den von Frau von Hoverbeck an Fräulein Wagenbichler gerichteten Ruf „Anna!“ So lange ich lebe, schreibt sie in ihren Aufzeichnungen, vergesse ich nicht, welche Seelenangst in diesem Ruf lag. „Anna und ich sprangen sofort auf, traten leise an Hoverbecks Bett, hörten nur noch ein paar ganz schwache Athemzüge von ihm, dann wurde es ganz still — er war sanft hinübergeschlummert und die aufgehende Sonne beschien das edle, milde Antlitz des geliebten Todten. Um 5 Uhr Morgens läuteten die Glocken durch die weit geöffneten Fenster vom See herüber, wie eine Todtenklage um einen der besten, edelsten Menschen, den mit uns in der Heimath so Viele zu früh verloren." Der herbeigeholte Arzt, Dr. Faßbind, konnte nur noch den Tod durch Herzschlag feststellen. Die Gattin Hoverbecks war ganz gebrochen; die kleine Pflegetochter Olga wurde geweckt und war untröstlich über die Nachricht.

Die Leiche wurde bald darauf hinuntergetragen und in einem kleinen Badehause in einem hellen Zimmer niedergesetzt. So lag Hoverbeck friedlich gebettet in dem Häuschen am See, an dem die Seinigen manchmal mit ihm gesessen und dem Spiel der Wellen zugesehen hatten.

Am 14. August wurde Hoverbeck in aller Frühe eingesargt. Tags darauf traf Hoverbecks Bruder aus Queetz ein; am Nachmittage kam der Bruder von Frau v. Hoverbeck, Theodor Kaeswurm aus Puspern, an. Am 16. August wurde die Leiche nach Luzern überführt. An das Dampfschiff war ein kleiner Kahn angekettet, ein Fährmann stand mit dem Ruder darauf. Ein großer Kasten, mit schwarzer Decke bedeckt, barg den Metall- und Eichenholzsarg, in dem das irdische Theil von Hoverbeck ruhte. Unter treuer Führung seines Bruders wurde der Sarg nach Nickelsdorf übergeführt. Am folgenden Tage verließ Frau v. Hoverbeck mit ihrer Pflegetochter, den anderen Verwandten und Freunden Gersau, um nach der Heimath zurückzukehren.

Fünfzigstes Kapitel.

Trauerfeier.

Am 22. August wurde Hoverbeck auf seinem Gute Nickelsdorf bei Allenstein bestattet. Hunderte von Verehrern und Gesinnungsgenossen des Entschlafenen waren aus allen Theilen der Provinz herbeigeströmt. Die zeitigen und die früheren Abgeordneten der Fortschrittspartei aus Ostpreußen waren nahezu sämmtlich erschienen, ebenso Mitglieder des Provinziallandtags, eine große Zahl Gutsbesitzer aus den Kreisen Allenstein, Ortelsburg und Neidenburg. Aus der Stadt Allenstein war ein großer Theil der

Einwohnerschaft mit dem dortigen Gesangverein herüber gekommen. Sämmtliche Einsassen des Guts und Dorfes waren zugegen vom ältesten Arbeiter bis zu den Kindern der von Hoverbeck gegründeten und von seiner Gemahlin geleiteten Kleinkinderschule, jedes mit einem Kranze oder Sträußchen, so gut es ihn hatte winden können. Um 2 Uhr wurde der mit Blumen reich geschmückte Sarg in den Garten, Hoverbeck's Lieblingsschöpfung, gefahren und unter zwei Zwillingsbäumen, einer Eiche und einer Linde, die er zum Andenken an seine Eltern mit eigener Hand gepflanzt hatte, niedergesetzt.

Nachdem die Trauerversammlung einen weiten Kreis geschlossen und die Sänger das „Integer vitae“ gesungen, trat Professor Dr. **Möller** aus Königsberg neben den Sarg und sprach im Namen der Freunde ergreifende Worte des Abschieds; sie gingen zu Herzen, weil sie von Herzen kamen.

Redner gedachte der treuen Gattin, mit der der teure Entschlafene während des besten Theils seines Lebens in unwandelbarer Liebe Freude und Leid getheilt hat und die ihm auf seinem letzten Krankenlager Trost und Hilfe gebracht. Er gedachte der Geschwister, die mit ihm durch die Bande des Blutes und die unauslöschlichen Erinnerungen der Kindheit verknüpft waren. Stolz habe jeder sein können, der sich rühmen durfte, ein Freund des Entschlafenen gewesen zu sein. Aber weit hinaus über diesen engen Kreis, ja bis in Deutschlands fernste Gauen, bekundet sich Theilnahme, Bestürzung und Trauer über das Ereigniß. Wohin man in der Oeffentlichkeit blickt, auf die Organe der Presse, welcher Richtung sie auch folgen, welche Partei sie vertreten mögen, mit beispielloser Uebereinstimmung haben sie nur Worte warmer Anerkennung für den Dahingeschiedenen und schmerzlichen Bedauerns über seinen unerwartet frühen Heimgang. *Unser Hoverbeck hat keinen Feind gehabt. Viele Gegner zu haben und keinen Feind, das ist die höchste Ehre.*

In den vordersten Reihen der Kämpfenden stehend, sah er sich erklärlicher Weise einer Menge von Gegnern Aug' in Auge gegenüber. Und doch unter ihnen Allen keinen Feind! Kein hämischer Triumph, vom gefürchteten Gegner befreit zu sein. Kein Mißklang des Tadels, oder übler Nachrede hat die wohlthuende Harmonie jener anerkennenden Stimmen gestört. So ehrt das Zeugniß der Zeitgenossen den edlen Charakter des Freundes, der wie ein reiner Spiegel, wie ein aufgeschlagenes Buch vor Jedermanns Augen lag. Nie hat die Verleumdung, die so viele öffentliche Charaktere benagt, auf ihn den kleinsten Flecken zu werfen vermocht.

Frei von jeder Selbstsucht, frei von jener Eitelkeit, die so gern das eigne Ich und die eignen Leistungen ins hellste Licht stellt, stets bereit, Andere zu ermuthigen und ihre Verdienste anzuerkennen, streng in seinen Anforderungen an sich selbst und milde gegen Andere; *von eiserner Pflichttreue, von unbeugsamem Rechtsgefühl und reinster Vaterlandsliebe* beseelt; bei aller Nüchternheit des Verstandes und Schärfe des Urtheils *von idealer Begeisterung für Freiheit und Humanität* getragen, so haben unsern *Hoverbeck* Alle kennen gelernt, die Gelegenheit hatten, ihm näher zu treten, sei es ihm zur Seite, sei es ihm gegenüber. So wird sein Bild in Aller Erinnerung fortleben.

Hier, an der Stätte des Friedens, wo alle Parteiansichten zurücktreten müssen, ist es nicht unsere Aufgabe, auch Hoverbecks politische Wirksamkeit und Stellung ausführlicher zu schildern. Hier erinnern wir uns nur an den Menschen Hoverbeck, den wir geliebt haben, dem unser Dank und unsere Bewunderung ins Grab folgt und den wir zugleich glücklich zu preisen Ursache haben. Ja, glücklich! Denn wenn das Glück zunächst ein innerliches ist, so muß es unser Freund in sich, in der steten, sicheren Herrschaft über sich selbst, in dem Gefühl schöner Harmonie aller seiner Seelenkräfte gefunden haben. Aber er hat auch den seltenen Vorzug genossen, sein ganzes Leben dem kräftigen Wirken für seine Ueberzeugungen und seine idealen Ziele weihen zu können. Manches hat er in dieser Richtung erreicht und volle Anerkennung dafür gefunden. Mehr, viel mehr noch blieb ihm zu thun übrig. Aber sein Muth und sein Vertrauen in die Zukunft waren ungebrochen und so hat ihn mitten aus freudigem und fruchtbarem Schaffen ein sanfter Tod hinweggenommen, ehe noch das Alter ihn mit dem drückenden Gefühle sinkender Kraft heimsuchen konnte. Gar oft werden seine Freunde Hoverbecks bewährte Erfahrung, sicheres Urtheil und festen Charakter schmerzlich vermissen. Der schwere Seufzer wird sich unserer Brust so manchesmal entringen: Ach, hätten wir ihn noch unter uns! Aber dann werden wir uns aufrichten an seinem Beispiel und sein Andenken dadurch ehren, daß wir fortwirken in seinem Geiste, daß wir, wie er es gethan hat, alle unsere Kräfte daran setzen für Recht, Freiheit und Vaterland.

So ruhe denn sanft, du edles Herz! Ruhe aus von deiner Arbeit hier in dem heimathlichen Boden, den du so sehr geliebt hast, daß dir nur noch das Vaterland darüber ging; hier in diesem Garten, den deine kunstverständige Hand geschaffen hat, unter dem säuselnden Dache jener Bäume, die du gepflanzt und gepflegt hast und die dir ihre Frucht noch manches Jahr hätten zum Lohne bieten können! Nun reifen ihre Früchte für ein anderes Geschlecht. Aber ebenso wird, was du auf anderem Gebiet gesäet und gepflegt hast, aufgehen und gedeihen zum Heile kommender Geschlechter durch viele, viele Jahre. So wird sich an unserem Freunde erfüllen das Wort der Schrift: „Das Andenken des Gerechten bleibet ein Segen."

Nach abermaligem Gesange setzte sich der Zug in Bewegung zu einem schönen Platz am Ende des Gartens und am Rande des Waldes, wo die mit Eichenlaub ausgekleidete Gruft des Entschlafenen harrte. Der Sängerchor trug eine Cantate vor, und der evangelische Pfarrer von Allenstein, Sapatka, weihte nun mit einer gehaltvollen Rede die Grabstätte ein. Anknüpfend an den Spruch aus dem ersten Buche Samuelis:

„So sind sie gefallen, die Helden, und umgekommen die Streitbaren," schilderte er nochmals die hohe Bedeutung des Entschlafenen für unser ganzes staatliches Leben, hob aber daneben insbesondere die schlichten, rein menschlichen Tugenden desselben, seine treue Pflichterfüllung auch im engsten Kreise, seine Leutseligkeit gegen Jedermann hervor.

Als das Grab sich über dem Sarge geschlossen hatte, trat tief bewegt der Schwager, Freund und langjährige Kampfgenosse Hoverbeck's, der Landtagsabgeordnete Dr. Bender heran. Im Namen des deutschen Volkes und seiner Vertreter rief er dem Volksmanne, dem es sein Lebelang heiliger Ernst mit Erfüllung jeder, auch der schwersten, Pflicht gewesen, der all seine Lebenskraft für seine Sache geopfert, den letzten Dank nach und legte als Ausdruck desselben einen Eichenkranz auf den Grabhügel. Ihm folgten unzählige andere Kränze von fern und nah gespendet; bald war das Grab selbst unter Kränzen und Blumen begraben.

Am 18. September 1875 fand in **Königsberg** in der Bürgerressource eine Gedächtnißfeier für Hoverbeck statt; der große Saal faßte mit dem Nebenraum kaum die stattliche Zahl von Freunden und Verehrern Hoverbecks, welche nicht nur aus der Stadt, sondern auch aus weiter Entfernung herbeigeeilt waren, um an der Feier Theil zu nehmen. Vom Hintergrunde der Rednerbühne grüßte die Freunde, von Cypressen umstellt, unter trauerflorumwundenen, schwarz-roth-goldenem Wappenschilde das eichenlaubumkränzte Bildniß Hoverbeck's; ein sprechend ähnliches Porträt, welches für diesen Zweck nach einem kleinern Bilde in dem Atelier von Gottheil und Sohn ausgeführt war.

Der Vorsitzende Dr. Ulrich begrüßte die Versammlung im Namen des Festkomités. Es gelte eine Gedächtnißfeier für den jäh aus dem Leben gerissenen langjährigen Abgeordneten, den Gründer und Führer der deutschen Fortschrittspartei. Der Rückblick auf sein Wirken solle nicht nur Trauer über den erlittenen Verlust wecken, sondern auch zur freudigen Nacheiferung entflammen; Hoverbeck's Name soll ein Hebel und ein Sporn zur Arbeit sein, um das einzig verfolgbare, unerreichte Ziel der Volksfreiheit. Der Sängerverein stimmte unter der Leitung seines Dirigenten, Albert Hahn, B. Anselm Weber's weihevollen Gesang an: „Rasch tritt der Tod den Menschen an".

Alsdann hielt Professor Dr. **Möller** († 1887) die Gedächtnißrede, in welcher er in eingehender Weise den Lebensgang des Verstorbenen schilderte und ein Bild gab der öffentlichen und politischen Thätigkeit Hoverbecks bis zu seinem letzten Antrag im Reichstag behufs Aufrechthaltung der Würde desselben.

Fassen wir, führte zum Schluß Redner aus, die einzelnen Züge zu einem Gesammtbilde der geistigen Persönlichkeit Hoverbecks zusammen, so erscheint er uns als ein Muster bürgerlicher Tugend, als einer der reinsten und edelsten öffentlichen Charaktere.

Bei aller Schärfe des Verstandes, bei aller kühlen Vorurtheilslosigkeit, bei aller gehaltenen Ruhe seines Wesens, war er durchglüht von einer idealen Begeisterung für die höchsten Güter der Menschheit, für Recht und Freiheit, Vaterland und Humanität, einer Begeisterung, wie man sie leider heut zu Tage immer seltener werden sieht. Sie, diese reine Flamme, flößte ihm vor Allem jene bewundernswerthe Pflichttreue ein, die vor keiner Anstrengung, keinem persönlichen Opfer zurückscheute, die strengsten Anforderungen an sich selbst stellte und stets mit vollem Ernste bei der Sache war. Nie sah man Hoverbeck in einer Sitzung des Parlaments auf seinem Platze fehlen; den abspannendsten Verhandlungen folgte er mit unermüdlicher Aufmerksamkeit, und dennoch konnten ihn die Vergnügungen der Hauptstadt selbst Abends keiner etwa anberaumten Fraktions- oder Kommissionssitzung abwendig machen. Wer die oft nur spärlich besetzten Bänke unserer Parlamente gesehen hat, wer da weiß, wie viele Mitglieder selbst bei wichtigen Abstimmungen ohne Entschuldigung fehlen, wird eine solche Pünktlichkeit und Gewissenhaftigkeit schon an sich zu schätzen wissen. In den Kommissionen aber, die ja die eigentliche Geschäftslast des Hauses tragen, war er nicht nur ein regelmäßiger Besucher, sondern einer der tüchtigsten, gründlichsten Arbeiter. Natürlich war seine Stimme in der Fraktion seit Jahren von entscheidendem Einflusse, und galt es eine wichtige Unterhandlung mit anderen Fraktionen, so war er fast immer einer der dazu erwählten Vertrauensmänner. Bei alledem war er von so liebenswürdiger Bescheidenheit, so frei von Eitelkeit, von der Sucht, sich hervorzudrängen und seine Leistungen ins hellste Licht zu stellen, daß mancher Antrag, manches Amendement, dessen eigentlicher Urheber er war, unter anderem Namen in die Welt gegangen ist. Ja, er machte es sich ausdrücklich zur Aufgabe, jüngere aufstrebende Talente zu ermuthigen und auf den rechten Platz zu stellen. Von der einem Volksvertreter ziemenden Uneigennützigkeit hatte er so strenge Begriffe, daß sie in Peinlichkeit übergingen.

Er war im Parlament Meister in jenen kurzen, schlagenden Erwiderungen, welche im richtigen Augenblicke gesprochen, gerade den Kern der Sache trafen, und deshalb auch jederzeit die volle Aufmerksamkeit des Hauses erregten, so zwanglos etwa auch vorher die Privatunterhaltung vor sich gegangen war.

Die Gunst der Großen hat Hoverbeck nie gesucht. Jeder Zoll ein echter Demokrat, ist er durchs Leben gegangen ohne Orden und Titel; selbst von demjenigen, was ihm die Geburt verliehen, hat er kaum Gebrauch gemacht. Aber die ungetheilte Liebe und das Vertrauen des Volkes, die allgemeine Hochachtung und Verehrung, welche ihm durch das Leben bis ins Grab gefolgt sind, werden ihn reichlich für jenen Tand entschädigt haben.

Uns aber möge sein leuchtend Beispiel vorschweben als Panier auf der Bahn der Pflicht und Ehre! Pflicht und Ehre sei es uns, wie er es gethan, für Freiheit, Recht und Vaterland alle unsere Kraft einzusetzen, bis daß sie uns versagt! Und damit wende ich mich besonders an das jüngere Geschlecht, das seine Schuld dem Vaterlande noch nicht bezahlt hat: Möge es erkennen, an dem Beispiele eines Volksmannes, wie Hoverbeck, daß es etwas Höheres giebt, als äußere Ehre, materiellen Gewinn und sogenannten Lebensgenuß. Der nur hat nicht umsonst gelebt, der seinem Volke ein Erbe von sittlichen und geistigen Gütern hinterlassen kann! Auch damit ist es nicht allein gethan, daß man das Vaterland im Momente der äußeren Gefahr tapfer vertheidigt: nicht allein auf dem Schlachtfelde stirbt man fürs Vaterland! Höher als den kriegerischen Lorbeer schätzten die Römer die Bürgerkrone! Sie wird nicht im raschen, muthigen Anlauf erkämpft; sie will durch ausdauernde, opfervolle Arbeit verdient sein. Aber dafür kleben auch nicht Blut, noch Thränen an ihr. Eine Bürgerkrone wird die Geschichte um den Namen Hoverbecks flechten; nach ihr lassen Sie auch uns streben!

Nach Schluß der Rede intonirte der Sängerverein Julius Ottos „Trost". Damit war die erhebende Feier beendigt.

Am 13. November 1875 fand eine Gedächtnißfeier für Hoverbeck im Festsaale des **Berliner** Rathhauses statt, veranstaltet vom Verein für öffentliche Angelegenheiten. Zahlreiche Mitglieder des Reichstags aus allen liberalen Parteien wohnten der Feier bei. Auch die Mitglieder der städtischen Behörden, Oberbürgermeister Hobrecht an der Spitze, waren nahezu vollzählig erschienen, die angesehensten Bürger der Stadt waren zugegen. Die Versammlung zählte etwa 800 Personen. Im Hintergrunde des Saales stand die Rednerbühne und hinter derselben, umgeben von einem Walde von Topfgewächsen, die von dem Bildhauer Lessing meisterhaft ausgeführte, wohlgetroffene Kolossalbüste Hoverbecks. Zum Beginn der Feier führte die Kapelle des Professors v. Brenner das Adagio aus der Eroica von Beethoven aus. Alsdann hielt Abg. Professor Dr. **Virchow** die Gedächtnißrede.

„Nicht um des Verewigtenwillen", so führte Redner aus, „veranstalten wir diese Feier. Uns möchte fast ein Zweifel beschleichen, ob wir dabei in seinem, des allerbescheidensten Mannes Sinne handeln. Nicht um seinetwillen, sondern um unsertwillen, wollen wir die Erinnerung an ihn neu beleben. Er ist von uns geschieden inmitten einer Bewegung, welche er selbst mit hervorgerufen hat, welche aber noch lange nicht abgeschlossen sein wird. Noch empfindet Jedermann die Lücke, welche sein Tod gerissen hat, und wir Alle wissen es, daß wohl die Zeit, die Alles ebnet, diese Lücke schließen, aber daß Niemand sie ausfüllen kann. Noch ist nicht der Tag gekommen, wo die unparteiische Geschichte abwägen kann, wie viel Recht jeder Einzelne in den Kämpfen unserer jüngsten Vergangenheit hatte. Noch stehen wir in der Brandung, und ob auch die Wellen heute in einer anderen Richtung gehen als gestern und vorgestern, noch ist unser Schiff fern vom Hafen. So kann es nicht und soll es nicht unsere Absicht sein, eine künstliche Unbefangenheit zu heucheln, fern sei es von uns, unsere Parteilichkeit zu verleugnen. Hoverbeck war Parteimann bis in den Tod. Wenn die alten Sagen erzählen, daß am Abende des Schlachttages die Geister der Erschlagenen sich von dem Schlachtfelde erheben und den Kampf in den Lüften fortsetzen, so können auch wir sagen, daß unseres Freundes Geist mit uns kämpfen wird in den parlamentarischen Schlachten. So lange es eine Fortschrittspartei in Preußen und Deutschland giebt, so lange war er in ihr, und mit Recht hat mehr denn einer unter seinen Zeitgenossen den Satz bezeugt, daß Hoverbecks Geschichte eigentlich die Geschichte der Fortschrittspartei ist."

In der Schilderung der politischen Wirksamkeit Hoverbecks stellt

Virchow einen Vergleich an zwischen Hoverbeck und dem kurz vor demselben (3. Juni 1875) verstorbenen westfälischen Abg. Freiherrn v. Vincke:

„Der westfälische und der ostpreußische Freiherr konnten auf den ersten Blick wie zu einander geschaffen erscheinen. Beide aus einer äußerlich ganz unabhängigen Stellung in das öffentliche Leben tretend, ohne Streben nach Amt und Würden, beide mit einem großen Blick für das Gesammte des Staatswesens ausgestattet, schlagfertig in der Rede und überlegt im Rath, beide durch einen aristokratischen Namen und durch Ansehen ihrer Väter nach oben wie nach unten empfohlen und über viele Andere emporgehoben, fanden sie den Weg zu einer bedeutenden Stellung geebnet vor sich.

Der Mann des strengen Rechtsbodens war nicht blos dem Namen nach Freiherr, sondern Aristokrat im strengsten Sinne des Wortes. Die Demokratie haßte er: ein politischer Zustand in Preußen, in dem der Demokratie ein bestimmter Einfluß zufiel, schien ihm unmöglich. Wie anders Hoverbeck! Für ihn war der Freiherrntitel nur eine stete Mahnung, adligen Sinnes zu sein und adlig zu handeln. Grundsätzlich nannte er sich ohne alle Zusätze zu seinem Namen, und er würde sicherlich ein Edelmann gewesen sein, auch wenn er als Bauer geboren wäre.

Hoverbeck war in Wirklichkeit eine durch und durch demokratisch angelegte Persönlichkeit. Der westfälische Freiherr war ein Mann des Rechts, d. h. des gegebenen Rechts; unser Freund war ein Mann der Freiheit, d. h. des werdenden Rechts. Er wußte, daß ein gutes Stück des gegebenen Rechts Unrecht ist, und er besann sich keinen Augenblick, die Axt an solches unrechtes Recht zu legen, um neues und besseres Recht zu schaffen. . . .

Ein Mann, wie Hoverbeck hätte wohl den Ehrgeiz haben können, hohe Stellungen zu ambiren. Wer war mehr befähigt, als er, bedeutende Verwaltungsämter zu bekleiden? Wem wäre wohl in der Provinz, ja im ganzen Lande größeres Vertrauen entgegen getragen worden? Wer konnte ihm an Ehrlichkeit und Treue vorangestellt werden? Und doch war es sein und unser Glück, daß er geblieben ist, was er war, daß er keine andere Ehre empfangen hat, als die er sich selbst gab, freilich die höchste Ehre, die einem Manne gegeben werden kann: die Ehre, seinen Charakter rein und unverfälscht in allen Anfechtungen bewahrt zu haben. Und welche größere Ehre giebt es für eine Partei, als das Bewußtsein, daß ihre großen Todten gestorben sind in dem Bewußtsein der dauernden Zusammengehörigkeit mit den zurückbleibenden Kampfgenossen? Wissen wir es doch, daß die Taddel, Waldeck, Kosch und Hoverbeck auch jetzt noch an unserer Seite stehen würden, wenn sie noch unter den Lebenden wandelten. Alle, die das Programm der Fortschrittspartei von 1861 unterzeichneten, waren sich wohl bewußt, daß es langer und beharrlicher Arbeit bedürfen werde, um das Ziel zu erreichen, aber wohl Wenige achteten es, wie viele der besten und edelsten Kräfte aufgerieben und dahin gerafft werden würden in diesem Mühen.

Das Wort: der Parlamentarismus wird durch den Parlamentarismus getödtet, hat sich nicht bestätigt, wohl aber tödtet der Parlamentarismus die Parlamentarier. Auch Hoverbecks stählerne Natur erlag den Anstrengungen. Ermüdet kehrte er nach jeder Session zu seinen Feldern und Gärten zurück, um wie Cincinnatus bei jedem neuen Rufe wieder auf seinen bedeutenden Posten zu treten. Hoverbeck sah mit Sorgen in die Zukunft, die mangelhafte Organisation des Reiches beschäftigte seinen Geist, und selbst der Kulturkampf erschien ihm in manchen seiner Reden als ein verführerischer Nebenweg, um nicht zu sagen Abweg, der das Volk von der Hauptsache ablenkte, und wenn wir schließlich auch bei ihm die Ueberzeugung durchbrechen sahen, daß dieser Kampf ein wichtiges Glied in der Befreiung des Volkes darstellte, so bekümmerte es ihn doch anhaltend, daß auch dieser Kampf ein politischer, mehr aus äußern Gründen unternommener war, keineswegs aber ein aus freier und bewußter Einsicht in die sittliche Nothwendigkeit der religiösen Befreiung des Bürgers mit voller Klarheit über das zu erreichende Ziel und mit der Absicht der ganzen Erfüllung geführter. Niemals aber schwand in Hoverbeck die Hoffnung, daß trotz alledem und alledem das deutsche Reich ein Reich der Gerechtigkeit und des Fortschritts werden werde. In dieser Zuversicht, in dieser Hoffnung hat er sein Leben gelassen. Er war hinausgegangen zu den Bergen, wo die Freiheit wohnt. Er suchte Stärkung für neue Arbeit. Sie sollte ihm nicht mehr zu Theil werden. Hatte er doch sein reiches Maß an Arbeit getragen. Sein Platz im Parlament wird durch einen Anderen besetzt werden. Wir, seine Partei, ja sagen wir, sein Volk wird diesen Platz stets leer sehen. Die mächtige Rolandsgestalt ist auf immer gebrochen. Wenn sie sich erhob, weithinragend, wenn man sie sah, die Erscheinung eines Mannes, der ganz und fest in sich selbst ruhte, so gewann Jeder, der bedrückten Herzens war, Jeder, der auf ehrlichen Spruch harrte, Zuversicht. Wie jener polnische Bauer einst eine Rede von ihm in einer Wählerversammlung hörte und ihm Beifall zurief, obwohl er kein Wort der Rede verstand, so wußte Jeder, der in dieses sichere Auge blickte, der dieses männliche Antlitz voll Entschlossenheit und Muth schaute, daß dieses Mannes Gewissen rein war, wie Gold, und sein Sinnen und Trachten licht, wie die Sonne. Der Worte, welche aus seinem Munde fielen waren wenige, aber sie waren scharf und schneidig wie ein Messer. Vor ihnen bestand kein Deckmantel der Lüge, keine Verhüllung der Wahrheit. Und doch lag in diesem Gesicht ein Zug der Mäßigung, der Milde, der Leutseligkeit, der die Herzen öffnete und die kommende Verständigung in allem Guten und Rechten ankündigte. — Das Alles ist nun gewesen. Noch sehen wir, von dem jähen Schlag gelähmt, nur den Verlust. Nichts bleibt uns, als die Erinnerung. Kein Trost, als daß diese Erinnerung niemals in uns schwinden wird. **Er war unser, er wird unser bleiben. Sorgen wir, daß wir seiner würdig bleiben!"**

Tief bewegt schloß der Redner. Die Kundgebungen der Versammlung bewiesen, wie treffend Virchow ihrer Stimmung Ausdruck gegeben hatte. Nach der Rede intonirte der Domchor nach der Melodie Integer vitae das von Albert Träger zur Feier des Tages verfaßte Gedicht (vgl. S. 1 des ersten Bandes dieses Werkes). So schloß die ernste und erhebende Feier.

Ruhm ihm und Ehre, den wir beklagen,
Hoch wird und herrlich sein Bildniß stets ragen,
Aller Getreuen weitleuchtende Warte,
Stern und Standarte!

Berichtigungen und Ergänzungen.

1. Zur ersten Abtheilung des zweiten Theils.

S. 80. **Bismarck** ist nicht am 19. September abends, sondern erst am 20. September **1862** morgens in Berlin angekommen. — Vom Kronprinzen hatte der König schon am 20. September morgens erfahren, daß Bismarck in Berlin anwesend sei. Der König erfuhr dies also nicht erst von Roon am 21. September. In Bismarcks Darstellung („Gedanken und Erinnerungen I, 268) ist nicht davon die Rede, daß „schwere Bedenken" wegen des Verfassungseides in Frage gekommen seien. „Es gelang mir, ihn zu überzeugen, daß es sich für ihn nicht um konservativ oder liberal in dieser oder jener Schattirung, sondern um königliches Regiment oder Parlamentsherrschaft handle und daß die letztere unbedingt und auch durch eine Periode der Diktatur abzuwenden sei" (I, 269).

S. 91, 98. Nach den „Gedanken und Erinnerungen" des Fürsten Bismarcks I, 284 hat die Fahrt **Bismarcks** und des Königs von Jüterbog nach Berlin, auf der Bismarck dem Könige seine schweren Gedanken über den beiderseitigen Tod auf dem Schafott ausgeredet hat, doch 4. Oktober **1862** stattgefunden. Die amtlichen Hofnachrichten müssen danach unrichtig sein. Der Inhalt der Unterredung ist in den „Gedanken und Erinnerungen" ähnlich dargestellt wie in Bismarcks Erzählung vom 23. Februar 1889 nach dem Briefe des Landtagsabgeordneten von Eynern.

S. 101. In der Antwort des **Königs** vom 2. Januar **1863** auf das Glückwunschschreiben des Oberstlieutenants Freiherrn v. Vincke-Olbendorff zu Neujahr hat der König sich über die Lückentheorie dahin ausgesprochen, daß er das „Nichts", das die Verfassung im Falle der Verwerfung des reduzirten Budgets durch das Herrenhaus vorschreibe, suggerieren und als guter Hausvater weiterführen und später Rechenschaft geben müsse, nachdem das Abgeordnetenhaus sein Recht zur Vernichtung der Armee und des Landes benutzt habe. Aus dem Briefe ergiebt sich, daß die Vorgänge bei der Episode vom 17. September 1862 dem Könige unrichtig dargestellt sind. („Gedanken und Erinnerungen" I, 309 f.)

S. 132—138. In den „Gedanken und Erinnerungen" erzählt Bismarck in dem Kapitel „Die Alvenslebensche Konvention" von einer Unterredung mit dem Kaiser Alexander von Rußland. Dieser Inhalt stimmt mit dem überein, was er dem Vizepräsidenten Behrend im Februar **1863** auf dem Hofball darüber mittheilte.

2. Zur zweiten Abtheilung des zweiten Theils.

S. 16 **Stellvertretungskosten.** Waldeck, der seine Geschäfte regelmäßig nach wie vor versah, mußte trotzdem einen Stellvertreter bezahlen. Ein Kreisrichter im Kammergerichtsbezirk (Knövenagel) kam darum ein, daß ihn sein Sohn, der bei demselben Gericht als Gerichtsassessor ohne Diäten arbeitete, vertreten dürfe. Es wurde ihm abgeschlagen und statt dessen ein Assessor aus der Ferne zu seiner Vertretung herangezogen.

S. 252 **Militärpensionsgesetz.** 7. Juni 1871. Bei der Berathung des Gesetzentwurfs, betreffend die Pensionirung und Versorgung der Militärpersonen des Reichsheers und der Marine, sowie die Unterstützung der Hinterbliebenen solcher Personen hatte Bonin in Uebereinstimmung mit der Regierung ausgeführt, daß man für die Offizierskinder länger sorgen müsse, als für die Kinder der Mannschaft, weil diese im Ganzen und im Durchschnitt mit vollendetem 15. Jahre die Möglichkeit haben, sich selbst ihren Unterhalt zu erwerben, und Kinder der Offiziere erst viel später. — Hoverbeck entgegnete:

Meine Herren, die Unterscheidung, die der Herr Vorredner soeben vorgetragen, die Unterscheidung zwischen den Kindern der Mannschaften und den Kindern der Offiziere, höre ich bei der in unserem Volke geltenden allgemeinen Wehrpflicht, worauf ich besonders aufmerksam mache, fast ebenso ungern, als die Unterscheidung zwischen dem Ehrgefühl der Offiziere und dem Ehrgefühl der übrigen Mannschaften (Sehr wahr!)

S. 323. Abg. **Eugen Richter** widmet in seinen Erinnerungen „Im alten Reichstag" (Bd. I S. 113) Hoverbeck die nachfolgenden Zeilen: „In Hoverbeck verlor die Fortschrittspartei einen Führer, wie sie ihn vorher und nachher nicht besessen. Mit Ausnahme des Abg. Windthorst (Meppen) ist auch in keiner anderen Partei des Reichstags ein Führer hervorgetreten, der ihm verglichen werden könnte. Hoverbeck besaß nicht im Geringsten persönlichen Ehrgeiz; er überließ auch 1874 die ihm angebotene Stelle des Vizepräsidenten des Reichstages dem Abg. Hänel. Hoverbeck befaßte sich nicht mit Fachfragen und Lieblingsgegenständen, dagegen übersah er stets voll und ganz die allgemeine politische und parlamentarische Lage und wußte immer klar und bestimmt, was der Augenblick von der Partei und ihren Rednern erforderte. Er präsidirte fast allen Fraktionsverhandlungen und zwar mit ebensoviel Liebenswürdigkeit wie Bestimmtheit, führte die Verhandlungen mit anderen Parteien mit diplomatischem Geschick und wußte im parlamentarischen Kampfe jeden Parteigenossen auf den rechten Platz zu stellen."

„Hoverbeck kam selten mit rednerischen Absichten in die Sitzung, wie er denn überhaupt es nicht liebte, mit großen und vorbereiteten Reden aufzutreten, dagegen verfolgte er stets mit scharfem Blick den Gang der Debatten, ließ die Fahne der Partei niemals unbewacht, schlug den Freund, der sich zu weit vorgewagt, heraus, deckte den Rückzug, wenn derselbe unvermeidlich war, ging selbst rücksichtslos und schneidig zum Angriff vor, wo ihm derselbe zur Wahrung der freiheitlichen Grundsätze und der Ehre des Reichstages geboten schien. Freund und Feind hörten ihn gern reden. Man wußte, daß er es verstand, in wenig Worten den Kern der Sache zu treffen."

„Obwohl Hoverbeck in den sechziger Jahren den Verfassungskonflikt im preußischen Abgeordnetenhause von Anfang bis zu Ende in erster Reihe durchgekämpft hatte, zeigte er doch niemals eine persönliche Verbitterung. Aber freilich hat er niemals sich dem Gedanken zugeneigt, daß Fürst Bismarck anders wie durch den Zwang der Umstände veranlaßt, den freiheitlichen Grundsätzen eine Konzession gemacht habe oder machen werde. Das Bewußtsein des politischen Gegensatzes zur Regierung des Fürsten Bismarck ist bei ihm stets lebendig geblieben. Auch eine persönliche oder gesellige Annäherung an die Träger des Regierungssystems des Fürsten Bismarck entsprach nicht seinen persönlichen Ansichten."

„Der Liberalismus hatte in Hoverbeck einen seiner besten Charaktere, das deutsche Volk einen seiner edelsten und treuesten Freunde verloren. Ich selbst verdanke in parlamentarischer Ausbildung Niemand soviel wie Hoverbeck; in engster Gemeinschaft hatte ich zu ihm in der Fraktion, im Plenum und in Kommissionen gestanden. Unter dem frischen Eindruck der Trauerbotschaft vermochte ich mir nicht vorzustellen, wie künftig ohne ihn unsere Partei im Reichstage noch würde wirken können."

Personenverzeichniß.

In das Personenverzeichniß sind nicht aufgenommen Hoverbeck, die Mitglieder seiner Familie, der König und Kaiser, der Kronprinz, Bismarck, Minister Delbrück, sowie die Abgg. von Bennigsen, von Forckenbeck, Lasker, Eugen Richter, Simson, Twesten, Virchow.

(Abg. heißt Mitgl. des preuß. Abg.-Hauses oder Mitglied des Reichstags, bezw. Mitglied beider Körperschaften. Auf der fettgedruckten Seite ist Biographisches zu finden.)

Druck von A. W. Hayn's Erben, Berlin und Potsdam

FSC
www.fsc.org
MIX
Papier | Fördert gute Waldnutzung
FSC® C083411

Kolibri 360 GmbH
Ferdinand-Jühlke-Straße 7
99095 Erfurt, Deutschland
produktsicherheit@kolibri360.de